btb

Buch

Vor dem Auge des Lesers entfaltet sich das Psychodrama einer brisanten, konfliktträchtigen und spannungsreichen Beziehung zweier höchst unterschiedlicher Charaktere und Temperamente: Gustav Mahler und Alma Wahler-Werfel. Erstmals liegen mit diesem Buch die Briefe Mahlers an seine Ehefrau Alma, die eine der faszinierendsten und schillerndsten Frauenpersönlichkeiten dieses Jahrhunderts war, in ihrer Gesamtheit vor. Im Licht unverfälschter und neuer Quellen wird ein Mahler-Bild sichtbar, das sich in wesentlichen Zügen von dem überlieferten unterscheidet – ein fesselndes Buch und kulturgeschichtliches Dokument von Rang.

Alle bisherigen Briefausgaben beruhen auf Almas berühmten Buch »Gustav Mahler. Erinnerungen und Briefe«, das sie 1940 veröffentlichte. Mahler Alma wählte jedoch gezielt Briefe aus, ihre Weglassungen, Streichungen und Redaktionen stehen im Zeichen der Legendenbildung, lassen die Absicht erkennen, ihr eigenes Bild möglichst hell erstrahlen zu lassen. Die vorliegende Ausgabe stellt die Original-Brieftexte wieder her und bringt darüber hinaus fast zweihundert noch nie veröffentlichte Dokumente. Ausführliche Kommentare erläutern die persönlichen Hintergründe und den kulturgeschichtlichen Kontext.

Herausgeber

Henry-Louis de La Grange, geboren 1924 in Paris, studierte Musikwissenschaften in Yale und Paris. Er ist international bekannt als Autor, Kritiker und Dozent. Sein Hauptwerk ist eine dreibändige Mahler-Biographie.

Günther Weiß, geboren 1933 in Coburg, studierte Musik und Musikwissenschaften in den USA und in München und ist seit 1974 Professor an der Hochschule für Musik in München. Er veröffentlichte Bücher und Beiträge zu Leben und Werk von Béla Bartók, Hans Pfitzner, Max Reger, Richard Strauss u. a.

Ein Glück ohne Ruh'

Die Briefe Gustav Mahlers an Alma

Erste Gesamtausgabe

Herausgegeben und erläutert von Henry-Louis de La Grange und Günther Weiß in Zusammenarbeit mit Knud Martner

btb

Umwelthinweis:
Alle bedruckten Materialien dieses Taschenbuches
sind chlorfrei und umweltschonend.

btb Taschenbücher erscheinen im Goldmann Verlag,
einem Unternehmen der Verlagsgruppe Bertelsmann.

1. Auflage
Genehmigte Taschenbuchausgabe Dezember 1997
Copyright © 1995 by Wolf Jobst Siedler Verlag GmbH, Berlin
Umschlaggestaltung: Design Team München
Umschlagfotos: Bibliothèque Musicale Gustav Mahler, Paris
Satz: Filmsatz Schröter GmbH, München
KR · Herstellung: Augustin W iesbeck
Made in Germany
ISBN 3-442-72243-8

Inhaltsübersicht

Vorwort

1. Zur Geschichte der Edition der
Briefe Gustav Mahlers an Alma Maria Mahler

Gustav Mahlers gesamten Nachlaß verwaltete nach seinem Tod im Jahre 1911 seine Witwe Alma Maria Mahler. Ihr Haus auf der Hohen Warte in Wien war ein berühmter Treffpunkt der Gesellschaft. Aus welchen Gründen auch immer, wurde es damals üblich, von der Witwe Mahlers kurz als von »Alma« zu sprechen, eine Usance, die auch in die Literatur über Alma Mahler übernommen wurde und der sich die Herausgeber dieses Buches anschließen.

Das wohl kostbarste Stück des Mahler-Nachlasses, das Autograph der unvollendet gebliebenen *10. Sinfonie*, hatte Alma in einer Vitrine für ihre vielen Gäste zugänglich gemacht. Das Exponat war der Mittelpunkt eines Raums, den Elias Canetti beklemmend als »Gedenkkapelle« beschrieben hat.[1]

Schon zur Zeit ihrer zweiten Ehe mit Walter Gropius, noch vor 1920, faßte Alma den Plan, Briefe von Gustav Mahler herauszugeben. Erstmals hat Paul Stefan im Vorwort und in Anmerkungen seiner Biographie Gustav Mahlers auf die bevorstehende Veröffentlichung von Alma Mahler »Gustav Mahlers Briefe, Band 1«, im Verlag E. P. Tal, Wien, hingewiesen.[2]

Im gleichen Verlag erschienen im Jahr 1923 die »Erinnerungen an Gustav Mahler« von Natalie Bauer-Lechner. Darin wird ebenfalls auf das geplante Buch Almas aufmerksam gemacht. Es ist dort mit dem Titel »Freundesbriefe« angekündigt. In welchem Verhältnis Alma zu den Autoren dieser beiden Bücher stand, zeigt unmißverständlich ein Brief Almas an Arnold Schönberg:

»Verehrtester Freund,
... Wie recht Du mit allem tust, was und wie Dus tust, habe ich jetzt wieder erlebt. Dr. Paul Stefan schrieb auf meine Anregung die Vorrede zu dem grauenhaften Tagebuch der Bauer-Lechner. Er versprach mir zu betonen, daß hier *nicht* Mahler, sondern Fr. B. L. [Frau Bauer-Lechner] spricht. Nun kommt die Vorrede – enthu-

siastisch, soweit so ein Gehirnweichteil das trifft, *für* das Buch, sogar mit einer *Frechheit gegen* mich – (die er für ungefährlich und machtlos hält). Ich werde diesen Menschen gewiß nie mehr empfangen, so wie Gustav immer aus der anderen Tür davon ist, wenn er bei der einen hereingekommen ist. –

Nur so ist dieses Pack – alle zusammen – zu behandeln! Du machst es ähnlich!

An mich soll sobald niemand mehr – von dieser Gilde – herankommen...«[3]

Die Aversionen Almas gegenüber Paul Stefan und Mahlers früherer Freundin Natalie Bauer-Lechner waren wohl ein Grund dafür, daß Almas Buch »Gustav Mahlers Briefe 1877–1911« dann schließlich nicht bei E. P. Tal, sondern im neugegründeten Verlag Paul Zsolnay, Wien–Berlin–Leipzig, im Oktober 1924 erschienen ist. Alma erinnert sich in ihrer Autobiographie: »Später kamen meine *Mahler-Briefe*, die auch schon anderweitig vergeben waren, aber von uns [Alma und Franz Werfel] befreit werden konnten...«[4]

Als Band 2 waren schon zu jener Zeit die Briefe Mahlers an Alma vorgesehen, ein Buch, das auch die Erinnerungen Almas an ihre Ehe mit Gustav Mahler enthalten sollte. Warum es damals nicht zu einer Veröffentlichung kam, hat Almas Tochter Anna des öfteren im Gespräch erläutert. Alma nahestehende Persönlichkeiten hatten ihr davon abgeraten, das Erinnerungsbuch zu publizieren. Die Gründe lagen auf der Hand: Almas ebenso zahlreiche wie unverhüllte persönliche Angriffe, etwa auf Mahlers Geschwister und Jugendfreunde, auf ihre eigene Familie oder auch auf Richard und Pauline Strauss, waren mit unübersehbaren Risiken gerichtlicher Nachspiele verbunden, so daß eine Veröffentlichung vorläufig unterblieb. Ende der dreißiger Jahre hatte sich die Situation entscheidend verändert: Mahlers Geschwister waren gestorben, ebenso die meisten seiner Jugendfreunde, wie etwa Natalie Bauer-Lechner, Emil Freund, Siegfried Lipiner, Friedrich Löhr und Albert Spiegler. Alma konnte deshalb, ohne Widerspruch befürchten zu müssen, in der Erstausgabe ihres Buches »Gustav Mahler. Erinnerungen und Briefe«, Allert de Lange, Amsterdam 1940, beruhigt notieren: »Ich habe dieses Buch vor vielen Jahren geschrieben, und zwar einzig und allein aus dem Grunde, weil niemand Gustav Mahler so gut gekannt hat wie ich [...]. Ursprünglich lag es nicht in meiner Absicht, dieses Buch zu meinen Lebzeiten zu veröffentlichen...« Auch in ihrer Autobiographie geht Alma sehr viel später auf die Erstveröffentlichung der »Erinnerungen und Briefe« ein: »Es war falsch von mir, die Briefe Gustav Mahlers an mich so lange nicht herauszugeben und mich so im Hintergrund zu halten, denn alle seine alten Freunde glaubten, ich hätte etwas zu verbergen…«[5] Und später heißt es: »In Holland [im Jahre 1936] wurde ich über Gustav Mahler vielfach interviewt; und die Leute meinten, ich möge alles das Gesprochene doch aufschreiben. Ich antwortete, dies sei schon längst geschehen. Diese Zeitungsartikel waren die Ursache, daß der Vertreter des Allert de Lange Verlages, Dr. Landauer, mich später in Paris aufsuchte und mich so lange dringend bat, ihm doch mein Buch über Gustav Mahler zu geben, daß ich es tat, obwohl ich's schon Paul von Zsolnay versprochen hatte…«[6]

Almas Entschluß, ihr Buch nun doch zu veröffentlichen, wurde auch dadurch erleichtert, daß allenfalls noch Betroffene in Deutschland und Österreich lebten. Für diese war das Buch – weil außerhalb Deutschlands veröffentlicht – nur schwer zugänglich, so etwa für Richard Strauss, der Almas Buch erst im Jahre 1946 in der Schweiz las.

Die Korrespondenz zwischen Alma Mahler und Dr. Walter Landauer ist erhalten geblieben. In einem Brief aus Paris vom 29. Dezember 1938 teilte Alma dem Verlag mit, daß sie nun bereit sei, Allert de Lange ihr Manuskript »Ein Leben mit Gustav Mahler« zu überlassen.

Bereits sechs Monate später lagen die ersten Korrekturfahnen bei Alma. Der Beginn des Zweiten Weltkriegs am 1. September 1939 verzögerte die Veröffentlichung, die ursprünglich zum Spätherbst 1939 vorgesehen war. Das Buch kam dann schließlich mit dem von Walter Landauer vorgeschlagenen Titel »Gustav Mahler. Erinnerungen und Briefe« in der ersten Märzwoche des Jahres 1940 heraus. Das Buch enthält 197 Briefe, davon sind 159 an Alma gerichtet.

Etwa zweieinhalb Monate später wurde Holland von deutschen Truppen besetzt und Walter Landauer, der Jude war, verhaftet. Er starb kurz vor Kriegsende im Jahre 1945 im Konzentrationslager Bergen-Belsen, knapp dreiundvierzig Jahre alt. Das Verlagsarchiv wurde beschlagnahmt und nach Berlin gebracht. Erst nach der Wiedervereinigung Deutschlands im Jahre 1990 wurde es nach Holland zurückgeführt.

Die Korrespondenz zwischen Alma und Walter Landauer zeigt, daß neben Alma auch ihre Tochter Anna und ihr Ehemann Franz Werfel an der Ausgabe mitgearbeitet haben. Werfel las Korrektur. Aus der Korrespondenz geht jedoch nicht hervor, daß der Verlag an der Auswahl der Briefe, an den Auslassungen, Weglassungen, Umformulierungen etc. beteiligt gewesen wäre. Hier scheint die Herausgeberin die alleinige Verantwortung zu tragen. Ihrer Tochter oder Franz Werfel hat sie wohl kaum ein ernsthaftes Mitspracherecht eingeräumt. Eine unveränderte Neuauflage des Buches erschien 1949 im Verlag Bermann-Fischer/Querido in Amsterdam.

Auf der Grundlage dieser beiden Ausgaben erfolgten zwischen 1946 und 1993 mehr oder weniger vollständige Übersetzungen und Bearbeitungen ins Englische, Schwedische, Italienische, Tschechische, Russische, Spanische, Französische und Holländische.

In der Geschichte des Buches verdienen die englischen Ausgaben besondere Hervorhebung. Die erste Ausgabe, von Basil Creighton übersetzt und mit Almas Billigung herausgegeben, war gekürzt (nur 81 Briefe an Alma) und kam 1946 im Verlag John Murray, London, heraus. Sie wurde zweiundzwanzig Jahre später durch eine verbesserte, erweiterte und annotierte Ausgabe von Donald Mitchell ersetzt (Murray, London 1968) und ist der erste wissenschaftlich-kritische Versuch, Alma Mahlers Edition der Briefe zu verbessern. Drei weitere Auflagen dieser Edition kamen in den folgenden Jahren (1969, 1973, 1990), seit 1973 in Zusammenarbeit mit Knud Martner, in England und in den USA heraus, mit einem ständig verbesserten Anhang von Anmerkungen und Erklärungen. Eine von Donald Mitchell nicht autorisierte Übersetzung und Bearbeitung ins Deutsche wurde im Berliner Ullstein Verlag 1971 vorgelegt.

Der in allen aufgezählten Ausgaben wiedergegebene Bestand von Briefen geht über die von Alma selbst vorgelegten Quellen nicht hinaus.

Die seit jeher von der Fachwelt immer wieder geäußerte und auch naheliegende Vermutung, daß der Gesamtbestand wesentlich größer als die von ihr edierten Briefe sein müßte, wird in diesem Buch vollauf bestätigt. Den von Alma veröffentlichten 159 Briefen stehen hier 349 schriftliche Mitteilungen Mahlers an Alma gegenüber. Die Tatsache muß überraschen, daß in Almas Edition lediglich 37 Dokumente textgetreu wiedergegeben sind, 125 sind gekürzt und/oder entstellt. Die (scheinbare) Differenz von drei Briefen zur Gesamtzahl von 159 bei Alma ergibt sich aus folgendem Sachverhalt: Sie hat in drei Fällen je zwei Briefe zu einem zusammengefaßt. Es sind dies Nr. 87 und Nr. 135; Nr. 243 und Nr. 245 sowie Nr. 323 und Nr. 324.

Die Vorrede zu ihrem Buch beschließt Alma mit dem bemerkenswerten Satz: »So mögen denn diese Aufzeichnungen des einst in

Schmerz und Freud Erlebten in die Welt hinausgehen, um für ihn zu zeugen.«

Bereits zwei Monate nach Erscheinen des Buches beurteilte Thomas Mann im kalifornischen Exil das Ergebnis von Almas Briefauswahl und ihrer Herausgeberschaft: »Las in den (peinlichen) Briefen G. Mahlers an seine Frau.«[7]

Viele Gründe sprechen dafür, daß Thomas Manns herbes Urteil jene Mitteilungen meint, die Mahler schrieb, nachdem ihm Almas Affäre mit Gropius bekanntgeworden war (s. Briefe 322–349). Alma hat diese Briefe in ihrer Ausgabe stillschweigend, ohne jeden Hinweis auf die völlig veränderte Lebenssituation, den vorangegangenen folgen lassen.

Bezogen auf den jetzt vorliegenden Bestand ergibt sich im Vergleich zur Erstausgabe folgendes Bild:

Jahr	Nummer	Unverändert	Verändert	Unveröff.	Gesamt
1899	1	–	–	1	1
1901	2–16	5	9	1	15
1902	17–21	2	1	2	5
1903	22–57	3	16	17	36
1904	58–127	4	25	41	70
1905	128–158	5	12	14	31
1906	159–193	3	10	22	35
1907	194–247	3	19	32	54
1908	248–265	–	7	11	18
1909	266–300	–	13	22	35
1910	301–349	12	13	24	49
Insgesamt		37	125	187	349

Sieht man einmal davon ab, daß auch die 37 von Alma textgetreu wiedergegebenen Briefe heutigen Editionsprinzipien nicht gerecht werden, so verbleiben insgesamt 312 schriftliche Dokumente Mahlers, die in diesem Buch erstmals im Original vorgelegt werden. Bisher unveröffentlichte Briefe sind nach der jeweiligen Nummer mit einem Sternchen gekennzeichnet.

Alma war zuweilen großzügig im Verteilen von Souvenirs aus der Zeit mit Gustav Mahler. Auch wenn der Gedanke, daß sie Briefe Mahlers verschenkt haben könnte, zunächst fernliegt, so kann diese Vermutung doch nicht ganz ausgeschlossen werden. Mahler selbst erwähnte in seinen Briefen mehrmals Telegramme, Karten und Briefe, die bisher nicht bekanntgeworden sind. Auch die Schreibgewohnheiten Mahlers lassen den Schluß auf weitere schriftliche Mitteilungen zu, die vielleicht noch auftauchen werden.

2. Die Quellen

Alma Mahler-Werfel starb am 11. Dezember 1964 in New York. Erbin ihres Vermögens einschließlich aller Mahler-Autographe war ihre Tochter Anna Mahler. Ende der sechziger Jahre verkaufte sie einen Teil der Musikautographe und Schriftstücke an einen Privatsammler in den USA.

Vor dem Verkauf gab Anna Mahler dem Mahler-Biographen Henry-Louis de La Grange Gelegenheit, alle ihm wichtig und wesentlich erscheinenden Dokumente, einschließlich der hier vorgelegten Briefe, in Abschrift oder Film zu übernehmen. Henry-Louis de La Grange zählte bereits seit den fünfziger Jahren zum engeren Freundeskreis der Familie Mahler in New York und genoß das uneingeschränkte menschliche und fachliche Vertrauen von Alma und Anna Mahler. Beiden Persönlichkeiten blieb Henry-Louis de La Grange bis zu deren Tod freundschaftlich verbunden. Das seinerzeit von Anna Mahler zur Verfügung gestellte Material befindet sich heute in der von Henry-Louis de La Grange und Maurice Fleuret im Jahre 1985 gegründeten Bibliothèque Musicale Gustav Mahler in Paris.

Günther Weiß lernte das Quellenmaterial erstmals im Jahre 1983 bei jenem Privatsammler in den USA kennen, an den Anna Mahler einen Teil ihres Autographenbesitzes verkauft hatte. Für einen geplanten Verkauf dieser größten Mahler-Sammlung in privater Hand fertigte er im Jahre 1989 ein Gutachten über den Gesamtbestand dieser Sammlung. Den darin enthaltenen Autographen der Briefe Gustav Mahlers an Alma widmete er seine besondere Aufmerksamkeit. Nach den gescheiterten Verkaufsverhandlungen gab Günther Weiß einen Bericht in der Zeitschrift »Musica« heraus.[8] Diese Publikation führte dann zur Zusammenarbeit der beiden Herausgeber.

Anna Mahler hat nach dem Tod ihrer Mutter deren schriftlichen Nachlaß der University of Pennsylvania in Philadelphia übergeben. Darunter befinden sich auch Almas Tagebücher, deren Eintragungen (insbesondere für die Zeit von der ersten Begegnung des Paares bis zur Hochzeit) unverzichtbare Verstehenshilfen für die Haltung Mahlers in seinen Briefen und Almas zwiespältige Gefühle bereits zum Zeitpunkt des Kennenlernens bieten.

Sie erscheinen um so wichtiger, als – von einer Ausnahme abgesehen (s. Faks. S. 67, Tagebucheintrag vom 29. November 1901) – alle Gegenbriefe Almas fehlen. Wie Alma Mahler Henry-Louis de La Grange wissen ließ, hat sie diese nach Mahlers Tod vernichtet.

Die Tagebücher dienten Alma bei der Abfassung ihrer Bücher als Quellen für die Formulierung ihrer Texte. Diese differieren mitunter erheblich von den originalen Eintragungen. Soweit für dieses Buch relevant, wurden die ursprünglichen Fassungen und Texte in den Tagebüchern wiedergegeben.

Almas Tagebücher sind unpaginierte Kladdenbücher. Jeder, der sich mit der Entzifferung von Almas Handschrift beschäftigt, versteht Mahlers häufige Bitten um bessere Lesbarkeit ihrer Briefe. Der im Faksimile wiedergegebene Briefentwurf Almas an Mahler vermag diesen Sachverhalt nur unzureichend zu verdeutlichen. Im Tagebuch steht er in seiner eindeutigen Lesbarkeit neben vielen anderen Eintragungen als Besonderheit.

Der eigentümliche Zeilenverlauf der Eintragungen läßt manchmal an eventuelle Vorbilder aus der Poesie denken. Konkrete Formenmuster konnten jedoch nicht festgestellt werden. Almas plakative, übergroße Schriftzüge sind wahrscheinlich der einfache Grund für solche sich aufdrängenden Überlegungen. Almas Angaben der Daten für ihre Eintragungen bedurften oft der Korrektur oder fehlten gänzlich. Ihre fast täglichen Konzert- oder Opernbesuche, die sie stets erwähnt, gaben jedoch genügend Anhaltspunkte für eine Überprüfung, Korrektur oder Ergänzung.

Die Bibliothèque Musicale Gustav Mahler in Paris bewahrt die Originale zweier Entwürfe von Alma Mahlers Buch »Gustav Mahler. Erinnerungen und Briefe« in drei Typoskriptbänden. Der erste Entwurf, der in seinem ersten Teil auch Abschriften von Gustav Mahlers Korrespondenz aus den Jahren 1875–1886 enthält, ist ein schwarzer Pappband. Er trägt den goldgeprägten Titel »Ein Leben mit Gustav Mahler 1901–1911«.

Später hat Alma ihr Typoskript überarbeitet. Das Ergebnis war unter anderem eine Teilung ihres ersten Entwurfs in zwei Bände. Die beiden roten Leinenbände tragen – ebenfalls in Goldprägung – die Aufschriften »Ein Leben mit Gustav Mahler I.« und »Ein Leben mit Gustav Mahler II.«

Stilistische Vergleiche dieser beiden Erstfassungen haben ergeben,

Im Vorfrühling des Jahres 1901 hatte Mahler einen
furchtbaren Blutsturz gehabt ,dem nur durch eine sofort vorgenommene
nächtliche Operation Einhalt getan werden konnte. Es folgten noch
ein ,bis zwei sehr schmerzhafte Operationen ,dann wurde er nach
Abbazia geschickt ,wo er sich langsam erholte ,Er ging damals mona-
telang an zwei Stöcken . Ich habe ihn am Tage dieses Unglücks zweimal dirigieren sehen. Mittags das Philharmonische Konzert ,Abends
Meistersinger .Er sah aus wie Luzifer, weiss das Gesicht , Kohlen
seine Augen ! Ich sagte: Das kann Mensch aushalten !" Und in
derselben Nacht *erfolgte der Blutsturz.*

Mit *einer einzigen* Intensität konnte man
nicht an einem Tage zweimal solche Wunder gestalten ,
ohne daran zu Grunde gehen.

*Die Philharmoniker, mit Mahler in
dauernder Feindschaft lebend, nahmen den Kunstwert seiner Erkrankung wahr — nur wählten
ohne seine Demission vorher wirklich zu sein — an seiner Stelle den
jungen vollkommen talentlosen
Josef Hellmesberger — zu ihrem
Dirigenten. Diese Einstellung der Philharmoniker ihm gegenüber
war einer der vielen
Gründe die ihn später von Wien vertrieben.*

Eine Seite aus Alma Mahlers Typoskript
»Ein Leben mit Gustav Mahler I.«

daß die beiden rotgebundenen Typoskriptbände als Grundlage für den Erstdruck gedient haben.

Ein Vergleich mit der Druckfassung ergab jedoch, daß Alma dann doch noch viele Veränderungen bis zur Drucklegung vorgenommen hat.

In ELM, wie die beiden rotgebundenen Typoskriptbände in diesem Buch kurz genannt werden, sind von Almas Hand eine Fülle von Zusätzen, Änderungen, Erklärungen etc. eingetragen, die – soweit sie für dieses Buch wichtig waren – berücksichtigt wurden. Gravierende Abweichungen von Almas Text im Vergleich mit dem Erstdruck ihres Buches »Gustav Mahler. Erinnerungen und Briefe« wurden – soweit dies für die Thematik dieses Buches notwendig erschien – in den Kritischen Bericht und in die Fußnoten eingearbeitet.

Bei fehlenden Filmen der Briefautographe wurden für dieses Buch die (nicht von Alma gefertigten) Abschriften in ELM zugrunde gelegt.

Für die vorliegende Ausgabe haben Almas Bücher das Gewicht von Primärquellen. Viele ihrer darin gemachten Aussagen, insbesondere in ihrem Buch »Gustav Mahler. Erinnerungen und Briefe«, werden den Geschehnissen, wie sie aus Mahlers Briefen hervorgehen, vergleichend gegenübergestellt.

Im Jahr 1991 erschien im Fischer-Taschenbuch-Verlag Almas Buch »Gustav Mahler. Erinnerungen«, in dem gegenüber der Erstausgabe von 1949 auf die Briefe verzichtet wurde. Die Angaben der Seitenzahlen in den Fußnoten und im Kritischen Bericht beziehen sich auf diese im Buchhandel erhältliche Ausgabe. Für den Briefteil dagegen gilt für die Angabe der Seitenzahlen die ursprüngliche, von Alma selbst vorgelegte Ausgabe bei Bermann-Fischer, Amsterdam 1949.

Im Buchhandel erhältlich ist auch Almas Autobiographie »Mein Leben«. In vorliegendem Buch wird nach der Erstausgabe bei S. Fischer, Frankfurt/M. 1960, zitiert.

3. Zur vorliegenden Ausgabe

Aus mehreren Gründen wurde für dieses Buch nicht die sonst übliche Form einer herkömmlichen Briefausgabe gewählt. Gustav Mahlers Briefe an Alma lassen sich nur vor dem Hintergrund seines künstlerischen Weges von 1901 bis 1911 darstellen. Die Verbannung der für das Verständnis der Briefe notwendigen historischen Fakten und zahllosen Einzelheiten in den Anmerkungsapparat würde für den nicht mit der Materie vertrauten Leser eine so mühevolle Lektüre bedeuten, die auch das ausgeprägteste Interesse am Thema schnell erlahmen ließe. Die fehlenden Gegenbriefe Almas liefern einen weiteren Grund für die Methode der Darstellung. Auch wenn die Tagebücher Almas eine Reihe von aufschlußreichen Reaktionen auf Mahlers Briefe und Lebensgewohnheiten zeigen, so lassen sich nur durch die nicht verkürzte Schilderung der gemeinsamen Lebensumstände für den Leser verständliche Bezüge zwischen den Partnern herstellen und die Inhalte der Briefe erhellen.

Die ausführlich erläuternden Texte dienen so in erster Linie dem Ziel, neben der Vermittlung historischer Details den Spuren einer Partnerschaft nachzugehen, die durch Almas Bücher zumindest teilweise verzeichnet erscheint.

Auch die bisweilen ausführliche Berücksichtigung anderer Publikationen, so etwa Reginald R. Isaacs Biographie über Walter Gropius für die Ehekrise im Jahr 1910, findet hier ihre Begründung.

Die schriftlichen Mitteilungen Mahlers lassen sich folgendermaßen unterscheiden:
- Briefe
- Korrespondenzkarten, Postkarten und Ansichtspostkarten
- Telegramme
- schriftliche Mitteilungen, die nicht postalisch befördert wurden

Auf Reisen hat Mahler fast immer das Briefpapier des Hotels benutzt, in dem er abstieg. Auf die Wiedergabe der oft ausführlichen Angaben zu Management, Ausstattung etc. dieser Häuser wurde zugunsten der Einheitlichkeit und Überschaubarkeit der Briefköpfe verzichtet.

Zu Anfang des Jahrhunderts war es üblich, postalische Sendungen doppelt zu stempeln: ein Entwertungsstempel und ein Ankunftsstempel, der an beliebiger Stelle aufgedruckt wurde. Leichter lesbar ist meistens der Ankunftsstempel, den Alma oft für ihre Datierungen benutzte. Sie schreibt: »Es war schwer, die Briefe einzuordnen, da Gustav Mahler niemals ein Datum geschrieben hatte und ich nur aus dem Sinn der Briefe ein Datum feststellen konnte. Außer mir hätte das niemand tun können.«[9]

Diese Bemerkung ist in Verbindung mit der Briefausgabe von 1924 »Gustav Mahlers Briefe 1877–1911« geschrieben. Sie gilt aber auch für die »Erinnerungen und Briefe«. Nur viermal tragen die Briefe ein Datum von Mahlers Hand: Nr. 24, 328, 337 und 343. Aufschluß über diese Besonderheit gibt Mahler selbst in einem Brief an Max Marschalk vom 10. Dezember 1896, in dem er erklärt: »Nämlich das ist der Grund, daß ich selten datiere: Ich weiß meistens das Datum nicht!«[10]

Die Briefe nehmen in den meisten Fällen so viel Bezug auf das Tagesgeschehen, daß eine genaue Erschließung der Daten, bezogen auf den Zeitpunkt der Abfassung, möglich war. Unsicherheiten bestehen aber für jene Zeiträume, zu denen sich Mahler im Sommer allein in Maiernigg und Toblach aufhielt. Hier fehlen mitunter genaue Anhaltspunkte, die eine Datierung auf den Tag genau zuließen. Ein Vergleich mit Almas Datierungen, die im Kritischen Bericht wiedergegeben sind, zeigt, daß diese nur in seltenen Fällen richtig sind. Ihre Daten differieren von den tatsächlichen nicht nur um Tage und Monate, sondern manchmal auch um Jahre.

Oft hat Alma Wörter, Zeilen und auch längere Passagen (bis zu 18 Briefzeilen) in den Autographen der Briefe mit der von ihr benutzten violetten Tinte so unkenntlich gemacht, daß Mahlers Text wohl verloren ist. In vorliegendem Buch sind solche Stellen durch Vermerke in eckigen Klammern bezeichnet. Diese Tilgungen sind auch im Kritischen Bericht vermerkt.

Almas Auslassungen und Weglassungen sind in den Brieftexten durch Schrägstriche / / eingeschlossen. Mahlers Unterstreichungen sind kursiv gesetzt.

Titel musikalischer Werke in den Kommentartexten sind ebenfalls kursiv gesetzt. Zusätze der Herausgeber sind in eckigen Klammern angegeben.

Mahler hat in deutscher Kurrentschrift geschrieben. Beispiele in lateinischer Schrift sind Ausnahmefälle. An manchen, zur Zeit der Niederschrift der Briefe bereits veralteten Schreibweisen hat Mahler festgehalten.

Es sind dies vor allem folgende Usancen:

– Beibehaltung von »h« bei Wörtern wie »Theil«, »thun« etc.
– »ß« statt »ss«, wie »Entlaßung«, »Erkenntniße« etc.
– die früher gebräuchliche Dehnung, so bei »gieng« statt »ging« oder »fieng« statt »fing« etc.
– Doppelkonsonanten wie »nn« oder »mm« schreibt Mahler konsequent als »ñ« und »m̃«. Diese werden stillschweigend in heutiger Schreibweise wiedergegeben, ansonsten wurden Orthographie und Interpunktion Mahlers beibehalten.

Eine weitere Besonderheit ist, daß Mahler nach Ausrufezeichen, Doppelpunkt und auch Punkt manchmal auch klein weiterschreibt. Auch diese Eigenheiten seines Schreibstils sind entsprechend dem Original wiedergegeben.

Die Herausgeber richten ihren Dank insbesondere an die Bibliothèque Musicale Gustav Mahler in Paris und deren Mitarbeiterin Marie-Gabriclle Soret, die über Jahre hinweg bemüht gewesen ist, Quellenmaterial und Sekundärliteratur für die Arbeit an diesem Buch aufzubereiten.

Ebenso geht der Dank der Unterzeichneten an die University of Pennsylvania, Philadelphia, welche der Bibliothèque Musicale Gustav Mahler Kopien der Tagebücher Almas und andere Quellen zur Verfügung gestellt hat.

In gleicher Weise zeigte die University of Western Ontario, London-Ontario, Kanada, verständnisvolles Entgegenkommen hinsichtlich des Rosé-Nachlasses.

Wertvolle Hinweise, Auskünfte und Ratschläge gaben die Österreichische Nationalbibliothek, die Österreichische Akademie der Wissenschaften, das Österreichische Statistische Landesamt sowie Robert F. Becqué, Hook van Holland, Prof. Dr. Gernot Gruber, Universität Wien, Prof. Dr. Oswald Panagl, Universität Salzburg, und Prof. Dr. Hendrik Birus, Universität München.

Allen sei herzlicher Dank für ihre Unterstützung gesagt. Hervorhebung verdient Mag. art. Bernt Hage, Wien, der durch einige Detailforschungen das Buch bereichert hat.

Außergewöhnliches Entgegenkommen gewährte der S. Fischer Verlag in Frankfurt/M. bei den notwendig ausführlichen Zitaten aus Almas Büchern, wofür an dieser Stelle besonders gedankt sei.

Im Sommer 1995

| Henry-Louis de La Grange, | Günther Weiß, | Knud Martner, |
| Paris | München | Kopenhagen |

Zwei Lebenswege

Wien, am 9. März 1902: Gustav Mahler und Alma Maria Schindler heiraten in der Karlskirche.

Mahler stand in seinem zweiundvierzigsten Lebensjahr, Alma wurde am 31. August dreiundzwanzig Jahre alt. Abgesehen von dem gravierenden Altersunterschied, sind es die Unterschiedlichkeit ihrer geistigen Entwicklung und die Andersartigkeit ihrer sozialen Herkunft, die das Paar als sich anziehende Gegensätze erscheinen lassen.

Für die Wiener Gesellschaft war die Hochzeit ein herausragendes Ereignis: Hier der k. u. k. Hofoperndirektor Gustav Mahler, den auf der Straße gesehen zu haben ein Ereignis war, »das man stolz wie einen persönlichen Triumph am nächsten Morgen den Kameraden berichtete« – so Stefan Zweig in seinem Erinnerungsbuch »Die Welt von Gestern«[1], da die stadtbekannte, auffallend hübsche Tochter des zehn Jahre zuvor verstorbenen österreichischen Landschaftsmalers Emil Jakob Schindler.

Gustav Mahler war fünf Jahre vor der Eheschließung, im Oktober 1897, durch ein Dekret des Kaisers zum Direktor der Wiener Hofoper bestellt worden. Dies war insofern außergewöhnlich, als nach damals herrschender Meinung selbst Vierzigjährige noch nicht die Reife für eine derart verantwortungsvolle Stellung besaßen. Stefan Zweig erinnert sich: »Als einmal ein erstaunlicher Ausnahmsfall sich ereignete und Gustav Mahler mit achtunddreißig Jahren zum Direktor der Hofoper ernannt wurde, ging ein erschrecktes Raunen und Staunen durch ganz Wien, daß man einem ›so jungen Menschen‹ das erste Kunstinstitut anvertraut hatte (man vergaß vollkommen, daß Mozart mit sechsunddreißig, Schubert mit einunddreißig Jahren schon ihre Lebenswerke vollendet hatten).«[2]

Die ganz außergewöhnliche Karriere Mahlers hatte mit seiner Ernennung zum Direktor der Hofoper ihren vorläufigen Höhepunkt erreicht.

Einen langen und dornigen Weg hatte Mahler hinter sich bringen müssen, ehe er sein Amt am angesehensten Musiktheater des habsburgischen Kaiserreichs antreten konnte. Die äußeren Voraussetzungen seines Werdegangs erscheinen alles andere als verheißungsvoll: Geboren am 7. Jui 1860 in einem kleinen Dorf in Südböhmen, von jüdischer Herkunft, wuchs er in bescheidenen sozialen Verhältnissen auf. Das Schicksal hatte ihn nur in einem begünstigt: Er war der Sohn eines fleißigen, ehrgeizigen, durchsetzungsfähigen und selbstbewußten Vaters.

Sein Vater Bernard Mahler war im Jahr 1827 in der kleinen Provinzstadt Lipnice in Südböhmen, etwa hundert Kilometer südlich von Prag, geboren worden. Sein Berufsleben hatte er als Fuhrmann begonnen. Er ließ nichts unversucht, seine soziale Stellung zu verbessern, und war gleichermaßen bemüht, seinen geistigen Horizont zu erweitern. Er las leidenschaftlich gerne, was ihm den Spitznamen »Kutschbockgelehrter« einbrachte.[3] Im Alter von dreißig Jahren pachtete er, nachdem er mehrmals den Beruf gewechselt hatte, einen kleinen Gasthof in der Nähe der Brennerei seines Vaters in Kališté (Kalischt), einem Nachbardorf von Humpolec. Im Jahr 1857 gründete er eine Familie: Er heiratete die zehn Jahre jüngere Marie, die zweite von sieben Töchtern des Seifensieders Abraham Herrmann in Ledec, einem Ort ungefähr dreißig Kilometer von Kališté entfernt.

Das Recht auf Niederlassung der Juden in Österreich war während des 19. Jahrhunderts streng reglementiert. Im Jahr 1860 wurden die rigiden Bestimmungen jedoch etwas gelockert, was Bernard Mahler die Möglichkeit gab, seinen kleinen Betrieb in die von Kališté dreißig Kilometer entfernte Industriestadt Jihlava (Iglau), jenseits der Grenze Mährens, zu verlagern. Der Umzug erfolgte im Oktober 1860.

Der erstgeborene Sohn war früh gestorben. Bernard Mahler zog mit seiner Frau und seinem zweiten Sohn Gustav, der gerade ein halbes Jahr alt war, in die mährische Stadt. Iglau war im tschechischen Gebiet eine Insel deutscher Kultur und beherbergte auch eine deutschsprechende jüdische Gemeinde. Die Stadt besaß zwei große Kirchen und ein kleines Theater, in dem gelegentlich Opern und Operetten aufgeführt wurden. Die musikalischen Traditionen Iglaus lassen sich bis in die Zeit der Renaissance zurückverfolgen.

Die Familie Mahler vergrößerte sich rasch. Marie Mahler gebar bis 1879 zwölf weitere Kinder, drei Töchter und neun Söhne. Sechs starben im Kindesalter, eines in der Jugendzeit. Während der nächsten fünfzehn Jahre konnte Bernard Mahler dank seines wirtschaftlichen

Geschicks, seines Fleißes und Ehrgeizes sein Leben so gestalten, daß er schließlich zu den angesehenen Mitgliedern des jüdischen Bürgertums zählte. Das einzige Kind, das außergewöhnlich begabt schien, war Gustav. Als er drei Jahre alt war, bekam er eine kleine Ziehharmonika geschenkt, auf der er bald Volkslieder spielte. Bereits in frühen Jahren erhielt er auch Klavierunterricht. In Iglau gab es tüchtige Musiklehrer, denen es zu verdanken ist, daß sich Gustavs musikalische Begabung schnell entwickeln konnte. Sein erstes öffentliches Konzert gab er bereits im Alter von zehn Jahren.

Als Kind und Jugendlicher neigte Mahler in den Augen seiner Eltern zum Tagträumen. In seiner Freizeit las er Bücher und beschäftigte sich mit Musik. Die Gefühle und Eindrücke, die durch seine literarischen und musikalischen Entdeckungen in ihm geweckt wurden, zeigte er nach außen kaum.

Als Gustav fünfzehn Jahre alt war, hatten sich seine Fähigkeiten als Pianist und Komponist so auffallend entwickelt, daß ein Freund der Familie den zögernden Vater überreden konnte, seinen hochbegabten Sohn nach Wien zu bringen. Gustav wurde dem berühmten Pianisten Julius Epstein vorgestellt, der am Konservatorium in Wien lehrte. Nachdem Gustav kaum zehn Minuten gespielt hatte, befand Epstein: »Herr Mahler, Ihr Sohn ist ein geborener Musiker ... In diesem Fall ... kann ich mich nicht irren, der junge Mann hat Spiritus, aber die Spiritusfabrik seines Vaters wird er nicht übernehmen ...«[4] Diese wenigen Worte bewirkten für Gustav Mahler eine einschneidende Veränderung.

Zwei Monate nach seinem fünfzehnten Geburtstag, Anfang September 1875, wurde Mahler für die kommenden drei Jahre Student des Wiener Konservatoriums. Dort entfalteten sich Schritt für Schritt seine genialen Anlagen. Zusätzlich besuchte er als externer Schüler weiterhin das Iglauer Gymnasium und bestand im Jahr 1877 das Abitur. Neben seinen Studien am Konservatorium war Mahler auch an der Wiener Universität immatrikuliert.

Während der Jahre am Konservatorium komponierte Mahler bereits Kammermusik, aber auch einige Orchesterstücke, vieles davon blieb unvollendet. Manche Kompositionen gingen später verloren oder wurden vernichtet. Das einzige Werk, das aus dieser Zeit überliefert wurde, ist der Satz eines Klavierquartetts, das Mahler im Alter von etwa sechzehn Jahren schrieb. Es zeigt viel kompositorisches Geschick, verrät aber noch wenig Persönlichkeit. Mag sein, daß Mahler mit den von seinen Lehrern geschätzten epigonalen Satzweisen seinen Vorgesetzten schmeicheln wollte. Jedenfalls gewann er nach einem ersten Preis für Klavier (1876) auch einen ersten Preis für Komposition bei seinem Abschlußexamen 1878.

Viele Anzeichen sprechen dafür, daß sich Mahler seiner außerordentlichen Gaben schon damals bewußt gewesen ist und davon träumte, Komponist zu werden. Die kommenden zwei Jahre jedoch, bis 1880, waren die wohl unglücklichste Zeit seiner Jugendjahre. Er wechselte oft die Wohnung und gab Klavier- und Musikunterricht. Diese Einkünfte und die kleine Unterstützung, die ihm der Vater gewährte, reichten kaum, sich über Wasser halten zu können. Eine unglückliche Liebesgeschichte mit der Tochter des Telegraphenamtsleiters von Iglau, Josephine Poisl, für die er drei Lieder schrieb, stürzte ihn in eine Krise, ließ ihn aber vielleicht auch zu einer Konzentration seiner musikalischen Schöpferkraft finden, die das erste gültige Werk Mahlers entstehen ließ. Sein »Schmerzenskind«, wie er *Das klagende Lied* später oft nannte, war eine Kantate für Solisten, Chor und Orchester. Noch bevor er die Partitur vollendet hatte, kam es zu einem entscheidenden Wendepunkt in Mahlers Leben.

Seiner Richtungslosigkeit und seiner quälerischen Selbstzweifel überdrüssig, entschloß er sich, im Spätfrühling 1880 eine Anstellung als Theater-Kapellmeister zu suchen. Er ging schließlich in ein befristetes Engagement nach Bad Hall in Oberösterreich in der Nähe von Linz, wo er überwiegend Operetten für die Kurgäste dirigieren mußte. Obwohl Mahler hier alles andere als die Erfüllung seiner musikalischen Träume fand, wurde durch diese Tätigkeit doch der Wunsch in ihm gestärkt, eine Karriere am Theater anzustreben, um damit seinen Lebensunterhalt finanzieren und sich später vielleicht auch einen Namen als Komponist machen zu können.

Es war keineswegs leicht für den jungen und noch unerfahrenen Dirigenten Mahler, nach Bad Hall wieder ein Engagement zu finden. Ein ganzes Jahr mußte er warten, bis er am Landestheater in Ljubljana (Laibach), der Hauptstadt Sloweniens, den eingeschlagenen Weg fortsetzen konnte. Unterdessen war *Das klagende Lied* für eine Auszeichnung mit dem Wiener Beethoven-Preis (Dezember 1881) abgelehnt worden. In der Jury hatten unter anderen Johannes Brahms, der Kritiker Eduard Hanslick und der Dirigent der Uraufführung von Richard Wagners *Ring*, Hans Richter, mitgewirkt.

Nach seinem halbjährigen Engagement in Laibach mußte Mahler weitere neun Monate ungesichert überstehen, bis er sich Anfang 1883 bei einem fast dreimonatigen Engagement in Olomouc (Olmütz) das entscheidende Sprungbrett für seine Laufbahn als Theaterkapellmeister schaffen konnte. Seine brillante Einstudierung von Méhuls *Joseph* und Bizets *Carmen* erregte so viel Aufsehen und Bewunderung, daß er, nach einwöchigem Gastdirigat, als Musikdirektor an das königliche Theater in Kassel verpflichtet wurde. Während seiner zweijährigen Tätigkeit entwickelten sich dort jene Wesenszüge des Dirigenten Mahler, für die er später berühmt werden sollte: seine eigenwillige Auffassung bei der Interpretation klassischer Partituren, sorgfältigste Ausarbeitung jedes Details und sein über die Musik hinausgehendes Engagement für die Inszenierung, sein Kampf gegen jede Routine und Schlamperei, und dies alles verbunden mit einem unbeugsamen Willen.

In Kassel, wo er als Dirigent nur eingeschränkte Befugnisse hatte, konnte Mahler mit solchen Eigenschaften keine Lorbeeren ernten. Er wurde vom Intendanten mehrere Male wegen vieler Verstöße gegen die dort herrschende preußische Theaterdisziplin zur Ordnung gerufen und sogar bestraft. Trotzdem hielt er unzählige Proben ab und hatte mit einer Aufführung des Oratoriums *Paulus* von Felix Mendelssohn-Bartholdy bei dem großen Kasseler Musikfest im Juni 1885 einen besonderen Erfolg.

Wiederum war es eine unglückliche Liebe Mahlers, diesmal zu Johanna Richter, Sopranistin am Kasseler Hoftheater, die zur Entstehung seines ersten Meisterwerks beitrug: den vier *Liedern eines fahrenden Gesellen*.

Schon im Januar 1885 hatte Mahler einen Dreijahresvertrag als 2. Kapellmeister mit dem Stadttheater in Leipzig abgeschlossen. Sein Dienstverhältnis sollte ab Juli 1886 beginnen. Im Frühjahr 1885 bekam er seine Entlassung vom Theater in Kassel, ohne Engagement für die Saison 1885/86. Mahler wandte sich an Angelo Neumann, den Leiter des Deutschen Theaters in Prag, und bekam daraufhin einen Einjahresvertrag.

In Prag hatte er dann erstmals Gelegenheit, die großen Opern von Mozart und Wagner zu leiten und vor allem auch seine Lieblingsoper, den *Fidelio*, zu dirigieren. Aber hier gab es Kritiker, die Mahler »im Namen der Tradition« angriffen und ihm das Leben wegen seiner Eigenwilligkeiten schwermachten. Mahler kümmerte sich darum wenig und folgte unbeirrt weiter seinen Prinzipien und Vorstellungen. Am Ende seines Einjahresvertrages kam es zwischen Mahler und Angelo Neumann zu heftigen Streitereien über die richtigen Tempi bei den Balletteinlagen in Gounods *Faust*. Anfang Juli 1886 folgte Mahler dann seinen Leipziger Vereinbarungen.

Auch dort konnten sich die Kritiker mit Mahlers Tempi nicht anfreunden. Dies störte Mahler weniger als das Wirken des etwas älteren und ihm vorgesetzten Kollegen Arthur Nikisch, ebenfalls ein aufgehender Stern am Dirigentenhimmel. Während einer längeren Erkrankung Nikischs im Frühjahr 1887 hatte Mahler seine Vertretung übernommen. Als Nikisch zurückkehrte, wollte Mahler den von ihm übernommenen Teil von Nikischs Repertoire weiterhin dirigieren. Die Auseinandersetzung endete damit, daß Mahler noch vor Ende der zweiten Saison sein Amt niederlegte.

Während Mahlers Zeit in Leipzig hatte er sich mit dem Enkel Carl Maria von Webers, dem Hauptmann Karl von Weber, angefreundet. Dieser zeigte Mahler die Entwürfe für die unvollendet gebliebene komische Oper seines Großvaters *Die drei Pintos*. Nur zögernd willigte Mahler schließlich ein, den Bitten Karl von Webers zu entsprechen und das Werk zu vollenden. Nachdem Karl von Weber das Libretto überarbeitet hatte, bat er Mahler, das Werk für den Bühnengebrauch einzurichten. Trotz des eher belanglosen Textbuches wurde die Premiere des Werkes im Januar 1888 im Neuen Stadttheater in Leipzig unerwartet zu einem aufsehenerregenden Erfolg. Viele Bühnen übernahmen das Werk, und binnen weniger Wochen war Mahlers Name in ganz Deutschland und in Österreich zum Begriff geworden.

Der überraschende Erfolg gab Mahler neues Selbstvertrauen in seine Fähigkeiten als Komponist. Er vollendete in dieser Zeit seine *1. Sinfonie* und einen weiteren sinfonischen Satz, der später Bestandteil der *2. Sinfonie* wurde. Mahlers große schöpferische Leistungen in jener Zeit hängen auch mit einer hoffnungslosen Liebesgeschichte zusammen. Er hatte sich leidenschaftlich in Marion, die Frau seines Freundes Karl von Weber und Mutter von drei Kindern, verliebt. Die Liebenden planten zu fliehen, was im letzten Moment verhindert wurde. Das Finale der *1. Sinfonie* spiegelt Mahlers Verzweiflung bei dieser aussichtslosen Affäre wider.

Bis zum Ende seiner Zeit in Leipzig sind die wesentlichen Merkmale des später weltberühmten Dirigenten Gustav Mahler schon deutlich erkennbar. Abgesehen von seinem rigorosen Idealismus, war er bereits damals bekannt für seine kompromißlosen Vorstellungen, seine rücksichtslosen Anforderungen gegenüber Sängern und Musikern während der Proben und seine ständigen Auseinandersetzungen mit Kritikern, von denen manche seine geschworenen Feinde wurden.

Mahler verließ Leipzig am 17. Mai 1888. Bis Mitte Juli war er arbeitslos gewesen. Dann lud Angelo Neumann Mahler ein, *Die drei Pintos* in Prag einzustudieren und eine Anzahl von Aufführungen zu leiten. Anfang September kam es zu Auseinandersetzungen zwischen Mahler und Neumann, und Mahler verließ Prag, um nach Iglau zu gehen. Hier bekam er Mitte des Monats eine Einladung von der königlichen Oper in Budapest, über die Leitung dieses Hauses zu verhandeln. Am 8. Oktober 1888 wurde er zum Direktor bestellt. Erstmals trug Mahler, nun achtundzwanzig Jahre alt, die volle Verantwortung für ein renommiertes Opernhaus.

Nachdem in Ungarn der Nationalismus seit dem »Ausgleichs-Vertrag« mit dem Kaiserhof in Wien im Jahr 1867 ständig an Boden gewonnen hatte, war sich Mahler darüber klar, daß er ein ausschließlich aus ungarischen Sängern bestehendes Ensemble bilden mußte. Sein Debüt gab er mit *Rheingold* und *Walküre* im Januar 1889. Der Erfolg war überwältigend. Die ungarische Presse würdigte Mahlers Meisterleistungen, die er in so kurzer Zeit vollbracht hatte. Anscheinend war es ohne Belang, daß der junge Maestro aus Böhmen ein deutschsprechender Jude war. Zunächst war er in Budapest also Persona grata, doch als der chauvinistische ungarische Aristokrat Géza Zichy Mahlers Intendant wurde, mußte Mahler gehen. Eine Abfindungssumme von 25 000 Gulden nahm Mahler die materiellen Sorgen für die nächste Zukunft.

In Budapest hatte Mahler das große Glück, die Bewunderung von Johannes Brahms erringen zu können, der von Mahlers *Don Giovanni*-Aufführung begeistert war. Jedoch bescherte ihm die Uraufführung seiner *1. Sinfonie* (die Mahler damals noch »Symphonisches Gedicht« nannte) im November 1889 einen schlimmen Mißerfolg. Während seiner Zeit in Budapest vollendete er lediglich (nach dem ersten Liederheft) zwei weitere Hefte mit Liedern aus »Des Knaben Wunderhorn«, das er schon in Leipzig begonnen hatte.

Von Budapest folgte er im März 1891 einem Ruf als 1. Kapellmeister an das Stadttheater in Hamburg, wo er sechs Jahre blieb. Auf den ersten Blick eine verhältnismäßig bescheidene Aufgabe gegenüber Budapest, da ihm in Hamburg Verwaltungskompetenzen nicht mehr zustanden. Er konnte jetzt zwar mit den besten Sängern seit Beginn seiner Laufbahn arbeiten, aber viele andere Dinge am Stadttheater ließen zu wünschen übrig, wobei insbesondere die Pflege eines breiten Repertoires (er leitete bis zu 150 Aufführungen in einer Saison) wohl eine große Belastung gewesen ist. Die Probenzeiten waren unzureichend, das Orchester von mittlerem Rang, die Inszenierungen mangelhaft, die Bühnenbilder schäbig, und das Interesse des Direktors Bernhard Pollini galt mehr dem Geldverdienen als der künstlerischen Qualität der Aufführungen. Zwischen ihm und Mahler kam es zu immer neuen Querelen.

Hans von Bülow, der große Pianist und Dirigent, damals der »Papst« des Musiklebens im deutschsprachigen Raum, hatte sich einige Jahre vor Mahlers Amtsantritt in Hamburg niedergelassen. Sofort erkannte er Mahlers außergewöhnliche Fähigkeiten als Dirigent und Interpret – er nannte ihn den »Pygmalion« der Hamburger Oper –, doch konnte er mit dem Komponisten Mahler nichts anfangen. Nach Bülows Tod im Jahr 1894 wurde Mahler dessen Nachfolger als Leiter der »Abonnements-Konzerte«.

Auch in Hamburg beanstandeten einflußreiche Kritiker Mahlers ungewöhnliche Tempi sowie seine Retuschen in der Orchestrierung klassischer Partituren. Diese öffentlichen Reaktionen, ebenso wie die häufigen Zerwürfnisse mit Direktor Pollini, verstärkten Mahlers Ambitionen, nach Wien zurückzukehren. Bruno Walter berichtet: »Es drängte Mahler nach dem vertrauten Wien und seiner unvergleichlichen Musikatmosphäre. Wenn es klingelte, rief er oft aus: ›Jetzt kommt die Berufung zum Gott der südlichen Zonen.‹«[5] Mahler setzte schließlich alle ihm zu Gebote stehenden Mittel ein, um an die Hofoper in Wien verpflichtet zu werden.

Schon während seiner Zeit in Budapest waren Mahlers Eltern und seine verheiratete Schwester Poldi gestorben, und er fühlte sich seitdem für die verbliebenen zwei Schwestern und zwei Brüder verantwortlich. Der jüngere Bruder Otto hatte Musik studiert und war dabei, eine Laufbahn als Theater-Kapellmeister zu beginnen, er beging jedoch im Jahr 1895 Selbstmord.

Mahlers Schwestern Justine und Emma verbrachten jeweils die Sommermonate der Jahre 1893 bis 1896 mit ihrem Bruder in einem kleinen Dorf im Salzkammergut, Steinbach am Attersee. Mahler beendete dort seine 2. und 3. *Sinfonie*. Er arbeitete in einem abseits vom Ferientrubel gelegenen »Komponierhäuschen«, das er von einem Handwerker in nächster Nähe des Sees hatte errichten lassen. Jedes Jahr besuchte er Johannes Brahms, der im nahe gelegenen Bad Ischl seine Sommerfrische verbrachte.

Ein stetiger Gast in Steinbach während der Sommermonate war

Natalie Bauer-Lechner, Bratschistin des Soldat-Roeger-Quartetts. Mahler kannte sie seit seiner Zeit am Wiener Konservatorium und schätzte die außergewöhnliche Intelligenz dieser erstklassigen Musikerin. Die gleichen Vorlieben in der Literatur wie in der Musik verbanden beide in besonderem Maß. Natalie bewunderte Mahler rückhaltlos, neigte aber gelegentlich dazu, ihn zu bevormunden.

Mahler wußte, daß sie ein Tagebuch führte, in das sie jedes Wort eintrug, das er in ihrer Gegenwart sprach, so auch seine Bemerkungen über Kompositionen, an denen er gerade arbeitete. Er unterhielt sich gerne mit ihr und hatte den Eindruck, daß Natalie Bauer-Lechner ihn in ihrer Bewunderung vielleicht besser verstand als seine Familie und die meisten seiner engen Freunde.

Natalies »Mahleriana« wurden erst Jahre nach Mahlers Tod, jedoch bis heute noch nicht vollständig, veröffentlicht. Das Buch bietet eine höchst detaillierte und fesselnde Chronik von Mahlers Leben zwischen den Jahren 1893 und 1901, der Zeit also, in der – sozusagen in ihrer Gegenwart – in Steinbach und später in Maiernigg die Sinfonien 2, 3, 4 und teilweise 5 entstanden sind.[6]

Zwei Jahre vor Mahlers Verpflichtung an die Wiener Hofoper im Jahr 1897 hatte Direktor Pollini Anna von Mildenburg, eine junge dramatische Sopranistin aus Wien, an das Stadttheater Hamburg verpflichtet. Von Anbeginn ihres Engagements hatte Mahler unzählige Stunden mit ihr gearbeitet und sie auf ihre Rollen vorbereitet. Dabei hatten sich beide leidenschaftlich ineinander verliebt. Ihr Verhältnis war in Hamburg ein offenes Geheimnis. Böse Zungen bedrohten schließlich beider Karrieren, doch endete das Verhältnis erst mit Mahlers Weggang nach Wien im April 1897. Anscheinend hat Mahler später Alma gegenüber beteuert, es sei eine platonische Liebe gewesen. Ton und Inhalt des Briefwechsels lassen jedoch keinen Zweifel an der Natur dieser Verbindung. Anna von Mildenburg war ebenso leidenschaftlich wie launisch, herrisch und unduldsam, was zu vielen Krisen in diesem Verhältnis führte. Sie heiratete im Jahr 1909 den österreichischen Schriftsteller Hermann Bahr.

Wie stellte sich Gustav Mahler damals die ideale Partnerin vor? Gegenüber seinem engen Freund, dem tschechischen Komponisten Josef B. Foerster, entwickelte er seine diesbezüglichen Vorstellungen: »Sie müssen vor allem bedenken, daß ich den Anblick einer ungepflegten, ungekämmten, in nachlässiger Kleidung sich zeigenden Frau nicht vertrage. Sodann: Die Einsamkeit geht mir über alles, als schaffender Künstler bin ich unbedingt auf sie angewiesen. Meine

Frau müßte also einverstanden sein, daß ich fern von ihr wohne, etwa sie im ersten, ich im sechsten Raum mit besonderem Eingang. Sie müßte darauf eingehen, daß sie bei mir nur zu einer bestimmten Zeit, stets geschmackvoll gekleidet und schön, erscheint. Endlich dürfte sie mir nicht verübeln und dürfte darin keine Abkehr oder Kühle und Herabsetzung erblicken, wenn ich manchmal keine Lust haben sollte, ihr zu begegnen. Kurz und gut, sie müßte Eigenschaften haben, die auch die beste und opferfähigste Frau vermissen läßt.«[7]

Foerster hatte durchaus recht, als er antwortete, Mahler würde sofort seine starren Prinzipien vergessen, sobald er sich verliebte. In der Tat haben weder Anna von Mildenburg (Mahler hatte sich schon sehr bald entschlossen, sie nicht zu heiraten) noch Alma dem von Mahler gezeichneten Bild einer idealen Partnerin auch nur annähernd entsprochen.

Während der letzten Hamburger Zeit ließ sich Mahler alle wichtigen Ereignisse an der Wiener Hofoper berichten. Direktor Wilhelm Jahn war bereits siebzehn Jahre im Amt, er litt unter Alterserscheinungen und begann sein Augenlicht zu verlieren. Jedermann wußte, daß seine Nachfolge bald anstehen würde. Anfang des Jahres 1896 erneuerte Mahler – unterstützt von Natalie Bauer-Lechner und Anna von Mildenburg – seine Bekanntschaft mit Rosa Papier-Paumgartner, einer Altistin, die unter Mahler in Kassel gesungen hatte. Sie hatte die Bühne verlassen, um Gesang zu unterrichten. Aufgrund ihres Verhältnisses mit Eduard Wlassack, dem Kanzleidirektor der Generalintendanz, hatte Rosa Papier einen bemerkenswerten Einfluß auf vielerlei Vorgänge an der Hofoper.

Mahlers außergewöhnliche Fähigkeiten als Dirigent und Organisator waren seit seinem Wirken in Budapest und Hamburg zwar weithin beachtet und fachlich anerkannt worden, doch es gab auf dem Weg zum Wiener Operndirektor noch einige Hindernisse. Insbesondere Mahlers jüdische Herkunft war in einer Stadt des ständig wachsenden Antisemitismus eine besondere Belastung. Auch seine ihm zugeschriebene Nervosität, sein diktatorisches Auftreten und sein Ruf als kompromißloser Perfektionist wurden gegen ihn ins Feld geführt. Zudem galt er als hemmungsloser Frauenheld, welchen Ruf er hauptsächlich Anna von Mildenburg verdankte. Sie hatte in Hamburg nichts unversäumt gelassen, ihr Verhältnis mit Mahler in der Öffentlichkeit bekanntzumachen.

Der Kaiserhof war weithin frei von antisemitischen Vorurteilen. Kaiser Franz Joseph I. hatte selbst erklärt, daß er sich zu keiner Zeit seine Entscheidungen von Antisemiten diktieren lassen werde. Daß dies kein Lippenbekenntnis war, zeigt auch die Tatsache, daß der Kaiser sich zunächst geweigert hatte, die Wahl Karl Luegers, des führenden Kopfes der antisemitischen Bewegung, zum Oberbürgermeister von Wien anzuerkennen. Trotzdem empfahl es sich, Mahlers Verpflichtung an die Hofoper möglichst unauffällig zu arrangieren. Auf Rosa Papiers und Eduard Wlassacks Ratschlag konvertierte Mahler im Februar 1897 zum Katholizismus. Der Musikkritiker Ludwig Karpath hat die Vorgänge von Mahlers Berufung nach Wien in allen Einzelheiten dargestellt und berichtet auch von einem Gespräch mit Mahler über seine Konversion. Mahler äußerte demnach: »...Tatsache ist, daß die Sehnsucht, der hamburgischen Hölle Pollinis zu entfliehen, den Gedanken in mir keimen ließ, aus der jüdischen Religionsgemeinschaft auszutreten. Das ist das Schmachvolle an der Sache. Ich leugne nicht, daß es mich große Überwindung kostete, man darf ruhig sagen aus Selbsterhaltungstrieb eine Handlung zu begehen, der man innerlich gar nicht abgeneigt war.«[8]

Für die Durchsetzung seines sehnlichsten Wunsches nahm Mahler die Hilfe aller ihm wohlgesonnenen Persönlichkeiten in Wien in Anspruch. Brahms war zu jener Zeit bereits schwer erkrankt, aber sein engster Freund, der »Bismarck der Musikkritiker«, wie Giuseppe Verdi ihn nannte, und einflußreichster Musikkritiker Wiens, Eduard Hanslick, setzte sich für Mahler ein.

Fünf Tage nach dem Tod von Johannes Brahms (und fünf Tage nach der Gründung der Wiener Secession, die einen umwälzenden Einfluß auf die bildende Kunst haben sollte), am 8. April 1897, wurde Mahlers Ernennung zum Hofkapellmeister bekanntgegeben. Sein Debüt mit *Lohengrin* am 11. Mai fand das einhellige Lob der Presse. Alles weitere war nur noch eine Frage der Zeit. Im Juli avancierte Mahler zum stellvertretenden Direktor, am 15. Oktober zum Direktor.

Sofort begann Mahler, sich um äußere und innere Reformen zu bemühen. Wer zu spät kam, durfte den Zuschauerraum nicht mehr betreten, die fragwürdigen Praktiken der Claqueure sollten bekämpft werden, manche populären Sänger, deren mangelnde Werktreue Mahler mißfiel, wurden abgelöst. Die Inszenierungen des gängigen Repertoires sollten an Qualität gewinnen, den Anteil der Werke Mozarts und Wagners im Repertoire wollte Mahler vergrößern, und schließlich galt es, Schnitte in den Opern Wagners aufzuheben.

Zunächst waren solche Forderungen und Vorstellungen dem Wiener Publikum in höchstem Maß suspekt. In Wien galt Kunst in erster

Linie als ein gesellschaftliches Vergnügen. Mahlers Maßnahmen stießen auf weitgehendes Unverständnis. Seine Gegner bezeichneten ihn als einen Tyrannen, einen Teufel, einen Unmenschen und gefährlichen Revolutionär. Doch gab es glücklicherweise auch ernsthafte Musikfreunde, die den heiligen Ernst Mahlers zu schätzen wußten und seine genialen Fähigkeiten als Nachschaffender respektvoll anerkannten.

Der Kaiserhof unterstützte Mahler in seinem Wirken zunächst ohne Vorbehalt, insbesondere Obersthofmeister Fürst Liechtenstein und sein Stellvertreter Fürst Montenuovo, für alle Belange der Hofoper zuständig. Natalie Bauer-Lechner erinnert sich: »Fürst Liechtenstein ließ Mahler wegen eines Skandals mit dem Ballett-Dirigenten zu sich rufen und wollte ihm in aller Freundlichkeit – denn er hatte Mahler sehr gern – ins Gewissen reden, er solle doch dem Rufe der Unverträglichkeit und Ungeduld, der ihm voranging, nicht auf solche Weise scheinbar recht geben. Mahler setzte ihm auseinander, wie not solche Gewitter täten bei dem Zustande der Disziplinlosigkeit, Verlotterung und Schlamperei, der an der Oper herrsche und seit Jahrzehnten immer tiefer eingerissen sei. Hier Ordnung zu schaffen, sei nur durch größte Strenge möglich, die der Einsichtige daher gutheißen und jeden ›Skandal‹ als heilsam *wünschen* müsse. Darum solle Fürst Liechtenstein in Zukunft nur dann nach ihm schicken, wenn nicht jede Woche mindestens zwei Skandale an der Oper vorkämen.«[9]

Ein für Mahler gefährlicher Konflikt bahnte sich Ende des Jahres 1898 an, als der neue Intendant August von Plappart versuchte, Mahlers Kompetenzen in einer neuen Dienstinstruktion zu beschneiden. Nach von Plapparts Vorstellungen hätte danach Mahler alle Entscheidungen, die das Theater betrafen, wie etwa die Besetzungen, das Repertoire, die Ausstattung etc., dem Intendanten zur schriftlichen Genehmigung vorlegen müssen. Die Fehde wogte ein ganzes Jahr hin und her. Der eigensinnige Hofoperndirektor vertrat die Meinung, daß er, und nur er, die notwendige Qualifikation besäße, solche Angelegenheiten zu entscheiden. Daß Mahler sich in den entscheidenden Fragen schließlich durchsetzen konnte, verdankte er im wesentlichen dem Obersthofmeister.

Im Herbst 1898 wählten die Wiener Philharmoniker Mahler zum Leiter der Philharmonischen Konzerte. Obwohl dies weitere Belastungen für ihn brachte, war Mahler doch froh, neben dem Opernrepertoire auch Konzertmusik dirigieren zu können. Trotz Spannungen mit dem Orchester und den üblichen Vorwürfen der Kritiker hinsichtlich seiner Tempi und Retuschen in den Partituren war er nun für die Dauer von zweieinhalb Jahren die beherrschende Gestalt des Wiener Musiklebens. In seinen Konzerten bot er auch eigene Werke, so die 1. und 2. Sinfonie und einige seiner Orchesterlieder. Fast immer stieß sein eigenes Schaffen bei Publikum und Presse auf Unverständnis. Auch mit den ersten beiden Sinfonien, die bisher in Berlin, Hamburg und Weimar aufgeführt worden waren, hatte er keinen Erfolg gehabt. Erstmals die Aufführung der 2. Sinfonie in München, im Oktober 1900, konnte ein positives Echo verzeichnen.

Mahler war nun vierzig Jahre alt. Im Vergleich zu den großen Meistern der Vergangenheit hatte er erst ein verhältnismäßig schmales Œuvre vorzuweisen. Um sich in der Zeit, die ihm neben seinen beruflichen Verpflichtungen verblieb, in Ruhe seiner kompositorischen Arbeit widmen zu können, entschloß sich Mahler zum Erwerb einer ständigen Sommerwohnung. Er kaufte, mit teilweise von seiner Schwester Justine geborgtem Geld, ein Grundstück in Maiernigg am Wörthersee und ließ dort die »Villa Mahler« erbauen, die er im Jahr 1901 bezog.

Durch die bösen Erfahrungen, die Mahler bei seiner Affäre mit Anna von Mildenburg gemacht hatte, achtete er in Wien auf strenge Diskretion seines Privatlebens. Es wurde jedoch bekannt, daß er sich in die junge Koloratursopranistin Selma Kurz verliebt hatte, die ihm ihr Engagement an der Wiener Hofoper verdankte. Das Verhältnis dauerte nur kurze Zeit, da beide wohl Angst vor den möglicherweise gravierenden Folgen für ihre Karrieren hatten. Wenn man dem Raunen in Wien Glauben schenken darf, so pflegte Mahler auch zu zwei anderen Sopranistinnen Beziehungen, zu Rita Michalek, welche bei der Uraufführung der 4. Sinfonie mitwirkte, und zu Marie Gutheil-Schoder, die in Mahlers Ensemble zu seinen Favoritinnen zählte. Es gibt jedoch keine konkreten Anzeichen dafür, daß im einen wie im anderen Fall die Grenzen von freundschaftlichen Beziehungen überschritten worden wären. All diese Gerüchte waren jedoch Grund genug für den späteren Schwiegervater Mahlers, Carl Moll, seine Stieftochter Alma Schindler vor dem »Roué«[10], dem Lebemann Mahler, zu warnen.

Am Sonntag, dem 24. Februar 1901, dirigierte Mahler das 6. Sinfoniekonzert der Saison mittags um 12.30 Uhr. Am Abend leitete er eine Aufführung der *Zauberflöte* in der Hofoper. Alma Schindler besuchte beide Aufführungen und vermerkte in ihren Erinnerungen:

»Ich habe ihn [...] zweimal dirigieren gesehen. Er sah aus wie Luzifer: weiß das Gesicht, Kohlen seine Augen. Ich hatte tiefes Mitgefühl mit ihm und sagte meiner Umgebung: ›Das kann dieser Mensch nicht aushalten‹ [...] Mit der einzigartigen Intensität seines Nachschaffens konnte man nicht an einem Tag zweimal solche Wunder gestalten, ohne daran zugrunde zu gehen.«[11]

Almas Ahnungen waren begründet. In der Nacht vom 24. zum 25. Februar 1901 wäre Mahler fast an einer Darmblutung gestorben. Nur durch das sofortige Eingreifen zweier Ärzte konnte er gerettet werden. Um einen Rückfall zu verhüten, wurde er zehn Tage später operiert. Nach der Operation pausierte Mahler zunächst drei Wochen und verbrachte dann zur Osterzeit einen Erholungsurlaub in Abbazia (Opatija) an der Küste Istriens. Angesichts der Empfehlungen seiner Ärzte teilte Mahler den Wiener Philharmonikern seinen Rücktritt mit. Kurz darauf hörte er, daß das Orchester ihn durch den mittelmäßigen Ballett-Kapellmeister Josef Hellmesberger jr. ersetzen wollte. Mahler war darüber um so verstimmter, als er für das Wohlergehen dieses Orchesters viel geleistet hatte, mehr als jeder seiner Vorgänger. Daß ihm die Philharmoniker dies nun mit Böswilligkeiten und offener Feindschaft vergalten, kränkte ihn zutiefst.

Der amerikanische Psychoanalytiker Stuart Feder hat überzeugend auf die Zusammenhänge zwischen Mahlers beinahe tödlicher Darmblutung im Februar 1901 und den Todesstimmungen in den meisten seiner Kompositionen des darauffolgenden Sommers hingewiesen. Es sind dies drei *Kindertotenlieder, Um Mitternacht, Der Tamboursg'sell* und der Trauermarsch der 5. *Sinfonie.* Feder hat des weiteren die bemerkenswerte These formuliert, daß ein Zusammenhang zwischen Mahlers existentiellen Erlebnissen im Februar 1901 und seinem im Unterbewußten verstärkten Wunsch bestand, nun eine Familie zu gründen. Nicht zuletzt wohl auch deswegen, um seine Todesgedanken abzuwehren.[12]

In Natalie Bauer-Lechners »Mahleriana« finden sich eine idyllische Schilderung des Frühlings 1901 in Abbazia und eine nicht minder idyllische Beschreibung des darauffolgenden Sommers in der soeben bezogenen Villa Mahler in Maiernigg.[13] Natalie hoffte noch immer, daß Mahler sie eines Tages heiraten würde.

Im Typoskript von Almas »Ein Leben mit Gustav Mahler« findet sich zwischen zwei später zusammengeklebten Seiten die Geschichte des Bruchs zwischen Mahler und Natalie, so wie sie Mahler vielleicht erzählt hat. Alma berichtet: »... er wehrte sie ab, sie wurde immer zudringlicher, und nun kam jenes köstliche Schlußgespräch, das im Hause Mahler geflügelt war:

Bauer: ›Heirate mich, um Gottes willen!‹

Mahler: ›Nein!‹

Bauer: ›Warum nicht?‹

Mahler: ›Weil ich dich nicht liebe! Niemals lieben kann! Ich kann nur eine schöne Frau lieben!‹

Bauer: ›Ich bin aber schön, frage die [Henriette] Mankiewitsch [Mankiewicz]!‹

(Dies war eine kitschige Malerin und alte Freundin Mahlers).«

Natalies Bekenntnis ihrer wahren Gefühle führte zu dem sofortigen und endgültigen Abbruch aller Beziehungen zwischen den beiden. Später beschwerte sich Mahler einmal gegenüber Alma, daß Natalie sich zu früh mit einem Liebhaber getröstet hätte und daß sie doch wohl etwas länger hätte warten können …

Almas Darstellungen zufolge hat Mahler damals auch die leidenschaftliche Liebesaffäre zwischen seiner Schwester Justine und seinem Konzertmeister Arnold Rosé entdeckt. Mehrmals behauptet Alma, Mahler hätte sich betrogen gefühlt und sei vom Verhalten seiner Schwester enttäuscht gewesen. Eine fragwürdige Darstellung, weil Arnold Rosé zum engeren Freundeskreis Mahlers zählte und sie die Sommermonate oft gemeinsam verbrachten. Auch fällt es schwer zu glauben, daß Mahler, keineswegs der »Moralist«, wie Alma ihn oft beschrieben hat, nicht schon früher die wahren Gefühle seiner Schwester für Arnold Rosé entdeckt haben sollte. Jedenfalls läßt sich in keinem von Mahlers vielen Briefen, die er seiner Schwester vor und nach ihrer Hochzeit mit Arnold Rosé schrieb, eine Spur seiner angeblichen Verärgerung entdecken.

Mahler war seiner Schwester Justine außerdem zu Dank verpflichtet. Schon in Budapest hatte sie ihm den Haushalt geführt, war dann mit ihm nach Hamburg gegangen und teilte nach Mahlers Berufung mit ihrem Bruder die Wohnung in der Auenbruggergasse 2 in Wien bis zu dessen Hochzeit mit Alma.

Mahler war am Ende des Jahres 1901 glücklich, mit dem Mädchen, das er liebte, mit Alma Schindler, einen gemeinsamen Lebensweg beginnen zu können.

Er war sicherlich aber auch erleichtert, durch seinen Entschluß die Schwester für ein Leben freigegeben zu haben, das ihr die Gründung einer eigenen Familie ermöglichte.

*

Über die Persönlichkeit Alma Maria Schindlers, dieses »schönsten Mädchens von Wien«, wie sie oft genannt wurde, und der späteren Femme fatale dieses Jahrhunderts, über Alma Maria Mahler-Gropius-Werfel ist mit Bewunderung und Verwunderung, Anbetung und Verachtung geschrieben worden. Unergründlich erscheint letztlich die Vielfalt ihres Lebens, ebenso wie die Komplexität und die Widersprüchlichkeit ihres Charakters. Komplex und schwierig gestaltete sich ihre Verbindung mit Gustav Mahler von Anbeginn.

Dieser beklagte schon während der Verlobungszeit Almas mangelnde Dialogfähigkeit und schrieb beschwörend: »Liebste! Lerne antworten!« und »Liebste, Liebe, lerne *fragen*!« (s. Nr. 6)

Almas zweiter Ehemann, der Architekt und Begründer des Bauhauses, Walter Gropius, ließ sich nach fünfjähriger Ehe und nach schwersten Auseinandersetzungen, auch mit seinem Nebenbuhler Franz Werfel, 1920 von Alma scheiden. Nach der Lektüre der unvollständigen englischsprachigen Erstausgabe von Almas Autobiographie »And the Bridge is Love« (New York 1958) war Gropius von der nach seiner Meinung entstellenden Darstellung der gemeinsam verbrachten Lebensspanne erschüttert. Seinen letzten Brief an Alma schloß er mit dem Satz: »Der Rest ist Schweigen.«[14]

Mit ihrem dritten Ehemann, dem Dichter Franz Werfel, emigrierte Alma nach dem Anschluß Österreichs an Hitler-Deutschland im Jahr 1938 über Frankreich in die USA. Ihr »Mannkind«, wie sie Franz Werfel nannte, scheint ihren Vorstellungen von einer Partnerschaft noch am nächsten gekommen zu sein.

Almas Tochter, Anna Mahler, zitiert Werfel mit dem aufschlußreichen Satz: »Werfel hat oft, schon in der Wiener Zeit, zu mir gesagt: ›Ich weiß nicht, ob die Alma mein größtes Glück oder mein größtes Unglück ist‹«, und Anna Mahler fügte hinzu: »... er [Werfel] hat sich erst in Santa Barbara innerlich ganz von ihr gelöst. Ja: dort, in den letzten Jahren seines Lebens, während der ›Stern der Ungeborenen‹ entstand, befreite er sich von ihrer Übermacht.«[15]

Ein knappes Jahr nach Mahlers Tod, im April 1912, lernte Alma den sechsundzwanzigjährigen Maler Oskar Kokoschka kennen. In ihrer Autobiographie »Mein Leben« berichtet sie, daß sie sich damals spontan ans Klavier setzte und *Isoldes Liebestod* für Kokoschka sang. Diese stürmisch einsetzende Liebe wurde dann zu einer Art erotischem »Cantus firmus« für Alma, der neben ihren Ehen und Freundschaften bis kurz vor ihrem Tod weiterklang.

Alma hat schon zu Lebzeiten durch die von ihr verfaßten autobiographischen Bücher dem Publikum weitgehende Einblicke in ihre Intimsphäre erlaubt. Im Hinblick auf ihre Ehe mit Mahler lassen sich viele in ihren Erinnerungen gewiß ernstgemeinte, aber oft auch theatralisch und hilflos wirkende Selbstzweifel feststellen. Spätere Beispiele wirken oft inszeniert und unglaubwürdig, wie ein Nachhall vergangener Zeiten.

Das Thema Partnerschaft, das Alma während ihrer Ehe mit Mahler stark bewegte, tritt in ihren späteren Verbindungen deutlich zurück. Nach Mahlers Tod erscheint sie immer mehr als die allein Gebende.

Der Tod Mahlers am 18. Mai 1911 bedeutete für Alma das Ende ihres vielleicht wichtigsten Lebensabschnitts. Nichts mehr auf dieser Welt, so erscheint es in ihren schriftlichen Zeugnissen, was sie nicht schon durchlebt oder durchlitten hätte! Durch ihre – aus ihrer Sicht – aufopfernde Hingabe an den Genius Mahler, insbesondere nach seiner Zeit als Hofoperndirektor und nach dem Tod der Tochter Maria im Jahr 1907, sowie auch durch ihre wirtschaftliche Unabhängigkeit nach Mahlers Tod gewann Almas Persönlichkeit immer mehr an Überlegenheit und Stärke.

Als sie im Dezember 1964 in ihrer Wohnung in New York starb, hatte sie Mahler um dreiundfünfzig Jahre überlebt. Ähnlich wie Constanze Mozart und Cosima Wagner, die nach dem Tod ihrer Gatten im einen Fall noch einundfünfzig Jahre, im anderen noch siebenundvierzig Jahre gelebt haben.

Trotz der Belastungen, die der Tod der Tochter, die Liebesaffäre mit Walter Gropius im Sommer 1910 und der Ausbruch von Mahlers tödlicher Krankheit im Februar 1911 für ihr Leben brachten, hat Alma ihre Ehe, jedenfalls nach außen, bis zum bitteren Ende konsequent durchgehalten. Dies mag für sie eine Art Ritterschlag bedeutet haben, der ihrer ohnehin dominanten Persönlichkeit zusätzlich noch eine Art monumentaler Würde verlieh. Das im Jahr 1911 zweiunddreißigjährige Monument »Witwe Mahler« hat diese Würde höchst eigenwillig gelebt, und ihre männlichen Partner nach Mahler haben dies offensichtlich respektiert.

Es scheint, als steigerte sich Alma nach ihrer Ehe mit Mahler allmählich in die Rolle einer »Allmutter« und »Allgeliebten« hinein. Ist dies vielleicht auch ein Versuch gewesen, die ihr zeitlebens versagt gebliebenen Weihen einer großen Künstlerin oder Komponistin zu kompensieren?

Mahler heiratete Alma, angezogen von ihrer Schönheit, Wachheit und Emotionalität, ebenso wie in der Hoffnung und im Vertrauen auf die Lernfähigkeit seiner Partnerin, im Bewußtsein seiner überlegenen Lebenserfahrung, Bildung und künstlerischen Kraft; aber gleicherweise auch in der Sehnsucht nach Partnerschaft, menschlicher Zuneigung und Verständnis für seine künstlerische Sendung.

Alma verband sich einem aufregend umstrittenen Idol der Kunststadt Wien, dessen künstlerische Erfolge als Dirigent und dessen Durchsetzungsvermögen sie faszinierten. Zunächst eine Allianz also, die für Mahler wie Alma vielversprechend war. Schon während der Verlobungszeit aber lassen sich die Bewährungsproben ahnen, welche dann das künftige Miteinander kennzeichnen.

Ebenso wie in ihre Ehe mit Mahler hat Alma in ihren Büchern der Nachwelt auch Einblicke in ihre Herkunft gewährt, deren Freimütigkeiten auch ihren unverwechselbaren Stil ausmachen.

Gleich zu Beginn ihrer Autobiographie steht ein aufschlußreiches Bekenntnis zu ihrem Vater. Alma war kaum dreizehn Jahre alt, als Emil Jakob Schindler im August 1892 starb. Seine Persönlichkeit hat Alma entscheidend geprägt. Sie stellt fest: »Ich bin die Tochter eines großen Monumentes, gewissermaßen. Mein Vater, Emil J. Schindler, das Vorbild meiner Kindheit, kam aus einem alten Patrizierhaus. Er war der bedeutendste Landschaftsmaler der österreichischen Monarchie.«[16]

Genau diese exotische Mischung aus Großbürgertum mit entsprechenden materiellen Sicherungen und singulärem Künstlertum mit all seinen Wagnissen kennzeichnet unübersehbar Almas Lebensvorstellungen. Emil Jakob Schindler hatte sich seinen Wohlstand, in dem Alma aufwachsen durfte, hart und mit einem unerschütterlichen Selbstbewußtsein erworben. Bevor sich der eigene Ruhm einstellte, nahm er zunächst nur bescheiden am Leben der Großen seines Fachs teil. In Paris hatte er Hans Makart, den »pompösen Meister der Franzisko-Josephinischen Gründerjahre«[17] kennengelernt, der Schindlers außergewöhnliche Fähigkeiten früh erkannt hat.

Makart stellte dem jungen, mittellosen Kollegen sein Atelier in der Gußhausstraße in Wien einen ganzen Winter lang zur Verfügung. Dieses Atelier war auch der Ort legendärer Künstlerfeste, bei denen die Damen der Gesellschaft echte Renaissance-Gewänder aus Makarts Besitz trugen, erlesene Speisen und Weine im Überfluß serviert wurden und unzählige Rosengirlanden den Saal zierten. Wenn man Alma Glauben schenken darf, spielte Franz Liszt bei diesen »Renaissance-Festen« so manche Nacht, und Schindler erlebte eine schillernde Welt zwischen Traum und Wirklichkeit, die als Ansporn für seine Karriere eine Rolle gespielt haben mag.

Als er einmal feststellen mußte, daß kein Geld mehr vorhanden war, um seine noch nicht bezahlten Schuhe zu ersetzen, mietete er, um weiter beweglich zu bleiben, einen sogenannten Monatsfiaker samt Fahrer bis zur Vollendung eines Bildes, dessen Verkauf dann auch den Erwerb neuer Schuhe ermöglichte.

Die Verleihung der Münchner Karl-Ludwig-Medaille an Schindler im Jahr 1878 für sein Bild »Mondaufgang im Prater« war sein erster, den Weg in eine größere Öffentlichkeit bahnender Erfolg. Sogar der Kaiser zählte danach zu seinen Kunden. Hinzu kam, daß sich im gleichen Jahr zwei Mäzene entschlossen, die gesamte künftige Produktion Schindlers zu kaufen.

Die Verleihung des Wiener Reichel-Kunstpreises förderte weiter seinen Durchbruch. Nach dem Jahr 1885 war er in der Lage, seinen Lebensstil nach eigenen Vorstellungen zu gestalten. Er vertauschte sein Heim in Bad Goisern in der Nähe von Bad Ischl mit dem romantischen Renaissance-Schlößchen Plankenberg in der Nähe von Wien.

Die sich mehrenden Einkünfte des Vaters ermöglichten auch Alma ein annehmlicheres Leben. Zugleich war ihr Vater stetig bemüht, ihre geistigen und künstlerischen Talente zu wecken. Alma berichtet, daß sie seit frühester Kindheit von seiner Leidenschaft für die Musik und seiner Arbeit im Atelier fasziniert war. Ihr zufolge besaß der Vater eine schöne Tenorstimme und war ein Kenner Schumannscher Liedkunst.

Musiker, Maler, Literaten, Architekten und Politiker verkehrten im Schloß der Schindlers. Almas späterer gesellschaftlicher Umgangsstil erfährt hier seine Prägung. Unvergeßlich blieb ihr das Erlebnis aus jenen Tagen, als ihr Vater sie im Alter von acht Jahren zusammen mit ihrer Schwester Grethe in sein Zimmer holte, um den beiden Mädchen den Inhalt von Goethes »Faust« zu erzählen. Ihr Vater, der sie »immer ernst« nahm, gab ihr dann das Werk mit der Bemerkung: »Das ist das schönste Buch der Welt.« Daß die Mutter dann die Lektüre verbot, zeitigte bei Alma nur eine Reaktion: »Ich *muß* den Faust wiedererlangen.«[18]

Der Höhepunkt des kurzen gemeinsamen Lebensweges mit dem verehrten und geliebten Vater war wohl eine mehrmonatige Reise, die Schindler im Auftrag des Kronprinzen unternahm, um Ansichten von den wichtigsten Städten an der Küste Dalmatiens zu malen.

Die Familie reiste mit großem Sack und Pack, begleitet vom Schüler und Famulus Schindlers, Carl Moll. Er wurde nach dem Tod Schindlers im Jahr 1895 Almas Stiefvater. Alma beschreibt ihn als »den ewigen Schüler meines Vaters«, der »von einer Lehre in die andere [ging] bis zu seinem Tode, und zum Unglück seines kleinen Talentes«[19].

Almas offenkundiges Ressentiment gegenüber der wiederverheirateten Mutter und dem Stiefvater, den sie fast ausschließlich als »Moll« apostrophiert, ist bis zum Ende ihres Lebens nicht zur Ruhe gekommen. Mahler wiederum pflegte ein besonders herzliches Verhältnis zu seinen fast gleichaltrigen Schwiegereltern. In seinen Briefen an Alma bestellt er am Ende oder im Postskriptum fast regelmäßig »Grüße an Mama und Karl«. Meistens läßt Alma in ihrer Ausgabe diese Grußformel weg, aber oft auch andere Passagen, die sich auf Anna und Carl Moll beziehen.

Die große Reise entlang der dalmatinischen Küste im Jahr 1887 endete mit einem längeren Aufenthalt auf der Insel Korfu. Hier begann, nach Almas Berichten, ihre praktische Beschäftigung mit der Musik: »Wir hatten ein Pianino aus [der Stadt] Korfu kommen lassen, und hier begann ich mit neun Jahren zu komponieren und aufzunotieren.«[20]

Alma lebte in dieser wichtigen Entwicklungsphase auf der Sonnenseite des Lebens. Ihre Kinderphantasien über die Möglichkeiten dieser Welt entfalteten sich zunächst ungehemmt.

Der Tod des geliebten Vaters bedeutete einen schmerzhaften Einschnitt in das Leben des heranwachsenden Mädchens mit tiefen psychologischen Folgen: Nach einer Fehldiagnose starb Emil Jakob Schindler im Alter von fünfzig Jahren während einer Urlaubsreise auf der Insel Sylt am 9. August 1892. Als dann »die Tochter eines großen Monuments«[21] 1896 das von Edmund Hellmer gestaltete Denkmal ihres Vaters im Wiener Stadtpark mitenthüllen durfte, mögen sich im Fühlen und Denken des jungen Mädchens jene monumentalen Maßstäbe gebildet haben, denen dann über ein halbes Jahrhundert lang Männer vom Range Klimts bis Werfel standhalten mußten.

Noch nach dem Tod Almas in New York war Emil Jakob Schindler sichtbar präsent: Während der Trauerfeier für Alma im Dezember 1964 in Manhattan hing sein Bild hinter Almas Sarg an der Wand. Die Musik während der Zeremonie war nicht von Gustav Mahler und kam von einem Tonband.[22]

Alma hat sich nur über ihre Familie väterlicherseits genauer geäußert. Dabei spielt ihr Großonkel Alexander Schindler, Politiker und Parlamentarier der Liberalen im alten Österreich, eine besondere Rolle. Mehr als die Tatsache, daß aufgrund einer Initiative Schindlers die Prügelstrafe im Militär Österreichs abgeschafft wurde, mag Alma beeindruckt haben, daß er unter dem Pseudonym Julius von der Traun juristische Abhandlungen und Romane schrieb. Nach Schindlers Novelle »Der Schelm von Bergen« hat Carl Zuckmayer später sein gleichnamiges Theaterstück geformt. Von der Theatralik des Lebens ihres Großonkels war Alma fasziniert. In ihrer Autobiographie berichtet sie, daß, als die »Verschwendernatur« Alexander Schindler hochverschuldet aus seinem Schloß Leopoldskron bei Salzburg auszog, die Dienerschar einen Fackelzug zum Abschied veranstalten mußte. Daß in späterer Zeit Max Reinhardt im gleichen Schloß residierte, hat Alma mit Genugtuung vermerkt. Wichtig war für sie, daß ihr Vater, »der geborene Aristokrat«[23], einen Teil seiner Jugend auf dem Schloß dieses Onkels verlebt hatte.

Almas Gefühle der Mutter gegenüber erscheinen zwiespältig. Schon aus der Zeit der Ehe mit Emil Jakob Schindler berichtet sie von Streitereien der Eltern, wobei nach ihrer Darstellung die Ursachen hierfür stets bei der Mutter lagen. Daß der Vater im Herzen der Mutter überhaupt einen Nachfolger fand, war für Alma eine schmerzliche Tatsache, die sie letztlich nie verwunden hat. Sicherlich rühren daher auch die vielen emotionalen Urteile über Carl Moll, der als talentierter und erfolgreicher Künstler zusammen mit Gustav Klimt und anderen ein Gründungsmitglied der Wiener Secession gewesen ist.

Alma hat ihr musikalisches Talent nicht nur vom Vater, sondern auch von der Mutter geerbt. Durch die gemeinsame Liebe zur Musik hatten sich Almas Eltern kennengelernt.

Geboren in Hamburg am 20. November 1857, war Anna Sofie Bergen das zweite Kind (von insgesamt neun Kindern) eines mittelständischen Brauereibesitzers in Hamburg, der sie zum Abschluß ihrer Gesangsausbildung etwa im Jahre 1876 oder 1877 nach Wien geschickt hatte. Hier wurde sie im »Konservatorium« der damals bekannten und geschätzten Gesangspädagogin Adele Passy-Cornet aufgenommen.

Im Wiener »Fremden-Blatt« wird Anna Bergen zum erstenmal am 12. Dezember 1877 erwähnt: »Im Künstlerhause findet Montag die erste Theater-Vorstellung statt. Zur Aufführung gelangt die bekannte parodistische Operette *Lenardo und Blandine* [von Franz Mögele].«

Fünf Tage später heißt es dort: »Mit der Reprise von *Lenardo und Blandine* [...] hat die Künstlergenossenschaft vorgestern Abends ihre Salons für die neue Saison eröffnet. [...] In Herrn Schindler (Lenardo) schlägt eine komische Ader, die den Neid der Theaterleute von Beruf wachrufen könnte. Neu war Blandine *Frl. Bergen*, die als Prima[donna]-Assoluta für die heurige Saison in dem liebenswürdigen Haustheater an der Wien gewonnen wurde. Die junge Dame that als Sängerin ihr Möglichstes; in die humor-gesättigte Athmosphäre des ›Gnschas‹ [Maskenball], die diese Räume erfüllt, hat sie sich noch nicht hineingefunden ...«

Für die Saison 1878/79 wurde Anna Bergen vom Wiener Ring-Theater verpflichtet und debütierte am 19. Oktober 1878 in der Titelrolle in Josef Forsters komischer Oper *Die Wallfahrt der Königin*, die von dem später berühmten Dirigenten Felix Mottl geleitet wurde. Nach sechs Wiederholungen verschwindet Anna Bergens Name vom Repertoire des Ring-Theaters. Im Frühjahr 1879 taucht ihr Name in Verbindung mit Aufführungen einer neuen Operette von Franz Mögele *Ritter Toggenburg* auf, in denen auch Emil Schindler mitwirkte. In einer Kritik am 4. März 1879 notiert das Wiener »Fremden-Blatt«: »... Frau Schindler sang und spielte die alte Mathilde mit wahrer Virtuosität!«

Zuvor, am 28. Dezember 1878, hatte das Wiener »Fremden-Blatt« folgende Notiz veröffentlicht: »Eine interessante Verlobung hat vor Kurzem in hiesigen Künstlerkreisen stattgefunden. Einer der trefflichsten Wiener Landschaftsmaler, Herr Emil J. Schindler, heiratet demnächst die jugendliche Sängerin Julie [sic] Bergen (eigentlich Bergk-v. Bergen-op-Zoom), welche bei ihrem Debut im Ring-Theater Anerkennung gefunden hat. Der Keim des zarten Verhältnisses ist auf die überlustigen Operetten-Aufführungen im Künstlerhause zurückzuführen, zu deren Hauptstützen der wohlklingende Tenor des Herrn Schindler bekanntlich immer gehört hat, während die weiblichen Stimmen fast alljährlich wechseln. In allen jenen Operetten haben Tenor und Sopran zusammen die Weltmacht Liebe zu persiflieren; diese aber rächt sich bisweilen hinterher in boshaft-sinniger Weise, indem sie den heiteren Scherz in heiteren Ernst verwandelt.«

Am 2. Februar 1879 fand die Hochzeit in Wien statt. Alma kam am 31. August zur Welt.

Daß es die Mutter während der ersten Ehejahre bis zu den sich erst allmählich einstellenden Erfolgen Schindlers schwer gehabt hat, wissen wir von Alma und auch aus Schindlers Tagebüchern. »Dieses Kämpfen um das tägliche Brot«[24] hatte Alma als Kind noch miterlebt und in schlimmer Erinnerung. Die Herkunft der Mutter aus kleinbürgerlichem Milieu war ihr peinlich.

Es ist bezeichnend für Almas Einschätzungen und Wertungen, daß sie die Hingabe der Mutter an die Familie zwar beiläufig würdigt, deren engen Horizont im Hinblick auf die Größe des Vaters jedoch bedauert: »Nach seinem Tod erst erkannte sie seine Bedeutung.«[25]

Als Mahler im März 1905 anläßlich eines Dirigats in Hamburg die Verwandtschaft Almas mütterlicherseits aufsuchte, war ihr dies gar nicht recht. In ihrer Briefausgabe läßt sie fast alle Abschnitte, in denen Mahler von seinen Besuchen in Hamburg berichtet, aus (s. Briefe 130–131).

Den Verlust des Vaters als Idol und Leitstern ihres Lebens kompensierte Alma mit einem Übermaß an künstlerischen und intellektuellen Aktivitäten. Sie begann zunächst mit Kontrapunktstudien bei dem blinden Organisten Josef Labor und wühlte sich durch Berge von Partituren. Die große Entdeckung war für sie das Werk Richard Wagners. Sie sang voller Begeisterung die hochdramatischen Frauenrollen des *Ring* und ruinierte sich damals für immer ihre hübsche Stimme.

Eine leichte Taubheit, die sie nach einer Masernerkrankung zurückbehielt, wußte sie gut zu verbergen, und jeder, der Almas leichte Behinderung nicht kannte, mußte durch ihre eigentümlich vorgebeugte Körperhaltung den Eindruck gewinnen, daß sie am jeweiligen Gespräch besonders interessiert sei.

Erfüllt von Schutz- und Führungsbedürfnissen suchte Alma nach dem Tod des Vaters im Salon von Anna und Carl Moll nach Orientierung. Den Herren gefiel der unstillbar scheinende Wissensdurst des begabten Mädchens, aber auch die außergewöhnliche Schönheit Almas; sie war dadurch nur kurze Zeit irritiert und wußte bald, die ihr bisher unbekannte Macht einzusetzen. Max Burckhard, Direktor des Wiener Hof-Burgtheaters bis 1898 und Initiator der ersten Ibsen- und Hauptmann-Inszenierungen in Wien, war Almas erster »wirklicher Verwandter ihrer Lebensanschauung und Lebensbejahung«.

Burckhard ergänzte einmal zu Weihnachten Almas kostbarsten Schatz, ihre Bibliothek, mit gleich zwei Waschkörben voller Klassiker-Ausgaben. Alma war siebzehn Jahre alt und »völlig unerwacht«[26]. Von ihrer Beziehung zu Burckhard meint sie: »Meine nächste Umgebung war geistlos, und so mußte ich mir alles selbst entdecken. Max

Burckhard war der erste, der sich meines irrlichternden Geistes annahm. Wir waren beide wilde Nietzscheaner – er ein revolutionärer Modernist. Aber er gefiel mir als Mann nicht, und seine große Verliebtheit löste Widerwillen in mir aus. Wir waren immer einer Meinung, und das langweilte mich auf die Dauer.«[27]

Das änderte sich, als Alma Gustav Klimt begegnete, der als überragende Persönlichkeit der Wiener Secession im Hause Moll ein und aus ging. Seine Unterweisungen Almas in der bildenden Kunst überschritten schnell die Grenzen des pädagogischen Eros. Die zunächst ahnungslosen Eltern hatten Klimt eingeladen, im Frühjahr 1899 den letzten Teil ihrer Italienreise gemeinsam zu verbringen. »So waren wir alle in Genua«, schreibt Alma, »meine ›Familie‹ und der mich verfolgende Klimt. Unsere Liebe wurde hier grausam zerstört durch meine Mutter. Ihr Ehrenwort brechend, studierte sie täglich mein Tagebuchstammeln und wußte so um die Stationen meiner Liebe. Und – o Schrecken – da mußte sie lesen, daß Klimt mich geküßt hatte.«[28] Weitere Begegnungen mit Klimt wurden von den Eltern strengstens untersagt.

Bei der Schilderung ihrer Affäre mit Klimt nimmt Alma die Gelegenheit wahr, über die verlogene Sexualmoral des Fin de siècle nachzudenken. Sie bedauert und belächelt im nachhinein, daß sie sich damals als »Mädchen von Stand« nicht über das Gesetz der Unberührtheit vor der Ehe hinweggesetzt hat.

Als sicher kann gelten, daß Alma ihrer Mutter den damaligen Einbruch in ihre Intimsphäre nie verziehen hat. Noch im fortgeschrittenen Lebensalter schwärmt Alma: »Er [Klimt] war der Begabteste von allen [der Wiener Secession], fünfunddreißigjährig, in der Fülle seiner Kraft, schön in jedem Sinne und schon damals hochberühmt. Seine Schönheit und meine frische Jugend, seine Genialität, meine Talente, unser beider tiefe Lebensmusikalität stimmten uns auf gleichen Ton. Ich war von einer sträflichen Ahnungslosigkeit in Dingen der Liebe – und er erfühlte und fand mich überall.«[29] Die Affäre hat Carl Moll damals bewogen, an Klimt zu schreiben. Klimts ausführlicher Antwortbrief ist erhalten geblieben (s. S. 473).

Nach der gewaltsam verhinderten Liebe zu Gustav Klimt zog sich Alma zunächst zurück: »Ich begann wieder zu komponieren, um mein Leid irgendwie zu gestalten.«[30] Außerdem nahm sie Unterricht in Bildhauerei beim Schöpfer des Denkmals ihres Vaters, Edmund Hellmer.

Am 26. Februar 1900 traf Alma schließlich jenen Mann, der ihre

»wilde Komponiererei« in »ernste Bahnen«[31] lenkte: den Komponisten Alexander Zemlinsky. Seit dem Sommer 1900 war er Almas Kompositionslehrer, und beim Vorspiel aus der Partitur von *Tristan und Isolde* begann, wie Alma berichtet, »eine ungeheuer feurige Lehrzeit für mich, in der alles und jedes andere verblaßte«[32]. Almas leidenschaftliche Liebe zu Alexander Zemlinsky offenbart einen auffallenden Wesenszug ihrer Persönlichkeit. Ebenso wie sie sich abfällig über die äußere Erscheinung ihres letzten Ehemanns, Franz Werfel, geäußert hat, schildert sie Zemlinsky als »scheußlichen Gnom«: »Klein, kinnlos, zahnlos, immer nach Kaffeehaus riechend, ungewaschen [...] und doch durch seine geistige Schärfe und Stärke ungeheuer faszinierend.«[33]

Alma verfügte über einen außergewöhnlichen Instinkt dafür, was ihr männliches Gegenüber an künstlerischer und geistiger Substanz sowie an Persönlichkeit zu bieten vermochte. Das äußere Erscheinungsbild eines Mannes hat für Alma offenbar stets eine sekundäre Rolle gespielt. Das Genie des Partners genoß absolute Priorität.

Almas Liebesbeziehung zu Zemlinsky dauerte bis in jene Zeit, als sie Mahler traf. Aber noch im Brief 130 an Alma aus dem Jahr 1905 ergeht sich Mahler in dunklen Andeutungen zu diesem Thema. Die bekennerischen Tagebucheintragungen Almas aus der Zeit, als sie Mahler kennenlernte, bis kurz vor der Hochzeit – sie werden in diesem Buch erstmals in aller Ausführlichkeit wiedergegeben und den Briefen Mahlers gegenübergestellt – zeigen unter anderem die Intensität der Beziehung zu Zemlinsky.

Zur Zeit ihrer ersten Begegnung mit Mahler war Wien voll von Gerüchten über die Amouren des berühmten Dirigenten mit seinen Sängerinnen, wobei die Vorliebe des Direktors für Sopranistinnen kolportiert wurde. All das war Alma vom Small talk in den Wiener Salons bekannt. Daß da ein Musiker war, der mit allen ihm zu Gebote stehenden Mitteln um seine Anerkennung als Komponist rang, der in seinen Werken den eigentlichen, ja alleinigen Sinn seiner Sendung in dieser Welt sah, das wurde in den Salons meist nachsichtig belächelt.

Alma teilte dieses gesellschaftliche Unverständnis. Ein Jahr bevor sie Mahler kennenlernte, am 18. November 1900, hatte sie seine *1. Sinfonie*, vom Komponisten selbst geleitet, gehört, und sie verließ danach den Konzertsaal mit »Ärger und Protest«[34]. Almas Urteil entsprach dem Verhalten des Durchschnittshörers jener Zeit, der sich von der Erlebniswelt der Spätromantik nicht lösen mochte oder konnte.

Alma hat gestanden, daß Mahler eine »geheime und starke Anziehungskraft«[35] auf sie ausgeübt hatte. Am wenigsten mag sich dieses Geständnis auf den Komponisten Mahler bezogen haben. Eine spontane Zuneigung zu seiner Musik hat sie zu Beginn ihrer Ehe jedenfalls nicht gezeigt. Daß sie ihre eigenen musikalischen Produktionen anfangs sogar höher als die Mahlers einschätzte, wie ihr Tagebucheintrag vom 16. Januar 1902 (s. S. 126) zeigt, bedarf keines Kommentars.

Als sich Mahlers und Almas Wege kreuzten, sehen wir Alma in überaus komplexen Spannungsfeldern: eine Familie, die sie in ihren Büchern stets voller Hochmut beurteilt und der sie schleunigst – natürlich standesgemäß – entkommen will, ebenso umfangreiche wie erst halbbewältigte Leseerfahrungen, die von Nietzsche über Dehmel und Maeterlinck, Bierbaum und Rilke bis zu Stendhal und Gorki reichen, tiefe Abneigung gegenüber der idealistischen Gedankenwelt, etwa dem Werk Schillers, den sie einen »Moraltrompeter« nennt; berauscht von der Musik Richard Wagners und bei eigenen Kompositionsversuchen mit ihrem Lehrer Zemlinsky eben damit beschäftigt, E. T. A. Hoffmanns Novelle »Die Bergwerke von Falun« als Oper oder als sinfonische Dichtung zu gestalten. Daneben ihr Wunsch, wie sie ihrem Vertrauten Theobald Pollak mitteilt, gleich ihrer zu jener Zeit schwangeren Schwester Grethe, ein Kind zu bekommen.

Alma scheint sich bereits längere Zeit vor der ersten Begegnung mit Mahler mit seiner Person beschäftigt zu haben. Ihr Erinnerungsbuch beginnt sie mit folgenden Sätzen: »Es war an einem Herbstnachmittag im November 1901, als ich, mit Freunden über den Ring gehend, unversehens dem Ehepaar Zuckerkandl gegenüberstand. Zuckerkandl war ein bedeutender Anatom und überdies ein großer Geist und voll Humor. Er fragte sofort: ›Mahler wird dieser Tage zu uns kommen, willst du nicht auch da sein? – Ich weiß, daß du dich für ihn interessierst.‹ Ich antwortete ›nein‹, denn ich wollte Mahler in Wahrheit nicht begegnen, hatte ich es doch im selben [vorhergehenden] Sommer, da es fast unausweichlich schien, verhindert, ihn kennenzulernen.«[36]

Alma blieb der Einladung fern, und auch Mahler entschuldigte sich für diesen Tag im letzten Moment. Die gastliche Bertha Zuckerkandl wiederholte ihre Einladung eine Woche später. Mahler sagte zu. Er wollte die Schwester der Dame des Hauses, Sophie Szeps, wiedersehen, die er ein Jahr zuvor in Paris kennengelernt hatte. Sophie Szeps war mit dem Ingenieur Paul Clemenceau verheiratet, einem Bruder des bekannten französischen Politikers Georges Clemenceau.

44

Auch Alma schlug diesmal die Einladung nicht aus und kam schließlich in der Begleitung ihres Stiefvaters Carl Moll. Sie wußte, daß Mahler kam, und bei Tisch waren ihre Verehrer Klimt und Burckhard ihre Nachbarn. Alma befand sich in vertrauter Runde.

So begann am 7. November 1901 im Salon von Emil und Bertha Zuckerkandl in der Alserbachstraße 20 die Ouvertüre zum neuneinhalb Jahre währenden gemeinsamen Lebensweg von Gustav Mahler und Alma Maria Schindler.

DIE BRIEFE

Präludium 1899

Ist es nicht merkwürdig, daß Alma in ihren Büchern ihr allererstes Zusammentreffen mit Mahler verschweigt? Daß wir darüber bei ihr nichts finden, hängt wohl mit den Kriterien ihrer Briefauswahl zusammen, deren Tendenz es ist, der Nachwelt ein möglichst hehres Monument ihrer Ehe mit Mahler zu überliefern. Da paßt es schlecht ins Bild, die Bühne als Autogrammjägerin zu betreten.

Im Juli 1899, kurz vor ihrem zwanzigsten Geburtstag, verbrachte Alma mit ihrer Familie die Sommerferien im Dorf Stambach bei Goisern am Hallstädter See. Dort wurde sie, vermutlich durch den Gesangslehrer Gustav Geiringer, dem in Aussee in Urlaub weilenden Hofoperndirektor Gustav Mahler vorgestellt.

Die näheren Umstände dieser Begegnung kennen wir nicht, aber allem Anschein nach hat Alma sich nach ihrer Rückkunft schriftlich an Mahler gewandt mit der Bitte um ein Autogramm. Mahler schickte ihr eine Ansichtspostkarte nach Stambach, gestempelt am 5. Juli 1899 in Aussee.

49

Nr. 1[*]

Einzig richtige und gesetzlich geschützte Unterschrift: *Gustav Mahler.* Vor Nachahmungen wird gewarnt.

Es war also keineswegs eine Erfindung der Klatschpresse, als am 29. Dezember 1901 unter den vielen Jubelrufen der Wiener Zeitungen zu Mahlers Verlobung im »Fremden-Blatt« zu lesen stand: »… Es war übrigens nicht Frau Musica, welche das jüngste musikalische Brautpaar zusammengefügt hat. Nicht ein musikalisches Ereignis, sondern ein sommerlicher Ferialausflug am Hallstädter See brachte die erste Begegnung. Hier ließ sich der Direktor im Sommer des vorletzten Jahres durch einen jungen Gesangsprofessor des Wiener Konservatoriums der jungen Dame vorstellen, die er später bei musikalischen Abenden im Salon eines hervorragenden Wiener Mediziners wiederfinden sollte.«

In ihren Erinnerungen deutet Alma diese Begebenheit bei der Schilderung ihrer zweiten Begegnung mit Mahler im Salon der Zuckerkandls an: »Mahler wurde merkwürdigerweise sofort auf mich aufmerksam; nicht allein meines Gesichtes halber, das damals schön zu nennen war, sondern meines nervösen, herben Tones wegen. Er sah mich durch die Brille lange und forschend an.«[37]

Alma kannte den naheliegenden Grund für Mahlers »langen und forschenden« Blick; wahrscheinlich dachte Mahler darüber nach, wo er die junge Dame schon einmal gesehen haben könnte.

Erst eineinhalb Jahre nach dem ersten Zusammentreffen am Hallstädter See ereignet sich nach diesem harmlosen Präludium die schicksalsprägende Begegnung.

[*] Erstveröffentlichung

1901

Der Eintritt Mahlers in Almas komplexe und komplizierte Gefühls- und Geisteswelt am 7. November 1901 kann auf der Grundlage von Almas Erinnerungen und ihren unveröffentlichten Tagebucheintragungen bis zum 16. Januar 1902 (sie werden dann erst im Sommer wieder aufgenommen) nachvollzogen werden. Was geschah an jenem Abend im Salon der Zuckerkandls, und wie verliefen die folgenden Wochen, bis Mahler dann am 29. November 1901 zum erstenmal offiziell an Alma schrieb?

Beim Essen war Alma von Gustav Klimt und Max Burckhard flankiert. Nach Tisch fand sie schnell Gelegenheit, sich mit Mahler allein zu unterhalten. In ihren Erinnerungen hat sie dieses erste Gespräch nachgezeichnet: »Nachdem man aufgestanden war und sich Gruppen gebildet hatten, kam das Gespräch auf die Relativität aller Schönheit. ›Schönheit!‹ Und Mahler fand den Kopf des Sokrates schön. Ich gab ihm sehr recht und fand nun meinerseits, daß der Musiker Alexander von Zemlinsky schön sei. Mahler zuckte die Achseln und fand das sehr weit gegangen. Daraufhin wurde meine Kampflust angefeuert, und ich bog die Linie des Gesprächs in ein Spezialgespräch über Zemlinsky ein.

›Da wir gerade von ihm sprechen – warum führen Sie eigentlich sein Hofmannsthal-Ballett Das *goldene [gläserne] Herz* nicht auf? Sie hatten es ihm doch versprochen?‹ Mahler antwortete sofort: ›Weil ich es nicht verstehe.‹

Ich kannte den etwas verworrenen Symbolgehalt der Dichtung durch Zemlinsky selbst sehr genau: ›Ich werde Ihnen den Inhalt des Buches erzählen und seinen Sinn erklären.‹

Mahler lächelte: ›Da bin ich aber gespannt.‹

Worauf ich sagte: ›Nicht eher, als bis Sie mir den Sinn der *Braut von Korea* auseinandergesetzt haben.‹ (Dies war ein Ballett, in Wien ständig auf dem Repertoire, von nicht wiederzugebender Verworrenheit und Dummheit.) Nun lachte Mahler laut auf, mit seinen vielen blitzenden Zähnen. Daraufhin interessierte ihn nun mein Studium, und er erfuhr, daß ich Kompositionsschülerin von Zemlinsky war. Er bat mich, ihm Arbeiten von mir in die Oper zu bringen.«[38]

Mahler war in bester Stimmung und lud Sophie Clemenceau, Bertha Zuckerkandl und Alma zur Kostümprobe von *Hoffmanns Erzäh-*

lungen am nächsten Tag in die Hofoper ein. Alle Anzeichen sprechen dafür, daß sich Mahler an diesem Abend in das hellwache und schöne Mädchen verliebt hat.

Und Alma? In ihrem Tagebuch steht über die erste Begegnung mit Mahler:

[Donnerstag], 7. November [1901].
[...] Abends bei [Emil und Bertha] Zuckerkandl
    [Max] Burckhard
    [Friedrich] Spitzer [bekannter Wiener Photograph]
    [Gustav] Mahler mit Schwester [Justine]
    u. [Gustav] Klimt
Mit letzterem sprach ich kaum 2 Worte – ich bin ganz ruhig

Mit Mahler im Anfang auch nicht – aber dann: Es entspann sich – anläßlich des Balletts von Alex[ander Zemlinsky] eine sehr interessante Polemik – über das Übergreifen der Kunstgattungen in der Decadance-Zeit [sic] er widerstritt die Existenzberechtigung der Ballettform etc.

[Gustav] Klimt, Carl [Moll] – er und ich sprachen – Dann auch über Alex persönlich – er nennt ihn beschränkt er hat immes [geredet] Alex ruht ja auch nicht – – Ich sprach von der Nichtaufführbarkeit des Balletts [Hugo v.] Hofmannsthal

[Mahler:] »übrigens habe ich es nicht verstanden«

Das thäte mir furchtbar leid – meine Antwort: ich kann Ihnen das Buch erklären, aber erst müssen Sie mir Die Braut von Korea erläutern.

Er sagte mir, daß er es sehr schön von mir finde, daß ich Alex so würdige, daß es zu gleicher Zeit aber auch für Alex ein gutes Zeichen ist, daß man ihn bei näherer Bekanntschaft lieb gewinnt.

Er bat mich, ihm von mir etwas zu bringen – wollte sogar gleich den Tag wissen, *wann* ich zu ihm käme – ich versprach zu kommen, wenn ich etwas Gutes hätte.

es war ihm nicht recht – er bat mich, mich anzusagen wenigstens. – Ich muß sagen – er hat mir ungemein gefallen – Allerdings furchtbar nervös – Wie ein Wilder fuhr er herum im Zimmer. Der Kerl besteht nur aus Sauerstoff – Man verbrennt sich, wenn man an ihn ankommt. Ich werde Alex morgen einiges davon sagen [...]

Am nächsten Vormittag trafen sich Mahler und Alma wie verabredet um elf Uhr bei der Kostümprobe zu Hoffmanns Erzählungen wieder.

Auch diese zweite Begegnung hat Alma in ihrem Tagebuch festgehalten:

Freitag 8 November
In der Früh zu [Bertha] Zuckerkandl – mit ihr u. der [Sophie] Clemenceau in die Oper – Mahler empfing uns äußerst liebenswürdig – führte uns dann durch alle Contoirs – meinen Mantel tragend – hinunter in den Zuschauerraum – Empfahl sich – mir sagend: »Ein Mann ein Wort«
Also waren wir in der Generalprobe von Hoffmanns Erzählungen – – Der 2te Akt colossal Stimmungsvoll – der 3te von unglaublicher dramatischer Wirkung – [Marie] Gutheil[-Schoder] meisterhaft – Mahler kam 2mal an die Brüstung u. sprach mit uns – Äußerst lieb – merkwürdig – was der alles zu gleicher Zeit sieht und hört – jede unrichtige Verdoppelung – jedes falsche Licht auf der Bühne jede unschöne Bewegung der Sänger – unerhört – – –

Über den ersten Eindruck, den Alma auf Mahler gemacht hatte, war sie von ihrem Freund Max Burckhard umgehend unterrichtet worden. Alma notierte unter dem gleichen Datum über den Abend:

B[urckhard] war gestern noch mit Mahler nach Hause gegangen. B. hatte angefangen mich zu loben; Das Frl. Schindler ist ein gescheites – interessantes Mädel. – darauf M. im Anfang war sie mir unsympatisch – ich dachte, sie sei eine Puppe – Dann aber sah ich, daß sie auch sehr gescheit sei Wahrscheinlich war das im Anfang so – weil man doch nicht gewöhnt ist, daß selbst ein so hübsches Mädel sich mit etwas ernst[em] beschäftigt. Er [Zemlinsky] hat mir heute meine Lieder mitgebracht.

Am Rande der Probe zu *Hoffmanns Erzählungen* hatte Mahler die Damen Bertha Zuckerkandl, Sophie Clemenceau und Alma in seinem Büro empfangen. Mahlers Konversation mit Bertha und Sophie interessierte Alma nicht sonderlich. Sie blätterte in einigen der herumliegenden Partituren. Wie sie letzte Nacht geschlafen habe, wollte Mahler wissen. »Ausgezeichnet!« antwortete Alma. Mahler gab in seiner Antwort seinen Seelenzustand zu erkennen: »Ich nicht eine Minute die ganze Nacht!«[39]
Wenige Tage später erhielt Alma ein Kuvert ohne Absender mit einem Gedicht, das nicht namentlich gezeichnet war:

> Das kam so über Nacht!
> Hätt' ich's doch nicht gedacht
> Daß Contrapunkt und Formenlehre
> Mir noch einmal das Herz beschwere.
>
> So über eine Nacht
> Gewann es Übermacht!
> Und alle Stimmen führen nur
> Mehr homophon zu einer Spur!
>
> Das kam so über Nacht
> – ich habe sie durchgewacht –
> Daß ich, wenn's klopft, im Augenblick
> Die Augen nach der Türe schickt'!
>
> Ich hör's: ein Mann – ein Wort!
> Es tönt mir immerfort –
> Ein Canon jeder Art:
> Ich blick' zur Tür – und wart'!

Alma berichtet in ihren Erinnerungen: »... Meine Mutter sah streng auf den soeben per Post gekommenen anonymen Brief. Sie nahm ihn mir aus der Hand und fragte, von wem er sein könnte. Ich meinte, er könne nur von Mahler sein. Sie aber sagte, ich solle mir nur nicht einbilden, daß ein Mann wie Mahler Gedichtchen an wildfremde Mädchen mache, und lachte mich aus: Irgend jemand habe sich einen Scherz mit mir erlauben wollen. Aber etwas in mir wußte, nur von *ihm* konnte dieses Gedicht sein.«[40]

Die Vermutung liegt nahe, daß Mahler durch die ersten beiden Begegnungen keinen tiefen Eindruck bei Alma hinterlassen hatte. Auch Mahlers zarte Liebeserklärung in der Form seines Gedichts hat wohl wenig bewirkt, denn Alma war zu jener Zeit noch bis über beide Ohren in Zemlinsky verliebt.

Am Tag nach dieser Begegnung notierte sie in ihrem Tagebuch:

Samstag 9. N[ovember 1901]
Ich bin auf etwas gekommen. Die Kunst entsteht aus aller Liebe. Während sie (Liebe) beim Mann Werkzeug zu Schaffen ist – ist sie bei der Frau Hauptgedanke – ich war immer nie so unfruchtbar, wie

in den Zeiten der Liebe. Ich sitze vor dem Clavier – Warte – warten es kommt nichts.

Ich kann auch an nichts concentriert denken, wie an das. Meine Lieder von Alex hab ich ordentlich durchgeschaut – es ist viel Krankheit aber auch viel Schönheit drin. – ich freu mich unendlich mit meinen Liedern – immer sitze ich u. träume – Denke an ihn [Zemlinsky] – Du mein Geliebter – – – I. wenn er sich mir nicht ganz gibt, – meine Nerven sehr darunter leiden würden u. II. ob – wenn er sich ganz geben würde – das Folgen nach sich ziehen würde. Beides ist gleich gefährlich – u. ich sehne mich so wahnsinnig nach seiner Umschlingung. Die Berührung meines Innersten – durch seine Hand, werde ich nie vergessen – eine solche Gluth – und ein so wonnevolles Gefühl durchströmte mich – Ja – man kann ganz glücklich sein – es gibt ein vollkommenes Glück. – In meines Geliebten Armen hab ichs kennen gelernt – eine kleine Nuance fehlte u. ich wäre ein Gott gewesen – U[nd] noch einmal – heilig ist mir alles an ihm – ich möchte vor ihm knien u. seinen offnen Schoß küssen – alles, alles küssen – Amen!

Es fällt Alma schwer, ihre ekstatischen Gefühle zu zügeln; am nächsten Tag vermerkt sie: »...Gott sei Dank – weniger an Alex gedacht – war ruhiger – Ich richte mich ja sonst zu Grunde...«

Am 11. November erlebte sie die glanzvolle Premiere von Jacques Offenbachs *Hoffmanns Erzählungen* unter Mahlers Leitung. Neben dem entsprechenden Vermerk im Tagebuch taucht nun neben Mahler und Zemlinsky noch ein dritter Verehrer auf, der wenig später in Almas Korrespondenz mit Mahler, aber auch in einem Brief von Zemlinsky an Alma noch eine Rolle spielen wird. Es handelt sich um den späteren Dr. phil. Felix Muhr:

Montag 11. N[ovember 1901]
Bei Hennebergs. [Nachbarn von Molls]
Abends Premiere Hoffmanns Erzählungen – Eine reizend graziöse Sache – ich möchte es gern noch ein drittes mal hören – Muhr war wieder nicht los zu bekommen – – – er soupierte mit uns. Mir war den ganzen Tag elend. Magenkrämpfe – der 2te und dritte Act – feiner.

Und unter »Mittwoch [Dienstag] 12. N[ovember]« heißt es dann:

Mit Mie [unbekannte Freundin Almas] Stadt gebummelt – N.M. [nachmittags] nach Hause ohne Lust u. Liebe gearbeitet – ganz ohne

Lust u. Liebe! Ich bin nicht im Stande auch nur im Geist an Alex zu schreiben – – Ich fühle rein gar nichts zu ihm [eine Seite im Tagebuch ausgerissen; der nächste Eintrag ist vom 13. oder 14. November]

ein bisserl Fieber … recht unbefriedigt. Mittags bei Wieners. Außer mir noch ihr Bruder: Baron Rotisch [Rodich]. – NM [nachmittags] – bei Conrats. bei Alex: Abends – bei uns: Resa u. Willi Nepalleck – Richard – K. Moser – Bin ganz hin u. zusammengerackert

Alma nennt in ihrem Tagebucheintrag folgende Persönlichkeiten: Karl Ritter von Wiener und dessen Frau Gabriele, geborene Freiin von Rodich, die Geschäftsleute Hugo und Ida Conrat, mit deren Tochter Erica Alma befreundet war. Wilhelm und Theresa Nepalleck, Hofzeremonielldirektor des Kaisers Franz Joseph I., den jüngeren Bruder von Wilhelm Nepalleck, Richard, Neurologe in Wien, und den Maler Kolo Moser, der im Haus neben Molls wohnte.

Ihre Eintragungen für die folgenden Tage hat Alma später vernichtet. Erst am 19. November setzen die Aufzeichnungen wieder ein. Am Abend zuvor hatte sie mit ihrer Mutter eine Aufführung von Glucks *Orpheus und Eurydike* unter Bruno Walter in der Hofoper besucht. Die Begegnung mit Mahler in der Pause (danach wurde das Ballett *Coppélia* von Léo Delibes gegeben) scheint die innere Haltung Almas entscheidend beeinflußt und verändert zu haben. Im Tagebuch notierte sie:

Dienstag 19. N[ovember 1901]
Gestern Abend. Orpheus – Gluck – – Ich hatte mich schon gelangweilt – aber da war die Direktionsloge – u. in die starrte ich hinauf. – Mahler herunter … erst erkannte er mich nicht dann schon, – ich sah fortwährend hinauf – nach dem Orpheus gingen wir ins Foyer … auf einmal steht Mahler vor mir … Er fragt – ist das Ihre Frau Mama – Ich stelle vor – – Hennebergs ziehen sich zurück – Er lud uns auf sein Zimmer ein – wir gehen mit ihm. Er bietet uns Thee an … Wir sprachen über alles mögliche – er ist faszinierend liebenswürdig. Mama fordert ihn auf – zu uns zu kommen – er nimmt an – Ach – wenn er käme – – – Wir drückten uns kräftig die Hand – aus einigen Redewendungen glaube ich zu entnehmen, daß das Gedicht von ihm ist. – – –
[eine Seite im Tagebuch ausgerissen]
Ich thue nichts dergleichen – wir sehen uns an – immer an … Alex-

ander v. Zemlinsky? wer ist das? Bei [Restaurant] Hartmann soupiert. mit B[urckhard] voll Eifersucht! – [...]

Und später heißt es:

Es ist möglich, daß er [Zemlinsky] nicht kommt – ich habe ihm gar nicht mehr geschrieben... Meine Sehnsucht ist – o. – Wie furchtbar bin ich gestraft – Alex Z war da – – Kein Wort der Liebe – gab es – keinen Kuß – [...] abends Burckhard – – recht langweilig – – u. Alex ist ich bin sicher gerecht erbost heute Abend – – Alex – armer Alex! – – –

Die außergewöhnlichen Eindrücke dieser Begegnung mit Mahler in der Oper und der schwelende Konflikt mit Zemlinsky haben Alma damals zu ihrer ausführlichen Tagebucheintragung veranlaßt. In ihren Erinnerungen hat sie die weiteren Ereignisse dieses Abends, die für ihr Verhältnis zu Mahler wohl entscheidende Weichen gestellt haben, in Einzelheiten geschildert:

»Nach der Opernvorstellung hatten wir Rendezvous mit [Carl] Moll und Max Burckhard im Restaurant. Meine Mutter erzählte unser Erlebnis mit Mahler harmlos, aber da kam sie gut an.

Moll rief wütend: ›Und zu solch einem ‹Roué› bist du mit dem jungen Mädel ins Bureau gegangen?!‹

Mahler, der Asketische, hatte wirklich den Ruf eines liederlichen Lebemannes, der seine Stellung dazu ausnützte, mit allen jungen weiblichen Mitgliedern seines Ensembles Verhältnisse anzufangen. Er war ein Kind, und das Weib war seine Angst! Ich dummes unerfahrenes Mädel, da war er nicht auf der Hut.

Max Burckhard, der Lebens- und Menschenkenner, fühlte sofort die ganze ereignisschwere Wahrheit, eine Wahrheit allerdings, deren Kraft weder Mahler noch ich ermessen konnten.

Burckhard meinte: ›Der war ganz närrisch verliebt, letzthin abends.‹

Ich sagte: ›Ich habe nichts bemerkt.‹

›Nun, was werden Sie denn tun, wenn er Ihnen einen Heiratsantrag macht?‹

›Ich werde ihn annehmen‹, sagte ich vollkommen ruhig. Ich wußte nicht, daß Mahler mit Burckhard zusammen von Zuckerkandls weggegangen war und auf dem Heimweg sich nach allen Richtungen hin nach mir erkundigt hatte. Von diesem Gespräch habe ich erst Jahre später von Mahler selbst gehört. Burckhard hatte ihm in keiner Weise Auskunft über mich gegeben, er hatte wörtlich gesagt: ›Wer Fräulein Schindler kennt, der weiß, wer sie ist, und die anderen sollen es gar nicht wissen.‹

Nun aber interessierte er sich erst recht für mich. An dem ›Orpheus‹-Abend bot Burckhard all seinen Geist und sein Wissen auf, um mich von meiner (wie er deutlich merkte) aufflammenden Empfindung für Mahler zu heilen. In seiner frivolen Art sagte er: ›Es wäre Sünde, Sie sind ein so schöner Mensch und eine gute Rasse, verdunkeln Sie die nicht, indem Sie einen so degenerierten älteren Mann heiraten! Denken Sie an Ihre Kinder – es wäre Sünde! Außerdem: Feuer und Wasser, das ginge. Feuer und Feuer, das nicht! Sie werden die Unterdrückte sein, er nicht, dazu aber sind Sie zu schade.‹

Kurz, fast verbot er mir diese Heirat. Aber er konnte lange verbieten, ich sehnte mich nur nach dem Samstag, da Mahler kommen sollte. Später allerdings habe ich manchmal an seine Worte denken müssen, wenn ich aus jahrelangem Schweigen, nirgends einen Augenblick für mich sehend, aufwachte und mit Entsetzen glaubte, daß mein Leben verwirkt sei.

Am Donnerstag nachmittag, als ich gerade sehr zerstreut bezifferte Bässe unter Robert Gounds Leitung bearbeitete (ich hatte meine Samstag-Stunde vorverlegt), stürzte unser Mädchen ins Zimmer: ›Gustav Mahler ist da!‹ Er war bis in die Gesindestube populär.

Und diese Kontrapunktstunden waren ein für allemal zu Ende.«[41]

In dieser Darstellung widerspricht Alma ihrer Tagebucheintragung vom 8. November (s. S. 53). Sie wußte sehr wohl, daß Burckhard und Mahler einen gemeinsamen Heimweg genommen hatten und daß sie Thema ihres Gesprächs gewesen war. Auch ihre Musikstudien bei Robert Gound setzte Alma noch fort.

Im Gegensatz zur sich souverän gebenden Darstellung in ihren Erinnerungen stehen auch die dramatischen Tagebucheintragungen der nächsten Tage:

Mittwoch 20. [November 1901]
Es ist einfach schauderhaft. Ich muß mich schämen… aber Mahlers Bild lebt in mir – – Ich will dieses giftige Kraut ausjäten. – – eines andern Platz stiehlt Mein armer, armer Alex – – Wenn das Gedicht nur von ihm wäre wenn nur. – – Ich könnte mich hassen! – –

Donnerstag 21. N[ovember 1901]
Gound – angenehme interessante Stunde – Abends Gallia, Pollack, –
Hoffmann, Moser Nacm. die 2 letzten u. List zur Jause Mama sang –
aber schlecht – auch [Lieder] von mir.

Neben dem bekannten Wiener Architekten Josef Hoffmann, der die
Künstlerkolonie auf der Hohen Warte erbaut hatte, nennt Alma noch
den Maler Wilhelm List und Hermine Gallia, ein Modell von Gustav
Klimt, die mit Almas väterlichem Beschützer, Dr. Theobald Pollak,
befreundet war. Dr. Pollak wird immer wieder in ganz verschiedenen
Zusammenhängen in Mahlers Briefen an Alma erwähnt. Alma hat zu
Beginn ihrer Autobiographie die Hintergründe für ihre außerge-
wöhnlich enge Freundschaft mit Pollak beschrieben:

»Meines Vaters fünfzigster Geburtstag wurde sehr festlich begangen.
Der [spätere] Eisenbahnminister Heinrich von Wittek war ein ergebener Freund meines Vaters. Während des Festessens stand er auf
und hielt eine Rede auf meinen Vater. Zum Schluß ging er auf ihn zu,
küßte ihn und sagte laut und vernehmlich: ›Und jetzt bitte ich Sie,
daß Sie mir einen Lieblingswunsch mitteilen, und ich werde alles, was
in meiner Macht steht, tun, um Ihren Wunsch zu erfüllen.‹ Mein
Vater besann sich keinen Augenblick. Er bat um eine größere Beam-
tenstelle im Eisenbahnministerium für Dr. Theobald Pollak. Dieser
war in untergeordneter Stellung bei einer Transportgesellschaft tätig.
Er war ungetauft und leidenschaftlicher Jude.
    Der Minister Wittek war entschieden antisemitisch eingestellt,
aber er hatte es versprochen, und er hielt sein Wort. Mein Vater bat
Herrn von Wittek noch, alles zu versuchen, daß Dr. Pollak gleich in
eine gehobene Stellung käme, da er viel zu gescheit und erfahren sei,
um sich in den unteren Rängen wohl zu fühlen – mehr als das: Er sei
überzeugt, daß Dr. Pollak dort wenig leisten könne, daß er aber, wenn
es ihm gelänge, gleich in höherer Stellung unterzukommen, zur voll-
sten Zufriedenheit des Ministers arbeiten würde. So geschah es: Er
wurde ein ausgezeichneter Beamter und schon nach wenigen Jahren
Hofrat.
    Nie vergaß Dr. Pollak diesen Freundschaftsdienst meines Vaters.
Er übertrug seine Dankbarkeit auf mich und liebte mich über alles.
Und als ich Gustav Mahlers Frau wurde, machte diese Tat den leidenschaftlichen Juden zu meinem engsten Freund. Er brachte mir die
kostbarsten Leckerbissen, Bücher, Noten. Und so kam er einmal mit

Bethges ›Chinesischer Flöte‹, einer Sammlung von Gedichten, vor allem von Li-Tai-Po. Die Gedichte entzückten mich, und ich las sie Gustav Mahler immer wieder vor, bis er daraus, Jahre später, *Das Lied von der Erde* machte. So wurde der Zirkel der Güte meines Vaters schön geschlossen.«[42]

Freitag [22. November 1901]
Ich erwarte Alex
   So weit weg war ich von meinem Gustav so unendlich weit weg – an Alex habe ich einen verhängnisvollen Brief abgesandt – Wie wirds werden? Er wird mir einen ironischen bitterbösen Brief schreiben u. nie mehr wiederkommen. – Ich verliere unendlich. Den herrlichen Lehrer! Ich habe mich dies eine mal sehr verrechnet... was immer kommt – ich muß es tragen... selbstverschuldet! – ! Schön wars doch... Und Gustav – so eine Flatterseele mit allen hat er ein Verhältnis gehabt – [Anna von] Mildenburg [Margarethe] Michalek – [Selma] Kurz etc. mit allen...

Bei einer späteren Durchsicht ihrer Tagebücher hat Alma bei den Namen der Sopranistinnen hinzugefügt: »War alles unwahr! Wie ich feststellen konnte.«
   Ihre Sorgen um die Antwort Zemlinskys auf ihre schriftlichen Mitteilungen an ihn waren begründet. Zwei Briefe Zemlinskys aus jener Zeit sind in Almas Abschriften erhalten geblieben. Er schrieb, zutiefst gekränkt, an Alma:

»Meine liebe Alma [...] Dein Brief hat etwas in mir empört, das ich lange unterdrückt habe und schon oft aus mir heraus wollte. Meine Liebe, Du betonst so oft, so oft Du nur kannst, wie lächerlich wenig ich bin und habe, wieviel mich ungeeignet macht, Dir zu gehören! Ich habe immer wieder gehört von Dir und was die Leute Dir gesagt: ich sei fürchterlich häßlich, ich hab' kein Geld, vielleicht auch kein Talent und zuletzt bin ich auch schrecklich dumm! Endlich empört sich ein wenig mein Stolz! Sei nicht bös – es muß alles heraus. Du warst immer die Schenkende! Gut – ich habe mich ja ohnehin seit vier Wochen anders gemacht als ich bin! Ich war immer der Schenkende, immer, immer!!! Ich habe nichts, ich bin nicht schön, ich muß, ein Bettler, danken, daß Du mich liebst – ein wenig. Es ist fabelhaft unnatürlich, ja direkt wider die Natur – und vermessen, daß ich Dir angehören könnte!! Ja, warum das alles? Ich verstehe nichts davon?!

Deine Mama, die ich sonst hochverehre, frägt nicht: liebt er Dich – sondern hat er Geld. Sie nimmt sogar meine Häßlichkeit in den Kauf. Meine Liebe! Hast Du so viel zu geben, so unendlich viel, daß andere Bettler dagegen sind?! Liebe gegen Liebe, sonst kenne ich nichts. Ich kann und laß mich nicht herunterziehen. Mein ganzer Stolz bäumt sich jetzt auf. Ich bin doch ein klein wenig etwas – doch vielleicht so viel, als die ganze Künstlerbande, diese Poseure, Priygen! –, mit denen Du voll Hochachtung verkehrst. Ich habe was geleistet und habe die Kraft, tausendmal mehr noch zu leisten. Verzeih, wenn ich stark bin – aber lasse mich bis zu Ende – ich bitte dann jedes starke Wort ab. Wenn es so gekommen wär, wie Du scheinbar wolltest, hätte ich nicht meine äußersten Kräfte anspannen müssen, um Dir das zu bieten, das ich mir vorstelle und das Du verlangt hättest? Du bist sehr schön, und ich weiß, wie sehr ich diese Schönheit schätze. Und später? In zwanzig Jahren??? Mit einer Dir eigenen Grausamkeit verschweigst Du auch nicht das Geringste. Dr. Muhr mit seinem Geldsack! Dagegen sage ich: Herr Zemlinsky mit seinem Talent! So. [...]43

Ebenso eindeutig ist Zemlinskys anderer Brief:

»... Dein letzter Brief! All die lieben Dinge, die man, wenn man will, herauslesen könnte, sie kommen Dir nicht aus vollem Herzen. Was Dir momentan am meisten vorschwebt, ist: ›Ich passe doch gar nicht zu ihm!‹ Innerlich und äußerlich. Warum dieser Zwang? Du hast ja Zeit genug gehabt, mich kennenzulernen! Ich hörte und lese jetzt immerfort: Du bist häßlich, – zu klein, weiß Gott, was für Unsinn noch alles! Du kannst mir nicht oft genug sagen, welches großes Opfer Du bringen willst! Ich will das nicht! Ich kann das absolut nicht vertragen. Das was an Dir unweiblich ist, kommt da ganz an den Tag! Du willst glänzen in erster Linie. Dazu brauchst Du vor allem Geld, dann einen ebenbürtig schönen Mann! Liebe braucht man dazu wenig. Ich habe aber nur das. Folglich pass' ich doch nicht zu Dir? Das ist der Tenor Deiner zwei letzten Briefe. Ich verstehe leicht. Ich werde Dir nicht im Weg sein. Und wenn ichs recht bedenke – kannst Du mir geben, was ich verlange vom Weibe? Schönheit – sie vergeht bald und – man gewöhnt sich schließlich daran. Überdies sind schöne Frauen zur Liebe da, nicht zum Heiraten. Ist's nicht wahr? Ich brauche so viel Liebe, so viel blindes Vertrauen und Hingebung. Dann erst kann auch ich glücklich machen! Das war es, was ich immer vermißte, darum bin ich auch nie aus einer gewissen Reserve heraus. Ich liebe viel leidenschaftlicher, als ich Dir zeigen konnte. Ich bin aber dabei der Herr und nicht der Sclave!! Ich kann nur der Herr sein! Vor meiner eigenen Liebe kann ich mich dann demütigen, aber nicht, wenn es verlangt wird. Ich vertrage überhaupt nicht das Bewußtsein, daß Du mehr zu geben glaubst! Und es ist auch nicht so!! Ich gebe immer mehr, weil ich innerlich reicher bin! Ja, das bin ich – Du lächelst!? Was hast Du von innerem Reichtum, meinst Du! Habe ich denn nicht auch sonst mehr? Ich bin also furchtbar häßlich?! Also angenommen! Ich danke Gott jetzt dafür, daß ich so bin. Und danke Gott, daß es so viele Mädchen gegeben hat, die über meine Häßlichkeit zu meiner Seele gelangt sind und mir nie ein Wort davon gesagt haben, so daß ich weiß, ich bin trotzdem ein Mensch, von dem man nicht gering deshalb sprechen kann, der noch irgend einen Wert hat…«.[44]

Am 25. November leitete Mahler in München die Uraufführung seiner 4. *Sinfonie* mit Margarethe Michalek als Solistin und dem Vorgängerorchester der Münchner Philharmoniker, dem Kaim-Orchester. Die Reaktionen des Publikums und der Kritiker waren für Mahler deprimierend.

Am 26. kehrte er nach Wien zurück, und am nächsten Abend dirigierte er *Hoffmanns Erzählungen*.

Am Nachmittag des 28. November erschien Mahler, ohne angemeldet zu sein, im Hause der Familie Moll, wie es Alma in ihren Erinnerungen beschrieben hat. Die Molls hatten am 1. Oktober ihr neues Haus auf der Hohen Warte, Steinfeldgasse 8, von Josef Hoffmann entworfen, bezogen.

In Almas Zimmer waren noch überall Bücher verstreut. Mahler nahm das eine und andere in die Hand. Als er schließlich an die Nietzsche-Gesamtausgabe geriet, empfahl er Alma, diese Bücher am besten gleich ins Feuer zu werfen. Alma mußte ihren Lieblingsphilosophen verteidigen.

Anna Moll lud Mahler zum Abendessen ein mit der Bemerkung: »Es gibt Paprikahendl und – Burckhard. Bleiben Sie doch.«

Mahler antwortete: »Ich habe nun beides nicht gern, aber ich werde trotzdem bleiben.«[45]

Mahler und Alma gingen vorher noch zum Postamt in Döbling. Alma zufolge verständigte Mahler telephonisch seine Schwester Justi, daß er nicht zum Abendessen nach Hause käme. Dies war, so Alma, während des vergangenen neunjährigen Zusammenlebens der Geschwister noch nie vorgekommen. »Seite an Seite, sofort eng beieinander und doch Fremde!« schrieb Almas Stiefvater Carl Moll, der in kurzem Abstand hinter den beiden herlief, über diesen Spaziergang in seinen ungedruckten Memoiren.[46]

Ehrlicher als die blumigen Ausführungen in ihren Erinnerungen klingen Almas Tagebuchaufzeichnungen über diesen Spaziergang:

Donnerstag 27 [28.] N[ovember 1901]
Mahler war da – – ich denke nur an ihn – – nur an ihn – – er mußte telephonieren – wir gingen gemeinsam nach Döbling – – – – Er sagte mir, wie gut ich ihm gefallen habe –, ich sagte ihm nicht – wie gut er mir gefallen habe – – wir sprachen über vieles – nicht über alles… eine Wand liegt zwischen uns – Alex… er kennt sie nicht er fühlt sie dennoch – ! ich weiß nicht aber ich glaube Ich liebe ihn! Mahler Ich will aufrichtig sein – in der letzten Zeit empfand ich nichts mehr für Alex.

Laut Almas Erinnerungen kam Mahler auf dem Rückweg von Döbling zur Hohen Warte ohne Umschweife zur Sache: »Es ist nicht so einfach, einen Menschen wie mich zu heiraten. Ich bin ganz frei, muß es sein, kann mich nirgends materiell binden. Meine Stellung in der Oper ist von heut auf morgen.«[47]

Mehr als die Unsicherheiten eines Künstlerlebens, von denen Mahler sprach – Alma kannte sie gut genug aus der eigenen Familie –, schockierte sie die Tatsache, daß es Mahler bei diesem Gespräch so gut wie nicht um ihre Meinung ging, sondern daß er monologisierend »seinen Willen, seine Lebensbefehle«[48] verkündete.

Zu Hause angekommen, gingen beide in Almas Zimmer, und Alma erlaubte ihm die erste Umarmung, »ohne es recht eigentlich zu wünschen«[49].

Mahler sprach davon, so bald wie möglich zu heiraten, »als ob es selbstverständlich wäre, vom raschesten Heiraten zu sprechen. Ihm schien nach diesen wenigen Worten auf dem Heimweg alles geordnet. Warum also warten?« schreibt Alma[50]. Lebhaft erinnert sie sich an das anschließende Abendessen. Außer Max Burckhard nahm aller Wahrscheinlichkeit nach auch Wilhelm Legler teil, seit 1900 mit Almas Schwester Grethe verheiratet und Schüler ihres Stiefvaters. Dies ist jedenfalls eine naheliegende Deutung der Abkürzung »L.« in Mahlers nachfolgendem Brief.

Mahler ließ beim Dinner seinen Witz und Charme spielen, verteidigte Friedrich Schiller gegen Almas und Burckhards Abneigungen und rezitierte auswendig einige Gedichte des Klassikers.

Alma schreibt: »Ich fühlte, daß er allein mein Leben gestalten könne und sein Wert und seine Bedeutung die aller Männer, die ich bis dahin gekannt hatte, um Turmhöhe überrage.«[51]

Am nächsten Tag schickte ihr Mahler seine bis dahin im Druck erschienenen Lieder mit einem Begleitbrief.

Nr. 3

[Wien, 29. November 1901]

In aller Eile, liebes Fräulein Alma, habe ich Ihnen die Gesangscompositionen, die von mir bisher erschienen sind, zusammengesucht, und schicke sie Ihnen (wie traurig für mich, daß ich sie nicht selbst überbringen kann), und lasse es mir inzwischen durch die liebe Empfindung wol werden, daß Sie sich nun mit mir ein wenig beschäftigen müssen und daß Sie an mich denken werden. – Wenn ich am Montag komme (ich zähle die Stunden bis dahin wie ein Junge), will ich Ihnen daraus vorspielen, was Sie wünschen und brauchen.

Gestern war es sehr »behaglich und wol«, trotz aller »Beunruhigung«; das habe ich gespürt, als ich auf dem Heimwege, nachdem mich L. verlassen, allein war, und alles Liebe und Schöne in mir leise und stetig fortgetönt hat – bis in meine Träume hinein.

In aller Eile diese herzlichen Grüße, liebes Fräulein Alma von Ihrem
Gustav Mahler

Die Ereignisse des 28. und 29. November haben Alma zu ausführlichen Tagebuchnotizen veranlaßt, die teilweise ihrer späteren Darstellung in ihren Memoiren widersprechen:

Freitag 28 [29.] N[ovember 1901]
8 Uhr morgens: Schön war das Gehen gestern – im Schnee und Wind – – Im Anfang wußten wir nichts zu sprechen – Dann sagte er wie viel er über mich nachgedacht habe. – u. wie er beunruhigt worden ist, denn sein Leben werde ihm vorgezeichnet – auch seine Kunst – und jetzt denkt er an andre Dinge später: auch das – die volle Freiheit des Handelns wahren. – Seine Schwester [Justi], – hat ihm immer geholfen – u. würde heute nichts dagegen haben, wenn er seine Demission nehmen würde – – ganz anders wäre das bei einem Wesen, das man an sich gekettet hat. – nun – sagte ich – wenn das Wesen nur einen

In aller Eile, liebes Fräulein Alma,
habe ich Ihnen die Gesangscompositionen
die von mir bisher vorhanden sind, zusammengesucht, und schicke sie Ihnen (es ist
traurig für mich, daß ich sie nicht selbst überbringen kann), nur lassen Sie es irgendwie
durch die liebe Empfindung edel werden,
daß Sie sich nun mit mir ein wenig beschäftigen müssen, und daß Sie an mich
denken werden. — Wenn ich am Montag

Nachm. (ich zähle die Stunden bis dahin, wie
ein Junge) will ich Ihnen darüber vorspielen, was Sie versuchen oder vorziehen.

Gestern war es sehr "behaglich und edel"
trotz aller "Deumüthigung"; da habe ich gefühlt,
als ich auf dem Heimwege, nachdem ich S.
verlassen, allein war, wie alles Liebe
und Schöne in mir leise und stetig fortgetönt hat — bis in meine Träume hinein.
In aller Eile diese herzlichen Grüße,
liebes Fräulein Alma von Ihrem

Gustav Mahler

Athem Künstlerischen Spürsinns in sich habe. – – Wir wollen uns kennen lernen das ist unser beider Wille – ich denke unausgesetzt an ihn – das Bild des andern zerfließt. u. vorgestern hat Muhr gesagt: – na also, wann heirathen wir denn. – Ich bin abends in mein Zimmer gekommen – ich weiß nicht warum aber ich habe mich geschämt. – jetzt reut mich jeder Kuß den ich gegeben habe, – jeder Händedruck, jeder Liebesblick. – *jetzt ist die Stunde der Reue da!* Rein – Reinst wollte ich ihm begegnet sein! – Das ist's nicht mehr – jetzt fühle ich – auch Flecken gehen nie weg – – B[urckhard] macht mir weniger… er kam abends nicht auf seine Kosten – brachte mir Blumen u. einen Ibsen, aber Alex – dem ich Jahre seines Lebens nehmen werde. – Dem ich noch im letzten Brief geschrieben habe: Du bist der *Einzige*, dem ich angehören werde! Und jetzt: Glücklich bin ich, daß ich seinen Bitten nicht nachgegeben. Aber – nur hätte ich auch mehr schon nicht thun dürfen. – meine Lippen sind entweiht. Mittags schickte mir Mahler seine sämtlichen Lieder – die mich enttäuschten, weil sie mir unwahr scheinen. ich will ihm das auch sagen – – – – – –

Almas nachstehender Dankesbrief für Mahlers Liedersendung klingt anders. Es ist der einzige Gegenbrief, der erhalten geblieben ist, und zwar deshalb, weil Alma den Text in ihr Tagebuch eintrug. Alle übrigen Briefe hat sie nach Mahlers Tod vernichtet.

Samstag, 29 N[ovember 1901]
Lieber Herr Direktor
Vielen, vielen Dank! Schreiben will ich nichts über die Lieder. – ich muß Ihnen Einiges sagen – Sie einiges fragen. Wie freue ich mich auf Montag! – Ich möchte gern, daß Sie von [Maurice] Maeterlinck über »das Schweigen« lesen würden, – ich habe mich auf unserem schönen – ersten gemeinsamen Gang heftig daran erinnert. – Es war ganz eigenartig schön u. herrlich. An meine Schrift müssen Sie sich erst langsam gewöhnen – drum will ichs fürs erste genug sein lassen. Ich drücke Ihnen warm die Hand und grüße Sie mit meinen schönsten Grüßen Montag – – Alma M. Schindler

Gleich danach trägt Alma ein:

Alex war da mit ein wenig Zorn auf Mahler, aber sonst lieb wie immer. Ich hatte die Empfindung – dem gehöre ich […]

Lieber Herr Direktor

Vielen vielen Dank!

Bis Mahler am Montag, dem 2. Dezember, zum zweitenmal zu Besuch kam, vertraute Alma ihre menschlichen und künstlerischen Konflikte ihrem Tagebuch an:

Samstag, 29 [30.] N[ovember 1901]
Stimmungen kämpfen in mir, ›Hie Alex – hie Mahler – für Mahler habe ich ein unbegrenztes Vertrauen.
   Seine Lieder haben Alex und ich gestern durchgesprochen, – er mit Hohn und Spott – ich kühl. Wahrlich – sie passen nicht zu dem Menschen – auch gesuchte Naivität und Einfachheit bei einem hier compliziertesten Menschen. Ich möchte es ihm gerne sagen – fürchte ihn zu beleidigen. Freue mich auf Montag.

Sonntag 1. D[ezember 1901]
Ganzen vormittag Mahler lieder durchgesehen einige fangen mir an zu gefallen. – es ist ein herbes Zeug – ... Mittags: Philharmonisches [Konzert] [...] NM [Nachmittag] – Mahler lieder schöner Nachmittag! Allein ungestört – mir selbst gegeben –

Alma hielt Mahler in jener Zeit für ein allenfalls mäßiges Komponistentalent, aber – er bekleidete die führende Position im Musikleben der Stadt Wien. Mit ihm zu leben würde Glanz, Aufregung, Ehre und Ruhm bedeuten. Mahler zu heiraten hieße auch, Grande Dame der Musikwelt und der Wiener Gesellschaft zu sein. Im Tagebuch schreibt sie:

Montag 2 D[ezember 1901]
Nachm[ittag] Mahler Er sagte mir, daß er mich liebe – wir küßten uns – er spielte mir seine Sachen vor – meine Sinne schweigen... seine Liebkosungen sind lieb u. wohl. Wenn ich jetzt nur wüßte Den oder – den – Alex muß ich langsam entwöhnen wie furchtbar leid ist mir wenn jetzt alles das nicht gewesen wäre – – – – – hätte ich mich heute verlobt – So aber konnte ich seine Liebkosungen nicht erwidern – ein Mensch stand dazwischen... ich sagte es ihm ohne Namensnennung ich *mußte* es ihm sagen... Wäre er 3 Jahre früher gekommen Ein entweihter Mund!

Dienstag 3. Dez.
Ich bin in einem *furchtbaren* Dilemma, – leise sage ich mir immer – mein Geliebter – und immer sage ich Alex hinterher. Kann ich denn Mahler so lieb haben, wie er es verdient und wie es in meiner Macht

liegt. – Werde ich je seine Kunst verstehen – u. er die meine!? Bei
Alex – dieses beiderseitige Verständnis – er liebte jeden Ton von mir
– Mahler sagte nur: Das ist ja ernst zu nehmen. Das hatte ich nicht
erwartet! – – Wie werde ichs dem Alex sagen! – Ich bin mit Mahler
per Du – – – er sagte mir wie er mich liebe – und ich konnte ihm
keine Antwort geben – Ja – liebe ich ihn denn? – – – – – ich habe keine Ahnung – manchmal glaube ich direct: nein. So *vieles* irritiert
mich: *Sein Geruch – sein Vorsingen* – einiges – in seinem Sprechen! –
Und Sehnsucht? Wie *wahnsinnig* habe ich mich nach Alex gesehnt –
in der ersten Zeit… jede Minute – jede Sekunde – und heute, ja –
ich sehne mich – aber nicht mehr mit der Seele! Vielleicht kann ich
ein 2tes Mal nicht mehr so lieben – er ist ein Fremder – unsere Ge-
schmacksrichtungen gehen auseinander – er hat mir gesagt: Alma
überleg' es Dir gut – genau – gut wenn ich Dich in dem Moment
enttäuscht habe, so sag es – heute kann ich es noch verschmerzen –
obwohl schwer – in 4 Monaten ist es vielleicht nicht mehr möglich.
– Und ich weiß nicht, was in mir ist, wie's in mir ist – ob ich ihn liebe – ob ich ihn nicht liebe – – ob der Director – der herrliche Dirigent derjenige ist – oder der Mensch… ob, wenn ich von dem Einen abstrahiere – für das andre etwas bleibt Und seine Kunst, die mir
so unendlich ferne liegt – so furchtbar ferne – – Auf deutsch – Als
Componist glaube ich nicht an ihn. – Und ich soll mein Leben an
den Menschen binden… er ist mir von ferne eigentlich näher gestanden – wie von Nah. Mir grauts. – – Und wenn ich heute »nein«
sage – ein jahrelanger Traum zerstiebt! Wir haben uns geküßt –
[durchgestrichen: aneinander – – getrunken] Seine Hände obwohl
ausdrucksvoll – liebe ich doch nicht so, wie die von Alex – viel macht
die Gewohnheit – viel die – Zeit… Aber *Geduld* ist nicht die Sache
meines Mahler – – – – – *Was soll ich thun?* Und wenn Alex groß wird
und mächtig. – – – Ich habe ihm geschrieben – Ich habe keine
Ahnung, was in mir vorgeht – ich habe heute morgen aus dem 1. Act
gespielt [wahrscheinlich ein Werk von Zemlinsky] – er liegt meinem
Geschmack wohl – – Ob Mahler mich zur Arbeit animieren wird –
ob er meine Kunst unterstützen wird – ob er sie so lieben wird, wie
Alex – denn der liebt sie direct – – –

Zemlinsky auf den zweiten Platz zu verweisen fiel Alma schwer, vielleicht auch deswegen, weil sie sich als beginnende Komponistin von
ihm ernstgenommen fühlte. Daß sie dies von Mahler kaum erwarten
durfte, hat sie allem Anschein nach gefühlt. Genau dieses Problem

jedoch bewegte Alma in jener Zeit am stärksten. In ihrer Autobiographie beendet sie die Schilderung ihrer Verlobungszeit mit der Feststellung: »Übrigens: ich hatte Gustav Mahler nie eine Note meiner Musik gezeigt.«[52] Wie der Tagebucheintrag vom 3. Dezember erkennen läßt, war dies nicht der Fall gewesen. Der scheinbar widersprechende Satz Mahlers (s. Brief 14): »Ich rede hier, wie gesagt, noch nicht von Deinen Compositionen, die ich ja noch gar nicht kenne ...«, meint sicherlich seine noch ausstehende ernsthafte Beschäftigung mit Almas Liedern, die bei der ersten flüchtigen Begegnung nicht möglich war.

Am 3. Dezember schickte Mahler drei Karten für eine Aufführung von *Hoffmanns Erzählungen*, die er am Abend des 4. Dezember dirigierte. Der Begleitbrief kündigt Mahlers Reise zur Erstaufführung seiner *4. Sinfonie* in Berlin am 16. Dezember an. Von dort aus sollte er dann nach Dresden weiterreisen, um an der Aufführung seiner *2. Sinfonie* am 20. Dezember unter der Leitung von Ernst von Schuch teilzunehmen.

Nr. 4

[Wien, 3. Dezember 1901]
Mit[t]woch Abends

Meine liebste Freundin!
Hier die 3 Billets für Hoffmanns Erzählungen. Leider auch zugleich die Hiobspost, (d. h. ich werde wohl dabei der arme Hiob sein) daß ich Montag /nachts/[*] nach Berlin reisen muß, da am Dienstag daselbst die erste Probe zu meiner Symphonie stattfindet. Ich kann daher weder am Dienstag den Tristan dirigieren, noch am Montag meinen jetzt schon so liebgewordenen Besuch bei Ihnen machen. da ich ungefähr 10 Tage ausbleiben muß, bin ich sehr traurig und fürchte, daß ich meine Schlacht gegen die thönernen Hausgötzen gestern ganz umsonst geschlagen. Nur die Wunden, die ich dabei empfangen, werden davon übrig bleiben. Es war aber auch gar nicht schön von Ihnen, daß Sie sich geduldig und ergeben in das Schicksal gefügt haben, mich eine ganze Woche in der Verbannung zu lassen. Da war Hero doch anders, die sprach: »Komm morgen!« – Nun werde ich also nicht über den Hellespont schwimmen, sondern als moderner Leander per Courierzug und Schlafwagen über Berlin nach Döbling dampfen und komme am Ende von den vielen Strapazen und Nachtwachen ganz

---

[*] Almas Weglassungen sind durch Schrägstriche gekennzeichnet.

»decadent« an. – Ihre liebe Mama grüße ich vielmals und hoffe morgen im Vorbeihuschen einen Blick von Ihnen zu erhaschen, um ihn als letzte Labung und zugleich Wegzehrung auf die Reise mitzunehmen.

Der geschlagene Sieger Pyrrhus

Der »geschlagene Sieger Pyrrhus« könnte bedeuten, daß Mahler zunächst versucht hatte, Alma und ihre Familie zu überreden, mit nach Berlin zu kommen. Schließlich fuhr aber nur Carl Moll mit, der dort geschäftlich zu tun hatte.

Über den Theaterabend vermerkte Alma im Tagebuch:

Mittwoch 4 D[ezember 1901] beim [Friedrich] Spitzer photographiert worden dann [Hermine] Gallia – später Erica [Conrat] Abends Oper: Hoffmanns Erzählungen – *Mein* Gustav hat dirigiert – nach den Actschlüssen schaute er mich an – lieb – lieb
    Wenn er jetzt da wäre – Ach – wenn ichs nur Alex schon gesagt hätte – – Mahler [sic] saß in unsrer Reihe – Gott! wenn er vor seiner Abreise nicht mehr zu uns kommt gehe ich zu ihm – – –

Nr. 5

[Wien, 5. Dezember 1901]

Liebste Freundin!
Hoffentlich hatten Sie gestern an *Hoffmann* einige Freude – obwol von ihm in diesem Werk so ziemlich »der Spiritus weg und nur das Phlegma ist geblieben!« Die [Marie Gutheil-]Schoder hat Manches von unserem lieben Dichter an die Oberfläche gezogen (leider ist am ganzen Werk nur die Oberfläche zu retten) aber die Trivialität des guten [Fritz] Schrötter [Schrödter] und seines Schwiegersohn[es] [Wilhelm Hesch] waren ein zu bleiernes Gewicht an der leidenden Psyche. Die ersten beiden Akte kann ich nur mit innerstem Widerstreben zu Ende bringen. Aber gestern habe ich es gerne gethan – denn es war ja für Sie! Das 3. Bild [?Akt] ist glücklicher gefügt; da ist wenigstens das Material vorhanden, aus dem man mit dem Einsetzen eigener schöpferischer Kraft die dämonischen Züge des Urbildes nachschaffen kann.
    Wenn Sie wissen wollen, was da Alles verloren gegangen, so lesen Sie die Novelle »Rath Krespel« von Hoffmann. Die Schoder war rührend und hat fest mit mir an einem Strang gezogen. Aber – im feinsten hat auch sie ein wenig im Stich gelassen; dazu wurde sie durch

ihre Tendenz zum Realismus verführt. Die Antonia stirbt eben nicht an der Schwindsucht, die sie durch das vermaledeite und auf der Bühne so beliebte Hüsteln markirte, sondern das dämonische Princip der Kunst, welches den Menschen, der von ihm besessen wird, stets zum Aufgeben der eigenen Persönlichkeit zwingt, und welches in diesem Fall ein zur Vergeistigung besonders beanlagtes Wesen bis zur Entkörperlichung durchdringt, entführt sie dem Leben. Man möchte sagen, sie giebt nicht ihren Geist, sondern ihren Körper auf. Oder mit einem von Ihnen geliebten Bilde: sie macht den Weg ins »dunkelnächtige Reich«, aus dem sie nicht mehr zurückfindet. – Doch, dies sind nur die Materialien zu einem mächtigen Drama, in dessen dunklen Gängen eine genialische Musik auf's Grauenhafteste hineinleuchten müßte. So aber habe ich es gestern empfunden und innerlich gewünscht, daß Sie davon getroffen würden. – Wenn Sie sich ein wenig liebevoll mit Hoffmanns Werken beschäftigen wollten, so werden Ihnen ganz neue Lichter aufgehen über die eigenthümlichen Beziehungen unserer ewig geheimnisvollen und nicht zu enträthselnden, aber oft wie einem Blitz unser Inneres durchleuchtenden Musik zur Realität. Und Sie werden es fühlen, daß die einzige wahre Realität auf Erden unser Gemüth ist – und daß alle Wirklichkeit für den, der dies erfaßt hat, nur ein Schemen, ein nichtiger Schatten ist. – Und zwar bitte ich Sie, dies *nicht* für einen »poetischen« Vergleich zu halten; sondern eine Erkenntniß, welche auch von dem nüchternen Blick des Verstandes ihre unwiderrufliche Geltung behalten wird. Wenn ich nächstens wiederkomme, so sprechen wir darüber! Ich schreibe darüber dießmal etwas ausführlich, weil es in innigstem Zusammenhang steht mit meinem für Sie momentan vielleicht nur als eine Pedanterie erscheinenden, so eifervollen Bestreben, meinen Gott an die Stelle der »thönernen Götzen« zu stellen. –

Leider, leider kann ich am Samstag nicht kommen! Warum, sage ich Ihnen nächstens wenn ich aus Berlin zurück bin. Ich möchte nicht eine gesellschaftliche Ausflucht gebrauchen und darum erlauben Sie mir vornächst diese – mir so gar nicht gemäße – lakonische Absage auf Ihre liebe Aufforderung. –

Es ist mir schon in den wenigen Tagen eine so liebe Gewohnheit geworden, mit Ihnen zu plaudern – meinetwegen zu raufen, oder auch zu schweigen, daß ich vor meiner Abreise nur einen innigen Wunsch hege und auch ausspreche: Lieber Kamerad! Bleiben Sie mir dies und – geben Sie sich ein wenig Mühe, daß ich es auch Ihnen sein kann! Denken Sie an unsere Lieblinge: Evchen – und Hans Sachs!

Auf Wiedersehen! G.

Wohl kaum hat Alma das Schiller-Zitat Mahlers zu Beginn des Briefes zu deuten gewußt. In dessen Gedicht »Kastraten und Männer« (später »Männerwürde«) heißt es »Zum Teufel ist der Spiritus / Das Phlegma ist geblieben«, wobei sich Schillers Bild auf den Destillationsprozeß bei der Herstellung von Spiritus bezieht, bei dem eine fade Flüssigkeit, früher »Phlegma« genannt, zurückbleibt. Aufgeschreckt wurde Alma durch die beiden letzten Absätze dieses Briefes. Ebenso wie der Vergleich mit Evchen und Hans Sachs (*Die Meistersinger*) hat sie die Tatsache verwirrt, daß Mahler ihre Einladung für Samstag absagte. Die Tagebucheintragungen vom 5. und 6. Dezember zeigen deutlich, daß Alma der Meinung gewesen ist, Mahler wolle sich zurückziehen.

Donnerstag 5 D[ezember 1901]
Immer mehr muß ich an ihn denken. Sein *liebes*, liebes Lächeln – – – *Diesen* Menschen habe ich geküßt – vielmehr – er hat mich geküßt – ich glaube nunmehr, daß ich ihn wirklich liebe – – – Alex drückt mich wie Blei. Jetzt sehne ich mich schon ganz gehörig nach ihm [Mahler] – muß immer an ihn denken – seine lieben, lieben Augen – – wenn nur Alex – – – wenns nur schon gesagt wäre – – Das wird furchtbar. – Wenn ich Mahler nur noch sehe, vor seiner Abreise – – – U. M. [Um Mittag] Gound – Hanslik – Abends – dieser Brief – – Ich möchte weinen! – Ich habe das Gefühl – ich habe ihn verloren – – u. ich hab' ihn im Geiste schon besessen – – – Ja – ein Glückskind! Mir ist elend zu Muthe – – Ich muß ihn sehen – vor seiner Abreise – ich muß ihn sehen – – – er will mich nicht! er gibt mich auf – der Schlußsatz – der *furchtbare* Schlußsatz – Jetzt fühle ich wie lieb ich ihn habe – mir ist so leer auf einmal! – – – Ich muß morgen zu ihm hin. Ich sehne mich grenzenlos. – – Evchen – und Hans Sachs – – eine leere Ausflucht. – es kann ja nicht sein – –

Freitag 6 D[ezember 1901]
Er liebt mich nicht mehr – ich bin unglücklich – – Ich werde heute zu ihm gehen – werde ich ihn nicht treffen – ich möchte an seiner Brust weinen. Evchen und Hans Sachs – darauf war ich nicht vorbereitet.

Aus welchen Gründen Mahler die Verabredung mit Alma für Samstag zunächst abgesagt hatte, läßt sich nicht mehr feststellen. Jedenfalls scheint Alma ihren Vorsatz verwirklicht zu haben, Mahler aufzusuchen und ihn umzustimmen.

Mahler kam dann doch am Samstag, wie Almas Tagebuch ausweist:
Samstag 7. D[ezember 1901]
Gustav war da – – – wir haben uns unzählige male geküßt – ich habe
ein warmes Gefühl an seiner Brust – Wenn er mich nur so weiter liebt
– aber ich halte ihn für launenhaft – furchtbar launenhaft – er suchte mich nach seinen Richtungen zu bekehren – ich sehe ihn nun
10 Tage nicht – am Montag fährt er nach Berlin – – – – anders weiß
ich nicht zu schreiben. – Aber mein Herz ist für *ihn* u. gegen Alex.
Ich habe noch nie den Zeiger der Uhr so verfolgt – wie heute – Ich
konnte vor Sehnsucht gar nicht arbeiten – – – vor dem Dienstag *zittre*
ich. – Mein armer Alex ich bin überzeugt – er weiß alles ... er fühlt
alles ... immer sehe ich Gustavs Augen vor mir – *so gut und lieb* – u.
immer fragend – – seine schönen Händen etwas verschandelt durch
Nägelbeißen – Er wird mir von Berlin aus schreiben – Ich habe in
meinem Leben noch keinen Menschen getroffen – der mir *fremder*
war wie er – *Aber so fremd* und so nah! Ich kanns gar nicht sagen vielleicht ist gerade das ein Moment, das mich hinzieht zu ihm – nur mich
soll er lassen – wie ich bin – und ich fühle bereits deutlich – die Um-
wandlungen, die in mir durch ihn vorgehen – vieles gibt er. Geht das
so fort, so macht er einen andern – neuen Menschen aus mir. Ein Besseren? Ich weiß es nicht – ich weiß überhaupt gar nicht – meine Zukunft ist mehr denn je ein einziges Fragezeichen. – In seiner Hand
liegt jetzt alles – Er sagte mir heute alles – alle seine Sünden – auch
ich einige von den meinen – den Namen Alexens erriet er u. war *entsetzt* – er begriff es nicht – – Also Schluß für beide – u. ohne Blick in
das schleierhafte »Morgen« – – – – Das Heute war wenigstens – und
schön wars – ja – schön. – Er ist der *reinste* Mensch der mir begegnet
ist [...] Beim vierhändig spielen sagte er einmal – aber hier gehört ein
Viertel hin – ich schenk' sie Dir aber – ich schenk' Dir auch eine
Halbe – ja – ich schenk' Dir das Ganze.

Aber auch das für Alma »schleierhafte Morgen« sollte schön werden.
Mahler schickte einen Klavierauszug seines Chorwerks *Das klagende
Lied* als eine »Mär aus meinen jungen Tagen« und dirigierte am
Abend eine Vorstellung der *Zauberflöte*, die Alma viele Jahre später in
ihren Erinnerungen beschrieb: »... In der Anfangszeit unserer heimlichen Verbindung dirigierte Mahler einmal die ›Zauberflöte‹ für
mich ganz allein. Er hatte mir seine ›Dienstsitze‹ geschickt. Seine
Schwester wußte nicht, was sie sich denken sollte, da sie die Billette,
die immer nur ihr zu Gebote gestanden hatten, plötzlich an diesem

Tag nicht haben konnte. Aber Mahler schwieg, und sie wagte nicht zu fragen. Nach jedem Akt der ›Zauberflöte‹ blieb er lange am Pult stehen und plauschte unbefangen mit seinem Konzertmeister R[osé], damit wir uns länger sehen konnten. Brieflich berichtete ich ihm dann über meine Eindrücke, wie er das erbeten hatte.«[53]

Nr. 6
[Wien, 8. Dezember 1901]

Liebste Almschi! Hier ein »Mär aus meinen jungen Tagen!« Gestern hatte ich eine rechte Freude an Dir! Lieb hast Du zugehört und lieb geantwortet! Wie kurz ist leider ein solcher Nachmittag – und die Coda am Abend beinahe traurig. – Der heutige Tag bringt mir den Abend, an dem wir nebeneinander und im tiefsten Sinne verbunden sein werden. Ich werde in jedem Takt an Dich denken und für Dich dirigieren. Es wird mir sein, wie gestern am Clavier, wo ich so gerne und so vom Herzen zu Dir gesprochen. /Aber die nächsten Tage! Da wird erst Alles in innern Sinn vorüberziehen, jede Miene, die Du gemacht, jedes Wort, das Du gesprochen./ Und manchmal werde ich verweilen, und jenen »mißtrauischen« Blick haben, der Dich so oft verwundert. Es ist nicht *Mißtrauen,* was man sonst so nennt, aber ein *Fragen* an Dich und die Zukunft. Liebste, *lerne antworten!* Dies ist nämlich sehr schwer, denn man muß sich dazu geprüft haben und gut kennen! Aber noch *schwerer* ist fragen! Dieß lehrt nur die volle und innigste Beziehung zum Andern! Liebste, Liebe, *lerne fragen!*

Du bist mir gestern so ganz anders und so viel reifer entgegengetreten. Ich fühle es, daß die letzten Tage Dir viel geöffnet, erschlossen haben. – Wie wird es sein, wenn ich wiederkomme? – Da werde ich Dich fragen: Hast Du mich *lieb*! *Lieber als gestern?* Kanntest Du mich und erkennst Du mich? Nun, Addio, meine Liebe, mein Kamerad!

Dein Gustav

Nach der Vorstellung schrieb Alma in ihrem Tagebuch:

Sonntag 8 Dezember [1901]
Ich habe die Empfindung des Chaos in mir alles stürzt – und neues blüht empor. – Eine neue Weltanschauung – ein neuer Glaube – – Ach – wenn seine Liebe nur Stand hält – unendlich viel zu geben ist er im Stande – ich kann absolut nicht arbeiten. ich weiß nicht warum – Alex hatte mir schon Alles gegeben – vieles hatte ich in mir aufge-

nommen. – vieles muß ich nun wieder abthun – um neues – Besseres empfangen zu können – – – Mittags sandte er mir das Klagende Lied. – Halt ausgezeichnet – Melodik ein[es] beseelten Leben[s] – ein bischen arm aber der Bau gut u. wirkungsvoll. Ich kann mir denken, daß es an manchen Stellen voll hinreissender Wirkung ist – – Abends Oper: Zauberflöte – Himmlisch aufgeführt. Jetzt erst erkenn ich die wahre Größe u. Schönheit dieses Werks – Dann sah ich Gustav an und mußte wie verklärt lächeln – Nach den beiden Actschlüssen – sah er mich rührend lieb an – besonders zum Schluß – – – ein Faden, von ihm zu mir war gesponnen. – – – – – Dann fuhren wir [Alma, ihre Mutter und ihr Stiefvater] an ihm vorbei – er ging mit seiner Schwester u. der [Natalie] Lechner-Bauer und sah mich nicht. Mein holder Gustav. – Denk, denk an mich! – !

Den nächsten Brief an Alma hat Mahler noch vor seiner Abreise nach Berlin geschrieben, nicht, wie Alma in ihren Erinnerungen angibt, in »Berlin-Dresden«. Mahler hat hier bereits die Gewohnheit angenommen, vor Antritt einer Reise entweder noch in der Oper oder auf dem Bahnhof an Alma zu schreiben.

Nr. 7

[Wien, 9. Dezember 1901]

Liebste!

Sei mir vielmal gegrüßt! Wie lieb wäre es, wenn ich bei meiner Ankunft in Berlin, Palasthotel – diese Adresse genügt – eine Zeile von Deiner Hand vorfände. – Für einen Augenblick würde ich in dem fremden Haus meine Heimath finden, welche nunmehr dort ist, wo ich Dich weiß; und selbst das kleinste Zeugnis Deines mir so teuren Lebens wird mich einen Augenblick das Leid der Trennung vergessen machen.

Über die Zauberflöte schreib mir auch. Ich kann es mir denken, daß Dir so etwas noch nicht ganz aufgehen kann. Du bist das Alles nämlich noch zu sehr *selbst*! Mir ist es auch lange so ergangen mit den Werken, die Du »naiv« nennst. Aber Alles, selbst das Nichtigste, was Du mir von Dir erzählst, ist mir wert und lieb! Gib Dir, bitte, gar keine Mühe mit Deinen Briefen. Wie das Wort in den Mund kommt, so schreib es nieder. Denke Dir immer, wenn Du mir schreibst, ich sitze neben Dir und Du plauderst von Allem.

Ich möchte auch immer gerne wissen, wie Du lebst – *im Einzelnen*! /Nur eines, meine Alma! *Deutlich* schreiben./

Mittwoch bist Du also mit meiner Schwester zusammen. Wie innig wünsche ich, daß Ihr zueinander einen Weg findet. Vielleicht erkennst Du in ihr manchen Zug von mir – ja dieser wird Dir unter Umständen momentan vertrauter sein. – Hurrah! Eben kommt Dein Brief, den ich zuerst lesen will, bevor ich weiter schreibe.

Jetzt habe ich meine Kraft! Ich hatte so sehr das Bedürfnis von Dir ein Wort zu haben! Ich traute mir nur nicht, es zu hoffen! Aber ich gestehe es Dir, meine innig Geliebte! hätte ich es nicht bekommen, ich wäre in Zweifeln davongegangen. Du schreibst ein so liebes Wort über meine Schwester, und da muß ich Dir sagen – was ich neulich nicht that, um Dir nicht die Unbefangenheit zu rauben – sie weiß Alles, und liebt Dich schon jetzt. Wir haben gestern (allein, da wir gleich nach dem Essen nach Hause gingen) bis tief in die Nacht von Dir und unserer Zukunft gesprochen. Sie versteht Alles und wird uns eine treue Freundin sein! – Es ist hart, daß ich gerade in diesen Tagen wieder fort muß! Ich bin so unglücklich darüber und doch ist es beinahe wie eine Stimme des Meisters, Lehrers! (Ich sage so, um nicht »Gott« zu sagen, weil wir uns zu wenig darüber ausgesprochen – ich könnte es nicht ertragen, wenn eine Phrase zwischen uns gesprochen würde.) Sie ruft: »Werdet tapfer, ertragsam, geduldig!« Siehst Du, mein Liebstes, das werden wir unser ganzes Leben hindurch brauchen – und freilich – dieser /Lehrer/ erscheint auch in Donnern, er soll uns immer verständlich bleiben. – O Gott, ich kann nicht mehr schreiben. – Es ist so ein Lärm um mich herum! Ich höre schon mein eigenes Wort nicht mehr – nur diese eine Stimme, die lauter ist als Alles und die nie mehr verstummen soll – in meinem Herzen, die nur ein Wort und einen Ton hat: Ich liebe Dich, meine Alma! Von Berlin aus schreibe ich gleich wieder! Alles Unaussprechliche und nur von Dir hörbar und verständlich, Meine, Meine!

Dein Gustav

Gleichzeitig schrieb Mahler einen Brief an Anna Moll, Almas Mutter, auf den er dann in Nr. 9 Bezug nimmt: »…Heute Abend geht es fort, und zwar leider auf länger, als ich gedacht. Ich muß nämlich auf dringendes Verlangen auch den Proben zu meiner II. [Sinfonie], welche für den 20. Dezember in Dresden angesetzt ist, assistieren. Ich werde Sie alle also erst in vierzehn Tagen wiedersehen. Darf ich Ihnen gestehen, daß mir diese Trennung sehr lange erscheint und sehr nahe geht? Daß ich in dieser kurzen Zeit mich Ihnen und Ihrer lieben Familie so vertraut und verbunden fühlen gelernt habe, und die Zeit der Entfernung von Ihnen als eine Entbehrung empfinden werde? Ich spreche dies so offen aus, weil ich fühle, daß Sie ein solches Bekenntnis so herzlich wie es gemeint, aufnehmen werden, und daß auch Sie mich nicht mehr als einen Fremden betrachten. Leben Sie recht wohl, und bleiben Sie mir gut! Ihr sehr ergebener Gustav Mahler. [Nachsatz]: Der Inhalt des Päckchens soll nach dem geheiligten Usus zwischen Mutter und Tochter geteilt werden.«[54]

Das Echo auf Mahlers Brief an Alma findet sich in ihrem Tagebuch:

Montag 9. D[ezember 1901]
Ich kann nicht arbeiten – gehe im Zimmer herum – einmal zu seinem Bild, dann wieder nehme ich seinen letzten Brief – – – ich liebe ihn! Mittags sandte er – eine große Schachtel Kugler – u. diesen rührend lieben Brief – ich habe das Gefühl – ich werde ein besserer Mensch – er veredelt mich. – Mein *Sehnen* nach ihm will nicht verstummen – – – – – nachmittags war Muhr da – wir haben viel gespielt zusammen – – zum Schluß frug er mich wieder wies um mich stehe – – – Ich konnte nicht anders, als ihm die Wahrheit sagen – so schwer es mir wurde. – Bleich u. zitternd stand er vor mir – Fräulein, wenn Sie »nein« sagen – bringe ich mich um. – – – Mein ganzes Mitleid kam mir. Ich habe ihn so gerne – als Freund u. bin überzeugt, ich fühle nicht schlecht – ??? nehme ich ihn – ? als Freund ?!! Aber es gibt Dinge, die außer unsrer Macht liegen – Ich liebe und sehne mich grenzenlos – Gustav – Liebster – Geliebter... Eines wünsche ich – eines träume ich – nur Dir, Dir will ich gehören... Muhr sagte mir heute – ein Arzt habe ihm gesagt – Gustav sei unheilbar krank – u. seine Kräfteabnahme sei merklich – Ach Gott – ich will ihn hüten, wie mein Kind – an mir soll er nicht zu Grund gehen – ich will mein Sehnen u. meine Leidenschaft zügeln – heilen will ich ihn... gesunden soll er an meiner Kraft und Jugend mein geliebter Meister... –

Bemerkenswert, daß Alma am Tag der Abreise Mahlers ihren alten Verehrer Felix Muhr empfängt.[55] Erstaunlicher noch, daß sie den Gerüchten um den Hofoperndirektor Glauben zu schenken scheint. »Unheilbar krank« bedeutet ja zu jener Zeit ein Leiden wie Tuberkulose oder Schwindsucht.

Nach der nun einen Monat währenden, inzwischen leidenschaftlichen Beziehung waren Mahler und Alma jetzt erstmals getrennt.

Mahler hatte vor seiner Abreise noch eine wichtige Weiche für die Zukunft gestellt. Schwester Justi und Alma sollten sich während der

Zeit seiner Abwesenheit näher kennenlernen. Alma hält im Tagebuch fest:

Dienstag 10 D[ezember 1901]
Ich habe die ganze Nacht nicht ein Auge zugemacht – ruhelos war ich in meinem Bett – ich dachte an die fragliche Zukunft – an das Leiden meines Gustav – an seine mir schon jetzt liebe Schwester – u. an ihn – ihn – Du mein Geliebter. Z[emlinsky] Alex soll heute kommen – es wird schwer für mich. – Ich warte noch immer auf Alex Zem. mit Angst im Herzen. – er wird jeden Moment da sein – wenn er nicht kommt, so schreibe ich ihm – besser wäre aber sprechen – und mein Gustav? Berlin – unter fremden Menschen – wann ich seinen ersten Brief bekommen werde? Was ist alles vorgegangen in mir – in diesen letzten 14 Tagen!!! So alt bin ich geworden! – Abends »Tristan« – – – Bei jedem Ton – in jedem Tact – habe ich an ihn gedacht. – – –

Mahler war von Wien zunächst nach Dresden gereist, um dort am 10. Dezember mit dem Dirigenten Ernst von Schuch Interpretationsfragen der 2. *Sinfonie* für die kommende Aufführung zu erörtern. Danach reiste er weiter nach Berlin. Zeit für den von Alma ersehnten »ersten Brief« war in Dresden nicht geblieben. Inzwischen trafen sich Alma und Justine Mahler:

Mittwoch 11 D[ezember 1901]
Vormittags [in die] Stadt – Ich war bei Zuckerkandl – Gustav hatte mich gebeten – seine Schwester komme hin – obwohl sie ein bisserl ungleich schaut [schielte] – hat sie für mich doch einen tiefen sympatischen Zug – ich erkenne ihn in ihr. – Wir verstanden uns auch recht gut. Wollte Gott – daß ich an ihr etwas hätte – ich verstehe die Gretel [Legler] eigentlich nicht daß sie nicht eine große Liebe zu Wilhelms Schwester hat – ich habe sofort – ein warmes Gefühl für sie [Justine] gehabt – Ach – hätte sie es auch für mich. Ich wünsche es sehnlich. Am Samstag komme ich hin zu ihr – was werden wir uns sagen – Wie werden wir uns gegenüberstehen in dieser unaufgeklärten Lage –

Inzwischen war Mahler in Berlin angekommen. Ursprünglich sollte Richard Strauss die Sinfonie leiten, doch Mahler dirigierte dann letztlich selbst das Berliner Tonkünstler-Orchester mit Thila Plaichinger als Solistin, während Strauss die übrigen Programmnummern leitete.

Nr. 8
[über dem Briefkopf]: In größter Eile!

PALAST HOTEL
[Berlin, 11. Dezember 1901]
Mit[t]woch morgens

Mein theures, liebes Mädchen!

In einer schrecklichen Hetze zwischen Ankunft und 1. Probe schnell innige Grüße und einen Schrei des Herzens nach Dir! Dein lieber Brief vom Sonntag war mein Reisebegleiter. Ich habe ihn studirt, wie das neue Testament. Er hat mich Vergangenheit und Zukunft gelehrt. Wenn ich dazu komme, so erzähle ich Dir noch heute meinen Lebenslauf vom Empfang Deines Briefes. (Der für mich eine Art »Hegyra« ist, von dem die Mohammedaner ihre Zeitrechnung beginnen.) – Mein neues Leben hat auch da begonnen. Ich kann von jetzt ab nur im Hinblick auf Dich leben, athmen, sein. –

Ich dirigiere in Berlin selbst mein Werk. O, könntest Du dabei sein! Aber – so nöthig es Andern ist, aus meinem Schaffen den Schlüssel zu meinem Sein zu gewinnen – Du, Du meine Alma, wirst, von mir ausgehend, aus der allumfassenden Gegenwart heraus, liebendhellsichtig, Alles erfahren, Du – ich, ich – Du sein. Die Astronomen müssen aus dem Strahlen den Stern erkennen – (und tappen doch im Dunkeln herum, denn sie können durch ihr Verfahren, man nennt es Spectralanalyse, doch nur die erdverwandten Stoffe auffinden – das dem Stern Ureigene bleibt ewig unerforschlich) – aber was könnten die Strahlen dem sein, der im Sterne selbst wohnt. Freilich der Vergleich ist nicht ganz zutreffend. Aber doch spricht er im Augenblick am meisten aus, was ich empfinde, und was mich beruhigt und beseligt. –

Wie wird es einmal sein, wenn Du Alles mit mir – ich mit Dir – theilen wirst, und wenn dieses heftige, verzehrende Sehnen, das mit so viel Bangen und Sorgen gemischt ist, befriedet, und wir, auch getrennt, Alles von einander wissen, und unbekümmert uns lieben, durchdringen können! (Ich gebe *Nichts* her von Allem, was mir durch [Dich] zu Theil wird – auch nicht Unruhe und Schmerz – mißverstehe nicht, was ich da oben gesagt.) Jetzt muß ich fort, zur Probe. Wenn die Töne, die Schallwellen so viel Kraft hätten, als mein Liebesstreben zu Dir, so müßtest Du es heute den ganzen Vormittag klingen hören. Dir, für Dich soll es sein – Alles, was in mir lebt!

Meine geliebte Alma! Dein Gustav

.

Alma versuchte unterdessen, ihr Gefühlsleben zu ordnen:

Donnerstag 12 D[ezember 1901]
[...] Der Vormittag ist wieder unwiederbringlich weg. – ohne Arbeit – ohne Thun – ich kann nicht – Mein armer, süßer Gustav. Gretl [Legler] hat mir heute eine Kritik geschickt, aus den Stuttgarter Tagesblättern – über Gustavs III. [recte IV.] Symphonie. wahnsinnig geschimpft –
Es nahm mir – nicht viel – aber doch – etwas – von meinem Glauben – Warum er gerade jetzt nicht da ist jetzt in dieser schweren Zeit – Was Muhr machen wird?? Auch ein armer – Zemlinsky weniger – er wird mit stolzem Blick entgegentreten – ich kenne ihn. Abends Meistersinger [Hermann] Winkelmann [Marie] Gutheil – [Fritz] Schröter [Schrödter] [Wilhelm] Hesch – [Laura] Hilgermann ich muß sagen – so herrlich schön das Ganze ist – ich war bis auf den Todt erschöpft. – 5 Stunden hats gedauert. – 2te Tag nicht wohl – etc. – auf der andern Seite – aber in derselben Reihe saß der junge Dr. [Louis] Adler, der mir unheimlich gefällt Ich habe auch mehr als coquetiert – Zum Schluß haben wir uns angelächelt. – – – Auf einmal bemerke ich mit Entsetzen, daß neben ihm Muhr saß – der wahrscheinlich das ganze Manöver mit angesehen hat Ich habe mich geschämt – Direct geschämt. und dann bemerkte ich, daß M. wegschaute – so sah ich geschwind hin u. wir sahen uns verehrend an – lange – – schöne – – Sekunden – unbekümmert um etwaige Beobachter. Es liegt eine unerhörte Wollust in solchem Blick – u. der Kerl ist bildhübsch hat schwarze Nachtaugen – u. kurzum ein Gesicht das mir gefällt. Rasse liegt drin das geht dem guten Muhr ab Im übrigen – bin aber selbst in Gedanken dem Gustav treu. Diese kühnen Blicke kamen nicht aus dem Herzen – – – Ich habe an Alex geschrieben – – er wird wüthend – mir nie verzeihen. – – Ich habe geschrieben: Alex! Du kommst nicht, weil Du alles weißt – – – Dir ist alles Geschehene bekannt – – – Du weiß selbst ungeahnte Gedanken. Die letzten Wochen waren ein Martyrium für mich. Du weißt, wie sehr ich Dich geliebt habe – Du hast mich ganz erfüllt – – ebenso plötzlich wie diese Liebe gekommen ist, ist sie auch vergangen – – sie wurde verdrängt – mit erneuter Kraft ist es über mich gekommen – ! Auf den Knien möchte ich Dich um Verzeihung bitten für die bösen Stunden, die ich Dir bereitet habe. Es gibt Dinge, die außer den Grenzen unsrer Macht liegen – vielleicht hast Du eine Erklärung dafür. Du – Du – der Du mich viel besser kennst, als ich mich selbst. Ich werde die wonnevollen

Stunden nie vergessen, die ich durch Dich gehabt habe – vergiß auch Du sie nicht. Bist Du der Kerl für den ich Dich halte, – so kommst Du am Montag gibst mir die Hand – und den ersten Freundeskuß. – Sei lieb – Alex – wir können uns unendlich viel sein, wenn Du willst. Immer – immer als treue Kameraden zusammen halten. Vor allem aber antworte mir *sofort* und ohne Zwang – Mama wird den Brief nicht lesen – – – Noch einmal Verzeihung – ich kenne mich nicht mehr aus in mir

Deine Alma

Vielleicht zeigt dieser Tagebucheintrag am deutlichsten die Vielschichtigkeit von Almas Gefühlsleben. Felix Muhr und Alexander Zemlinsky werden zugunsten des »armen, süßen Gustav« auf die Plätze verwiesen. Andererseits ist Alma am Abend während der *Meistersinger* von Dr. Louis Adler tief beeindruckt. Vermutlich handelt es sich um den späteren Gynäkologen und Privatdozenten Dr. med. Louis Adler, der im Jahr 1900 zum »Doktor der gesamten Heilkunde« an der Wiener Universität promovierte.[56]

Letztlich erscheint aber Mahlers Favoritenrolle dann doch eindeutig, wie der folgende Tagebucheintrag zeigt.

Freitag [13. Dezember 1901]
Ich habe heute noch kein Wort von ihm [Mahler] noch keinen Athemzug. vom Couvert umhüllt – ich sehne mich… Ich bin in großer Unruhe, – – ob er noch so heftig an mich denkt!? Gustav – wenn Du mich heute nachmittag gesehen hättest… unter 8 Ballöwinnen! Ich fühle mich ihnen weit überlegen – machte ein paar ganz gute Witze, – einige worüber sich die hochlöblichen gut erzogenen Mädchen recht sehr chockierten – – – unterhielt mich aber im Beobachten sehr gut. – – Was diese Mädeln alles interessiert! Unglaublich.!

Alma hat den nächsten Brief Mahlers in ihrer Ausgabe stark gekürzt. Wie ihre Streichungen erkennen lassen, hatte sie Mahler sowohl über die Ereignisse um Felix Muhr wie auch um Alexander Zemlinsky nach Berlin berichtet.

Nr. 9

/Liebste! Eben bin ich von einem Ausflug nach Weimar, wo ich meine verheirathete jüngere Schwester [Emma Rosé] für einige Stunden überrascht, zurückgekehrt. – Es war für mich eine entsetzliche Strapaze, diese lange Bahnfahrt – Diese entsetzliche Langeweile im Coupé ist es nämlich, (die ich wie ein Thier im Käfig aushalte), die mir das Reisen so verleidet. Immer habe ich daran gedacht, wie das wohl sein müßte, wenn Du, meine Alma, da neben mir säßest; besonders seitdem ich weiß, daß Dir so eine Bahnfahrt, wahrscheinlich ihrer Seltenheit wegen, ein Vergnügen macht! Es war mir so lebendig gegenwärtig, daß ich beinahe anfing, mit Dir zu sprechen. Dein letzter Brief begleitete mich, und ich las ihn oft durch!

Ach, Almschi (schreibt man es so?), wenn Du nur etwas deutlicher schreiben wolltest! Glaube mir! Gerne würde ich Stunden verbringen, um diese lieben Hiroglyphen zu entziffern. Aber, was mich dabei so peinigt ist der Umstand, daß die Unmittelbarkeit der Mittheilung dabei so zu Grunde geht, wenn ich, anstatt, sozusagen Deiner Stimme zu lauschen, Dich mir nahe zu fühlen, mich immerfort unterbrochen und so schmerzlich gestört fühle, wenn ich jeden Augenblick innehalten muß um zu buchstabieren, und zu entziffern. Und dazu kommt noch, daß ich oft, trotz aller Mühe, manches Wort absolut nicht herausbringe. Geliebtes Mädchen, gib Dir Mühe und schreibe deutlich – trenne die Buchstaben mehr voneinander und zeichne die Consonanten deutlicher. Versuch es einmal im *Current,* wie ich!

Also ein hübscher, junger, reicher, gebildeter und musikalischer Herr hat Dir so einen schweren Nachmittag bereitet? Almschl Almschl! Überleg Dir es doch noch einmal! Weiß Gott, was Du Dir da eintauschen würdest. Von allen diesen schönen Eigenschaften besitze ich nicht die Hälfte! – Und bleich, zitternd ist er vor Dir gestanden – und ist sogar bereit, sich umzubringen! Das kommt bei mir nie vor! – Wie gerne möchte ich jetzt Deinen lieben Schopf ein wenig zausen! Zwar weißt Du ja, ohne den, so ganz schlicht frisirt, möchtest Du mir noch viel besser gefallen?

Wenn ich hier nur nicht immer von einer ganzen Escorte von Menschen umgeben wäre, die mich nicht ein Augenblick allein lassen! Ich habe Dir so viel zu sagen! Heimlich habe ich gehofft, heute eine Zeile von Dir vorzufinden. Jeder Tag ist mir jetzt verloren, wo ich Deines

Wesens Athem nicht spüre! Ich kann es mir gar nicht vorstellen, wenn ich am Samstag, den 21. (an diesem Tag hoffe ich nämlich zurück zu sein) in die Steinfeldgasse hineinschreite – nein, laufe, – ich klingle, das Mädchen macht mir auf: »Fräulein Alma ist oben« – ich springe hinauf, mach die Thüre auf – – –! Lies einmal diese Hiroglyphen! Nicht wahr, die kannst Du schnell entziffern? Damit wir ein vernünftiges Wort miteinander reden können, müßten wir Abends, nach der Jause, ein wenig spazieren gehen! Wie Deine Mama meinen Brief aufgenommen, der ziemlich deutlich war und keinen Zweifel mehr über meine Empfindungen und Hoffnungen zuläßt, hast Du noch nicht geschrieben. /

Morgen beginnen die großen Proben. Wie wäre es, wenn Du dabei wärest! Dabei ertappe ich mich jetzt (überhaupt in der letzten Zeit, seit meine Gedanken an Dich geknüpft sind) auf einmal ganz communen, für Leute meiner Art beinahe unwürdigen, Ehrgeiz! Ich möchte jetzt Erfolge, Anerkennung, und wie alle diese bedeutungslosen und im Wahren Sinne des Wortes *nichts* sagenden Dinge heißen, erringen! Ich möchte *Dir* Ehre machen! Mißverstehe das nicht, wenn ich so vom Ehrgeiz rede! Ich habe seit jeher Ehrgeiz gehabt – aber ich habe nicht nach Ehre gegeizt, die mir meine Nachbarn, Zeitgenossen geben können. Aber von Meinesgleichen verstanden, gewürdigt zu werden, selbst wenn ich dergleichen im Leben nicht finden sollte (und in der That sind sie ja nur außer Zeit und Raum zu suchen), darnach habe ich immer gerungen; und es soll auch von nun an mein höchstes Lebensziel sein! Dazu mußt Du mir beistehen, meine Geliebte! Und weißt Du, um sich diesen Lohn zu gewinnen, diesen Ehrenkranz, muß man auf den Beifall der Menge, ja selbst auf [den] der Guten, Hohen (die eben auch manchmal nicht mitkönnen) verzichten. Wie gerne habe ich bis jetzt die Backenstreiche der Philisters, auch Hohn, Haß der Unmündigen ertragen. Ja leider ist es mir nur zu sehr bewußt, daß das bißchen Respekt, das ich mir erworben, vielleicht nur einem Mißverständnis, jedenfalls nur dem dumpfen Ahnen eines Höheren aber Unzugänglichen zuzuschreiben ist. – Ich rede natürlich nicht von meiner Thätigkeit als »Direktor« oder Kapellmeister; dies sind schließlich im höchsten Sinne Fähigkeiten und Verdienste doch nur untergeordneter Art. – Ich bitte Dich, antworte mir hierauf, ob Du mich darin verstehst, und auch mir folgen /kannst/. Alma! Könntest Du mit mir alles Ungemach – ja selbst im Gewande der Schmach – ertragen – und freudig ein solches Kreuz auf Dich nehmen? Wenn der Brief noch heute abgehen soll, muß ich schließen! Ich könnte so immerfort weiter zu Dir reden!

Tausend Grüß, meine liebe, geliebte Alma, und auch von der Erlaubniß, die Du mir am Schluße Deines letzten Briefes im Ps gegeben, mache ich tausend und tausendmal Gebrauch!

Deiner, liebes Mädchen Gustav

Als Alma Jahrzehnte später ihre Briefausgabe vorbereitete, muß für sie die Frage Mahlers, ob sie ihm folgen *könne*, ein ebensolches Ärgernis gewesen sein wie zu jener Zeit, als sie den Brief erhielt. Sonst hätte sie diese Stelle nicht in »folgen willst« abgeändert.

Es war kein Versehen: Im nächsten Brief vom 14. Dezember nimmt sie die gleiche Änderung vor. Daß in Almas Ausgabe statt »eines Höheren aber Unzugänglichen«, »eines Höheren aber Unzulänglichen« steht, mag ein Druckfehler sein.

Am gleichen Tag schrieb Mahler an seine Schwester Justine:

[Berlin, 13. Dezember 1901]

»Liebste Justi! Eben komme ich aus Weimar zurück. [...] Was Du mir über Mittwoch [11. Dez.] schreiben wirst, bin ich schon sehr begierig. Daß Du so aufgewirbelt bist und schon Wohnung suchst etc., ist, was mich betrifft, doch noch sehr verfrüht! Bitte Dich, Liebste, übereile nichts und sei noch guten Muthes! Ich muß noch sehr prüfen! Das liebe Mädel [Alma] ist jetzt selbst arg aufgewirbelt und befindet sich in einer – für sie doch ungewohnten – Situation, in der ich für uns Beide die Augen offen halten muß. Sie müßte noch sehr heranreifen, wie ich neuerdings wieder deutlich sehe, bevor meinerseits ein so folgenreicher Schritt ins Auge gefaßt werden könnte. – Du andererseits bist natürlich ganz Herrin Deiner Entschlüsse. Und wie es auch ausfällt, bleiben wir Beide doch verbunden für's Leben und ich will Dich glücklich sehen, und in Allem helfen, was Du [zu] Deiner Klärung und Befriedigung brauchst. Um Wohnung und solche Einzelheiten kümmere Dich ja nicht! Wir haben viel Zeit! Wie ich sehe, muß ich jetzt für Alle die Besonnenheit bewahren. – Eben habe ich mich entschieden, daß Du schon Montag früh zum Concert hier in Berlin antreten sollst, vielleicht wirst Du hier ein Vergnügen haben. Das Orchester benimmt sich ausgezeichnet. Wir fahren dann Dienstag zusammen nach Dresden und sind einige Tage miteinander allein. Willst Du? Dann telegrafire mir gleich Deine Ankunft. Bitte Dich, schau Dir die Alma nur recht an, mit Deinen weiblichen und kühlen Augen; ich mache sehr viel von Deinem Urtheil abhängig. Viele Grüße und Küsse von Deinem Gustav.«[57]

Tags darauf schrieb Mahler nochmals an seine Schwester, die inzwischen Bericht über das Zusammentreffen mit Alma bei Familie Zuckerkandl am vorausgehenden Mittwoch gegeben hatte:

»Liebste Justi! Du kannst Dir denken, wie ich gelächelt und gelacht habe über Deine heutigen Zeilen. Ich habe es mir genau so vorgestellt, und habe eine solche Wärme und Heiterkeit aus Deinen wenigen Andeutungen eingeathmet. Wie schön wäre es, wenn Alles für Dich und für mich sich wenden wollte, wie es jetzt scheint. – Ich bitte Dich, verliebe Dich nur recht in A[lma], dann werde ich doppelt glücklich sein. Aber – so jugendlich ist sie noch, und jeden Moment fällt mir der Muth, wenn ich an den Altersunterschied denke. – Wenn Du kannst so bleibe ruhig und prüfe – respective helfe mir prüfen. Es ist keine kleine Angelegenheit und der Wunsch darf nicht Vater des Gedankens werden. – Ich bin noch ohne Nachricht von ihr [Alma]. Doppelt wird es mir sein, was Du über Samstag Nachmittag [am 14. Dezember, als Alma Justi in ihrer Wohnung besuchte] mir berichten wirst. [...] Heute schrieb mir [Ernst von] Schuch, der König von Sachsen will das Concert am Freitag [20. Dez.] besuchen, und ich möchte ihm ganz privatim ein kleines Programm schicken, da er sich sehr für mein Werk interessirt. Ich habe so ein paar Andeutungen zusammengestellt, die ich Dir hier im Brouillon überreiche – also was man mit Recht ad usum Delphini nennt. Natürlich ist es nur für einen naiven und nicht allzu tief gehenden Menschen berechnet. Gieb es, wenn Du willst Alma zu lesen, damit sie einen kleinen Einblick wenigstens in das äußere Gerippe bekommt. Es ist ihr ja Alles da noch so fremd und Du mußt meine Mittlerin sein; zu diesem wie in Allem was mein Leben und Sein bedeutet. [...]«[58]

Almas Reaktion im Tagebuch auf Mahlers letzten Brief vom 12. Dezember läßt ahnen, daß sie es im nachhinein bereute, Mitteilungen über Muhr und Zemlinsky gemacht zu haben.

Samstag 14 [Dezember 1901]
Der Brief heute ist etwas kühler – ich wußte es – bevor ich ihn las. – weil ich selbst dran Schuld bin – – ich habe ihm sofort geantwortet – nun warte ich auf Alexens Antwort –

Samstag 14. Dez. [1901]
vor der mir graut... – NM [Nachmittag] bei Justine. Sie war ungemein lieb und nett mit mir – ich war in seinem Zimmer – stand vor seinem Schreibtisch – grüßte sein Bett – seine Bücher – seine Umgebung – – sie ist – talmy eingerichtet aber discret u. nicht störend – gerade als ich dort war, kam ein Brief an sie – wo auch für mich etwas dabei war – – nämlich das Programm zu seiner II. Symphonie – in C mol – ich will es hier mit beigeben [hier folgt im Tagebuch eine Abschrift des Programms; s. Faks. S. 88]

Die musikästhetische Problematik des »Programms« seiner 2. *Sinfonie*, das Mahler seinem Brief an Justi beigelegt hatte und das er zuvor als Privatissimum dem »naiven« König Albert von Sachsen übermittelt hatte, steht hier nicht in Rede. Alma jedenfalls hat die Blätter Mahlers bewahrt.

Programm zur 2. Sinfonie von Gustav Mahler

Sinfonie in C-Moll

1. Satz. Wir stehen am Sarge eines geliebten Menschen. Sein Leben, Kämpfen, Leiden und Wollen zieht noch einmal, zum letzten Male an unserem geistigen Auge vorüber. – Und nun in diesem ernsten und im Tiefsten erschütternden Augenblicke, wo wir alles Verwirrende und Herabziehende des Alltags wie eine Decke abstreifen greift eine furchtbar ernste Stimme an unser Herz, die wir im betäubenden Treiben des Tages stets überhören: Was nun? Was ist dieses Leben – und dieser Tod? Gibt es für uns eine Fortdauer?
Ist dies Alles nur ein wüster Traum, oder hat dieses Leben und dieser Tod einen Sinn? – Und diese Frage müssen wir beantworten, wenn wir weiter leben sollen. –
Die nächsten drei Sätze sind als Intermezzi gedacht.

2. Satz – Andante. Ein seliger Augenblick aus dem Leben dieses theuren Todten und eine wehmüthige Erinnerung an seine Jugend und verlorene Unschuld.

3. Satz – Scherzo. Der Geist des Unglaubens, der Verneinung hat sich seiner bemächtigt, er blickt in das Gewühl der Erscheinungen und verliert mit dem reinen Kindersinn den festen Halt, den allein die Liebe gibt; er verzweifelt an sich und Gott. Die Welt und das Leben

Sinfonie in C-moll.

__I. Satz__. Wir stehen am Sarge eines
geliebten Menschen. Sein Leben, Kämpfen,
Ehren, Leiden und Wollen zieht noch ein,
mal, zum letzten Male an unserem
geistigen Auge vorüber. — Und nun in
diesem ernsten und in tiefsten er,
schütternden Augenblicke, wo wir alles
Nervierende und herabziehende des
Alltags wie einen dichte abstreifen geraith
eine fürchterliche ernste Stimme an unser
Herz, die wir im betäubenden Treiben
des Tages stets überhören: Was nun?
Was ist dieses Leben — und dieser Tod?
Giebt es für uns ein Fortdauer?
Ist dieß Alles nur ein wüster Traum,
oder hat dieses Leben und dieser Tod einen
Sinn? — Und diese Frage müssen wir
beantworten, wenn wir weiter leben
sollen. —

Die nächsten 3 Sätze sind als Inter,
mezzi gedacht.

__2. Satz__ — __A__ndante: ein seliger Augen,
blick aus dem Leben dieses Theueren

wird ihm zum wirren Spuk; der Ekel vor allem Sein und Werden packt ihn mit eiserner Faust und jagt ihn bis zum Aufschrei der Verzweiflung.

4. Satz Urlicht (Alt-solo). Die rührende Stimme des naiven Glaubens tönt an sein Ohr. »Ich bin von Gott, und ich will wieder zu Gott! Der liebe Gott wird mir ein Lichtchen geben, wird leuchten mir bis in das ewig' selig' Leben!«

5. Satz. Mit dem Schrei der Verzweiflung setzt er ein. [Dieser Satz von Mahler gestrichen.] Wir stehen wieder vor allen furchtbaren Fragen, und der Stimmung am Ende des I. Satzes. – Es ertönt die Stimme des Rufers: Das Ende alles Lebendigen ist gekommen, das jüngste Gericht kündigt sich an, und der ganze Schrecken des Tages aller Tage ist hereingebrochen. – Die Erde bebt, die Gräber springen auf, die Todten erheben sich und schreiten in endlosem Zuge daher. Die Großen und die Kleinen dieser Erde, die Könige und die Bettler, die Gerechten und die Gottlosen – Alle wollen dahin – schaudernd und erwartend in endlosem Zuge [letzter Halbsatz von Mahler gestrichen]; der Ruf nach Erbarmen und Gnade tönt schrecklich an unser Ohr. Immer furchtbarer schreit es daher – alle Sinne vergehen uns, alles Bewußtsein schwindet uns beim Herannahen des ewigen Geistes.

Der *»große Apell«* ertönt; die Trompeten aus der Apokalypse rufen alles Fleisch und alle Seelen [die letzten fünf Wörter von Mahler gestrichen]; mitten in der grauenvollen Stille glauben wir eine ferne, ferne Nachtigall zu vernehmen, wie einen letzten zitternden Nachhall des Erdenlebens! Leise erklingt ein Chor der Heiligen und Himmlischen: »Auferstehen, ja aufersteh'n wirst du!« Da erscheint die Herrlichkeit Gottes! Ein wundervolles, mildes Licht durchdringt uns bis an das Herz – alles ist stille und selig!

Und siehe da: Es ist kein Gericht – Es ist kein Sünder, kein Gerechter – kein Großer – und kein Kleiner – es ist nicht Strafe und nicht Lohn!

Ein allmächtiges Liebesgefühl durchleuchtet uns mit seligem Wissen und Sein.

Nr. 10

[Berlin, 14. Dezember 1901]

Samstag Nachmittag
da ich alle hinausgeschmissen
– um mit Dir allein sein zu können.

Mein innigst geliebtes Mädchen!
Wie sehnsüchtig habe ich auf Deinen Brief gewartet! Nun ist er heute gekommen und hat mir einen so frohen, schönen Tag bereitet. Wenn Du meine Miene sehen könntest, mit der ich jetzt durch die Straßen Berlins gehe, so wüßtest Du, wie ein Seliger aussieht. Alle Leute, glaube ich, sehen mir es vom Gesicht herab; denn (vielleicht bilde ich mir es nur ein), sie schauen mich alle so verwundert an. – Also eine kleine *Umschreibung* (das gefällt Dir doch, Du Contrapunktikerin) vom Göthischen »über meines Liebchens Äuglein stehn verwundert alle Leute![«], daß Du so bist, meine Alma, meine Wärme und Lichtspenderin, habe ich immer geahnt, gehofft, aber nicht gewußt. – Daß mir einmal im Leben ein solches Glück begegnen wird, geliebt zu sein, wie ich liebe, hätte ich nicht mehr geträumt. So oft ein weibliches Wesen meinen Lebenspfad gekreuzt, habe ich unter Qualen es immer aufs Neue erkennen müssen, wie Träume des Glücks und die ungenügende Wirklichkeit auseinanderfallen. Ich habe schon mir selbst die Schuld gegeben und im Innern völlig resignirt.
Du weißt ja selbst, Alma, wie es Dir ergangen ist, so jung Du noch bist und wirst es mir nachfühlen können, wenn ich mit allen Regungen meines Herzens und meines Lebens nun aufs Innigste und in Seligkeit empfinde und auch sagen darf: Ich liebe zum ersten Male! Noch immer kann ich die Angst und die Sorge nicht los werden, daß ein so schöner, holder Traum zerrinnen könnte, und kann den Augenblick nicht erwarten, wo ich an Deinem Munde und aus Deinem Lebensathem die Sicherheit und tiefste Bewußtheit saugen werde, daß mein Lebensschiff aus den Stürmen des Meeres sich in den Heimathshafen gerettet hat. – Ich fühle es, daß wir uns seit unserem letzten Zusammensein erst wirklich nahe gekommen sind, und daß wir uns jetzt scheinbar getrennt, erst wirklich vereinigt haben.
Siehst Du, mein Lieb, das habe ich Alles aus Deinem letzten Brief herausgelesen. Warum, Alma, kannst Du nicht jetzt mit mir sein? Immer erinnere ich mich, wie Du mir einmal erzählt hast, wie gerne Du reist. Ich glaube oft, Du bist bei mir und spreche mit Dir, und lese in

Deinem Gesicht, wie Dir Alles gefällt, mit welcher Neugierde Du alles Neue und Unbekannte auf Dich einstürmen läßt. Wenn ich den süßen Nachtisch bekomme, möchte ich ihn immer Dir zuschieben, seitdem ich Deine Vorliebe für Kuchen und Früchte bemerkt habe (einst übrigens auch meine schwache Seite). Alles hat wieder Werth für mich, wenn ich an Dich denke, (was unaufhörlich der Fall ist.)

Von Eurem Zusammensein hat mir auch Justi berichtet; die ist geradezu verliebt in Dich. – Ich bin es ja nicht mehr: denn für das, was Du mir jetzt geworden bist, und für dieses eigenthümliche, tief beseligende Eins-sein weiß ich keinen Namen. Daß Du für meine Schwester [1 Zeile unleserlich gemacht] so lieb und gut empfindest, hat mir eine meiner größten Sorgen vom Herzen genommen, und an keinem Umstand kann ich so sehr Deine Liebe zu mir abschätzen und erkennen als an diesem: Geht es mir ja doch ebenso: was Dir theuer und Werth ist, habe ich für immer in mein Herz geschlossen. So wie mein Eigen von nun an das Deine ist, so umschließe ich Deinen Besitz mit meiner ganzen Seele. O Gott – heute rede ich vor lauter Sehnsucht und Bangen nach Dir, meinem Leben, daher wie Walter v. Stolzing – und denke gar nicht an die andere Hälfte den armen Hans Sachs, der Deine Liebe doch vielmehr verdient.

Sieh! mein Lieb! Manchmal stimmt mich das beinahe traurig, daß man das Höchste nicht verdienen und erwerben kann, / daß es einem nur geschenkt werden kann. / Was Du mir geschenkt, meine Alma! Du hast mir so lieb gestanden, was Du mir sein möchtest. Wenn ich daran denke, was ich Dir werden soll und will, wird mir beinahe ernst zu Muth. So stark und tief fühle ich meine Pflichten, die zugleich auch mein höchstes Glück sind, daß ich es nicht wagen würde, – aus Furcht das Geschick zu versuchen – Dir zu schwören oder zu geloben! Und ich denke, Du fühlst es wie ich: was uns erfüllt und so vereinigt, ist eine Macht außer uns und über uns: Sie still zu verehren wird unsere Religion sein! Wenn ich Dir in einem solchen Moment den Namen Gottes ausspreche, wirst Du erfassen aus dem allmächtigen Gefühl Deiner, meiner Liebe, daß diese Macht uns Beide in sich umfaßt und so zu *eins* durchdringt!

Bitte, meine Alma, sage mir manchmal ein Wort über das, was ich Dir schreibe. Ich will wissen, ob Du mich überall verstehst, und mir folgen /kannst/! Es darf nicht sein, daß zwischen uns eine Phrase steht – und das würde es sein, wenn Du manchmal so etwas nur wie eine schöne Sentenz oder einen interessanten »Briefstyl« betrachten würdest. Aber ich bitte Dich: *zu nichts sich zwingen.*

Glaube *nie,* daß Du mir weniger lieb, weniger geliebt sein könntest, wenn Du anders empfinden, anders reden wolltest. Auch werde ich unermüdlich sein, immer mehr Deine Sprache zu suchen und zu reden, wenn Du mich in der meinen nicht verstehen könntest. Auch auf das, was ich Dir im vorigen Brief geschrieben habe, über den *Ehrgeiz,* möchte ich Deine Antwort haben.

Das ist mir so ewig lieb an Dir, daß Du so *echt,* so *schlicht* bist. Ich traue Dir keine Phrase zu! Nämlich – das ist die einzige Sünde wider den heiligen Geist. Diese ist die Lüge, weil man sich so selbst belügt! Erinnerst Du Dich unseres ersten Gesprächs mit [Max] Burckhard daneben? Ich habe damals Alles nur zu *Dir* gesprochen. Gott hat es damals schon so gewollt, daß wir *Eins* werden – wir haben es nur nicht gewußt – aber ich hatte die Feuertaufe schon empfangen!

Ach, Alma, liebstes, theuerstes Mädchen, so möchte ich fortwährend zu Dir von meinem Innersten reden und komme gar nicht dazu, Dir zu erzählen, was außen vorgeht! Und das muß doch auch sein! Wir müssen ja Alles theilen. –

Jetzt ist es mir noch so schwer, weil ich nicht weiß, wo ich anfangen soll. – Dir ist ja Alles noch unbekannt. Du weißt es nicht einzuschätzen und hast auch noch keinen Maßstab für den Werth und Unwerth, den Dinge für mein, für Dein Leben (O, wie süß ist der Gedanke für mich, daß jedes Ding nun für uns Beide, oder für keinen von uns etwas bedeutet) haben! Es wird so sein, wie ein moderner Roman. Mitten drin fängt er an; und im 2. Kapitel wird dann die Vorgeschichte erst herausgeholt. Gestern habe ich an meine Schwester [Justine] geschrieben und ihr etwas eingesendet, was ich in sehr hohem Auftrag für das Dresdner Concert aufgesetzt habe. – Ich habe berechnet, daß der Brief ungefähr anlangen wird, wenn Du gerade bei ihr sein wirst. Wie beneide ich sie! Ich habe Justi gebeten, die Aufzeichnungen Dir zu übergeben, (für die ich sie eigentlich bestimmt, sonst hätte ich sie wahrlich auch nicht für den König zusammengebracht, so zerstreut bin ich jetzt und faselig in allen Dingen, bei denen ich nicht an Dich denken kann). Dienstag früh geht es von hier nach Dresden. Also von Sonntag adressire schon dorthin: *Hotel Bellevue!*

/Richtig, mir kommt vor, daß ein oder der andere Brief von mir nicht angekommen ist. Bitte, bestätige mir von nun an jeden Brief. Hast Du den letzten (vom Ehrgeiz handelnden) erhalten?

Heute Früh suchte mich Carl [Moll] im Hotel auf. Beinahe wäre ich ihm um den Hals gefallen, wäre nicht der Hofrath [Karl] Wiener, der mir ein besonders »artiger« Herr zu sein scheint, dabei gewesen. Daß der Brief an den armen Z[emlinsky] ein hartes Tagewerk für Dich geworden, glaube ich gerne. Das ist aber auch ein anderer Fall, als dieser mit so vielen schönen Eigenschaften begabte junge Herr, dessen Namen ich übrigens nicht lesen konnte./

Gleich wird Carl kommen, dem ich hier für jetzt ein Rendez-vous gegeben. Ich hoffe, er bleibt bis zum Konzert, damit wenigstens ein Reflex meiner geliebten Sonne auf mein Gemüth fällt.

Deine Mama grüße von mir viele, viele Male. Ich bin schon so gewöhnt, sie auch als die Meine anzusehen, daß ich mich nächstens irren, und Mama zu ihr sagen werde.

/Jetzt muß der Brief schnell auf die Post, damit er morgen bei Dir sein kann. Ich werde ihn doch lieber nicht rekommandiren, da morgen Sonntag ist, und Du ihn dann erst Montag bekämst./ – Wisse, meine Alma, daß jeder Tag für mich verloren ist, an dem ich nicht wenigstens zwei Zeilen von Deiner Hand, die ich mit Inbrunst küsse, Du Geliebte, habe.

Sei von mir geküßt, Du Theure, und ahne, wie wonnevoll es ist, mich den

Deinen nennen zu dürfen,

Gustav

In Wien besuchte Alma Sonntagmittag das Philharmonische Konzert und traf nachmittags mit Max Burckhard zusammen. In ihrem Tagebuch gibt sie den Inhalt ihres Gesprächs mit ihm wieder:

Er rieth mir von Gustav ab sagte, daß wenn 2 starke Individualitäten zusammen kommen – sie sich so lange bekämpfen – bis einer von Beiden unterliegt – – – das wäre voraussichtlich ich – – – das wäre ihm leid. Und muß ich unterliegen? – Das kann ich nicht – ich will nicht. Und doch habe ich das Gefühl – ich stehe auf viel niedrer Stufe – und es könnte mir nicht schaden, hinaufgezogen zu werden –

Wie Almas nächster Tagebucheintrag zeigt, kam Mahlers Brief vom Samstag doch erst am Montag an. Seine besänftigende Wirkung auf Almas Seelenleben hat Mahler wohl kaum geahnt:

Montag 16. D[ezember 1901]
Ich sehne mich unbeschreiblich nach ihm – – – und mein armer Alex – der wüthet – läßt nichts von sich hören – hasst mich mit vielem Recht. Ich könnte weinen, daß ich ihm solche Leiden verursache Den armen, armen Kerl! – Ich habe ihn unendlich lieb. – gehabt

Nachmittags – ich war gerade aufgestanden – weil ich so unerklärlich hin bin – fühle ich auf einmal in mir jetzt ereignet sich etwas – ich gehe zur Thüre und – Alex kommt herauf – ich war sprachlos – Er kam ins Zimmer – bläßer als sonst und still – ich ging zu ihm – zog seinen Kopf an meine Brust und küßte ihn auf die Haare – mir war so merkwürdig zu Muth – wir saßen dann ernst und nur zu Sache gehörige Dinge besprechend – neben einander – wir – die wir uns in tollster Liebesraserei gewunden haben – – er, etwas sarkastisch, wie immer aber sonst lieb – rührend lieb – ich hatte immer die Augen voll Thränen aber meine Sinne schwiegen... Heute wurde eine schöne, schöne [durchgestrichen: liebe] Empfindung begraben – Gustav, viel mußt Du thun – um sie mir zu ersetzen – Obwohl ich ihm [Zemlinsky] gesagt habe, daß ich ihn nicht mehr liebe – u. Beschämung eigentlich auf seiner Seite sein sollte, – hatte *ich* doch ein Gefühl im höchsten Maße –

Er kam mir so groß vor und so rein – so *hoch* über mich [sic] stehend! Hätte er nur ein Wort des Zornes der Anklage gehabt – so wäre dies Gefühl nie entstanden. – Ich *verehre* Dich – Alex, – wie man einen Menschen nur verehren kann – – – – – Abends [...] kam Gustavs Brief und half mir über das Schwere hinweg. – – Mein armer Alex – Ich habe die Leiden auf seinem Gesicht gesehen – – – Du edler – edler Mensch! –

Heute Abend wird die IV. Symphonie von Gustav aufgeführt in Berlin. Diese Hunde werden wieder schimpfen – Meinethalben. – Ich bin Physisch krank von den seelischen Umwälzungen der letzten Wochen – – – – –

Nr. 11

PALAST HOTEL
[Berlin, 15. Dezember 1901]
Sonntag Abends

So, Liebstes – jetzt kommt der schönste Theil meines Tages. Ich setze mich zu Dir und rede zu Dir. Den Portier habe ich heute sehr gequält und immerfort gestört. Ich dachte, es muß wenigstens eine Zeile von Dir kommen. Und so von Morgens bis Abends immer gehofft, und nun hoffe ich – auf morgen früh! Ja! so gierig und anspruchsvoll kann ein Mensch in 8 Tagen werden, daß er es jetzt keinen Tag mehr ohne Brief aushalten kann, der noch vor 8 Tagen ganz glücklich war, diese lieben blauen (und damals noch so großen) Schriftzüge endlich zu Gesicht zu bekommen.

Im ersten Brief stand oben: Lieber Herr Direktor! Hu! Wie grauste es mir davor! – Im 2. Brief schon ganz lieb, aber noch sehr unentschlossen und zagend – gar keine Aufschrift und unten lakonisch: Alma! Aber im 3. Brief! da wurdest Du *meine* Alma – und nun lasse ich Dich, *meine* nicht mehr los. – Und kaum habe ich das gewußt, müßte ich weg – beinahe kommt es mir vor, daß [? das geschah] ohne Abschied, denn seit jenen Zeilen, die mir so viel gesagt und gegeben, habe ich Dich ja nicht Aug in Aug sehen und Mund an Mund sprechen können. Wenn ich am Samstag Deine geliebte Hand in der meinen halten werde, so weiß ich, daß Du mir sie für immer gereicht hast. Auch *dieß* ist, wie Alles zwischen uns beinahe plötzlich gekommen. –

Heute also war öffentliche Generalprobe – hier so viel wie das Concert selbst, und ich bin so commun, mich schrecklich darüber zu freuen, daß es sehr gut abgegangen ist. Immer dachte ich nun daran: Wenn nur meine Liebe da unten wäre! Meine! Da würde [ich] ganz stolz drein sehen können! Wenn es morgen Abend wieder so gut abläuft, dann habe ich mir den Berliner Boden wol erobert. Wenn ich das nächste Mal wieder komme, dann bist Du vielleicht schon dabei – o sicher! Bei uns geht es ja so schnell? und die Flügel der Liebe sind denn doch noch etwas schneller als die »Flügel des Gesanges«!

Manchmal, wenn ich meine Feigheit (Du weißt schon, wovor) ein bißchen vergesse – werde ich so herzensfroh, und – *hoffe!* – Mit Carl war ich gestern beisammen – leider war Wiener dabei, und so war mein Mund geschlossen. Es wäre mir so viel gewesen, mit C. von Dir, sei es auch das gleichgültigste, reden zu können. Er bleibt also bis zum Concert, und fährt dann in der Nacht weg. Himmel, am Ende gefällt ihm meine Symphonie nicht, und er intrigirt dann bei Dir gegen mich!? Du wirst es dem Brief anmerken, wie zerstreut ich bin! Es ist rein nicht auszuhalten. In dem Schreibzimmer, in das ich mich geflüchtet hab, laufen die Gäste, die Kellner auf und ab, und stören mich bis aufs Blut!

Daß Du jetzt auf Hölderlin gerathen bist, ist höchst merkwürdig! Weißt Du, daß der ein Lieblingsdichter und -Mensch von mir ist? /Du mußt mich fragen, wenn Dir manches an ihm nicht klar wird./ Er gehört ja zu den ganz Großen, Liebste!

Wie schön wird es sein, wenn wir nächstens zusammen in Deiner Bibliothek herumkramen und Ordnung machen werden. Himmel, so wie [ich] daran denke, daß ich wieder in dem Zimmer unter dem Dache stehe, so werde ich so ungeduldig und wild, daß ich auf und davon laufen könnte! Ich darf einfach nicht dran denken, um es auszuhalten!

Eigentlich kommt es mir manchmal vor, als ob wir bis jetzt nur einen Briefwechsel geführt hätten – und uns demnächst endlich einmal von Angesicht zu Angesicht sehen und kennen lernen werden!

Es ist auch im Wesentlichen so! Denn erinnere Dich, selbst das Letztemal, als ich bei Dir war, waren wir trotz alledem noch Fremde! Und in diesen 8 Tagen hat sich alles so wundervoll gewendet! Der Brief, den Du mir gleich nach der Zauberflöte gesendet, hat für mich Alles in ein neues Stadium gerückt. Bis dahin war Alles doch nur eine Art »Conversation« zwischen uns – die Schranken der Gesellschaftlichkeit etc. fielen mit diesem Brief, in dem Du, meine Geliebte, zum ersten Male den Ton angeschlagen, der von nun an unser Leben bestimmen wird. Hätte ich nur ein Bild von Dir! Jetzt bedauere ich es, daß ich Dir die kleine Photographie, die Du mir das letzte Mal gezeigt, nicht einfach gestohlen habe. Laß Dich einmal photographieren, Alma (en face, damit Du mich ansiehst). –

/In Deinem letzten Brief (das wollte ich Dir auch sagen) hast Du entweder viel deutlicher geschrieben, oder ich habe mich schon daran gewöhnt, Deine Schrift etwas geläufiger zu lesen. Das letzte Kartel war nach anderer Art geschrieben, ich gestehe Dir, für mich viel deutlicher! Ich wollte Dich fragen, warum Du von einer Seite zur andern plötzlich Deine Schrift geändert hast. Denke Dir, daß ich so eitel war, diese Wandlung einer lieben Rücksichtnahme auf meine Wünsche zuzuschreiben./

Ich bitte Dich auch, meine Alma, schreibe täglich – wenn es auch nur eine Seite ist! Ich warte sonst den ganzen Tag und gehe unbefriedigt schlafen, wenn nichts von Dir gekommen ist. /Die Adresse ist: Dresden, Hotel Bellevue,/ Donnerstag schreibe zum letzten Mal, aber so zeitig, daß der Brief schon Nachmittag in Wien ist, und mit dem Nachtzug nach Dresden gehen kann. Dann bekomme ich ihn Freitag. Freitag Abends ist das Concert, /und um 11 Uhr nachts fahre ich ab!/ – Samstag 4 Uhr tauche ich plötzlich in der Steinfeldgasse auf – und das Andere habe ich Dir neulich geschildert, und male mir es täglich, stündlich aus! Tausend Grüße und das, woran ich lieber nicht denken mag, um nicht vor Sehnsucht zu vergehen! Meine Geliebte, meine Freundin, meine Alma!

Dein Gustav

Vorsorglich gibt Mahler seine nächste Adresse in Dresden bekannt. Neben dem zukünftigen Schwiegervater Carl Moll trifft er während seines Berliner Aufenthalts auch den Repräsentanten der Gesellschaft der Musikfreunde in Wien, Karl von Wiener, dessen Anwesenheit ihm offensichtlich weniger angenehm war. Der Brief Mahlers an seine Schwester Justine, die an diesem Tag ihren dreiunddreißigsten Geburtstag feierte, trägt das gleiche Datum wie sein letzter Brief an Alma:

»Liebste Justi! Was die Unkosten Deiner Reise [nach Dresden] betrifft, so mach Dir doch nichts daraus. Denke, es ist ein Geburtstagsgeschenk für Dich [...] Was Du mir von Alma berichten wirst! Von ihr hatte ich gestern einen sehr lieben Brief, der mich aller Zweifel über ihre Herzenswärme und geistige Gradheit enthebt. Ich glaube, daß da Alles in Ordnung ist. – Nur, ob ein Mensch, der im Begriffe steht alt zu werden, das Recht hat, so viel Jugend und Lebensfrische an seine Überfrische – den Frühling an den Herbst zu ketten, ihn zu zwingen, den Sommer zu überspringen – das macht mir bang. Ich weiß ja, ich bringe viel – aber das Recht der Jugend läßt sich durch Nichts abkaufen – und wenn Beethoven, Wagner und Goethe heute aufstehen, so wird das junge Herz vor ihnen knien und beten aber – aber, sprießen, blühen können die Blumen nur dem Frühling entgegen, – dies ist für mich die große Frage! – Eine Weile natürlich ist ja Alles noch gesichert. Aber was denn, wenn mein fruchtreicher Herbst dem Winter gewichen ist? Verstehst Du das? Eine große Freude hatte ich über das, was und wie sie über Dich schrieb! Sie nennt Dich Schwester, ist so entzückt von Dir, wie Du von ihr. Sie findet meine Züge in Dir wieder, und wenn Du sprichst, glaubt sie mich zu hören. Du kannst Dir denken, wie das verbindet. Das hätte ja nicht glücklicher treffen können, denn es gibt uns Allen die Gewähr einer gesicherten Zukunft [...] Ich grüße und küsse Dich vielmals

Dein Gustav

Grüße auch herzlich Arnold [Rosé] von mir.«[59]

Erstmals erwähnt Mahler in seinem Postskriptum den 1. Konzertmeister seines Orchesters und späteren Schwager, mit dem Justine befreundet war. Justine und Arnold Rosé heirateten einen Tag später als Mahler und Alma, am 10. März 1902.

Nr. 12

PALAST HOTEL
[Berlin, 16. Dezember 1901]
Montag früh

/Mein liebes, theueres Almschi!

Eben bekomme ich Dein Brieferl – die Antwort auf jenen Brief von mir, in dem ich über den »bleichen Jüngling« extemporirte. – *Wie tief hast Du mich erfreut und gestärkt!* Wie fühle ich es, daß Dich die Liebe hellsehend gemacht hat und »Alles ward Dir klar!«

Was meinen (jenen) Brief angelangt, so hast Du unglaublich fein-fühlig am Ton erkannt, daß mich Dein Schreiben, auf welches dies die Antwort, ein wenig – wie soll ich sagen – gewurmt hat. – Ich werde vielleicht nicht richtig gelesen haben. Aber in Einem hast Du mich mißverstanden: Ich habe ja nicht mit leisester Ahnung etwa daran ge-dacht, daß Du vor einer *Wahl* stehst. Und jener Passus, der – ich er-innere mich noch ganz gut – mit »Almschi, Almschi« anfängt, war in spaßhaftem Ton gemeint, den Du von mir noch nicht kennst. Wenn ich zu Dir so gesprochen hätte, so hätte ich dabei gelacht, und Dich am Ohr gezupft. Ich habe Dich einfach nur »aufziehen« wollen. – Weißt Du, mein geliebtes Mädchen, in dem Moment war ich so sehnsüchtig nach Deinen Worten, und da kam diese Aufzählung der Eigenschaften des jungen Mannes und vor allem begriff ich nicht, wie einem so etwas so *nahe* gehen konnte. Heißt das nicht, sein Inneres verzetteln? In jenem Augenblick fiel mir wieder der Altersunterschied auf's Herz, den ich sonst, (seit unserer Correspondenz) nie mehr wie-der gefühlt habe, und wovon ich tief beglückt bin. Aber, ich gab mir alle Mühe, *sofort* darüber hinauszukommen – und dies, meine Alma, muß unser heißes Bemühen sein für unser ganzes Leben, *Empfind-lichkeit nie* aufkommen zu lassen. Aber aufrichtig mußte ich sein, und mir es von der Seele wegschreiben. – Du mußt auch fühlen, daß nicht ein Atom von jener Empfindung zurückgeblieben ist. Seitdem habe ich auch durch Dich selbst so viel Sicherheit und Beruhigung emp-fangen. – Ich fühle, wie Du jetzt schon in jedem Sinne meine Gefähr-tin geworden bist und gar keine Angst habe ich mehr!/

Liebstes Almschi, schütte das Kind nicht mit dem Bade aus – wenn ein Werk von mir endlich einmal verstanden werden sollte, (nachdem ich anderthalb Dezennien schon den Kampf mit Seichtigkeit und Un-verständnis führe und alle Ungemach, ja Jammer des Pfadfinders ge-kostet habe) und vornehmlich in Wien, wo die Leute doch eine in-stinctive Anschauung meiner Persönlichkeit besitzen, so darf Dich dies ebensowenig anfechten, oder mit Mißtrauen gegen mein Werk erfüllen, wie Unverständnis oder Mißwollen. – Die Hauptsache ist, daß man eben die Meinung der Mitwelt nicht zu seinem Leitstern macht, und daß man im Leben wie Schaffen seinen Weg unbeirrt geht und sich weder durch Mißerfolge herabziehen noch durch Beifall lenken läßt. – Es scheint mir nämlich, daß jetzt anfängt etwas von der Saat aufzugehen, die ich gestreut habe, und, wie es auch sei – es freut mich innig, daß es gerade *jetzt* ist, und daß Du, meine Innigstgeliebte, nicht mehr alle Dornen spüren wirst – wie ich sie Dir auch nie ersparen werde, wenn es gilt, mir (und jetzt auch Dir, denn ich und Du werden dasselbe sein) treu zu bleiben. Also diesen Gleichmut allen äußeren Dingen gegenüber stets und stolz zu bewahren, dazu werden wir uns gegenseitig im Leben stützen und anspornen: diese höchste Ehre, nach der wir geizen!

/Wie meinst Du das, daß ich Samstag gleich nach meiner Ankunft zu Dir kommen soll? Ich habe vor, Nachmittag wie gewöhnlich um 4 Uhr bei Dir anzukommen. Erstens, damit ich den ganzen Nachmittag und Abend mit Dir sein kann, (wenn ich Vormittag käme, so müßte ich doch in wenigen Stunden wieder fort) – und 2. muß ich schnell im Theater eine Menge unaufschiebbare Amtspflichten erledigen, um mir einen freien Kopf und Herz für die von mir so heiß ersehnte Stunde bereiten./

Du! Wir werden sicher in der ersten Stunde nicht sprechen können – denn wir haben zu *viel* zu sprechen. Deine Mama weiß doch schon Alles? Nicht wahr? Sage ihr nur Alles bevor ich komme; ich kann nicht anders als ihr gleich als Sohn entgegenkommen – und möchte dieses landläufigen »um die Hand bitten« und anderer Förmlichkeiten enthoben sein. Sag ihr Alles. Du weißt, ich wollte zuerst selbst mit ihr reden – aber das war in der Zeit, als ich selbst noch (und am allermeisten Du) unklar war. – Da wäre es mehr ein Beraten mit ihr gewesen, die Dich so gut kennt. Aber jetzt, wo alles schon so entschieden und unauflöslich zwischen uns ist – jetzt wüßte ich nichts Anders zu ihr zu sagen als: Geben Sie mir, was mir gehört – erlauben Sie mir, zu athmen, zu leben – denn Deine Liebe ist so sehr Bedingung meines Lebens geworden, wie der Puls und der Herzschlag. Und es erscheint mir immer bedeutungsvoller und grundlegender für unsere ganze Zukunft, daß wir gerade in unserer hohen Zeit (das ist nämlich die wahre *Hochzeit,* in der die Seelen ineinander fließen, nachdem sie sich »erkannt«) nicht körperlich, sondern nur geistig zusammen waren, und so innig zusammengewachsen sind. Wir hätten uns in Monaten nicht so viel sagen können, nicht so tief das erfassen können, als in diesen 2 (so unendlich langen) Wochen! – Ich bin dessen so wonnig bewußt, daß wir in dieser kurzen Zeit an einer Sonne gereift sind, die mächtiger ist als dieses strahlende Gestirn da oben; denn die braucht doch einen ganzen Sommer: und wir haben in 2 Wochen unser ganzes Sein entfaltet. – Dies wäre sicher nicht gewesen, wenn ich nicht gerade in dem Moment hätte fort müssen, als Du Dich mir im eigentlichen Sinne erst erschlossen und zu Eigen gegeben hast. – Wir müssen nächstens unsere Briefe numerieren, damit wir immer sicher sind, daß keiner verloren gegangen. – Gestern bekam ich plötzlich einen solchen Schnupfen und allgemeinen Katarrh, wie ich mich nicht erinnere, je gehabt zu haben. Himmel, das war ein Schreck! Wie wenn der am Samstag gekommen wäre – oder sich wiederholen wollte. – Da könnte ich ja nicht zu Dir hinaus – denn die *Entbehrungen,* die ich mir da auflegen müßte, wären wirklich nicht zu ertragen. (Siehst Du, Almschi, dies ist wieder die »Spaßweise«) – denn natürlich käme ich, und wenn ich sterbend wäre, aber küssen dürfte ich Dich nicht; aber Du kannst Dir denken, daß *Dich zu sehen, zu hören,* Deine Hand zu halten, mir genug wäre, um gesund zu werden. Ich habe das Gefühl, daß Du mich ins Leben zurückrufen könntest, wenn ich eben gestorben wäre. Aber Himmel, aufpassen muß ich jetzt gehörig auf mich. Auf Reisen bin ich immer so zerstreut und unvorsichtig. Zu Hause paßt immer die Justi auf mich auf. – Wie habt Ihr Euch nur Samstag gesprochen!? Das möchte ich schon zu gerne wissen. Du in meinem Zimmer! Wie warm und freudig wird mir zu Muthe sein, wenn ich es nun wieder betreten werde! Jetzt muß ich wieder fort! Meine, meine – ich habe Mühe ein Wort zu finden. Sie sind alle so schal, weil sie der Stumpfsinn und die Schwachherzigkeit so abgebraucht haben! Du weißt, mein einziges Gut, was es ist, wenn ich Dir sage, »meine Liebe Liebste! Meine Alma!« Sei mir gehütet und gesegnet! O, möge ich zum Segen für Dein Leben werden, wie dieses von nun an das Erdreich ist, in dem ich wurzle und noch zu sprießen hoffe.

Meine Geliebte!

Dein Gustav

/Ich rekommandiere von nun an meine Briefe, obwol sie dadurch etwas später, aber wenigstens sicherer kommen./

Almas Reaktion im Tagebuch zeigt, daß sie in ihrer Haltung immer noch zwiespältig war:

Dienstag 17. D[ezember 1901]
[...] nach Hause, diesen Brief vorgefunden – er ist ein lieber, lieber Kerl. – Wie freue ich mich schon auf ihn – – – – Wie lieb und gut er schreibt. Und Alex – wenn ich nur wüßte wie er empfindet – ? – mein Armer. Aber, merkwürdig war *etwas* – Ich war und blieb gestern ruhig – sah ihn an und fühlte auf einmal mit Schaudern – *wie* häßlich er ist – wie *stark* er riecht – etc – Sommernachtstraum! alles Dinge – die ich sonst gar nicht gesehen habe – – – Das ist doch sonderbar?! Sollte es wirklich, – etwas – den Menschen von außen her Beherrschendes geben! Manchmal kommts mir so vor. Die letzten Wochen – werden mir bleibend sein.

Almas nächster Tagebucheintrag erhellt, daß Mahler auch am 17. Dezember geschrieben haben muß. An diesem Tag traf er, wie verabredet, mit seiner Schwester zusammen. Gleich zweimal bemerkt Alma, daß Mahlers letzter Brief sie »gefuchst« habe. Ebenso deutlich sind ihre kritischen Hinweise auf Bemerkungen Mahlers, die auf ihr Verhältnis zu seiner Schwester zielen. Dieses Schreiben Mahlers ist bisher nicht aufgefunden worden.

Mittwoch, 18. D[ezember 1901]
Ich muß sagen, der Brief hat mich gefuchst. Ich gebe mir die redliche Mühe – der Justine näher zu kommen – u. sie beobachtet mit Argusaugen – meine Worte und Bewegungen und Empfindungen – theilt dem Gustav sofort ihre *Ängste* mit... Es ärgert mich – Wenn sie fortfährt mich mit solchen Spürsinn zu beobachten – für mich gefährlich werden könnte – – – Wenn sie z. B. drauf käme, daß ich kein Herz und keine Liebe habe – Dinge – die ich auch dem Buch leise nur ins Ohr sage – Daß ich keiner warmen Empfindung fähig bin – daß alles nur Berechnung ist – kalte, klare Berechnung– – nein [nachträglich eingefügt]: Alles unwahr denn er ist ein kranker Mann – hat eine Stellung – von heute – auf morgen – ist – Jude – nicht jung – und als Componist tief – verschuldet. Also wo ist die Berechnung? So ists Dummheit? nein es ist etwas da, was mich zu ihm hinzieht – – – zweifelsohne!... Wenn aber die Justi gegen mich intrigiert – er erkaltet – so werde ich [nachträglich ausgestrichen: nicht sterben; nachträglich eingefügt: *ich liebe ihn und bleibe bei ihm*!]

Ich kann gar nicht sagen, wie mich dem Gustav sein Brief fuchst... und wie mich seine vermeintliche Wärme aufbringt – ich muß ihn doch gerne haben!!! mein Gustav – – Ich habe eine infame Sehnsucht nach ihm. Abends Walküre – ich hörte kaum zu – habe jetzt gar keinen Kopf für Musik – den 2ten Act blieb ich hinten in der Loge – u. schwänzte ihn – plauschte mit Pollack. Die Aufführung war auch mäßig. Aber meine Unruhe ist groß. Ich habe das Gefühl, die Justi vergiftet seine Liebe – – Ich habe eine unerklärliche Unruhe in mir –

Nr. 13

HOTEL BELLEVUE
[Dresden, 18. Dezember 1901]
Mittwoch früh

Innigstgeliebte! So! Die letzte Station! (diesmal waren es Leidensstationen). Ich bin Dir leiblich wieder näher. Unaufhaltsam zieht es mich zu Dir! Wenn ich Samstag Dich in meine Arme schließe, so weiß ich, daß dies der glücklichste Augenblick meines Lebens ist! – Hier geht heute die II. [Sinfonie] los. Mein Almschi! Die Justi hat Dir nicht gesagt, daß dieses Programm nur für einen oberflächlicheren und unbehülflichen Menschen (Du weißt ja, wen) verfaßt ist, und nur manches Äußerliche – reine Oberfläche der Sache gibt – wie schließlich jedes Programm zu einem musikalischen Kunstwerk. Nun gar erst dieses Werk, das so einheitlich geschlossen und verbunden ist, und das man ebenso wenig erklären kann wie die Welt. – Ich bin nämlich überzeugt, wenn Gott aufgefordert würde, sein Programm zur »Welt«, die er geschaffen, zu geben, könnte er es ebensowenig. – Höchstens gäbe es dann so eine »Offenbarung«, die vom Wesen Gottes und des Lebens so viel weiß, wie mein Elaborat von meiner C-moll [Sinfonie]. Ja, geradezu führt dieß – wie alle Offenbarungs-Religionen – zum directen Mißverständnis, Unverständniß, zur Verplattung, Vergröberung und schließlich zur Entstellung bis zur Unkenntlichkeit des Werkes und vornehmlich seines Schöpfers. – Ich habe jetzt mit Strauss in Berlin sehr ernst gesprochen und ihm seine Sackgasse zeigen wollen. Er konnte mir aber leider nicht ganz folgen. Er ist ein sehr lieber Kerl, der in seinem Verhältniß zu mir mich rührt. Und doch kann ich ihm nichts sein – da ich ihn wol übersehe, aber er von mir nur das Piedestal. – Demnächst kommt er nach Wien. Vielleicht bringe ich ihn mit zu Euch hinaus. [$2\frac{1}{2}$ Zeilen unleserlich gemacht] Wir haben wieder bis in die Nacht hinein gesprochen. So lieb, so eigenthümlich rührend ist es mir jetzt, die Einzelheiten unseres künftigen Lebens überdenkend und ausgestaltend – immer Dich im Mittelpunkt meiner ganzen Existenz – stets aufs Neue von Dir beginnend und wieder zurückkehrend – bei Tag, wenn ich wache, oder beim Schlafengehen – beim Aufkommen in der Nacht oder in der Früh! Ich schlafe jetzt infolge einer Indisposition, die ich mir auf Reisen gewöhnlich zuziehe, sehr schlecht und wenig. Doch ist mir selbst dieß nicht unwillkommen, da meine Gedanken gleich bei Dir sind. – Wie tief bedauere ich, daß Du nicht bei meiner C-moll anwesend sein kannst. Das läßt sich am Clavier nicht annähernd wiedergeben. Und doch wäre es so nöthig, daß Du sie kennst – denn meine IV. [Sinfonie] wird Dir ganz fremd sein. Die ist wieder ganz *Humor* – *»naiv«* etc.; weißt Du, das an meinem Wesen, was Du noch am Wenigsten /*in Dir*/ aufnehmen kannst – und was jedenfalls in alle Zukunft nur die *Wenigsten* erfassen werden. Aber, Du, meine Alma, Dich wird die Liebe führen und Dir bis in die geheimsten Stellen leuchten. Sei mir, meine Geliebte, in Sehnen und Lieben, in Hoffen und Glauben gegrüßt.

Tausend tausendmal Dein,

Dein Gustav

Dieser Brief findet in Almas Tagebuch keine Erwähnung. Sie hatte ihre Aufmerksamkeit auf andere Dinge gerichtet.

Donnerstag 19. [Dezember]
Gestern habe ich wieder wahnsinnig coquetiert mit Louis Adler. Der Kerl hat Rasse im Gesicht Und – – – wenn Muhr so aussähe wie A., das ist ein Kerl, der mich reizt. Er weiß es auch – sah mich fortwährend an – ich war leider etwas weit weg – aber Genuß habe ich nicht von der Musik gehabt. Meine Ohren hörten – meine Sinne waren nicht aufnahmefähig – – –

Die wiederholten Versuche Mahlers, sein Denken und Fühlen gegenüber Alma darzustellen und zu begründen, scheinen in ihren Antwortbriefen nur spärliche, vielleicht auch gar keine Resonanz gefunden zu haben. Die mehrmalige Bitte Mahlers: »Schreibe mir, ob Du mir folgen *kannst*«, blieb nicht nur unerfüllt, sondern ist für Alma noch viele Jahre später eine sie kränkende Formulierung. Almas Flirts scheinen Mahler weniger irritiert zu haben, und ihre »Rückzugsgefechte« gegenüber Muhr und Zemlinsky hat er anscheinend gelassen beobachtet.

Die Selbsteinschätzung Almas als Komponistin hingegen kollidierte mit Mahlers eigenem Selbstbewußtsein. Alma schrieb in ihren Erinnerungen:

»In einem der letzten Briefe schrieb mir Mahler, ich möge für ihn bei meiner Mutter um meine Hand anhalten [s. Brief 12], denn er wolle bei seiner Rückkehr sogleich als Sohn empfangen werden. Knapp vor seiner Ankunft aber kam der erste große Konflikt. Ich schrieb ihm gelegentlich, ich könne diesmal nicht weiterschreiben, da ich noch zu arbeiten habe (ich meinte, an meinen Kompositionen, die mir bis dahin das Leben bedeutet hatten). Es empörte ihn, daß irgend etwas in der Welt mir wichtiger sein könne, als ihm zu schreiben. Er sandte mir einen langen Brief, in dem er mir verbot, weiterhin zu komponieren. Was aber hat er mir damit angetan! [...] Ich habe damals meinen Traum begraben. Vielleicht ist es besser so gewesen. Ich habe, was ich an produktiven Gaben besaß, in andern größeren Hirnen ausleben dürfen. Irgendwo aber brannte eine Wunde in mir, die niemals ganz verheilt ist...«[60]

In dem von Alma erwähnten Brief – er ist der längste an sie – formulierte Mahler nochmals umfassend seine Haltungen und seine Bedingungen für ein künftiges, gemeinsames Leben. Dieses einzigartige und in seiner Art einmalige Dokument, dessen gedankliche Klarheit ebenso berührt wie seine Aufrichtigkeit, wird hier erstmals ungekürzt wiedergegeben.[61]

Nr. 14

HOTEL BELLEVUE
[Dresden, 19. Dezember 1901]

Mein liebstes Almschi! Heute, meine geliebte Alma, setze ich mich mit etwas schwerem Herzen zu einem Briefe. Denn ich weiß, ich muß Dir heute weh tun und doch kann ich nicht anders. Denn ich muß Dir Alles sagen, was Dein gestriger Brief in mir aufgeregt hat; da er gerade jene Seite unseres Verhältnisses betrifft, die für alle Zukunft, als die Grundlage unserer Beziehungen, geklärt und durchgesprochen sein muß, wenn wir glücklich sein sollen.

Ich habe allerdings nur zwischen den Zeilen gelesen (denn die Zeilen selbst, mein Almschi, konnte ich wieder nur sehr schwer lesen). Ich finde einen tiefen Widerspruch in diesem Briefe und jenen, die ich seit dem Zauberflötenabend von Dir bekommen. – Damals schriebst Du: ich will werden, wie Du es *wünschest, brauchst!* Diese Worte haben mich tief beglückt und mich mit beseligendem Vertrauen erfüllt. Nun nimmst Du sie, vielleicht ohne es zu wissen, zurück. – Laß mich zunächst der Reihe nach alle Einzelheiten Deines Briefes durchgehen. Also das Gespräch mit Burckhardt [sic]. – Was stellst Du Dir unter einer Individualität vor? Hältst Du Dich für eine Individualität? Du weißt, was ich Dir einmal mündlich gesagt, daß in jedem Menschen etwas unergründlich Eigenthümliches vorhanden ist, was weder durch Eltern noch umgebende Umstände zu erklären ist: das was den Menschen im Eigenthümlichen Sinne ausmacht. In diesem Sinne ist jeder Mensch ein Individium. Aber was hier Burckhardt und auch Du meinst, ist etwas ganz anderes. – Zu dieser Individualität kann der Mensch erst nach einem längeren, durch Kampf, Leiden und Erleben, und durch tief gegründete, kraftvoll sich ausgestaltende Beanlagung gelangen. Eine solche Individualität findet sich nur höchst selten unter den Menschen. Ein so *in sich* völlig begründetes Sein, welches unter allen Umständen das ihm eigenthümliche unveränderliche Wesen ausbildet und bewahrt, und sich gegen alles Fremde und eigentlich Verneinende bewahrt, könntest Du ja noch gar nicht sein; da ja in Dir noch alles ungeworden, unausgesprochen und unentwickelt lebt. Daß Du ein lieber, unendlich lieber, reizender Kerl bist, daß Du eine gradgewachsene Seele, ein reichbegabter, offener, schon früh zu Selbstbewußtsein gelangter Mensch bist, ist noch immer keine Individualität. Was Du *mir* bist, meine Alma, was Du mir vielleicht sein, werden könntest – das Höchste, Liebste meines Lebens, der treue, tapfere Gefährte, der mich versteht und fördert, meine Burg, die uneinnehmbar gegen innere und äußere Feinde, mein Frieden, mein Himmel, in den ich immer wieder untertauchen, mich selbst wiederfinden, mich neu aufbauen kann – was das ist, ist so unaussprechlich hoch und schön – viel und groß – mit einem Wort: MEIN WEIB: Aber das ist noch immer nicht Individualität in jenem Sinne, in dem man eben die höchsten Existenzen, welche nicht nur ihr eigenes Dasein, sondern das der Menschheit gestalten, und die allein diesen Namen tragen. Nun aber mußt Du folgendes wissen. Um eine solche Individualität zu werden – zu sein, nützt der Wille und der Wunsch gar nichts. – Goldmark hat mir seinerzeit (mit Stolz) erzählt, daß er gefließentlich keine neue Musik anhört oder ansieht, um nicht seine Individualität zu verlieren. – Siehst Du, mein Almakind, das war für mich bezeichnend für seinen gänzlichen Mangel an Individualität! Es ist so, als ob einer um keinen Preis Rindfleisch essen wollte, um nicht ein Ochs zu werden. Wisse, meine Alma, daß Alles, was Du in Dich aufnimmst, Dir nur Nahrung ist – Dein inneres Wachsthum günstig oder ungünstig bestimmt. Worauf es ankommt ist, daß diese Nahrung Dir gemäß, Dir förderlich und auch von Deinem Organismus verarbeitet werden kann. – Alle diese Burckhards – Zemlinskys etc. sind keine *Individualitäten*. Jeder von ihnen hat so eine Domäne – wie originelle Adressen – unleserliche Schrift (nur *bildlich* gesprochen – natürlich sind es nicht bloß solche Geringfügigkeiten) etc. – und diese Domänen verteidigen sie – innerlich auch nur sehr unselbständig und immer auf der Hut gegen ihre – »Nahrung«, um nicht unoriginell zu werden. Eine wirkliche Individualität ist aber wie ein kraftvoller Organismus, der mit unbewußter Sicherheit die ihm gemäße Nahrung aufsucht, verarbeitet, und die ihm ungemäße kraftvoll ausscheidet. Wol ihm, wenn der Anfang seines Werdens nicht durch Schädigendes erschwert oder gar gestört wird – vielleicht legen so die gesündesten Organismen in ihrem ersten Werden den Grund zu ihrer künftigen Schwäche oder Siechthum, daß man ihnen Ungemäßes und Schädliches zugeführt. – Jetzt nach dieser etwas lang geratenen Einleitung wende ich mich zu Dir!

Meine Alma! Sieh! Deine ganze Jugend – also Dein ganzes Leben – ist fortwährend bedroht gewesen durch diese höchst unklaren und im Trüben auf falscher Fährte suchenden, alles innere Leben durch lautes Schreien betäubenden, Kern und Schale fortwährend verwechselnden Gefährten begleitet, *geleitet* (währenddem Du immer selbständig zu sein glaubtest) und mißhandelt gewesen. Sie haben Dir fortwährend geschmeichelt, nicht, weil Du ihrem Inhalt den Deinen zugeführt, sondern, weil Du mit ihnen großklingende Worte getauscht (eine wahre Opposition ist ihnen unbequem, denn sie lieben nur laute, schön klingende Worte) – ich meine hier mehr Burckhard, und solche als Zemlinsky, den ich nicht kenne, aber für was besseres halte, der aber unklar und unselbständig ist – weil ihr Euch gegenseitig mit Phrasen berauscht (ihr glaubt »aufgeklärt« zu sein, und habt Euch nur die Fenster verhängt, um Euer geliebtes Gaslicht als Sonne anzubeten) und – weil Du schön bist, und anziehend für Männer, die dann, ohne es zu wissen, der Anmuth unwillkürliche Huldigung leisten. Denke Dir nur den Fall, Du wärest häßlich. – Meine Alma – Du bist (wenn es noch so hart klingt, und was Du trotzdem meiner *wahren* und jetzt schon ewig unversiegbaren Liebe verzeihen wirst) eitel auf das geworden, was diese Leute an Dir zu sehen vermeinen und wünschen (d. h. eigentlich möchtest Du gerne das sein, was Du ihnen scheinst) aber was, Gott sei Dank, an Dir nur *Oberfläche* ist, wie Du selbst in jenem lieben Brief von Dir gesagt. – Da diese Leute sich auch gegenseitig immer anschmeicheln und eine überragende Existenz als ihnen unbequem und Forderungen stellend, die sie nicht erfüllen können, unwillkürlich negieren, – Du aber, infolge Deiner Anmuth, eine ungemein reizvolle und dabei noch, wegen Mangel an sachlichen Argumenten, sehr *bequeme* Opponentin bist, so habt Ihr Euch da immer im Kreise herumgedreht und geglaubt, die Sache der Menschheit miteinander auszutragen – »was ihr nicht tastet, steht Euch meilenfern«. Die *Unbescheidenheit,* die solchen Menschen, die ihre winzigen und in einem sehr beschränkten Umkreis sich abspulenden Gedankenknäuel als einzige Aufgabe der Geister betrachten, immer eigen ist, von der bist Du, meine Almschi, nicht frei. – Solche Bemerkungen (mit denen ich sicher nicht ins Gericht gehen will, weil ich ja weiß, daß sie nur eine Facon de parler sind – aber selbst die basiert auf gewohnter Denkart), »daß wir in manchen Dingen, Ideen etc. nicht *einig* sind, zeugen davon und manches Andere"! Aber, Almakind! – wir sollen ja in *unserer Liebe,* in unseren Herzen einig werden! Aber in Ideen? Meine Alma! Wo sind Deine Ideen? Das Kapitel über die Weiber von Schopenhauer – die ganz verlogene und schlimmfreche Herrenunmoral Nietzsches – der fuselhaft trübe Gedankendusel Maeterlincks, die Wirthhauslaune Bierbaums und Genossen etc. etc.? – Das sind *Gottseidank* nicht Deine Ideen – sondern der – ihrer [wahrscheinlich Verschreibung; gemeint: »deren« oder »ihre«] Ideen! Daß diese wundervolle, höchst unbegreifliche Welt nur ein schlechter Spaß irgend einer ganz dumpfen, blöden, von sich und uns nichts wissenden (also nicht einmal so hoch, wie der von Euch so wenig geachtete Mensch, stehenden) »Naturkraft« ist, eine Blase, die irgend einmal platzt – daß dieses wundervolle, mich so unsäglich mit Seligkeit oder Qual erfüllende Herz ein Fleischklumpen mit 2 Klappen, mein Gehirn aus mit Blut gefüllten Fasern, und Fäserchen und sehr schlau sich »windenden« Gallertmasse ist, etc. etc. – dies ist doch sicher nicht Deine Idee – sondern die aller Welt, die es allerding jetzt sehr bequem hat, nachdem die großen Forscher (lauter große Menschen, die noch dazu das Leben nicht als ein Rechenexempel gesehen haben) dies in ihrer emsigen, *stillen* nicht brambarisierenden Thätigkeit entdeckt. – Also, ich Armer, der die Nächte vor Seligkeit nicht schlafen konnte, weil er *die, die* gefunden, die mit ihm über Alles von *vornherein* tief einig, ihm als Weib ganz gehörig und ein Stück seiner Selbst geworden, die ihm selbst geschrieben, daß sie fühlt, nicht Anderes und Besseres thun zu können, als seine Welt zu erfassen, in ihr einzutreten – die im Glauben an ihn nicht mehr prüft, sondern fühlt, daß seine Religion die ihre ist – weil sie liebt etc. etc.

Ich muß jetzt mich wieder fragen: was ist denn das für eine fixe Idee, die in dem von mir so unbeschreiblich innig geliebten Köpfchen Platz genommen, daß sie sich selbst sein und bleiben muß – und wie wird diese fixe Idee ausschauen, wenn einmal (was sehr rasch kommt) die Leidenschaft befriedigt, und nun die Freundschaft und das Zusammen – nicht wohnen – sondern – leben und lieben angehen soll. – Nun kommt das, was eigentlich der Kernpunkt meiner Sorgen und der Mittelpunkt aller meiner Befürchtungen und Bedenken, von dem aus jede Kleinigkeit, die darauf hindeutet, eine solche Bedeutung gewonnen hat: Du schreibst – *Dir* und *meiner* Musik, – *verzeih, aber auch das muß sein!* Darüber, meine Alma, müssen wir uns ganz klar sein, und zwar *sofort,* bevor wir uns noch sehen! Und da muß ich leider von Dir anfangen und zwar bin ich in die eigenthümliche Lage versetzt, in einem gewissen Sinne, *meine* Musik der Deinen gegenüberzustellen, sie, die Du eigentlich nicht kennst, und jedenfalls noch nicht verstehst, gegen Dich zu verteidigen, und ins rechte Licht stellen zu müssen. Nicht wahr, Alma, Du wirst mich nicht für *eitel* halten, und glaube mir, in meinem Leben geschieht es das erste Mal, daß ich von ihr zu jemandem rede, der nicht das richtige Verhältnis zu ihr hat. Ist es Dir möglich, von nun an *meine* Musik als die *Deine* anzusehen? Ich will hier zunächst noch nicht im Speciellen von »Deiner« Musik – auf die komme ich noch zurück [?reden]. Aber im allgemeinen! Wie stellst Du Dir so ein componierendes Ehepaar vor? Hast Du eine Ahnung wie lächerlich und später herabziehend vor uns selbst, so ein eigenthümliches Rivalitätsverhältnis werden muß? Wie ist es, wenn Du gerade in »Stimmung« bist, und aber für mich das Haus, oder was ich gerade brauche, besorgen, wenn Du mir, wie Du schreibst, die Kleinigkeiten des Lebens abnehmen sollst. Mißverstehe mich nicht! Glaube nicht, daß ich mir das Verhältnis zweier Gatten in diesem philiströsen Sinne denke, der das Weib als eine Art Zeitvertreib, daneben aber doch wieder als die Haushälterin des Gatten ansieht. Nicht wahr, das muthest Du mir nicht zu, daß ich so fühle oder denke. Aber daß Du so werden mußt, »wie ich es brauche«, wenn wir glücklich werden sollen, mein Eheweib und nicht mein College – das ist sicher! Bedeutet dies für Dich einen Abbruch Deines Lebens und glaubst Du auf einen Dir unentbehrlichen Höhepunkt des Seins verzichten zu müssen, wenn Du *Deine* Musik ganz aufgibst, um die Meine zu besitzen, und auch zu sein?

Dies *muß* zwischen uns klar sein, bevor wir an einen Bund fürs Leben denken dürfen. Was heißt das nur: ich habe noch nichts gearbeitet, seitdem! Jetzt gehe ich arbeiten etc. etc. – Was ist das für eine Arbeit? Componieren? – Dir zum Vergnügen oder den Besitz der Menschheit zu vermehren?

Du schreibst mir: »ich fühle, daß ich jetzt nichts anderes zu thun habe, als in Dich einzudringen – ich spiele Deine Lieder, ich lese Deine Briefe, etc.« Dies habe ich begriffen und in mich eingesogen wie die Verheißung! Aber daß Du in dieser Zeit (die Hoch-Zeit, wie ich sie genannt) Gewissensbisse darüber empfindest, daß Du nicht Formenlehre oder Contrapunkt arbeitest, dies ist mir unverständlich! – Ich rede hier, wie gesagt, noch nicht von Deinen Compositionen, die ich ja noch nicht kenne, sondern von Deinem Verhältnis zu mir und von seinem Wesen, welches unsere Zukunft gestalten soll. – Ich muß jetzt fort – zu *arbeiten* (siehst – ich *muß* wirklich, denn ein ganzes Personal von 300 Menschen wartet auf mich) – Nachmittag schreibe ich weiter an diesem Brief – dem wichtigsten, den ich Dir vielleicht je zu schreiben habe!

So, die Probe ist vorüber und, recht müde, und eigentlich auch traurig, wieder da. Meinen Brief habe ich bisher noch einmal durchgelesen. Er ist in solcher Eile geschrieben, da er morgen in Deinen Händen sein muß, daß er, ich fürchte, recht unleserlich geworden ist. Strafe mich dann nicht mit meinen eigenen Worten – denn dies ist nur aus Eile geschehen, durch die ich durch meinen Beruf genöthigt bin. Aber Du hast von nun an nur *einen* Beruf: *mich glücklich zu machen!* Verstehst Du mich, Alma? Ich weiß ja, daß Du selbst glücklich (durch mich) werden mußt, um mich glücklich machen zu können. Aber die Rollen in diesem Schauspiel, welches ebensogut Comödie wie Tragödie werden könnte (Beides nicht das rechte), müssen die Rollen richtig ausgetheilt sein. Und da fällt die Rolle des »Componisten«, des »Arbeitens« mir zu und Dir die des liebenden Gefährten, des verstehenden Kameraden! Bist Du mit ihr zufrieden? – Ich fordere *viel, sehr viel* – und ich kann und darf es thun, denn ich weiß, was auch ich zu geben habe und geben werde.

Wie unverständlich ist mir, wie kühl kommt mir Dein Wesen mit Zemlinsky vor! Hast Du ihn lieb gehabt? Und kannst Du dann ihm diese traurige Rolle zumuthen, Dir jetzt weiter Stunden zu geben? Das kommt Dir männlich und groß vor, daß er, die Spuren seiner Leiden, wortlos und artig Dir gegenüber sitzt und sozusagen »Ordre pariert«?! Und Du willst ihn lieb gehabt haben und kannst dies ertragen? Und welches Gesicht sollte ich dabei machen, wenn ich daneben säße – und Du müßtest mich jetzt daneben sitzend denken! – Ist Dein Leben jetzt nicht unter andere Naturgesetze gekommen, nicht allzusehr aus den Fugen geraten, daß Du allmählich wieder zu Deinen früheren Beschäftigungen Formenlehre (Wesen der Violine? so habe ich gelesen, aber nicht verstanden) – philh. Conzerte unter Hellmesberger (!) etc. zurückkehren Lust und Fähigkeit hast. – Warum konntest Du mit meiner Schwester »Conversation« machen, deren Herz voll von Dir war und die nur darauf gewartet hat, Dir es ganz schenken zu können. Konntest Du einen ganzen Nachmittag dasitzen, ohne in Liebe von mir und über mich zu sprechen?

Almschi, Almschi – ich verstehe das alles nicht! Was sind das für Conventionen, die jetzt noch zwischen uns Beiden stehen können – welcher 4. Fall steht noch bevor! Was ist das für ein »Trotz«, »Stolz«? Mir, der Dir unbewehrt sein ganzes Herz geboten, der Dir im ersten Augenblick sein Leben geweiht – (und ich kenne auch diese gewissen hübschen, reichen, gebildeten, jungen etc. Mädchen – Frauen).

Almschi, ich bitte Dich, lies meinen Brief genau. Zu einer Liebelei darf es zwischen uns nicht kommen. Ehe wir uns wieder sprechen, muß es zwischen uns klar sein, Du mußt wissen, was ich von Dir verlange, erwarte, und was ich Dir bieten kann – *was Du mir* sein mußt. »Abthun« mußt Du (wie Du geschrieben) alle *Oberfläche, alle Convention,* alle Eitelkeit und Verblendung (in Bezug auf Individualität und Arbeiten) – Du mußt Dich mir *Bedingungslos* zu Eigen geben – die Gestaltung Deines zukünftigen Lebens in allen Einzelheiten innerlich von meinen Bedürfnissen abhängig machen und nichts dafür wünschen, als meine *Liebe!* Alma, was diese ist, kann ich Dir nicht sagen – schon zu viel habe ich von ihr gesprochen. Aber ich sage Dir noch eines – ich kann mein Leben und mein Glück hingeben für den, den ich so liebe, wie ich Dich lieben würde, wenn Du meine Gattin würdest.

Heute muß ich mich so schrankenlos und beinahe (unbescheiden muß es Dir scheinen) maßlos aussprechen. Und, Alma, bevor ich zu Dir komme am Samstag, muß ich von Dir eine Antwort auf diesen Brief haben. Du hast diese Zeilen morgen Freitag in der Hand. Du kannst, und bist Du so, wie ich hoffe, *mußt* sogar mir *gleich* antworten und den Brief bis Samstag Nachmittag an mich gelangen lassen. Noch besser, ich lasse ihn Samstag Vormittag durch einen Diener holen, aus Deiner Wohnung. Almschi, Geliebte, sei streng mit Dir – und (was mir sonst so schön und lieb ist) *nicht* verliebt in mich; sondern denke, Du schreibst an einen Unbekannten, der mir darüber berichten soll. Künde mir erbarmungslos alles, was Du mir zu sagen hast und wisse – viel lieber jetzt noch eine Trennung zwischen uns, als einen Selbstirrthum weitergeführt. – Denn, wie ich mich kenne, würde es schließlich für uns Beide eine Katastrophe.

Welch einen schrecklichen Moment bereite ich Dir jetzt – ich weiß es – Alma, daß ich selbst ebenso leide, wirst Du ermessen können, wenn dies auch ein schwacher Trost ist. – Gott, den ich jetzt rufe und von dem ich gleichwohl weiß, daß Du ihn noch nicht kennst, leite Deine Hand, meine Geliebte, daß sie die Wahrheit niederschreibt und nicht von der Verblendung geführt wird. – Denn es ist ein wichtiger Augenblick, der für 2 Leben für ewig Entscheidendes bringt! Sei gesegnet, meine Theuere, Liebe, was Du mir auch zu sagen haben wirst. – Morgen schreibe ich nicht mehr, sondern warte Samstag auf Deinen Brief. Ich schicke also einen Diener drum und halte ihn bereit.

Vielmal, innigst küsse ich Dich, meine Alma, und bitte Dich: Sei wahr! Dein

Gustav

Alma reagiert schmerzlich betroffen auf diese von Mahler unmißverständlich formulierten Bedingungen eines gemeinsamen Lebens:

Freitag 20 D[ezember 1901]
Früh in der Stadt – mit Else L im offnen Fiacker Besorgungen gemacht – NM [Nachmittag] zu Hause – dieser Brief. Mir blieb das Herz stehen… Meine Musik hergeben – weggeben – das wofür ich bis jetzt gelebt – Mein erster Gedanke war – ihm abschreiben… ich mußte weinen – denn da begriff ich, daß ich ihn liebe. Halb ohnmächtig zog ich mich an – weinend fuhr ich [in die Oper] den Siegfried [zu hören] Pollack dem ichs sagte – war empört – er hatte das nie geglaubt. Ich habe das Gefühl – als hätte man mir mit kalter Faust das Herz aus der Brust genommen. Mama und ich haben bis tief in die Nacht von ihm gesprochen. Sie hat den Brief gelesen…! Ich war so ratlos. Ich finde es unüberlegt – ungeschickt – von ihm – es hätte ja kommen können – von allein… ganz sachte…. aber einen ewigen Stachel wird das zurücklassen… –

Alma hat dieses zentrale Dokument ihrer Beziehungen zu Mahler nie veröffentlicht. In ihrer Autobiographie faßt sie diesen Brief mit folgenden Sätzen zusammen: »Gustav Mahler forderte brieflich sofortiges Aufgeben meiner Musik, ich müsse nur der seinen leben. Er meinte, die Ehe zwischen Robert und Klara Schumann zum Beispiel sei eine ›Lächerlichkeit‹ gewesen, ich müsse mich entscheiden. Die Askese, die man sich selber diktiert, ist richtig; aber die, zu der man befohlen wird, wie dies in meiner Ehe mit Gustav Mahler geschah, reizte mich an die Grenze des Ertragbaren.«[62]

Das »Komponierverbot« Mahlers hat Alma nach seinem Tod zu einer sentimentalen Legende stilisiert. Unterjocht durch das Genie Mahler: Dieses von ihr etablierte Bild hat sich bis heute in der Öffentlichkeit gehalten. Ein Vergleich mit der Ehe von Robert und Clara Schumann, an den sich Alma erinnert, findet sich in Mahlers Brief nicht.

Auch sonst erscheinen so manche Inhalte in späterer Zeit bei Alma gewandelt. Mahler schreibt: »…Goldmark hat mir seiner Zeit (mit Stolz) erzählt, daß er gefließentlich keine neue Musik anhört oder ansieht, um nicht seine Individualität zu verlieren. Siehst Du, mein Almakind, das war für mich bezeichnend für seinen gänzlichen Mangel an Individualität! Es ist so als ob einer um keinen Preis Rindfleisch essen wollte, um nicht ein Ochs zu werden…«

Mahlers Versuch, Alma in einem humorvollen Vergleich seinen Begriff der Individualität zu erläutern, erfährt in der Autobiographie Almas eine bemerkenswerte Metamorphose: »Mahler traf einmal den Komponisten Karl Goldmark, von der Opernprobe kommend, auf dem Ring. Er lud Goldmark für den Abend zum Tristan in seine Loge ein. Goldmark dankte: er wolle sich nicht zu sehr dem Einfluß Wagners aussetzen, da er diese Gefahr in sich fühle… Mahler antwortete lächelnd: ›Sie essen doch auch Rindfleisch und werden kein Ochs.‹«

Mahler greift hier in seinem Vergleich einen Gedankengang Goethes auf. Er ist einem der Lieblingsbücher Mahlers entnommen, Johann Peter Eckermanns »Gespräche mit Goethe in den letzten Jahren seines Lebens«. Eckermann vertrat die Meinung, daß es in der literarischen Welt häufig vorkomme, daß an der Originalität dieses oder jenes berühmten Mannes gezweifelt werde und daß man »die Quelle auszuspüren sucht, woher er seine Kultur hat«. Darauf entgegnete Goethe: »Das ist sehr lächerlich… man könnte ebensogut einen wohlgenährten Mann nach den Ochsen, Schafen und Schweinen fragen, die er gegessen und die ihm Kräfte gegeben. Wir bringen wohl Fähigkeiten mit, aber unsere Entwickelung verdanken wir tausend Einwirkungen einer großen Welt, aus der wir uns aneignen, was wir können und was uns gemäß ist.«[63]

Mahlers schonungslose Offenheit in seinem seine Beziehungen zu Alma markierenden »Bedingungsbrief« enthält keine Passage, aus der herauszulesen wäre, er hätte das von ihm geliebte Mädchen zur Ehe zwingen wollen. Zweifellos hatte Alma die Wahl.

In ihren Erinnerungen wandelt sich die Problematik jener Dezembertage zu folgenden Feststellungen: »Als Mahler kurz nach unserer heimlichen Verlobung nach Dresden fuhr, wach und erregt dort in seinem Bett lag, durchzuckte plötzlich der Gedanke sein Hirn, ›wenn ich doch ein zu alter Mann wäre?‹ Und dieser Gedanke, diese Angst verließ ihn nicht mehr. Er kam vollkommen verändert damals nach Wien zurück. Nervös und krank.«[64]

In bemerkenswertem Gegensatz dazu stehen die Eintragungen, die Alma einen Tag nach Erhalt des Briefs aus Dresden ihrem Tagebuch anvertraute:

Samstag 21. D[ezember 1901]
Die ganze Nacht habe ich mit *Willen* gut geschlafen – – in der Früh seinen Brief durchgelesen – und so warm kams auf einmal über mich – wie wärs, wenn ich *ihm zu Liebe verzichten würde!* Auf das was gewesen! Muß ich mir doch gestehen, daß mich kaum eine Musik jetzt interessiert, als die Seine. Ja – er hat recht – Ich muß ihm ganz leben, damit er glücklich wird. Und ich fühle jetzt gar seltsam, daß ich ihn tief u. echt liebe. Auf wie lange? Das weiß ich nicht, doch ist das schon viel – viel. Ich sehne mich *unnennbar* nach ihm. Mama war am Vormittag beim Klimt. Das rührt mich gar nicht. – Ich ging Vormittag nach Döbling, machte eine Comission – nur um hinaus zu kommen. Ich traf seinen [Mahlers] Diener am Weg. Auf der Straße las ich seinen Brief. *Wie* recht er in Allem hat. *Ich liebe ihn!* – er kam – liebend und gut wie immer – unsere Küsse waren heiß – in seinen Händen bin ich Wachs… Alles will ich ihm geben – meine Seele gehört ihm – – – Ach – *wenn* nur alles klar wäre! – Morgen gehe ich zu Justi –

Der Brief, den Alma auf der Straße las, hat folgenden Wortlaut:

Nr. 15
[Wien, 21. Dezember 1901]
Meine geliebte Alma!
Tausend Herzensgrüße aus der Luft, die Du athmest, meine Heimath! Kaum, daß ich in mein Zimmer getreten (wie schön, daß Du es schon kennst) erblicke ich die lieben, vertrauten Züge Deiner Hand und las nicht ohne Bewegung die trauten Worte, die wol noch vor meinem gestrigen Brief geschrieben sind. – Schwer lag er die beiden Tage auf meiner Seele wenn ich an den Eindruck dachte, den er auf Dich im ersten Moment machen mußte. Ich wünsche es Dir und mir, daß Du

aus ihnen nur meine Liebe und Treue herausgelesen, und die Kraft und die Tiefe derselben ermessen hast. Nicht wahr, Du verstehst, wie hart und unerbittlich wahr ich sein kann, wo ich liebe. – Und es muß zwischen uns alles klar sein, bevor wir uns in die Arme schließen – denn heute Nachmittag hätte ich nicht mehr die Fassung und Macht über mich selbst, Dir alles zu sagen und zu fragen, was doch entschieden sein muß. Nie war mir ein Schreiben von Dir ersehnter, nie angstvoller erwartet, als das, welches mein Diener jetzt von Dir mitnehmen soll. Was wirst Du mir sagen!

Mißversteh mich aber nicht! Auch was Du sagst, ist noch nicht entscheidend, sondern was Du bist! Die Leidenschaft, die uns jetzt buchstäblich in Fesseln geschlagen, muß für diesen Augenblick überwunden werden (und dies kann nur geschehen, wenn wir uns nicht gegenwärtig sind – und darum habe ich auch, so lange es Zeit ist, geschrieben) damit wir mit innerer Beruhigung und liebender Sicherheit das Band schlingen können, das uns unauflöslich bis zum letzten Athemzug aneinander ketten soll.

> »Es prüfe, wer sich ewig bindet – – –
> – und mit dem Gürtel, mit dem Schleier
> reisst der schöne Wahn entzwei!«

Nun nichts mehr – denn meine Seele fluthet über beim Gedanken an das Wiedersehen! Ich werde so früh als möglich kommen. Doch weiß ich nicht, wie lange ich im Theater bleiben muß. Auch muß ich heute zum Obersthofmeister, von dem ich oft erst um 3 wegkomme. Auf Wiedersehen, meine Theuere, Liebe!

Dein

Gustav

Die beiden Zitate aus Friedrich Schillers Ballade »Das Lied von der Glocke« gegen Schluß von Mahlers Brief mögen für dieses Mal Alma nur wenig gestört haben. Vermutlich trug sie ihre zustimmende Antwort auf seinen großen Brief vom 19. Dezember schon bei sich, denn Mahler kam bereits am Nachmittag.

Alma notierte ausführlich die Ereignisse dieses Tages:

Sonntag 22 D[ezember 1901]
Wie *schön* wars gestern! Ich sehne mich unbeschreiblich nach ihm – Alles ist mir lieb u. vertraut an ihm – Sein Athem so rein... ich habe das Gefühl: für ihn könnte ich leben u. *sein*. Wenn – dann würden wir

im Frühjahr heiraten – – – so hab ich mirs gedacht… Ach – nur ein Kind von ihm. Wenn er nur stark genug ist. Er hofft so darauf. Nichts, nichts, nichts, – als ihm gehören. NM [Nachmittag] bei der Justi – Im Anfang waren wir etwas befangen. Dann kam der Gustav – – und wir zu dritt recht glücklich – Wenn die Justi hinaus ging – küßten wir uns – – Im Wagen brachten sie mich nach Hause – wir hielten uns an den Händen – ich denke unausgesetzt an ihn – Keine Arbeit freut mich – – Mein geliebter Gustav – – Ich *denke nur* an ihn – Zu Hause angekommen [Karl] Mayreder [Gatte von Rosa Mayreder-Obermayer, der Librettistin von Hugo Wolfs *Der Corregidor*] – der den ganzen Nachmittag gewartet hatte – auf mich – Abends Fischl – – [vermutlich der Maler Carl Fischl, um die Jahrhundertwende Mitglied der Wiener Werkstätte] Carl [Moll] war am Vormittag bei mir – – um mit mir zu sprechen… lieb u. ernst – – er hielt mir alles vor, wie's – – werden kann – alles weiß ich – krank ist er – mein Armer – 63 Kilo wiegt er – *viel* zu wenig – wie ein Kind werde ich ihn schonen. Ich liebe ihn mit unendlicher Rührung. – Schön ist, daß er das R nicht aussprechen kann … u. merkwürdig – – daß er gerne möchte ich hieße Marie – weil er das kraftvolle R in der Mitte des Namens so liebt. – – merkwürdig und……! Justi sprach heute ruhig von Arnold [Rosé] von dem sie auch einen schönen Ring bekam… Ich habe eine *solche* Angst – – Daß er mir krank wird – – ich kann nicht sagen – – ich seh ihn ordentlich in seinem Blute liegen – – – – – – – Er [Carl Moll] hat recht – Einestheils könnte er sich ja freuen, meinte er, – denn er glaube daß Gustav nicht mehr lange… aber er denkt ganz anders bei mir – Ich hab kein Herz?!? [Später zugefügt: Zuviel!] u. fühle doch so warm für ihn. – u. habe auch das Gefühl, daß er mich empor hebt – während der Umgang mit Burckhard – meine Frivolität steigert. Ich habe das Gefühl der Scham über meine Zoten, wenn Gustav zuhört – – und kann auch kaum alles sagen, was ich denke – – – Ist man jetzt glücklicher – – im frivolen, – skrupellosen Leben – – oder wenn man sich eine so schöne, hehre Weltanschauung [durchgestrichen: zurecht] gesponnen hat?…. Freier im ersten Fall – – Glücklicher ???? Besser wird man – edler. – – Ist das nun wieder kein Hemnis auf *freiem* Wege? Ja – Ja – – 1000 mal ja! u. ich sage Euch – werdet hart! Er [Burckhard] hat recht – – wir passen zusammen – – wie Feuer und Wasser – – äußerlich so wie innerlich! ja – – Gewiss! Muß aber eines unterliegen? Können nicht aus 2 grundverschiedenen Anschauungen – – wenn Liebe hilft – *eine* schöne herrliche werden. – – –

Almas Hoffnungen waren zumindest damals größer als ihre Bedenken. Am nächsten Tag wagten beide den entscheidenden Schritt, der Familie Mitteilung zu machen. Alma vermerkte:

Montag 23. D[ezember 1901]
Ich warte – – warte – – warte auf Gustav u. Justi! – Wie schwer wird mir das Warten. Eine Qual ists – eine Ewigkeit. Es ist nicht recht von ihm – – – und sie waren da und ich habe mich abends verlobt – offiziell vor Carl und Mama. – Fortan soll *nur* er mein Herz *erfüllen* – *nur er*. – – – – – Keinen von diesen Mannsbildern will ich mehr einen Blick zuwerfen – Alles – alles ihm geben *Meinem* Mann. Wir sind schon jetzt so Eins – daß es kaum eine Steigerung gibt. – – – – – War ich bei A. Z[emlinsky] toll u. liebeswüthend – so bin ich hier – heute bei Mahler [nachträglich eingefügt] – durchdrungen von den heiligsten Gefühlen – dem Z. hab ich einmal gesagt – ich will die Mutter seiner Kinder werden – es kam mir nichts aus reiner Seele. – Damals habe ich geglaubt, – ich kann so etwas Tief-Schönes nicht fühlen – heute habe ichs nicht gesagt: – *aber ich fühle es*. Wenn wir so aneinander geschmiegt dasitzen, dann habe ich das Gefühl – er ist *mein* Leib nicht im *geringsten* Fremd – so unerhört lieb... ich kanns nicht erwarten – ihn morgen wiederzusehen – –

Mahler kam am Nachmittag des Heiligen Abends mit einem Geschenk und einem Brief:

Nr. 16

[Wien, 24. Dezember 1901]
Meine Alma!
Der erste Weihnachtsabend, zu dem ich Dir meine Wünsche sende – und zugleich der letzte; denn von nun an, mein geliebtes Mädchen, werden wir ihn zusammen verbringen. – /Ich habe durch eine dritte Person in Erfahrung gebracht, daß Du Dir so eine Nadel wünschst (ich wäre selbst nicht auf sowas gekommen) – von nun an werde ich Deine Wünsche Dir von den Augen ablesen können./ Wie wird es sein, Alma, wenn wir, bald, hoffentlich, vereinigt, keine Mittelsperson mehr nöthig haben werden?! Wenn ich in meinem Zimmer bin, sehe ich Dich schon neben mir walten. Wie eine Frucht kommt mir mein, unser Glück vor, das schnell gereift unter der warmen Sonne einer vielleicht unbewährten, aber zukunftsfreudigen, vertrauenden Liebe uns vom Baume fallen soll. Heute an diesem Tage, der uns wie alle

Menschen, auch ohne daß wir voneinander gewußt, in fröhlichem Kinderglauben vereinigte, der uns immer ein Symbol bleiben soll, daß wir, auch vereinigt und glücklich in unserer Liebe, unser Herz auch den andern Menschen, offen halten sollen – (denn eine große, übermenschliche Liebe, die wir nur göttlich nennen können, hat ein Band um uns geschlungen, welches uns unauflöslich mit allen Lebenden verknüpft.) –

An diesem Tag, der den Kindern gehört, in denen der Samen irdischer wie göttlicher Liebe gleich Wurzel schlägt, je nachdem ihn der Sämann wirft – segne ich Dich, mein geliebtes Leben. Möge mein Leben dem Deinen zum Segen werden, daß Du über unsere irdische Liebe hinaus und aus ihrem Wesen – welches heilig sein soll – die göttliche erkennen und die »unerforschliche still zu verehren« fähig werdest! – (Im Wesentlichsten kommt es nur darauf hinaus, daß wir nie ganz glücklich sein können, solange es andere Unglückliche gibt.) Verstehe mich recht, meine Alma, daß ich Dir heute nichts Anderes zu sagen weiß – vielleicht kannst Du an Nichts so tief erkennen, wie unbegrenzt und heilig meine Liebe zu Dir ist, daß ich jetzt – wo ich der Erfüllung meiner höchsten Wünsche so nahe bin, und mich so innig glücklich fühle – mich und Dich über uns hinausführen möchte in jene Regionen, wo wir der Ewigkeit und Göttlichkeit einen Hauch spüren. So möchte ich Dein, und sollst Du *mein* sein! Meine Einzige!
Dein Gustav

/Bitte, antworte mir hierauf. – Keinen »schönen« Brief; nur einige Zeilen, ob, und wie Du es verstanden hast./

Mahler verbrachte den Heiligen Abend mit seiner Schwester Justi. Alma empfing nach dem Besuch Mahlers am Nachmittag späterhin ihren Freundeskreis. Die von Mahler im Postskriptum seines Briefes nun schon wiederholt ausgesprochene Bitte um einen vertieften Dialog dürfte wohl auch diesmal unerfüllt geblieben sein. Alma notierte im Tagebuch:

Dienstag 24. D[ezember 1901]
Meiner Freude gebe ich mich nicht unbedingt hin – Die Angst vor den Göttern, die keine reine Freude sehen können – Wenn er nur *bald* käme – heute – Mein Gustav will nicht, daß es wer weiß, denn aus Angst vor allen Zeitungen – vor dem wahnsinnigen Gerede – Ich kann nichts denken – beginnen – Alles beginnt mit Gustav u. endet damit. Ich sehne mich grenzenlos – Alles gebe ich für ihn – meine

Musik – *alles* – so sehne ich mich! – So will ich ihm gehören – Ihm und der Justi, die ich liebe – weil sie sein Blut ist. – Die Justi hat der Mama gesagt – daß der Gustav *ihr* gesagt hat – »ist es nicht ein Verbrechen, daß ich – der Herbst – den Frühling an mich kette« – sie überspringt den Sommer. – – Nein – mein Gustav – nein!

Weihnachtsabend. So wurscht – so egal – wie heuer – wars mir noch *nie*. Mein Gustav war bei mir heroben – wir fühlten unser Blut toben – horchten unsern Sinnen – und waren glücklich – was ich alles bekam sage ich morgen – übermorgen – es hat alles keine Bedeutungen für mich – das Einzige – eine Nadel mit Rauten, von meinem Gustav – was ich erwähnen will – – – Am Abend Burckhard und [Kolo] Moser – Burckhard ahnt alles – B. ist sehr gereizt u. unklug – er neckt mich mit meiner verminderten Wärme für Nietzsche – – mit Gustav lieb – uns ist alles gleich – nur ihm möchte ich schon gehören. –

Zum Verlauf der Weihnachtsfeiertage vermerkte Alma:

Mittwoch 25. D[ezember 1901]
Wieners, Burckhard – Moser etc. Alex V[ormittag] – NM [Nachmittag] beim Gustav. Er hatte schon gewartet. – Ich saß auf seinen Knien die ganze Zeit – ich habe ihn so unsagbar lieb – Wir fließen so ineinander – – Er mußte dirigieren – Tannhäuser – Ich blieb bei der Justi. Ich bin ihr gut –

Donnerstag 26. D[ezember 1901]
Gustav bei mir – Mittags Mama Moll – Gustav holte mich von der Stadtbahn u. wir fuhren im Gummiradler nach Haus.

Durch eine Indiskretion wurde im Abendblatt der »Neuen Freien Presse« am 27. Dezember die Verlobung bekannt; möglicherweise war es Max Burckhard, der für diese Zeitung schrieb. Alma verzeichnete im Tagebuch:

Freitag 27. D[ezember 1901]
Abends ist die Bombe geplatzt. Dick und in fetten Lettern stand in der [Neuen Freien] Presse: DIE VERLOBUNG DES DIRECTOR MAHLER etc. etc. etc. es hat ihn sehr gewurmt – die Angst vor den Mitgliedern der Oper –

Die Nachricht verbreitete sich in Wien wie ein Lauffeuer, und in der gleichen Zeitung stand am nächsten Morgen eine längere Notiz:

»Die Verlobung des Directors Mahler. Die Nachricht, die wir im Abendblatt von der Verlobung des Directors *Mahler* mit Fräulein Alma *Schindler*, der Tochter des früh verblichenen, ausgezeichneten Landschaftsmalers Emil Schindler, brachten, hat in weiten Kreisen der Wiener Gesellschaft sympathisches Interesse erregt. Unsere Nachricht hat selbst die Kreise der näheren Bekannten des Braut- paares überrascht und war für die gesamte Oper sowie für die musi- kalische Welt Wiens die Neuigkeit des heutigen Tages. Die Witwe des Malers Schindler hat bekanntlich nach dem im Jahre 1892 er- folgten Ableben ihres Gatten in zweiter Ehe den Maler *Moll* gehei- ratet. – Wann die Hochzeit des Directors Mahler stattfindet, ist noch nicht bestimmt.«

Mahler hatte bereits vor der Pressemitteilung einen seiner engsten Freunde informiert. An Guido Adler schrieb er:

»… Ich habe mich verlobt! Es ist noch Geheimniß, und ich theile es nur meinen Intimsten mit. Meine Braut heißt Alma Schindler. Falls Du sie kennst, weißt Du alles; falls nicht, so müßte ich wieder die Grenzen der Kunst überschreiten, und mit Worten malen wollen. […] Verzeih, daß ich heute nichts Anderes zu sagen weiß, und bewahre mir Deine so werthe Freundschaft auch in's ›neue Leben‹ hinüber.«[65]

Bruno Walter, damals neuer Kapellmeister an der Hofoper und später der große Sachwalter des Mahlerschen Œuvres, hat in einem Brief an seine Eltern vom 30. Dezember 1901 seine Beobachtungen in jener Zeit eindrucksvoll zusammengefaßt und formulierte damit wohl auch die Meinung vieler Außenstehender:
»Na, Kinder, was sagt Ihr zu Mahler's Verlobung? Das ist eine Überraschung, was? Justi's Verlobung mit unserem Konzertmeister Rosé ist eine alte Geschichte; beide aber hätten auf die Vereinigung verzichtet, wenn Mahler sich nicht auch verlobt hätte; Justi hätte ihren Bruder sonst nicht allein gelassen. Er hat alle mit seiner Verlobung überrascht; selbst Lipiners und Spieglers haben es durch die Zeitungen erfahren; auch wir natürlich. Sogar Justi erfuhr es erst zwei Tage vorher [sic] zufällig dadurch, daß sie mit ihm auf der Straße seinem künftigen Schwiegervater begegnete und von Mahler, nachdem sie ihm ihre Verwunderung über seine Intimität mit diesem Herrn ausgedrückt hatte, die Antwort erhielt: ›Na, ich will Dir nur sagen, ich habe mich nämlich mit seiner Tochter verlobt.‹ Seine Braut, Alma Schindler […] ist 22 Jahre alt, groß und schlank und eine blendende Schönheit, das schönste Mädchen Wiens; aus sehr guter Familie und sehr reich. – Wir aber, seine Freunde, sind sehr besorgt wegen dieser Sache; er ist 41 Jahre und sie 22, sie eine gefeierte Schönheit, gewöhnt an ein glänzendes gesellschaftliches Leben, er so weltfern und einsamkeitliebend; und so könnte man noch eine Menge von Bedenken anführen; er selbst fühlt sich als Bräutigam sehr unbehaglich und geniert, ist wütend wenn man ihm gratuliert. […] Mich empfing er mit den Worten: ›Was sagen Sie, die Zeitungen haben mich verlobt! Das heißt, es ist wahr, ich habe mich wirklich verlobt; aber bitte, gratulieren Sie mir nicht, oder – gratulieren Sie mir ganz rasch, so – nun reden wir nicht mehr darüber.‹ Ein drolliger Bräutigam, was? Aber die Liebe soll sehr groß sein. Die Hochzeit ist für Ende März geplant; Justi heiratet in vier Wochen; die zwei haben ja auch lange genug gewartet, sie passen prachtvoll zusammen.«[66]

Die Zeitungsberichte in Wien schwärmten von Almas Jugend, ihrer Schönheit und ihren musikalischen Talenten. Die Braut wurde von allen Seiten mit Geschenken, Briefen und Glückwünschen überhäuft. Alma notierte am Abend:

Samstag 28 D[ezember 1901]
Von Frau [Irene] Hellmann [geborene Redlich, Gattin des Wiener Großindustriellen Dr. Paul Hellmann] bekam ich einen herrlichen Straußfedernfächer. Grethl [Hammerschlag] ist halb verrückt war gestern da – Briefe – Telegramme – Blumen – und die Zeitungen – Überall ist meine Schönheit betont – meine Jugend – u. mein musikalisches Talent. Im Fremdenblatt steht, daß ich *geistreich* bin – Ach Gott – u. was nicht noch alles –! [...] Abends bei Gustav. Mit dem Arnold Rosé Bruderschaft getrunken – sonst aber meistens – mit G. allein in seinem Zimmer. – Lange standen wir in einem finstern Gang und waren glücklich – Mein einziger Wunsch ist *der* ihn glücklich zu machen. – Er verdient es. –

Am 29. Dezember, als Mahler *Die lustigen Weiber von Windsor* von Otto Nicolai dirigierte, saß Alma zum erstenmal in der Loge des Direktors. Der Beifall für Mahler war an diesem Abend länger als sonst, und beim Schlußapplaus mußte er mehrere Male vor den Vorhang treten und die Sympathiebeweise des Publikums entgegennehmen. Die Ereignisse des Tages und des Abends hat Alma in ihrem Tagebuch festgehalten:

Sonntag 29. D[ezember 1901]
[...] Abends Oper. Das erstemal in der Direktionsloge. – Mama – Justi und ich. – Nachher bei [Restaurant] Hartmann. Gustav und ich gingen dann allein ein bisserl spazieren. – Wir beschlossen Mitte Februar zu heirathen. – Ach gings doch nur. Mein Erscheinen in der Loge war das richtige Debut. Alle Operngläser waren auf mich gerichtet. – Alle alle – ich hatte das Gefühl der Beleidigung u. zog mich zurück. Die [Anna von] Mildenburg kam herunter, um mich kennen zu lernen – äußerst lieb. Und er [Mahler] saß unten – so weit – so weit von mir! –

Das Tagebuch Almas hält zum Verlauf der folgenden Tage alle Einzelheiten der Begegnungen, auch die intimsten, mit ihrem Verlobten fest. In der Zeit vom 30. Dezember 1901 und dem 4. Januar 1902 erscheinen folgende Eintragungen:

Montag 30. D[ezember 1901]
Nachmittags Rendez-vous mit G. Wir verfehlten uns u. er war dermaßen darüber verstimmt – daß ich viel zu thun hatte – ihn zu beruhigen – Halb u. halb vermählten wir uns heute, ich durfte seine Kraft
– sein Leben fühlen – u. das mit einer so reinen – heiligenden Empfindung – wie ich es nie geahnt hätte. – Er muß *furchtbar* leiden. Ich
schätze seine bei meinen Qualen ab. Kein Mensch weiß, wie namenlos ich mich sehne. Und doch – ich kann mir nicht denken, daß ich
mich ihm vor der Zeit gebe. Das Gefühl des Unrechts u. der Beschämung würde das ganze herrlich heilige Mysterium erniedrigen. –
Mein in Gott – Geliebter. – Wenn ich allein bin – fühle ich die Leere – die fehlende Hälfte. – Wir konnten uns kaum trennen. Warum
diese *furchtbare* Convention? Warum kann ich nicht einfach zu ihm
ziehen –? *Ohne* Segen – Ach – und wir verzehren uns in Sehnsucht
Zehren unsre besten Kräfte auf. Er entblößte seine Brust und ich ließ
meine Hand an seinem Herzen – – – Ich habe das Gefühl, sein Leib
ist der *meine* – Er bin ich – Ich liebe jeden Theil extra an ihm – neben ihm existiert kein andrer Mensch. Kein andrer Gedanke! Meine
Haare habe ich offen – das liebt er so – und unsre Leiber drängen
mörderisch aneinander. Ach – ein Kind von ihm! Sein Inneres Mein
Äußeres Nur schon ihm gehören! noch 90 Nächte –!

Sylvester [31. Dezember 1901]
Mein Herz ist bei ihm. Ich war bei Ziegers. Abends er – Justi u. Arnold Rosé bei uns. Sehr sehr nett! – Gustav als der – Ach Gott einmal war ich dran – mich ihm zu geben – Da dachte ich – wie furchtbar wäre das, wenn er dann von mir weggeht – – [Seite im Tagebuch
ausgerissen] nur ihm gleich werden – nur das. Ich bin zwei. Ich weiß
es – nur das Eine – welche ist die Wahre; – Werde ich nicht ihn und
mich unglücklich machen – Wenn ich lüge – und lüge ich? – Dieses
tiefe Gefühl der Seligkeit – wenn er mich beglückt ansieht. – Auch
Lüge? Nein – nein – Ich muß die Andre bannen die, die bis jetzt ge-
herrscht hat – sie muß hinab – Ich muß alles thun – um Mensch zu
werden – *alles mit mir geschehen lassen.*

1902

Neujahr 1902

Was ich heute zu schreiben habe ist ungeheuer traurig. Ich war beim Gustav – Nachmittags waren wir ganz allein in seinem Zimmer – Er gab mir seinen Leib zur Verfügung – und ich ließ seine Hand gewähren. Steif und in aller Pracht stand sein Leben – Er brachte mich zum Sopha – legte mich liebreich hin – und schwang sich über mich – Da im Moment – wo ich ihn eingehen fühlte – verlor er alle Kraft – zerschlagen lag er an meinem Herzen – Er weinte fast vor Scham. – Ich – selber auf das Höchste traurig – beruhigte ihn – Niedergeschlagen – erschüttert kamen wir nach Hause – er war etwas heiterer. Da überkam mich – ich mußte weinen – weinen – an seiner Brust. Wenn er das verlieren würde! Mein armer, armer Mann! Ich kann nicht sagen, wie mich das ganze irritiert hat – Erst das Wühlen in meinem Innersten, dann das Ziel so nahe – und keine Befriedigung. Was ich heute unverschuldet gelitten habe – spottet jeder Beschreibung. Und dabei seine Qualen, seine unerhörten Qualen! Mein Geliebter. –

Donnerstag 4. [2.] J[anuar 1902]
[durchgestrichen: Gust.] Wonne über Wonne.

In jene ersten Tage des Januar 1902 fällt die folgende skizzenhafte Mitteilung Mahlers. Er schickte ein druckfrisches Exemplar seiner *4. Sinfonie* an Alma, das er soeben vom Verlag Ludwig Doblinger erhalten hatte, nicht, wie Alma in ihren Erinnerungen schreibt, Mahlers »erste« Komposition, *Das klagende Lied.*[67]

Nr. 17

DER DIREKTOR DES
K.K. HOF-OPERNTHEATERS

[Wien, 3. Januar 1902]

Liebstes Lux!

Hier eben angekommen! Nimm es hin, das erste! Wie wünsche ich, daß es Dir zum Herzen tönt, wie es [aus] dem meinen geflossen! Gestern habe ich schon den 5. oder 6. Himmel erklommen! Der 7. kommt erst – weißt Du, wann? – *Deiner* Gustav

Am Abend des 3. Januar lud Mahler Familienangehörige und Freunde in seine Wohnung in die Auenbruggergasse ein. Die Einladung, die Mahler zu gegenseitigem Kennenlernen gedacht hatte, geriet zu einem Desaster, das in der Folge die Ehe auf Dauer belasten sollte. Nach dem Abend notierte Alma im Tagebuch:

Freitag 5. [3.] J[anuar 1902]
Abends beim Gustav – Seine Freunde ... Alles prononcierte Juden ... – ich konnte keine Brücken finden. Ich fand direct Lust darin – alle zu verblüffen durch beispiellose Frechheit – – ich sagte, daß mir die Sachen [Kompositionen] Gustavs nicht gefielen etc. – Im Nachhausefahren lachten wir noch sehr – sehr – Dort war es fade gewesen.

In ihren Erinnerungen widmet Alma der Darstellung ihres Verhältnisses zu Mahlers Freunden breiten Raum. Almas Kernsatz dabei heißt: »Seine Freunde konnten nie die meinen sein.«[68] Über den 3. Januar schrieb sie viele Jahre später: »Und nun kam der Parade-Abend. Anwesend waren: Lipiner [...] seine erste Frau [Nina Spiegler], seine zweite Frau [Clementine] und seine damalige Geliebte (Mahlers frühere Freundin M[ildenburg], der Mann der ersten Frau (Lipiners innigster Freund) [Albert Spiegler], R[osé], Justinens Freund, meine Mutter, Moll und Kolo Moser. Nie werde ich die verlogen feierliche Grandezza dieses Abends vergessen. Niemand sprach, aber böse feindliche Augen maßen jede meiner Bewegungen. Da sagte die M.: ›Wie stehen Sie zu Gustavs Musik?‹ Ich antwortete erbost: ›Ich kenne wenig, aber was ich kenne, gefällt mir nicht.‹ Mahler lachte laut, die andern ließen die Köpfe noch tiefer hängen. Meine Mutter schämte sich meiner schlechten Erziehung, die Athmosphäre wurde unerträglich. Da nahm mich Mahler unter den Arm, wir gingen in Justinens kleines Zimmerchen, und er sagte: ›Dort drinnen war es scheußlich, da wollen wir lieber ein bissel allein sein.‹ Und nun hatten wir uns wieder, glücklich, unbekümmert; aber im Nebenzimmer wurde mein Untergang beschlossen.«[69]

Der Abend hinterließ eine tiefe Kluft zwischen Mahler und seinen Freunden.

Samstag 6. [4.] J[anuar 1902]
Ein herrlicher Nachmittag – Gestern hat er [Mahler] mir seine V. [recte IV.] Symphonie geschickt – Wir haben sie heute zusammen ge-

spielt, sie hat mich ergriffen – mir sehr, sehr gefallen – Und mein armer Gustav ist in ärztlicher Behandlung. – Eine entzündliche Anschwellung – Eisbeutel – Sitzbäder etc. – etc. – War es meine so lange Standhaftigkeit – – – muß er leiden! – –

Mahler hat in jenen Tagen noch einmal versucht, die Welt seiner Gedanken in ausführlichen Gesprächen für Alma zu verdeutlichen und für sie begreifbar zu machen. Alma selbst berichtet viel später hierüber in ihrer Autobiographie.

5. November [1927] – Wien
Wieder ein Abend bei Arthur Schnitzler. Ich sprach darüber, wie die Frau sich durch die Ehe merkwürdigerweise oft von ihrem Ich abdrängen läßt. Etwas dem normalen Manne Fremdes. Ich erzählte Arthur Schnitzler, wie ich mit Gustav Mahler wunderbar sprechen konnte, solange wir uns heimlich kannten. Aber als die Welt von unserer Beziehung wußte und der Tag der Heirat festgesetzt war... wie ich dann von einem Tag zum anderen seine Sprache nicht mehr verstand.

Ja, ich bin schweigend stundenlang neben ihm durch den Park des Belvedere gegangen (unser täglicher Spaziergang), und ich sagte wohl zum Schluß, wenn ihn meine Schweigsamkeit verwunderte: Du hast chinesisch geredet, und ich habe dich nicht verstanden.[70]

Erst zwölf Tage nach dem Eintrag vom 4. Januar vertraute sich Alma wieder ihrem Tagebuch an. Es ist gleichzeitig die letzte überlieferte Eintragung vor der Hochzeit, wobei Almas Gedankengänge, die den Komponisten Mahler betreffen, für das künftige Geschehen vielleicht die aufschlußreichsten sind.

Donnerstag 16. J[anuar 1902]
Ich war jetzt eine Zeit lang wirklich glücklich, drum habe ich nicht geschrieben – seit wenigen Tagen – aber – ists nicht mehr beim Alten – er will mich anders ganz anders – auch ich wills – es gelingt mir, so lang' ich bei ihm bin – aber wenn ich allein bin – da kommt mein zweites, eitles, schlechtes Ich und begehrt Auslaß. Und ich willfahre – – – – Aus meinen Augen strahlt Frivolität, – – mein Mund lügt – lügt in einem fort – und er – fühlt es – weiß es – jetzt erst – in dem Moment weiß ichs, – *ich muß zu ihm hinauf* – [nachträglich zugefügt: ich lebe ja nur von ihm.] Der gestrige Nachmittag... Er beschwor mich

zu reden – und ich – konnte kein warmes Wort finden. *Keins.* Ich weinte Das war das Ende..... NM [Nachmittags] Frau Lanner mit Else – Dann Stunde beim Gound

Abends Pollak. Wir sprachen viel über Gustav. Ich redete mir meinen Groll etwas von der Seele – das Ganze, was in mir tobt mußte heraus. Wenn wir soweit kommen und ich werde die seine – so muß ich schon *jetzt* mich gehörig rühren um mir den Platz zu sichern der mir gebührt. Nämlich *künstlerisch.* Er hält von meiner Kunst *gar* nichts – von seiner viel – und *ich* halte von *seiner* Kunst *gar* nichts – und von meiner viel. – *So* ist es! Nun spricht er fortwährend von dem Behüten *seiner* Kunst. Das *kann* ich nicht. Bei Zemlinsky wärs gegangen – denn dessen Kunst empfinde ich mit – das ist ein genialer Kerl. Aber der Gustav ist ja so arm – so *furchtbar* arm – Wenn er wüßte – wie arm er ist – er würde die Hände vor die Augen geben und sich schämen ... Und ich soll immer lügen ... *immer* lügen – u. er – das geht noch – aber die Justi – das Weib! Ich habe das Gefühl – überall geht sie mir nach... und ich *muß* doch frei sein! *Ganz* frei! –

Am 12. und 20. Januar 1902 wurde Mahlers *4. Sinfonie* erstmals in Wien aufgeführt. Das Werk wurde von der Wiener Kritik ähnlich ablehnend beurteilt wie die Aufführung einen Monat zuvor durch die Berliner Presse. Brahms-Biograph Max Kalbeck meinte, das thematische Material wäre kaum ausreichend für eine Ballett-Pantomime und das Ganze gliche einer schrecklichen Schlacht zwischen Volks- und Kunstgesang.

Ein weiteres großes Ereignis im Wiener Theaterleben war die Premiere von Richard Strauss' Oper *Feuersnot* am 29. Januar, die Mahler zur größten Zufriedenheit des Komponisten vorbereitet hatte. Diese Aufführung brachte auch die erste von vielen weiteren Begegnungen des Brautpaares Mahler mit dem Ehepaar Strauss. Alma hat dieses erste Zusammentreffen höchst anschaulich und nicht ohne Bosheit geschildert:

»Ende Jänner war die Première der ›Feuersnot‹ von Richard Strauss. Dieser Aufführung wohnte Pauline Strauss in unserer Loge bei. Sie tobte die ganze Zeit: Niemandem könne dieses Machwerk gefallen, wir seien verlogen, wir täten so, als gefiele es uns, wir wüßten aber genausogut wie sie, daß nicht *ein eigener* Ton darin sei, alles gestohlen, von Wagner, von vielen anderen, ja sogar von Schillings (vom ›Maxi‹, wie sie ihn nannte), der ihr viel lieber sei als ihr Mann. Kurz, sie raste; wir machten die dümmsten Gesichter von der Welt, hüteten uns aber zu sprechen oder gar ihr recht zu geben, denn diese Frau bei ihrem Temperament war sehr wohl imstande, alles plötzlich zu drehen und mit Geschrei uns ihre Worte in den Mund zu legen. – Nach der Vorstellung, die Mahler nicht dirigiert hatte [tatsächlich hat Mahler dirigiert], weil ihm vor diesem Werk graute, sollten wir alle in das Restaurant Hartmann gehen. Aber dies erlitt eine Verzögerung. Strauss war, nachdem er sich endlos verneigt hatte, in sichtbar elevierter Stimmung in die Loge gekommen.

>Na Pauksl, was sagst du zu mei'm Erfolg?< Aber da kam er gut an. Wie eine Wildkatze sprang sie ihn an: >Du Dieb wagst es, unter meine Augen zu kommen? Ich geh nicht mit dir, du bist mir zu schlecht.< Da hatte Mahler genug, und er schob das Paar in sein großes Arbeitszimmer, während wir im Nebenzimmer den Schluß der Debatte abwarten wollten. Wüstes Geschrei ertönte, und Mahler, dem die Sache ungemütlich wurde, klopfte an die Tür und rief hinein, daß wir nun nicht länger warteten und voraus ins Gasthaus gehen wollten. Da flog die Tür auf, Strauss stolperte herein, hinter ihm Pauline: >Kannst jetzt schon gehen<, schrie sie, >ich geh ins Hotel, bleib heut abend allein.< Strauss bat: >Darf ich dich denn nicht einmal begleiten?< – >Zehn Schritte hinter mir, sonst nicht.< Sie ging, Strauss folgte in ehrerbietiger Entfernung. Wir gingen recht schweigsam voraus zum Essen. Bald kam Strauss, sichtlich erschöpft, setzte sich neben mich und sagte wörtlich zu mir: >Mei Frau ist oft arg ruppig, aber wissen S', i brauch des.< Strauss selber entpuppte sich an jenem Abend auch in meinen Augen. Während des Essens hatte er keinen andern Gedanken als >Geld<. Er quälte Mahler ununterbrochen, die Eventual-Tantièmen bei großem und bei mittlerem Erfolg zu berechnen, saß während dieses ganzen Abends mit dem Bleistift in der Hand, steckte ihn auch zeitweise hinter das Ohr, quasi zum Scherz, kurz, benahm sich wie ein Musterkartenagent. Franz Schalk, der Kapellmeister, flüsterte mir zu: >Und das Traurige daran ist, es ist nicht einmal Spaß, sondern sein blutiger Ernst.< – Überall seinen Vorteil erwägend, ist er Börsenspieler, Ausbeuter der Oper, unverblümtester Materialist gewesen und immer noch mehr geworden. Ich sehe Pfitzner und Schönberg neben ihm rechts und links als Säulenheilige stehen und ihn als Weltkind in der Mitten.<[71]

Richard Strauss hat nach dem Zweiten Weltkrieg Almas »Erinnerungen und Briefe« gelesen und mit Randbemerkungen versehen.[72]

Zur vorstehenden Passage bemerkte er: »Völlig unglaubhaft. Jedenfalls ganz erlogen, zum mindesten rätselhaft, auf welchem Mißverstehen diese ganz[e] Historie sich aufbaut. Um so mehr als gerade die Feuersnot meiner Frau immer besonders gut gefallen hat.« Den Satz: »Na, Pauksel...« kommentiert Strauss: »Derartiges sage ich nie.«

Strauss hat viele Zeilen des vorstehenden Zitats unterstrichen und bemerkt zu dem ihm von Alma in den Mund gelegten Satz: »Darf ich dich denn nicht einmal begleiten?«: »Alles Schwindel!«

Almas Charakterisierung als »Musterkartenagent« kommentiert Strauss am Blattrand mit »Unglaublich!« Zum letzten Satz des Zitats macht er die Anmerkung: »Toll!« Zu Beginn des Buches resümiert Strauss seinen Gesamteindruck:

»Dilettantische Halbwelt biographiert[,] Minderwertigkeitskomplexe eines liederlichen Weibes[,] Erfindungen, Entstellungen u. Lügen über eine treue und anständige Frau richten sich von selbst. Von vielen Wiener Freunden nicht zuletzt Ludwig KARPATH wurde meine Frau vor dem Umgang mit der Witwe Mahlers gewarnt. Mich persönlich wundert an dem selbst für Mahler nicht sehr schmeichelhaften Buche, dass Mahler, den ich als Künstler sehr geschätzt u. dem ich nur *freundschaftlich* begegnet bin, dass er anscheinend auch nicht die kleinste Spur von Dankbarkeit dafür hatte, dass ich ihm den Weg in die Öffentlichkeit gebahnt habe. Unter meiner Leitung 1894 Uraufführung des Titan in Weimar, 1895 die 3 ersten Sätze der II. Sinfonie (der letzte war noch nicht fertig) in Berlin Philharmonie. 1902 Uraufführung der IVten unter Mahler in *meinen* Novitätenkonzerten in Berlin. Später in der Staatsoper die 1. Sinfonie wiederholt u. Erstaufführung des Liedes von der Erde. Die Erstaufführungen der III. und IV. Sinfonie in Basel u. Elberfeld habe gleichfalls ich auf das Programm des Tonkünstlerfestes gesetzt. Dies alles hätte doch wenigstens eine Erwähnung verdient.

Dr. Richard Strauss

Baden [Schweiz] 28. 12. 46.«

Richard Strauss hat in der Tat für die Durchsetzung von Mahlers Werken entscheidende Hilfe geleistet. Seine Erinnerungen bedürfen allerdings folgender Korrekturen: Die Aufführung von Mahlers *1. Sinfonie* (Titan) in Weimar war nach Budapest (1889) und Hamburg (1893) bereits die dritte, und Mahler dirigierte in Weimar selbst. Auch in Berlin hat Mahler die ersten drei Sätze seiner *2. Sinfonie* selbst geleitet. Die Aufführung der *4. Sinfonie* 1901 in Berlin war die dor-

tige Erstaufführung. Außerdem fand die erste Gesamtaufführung der
3. Sinfonie in Krefeld statt und die Uraufführung der *6. Sinfonie* in
Essen. In Basel war es die *2. Sinfonie* (1903), und beim Tonkünstlerfest in Elberfeld wurde kein Werk von Gustav Mahler aufgeführt.
Mahlers Gefühle waren zwiespältig. Neben seiner Bewunderung
für den Kollegen stand seine Verständnislosigkeit für die ausschließlich kommerziellen Überlegungen von Strauss, die dieser nach der erfolgreichen Aufführung von *Feuersnot* beim anschließenden Festban-
kett anstellte. Zwei Tage danach schrieb er an Alma vom Semmering
bei Wien, wo er ein paar Tage zum Ausruhen weilte.

Nr. 18

[Semmering, 31. Januar 1902]

Geliebte! Eben, zum Frühstück, erhalte ich Dein liebes Brieferl, das
mir eine unnennbare Freude bereitet. Auch ich habe mit Schmerzen
auf Deine ersten Worte gewartet. Nicht nur der Abschied, der ganze
Abend war für mich unbefriedigend. Die Athmosphäre, die Strauss
um sich verbreitet, ist so ernüchternd – man wird sich ordentlich
selbst fremd. Wenn das die Früchte sind, die an einem Baum hängen
– wie kann man den Baum lieben? Du hast mit Deiner Bemerkung
über ihn in's Schwarze getroffen. Und /ordentlich/ stolz bin ich darauf, daß Du so spontan das Richtige getroffen. Nicht wahr, lieber zusammen das Brod der Armuth essen, und im Lichte wandeln, als sich
so verlieren an das Gemeine! Kommen wird die Zeit, da die Menschen
die Spreu vom Weizen gesondert erblicken werden – und meine Zeit
wird kommen, wenn die seine um ist. Könnte ich sie an Deiner Seite
noch erleben! Aber Du, mein Lux wirst sie hoffentlich gewiß noch
schauen, und dieser Tage gedenken, da Du die Sonne durch den Nebel erkannt hast – weißt Du, wie damals im Stadtpark, da sie allen nur
ein rother garstiger Fleck geschienen. – [4$^1/_2$ Zeilen im Manuskript unleserlich gemacht] – Jetzt will ich nur gesund werden, um ganz Dein
sein zu können. Schon heute fühle ich mich nach einem gesunden,
ruhigen Schlaf, wie neu gekräftigt. Vielleicht sehe ich Dich doch noch
hier oben? – Samstag Nachmittag? Und Sonntag fahren wir dann zusammen nach Wien? Aber, wie Deine Mama es bestimmt! Zwinge sie
zu nichts! Ich warte eben einen Tag länger und sehe Dich dann Sonntag Abends. Jetzt wird marschiert. Am Abend schreibe ich wieder. Geh,
mein Almakind, schreibe einmal eine recht gewöhnliche, leserliche
Adresse! Thu es für die armen Briefträger, die sich in Verzweiflung ab-

mühen, Deine Kraxelfüsse zu entziffern. Ich hätte einen Riesenspaß darüber.

Deine Bemerkung vorgestern Abends: »du betheiligst dich gar nicht am Gespräch!«, wirst Du Dir jetzt selbst beantworten. – Was hätte ich auf diese Kafféhausredensarten zu erwiedern, in einem so gesteigerten Moment, wie eine[r] solche[n] Aufführung, die schließlich auch meine productive Kraft auslöst und die einen *frei* machen sollte vom Alltag, nicht aber mitten in den Dreck hineinführen sollte, wie ein Gespräch über Tantièmen, und Kapitalien, (stets die Träume der Straussischen Phantasie – beinahe unzertrennbar von seinen Begeisterungen).

Sei tausendmal geküßt von mir – trotz Strasser! (Wie ich eben durch ihn erfahre, besteht mein Leiden in einer erweiterten Vene durch wochenlangen Blutandrang in die Blutgefäße – analog meinem früheren Leiden). Aber keine Sorgen! Glücklicherweise habe ich es bei Zeiten bemerkt und will bald ganz gesund sein.

Dein Gustav.

Der folgende Brief läßt erkennen, daß das Datum der Hochzeit nun endgültig fixiert war. Fest stand auch, daß die Hochzeitsreise nach St. Petersburg sich unmittelbar anschließen sollte. Mahler war zu Konzerten eingeladen, die am 17., 22. und 27. März im Saal der Adels-Versammlung stattfinden sollten. »Strasser« ist der Wiener Internist Dr. Alois Strasser, der Mahler zu dieser Zeit behandelte.

Nr. 19

[Semmering, 1. Februar 1902]

Almschie, Liebste! Eben komme ich vom Bahnhof, wo ich Dich doch so halb und halb erwartet habe. Es schneit lustig und Alles ist in Weiß gehüllt – das würde Dir sicher ebenso gefallen wie mir. Ich bin ganz aus dem Häusel vor Entzücken – aber *Du* fehlst mir dabei. Überall glaube ich Dein Köpfel auftauchen zu sehen. Mir ist eine gloriose Idee gekommen: Ich komme Montag zu Tisch hinaus zu Euch! Und zwar so bald als möglich. Ich hoffe um 1 schon draußen zu sein, damit wir noch einen kleinen Bummel machen können. Dann bleibe ich bis $^3/_46$ – Du geleitest mich bis Zögernitz und von dort fahre ich mit der elektrischen in's Theater um die fade Vorstellung zu dirigiren. Ist's so recht? Wir haben da doch mehr von einander als bei uns. Ich fühle mich so frisch und gesund, wie je! Ich habe es gewußt, da droben geht es mir immer gleich ganz gut. Also am *10.* März, Almschi, *hoffentlich* dampfen wir ab! Dieser Schnee hier hat mir ordentlich Appetit auf Petersburg gemacht. Und wie es Dir gefallen wird! Das ist mir das Liebste daran! Lux! Sehnst Du Dich ein bissel nach mir? Ich kann es schon kaum erwarten und ich bleibe *wirklich nur* aus »Gesundheitsrücksichten« hier oben, weil ich merke, wie es mir ins Blut und in die Nerven geht! Almschi! Hast mich noch lieb?

Immer Dein Gustav.

Die »fade Vorstellung«, die Mahler am Montag, dem 3. Februar, dirigierte, war eine Aufführung von *Hoffmanns Erzählungen*. Es war sein letztes Dirigat dieses Werks.

Nr. 20[*]

(8 Uhr abends)   [Wien, 10. Februar 1902]

Liebste Almschi!
So! Jetzt dirigire ich nicht – und seh Dich doch heute nicht! Ich bin ganz wild vor Unentschiedenheit. – Seit 2 Stunden will ich mir einen »Rand nehmen« und zu Euch hinaus. Und dann zaudere ich wieder – hauptsächlich ist ein gewißer »Schenirer« dran Schuld, weil ich nicht weiß ob »Alles in Ordnung« ist. Und so ist es denn nun endlich zu spät, und ich schreibe hier nur einen herzhaften Gruß, daß Du ihn morgen früh hast. Ob da »Alles in Ordnung« sein wird? In diesem Falle *bleibst Du zu Haus* und *telegrafirtest* mir in die Oper, oder telefonirtest in meine Privatwohnung, und dann käme ich sofort nach dem Essen zu Euch hinaus. Und wenn nicht, so bist Du also schon um 1 Uhr zu Tisch bei uns! Dein Briefel heute morgens war sehr, sehr lieb! Auch die Adresse habe ich mit so auffälligem Schmunzeln gelesen, daß Hassinger mitgeschmunzelt hat.
Tausend Grüße und *baldiges* Wiedersehen.

Dein Gustav

Mahler benutzt in seinen Briefen an Alma des öfteren umgangssprachliche Wendungen. So will er seit zwei Stunden einen Anlauf, »einen Rand«, nehmen und hat Hemmungen, »einen Schenirer«, zu Alma zu fahren.

Erstmals fällt der Name eines Kanzlisten der Hofoper, Carl Hassinger. Er taucht in Mahlers Briefen des öfteren auf, da er neben seiner Anstellung eine Art Faktotum für Mahler war, das Besorgungen,

Botengänge etc. machte und für Erleichterungen der Tagesgeschäfte des Direktors sorgte. Mahler hat Hassingers Dienste gesondert honoriert, wie Brief 78 zeigt.

Nr. 21*

[Wien, im Februar 1902]

Liebste Almschi! (Siehst, wie ich doch daran denke!) Für Bertha erliegt am Abend hier beim Hassinger ein (sehr feiner) Sitz, damit sie Dich nach Hause begleiten kann; denn ich bin doch immer unruhig, Dich so einen Rosselenker zu übergeben. *Was macht mein Hälschen?* Ich vergaß ganz, Dir *Gurgeln* (wenigstens mit Salzwasser) und womöglich einen Priessnitzumschlag zu empfehlen. Kaum, daß ich zu Hause war, erinnerte ich mich daran! Hoffentlich ist es Dir, Du Universalmedicus für Hals und Universalmedicin für – mich, selbst eingefallen. Um 5 Uhr werde ich mich eigenhändig und eigenzüngig überzeugen, ob Hälschen wieder in Ordnung ist. Bis dahin, liebes theures Mädchen, Addio!

Dein Gustav

Mahlers Besorgtheit um Alma – und später um die Familie, eingeschlossen die Schwiegereltern – zeigt sich unverstellt. Er dachte nicht nur an seine Braut, sondern auch an das Dienstmädchen Bertha im Hause Moll, das Alma nach Hause bringen sollte. Zur Linderung von Almas Halsschmerzen empfiehlt Mahler einen »Priessnitzumschlag«, einen Umschlag mit kaltem Wasser, benannt nach einem der Begründer der Naturheilkunde, Vincenz Prießnitz.

In ihren Erinnerungen bemerkt Alma zum Hochzeitstag: »Am 9. März 1902 haben Mahler und ich, und am 10. März, am Tage nach unserer Abreise, haben Justine und Arnold Rosé geheiratet. Zur Hochzeit ging Mahler zu Fuß und in Galoschen, da es heftig regnete; meine Mutter, Mahlers Schwester und ich fuhren. Wir waren in der Karlskirche mit den Zeugen, Moll und Rosé, ganz allein. Es war früh am Tag. Als es zum Niederknien kam, übersah Mahler den Betschemel und sank auf die Steinfliesen; er war ganz klein, mußte aufstehen und sich neuerdings niederlassen. Wir alle lächelten, der Pfarrer auch. Nachher gab es ein ziemlich wortkarges Mittagessen zu sechst, und sofort darauf verabschiedeten wir unsere Gäste, blieben allein, packten und fuhren auf die Bahn. Da unsere Trauung für den

Abend angekündigt war, soll es am Abend in der Kirche sehr voll von Schaulustigen gewesen sein.«[73]

Von der Hochzeitsreise nach St. Petersburg gibt Alma einen recht dramatischen Bericht. Von dreißig Grad Kälte ist die Rede, von Mahlers Frostbeulen, Fieber, Heiserkeit und Husten, aber auch von Mahlers Triumphen als Dirigent. Aus bisher unveröffentlichten Briefen Mahlers an seine Schwester Justine, der er während der Hochzeitsreise schrieb, gewinnt man einen etwas anderen Eindruck. Zwar klagt Mahler über die strapaziöse Bahnfahrt und eine heftige Migräne im Coupé, es heißt aber zu Beginn seines Briefs: »Wir sind beide sehr fidel hier angekommen und haben eine reizende kleine Wohnung, wo es sich zwei Wochen ganz gut hausen läßt...«

Almas Gesundheitszustand war wohl angegriffener als der von Mahler, denn er berichtet der Schwester: »...Heute ist ein Frühstück beim österreichischen Botschafter. Die Alma mußte bis jetzt überall absagen. Heute hoffe ich, daß sie doch mitkommt...«

Auch die »30 Grad Kälte«, an die sich Alma erinnert, sind wohl nicht wörtlich zu nehmen, denn Justi erfährt von ihrem Bruder: »...Kalt ist es hier *nicht*. Wir kommen mit unserem Kleidungswerk sehr gut aus...« Und in einem anderen Brief: »Alma will übrigens keinen Pelz kaufen, und hat dafür von mir eine feine Ananas bekommen...«

Und rückblickend auf die lange Zeit gemeinsamen Lebens mit seiner Schwester bemerkt Mahler noch: »...Ich spüre gar keinen Unterschied zwischen jetzt und früher! Ist das nicht merkwürdig? Hoffentlich geht es Dir auch so...« Und in einem anderen Brief heißt es: »...Meine Gesundheit ist großartig. Mir scheint die Ehe sehr gut zu bekommen...«[74]

Fast ein Jahr vergeht nun, bis Mahler dann am 20. Januar 1903 wieder an seine Frau schreibt. Die aus den Gegensätzlichkeiten von zwei so ausgeprägten Charakteren erwachsenen Zwänge gewinnen in dieser Zeit Gestalt. Der »holde Wahn«, wie von Mahler in Brief 13 beschworen, weicht dem Alltag.

Gleich nach seinen triumphalen Erfolgen in St. Petersburg ist Mahler schweren Konfrontationen mit seinem Wiener Orchester und seinem Sängerpersonal ausgesetzt. Der Plan Mahlers, zur Eröffnung der 14. Ausstellung der Wiener Secession am 15. April 1902 mit der Einweihung des Beethoven-Denkmals von Max Klinger die *9. Sinfonie* aufzuführen, scheiterte an mannigfachen Intrigen. Mahler begnügte sich schließlich mit dem Chor *Seid umschlungen, Millionen* aus dem letzten Satz in einem Arrangement für sechs Posaunen. Auch lernte er zu dieser Zeit den Maler Alfred Roller kennen, mit dem er dann jene Mozart- und Wagner-Aufführungen erarbeitete, die Musiktheatergeschichte gemacht haben.

Bereits Ende Mai des Jahres 1902 verließ Mahler mit Alma Wien, um die Uraufführung der bis dahin noch nie vollständig aufgeführten (bereits sechs Jahre früher komponierten) *3. Sinfonie* in Krefeld vorzubereiten.

Am 3. Juni probte Mahler in Köln mit dem Gürzenich Orchester und der Städtischen Kapelle Krefeld. Nach der Probe schrieb er an Schwester Justi: »Heute erste Probe gehabt und 1. Satz, später 4. und 5. – also alle noch nicht gehörten – probirt. Wirkung überraschend großartig. Muß nicht eine einzige Änderung machen, und bin sehr befriedigt. – Alma sehr matt und leidend [...] Grüße Arnold. Wir sehen uns in Crefeld – versäumt es *ja nicht zu kommen* ...«[75]

Den Rahmen für das Konzert am 9. Juni bot das 38. Tonkünstlerfest des Allgemeinen Deutschen Musikvereins (ADMV), dessen Präsident seit 1901 Richard Strauss war. Franz Liszt hatte 1859 den ADMV gegründet und im gleichen Jahr das erste Tonkünstlerfest in Leipzig veranstaltet. Diese Tonkünstlerfeste wurden – von wenigen Ausnahmen abgesehen – zum alljährlichen Hauptereignis des Vereins bis zu seiner Auflösung durch die Nationalsozialisten im Jahr 1937. Die Mitglieder waren berechtigt, Werke an den Musikausschuß einzusenden, der dann über Annahme oder Ablehnung für eine Aufführung beim Tonkünstlerfest entschied. Die Feste des Vereins eröffneten jungen Komponisten ein wichtiges Forum. Der ADMV zählte fast die gesamte Elite der Musiker im deutschsprachigen Raum zu seinen Mitgliedern.

Die Uraufführung der *3. Sinfonie* geriet zu einem triumphalen Erfolg für den Komponisten. Richard Strauss erhob sich bereits nach dem Ende des ersten Satzes von seinem Platz und durchschritt den Saal, um Mahler zu gratulieren. Alma berichtet: »Richard Strauss trat ganz vorne an das Podium heran und applaudierte ostentativ, so daß er eigentlich den Erfolg dieses Satzes besiegelte. Und nach jedem Satz schienen die Zuhörer mehr ergriffen, ja nach dem letzten Satz packte ein wahrer Taumel das Publikum, das in seiner ganzen Masse von den Sitzen aufgesprungen war und sich nach vorne drängte. Strauss wurde mehr und mehr passiv, zum Schlusse ganz unsichtbar [...] Strauss hat sich im Verlauf dieses Abends noch in seiner vollen

Kälte gezeigt. Wir hatten in einem kleinen Gasthaus genachtmahlt. Strauss ging vorüber, gab uns allen gönnerhaft die Hand und ging weiter, ohne Mahlers furchtbare Erregung zu bemerken, ohne ihm auch nur ein einziges Wort zu sagen. Mahler empfand dies schwer und blieb eine ganze Weile wortlos und verstimmt. Der ganze äußere Erfolg erschien ihm jetzt ohne Wert.«[76]

Die überschwenglichen Urteile und zustimmenden Meinungen über Mahlers neues Werk in der Presse waren einhellig. Mahlers Triumph in der Öffentlichkeit war vollkommen, und erstmals erstrahlte das Licht des Komponisten ungetrübt neben dem gewohnten Glanz des Interpreten. Mahler hat sich später noch oft an dieses Ereignis in Krefeld voll Freude und Genugtuung erinnert. Tatsächlich begann mit dieser Uraufführung seiner *3. Sinfonie* eine neue Epoche für den Komponisten Mahler.

In den sich anschließenden Theaterferien zogen sich Mahler und Alma auf den Sommersitz Villa Mahler in Maiernigg am Wörthersee zurück. Mahler widmete der Arbeit an seiner *5. Sinfonie* die volle Konzentration. Sein junger Ehestand gab ihm, so scheint es, wenig Veranlassung, seine bisherigen Lebensgewohnheiten zu ändern. Mahlzeiten, Arbeits- und Freizeiten folgten, wie früher auch, einem streng geregelten Tagesplan, dem sich Alma, auch als werdende Mutter, fraglos unterzuordnen hatte.

Vielleicht hat Alma gerade diesen ersten gemeinsamen Sommer als besonders schwer empfunden. Zumindest zeigen ihre Tagebucheintragungen vom Juli und August 1902 die quälenden inneren Zweifel an der Richtigkeit ihrer Entscheidung, sich mit Mahler zu verbinden. Sie wurde von heftigen Gefühlsschwankungen erschüttert.

10. July 1902. Maiernigg
Ich weiß nicht, was ich anfangen soll. So ein unerhörtes Ringen ist in mir!

Und eine jämmerliche Sehnsucht nach einem Menschen – der AN MICH denkt, der mir hilft MICH finden. So herabgesunken zur Haushälterin bin ich!

Ich komme aus Gustavs Zimmer. Auf seinem Schreibtisch lag ein schweres philosophisches Buch – und ich habe mir gedacht – könnte er mir nicht auch geben davon – mich theilnehmen lassen – anstatt es allein zu verschlingen! Ich sitze beim Clavier – es drängt in mir – ich habe die Brücke hinüber – aus den Augen verloren. Man hat mich unsanft am Arm genommen und weit weg geführt – – von mir selbst. Und ich

sehne mich, wieder dort zu sein – wo ich war. Der arbeitslose Winter –
– dieses Hetzleben ohne Gedanken – – das Aufgeben des INMICH-
HINEINSCHAUENS – endlich das Verlieren all meiner Freunde – – –
Der Gewinn eines Freundes, der mich nicht kennt.

12. July 1902

Ich denke heute ANDERS. Vorgestern Mittag gab es eine herbe Aus-
sprache – Alles sagte ich. Und er – unendlich lieb – dachte nach, wie
er mir helfen könnte. Und ich begreife auch – – – – Jetzt *kann* er
nicht! Er lebt ganz im Schaffen –

Ich werde den Sommer dazu benützen, um auf alle Weise weiter zu
kommen. Ich werde trachten zu lernen – wo es mir vergönnt – mich
zu füllen – zu erfüllen!

Gestern war mein Gustav glücklich – durch die Seelenruhe, die ich
ihm gegeben habe. Er hat mir fortwährend gedankt und gesagt, daß
ich nicht bereuen werde – – da fühle ich mich besser.

Ich vermisse nicht so viel. Und ich habe nur ein Ziel. Einen End-
zweck – sein Glück für das eines Andern zu opfern – und dadurch selber glücklich zu werden!

13. July 1902

Ich war den ganzen Vor- und Nachmittag allein – und wie Gustav
herunterkam – noch so voll und glücklich von seiner Arbeit, da konnte ich nicht mit und mir kamen wieder die Tränen. Er wurde ernst –
mein Gustav – furchtbar ernst. Und nun zweifelt er an meiner Liebe! – – Und wie oft habe ich selbst gezweifelt.

Jetzt vergehe ich vor Liebe zu ihm – und im nächsten Moment
empfinde ich nichts – nichts – –! Bin ich liebend, so ertrage ich alles
mit der größten Leichte – bin ich es nicht – ist's Unmöglichkeit.

Dabei weiß ich immer, daß mir nie und nimmer ein Mensch so nah
gestanden ist wie er. Wenn ich doch nur mein inneres Gleichgewicht
fände! Er hat mir gestern gesagt, daß er NOCH NIE SO LEICHT
UND ANHALTEND GEARBEITET HAT, ALS JETZT, und DAS hat
mich gehoben.

Wenn ich weiß, daß ich durch mein Leiden – ihm Wonnen gebe –
wie kann ich da nur einen Moment zagen! Von jetzt an will ich ihn
nichts mehr merken lassen, von meinen Kämpfen.[...] Nur mein Gesicht – meine verräterischen Augen! Und immer diese Tränen! Noch
nie habe ich so viel geweint, als jetzt, wo ich doch alles habe wonach
– ein Weib – nur streben kann...[77]

Weiter heißt es: »Ich bin etwas behindert durch meine schwere Schwangerschaft, aber ich überwinde jede Schwäche ... Ich bin tief erfüllt von meiner Mission, diesem Genie die Steine aus dem Weg zu räumen.«[78]

Vielleicht war dieser, zumindest als Vorsatz gefaßte Entschluß Almas Anlaß für eine besondere Liebeserklärung Mahlers zur Zeit des Aufenthalts in Maiernigg. Alma berichtet: »Mein Geliebter hat mir gestern ein Lied vorgesungen, das er mir vor mehreren Tagen in meine Noten gelegt hatte, in den Klavierauszug von ›Siegfried‹. Er hatte gehofft, ich würde die Oper wieder spielen und es selbst finden. Es ist das erste Liebeslied, das er geschrieben hat. ›Ein Privatissimum an dich‹, sagte er. Es ist das Rückertsche Gedicht: ›Liebst du um Schönheit‹. Das letzte, ›Liebe mich immer, immerdar‹, ist so innig, daß mich, als ich es mir jetzt wieder nach langer Zeit angesehen habe, die Rührung fast übermannte. Oft fühle ich, wie wenig ich bin und habe, im Vergleich zu seinem unermeßlichen Reichtum.«[79]

Der durchschlagende Erfolg der Uraufführung der 3. *Sinfonie* hatte noch während des Jahres 1902 weitere Aufführungen des Werkes in Elberfeld, Barmen und Nürnberg gebracht. Im Rahmen der Kurhaus-Konzerte in Wiesbaden sollte dann am 23. Januar 1903 ebenfalls die »Dritte« auf dem Programm stehen. Im letzten Moment entschloß sich die Konzertdirektion jedoch, der »Vierten« den Vorzug zu geben. Mahler dirigierte sein Werk selbst und erntete damit erstmals, nach den Ablehnungen in München, Berlin und Wien, bei Publikum und Presse einen Achtungserfolg. Er reiste am 20. Januar per Zug von Wien über Passau, Nürnberg und Frankfurt nach Wiesbaden.

Alma hütete unterdessen zu Hause die am 3. November 1902 geborene, nunmehr fast ein Vierteljahr alte Tochter Maria (»Putzi«). Nach der Geburt hatte Alma notiert:

25. Nov. [1902]
Ich bin seit acht Tagen auf. Am 3. ist mein Kind zur Welt gekommen. Mit ungeheuren Schmerzen mußte ich es mir erkaufen. Ich habe noch nicht die rechte Liebe dafür. Alles, alles in mir gehört meinem Gustav. Ich liebe ihn so, daß alles tot ist, neben ihm. Und ich kann es ihm nicht sagen.

Zwölf Tage vor dem nächsten Brief trug Alma in ihr Tagebuch ein:

8. Jänner 1903:
Eben komme ich aus der Oper. Arrangierprobe! Euryanthe! Nette
Arrangierprobe! Gustav ließ aus seinem Glase diese DIRNE trinken!
Mir graust SO vor ihr, daß ich mich fürchte, wenn er nach Hause
kommt. Neckisch, lieblich – girrend wie ein junger Mensch umhüpft
ER die [Anna v.] Mildenburg – die [Lucie] Weidt – Gott, wenn er
doch NIE mehr nach Hause käme! Nicht mehr mit ihm leben! Ich
kann kaum schreiben – so erregt bin ich.

1903

[Im Zug nach Wiesbaden, 20. Januar 1903]

Geliebtes Almscherl! Es ist zum Entzücken! Ich sitze schon seit 2 Stunden im durchsichtigen Guckwagen. Soweit man sieht, überall die herrliche weiße Schneedecke, und eine beinahe warme, glänzende Sonne strahlt hernieder. Ich denke immer: wenn Du da wärst, – wie Dir das gefallen würde.

Donnerwetter! Wie ich den Brief angefangen habe, wußte ich nicht, daß man vor Stoßen unmöglich zu Worte, geschweige denn zu Gedanken kommen könne, da muß ich aufhören. Aber, wie schade, daß man draußen nicht ein bißchen herumstreifen kann!

Station! Also das Stoßen hat aufgehört! Jetzt kann ich Dir wenigstens sagen, was während dem Hinundherrumpeln nicht aus dem Bleistift gegangen wäre, daß Du mir sehr, sehr fehlst; und daß ich das Alles gar nicht ordentlich genießen kann, weil Du nicht dabei bist.

Rrrrrr! Es geht weiter! Im vorbeifahren sehe ich erst, daß wir in Passau sind; und wie schön das alte Städtchen an der Donau liegt. Das letztemal fuhren wir *Beide* in der Nacht hier vorüber (nach Crefeld!). –

8 Uhr Abends. Nürnberg. 5 Stunden war mir elend! Es scheint, ich vertrage das fahren auf der Bahn nicht mehr. Ich habe mich verleiten lassen, das dejeuner im Speisewagen zu nehmen, und trotz aller Mäßigkeit ist mir davon übel geworden. – Heute nehme ich nichts mehr und hoffe, mir so die Nacht zu retten. Auf der Station hier erfahren, daß Kapellmeister Bruch (der meine III. heuer aufgeführt) im Coupé nach mir gefragt hat, während dem ich draußen nach meiner Gewohnheit auf und abgieng.

So. In der nächsten Station schmeiße ich die Zeilen in den Briefkasten hinein.

Gute Nacht mein Liebstes und hoffentlich bist Du nicht nachdenklich!

[Großer Kreis = Küsse] vielmals Dein alter Gustav

Mahler verfehlte den Nürnberger Kapellmeister Wilhelm Bruch, der die *3. Sinfonie* am 2. Dezember 1902 mit Paula Jensen als Solistin in Nürnberg aufgeführt hatte. Mahler übernachtete in Frankfurt und schickte am Morgen ein Telegramm:

Nr. 23*

Telegramm   Frankfurt, 21. Januar 1903, 9 Uhr 40

hier passabel angekommen   gut uebernachtet   fahre sofort wiesbaden   tausend gruesse gustav

Nach der Ankunft in Wiesbaden schrieb er unverzüglich:

Nr. 24

Victoria-Hotel & Badehaus, Wiesbaden
21. Jänner 1903

So, mein geliebtes, da sitze ich wieder zur Abwechslung einmal in einem Hotelzimmer (ein scheußlicher Aufenthalt) und schreibe an Dich
wie ehemals. Wie hat sich Alles seit damals verändert! – Seltsamerweise auch wieder nach einer Probe der IV! Gestern im Waggon war
mir *elend!* Ich habe Dir einige Zeilen geschrieben und bin neugierig
ob Du die erhalten wirst. In der Nacht gegen 1 Uhr kam ich in Frankfurt an und bezog ein leider geheiztes Zimmer, welches ich trotz allen Lüftens nicht mehr kühl bekommen konnte, so daß ich Morgens
mit einer kleinen Migräne erwacht bin. Um 10 Uhr gieng [es] nach
Wiesbaden, wo ich schnurstracks vom Bahnhof aus zur Probe fuhr. –
Ich wurde von der Direktion (mit weißgekleideten Mädchen hätte ich
bald gesagt) erwartet, und begann sofort zu probiren. – *Wie* habe ich
fortwährend an Dich dabei gedacht und es so tief bedauert, daß Du
wegen den paar elenden Spießen zu Hause geblieben und nun nicht
dabei bist – Du hättest jetzt ein ganz anderes Verhältniß zu meinem
Werk, von dem ich gegenwärtig ganz erfüllt bin, nachdem ich schon
so lange nicht mehr daran gedacht. – Ach Gott, wie lange wird es dauern, bis die Menschen, *das* zu hören im Stande sind. – Ich möchte am
liebsten davon laufen! Und doch steckt so ein Behagen, so eine Lust
am *Bleiben* in dem Werk! Und eine Fülle von *Liebe!* Im Adagio habe
ich Dich ordentlich gesehen, wie Du Deine blauen Augerln auf mich
richtest und /so – gar nicht »nachdenklich« (da kann ich sie gar nicht
leiden) sondern/ mit dem lieben Ausdruck, den sie haben, wenn Du
mich lieb hast, und überzeugt bist, daß ich Dich ebenso lieb habe. –
Ach, wärest Du da! Dann hättest Du mein Werk gehört, und wir giengen jetzt, nach einem ekelhaften Fraß, wie er nur in Deutschland zu
haben ist, hinaus in die schöne Welt, die von der Sonne so beschie-
nen ist in diesen Tagen! – Heute in Frankfurt, bevor ich zur Bahn
gieng, bummelte ich so ein Stündchen in den Straßen. – Alle Men-

schen, alle Läden, alle Häuser sehen gleich aus – Alles hat diesen so riesig vertrauenerweckenden, ordentlichen, niederdrückend gleichmäßigen Charakter. – An einem Laden blieb ich stehen; der hatte die verheißungsvolle Aufschrift: Verkauf von *Kunstgegenständen*. Ich mußte ordentlich in mich hineinlachen. (ein bischen auch mich ekeln) das ist das Rechte! Ich wüßte nicht wie man das besser ausdrücken könnte, was diese Philister in den Theatern, Concertsälen, Gallerien suchen. – Ha! Was werden sie zu meinem Kunstgegenstand sagen, den ich ihnen übermorgen Freitag vorsetzen werde. Brrrr! Wenn doch nur dieser Kelch schon [an] uns vorübergegangen wäre! Oder, wenn *Du* wenigstens da wärst, mein Almschi, damit ich endlich wieder einen Menschen – *meinen* Menschen hätte – *den* Menschen, in dem sich mir jetzt Alles verkörpert, was mir gehört, und dem ich angehöre. – Es ist so süß, eine Heimath zu haben, und diese Heimath kann nur ein Mensch sein – für mich Du! Liebes! Jetzt hinaus und herumgerannt, wenn mich nicht der Ekel vor diesen »Ordinären« (ordentlichen) wieder in mein Zimmer treibt. Ich umarme Dich und küsse Dich vom Herzen, mein Almscherl

Dein Gustav

[Am oberen Blattrand der 2. Seite, auf den Kopf gestellt:] /Ich bin schon neugierig, was Du mir zu schreiben hast! Obwol ich eigentlich Alles weiß und errathe! – Schau, ich antworte schon im Voraus – in einem Worte *Ich liebe Dich!*/

Die junge Familie Mahler mußte rechnen: Alma konnte (oder wollte) »wegen der paar elenden Spieße« [Gulden] nicht mitfahren. So wenigstens erklärt Mahler ihre Abwesenheit. Vor der Generalprobe telegrafierte er:

Nr. 25*

Telegramm   Wiesbaden, 23. Januar 1903, 10 Uhr 11

herzlichste gruesze   fahre nachts wie bestimmt   freue mich schon riesig   gustav

Während seiner viertägigen Abwesenheit von Wien sandte Mahler zwei Briefe und zwei Telegramme an Alma. Er meldete sich täglich, eine Gewohnheit, die er, von wenigen Ausnahmen abgesehen, auch für die Zukunft beibehielt.

Mit dem großen Erfolg der *3. Sinfonie* in Krefeld wurde Mahlers Bild in der Öffentlichkeit allmählich als außerordentlicher Interpret und berühmter Operndirektor durch den genialen Komponisten ergänzt. Mahlers verändertes Selbstbewußtsein zeigt sich unter anderem auch in einem Brief an den Konzertagenten Norbert Salter zu Jahresanfang 1903, in dem sich Mahler zu jedem Gastdirigat bereit erklärte, solange auch ein eigenes Werk Bestandteil des Programms sei und die Honorarforderung von 1000 Mark (etwa 2000 österreichischen Kronen) erfüllt werde.

Es wäre möglich, daß die folgende Notiz Mahlers an Alma mit Honorarzusagen zusammenhängt, die an eine gemeinsame Reise denken ließen. Nur an dieser Stelle der Briefabfolge läßt sich Mahlers Schreiben sinnvoll einordnen.

Nr. 26*

[Wien, 1902/1903(?)]

Liebste! Beifolgenden Brief ließ durch! Was sagst Du? Willst Du nicht doch mitfahren? Es wäre zu hübsch. Wie in Crefeld! Putzerl geben wir hinaus zur Mama!

Nach dem spektakulären Erfolg seines neuen *Tristan* am 21. Februar 1903 an der Wiener Hofoper, der ersten Zusammenarbeit mit dem neuen Bühnenbildner Alfred Roller, sowie der umjubelten Premiere von Gustave Charpentiers Oper *Louise* am 24. März reiste Mahler nach Lemberg (Lwòw), damals im Hoheitsgebiet der Donaumonarchie. Für die 755 Kilometer lange Strecke Wien–Krakau–Lemberg mußte Mahler dreizehn Stunden im Zug verbringen. Er verließ Wien um 7.50 Uhr und erreichte Lemberg um 20.45 Uhr.

Nr. 27*

[Im Zug nach Lemberg, 30. März 1903]

Liebstes!

Es ist doch die größte Qual für mich, Eisenbahn zu fahren. – Mir ist die ganze Zeit wieder übel! Es ist aber auch gar zu arg – da zu sitzen – Stunde für Stunde, gänzlich seiner Freiheit beraubt in dem scheußlichen Kohlendunst! Ach, wenn wir doch nur so weit wären, daß ich keine Kunstreisen machen müßte. Das Schreiben ist wieder sehr schwer. Diese Zeilen schreibe ich um *1 Uhr*, furchtbar!! *Noch 7 Stunden* muß ich da sitzen! Es ist um aus dem Fenster zu springen, um sich unter die Räder zu werfen! – Neben uns im Coupé wird so ein kleines Putzerl getragen! Was denkt sich das wol bei dieser unaufhörlichen Rumpelei? Jetzt schmeiße ich dieses Brieferl beim nächsten Postkasten unfrankirt hinein! Theile mir mit, ob Du das erhalten hast!

Ich möchte, daß Du schon morgen was von mir in Händen hast.

Viele, viele Küsse von Deinem sehr, unglücklichen

Gustl

Wenn Du diese Zeilen erhältst, dann bin ich nicht mehr – im Coupé – Gott sei Dank.

Am Ziel angekommen telegrafierte Mahler:

Nr. 28*

Telegramm   Lemberg, 31. März 1903; 9 Uhr 53

mit migrone [sic] angekomen   ausgezejchnet [sic] geschlafen   heute wol   innigst gustaw [sic]

Mahler dirigierte am 2. und 4. April auf Einladung der Philharmonischen Gesellschaft in Lemberg die beiden letzten Abonnementskonzerte der Saison 1902/03. Auf dem Programm des ersten Konzerts stand seine *1. Sinfonie*, zusammen mit der *Leonoren*-Ouvertüre III, der Ouvertüre *Römischer Carneval* von Berlioz und Wagners Ouvertüre zu *Tannhäuser*. Über seine Ankunft und seinen Empfang in Lemberg berichtet er:

Nr. 29

Hôtel George, Lwów
[Lemberg, 31. März 1903]

Mein liebes Luxerl (auch Luchserl genannt) hier mein Tagebuch. – Also im Verlaufe der Reise die unausbleibliche Migräne *mit Laufen!* Beim Aussteigen, gerade wollte ich »Kozen«, erscheint die weißgekleidete Direktion der Philharmonie, 4 Mann hoch – Direktor, Kapellmeister, Conzertmeister und Sekretär, wie großartig! – und wollen mich in einen feinen Landauer hineinschieben. Ich mächtig Widerstand geleistet (vor Schmerz habe ich mit den Augen gerollt und gegrunzt) – daher Alles nicht gemuckst und sich nur zur Begleitung angeboten. – Ich schreite wild voran, Alle mir nach. – Der Weg dauert circa $^3/_4$ Stunden, da der Bahnhof außerhalb der Stadt. –

Beim Hotel angekommen, ich mich schleunigst empfohlen und zu Bett gegangen. Jetzt gieng es erst los – Du kennst es ja von Russland. Die gescheite Poldi hat das Aspirin so fein verpackt (anstatt es in die Seitentasche zu geben) daß ich es nicht finden konnte. – – Endlich schlief ich stöhnend ein (meine Abenteuer vorher werde ich Dir mündlich beschreiben). – In der Früh kam ich pumperlgesund und hungrig auf. Zuerst telegrafirte ich an Dich und dann gieng ich frühstücken. – Um 10 Uhr war die Probe. – Als ich das Podium bestieg brachte mir das Orchester einen Tusch mit Pauken u. Trompeten – Du kannst Dir das Gesicht denken, das ich dazu gemacht habe: wie die Katze, wenn's donnert. Hierauf spielte ich meine I. mit dem Orchester, das sich vortrefflich benahm, und offenbar wol vorbereitet war. Einige Male ist es mir schon kalt über den Rücken gelaufen. Donnerwetter, wo haben denn die Menschen ihre Ohren und ihre Herzen, daß sie *das* nicht capiren! Nachmittag um 4 habe ich die 2. Probe, und Abends besuche [ich] hier die italienische Oper – *Tosca* von Puccini. Fühle mich heute sehr frisch und gut gelaunt. Das Leben hier zeigt wieder so ein originelles Gesicht. Am possirlichsten sind doch die polnischen Juden, die hier herumlaufen, wie anderswo die Hunde. – Es ist äußerst unterhaltend, denen zuzuschauen! Mein Gott, mit denen soll also ich verwandt sein?! Wie trottelhaft mir die Racentheorien erscheinen, angesichts solcher Beweise, kann ich Dir gar nicht schildern! Getotaschelt (eigentlich müßte man *dauthageln* schreiben) habe ich erst ein einziges mal – und zwar soeben als ich vom Essen nach Hause gieng, um Dir zu schreiben. – Da hat mir aber ein kleiner Junge so verwundert auf meine Beine geblickt, daß ich sofort erinnert war, und gehört habe: »Dauthage«! Das Zimmer ist *sehr* theuer, kostet 11 Kronen – Alles andere aber ist billig! Und so hoffe ich mein Programm einzuhalten. Allem Anschein nach muß das Publikum sehr musikhungrig und von ernsterem Kaliber sein, als in Wien. Sonst wäre ein solches Institut, das heuer schon das *100.te* Orchesterconcert hinter sich hat, nicht denkbar! Ich bin neugierig, wie sie sich benehmen werden. –

Almscherl – bist Du gescheut und hältst Du Dich ordentlich? – Benütze gewiß meine Abwesenheit, und ruhe Dich ordentlich aus! Bin neugierig, was Du bezüglich Abbazia auskochen wirst. Übrigens ist es wirklich komisch, wie bekannt ich bin. Auf der Reise – in der fremden Stadt – wo ich gehe und stehe, sprechen mich die Leute mit »Herr Direktor« an, und sind so zuvorkommend und dienstfertig, daß ich oft ganz beschämt bin.

/Grüße vielmals Mama u. Karl/ ich freue mich schon auf *Montag*!

Weißt Du, ich mache mir gar nichts daraus wenn wir Ostern im Wiener Wald und in der Hinterbrühl fleißig herumbummeln, statt in den theueren Pensionen in Abbazia und am Semmering! Aber, vielleicht *thäte* es *Dir* gut! Berathe Dich jedenfalls mit Mama!
Tausend Busserln / und Knutscher / von Deinem Gustav.

[Schräg am oberen Blattrand der 1. Seite, auf den Kopf gestellt:] /Dießmal denke ich schon öfters an Putzerl!
Hast Du meinen unfrankirten Brief von der Bahn bekommen?/

»Poldi« war laut Almas Erinnerungen ein Stubenmädchen.

Mit seinen Ausführungen zu den »polnischen Juden« folgte Mahler einem damals auch in jüdischen Kreisen verbreiteten Denkklischee, in dem starke Ressentiments gegenüber dem Ostjudentum zum Ausdruck kamen.

Aufklärung über das merkwürdige Wort »getotaschelt« gibt Alfred Roller: »… Eine Skizze des äußeren Gesamtbildes Mahlers darf seines vielberedeten ›Zuckfußes‹ nicht vergessen. Er soll als Kind an unfreiwilligen Bewegungen der Extremitäten gelitten haben. Dieses besonders bei geistig regen Kindern nicht gar seltene Leiden kann, wenn es vernachlässigt wird, zum sogenannten ›Veitstanz‹ ausarten, verschwindet aber bei richtiger körperlicher und geistiger Beeinflussung mit zunehmendem Wachstum des Körpers gewöhnlich restlos. Bei Mahler blieb leider das unfreiwillige Zucken des rechten Beines für Lebenszeiten zurück. Er hat zu mir nie darüber gesprochen, und ich nehme deshalb an, daß es ihm als auffällig peinlich war. Beim Gehen äußerte es sich in der Form von ein bis drei kurzen aus dem Rhythmus fallenden Schritten. Beim Stehen in einem leichten Aufstampfen, in einer Art Tretens auf dem Platz. Sein unvergleichlich starker Wille hielt diesen Reiz für gewöhnlich gebannt. Wurde der Wille aber irgendwie abgelenkt oder entspannt, dann stellte sich jedesmal dieses auffällige Gehaben des rechten Beines ein. Ob die Willensentspannung durch Überraschung, durch ein ärgerliches oder ein lustiges Vorkommnis verursacht war, blieb in der Wirkung ganz gleich. Es war also unrichtig, wenn, wie dies oft geschah, dieses Stampfen für ein ausschließliches Zeichen der Ungeduld oder des aufsteigenden Ärgers gehalten wurde. Es stellte sich ebensowohl und oft stärker beim Lachen ein. Und Mahler lachte gern und herzlich wie ein Kind, so daß ihm die Tränen aus den Augen liefen. Dann nahm er die Brillen ab, um die trüb gewordenen Gläser zu putzen, und trampelte dabei regelmäßig einen wahren Freudentanz auf dem Flecke, wo er gerade stand.«[80]

Ob Mahler mit »Dauthage« auf einen Kontrabassisten gleichen Namens (Max Dauthage) im Hofopernorchester anspielte, sei dahingestellt. Offensichtlich war es Almas Wunsch, in das mondäne Seebad Abbazia (Opatija) an der Küste Istriens zu reisen. Die Familie Mahler hat dann bis 1906 alljährlich die Osterferien dort verbracht.

In seiner Abwesenheit schien sich Alma zu Hause wieder ihren – so von Mahler apostrophierten – »thönernen Hausgötzen« wie Nietzsche und Maeterlinck zugewandt zu haben (s. Briefe 4 und 5). Mahlers einleitende, leicht verärgert klingende Passagen im folgenden Brief geben Antwort auf einen diesbezüglichen Brief Almas.

Nr. 30

Hotel George, Lwów
[Lemberg, 1. April 1903]

Mein liebes Almscherl!

Beiliegend die gewünschte Karte von Justi; und nebstdem einen Ausschnitt aus dem »Berliner Tagblatt«, woraus zu ersehen, wie *Helmholtz* über eine Sache denkt, über /welche sich die Perrin so sehr ihren (ehemals viel gescheiteren) Kopf zerbricht./ – Man kann mit wenigen Worten nicht mehr und Treffenderes über den ganzen Quark und alles, was damit zusammenhängt, (Materlingk etc.) sagen, als hier geschieht. – Dieses dumme Volk – alle miteinander – sucht nach den Dingen (»deren es zwischen Himmel u. Erde mehr giebt als« etc.) als ob sie Läuse suchen würden. – Ein schönes Wort ist auch »Occultismus«, das sie dafür gefunden. /(von occultus – verborgen, geheim, dunkel etc.):/ *was* wäre denn in metaphysischem Sinne *nicht* dunkel – geheim? Plattköpfe, ganz verdrehte! Ich bin sicher, daß sie Alle Nietzsche zum Frühstück und Materlink zum Nachtmahl herunterfressen, und nicht ein vernünftiges Wort sonst – von wem immer, gelesen haben.

Gestern war ich also [am] Abend in der Oper »Tosca« von Puccini. – Eine ganz famose Aufführung nach jeder Richtung, daß man ganz paff ist, sotwas in einer österr. Provinzstadt zu finden.

Aber das Werk! Im ersten Akt Aufzug des Papstes mit fortwährendem Glockengebimmel (das eigens von Italien bestellt werden mußte) – [im] 2. Akt wird Einer mit gräßlichem Schreien *gefoltert*, ein Anderer mit einem spitzigen Brodmesser erdolcht. – [Im] 3. Akt wird wieder mit der Aussicht von einer Citadelle auf ganz Rom riesig gebimbaumbummelt wieder eine ganz andere Partie Glocken – und Einer von einer Compagnie Soldaten durch Erschießen hingerichtet. – Vor dem Schießen bin ich aufgestanden und fortgegangen. Man braucht wol nicht zu sagen, daß das Ganze wieder ein großes Meistermachwerk ist; heutzutage instrumentirt doch jeder Schusterbub famos.

Übrigens war ich von dem weißgekleideten Direktor in seine Loge eingeladen; eben bei demselben habe ich Freitag ein Diner abzufressen. – Die Proben gehen mit dem zwar sehr undisciplinirten, aber äußerst *willigen* Orchester ganz gut, so daß ich ganz / wolgemuth bleibe. Aber – es gehört ein »Straussen«magen dazu, dieses gastiren auszuhalten, / und applaustreibend ist das Menu dießmal auch. Nach den Proben zu schließen ist die Leonorenouvertüre hier noch Novität! Wieso hast Du die Putzi dießmal schon nach 4 Tagen gewogen?

Du, Almschl, wahrscheinlich muß ich Montag Abends noch in Wien bleiben und kann erst Dienstag Abend weg. Daran ist wieder die Freifrau von Bielitz schuld, die wieder Pirouetten schießt. / Heute ist ein mordsschlechtes Wetter und ich – habe meinen Regenschirm im Café Imperial stehen gelaßen. Hat ihn der Hassinger reclamirt? / Nun grüß Dich, liebstes Herz, und *führe Dich brav auf!*

Mama, Karl, Justi alles Schöne!

Dein Gustav

Mahler stand dem Denken des Physikers und Physiologen Hermann von Helmholtz nahe. Sein epochemachendes Buch »Die Lehre von den Tonempfindungen als physiologische Grundlage für die Theorie der Musik« aus dem Jahr 1862 sowie dessen Schriften zur Erkenntnistheorie mögen Mahler besonders beeinflußt haben.

Jenny Perrin, geborene Feld, war im Jahr 1878 zusammen mit ihren beiden Schwestern von ihrem Vater, einem Versicherungskaufmann in Budapest, nach Wien gebracht worden. Mahler hat sie und ihre Schwester im Klavierspiel unterrichtet. Seltsamerweise besitzen wir bis heute keine Dokumente, die über die Beziehungen Mahlers zur »Perrin« nähere Auskunft geben. Da Mahler in seinem Brief den entsprechenden Satz im Präsens schreibt, ist anzunehmen, daß zu jener Zeit Kontakte bestanden. Zehn Jahre zuvor hatte Mahler das Autograph seiner *1. Sinfonie* Jenny Perrin geschenkt.

Für die Oper *Tosca* hegte Mahler zeit seines Lebens keine Wertschätzung. Hingegen mochte er *La Boheme*, und *Madame Butterfly* setzte er 1907 auf den Spielplan der Wiener Hofoper. Der Dirigent der *Tosca* war der Italiener Francesco Spetrino, den Mahler damals kennenlernte und sofort als Dirigent des italienischen Repertoires an die Wiener Hofoper verpflichtete.

Mahlers geringschätziges Urteil über die Kunst der Instrumentation könnte sich gleicherweise auf Puccini wie auf den dafür berühmten Richard Strauss beziehen. Jedenfalls macht Mahler zwei Sätze später mit dem Wort »Straussenmagen« eine Anspielung auf den damals so gut wie jede Dirigierverpflichtung akzeptierenden Richard Strauss. – Dieser hatte an dem Wort »applaustreibend« besonderen Gefallen gefunden, und auch Mahler benutzte es gerne.

Mit »Freifrau von Bielitz« ist die Sopranistin an der Hofoper Selma Kurz gemeint, die aus Bielitz stammte.

Nr. 31

Hotel George, Lwów
[Lemberg, 2. April 1903]

Liebste!

/Was sind denn das nun wieder für geheimnisvolle Andeutungen – was drückt Dich – was sind das für »Nebensächlichkeiten«, die zur »Hauptsächlichkeit« geworden sind?

Giebst Du Dir denn nie Ruh? – Übrigens das muß ja eine äußerst geistreiche Conversation mit Ernst Moll gewesen sein. Ich rathe Dir, diesen widerwärtigen Burschen *nicht* zu empfangen. Ich bin überzeugt, Karl wird Dir darin nur Recht geben. –

Viel wichtiger ist es, was *Hammerschlag* zu Deinen Zuständen gesagt hat. Hoffentlich hast Du ihn wirklich kommen lassen? –/

Ich führe hier ein zwischen äußerster Contemplation und irdischstem Tumult (auf den Proben unter primitivsten Verhältnissen) getheiltes Leben. – Dazwischen lese ich nun mit höchster Theilnahme *Zend Avesta*, was mir Altgekanntes, Selbstgeschautes = und erlebtes, wie ein theueres, vertrautes Gesicht vor die Seele bringt. –

Merkwürdig, wie Fechner Rückertisch empfindet und schaut; es sind 2 sehr verwandte Menschen und – eine Seite meines Wesens ist der 3. im Bunde. Wie Wenige wissen was von *den* Beiden! /Für Dich wird es sehr viel werden, wenn Du es nur einmal verstehen wirst. Da wirst Du auch manche Nichtigkeit, die Deine Augen verhüllt und das Licht nicht einläßt, von Dir abstreifen. – An Deinen Briefen ist es zu spüren, wie unfrei, und infolgedessen gequält und umhergestoßen Du bist. – So wenig hast Du mir noch abgelernt und abgesehen!

Was nützt Dir Paulsen und alle Propheten, wenn Du immer wieder in den Quark hineingeräthst./

Heute Abend also ist das I. Concert! Manchmal kommt es mir doch recht deplacirt vor, daß ich den Lembergern meine Symphonie vorspielen soll. Aber da es einmal sein muß, so thue ich das Meinige. – Wer weiß wo ein Samenkorn hinfällt!

Und 1000 fl bringe ich mit, und bin meiner Unabhängigkeit um einen Schritt näher! – d. h. Unabhängigkeit ist eine bloße Phrase, wenn die *innere Freiheit* fehlt. Aber das muß der Mensch *selbst* bewirken! Also dazu verhilf mir auch, /und erziehe Dich ein wenig!/

Heute habe ich einen prächtigen Spaziergang gemacht, der eigenthümliche Momente (nämlich landschaftlicher und psychologischer Natur /damit Du nicht wieder weiß Gott, was glaubst/) gehabt hat. – Ich erzähle Dir mündlich. Zum Schluß war ich doch wieder in der Hauptstimmung des Reisenden; sic transit gloria mundi! – *Was* für eine *schmutzige* Stadt ist Lemberg! – Außer dem Hotel mag ich nichts anrühren! So unappetitlich ist Alles. – Ein schmutzigeres Wesen als so einen poln. Jude an Ort und Stelle kann keine Phantasie erdenken.

Das Wetter ist leider sehr schlecht – es regnet fortwährend in Strömen, und ich war gezwungen, mir einen Regenschirm /(6 fl.)/ zu kaufen. Das Zimmer, das ich bewohne, ist zum Schlafen recht gut – geräumig und luftig, aber zum Wohnen furchtbar ungemüthlich. – Und ich gestehe, daß ich mich schon sehr anstrengen muß, um den Dingen ihre gute Seite abzugewinnen. – Was wird das für eine Wonne sein, wenn ich Sonntag $^1/_2$4 am Nordbahnhof aussteigen, und mit Dir /(nachdem ich Dich nebst Anderem Angenehmerem auch ordentlich geschopfbeutelt habe für Deine unartige Aufführung)/ in ein Wagerl steigen und nach Hause fahren, wo ich mir doch ein warmes Bad und hernach das Mittagmahl wünsche. –

Hoffentlich erhältst Du auch alle meine Briefe, ich schreibe täglich seit meiner Ankunft. Ich küsse Dich vielmals mein liebes Almscherl. Dein treuer Gustav

Mahlers Abneigungen richteten sich gegen Ernst, den jüngeren Bruder von Almas Stiefvater Carl Moll. Ernst Moll war von Beruf Kaufmann. Seine Verwicklungen in spekulative Geschäfte zwangen ihn schließlich, Österreich in den zwanziger Jahren zu verlassen und nach Argentinien zu emigrieren.

Dr. Albert Hammerschlag war ein Gynäkologe, der Alma in Wien betreute.

Die Streichung des Halbsatzes »... und erziehe Dich ein wenig!« am Schluß des sechsten Absatzes des Briefes ist ein besonders eindrucksvolles Beispiel für Sinnverfälschungen, wie sie Alma durch Weglassungen in ihrer Ausgabe erreichte.

Gustav Theodor Fechner, langjähriger Professor für Physik und Psychologie in Leipzig, ging es in seinem philosophischen Denken um die gedankliche Erfassung der Gesamtwirklichkeit. Seine Metaphysik versucht – im Gegensatz zur klassischen Metaphysik – von der Erfahrung auszugehen und dann über sie hinauszuführen. Ohne auf kritisches Denken und wissenschaftliches Gewissen zu verzichten, wagt Fechner den Versuch, Religion auch philosophisch zu begründen. Mahler las damals Fechners Buch »Zend-Avesta, oder über die Dinge des Himmels und des Jenseits« aus dem Jahr 1851. Eine zweite Auflage war im Jahr 1901 erschienen. Daß sich Mahler bei der Lektüre an Friedrich Rückert erinnert fühlt, ist bemerkenswert. Fechner wie Rückert waren von Anschauungen des Orients beeinflußt.

Mahler hatte sich für den Bau seiner Villa in Maiernigg von seiner Schwester Justi Geld geliehen, das er in Raten zurückzahlte. Die »Unabhängigkeit«, von der Mahler spricht, bezieht sich wahrscheinlich auf diese Rückzahlungen (s. Brief 133).

Das erste Konzert in Lemberg bescherte Mahler einen so großen Publikumserfolg für seine *1. Sinfonie*, daß die Konzertdirektion das Werk auch für das Konzert am 4. April wünschte, für das ursprünglich die Aufführung seiner *4. Sinfonie* vorgesehen war. Diesmal in der Kombination mit Beethovens *7. Sinfonie* und den Vorspielen zu *Tristan* und den *Meistersingern*.

Nr. 32

Hotel George, Lwów
[Lemberg, 3. April 1903]

Mein liebstes Almscherl!

Gott sei Dank, es nahet dem Ende. Hier ist [es] jetzt schrecklich kalt und unfreundlich, und ich möchte meine Wintersachen brauchen. Ich friere am ganzen Körper. Gestern meine Symphonie – sehr stark gewirkt; wird allgemein zur Wiederholung verlangt. – Und so mache ich sie nun im morgigen Concert noch einmal. Das ist doch ein Erfolg! Am Publikum hättest Du eine Freude gehabt, so lautlos still und gespannt haben sie zugehört. Heute war ich beim Direktor zu Tisch. Ein sehr komischer Kerl mit seiner Frau – so recht das Prototyp eines Provinztheaterdirektors, der Geld besitzt, und damit seine Armuth recht protzenhaft herausputzt. – Die Wohnung liegt in einem ehemaligen Theatergebäude, dessen Foyer jetzt zum Salon umgewandelt.

Alle Säulen und Nischen mit Fächern, Photografien, Lorbeerschleifen und anderen Trophän [sic] bunt herausgeputzt; alles in so übertriebener Anhäufung, wie ich es so noch nie gesehen. Seine Frau mußte mir vorsingen; ich glaube, er macht sich Hoffnung auf fernere Geschäftsverbindung. A conto dessen habe ich wol die Einladung und Überreichung coram publico eines silbernen (oder gar goldenen? – ich weiß nicht) Lorbeerkranzes. Was ich dazu für ein Gesicht gemacht habe, wirst Du Dir leicht vorstellen können. –

Publikum hat sich sehr schön und voller *Respect* benommen (nachdem es im Anfang sich ziemlich reservirt verhalten). Gestern, Almscherl war ich sehr besorgt, weil *kein* Brief von Dir gekommen ist. Wollte schon telegrafiren. –

/Mit der Stägemann hat es seine Richtigkeit; hoffentlich hast Du die Sache gut geordnet. Es wäre mir fatal, wenn ich so schlecht für die viele Gastfreundschaft danken würde, die ich in dem Hause genossen. –

Meine Briefe findest Du zu lustig?

Was, soll ich am Ende auch ein melancholisches Gesicht aufsetzen, wie Du? Schäm Dich, Fratz! Man muß das Beste aus Allem [machen], was man kann; und sich seinen Weltschmerz für die veritabeln Leiden in dieser Welt aufheben.Wenn ich das nicht thäte, so würde ich ja den ganzen Tag hier Trübsal blasen und misekötern, daß ich spindeldürr nach Hause käme! So aber vagire ich munter herum, mache meine Studien, und freue mich auf Sonntag und so weiter. Ein Vergnügen ist das nicht, so für's liebe Geld eine Woche in der Welt herumkutschiren, und nicht wissen, wo man sich wärmen soll. (Denn selbst die Wirths- und Kaffeehäuser sind hier so kalt – auch das Hotelrestaurant). Lern das von mir, Luxi, wie man das Unvermeidliche erträgt!

Beiliegenden Brief erhielt ich von Justi. Ich vermuthe, daß es Dich interessirt, ihn zu lesen. –/

Gestern Abend war ja auch die II. [Sinfonie] in Düsseldorf! Wie ist das wol ausgefallen? Nun wieder *1000*, und damit Du nicht nachdenklich wirst noch 100000 Busseln (Du hast mir dergleichen nicht spendirt sondern »sei umarmt« – bin aber doch nicht nachdenklich geworden). Gott sei Dank nun kommt kein Brief mehr, sondern ich selbst Sonntag $^3/_4$4 Nordbahn[hof].

Also: sei umarmt etc. etc.

Dein alter Gustl.

Die erwähnte Aufführung der *2. Sinfonie* in Düsseldorf fand am 2. April unter der Leitung von Julius Buths statt.

Mahler verließ Lemberg am Sonntag, dem 5. April, um 0.45 Uhr und traf laut Kursbuch um 15.37 Uhr in Wien ein. Um 19 Uhr dirigierte er bereits eine Aufführung von Gustave Charpentiers Oper *Louise*.

»Die Stägemann« ist die Sopranistin Helene S., Tochter des Theaterdirektors Max Stägemann in Leipzig, Mahlers ehemaliger Vorgesetzter in der Zeit von 1886 bis 1888. Einen Tag nach Mahlers Brief, am 4. April 1903, gab Helene Stägemann einen Liederabend in Wien. Möglicherweise handelt es sich bei Mahlers Bemerkung um Regelungen für ihren Aufenthalt in Wien.

Die Vorschläge Mahlers am Ende des Briefes Nr. 29 für die Osterferien des Jahres 1903 lassen erkennen, daß ihm Urlaubsorte in der Nähe von Wien am liebsten gewesen wären. So war es wahrscheinlich Alma, welche die Entscheidung zugunsten des vornehmen Badeortes Abbazia an der Adriaküste traf.

Am 19. oder 20. Mai besuchte Mahler mit Alma und deren Mutter alte Freunde, den Zuckerfabrikanten Fritz Redlich und seine Gattin Emmy in Göding/Mähren, dem heutigen Hodonin. Mahler kehrte allein nach Wien zurück und schrieb sofort an Alma.

Nr. 33

[Wien, 21. Mai 1903]

Mein geliebtes Almscherl!

Eben stehe ich auf (5 Uhr) – von einer Migräne, welche mich gleich nach der Abfahrt und mit bekannten Nuancen sich bis 1 Uhr so gesteigert hatte, daß ich schnurstracks nach Hause rannte und nach Absolvierung verschiedener Proceduren und Hinunterschlingung von Aspirin, mich auf's Canapé niederlegte. – Da hielt ich es aber nicht lang aus, da mein Organismus plötzlich nach Laufen (nicht bei Ischl) verlangte. Ich, unter den Thränen der Elise und höflichen aber kühlen Beileidsbezeugungen der Poldi, ab! Und wie närrisch, zur Belustigung einiger sehr farbiger Dienstmädchen im Schwarzenberggarten eine Stunde herumgerast. Jetzt ist es bedeutend besser geworden. Ich habe schon gefürchtet, daß ich Dir nicht werde schreiben können; so daß Du morgen im Verlaufe des Tages die sichere Überzeugung gewonnen hättest, daß ich Dich nicht mehr liebe und Du überhaupt nur zum Unglück geboren bist. Putzerl habe ich auf diese Weise natürlich nicht gesehen – habe auch bis jetzt noch nichts in den Mund genommen. Werde sehr zeitig zu Bette gehen und morgen dann hinaus auf die Hohe Warte.

Richtig: der erste Moment, in dem ich mich nach Dir gesehnt, war im Schwarzenberggarten, gerade, wie es mir ein bißchen besser wurde. Trinkgelder habe ich *gar keine* gegeben – ganz davon vergessen – bitte, hole das ordentlich nach. Gespart habe ich auch sehr, nämlich noch keinen X [Kreuzer] ausgegeben; nach dieser Richtung ist die Migräne immer sehr vortheilhaft. –

Freue mich schon riesig auf morgen Abend. – Richtig, der Roman, den ich mithatte, ist ein trauriges Zeug, das ich sofort ablegte. Da habe ich mich also geschnitten, denn Grabbe wäre gewiß amüsanter gewesen. – Allerdings hätte ich auch den nicht lesen können, weil mir so übel wurde. – Ich glaube in der Früh muß ich mich verdorben haben.

Also, mein liebes Almscherl tausend Busserln und einige Schopfbeutler – weißt schon wofür. Herzlichst grüße auch Mama und Karl und dem Ehepaar Redlich drücke meine heftigen Sympathien aus.

Mein Geliebtes, addio! Dein Gustav

Mahlers Wortspiel »Laufen« verharmlost Alma gegenüber seine bekannte Unpäßlichkeit. Die Anteilnahme der Hausangestellten Elise und Poldi mag ein Zeichen für die Heftigkeit dieser Störungen sein, die Mahlers Normalbefindlichkeit so oft beeinträchtigten.

Gleich nach Abschluß der Opernsaison bereitete sich Mahler auf ein Ereignis vor, das seinen Ruf als Komponist weiter festigen sollte. Der Allgemeine Deutsche Musikverein unter seinem Präsidenten Richard Strauss hatte Mahler eingeladen, beim 39. Tonkünstlerfest in Basel im Münster am 15. Juni seine 2. *Sinfonie* zu dirigieren. Am Samstag, dem 6. Juni, reisten Mahler und Alma nach Basel. Während des Hotelaufenthalts läßt er ihr eine Botschaft auf das Zimmer bringen:

Nr. 34[*]

Hôtel des Trois Rois à Bâle
[Basel, Mitte Juni 1903]

Liebstes!

Ich sitze noch immer mit Berliner hier unten. Geh, Almscherli, komm auch ein bischen. Wir warten auf Dich! Dein Gustav

Mahlers alter Freund aus seiner Zeit in Hamburg, Arnold Berliner, dessen physikalischen Forschungen für die Einsteinsche Relativitätstheorie wichtig waren, war zur Aufführung nach Basel gekommen. Dies legt die Vermutung nahe, daß diese Notiz Mahlers in die Tage kurz vor dem Konzert fällt. Etwa zur gleichen Zeit schrieb Mahler an

Justine einen bisher unveröffentlichten Brief: »Die drei Proben wären also vorüber. Alles ausgezeichnet vorbereitet, Chor *wundervoll* – ich hoffe [auf] eine befriedigende Aufführung. Die Kirche stimmungsvoll. Heute werden wir uns ein bißchen umschauen in der Stadt – Böcklin, Holbein etc. Bisher haben wir nur ein wenig gebummelt. [Hermine] Kittel ist schon angekommen, singt das Urlicht prachtvoll. Wie der Sopran [Marie Knüpfer-Egli] ist, weiß ich noch nicht. Schade, daß ihr nicht hier seid. Arnold hätte einen viel schöneren Eindruck als in München. Das Orchester ist entschieden besser, und nimmt sich sehr zusammen, obwohl sie noch immer dumm dreinschauen. Von Bekannten ist noch niemand hier. Der Alma geht es ganz passabel, aber mit dem Magen hat sie immer zu thun ...«[81]

Die 2. *Sinfonie* wurde in Basel ebenso enthusiastisch gefeiert wie die Uraufführung der *3. Sinfonie* in Krefeld ein Jahr zuvor. Obwohl die erste Garde der Komponisten, wie etwa Richard Strauss, Max von Schillings, Frederik Delius, Max Reger, Ernest Bloch und andere, in den Programmen des Tonkünstlerfestes vertreten waren, war Mahlers Werk der unbestrittene Höhepunkt des Musikfestes. Auch die Reaktionen der Presse waren – mit Ausnahme des erzkonservativen und antisemitischen Kritikers der »Münchner Neuesten Nachrichten«, Rudolf Louis – überaus positiv. Louis' verheerendes Urteil über Mahlers Sinfonie offenbart die gleichen Horizonte wie der Verriß desselben Kritikers von Béla Bartóks *Rhapsodie für Klavier und Orchester op. 1* nach der Aufführung beim Tonkünstlerfest des ADMV in Zürich im Jahr 1910.

Die außergewöhnlichen Erfolge des Hofoperndirektors Mahler während der Saison 1902/03 fanden so eine Krönung durch den herausragenden Erfolg des Komponisten in Basel.

Die Kehrseite dieses Glanzes war die totale physische wie psychische Erschöpfung des Künstlers, der sich nach Einsamkeit und Ruhe sehnte. Zwar begab sich Mahler – mit Frau und Tochter – nach Maiernigg, begann aber sofort mit der Arbeit an seiner *6. Sinfonie*. Mit Sicherheit ist in diesem Sommer der zweite und dritte Satz der Sinfonie fertiggestellt worden. Vielleicht auch der erste Satz, zumindest aber Skizzen dafür. Ende Juli unterbrach Mahler seine Arbeit, um allein (Alma mochte weder wandern, schwimmen noch Fahrrad fahren) einen Ausflug in die Dolomiten via Pustertal, dessen Schönheiten er besonders liebte, zu unternehmen. Mit einem Buch von Helmholtz im Gepäck schrieb er unterwegs nach Maiernigg:

Nr. 35*

Ansichtskarte: Gruss aus Alt Prags [Tirol]

Toblach, 21. Juli 1903

Liebstes Almscherl!
Nach sehr unterhaltender Fahrt (Helmholz war sehr redselig) hier angekommen, nämlich hier! Damit Du morgen sicher ein Wort von mir
hast, schreibe ich am Bahnhof vor der Abfahrt nach Schluderbach! Es
geht mir sehr gut! Ich fürchte, ich schlafe heute famos und bin
wüthend darüber! *Schade*, daß ich mein Rad *nicht mit habe!* Ich könnte es so gut brauchen! Herzlichst etc. G.

Vom Wetter enttäuscht, schickte Mahler drei Tage später einen Gruß
aus Dölsach in der Nähe von Lienz:

Nr. 36*

Ansichtskarte: Gruss aus Dölsach

Dölsach, 24. Juli 1903

[Mahler schreibt in das obere Drittel der Karte, über den Häusern von
Dölsach.]
!!!!!! es regnet! !!!!!!
hier! hier! hier! hier! hier!

[Im unteren Drittel der Karte der Text]
L. A.! So ein langes Gesicht mach ich, wie die Buchstaben hier! Ich sitze in diesem Wirtshaus umgeben von einer Schaar leichtbeschwing-
ter Fliegen! Jedenfalls versuche ich bis Winklern zu kommen! Wenn
es nicht trockner wird, so kehre ich morgen wieder um. Heuer hab
ich ein Pech! Viele Grüße meine A.,   Dein G.

Auch im zweiten gemeinsamen Sommer in Maiernigg mit Mahler
bleibt für Alma das gemeinsame Leben nicht unbelastet. In ihrer
Autobiographie hat sie unter anderem ihre Träume festgehalten, die
sie seinerzeit in ihrem Tagebuch notiert hatte. Nach wie vor quälen
Alma Probleme der Selbstverwirklichung. Sie notierte in ihrem Tagebuch im Sommer 1903: »Ich habe meine Kompositionen wieder
gespielt, meine Klaviersonate, meine vielen Lieder. Ich fühle es wieder – Das! Das! Das! Ich sehne mich, wieder zu produzieren. Was ich
mir jetzt vormache, ist Täuschung. Ich brauche meine Kunst! Alles,

was ich heute spielte, ist mir so tief vertraut. Wenn ich nur Zemlin-sky zum Arbeiten hätte, aber da ist ja Gustav Mahlers vollkommen unbegründete Eifersucht. Und so habe ich eben niemanden. Im In-nern fühle ich mich jetzt nicht unglücklich. Gar nicht. Nur etwas mehr von Gustavs sicht- oder fühlbarer Liebe könnte ich wohl ertra-gen.«[82]

Wie Bruno Walter in einem Brief an Hans Pfitzner mitgeteilt hat, war der Sommer 1903 trotz aller vorausgegangenen beruflichen Be-lastungen nach Mahlers eigenen Worten der bisher produktivste sei-nes Lebens.[83]

Mahler verließ am 27. August Frau und Tochter in Maiernigg und schrieb, bevor er den Zug in Klagenfurt nach Wien bestieg, gleich zweimal. Der zunächst verwirrende Poststempel auf beiden Karten »Klagenfurt 29. 8. 03« kann leicht erklärt werden, wenn man be-denkt, daß Mahler in Klagenfurt keine Zeit mehr hatte, die Karten zur Post zu bringen. Er tat dies dann sofort bei seiner Ankunft in Wien am 28. August. Die gleichlautenden Eingangsstempel in Kla-genfurt lassen keinen Zweifel.

Nr. 37*

[Klagenfurt, 28. August 1903]

L. A! Nach einem sehr angenehmen Bummel sitze ich hier im Café Schibert und habe bereits sämtliche Zeitungen bis in den Annoncen-theil durch. Ich habe Dir ja noch gar nicht gesagt, wie gerührt ich über die Vollendung der Copie war, als ich das Ganze so reinlich und fertig vor mir liegen sah. – Im Wiener Tagblatt schießt ein Schmock (wahr-scheinlich Karpath) eine Pistole auf mich ab. Du wirst es im heutigen Exemplar finden. Die Adresse des *Uhrmachers* lautet: Josef Meiringer, Obstplatz. Hoffentlich schläfst Du jetzt schon! *Halte Dich* ordentlich in diesen Tagen, damit wir in Wien fesch bummeln können. Ich freue mich schon darauf! Tausend von Allem   Dein G.

Nr. 38*
Nro. 2!   [Klagenfurt, 28. August 1903]

L. A.!
Eben habe ich mich gewogen! Das Resultat ist so überraschend, daß ich Dir dasselbe auf einer 2. Corr.K. mittheilen muß. Ich wieg *70 Kilo*! So hoch bin ich noch nie gekommen. Ich bin vor Schreck einem Rei-

senden auf die Füße gestiegen. Er wehklagt noch! Übrigens hat der Zug eine Verspätung von ³/₄ Stunden – bis jetzt. Ich habe das Vergnügen noch bis ¹/₁1 hier zu sitzen! Noch ein weiteres Tausend von allem!

Dein G.

P.S. Morgen fange ich mit »Schweningercur[«] an.

Die »Copie«, von der Mahler auf seiner ersten Karte spricht, ist die Kopie seiner 5. *Sinfonie*, die Alma während des Sommers in Maiernigg angefertigt hatte.

In Wien hatte sich während Mahlers Sommerurlaub wieder einmal eine Kampagne gegen ihn unter der Führung des Kritikers des »Wiener Neuen Tagblatts«, Ludwig Karpath, formiert. Anlaß hierfür war Mahlers Auftrag zu Beginn des Sommers gewesen, den Orchestergraben nach Bayreuther Vorbild abzusenken. Nach Beginn der Saison in der Hofoper am 18. August hatte Karpath zwar festgestellt, daß der Klang des Orchesters insgesamt nicht beeinträchtigt sei, daß aber jede weitere Vertiefung mit der Grundkonzeption des Zuschauerraums kollidieren müsse. Mehrere Kritikerkollegen sowie die Orchestermitglieder unterstützten Karpath. Die Maßnahme bot willkommene Gelegenheit, um weitere Attacken gegen Mahler zu reiten. Der öffentliche Streit zog sich hin.

Mahler reagierte gelassen. Eine endgültige Lösung des Problems erreichte man erst im April 1905, als mittels einer aufwendigen hydraulischen Maschinerie Höhen und Tiefen des Orchestergrabens leicht und nach Belieben verändert werden konnten, je nachdem, ob eine Mozart-Oper oder der *Tristan* auf dem Programm standen.

Die im PS der zweiten Karte erwähnte »Schweningercur« ist eine Diätkur, die nach dem Dermatologen Ernst Schweninger benannt ist.

Nr. 39

Wien, 29. August 1903

L. A.! Ich komme heute wol zu keinem Brief! Nur damit Du morgen nicht ohne Lebenszeichen bist, diese Karte. –

Also famose Reise im Bewußtsein der 70 K. – in einem Rumpelwagen – hier angekommen, gleich in's Theater, sich umgezogen, hierauf Allen das Wilde herunterg'rannt, imponiert, auch Arnold [Rosé] und [Bruno] Walter flüchtig gesprochen, hierauf mit [Kolo] Moser bei Leidinger mittagmalt, mit [Alfred] Roller Kafé getrunken, dann über Leopoldsberg mit Letzteren hier auf den Kahlenberg gegangen, rasend durstig Thee u. Pfirsiche – eben von einer Wespe gestochen worden, schnell ausgesaugt und von Roller mit Battist verbunden, laufe wieder herunter in's Theater, wo Orchesterklang beohren muß, dann mit Zug in 9,30 Minuten [sic] heraufgeradelt. Zimmer sehr hübsch (habe es nur von außen den Fenstern angesehen, da nicht mehr Zeit) Viele herzliche – – – Jetzt mit Roller ab!

Dein G.

Mahler wohnte zu dieser Zeit auch im Hotel Kahlenberg. Die Wohnung in der Auenbruggergasse wurde alljährlich während der Sommerpause renoviert.

Nr. 40

[Wien, 30. August 1903]

Mein liebstes Almscherl!

Erstens: ich bin in Verzweiflung. Alle Geschäfte sind gesperrt, und wenn sie auch nicht gesperrt wären, so wüßte ich doch nicht, was ich Dir zu Deinem Geburtstage kaufen sollte. – So hoffe ich denn, daß Dir meine Herzenswünsche zum morgigen Tag statt eines kostbaren Angebindes willkommen sein werden.

Was kann man denn eigentlich noch geben, wenn man sich selbst schon geschenkt hat. – Wenn Du mit mir hier einen der beliebten Nachmittagsbummel in der Kärntnerstraße machen wirst, so suchen wir dann zusammen etwas Hübsches für Dich aus! Ist es Dir recht? Darauf freue ich mich schon riesig. – Jetzt also an's Erzählen! Ich werde mein Gedächtniß gewaltig anstrengen!

Also gestern, nachdem ich die Karte auf dem Kahlenberg mit meiner von Roller mit Billrothbattist zusammengebundenen Hand geschrieben, giengen wir auf dem Wege, den ich mit meinem Almscherl so oft gemacht habe über die Hohewarte zur elektrischen, und fuhren von dort in's Theater, wo ich mich schnell überzeugte, daß der ganze Rummel mit der schlechten Akustik nur ein dummes Reportergeschwätz (wie ich Grund habe anzunehmen, durch Ehren-Schalk hauptsächlich in die Welt gesetzt und unterhalten). Pollak kam vor der Vorstellung und forderte gebieterisch, bei ihm zu schlafen. Ich aber beschwichtigte sein aufgeregtes Herz nahm ihn in die Loge mit, wo er mitjugirte, und auch seinerseits am Klang gar nichts auszusetzen fand. Nach dem 1. Akte gieng ich auf die Bühne, machte Schalk und Wondra einen Skandal, beschimpfte dann einige Umstehende und gieng nachher mit Pollak in's Imperial, wo ich ein Beefsteak und sehr stimmungsvollen Zwetschkenkuchen aß. Um 9 Uhr saß ich auf der

Stadtbahn und kam $^1/_2$ 11 Uhr am Kahlenberg an. Sofort in meine Appartements, welche sinnig aus 2 sehr schmutzigen mit zerbrochenen Plüschmöbeln ausgestatteten Zimmern zusammengesetzt sind. Aus dem Fenster unglaublich schöner Ausblick auf das erleuchtete Wien umrahmt von den herrlich dunklen Wäldern des Wienerwaldes. Todtmüde zog ich mich aus, ohne das Mobelmang [sic] zu berühren und schlief ohne Unterbrechung bis $^1/_2$ 8 Uhr. Hierauf aus dem Bett zum Frühstück (natürlich bekleidet) umgeben von Wiener Spießern, und zu Fuß über Wildgrube = Hohewarte zur Elektrischen und in's Theater, wo Sonntagsruhe! Um 11 $^1/_2$ zum Obersthofmeister – sehr affectionirt aufgenommen, alles durchgesetzt /(auch daß der Block wegrasiert wird)/, und zu Pollak zum Essen. /Feinstes Menu und eben bei der Cigarre am Schreibtisch, um Dir zu berichten.

Von Justi, die ich noch nicht gesehen, bin ich morgen zu Tisch geladen./

Heute Abend sind Meistersinger mit einem Gast. Nach dem 1. Akt fahre ich wieder wolgemuth auf den Kahlenberg, der eine herrliche Idee der Mama war. /Allerdings werde ich vorher noch einen tüchtigen Strauss mit Pollak auszufechten haben./

Zu gestern habe ich noch nachzutragen, daß ich zu Mittag mit Moser nicht allein war, sondern außer Hoffmann waren noch 3 andere mir unbekannte Herren da, was für mich natürlich wenig erbaulich war. –

Das Neueste ist, daß ich, als ich heute den Gagebogen unterschrieb, erfuhr, daß ich von nun an statt 5 fl, – *15 fl* stempeln zu erlegen habe. Morgen früh bekomme ich die Gage und schicke die sofort; hoffentlich habe ich bis dahin schon eine Zeile von Dir, nach der mich schon sehr verlangt. – Daß Du mir an allen Ecken und Enden fehlst, und daß ich immer an Dich denke, wird Dir hoffentlich nichts Erstaunliches sein. /Beiliegende Blätter sende ich Dir ein, damit sie uns nächstes Jahr nicht fehlen./

Hätte ich doch nur schon ein Brieflein von Dir in der Hand.

/Meine Verdauung ist glänzend (da ich so viel Bewegung mache, was nicht der letzte Vortheil meiner Residenz am Kahlenberg ist) – ganz ohne Mittel./ Mein liebes Herz, daß ich Dir im Theater nicht schreiben darf ist rasend unbequem für mich – da ich unterwegs gar so schwer dazu komme. Du darfst nicht vergessen daß ich täglich oft 2mal den Weg Kahlenberg zur Stadt machen muß. Sei mir tausendmal gegrüßt und geküßt, mein liebes Luxi und laß auch was von Dir hören.

Dein Gustav

Nach der Versorgung des Wespenstichs mit »Billrothbattist«, einem nach dem berühmten Wiener Chirurgen Theodor Billroth benannten Verbandszeug, war Mahler in die Oper gefahren.

Die Affäre um den Umbau des Orchestergrabens schlug weiterhin in der Presse hohe Wellen, und Mahler vermutete als Drahtzieher seinen 1. Kapellmeister Franz Schalk und den Sekretär (und Chordirigenten) der Hofoper, Hubert Wondra. Freund Theobald Pollak kümmerte sich um den derzeitigen Strohwitwer Mahler.

Der Gast in den *Meistersingern* war der Kölner Sänger Peter Lordmann. Mahlers Nachtrag zum vorausgegangenen Tag erwähnt als weiteren Tischgast den Architekten Josef Hoffmann. Alma hat viel später, im Jahr 1931, eine seiner von ihm erbauten Villen in der Wollergasse in Wien erworben.

Nr. 41

[Wien, 31. August 1903 – morgens]

Liebstes! Gestern Abend erst habe ich Deinen sehr sehr lieben Brief bekommen. –

Über Deine Geburtstags»überraschung« haben wir uns also in Gedanken begegnet, wenn Du es auch ein wenig drollig ausgedrückt hast. Heute wird leider der letzte Tag sein, an dem ich hinauf (auf den Kahlenberg) kann; den will ich noch schön ausnützen. Von morgen ab muß ich 4 Abende hindurch der Vorstellung bis zum Schluß beiwohnen und die Züge nach 9 Uhr hinauf sind eingestellt. – Da wäre es also ein Unsinn, das Zimmer weiter zu behalten. Allerdings gehe ich jeden Nachmittag hinauf.

Ich ziehe also auf ein bis 2 Tage zu *Pollak*. Der arme Kerl muß aber aus seinem Bett hinaus und am Kanapée schlafen. – Das kann ich nicht lange zugeben, obwol er leidenschaftlich darauf dringt. Ich werde versuchen, mich zu Hause in meinem Schlafzimmer zu etablieren und mir von Justi ein Leintuch und Polster (vom Boden) ausleihen. Die Hausmeisterin wird mir aufräumen, und es wird ganz gut gehen. Zuerst aber mache ich noch einen Versuch in Hietzing ein nettes Zimmer zu bekommen. Das wäre mir unter gegenwärtigen Umständen das liebste. Ich berichte Dir also darüber.

Liebstes Almscherl! Wo sind meine *Anzüge*? Ich finde sie nicht, denn mein Kleiderkasten ist offenbar ausgeräumt. – Ferner sende mir sogleich den Brief von *Chelius* – Du weißt, den ich sehr rasch beantworten muß.

Am besten wäre es, Du telegrafirst mir die darin *angegebene Adres-*

1 Der fünf oder
sechs Jahre alte
Gustav Mahler
im Jahr 1865

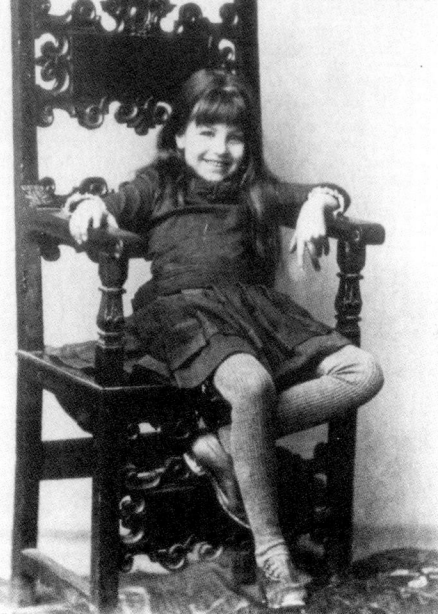

2 Die zehnjährige
Alma Schindler
im Jahr 1889

3 Gustav Mahlers Eltern:
Bernard (1827–1889) und Marie, geb. Hermann (1837–1889)

4 Die Familie Schindler und Carl Moll im Park von Schloß Plankenberg
bei Wien: Grethe, Emil Jakob Schindler, Carl Moll, Anna Schindler
geb. Bergen (stehend von links); Alma, vermutlich Alexandrine Nepalleck
und Almas Großmutter (Emil Schindlers Mutter) Maria Anna Nepalleck
geb. Penz (sitzend von links)

5 Anna Schindler mit ihren Töchtern Alma und Grethe

6 Almas Stiefvater
Carl Moll

7 Jugendbildnis
Mahlers,
Iglau 1878

8 Alma und
Grethe Schindler

9 Gustav Mahler mit seiner Schwester Justine, Wien 1899

10 Die Sopranistin
Anna von Mildenburg

11 Die Sopranistin
Selma Kurz

12 Die Sopranistin
Rita Michalek

13 Gustav Klimt

14 Die Sopranistin
Marie Gutheil-Schoder

15 Der Komponist
Alexander Zemlinsky

16 Gustav Mahler mit seinem
Konzertmeister und späterem
Schwager Arnold Rosé,
Wien 1899

17 Bertha Zuckerkandl

18 Die Hofoper
in Wien

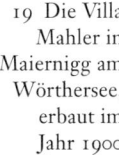

19 Die Villa
Mahler in
Maiernigg am
Wörthersee,
erbaut im
Jahr 1900

20 Gustav Mahler 1903

21 Alma Mahler 1904

22 Das Haus
Auenbrugger-
gasse 2
in Wien.
Das Ehepaar
Mahler wohnte
dort von 1902
bis 1907 im
obersten Stock
(rechte Seite
des Hauses,
rechts oben)

24 Alma Mahler 1904

23 Alma Mahler und
Tochter Maria
(«Putzi») 1903

25 Das Ehepaar Mahler
in Basel, Juni 1903

26 Gustav Mahler
und Tochter Maria
am Wörthersee
1906

27 Alma mit ihren
Töchtern: Maria (links)
und Anna («Gucki»)

28 Richard Strauss und Gustav Mahler in Graz, anläßlich der österreichischen Erstaufführung von *Salome* am 16. Mai 1906

29 Gustav Mahler 1905

30 Das Ehepaar Mahler mit den Töchtern Maria und Anna 1905

31 Otto Klemperer 1905

32 Gustav Mahler
mit dem Dirigenten
und Komponisten
Oscar Fried,
Berlin 1905

33 Richard Strauss mit Frau Pauline und Sohn Franz

34 Im Garten der Villa Carl Molls: Max Reinhardt, Gustav Mahler,
Carl Moll, Hans Pfitzner (von links), 1905

35 Gustav Mahler 1907, photographiert von Moritz Nähr

se und den Ort, wo ich meine Kleider finden kann. – Mein Lieb, Du gehst mir furchtbar ab und ich freu mich schon riesig auf Dein Kommen. Aber ich *bitte* Dich, bleibe so lange als möglich und genieße die herrlichen Tage, damit Du Dich möglichst *kräftigst* und denke an unser Putzerl!

Warum hast Du gar nichts von ihm erwähnt in Deinem Briefe?

Die Mildenburg habe ich noch nicht gesehen, sie soll sehr fuchtig gewesen sein. (Aber die Gage wird sie doch am 1. nehmen!) Auch andere habe ich noch nicht gesehen, verlange mir es auch durchaus nicht. Heute esse ich also bei Justi. [Eine halbe Zeile unleserlich gemacht].

Heute bekomme ich das Geld und schicke es sofort ab; ich hoffe, daß es zugleich mit diesem Brief ankommt.

Also tausend Grüße und Umarmungen mein liebes Herz von Deinem

Gustav.

Nr. 42

[Wien, 31. August 1903 – abends]

Liebstes Luxerl!

Also in Eile noch Abends: ich war heute in Hietzing und habe dort im Hietzinger Hof im III. Stock ein sehr angenehmes und ruhiges Zimmer gemiethet und werde mein Frühstück im Tivoli einnehmen, wo wir schon verschiedentlich zusammen gesessen sind. Es ist dorthin eine so vortreffliche Verbindung, daß ich noch spät Abends hinausfahren kann. – /Bei Kohn habe ich heute gezahlt und sende Dir die Rechnung./

Bei Rosé's heute gegessen. Sie waren sehr nett und wurde nichts berührt von allen den Dingen. Sie scheinen auch durch Deinen Brief und letzte Unterredung ganz beruhigt.

Fredi »entzückend« wie immer. Ich weidete [mich] wieder an den »geistvollen« Zügen und blieb eine ganze Weile in entzücktem Anschauen versunken. Auf dem hierauf folgenden Spaziergang – sie begleiteten mich nach Hietzing war das [»]Goldkind« der hauptsächlichste Gesprächsstoff. – Es war mir unmöglich mir etwas zu merken – alles ganz nichtssagend. – Die Sitze für die morgige Festvorstellung sind sehr viel begehrt. /Ich habe die unseren dem Pollak gegeben, der seinerseits wieder Gallia glücklich machen wird. Ist es Dir recht? Die Zehelbauer hat beifolgende Karte geschrieben, die ich sehr liebenswürdig beantwortet habe./

Bitte, mein liebstes Almscherl addressire Deine Briefe von nun an nach Hietzing

Hietzinger Hof

Pollak wird in Verzweiflung gerathen – aber es wäre wirklich grausam, den armen Kerl auf Tage hinaus auf ein sezessionistisches Kanapee zu strecken. Wenn er es gar zu arg treibt, so werde ich nach *Figaro* Donnerstag bei ihm gastiren.

Tausend Busserln mein liebes Almscherl von Deinem Gustav

Nr. 43

[Wien, 1. September 1903]

Mein liebstes Almscherl!

Also das Neueste ist, daß mich der Wirth vom Kahlenberg nicht wegläßt, und mir nach der Vorstellung seinen Wagen zur Verfügung stellt. Und da es oben so überaus herrlich ist, so habe ich schnell Topp! gesagt. Das Frühstück habe ich heute auf der Terrasse eingenommen. Das ist einfach einzig auf der Welt. Glücklicherweise steht Niemand so zeitig auf, so daß man ganz allein den herrlichen Augenblick genießen kann. Ebenso ist es wieder beim Schlafengehen. Der Anblick, den man aus seinem Fenster genießt, macht es einem ordentlich unmöglich ins Bett zu gehen. – Man schläft in reinster Luft.

/Verdauung pikfein!/ Also, ich bleibe so lange als möglich! Ferner habe ich mir noch was Schönes ausgedacht. Ich bin Sonntag und Montag frei, und gehe auf diese 2 Tage nach Edlach und erwarte Dich in Payerbach am Bahnhof so daß wir dann wie voriges Jahr zusammen nach Hause fahren! Ist es Dir recht?

Dein Bericht über Dein einsames Leben hat mich sehr gefreut, auch daß Du wieder am kastalischen Quell sitzt /und es Dir wol sein läßt!/ Der Mensch muß mit sich oft und intensiv allein sein. – Auch ich genieße es da oben am Berg in vollen Zügen und freue mich über das herrliche Wetter, das auch Dir zu Gute kommen wird und dann kommt das Schönste: das Zusammenkommen in Payerbach und das darauffolgende etc. etc. Im Theater habe ich nichts zu thun, und kann zu Hause bleiben.

Die Aufmerksamkeit von Berliner ist reizend. Ich lege Dir das Autogramm bei. Denke Dir, das mit den *Stempeln* ist mir erlassen (weil ich nicht mit Contract sondern mit Dekret angestellt bin,) und ich bekomme sogar für dießmal schon 10 fl wieder zurück! Jetzt, mein liebstes Herz gehe ich wieder in die Berge /(ich schreibe dieß im Café Imperial nach dem Essen) dießmal allein./ Am Abend ist Theater paré – da muß ich zurück sein und mich in Frack schmeißen.

Nachher soupire ich schnell und fahre im *Wagen* bis auf den Kahlenberg. Herrgott – wenn Du bei mir wärst! Wie hübsch wäre das und welchen Spaß würde es Dir machen!

Adieu Liebste, ich küsse Dich vielmals und auch das *Putzerl*, von dem Du mir seltsamerweise kein Sterbenswort geschrieben außer dem Einen im heutigen Brief »daß Du es sonst so gern hast.«

Dein Gustav

Die Briefe 41 und 42 sind an Almas vierundzwanzigstem Geburtstag geschrieben. Sie zeigen – wie auch Brief 43 – Mahlers Sehnsucht nach der Familie und einem geregelten häuslichen Leben.

Die Kontakte Mahlers zu dem in Berlin lebenden Generalmajor und Komponisten Oscar von Chelius liegen noch im dunkeln. Möglicherweise handelte es sich um eine Angelegenheit, die den Allgemeinen Deutschen Musikverein betraf, dem von Chelius angehörte.

Die Rechnung, die Mahler »bei Kohn« bezahlte, bezieht sich auf den Wiener Klavierfabrikanten und -händler Bernhard Kohn. Bei der Schilderung der Mittagseinladung bei Schwester und Schwager, Justi und Arnold Rosé, erwähnt Mahler seinen Neffen Alfred (»Fredi«) Rosé, später Dirigent und Professor an der University of Western Ontario in London-Ontario, Kanada.

Mit »Theatre paré« meint Mahler eine Festvorstellung an diesem Abend zu Ehren von König Eduard VII. von England, der in Wien zu Besuch weilte. Auf dem Programm standen Leoncavallos *Der Bajazzo* und Josef Bayers Ballett *Die Perle von Iberien*, beide Werke wurden von Schalk geleitet.

Almas Gegenbriefe schienen Klagen über ihre Einsamkeit in Maiernigg enthalten zu haben. Auch schienen Almas alte Eifersüchte, insbesondere gegen Justi, wieder aufgebrochen zu sein, und auch sonst müssen ihre Telegramme so manches Vorwurfsvolle enthalten haben, denn Mahler schrieb am gleichen Tag, im Anschluß an seinen Brief, noch eine merkwürdig kühle Postkarte:

Nr. 44*

Wien 1. September 1903

L! A.! Eben bekomme ich Deine beiden Telegramme! Indessen wirst Du auch schon meinen Brief bekommen haben, in welchem ich Dir mittheile, daß ich bis zur Deiner Ankunft am Kahlenberg bleibe. Ich bin ganz erstaunt, aus Deinem heutigen Schreiben zu erfahren, daß Du von mir nur C[orrespondenz] Karten bekommen hast? Bis jetzt habe ich Dir, außer am ersten Tag, täglich einen bis 2 Briefe geschrieben. Sollte einer verlorengegangen sein? Mit Justi war ich bis jetzt nur das ein[e]mal zu Mittag zusammen.

Telegrafire mir sofort nach Erhalt dieser Karte, ob Du wirklich schon am Donnerstag kommen willst – was ja ein Unsinn wäre, wo doch die Wohnung noch in desolatem Zustand sein wird. Überlege Dir das noch Almscherl!   Innigst Dein Gustav

Almas wohl etwas herbe Telegrammantwort hierauf drängte Mahler nur in einem einzigen Satz auf eine »momentane Herbststimmung« zurück und schrieb lieber von Dingen, die ihm näher lagen.

Nr. 45

[Wien-Kahlenberg, 2. September 1903]

Mein liebstes Almscherl! Ich schreibe Dir hier auf der Terrasse des Hotels am Kahlenberg. Ich bin nach dem Mittagmahl (im Imperial – ganz allein sitzend, wie gewöhnlich) mit der Zahnradbahn hier heraufgefahren – halb und halb in der Hoffnung, von Dir hier eine Zeile vorzufinden, nachdem ich im Theater vergeblich auf ein Telegramm oder sonst etwas auf mein gestriges Telegramm erwartet habe. – Darum habe ich Dich auch hauptsächlich gebeten, an's Theater zu schreiben, weil ich sonst alle Deine Briefe erst vor dem Schlafengehen hier oben erhalte. – Wie ich höre, ist Poldi schon eingetroffen und erzählt, Du kämst Sonntag oder Montag. Dein gestriges Telegramm war auch wol nur in einer momentanen Herbststimmung geschrieben. Wie ich in's Hotel hineinkomme –, wer kommt mir rauchend, pfeifend, in eleganter Sommertoilette, strahlend von Heiterkeit entgegen? Ernst Moll, der sich hier nun einige Tage von seinen Strapazen ausruhen wird.

Ich habe einige Worte mit ihm gewechselt und bin dann verbindlich lachend abgegangen. Jetzt gehe ich dann über den Hermannskogel, Hameau, Dornbach in's Theater, wo ein Gast (Lordmann) auftritt.

Morgen dirigire ich Figaro, übermorgen ist das sehr wichtige Gastspiel des Tenors Bazelli als Faust. – Darum habe ich Dich gebeten, keinesfalls vor Freitag zu kommen, weil es doch zu traurig wäre, daß Du den Abend dann allein verbringen müßtest. – Das Wetter ist zu herrlich und ich genieße besonders das Frühstück auf der Terrasse mit nachfolgendem Spaziergang, gewöhnlich über Grinzing zur electrischen. – Wie herrlich wäre es, wenn Du auch dabei wärst.

Wir müssen den Spaziergang unbedingt zusammen machen. Hoffentlich kommst Du frisch an und hast Dich recht erholt.

Beiliegend wieder die Abrechnung von *Schott* über meine Lieder.

Eine ganz gleiche werde ich von nun an auch von Stritzko verlangen. Die 18 Mark hebe ich auf bis Du kommst. – Die Fahrt herauf nach dem Theater mit dem Wagen des Hoteliers ist an und für sich schon ein Vergnügen! Ich bin recht froh, daß Ihr noch nicht da seid. In der Stadt ist es so schwül und drückend, daß Ihr gewiß nicht schlafen könntet. Wenn ich nur sicher wüßte, für wann ich Dir das Coupé bestellen soll. Wie bedauere ich, daß Du so allein bist, und nicht Grethl zu Dir gekommen ist.

Jetzt dauert es Gottseidank nicht mehr lang, bis wir wieder vereint sind. Ich sehne mich schon sehr darnach.

Sei mir vielmals gegrüßt und geküßt mein liebes Almscherl von

Deinem Gustav

Am Abend desselben Tages fand eine Aufführung von Ignaz Brülls *Das goldene Kreuz* unter Schalk statt, in welcher Peter Lordmann abermals auftrat. Am 4. September folgte dann das Gastspiel des Tenors Georg Bazelli in Gounods *Faust* unter Hellmesberger.

Mahler hatte im Februar 1892 beim Verlag B. Schott's Söhne in Mainz seine vierzehn (frühen) »Lieder und Gesänge«, Band 1–3, veröffentlicht. Josef Stritzko war der Geschäftsführer der Wiener Druckerei Waldheim-Eberle, in der Mahlers Sinfonien 1 bis 4 zuerst gedruckt wurden.

Nr. 46*

[Wien, 4. September 1903]

Mein liebstes Almscherl!

Endlich einen Brief. Seit 3 Tagen warte ich darauf – das weißt Du wol gar nicht? Wenn nicht das Telegramm gestern gekommen wäre, so hätte ich die ganze Zeit in größter Angst zugebracht. – Gestern war leider ein schlimmer Tag für mich: *Migräne* mit Laufen. Na! Du kennst es ja!

Deshalb schrieb ich nicht, und Du wirst heute wol sehr Zappeln. – Die Justi war abends bei mir und betreute mich sehr nett. Heute war ich (zum 2. mal[)] bei ihr zu Tisch. Zu erzählen ist wirklich nichts darüber. Wir sprachen über alles mögliche – Orchester, Quartette dann legte ich mich hin und schlief.

Nun das Wichtigste. Das Coupé ist durch Pollak bestellt, und ich hoffe sicher, daß Ihr allein sein werdet. – In Payerbach hält der Zug leider nicht. So gehe ich auf den Semmering hinauf, und erwarte Dich an der Station! Jedenfalls noch besser! Ich freue mich schon unbändig! Mir ist es jetzt schon sehr bange nach Dir und dem Putzerl. Poldi wird auch mit der Wohnung fertig sein, und wir sitzen dann wieder behaglich im Nest!

Ja, vom Kahlenberg bin ich schon wieder herunter – die Kerle haben mir für 4 Tage *30 fl* berechnet.

Ich schlafe zu Hause recht gut, und jedenfalls viel billiger.

Heute singt dieser Tenorgast und morgen früh gehe ich an den Semmering. Roller ist auch oben. Vielleicht sucht er mich im Hotel auf. Und Übermorgen! Das wird eine Freude sein, Almscherl!

Diese 3 Tage war ich sehr bös, daß ich von Dir nicht eine Zeile bekommen habe, und konnte mir es nicht erklären. Aber der heutige liebe Brief macht Alles wieder gut!

Wieso kommst Du dazu, zu glauben, daß ich im Hitzingerhof mit der Mildenburg zusammen gewohnt hätte?! Du weißt ja doch, daß sie seit einem Jahr gegenüber von Lipiners in der Gumpendorferstraße wohnt!? Es war also doch wirklich höchst überflüssig, sich darüber aufzuregen! Himmelherrgottkreuztausenddonnerundhagelsappermentnocheinmal! Auf Wiedersehen übermorgen, mein süßes Almscherl, herzverrücktes Wurstel. Ich küsse Dich innigst   Dein Gustav

Offenbar spielte Alma in ihrem Brief auf die Liaison mit der Sopranistin Anna von Mildenburg an, mit der Mahler bis kurz vor seinem Weggang von Hamburg eng befreundet gewesen war.

Neben mannigfachen Querelen mit dem Personal der Hofoper legte Mahler in jener Zeit letzte Hand an die Partitur seiner *5. Sinfonie* und datierte diese Fassung mit »Wien, Oktober 1903«. Die Widmung lautet: »Meinem lieben Almscherl, der theueren und tapferen Begleiterin auf allen meinen Wegen.«

Inzwischen begann sich nun auch das nichtdeutschsprachige Ausland für Mahlers kompositorisches Werk zu interessieren. Am 21. Oktober 1903 dirigierte Henry Wood Mahlers *1. Sinfonie* erstmals in der Queens Hall in London. Von entscheidender Bedeutung aber war Mahlers erste Reise nach Holland, der Beginn einer herzlichen und dauerhaften Freundschaft mit einflußreichen holländischen Musikern und dem holländischen Konzertpublikum.

Unter den begeisterten Gästen der Uraufführung in Krefeld waren auch der damals mit einunddreißig Jahren bereits weithin berühmte Chefdirigent des Concertgebouw-Orchesters in Amsterdam, Willem Mengelberg, sowie der Chefdirigent des Orchesters in Arnheim, Martin Heuckeroth, und Henri Viotta, Direktor des Konservatoriums in Den Haag und Herausgeber der Musikzeitschrift »Caecilia«.

So wurde die *3. Sinfonie* am 17. Oktober unter Heuckeroth bei einem Festival in Arnheim aufgeführt, und Mahler dirigierte sein Werk in Amsterdam fünf Tage später am 22. und 23. Oktober gleich zweimal. Zudem wurde am 25. Oktober an gleicher Stelle, ebenfalls unter Mahlers Leitung, die *1. Sinfonie* in Holland erstaufgeführt. Mahler reiste allein nach Amsterdam. Während des Umsteigens in Frankfurt/M. schrieb er an Alma, die in dieser Zeit bei ihren Eltern wohnte:

Nr. 47*

Ansichtspostkarte: Goethehaus zu Frankfurt a. M.,
und Goethe nebst Eltern [3 Porträts und das Gedicht:
»Vom Vater hab' ich die Statur...«]

Frankfurt a. M., 19. Oktober 1903

Frau Direktor Mahler
bei Herrn Carl Moll
Wien
Hohewarte
Steinfeldtgasse 8

Liebstes Almscherl!
Ich gifte mich riesig, daß Du nicht mitgekommen bist! Prachtvoller Zug – von hier aus bis Amsterdam *D-Zug* mitfortwährenden belegten Brötchen u. Sherry! Herrliches Wetter! Die Reise mußt Du einmal mit mir machen! Tausend Grüße an *Alle*   Euer Gustav

[Am oberen Kartenrand:] Sitze eben bei demselben Tisch, wie damals mit Dir und esse zu Mittag. Jetzt sehe ich bald den Rhein!!

Mit seinem Postskriptum am oberen Kartenrand verweist Mahler auf die gemeinsame Reise mit Alma nach Krefeld im Jahr 1902. Über die Fahrt und seine ersten Eindrücke in Amsterdam berichtete Mahler am nächsten Tag:

Nr. 48

[Amsterdam, 20. Oktober 1903]

Mein liebstes Almscherl!
Also: ich wohne bei Mengelberg. Es schien so sehr sein Wunsch, daß ich nicht ablehnen konnte, und das andere (viel feinere) Logis fahren ließ. Nun will ich von vorne anfangen zu erzählen. – Mit mir fuhr das

gekrönte Haupt der Belgier ab! Zu meinem größten Erstaunen sah ich beim Einsteigen in den Zug eine colossale Aufregung unter dem Dienstpersonal, Teppiche gelegt und eine Menge Uniformen und Tschakos. Wir Passagiere wurden wie Zugvieh eiligst verladen und mit ausgesuchter Grobheit visirt und abgefertigt. Mit Windeseile verbreitete sich das Gerücht und alles stürzte aufgeregt zu den Coupéfenstern – ich blieb natürlich sitzen und merkte nur an einem plötzlich anwachsenden Geräusch (das wahrscheinlich von den schlagenden Herzen der beglückten Unterthanen herrührte), daß das erschütternde Ereignis vor sich gieng. – Aber da kam ich nun schön an. – Nach einer kleinen Weile – ich wähnte mich schon in Sicherheit, und sah unbefangen vor mich hin – gieng eine imponirende Persönlichkeit am Coupéfenster vorüber und sah mich durchbohrend an – hinterher merkte ich, daß es unser erhabener Monarch war! – Da bedauerte ich zum ersten Mal auf der Fahrt, daß mein Almscherl nicht mit mir war; die hätte sich sicher riesig dafür interessirt. Und nun bedaure ich es mindestens alle halbe Stunden immer auf's Neue. Die Fahrt war nicht allzu schlecht. Alle 2 Stunden zog ich das Paket hinaus und fraß. Unglaublich lange schien mir die Fahrt – es fror mich, daß ich klapperte. – Um 10 Uhr kam ich an, da gieng der edle Wettstreit um meinen Leichnam an.

Um $^1/_2$ 11 saß ich bereits am Kamin bei Mengelbergs und kaute Eidamer. Von der Stadt habe ich noch nichts gesehen, denn ich wohne in der *feinen* Gegend, ganz in der Nähe des Concertgebouws woselbst ich den heutigen Vormittag probirend zugebracht – Du! Mir ist Sehen und Hören ordentlich vergangen, als meine 3. losgieng. Die versetzt Einem ordentlich den Athem. Das Orchester ist vortrefflich und sehr gut einstudirt. Bin neugierig auf die Chöre, die noch besser sein sollen. – Nach Tisch stahl ich mich fort, um Dir mein Liebstes, zu schreiben; dann geht ein Bummel vor sich; mein Hausherr wartet schon auf mich. Du fehlst mir riesig! /Wenn Du aber nächstens (sie wollen alle meine Symphonien aufführen) mitkommst, so gehen wir doch in's Hotel. Es nützt einmal nichts – man fühlt sich trotz (oder vielmehr wegen) aller Liebenswürdigkeit gehemmt und wir thun uns das nie mehr an!/ Nun gehe ich also zu den Grachten und hoffe sicher, dem Mynheer Drogstoppel zu begegnen.

Sei tausendmal geküßt, mein gutes Almscherl und *führe* Dich *brav auf!* Tausend Grüße an Mama und Karl.

Dein alter Gustav

Im gleichen Zug wie Mahler fuhr das »gekrönte Haupt der Belgier«, der Eroberer des Kongo, König Leopold II. (1835–1909), verheiratet mit einer Habsburgerin, Maria Henriette. Mahlers ironische Bemerkungen zielen auf Almas Schwäche für den Adel und die High-Society.

In einer Anmerkung zu diesem Brief berichtet Alma in ihrer Ausgabe, daß sie Mahler Abend für Abend aus dem kolonialpolitischen Anklageroman »Max Havelaar« von Multatuli, Pseudonym für den niederländischen Schriftsteller Eduard Douwes Dekker, vorgelesen habe. Max Havelaar ist in diesem Buch der Mächtige, Droogstoppel der Unterdrückte bzw. Einfältige (s. Brief 49).

Die besondere Verbindung Mahlers und seines Werkes mit Holland in späteren Zeiten kündigt sich, trotz aller Einschränkungen, die Mahler macht, bereits im nächsten Brief an.

Nr. 49

[Amsterdam, 21. Oktober 1903]

Mein liebstes Almschili!

Es ist zu fatal, wie schwer ich dießmal zum Schreiben komme. Ich muß mich ordentlich wegstehlen. –

Also gestern bummelte ich mit meinem Hausherrn den ganzen Nachmittag in den Grachts, Straat's etc. herum. In vielen Dingen erinnere ich mich an Hamburg, nur daß es dort viel großartiger, freier ist. /Du, mit Holland ist es doch nichts, wenn wir einmal in Pension gehen. – Ich suchte immer nach Havelaars und fand nur Droogstopls. Sonderbare Gesichter! So eine eigene Mischung von Phlegma und Entschlossenheit./ Mengelberg ist sehr nett, und sucht mir mit seiner Frau /(übrigens aus dem Geschlechte derer van Droogstoppl und Kannitverstahn)/ das Leben – beinahe hätte ich gesagt, die Erde – leicht zu machen. Das Dumme sind nur die ewigen Verpflichtungen. – Da war es nach dieser Richtung in Lemberg doch viel hübscher, wo ich immer allein war. Am Abend blieb ich Gott sei Dank allein, und stöberte /zu Hause/ in den massenhaft aufgestapelten Partitur[en] von Holländern, Belgiern und Franzosen. Was das für phantastische und dabei doch so sterile Gesellen sind! – Heute morgens gieng es weiter in der Probe! Das Orchester war ganz aus dem Häusel über das Werk. Es ist zum Erschießen schön! Ich kann es nicht beschreiben, was ich Alles dabei durchlebe, wenn ich diese Töne wiederhöre. Nur daß Du, liebes Herz nicht dabei bist, betrübt mich sehr.

Die Aufführung wird sehr schön! Schöner als in Crefeld. Heute

Abend ist Generalprobe. Jetzt will ich in den Hafen. Und morgen Vormittag, der unbesetzt ist, in's Museum.

   Am Sonntag dirigire ich, wie nunmehr bestimmt ist, *nur* meine I.!
Das ist doch sehr würdig?! Den andern Theil des Programms bestrei-
tet Mengelberg. Mit dem Mitbringen von Schinken und Käs hapert es
aber! Ich bin so fürchterlich ungeschickt! Und wenn ich meine Hausleute ersuchen würde, würden sie es als avis au lecteur ansehen, was
mir sehr peinlich wäre, da sie ohnehin zusammentragen, was sie nur
können. – Sogar *Asti* haben sie mir heute vorgesetzt, den sie sich,
weiß Gott, wo, verschafft haben. Ich bring Dir lieber das Geld mit,
Almscherl, und da bummeln wir einen Nachmittag in der Stadt herum, und kaufen etwas Hübsches für Dich und Putzi. Im Ganzen ist es
doch ein schreckliches Opfer, das man seinen Werken bringt, wenn
man in der Welt herumreist! Ich bin einmal nicht dafür geschaffen.
Almscherl, /Deinen heutigen (I.) Brief kann ich nicht entziffern!
Schreib doch deutlicher!/ Vielmals küsse ich Dich, mein Geliebtes
und umarme Dich Dein Gustl.

/Mama u. Karl viele Grüße./ – Die *Börse* habe ich auch gestern angesehen! Sie macht einen imposanten Eindruck? Die Leute scheinen
aber hier nicht viel davon zu halten! – wie in Wien!

Die ironischen Bemerkungen über seine Gastgeber können die Tatsache nicht verdecken, daß bereits bei diesem ersten Aufenthalt der
Grundstein für eine lebenslange Freundschaft zwischen den Mengelbergs und den Mahlers gelegt wurde. Hier ist eine der wesentlichsten
Wurzeln für das Entstehen einer besonders starken Mahler-Tradition
in Holland, die ungebrochen bis zum heutigen Tag anhält. Zu Mahlers PS bemerkte Alma in ihrer Ausgabe selbstbewußt: »Modernes
Gebäude [die Börse] von [Hendrik Petrus] Berlage. Mein Kreis und
ich hatten Mahler dafür interessiert.«[84]
   Am Morgen des Konzerttages machte Mahler noch einen Ausflug
nach Zaandam. Um Alma einen besonders plastischen Eindruck von
der ihn so beeindruckenden Umgebung zu vermitteln, kaufte er neun
Ansichtskarten von Zaandam und seinen Sehenswürdigkeiten und
beschriftete sie mit nachstehendem Text. Karte 7 ist verschollen.
Mahlers Mitteilungen gliedern sich wie folgt:

Nr. 50

Zaandam, 22. Oktober 1903

[Karte] Nro. I

Liebste!

Heute früh am Hafen mit Boot herumgefahren, dann nach *Saandam* [sic] wo es *herrlich* ist! Beifolgend einige Ansichten, unter Anderem auch von Häuschen, wo Peter der Große gewohnt hat. Ich bin ganz

[Karte Nr.] II

traurig, daß Du das nicht miterlebst. Man begreift, daß in diesem Lande die Maler zu Hause sind! Die farbigen Häuser, Wiesen, Kühe, Windmühlen, Wasser, wohin man schaut, die fliegenden und schwimmenden

[Karte Nr.] III

Möwen – die Schiffe und Wälder voller Masten – und diese wunderbar verschwimmende Beleuchtung von alledem. Man könnte wochenlang hier herumbummeln. Dazu diese hochoriginellen Menschen.

[Karte Nr.] IV

Wie oft erinnere ich mich hier an Karl, der mich ein bißchen »sehen« gelehrt. Mama wäre auch in ihrem Element. Mir ist ordentlich *bange* nach ihr. Wir müssen einmal alle 4 miteinander auf die Reise. Gestern

[Karte Nr.] V

die Generalprobe war herrlich. *200* Jungen aus der Schule unter Begleitung ihrer Lehrer (6 Stück) brüllen das Bim[m]-bam[m] und ein famoser Frauenchor von 330 Stimmen! Orchester *herrlich*! Viel besser als in Crefeld – die Violinen ebenso schön wie in Wien.

[Karte Nr.] 6

Alle Mitwirkenden hören nicht auf zu applaudiren und zu winken. Daß Du nicht dabei sein kannst! Jetzt sitze ich bei Tisch (sehr hungrig) gelaufen und gesegelt! Meine Hausleute sind reizend, und lassen mich schalten und walten. Einen sehr interessanten holländischen Musiker, namens Diepenbrook [sic], der sehr eigenartige Kirchenmusik schreibt, habe ich hier kennen gelernt.

Die musikalische Cultur in diesem Lande ist *stupent*! [sic] Wie die Leute blos *zuhören* können! –./ Heute habe ich Deinen Brief mit den Mittheilungen über Ernst etc. bekommen! Aber Almschi!/

[Karte Nr.] 8

ist mir plötzlich das Wischi, wischi mit ihrem wichtig-schlauen Gesicht dabei eingefallen – ich hätte beinahe laut aufgelacht!/ Sei tausendmal geküßt, mein süßes unverbesser-

[Karte Nr.] 9

liches Almschi /und grüße herzlichst Mama und Karl. Ich bleibe/ Dein
alter Gustl.

Peter der Große hatte einige Zeit inkognito in Zaandam verbracht,
um seine Kenntnisse im Schiffbau und in der Seefahrt zu erweitern.
Dieses Ereignis lieferte später die Vorlage für Albert Lortzings populäre Oper *Zar und Zimmermann*.

Mahlers Verhältnis zur bildenden Kunst hatte seit der Heirat mit
Alma neue, wichtige Impulse erhalten. Sowohl Almas Stiefvater Carl
Moll wie auch Gustav Klimt, Kolo Moser, Alfred Roller und andere
waren Gründungsmitglieder der Wiener Secession, die sich mit einem
neuen Bewußtsein von Farbe und Form vom herrschenden Akade-
mismus in Wien abhob.

Der holländische Komponist Alphons Diepenbrock hatte mit der
Uraufführung seines *Te Deum* im Jahr 1902 Aufsehen erregt und auch
das Interesse von Willem Mengelberg auf sich gezogen. Mit seinen beiden Kompositionen *Hymnen an die Nacht* (Novalis), für Singstimme
und Orchester aus dem Jahr 1899, hatte Diepenbrock dem Orchester-
part primäre Bedeutung beigemessen und Mahlers Gestaltungsprinzip
im *Lied von der Erde* vorweggenommen. Mahlers Empfehlung an Franz
Schalk, das *Te Deum* in einem Konzert der Gesellschaft der Musikfreunde aufzuführen, blieb allerdings ohne Wirkung.

Nr. 51

[Amsterdam, 23. Oktober 1903]

Mein theueres Almschili!

Ich begreife [nicht], daß Du nach 4 Tagen noch keinen Brief hast! Ich
schrieb Dir täglich! – Hier nutze ich jede Stunde aus. Heute vormittags einen herrlichen Weg in die Landschaft hinaus. Die holländische
Weide – weit und breit von entzückenden (gepflasterten und be-
pflanzten) Wegen durchzogen, und diese langen beinahe schnurgera-
den im Lichte silberglänzenden Canälen welche von allen Seiten an-

kommen, diese grünen Häuschen, darüber dieser graublaue Wolken-
himmel mit unzähligen Vogelschwärmen! So herrlich – immer freue
[ich] mich, wie Dir das gefallen wird, bis Du nächstes Jahr (wo meine
II. u. IV. aufgeführt werden soll) mit mir herkommen wirst. Alles
spricht von Dir hier – Du bist als schöne Frau in ganz Holland berühmt
und Alles möchte Dich kennen lernen. Die Menschen sind prachtvoll,
seitdem ich sie näher kennen lerne, und von anheimelnder Gast-
freundlichkeit. Ich freue mich doch, daß ich bei Mengelbergs wohne.
Dadurch nütze ich meine Zeit so gut aus, daß ich keine Stunde versäume. Immer denke ich an Dich bei Allem, und an Euch Alle! –
Nun vom gestrigen Abend. Es war herrlich. – Zuerst waren die Leute etwas befremdet, aber von Satz zu Satz wurden sie wärmer und als
das Alt-solo eintritt (ich habe Dir noch nicht geschrieben, daß die
holländische Sängerin erkrankt war und die Kittel dafür berufen wurde, die sehr schön sang) allgemeine Bewegung und Spannung und bis
zum Schluß nun der wolbekannte Verlauf. Nach dem Schlußakkord ein
Jubel, der etwas imponirendes hatte. Alle sagen mir, daß seit Menschengedenken so was nicht da war. Den Strauss, der hier sehr en
vogue ist, habe ich um Ellenlänge geschlagen. Heute Abend ist die
2. Aufführung (kein Platz zu haben) – Heute Vormittag war die 1. Probe zur I [Sinfonie]. – Orchester in heller Begeisterung. Zu traurig, daß
Du nicht dabei bist. –
Heute Nachmittag gehe ich in's Museum um Rembrandt zu sehen.
Morgen nach Haag und Scheveningen – übermorgen Sonntag vormittag an die See bei Haarleem. Und Montag früh um $^1/_2$7 fort, wieder zu Dir, mein Luxerli.
/Ich freue mich riesig, daß Du Fechner liest. Überhaupt merke ich
bei Dir eine zunehmende Vertiefung – was Du schreibst, zeugt so von
innerem Leben und daß Du Dich auf der »Höhe« erhältst.
Die Luft hier bekommt mir riesig gut! Diese 8 Tage sind die reine Er-
holungscur für mich! Jetzt mein Almscherl küsse ich Dich und drücke
Dir die Hand. Halte Dich schön! Grüße die Deinen (die auch die Meinen sind) küsse das Putzerl von mir./   Dein alter Gustav

Für die erkrankte holländische Sängerin Pauline de Haan-Manifar-
ges war Hermine Kittel von der Wiener Hofoper eingesprungen. In
Mahlers Begeisterung über den Erfolg des Abends mischt sich das Bewußtsein, nun auch hinsichtlich seines kompositorischen Erfolgs
Richard Strauss auf den Fersen zu sein. Mahler war rundum zufrieden und wußte, daß in Holland seine Kunst auf einen besonders günstigen Boden gefallen war.

Auch im deutschsprachigen Raum konnte die *3. Sinfonie* ihren Siegeszug fortsetzen. Für das Jahr 1904 wurden bereits Aufführungen in Heidelberg, Mannheim, Köln und auch Prag, sämtliche unter Mahlers Leitung, geplant. Auf Einladung des Dirigenten Ludwig Rottenberg dirigierte er seine »Dritte« noch am 2. Dezember 1903 in der Frankfurter Oper. Mahler verließ Wien am 29. November und schrieb vor seiner Abreise vom Westbahnhof:

Nr. 52*

Wien, 29. November 1903

L.! Es trifft sich gar so schön, daß ich noch ein bissel Zeit habe, bei einem Trafik stehe und am Gang ein Postkastel erblicke. Wenigstens noch einen Abschiedsgruß vom Bahnhof, den Du dann morgen im Bett bekommst. – Bleib so lang liegen Almscherl, als Du kannst.

Innigst Dein Gustav

Nr. 53*

Hotel Imperial, Frankfurt a. M.
Frankfurt [30. November 1903]

Mein liebstes Almschili!
Schnell im Anschluß an mein Telegramm noch einen kleinen Bericht über meine Reise. – Herrlich geschlafen bis 9 Uhr. Dann Kafé gefrühstückt – Herrn *Lothar* aus Wien im Coupégang angetroffen und interviewt worden. Habe ihm genaueste Auskünfte über meine Pläne bezüglich Marienbader Pillen und Süßholzpulver und einige interessante Aufschlüsse über das Wesen der Hämorrhoiden gegeben. –
In Frankfurt 12 Uhr eingetroffen, von Rottenberg am Bahnhof erwartet, mit Riesenappetit zu Mittag gespeist und schreibe schnell diese Zeilen, und trage sie selbst zum Bahnhof, damit sie noch mit dem Zug um 4 Uhr weggehen.
Am Westbahnhof [Wien] traf ich noch Kapellm. *Rösch* der mit demselben Zug nach München fuhr. Er war sehr nett und wir sprachen uns sehr gut.
Ich küsse Dich tausendmal, mein liebstes Almschili: Um $^1/_2 5$ habe ich Probe mit I. Posaune und Flügelhorn.   Innigst Dein Gustl

Das Telegramm, von dem Mahler zu Beginn seines Briefes 53 spricht, ist bisher nicht bekanntgeworden. Seine nachfolgende Bemerkung galt dem Wiener Publizisten Rudolf Lothar, Mitarbeiter unter anderem des Feuilletons der »Neuen Freien Presse« in Wien.

Eine für Mahler wichtige Persönlichkeit war Friedrich Rösch, Mitbegründer des Allgemeinen Deutschen Musikvereins.

Die »Probe mit 1. Posaune und Flügelhorn« bezieht sich auf die entsprechende Solopartie für die beiden Instrumente im Kopfsatz der *3. Sinfonie*. Mahler war vom Frankfurter Orchester enttäuscht und schrieb am Abend noch einmal.

Nr. 54

Hotel Imperial, Frankfurt a. M.
Frankfurt [1. Dezember 1903]

Mein liebstes Almscherl!

/Beifolgendes bitte ich Dich an Dr. Horn zu befördern! Wenn Du es liest, so erräthst Du das Nähere!/

Nun weiter im Bericht. Ich wohne, wie ich Dir schon telegrafirte, im Hotel Imperial gerade gegenüber der Oper, wo das Concert stattfindet. Ich habe ein prachtvolles Zimmer im 4. Stock mit Bade=Garderobezimmer daneben, Telephon und allen möglichen Comfort; nur schade, daß ich das Alles nicht benützen kann, weil ich ja nie zu Hause bin. /Es kostet täglich *7 Mk* (mit 2 Betten 8 Mk.). – Leider hast Du mir weder Kamm, noch Nachthemd, noch Commodschuhe mitgegeben. Kamm kauf ich mir./ Heute Morgen war Probe! O weh! Welche Misere – immer und ewig von vorne das Alles wiederzukäuen, mir wächst meine III bald zum Hals heraus, wenn das so fort geht. Aber Eines ist mir schon klar: Mit dem Orchester mache ich die Aufführung meiner V. nicht! Es ist recht ruppig; so à la Concertverein in Wien! Ich seufze den ganzen Tag unter all dieser Misère und sehne mich schier riesig nach Dir. – Hoffentlich hältst Du Dich schön und bleibst viel im Bett, mein geliebtes Almschel, damit Du wieder recht frisch bist, wenn ich wieder nach Hause komme. – Für heute leb wol, mein Herz und schreib mir, wenn Du kommst! Auch von Putzi!

Ich umarme Dich innigst, Dein   ·   alter Gustl

Der von Mahler eingangs erwähnte Brief an den Wiener Rechtsanwalt Richard Horn ist in dem Band »Gustav Mahlers Briefe« wiedergegeben. Er wurde nicht, wie es dort heißt, im »Januar 1907«, sondern am 1. Dezember 1903 geschrieben.[85]

Der letzte Satz Mahlers dürfte eine Verschreibung enthalten. Statt »und schreibe mir, wenn Du kommst!« muß es sicherlich heißen »und schreibe mir, wenn Du kannst!«

Am Tag vor dem Konzert berichtete Mahler:

Nr. 55

Café Goethe-Eck, Frankfurt a. M.
Frankfurt [1. Dezember 1903]

Du siehst, mein liebstes Almscherl, hier ist die mollige Ecke, wo ich nach den (sehr anstrengenden) Proben (von $^1/_2$10 – $^1/_2$12) und nach einem sehr frugalen Mahl im Bierhaus, den Cáffeh schlürfe und dann mich mit Dir eine Viertelstunde unterhalte, den Brief trage ich dann immer zum Centralbahnhof, wo er um 4 $^1/_2$ weggeht, um Dir des Morgens am nächsten Tag im Bette überbracht zu werden.

Während Du diesen Brief liest, dirigire ich gerade die (öffentliche) Generalprobe. Heute gieng es schon viel besser. Das Orchester ist auch schon dahinter gekommen und anscheinend mit großem Interesse bei der Sache. – Der Theaterchor macht seine Sache sehr gut (eine »Schönheit[«] ist nicht darunter, Du kannst also gänzlich beruhigt nach der Lectüre dieses Schreibebriefes weiterschlafen) – und die Altistin (nicht nur *Alt*, sondern auch *alt*) ist ebenfalls ganz befriedigend. So hoffe ich, daß ich morgen einen guten Abend haben und darauf eine angenehme Reise antreten werde, die mich Gott sei Dank wieder in Deine Arme führt. Ich komme in Wien um *5 Uhr 25* Minuten am Westbahnhof an. (Donnerstag) Dein Briefel habe ich gestern Abend bekommen und hoffe heute ein gleiches – aber ausführlicheres. Mein Befinden ist vortrefflich, die Luftveränderung bekommt mir immer gut. Hier regnet es unaufhörlich; ich lasse es mich aber nicht anfechten, und patsche in meiner freien Zeit munter herum. Am Abend habe ich bisher immer die Vorstellungen im Opernhaus besucht, aber gar nichts Rechtes gehört. Auch die von mir engagirten Sterne sind recht schwache Lichter unter [denen] sich weder eine Venus, noch ein Mars befindet.

Jetzt geht es auf die Bahn mit dem Brief. Während dem Spaziergang werde ich so stark zu Dir hindenken, daß Du Ohrenklingen bekommen wirst. Ich küsse Dich herzlich /und grüße vielmals Mama und Karl, wenn Du sie siehst./ Putzerl ein oftmaliges Ei, ei, und brav, brav.

Dein treuer Gustl.

Das Altsolo in der Sinfonie sang Clara Weber. Die Vorstellungen, die Mahler in der Oper besuchte, waren am 30. November Lortzings *Der Waffenschmied* und am 1. Dezember Leoncavallos *Der Bajazzo* und *Cavalleria rusticana* von Mascagni. Er war deswegen enttäuscht, weil er Sänger auf der Bühne hörte, die er auf Empfehlung von Franz Schalk oder Bruno Walter bereits für die Hofoper engagiert hatte.

Café Goethe-Eck, Frankfurt a. M.

Frankfurt [2. Dezember 1903]

Mein geliebtes Almschi!

Heute also zum letzten Mal in dieser Stadt, der man es wahrhaftig
nicht ansehen möchte, daß Goethe darin geboren ist. Man erinnert
sich absolut nicht daran wenn nicht gerade ein Caffehausschild diesen Namen trägt. – Hoffentlich bekommst Du den Brief wieder des
Morgens und Nachmittag um 5 Uhr und so und so viel Minuten sehen
wir uns wieder. –

Heute also Generalprobe. Die Leute hielten sich ganz tapfer. Infolge
ihrer Ruppigkeit kommt der 1. Satz allerding ein bißchen zu massig
heraus – aber die 3 letzten Sätze werden es schon machen. Ich nahm
gar keine Notiz vom Publikum und so wie sie schüchterne Versuche
zu applaudiren machten, sagte ich gleich was halblaut zum Orchester.

Wie es heute Abend gehen wird, erzähle ich Dir dann mündlich. –
Deine beiden lieben Brieferln erhielt ich heute zugleich. Die sind *sehr
lieb.*

/Ich bitte quäle Dich nicht herum mit den »sexuellen« Problemen.
– Es ist ganz egal, was mir »die Weiber« erscheinen./ – Du, mein Alm-
scherl bleibst mir immer dieselbe! Ich bin schon glücklich wieder zu
Dir zu kommen und zur Putzi!

Auf Wiedersehen, mein Theueres   Dein alter Gustl

/Jetzt geht es wieder zum Bahnhof mit dem Brief./

Der große Erfolg von Mahlers 2. *Sinfonie* in Basel im vergangenen
Juni hatte Oskar Nedbal, den Leiter der Tschechischen Philharmonie, veranlaßt, das Werk am 18. Dezember im Rudolfinum in Prag
aufzuführen. Mahler konnte sich für diesen Tag von seinen Verpflichtungen an der Hofoper nicht lösen. Alma jedoch reiste mit ihrer Mutter zur Aufführung. Der Erfolg des Konzerts war so groß, daß
Nedbal sich entschloß, es zehn Tage später zu wiederholen. Mahler
schrieb nach Prag:

Nr. 57*

[Wien, 17. Dezember 1903]

Mein Almscherl!

Jetzt während ich dieß schreibe bist Du hoffentlich das elende Coupé
schon los. Schade daß das Wetter so miserabel ist. Ihr werdet gut thun,
Euch zu Hause zu halten. – Die Botschaft der Mama besorgte ich

schon um $^1/_2$10; Hassinger gieng in rasender Eile ab nach Favoriten-straße Nro 47, wie Mama gesagt. – Nach einer Stunde kommt er athem-los zurück – die ganzen Favoriten abgesucht und keine Xandi ge-funden. – Leider scheint es nur die ungerade Seite gewesen zu sein, denn beim Nachschauen in »Lehmann« zeigte sich Nro 44. Er wieder schnell zurück und nun richtig die »gnädige Frau« gefunden. Hof-fentlich hat also Mama am Sonntag das Vergnügen.

Leider vergaß ich in dieser Verwirrung das Telegramm an den *blauen Stern.* Hoffentlich seid Ihr aber doch wol aufgehoben. – Mit dem Coupé weiß ich auch nicht, wie Euch in Prag zu helfen. Ich habe ex-press an Nedbal geschrieben – vielleicht hat er entsprechende Ver-bindungen als (nunmehr auch von Euch approbirter) Nationalheros der Czechen. – Auf baldiges Wiedersehen, Ihr Lieben

Dein Gustl

Zu Mittag war, wie verabredet, Roller bei mir, und nun ($^1/_2$5) bin ich zum 2.mal ungefähr eine Stunde zu Hause. Putzi beidemal sehr lustig, beinahe wild – ruft immer Mama und schaut mit geneigtem Köpfchen zur Zimmerthür. Geschlafen hat sie schon um 11 Uhr – offenbar, weil sie so früh aufgestanden – so daß ich sie um $^1/_2$2, wie ich nach Hau-se kam, schon auf fand.

Jetzt gehe ich zur Jause, dann suche ich Carl in der Sezession auf.

Die richtige Adresse von »Xandi«, Fräulein Alexandrine Nepalleck, die Halbschwester von Almas Vater, fand sich schließlich im »Leh-mann«, dem berühmten Wegweiser für Wien.

Der »blaue Stern« war ein bekanntes Hotel in Prag, das Mahler schon seit seiner Jugend immer wieder besucht hatte und auch be-wohnte, wenn er sich in Prag aufhielt.

Mahlers Triumph in Krefeld trug weitere Früchte. Neben Auf-führungen der *3. Sinfonie* im Januar in München (unter Bernhard Sta-venhagen) und Zürich (unter Volkmar Andreae) dirigierte Mahler selbst zu Beginn des Jahres 1904 das Werk in der Stadthalle Heidel-berg im 5. Abonnementskonzert des Bach-Vereins mit Betty Kofler als Solistin und tags darauf – mit der gleichen Besetzung – in Mann-heim im Museensaal des Rosengarten. Mahler reiste allein, da Alma wieder schwanger war. Vor der Abfahrt schickte er vom Bahnhof zwei Grüße:

1904

Nr. 58*

Wien, 27. Januar 1904

Mein lieb's Almschi,

Nur ein Addio kann ich Dir hinkritzeln, – der Zug geht gleich ab!

Tausend B.! Dein Gustav

Nr. 59*

[Wien, 27. Januar 1904]

Liebstes Almschili!

Zu meiner größten Freude kann ich Dir noch einen Gruß schicken, den Du wieder morgen in's Bett bekommen wirst. Da werde ich noch greulich lang herumradeln und vor Ungeduld mit den Beinen schöppern. Bitte, vergiß nicht der Nanna und auch Frau Wolff zu schreiben.

Sei tausendmal gegrüßt etc. Dein Gustav

»Nanna« (Nina) Spiegler war mit Albert Spiegler, Mahlers Jugendfreund, verheiratet. Louise Wolff, Witwe des Berliner Konzertagenten Hermann Wolff, führte nach dem Tod ihres Mannes im Jahr 1902 die Konzertagentur weiter. Nach einer Nacht im Schlafwagen meldete sich Mahler beim Umsteigen aus München:

Nr. 60*

Ansichtskarte: Schackgalerie, München

München, 28. Januar 1904

Liebstes!

Nach passabel verbrachter Nacht (ausführlicher Bericht folgt) hier am Bahnhof $^1/_2$7 Frühstückspause. Habe mir soeben Schinkenbrod mit Thee bestellt. Tausend Grüße Dein Gustl

Einen ausführlichen Bericht schickte Mahler am nächsten Tag.

Nr. 61

Park Hotel, Mannheim

Mannheim, 29. Januar 1904

Mein liebstes Almschili!

Im Anschluß an die beiden Postkarten, die Du hoffentlich erhalten hast, einen kurzen Bericht über die Reise. – Am Westbahnhof hatte ich eine Begegnung mit meinem Herrn Bruder [Alois], dem Schrift-steller und Oberbuchhalter. Der arme Kerl sah mich so von der Seite an, halb schüchtern, halb neugierig. Es gieng uns doch näher, als ich erwartet hätte. – Ich hatte nur Angst, daß er am Ende in einem Wag-gon mit mir fahren würde. – Ja, ich sah uns schon im selben Schlaf-coupé. Nun, das blieb mir erspart – aber dagegen hatte ich das Ver-gnügen mit einem Andern zusammengepfercht zu werden. Und dem war auch leider nicht auszuweichen, denn [der] ganze Wagen war vollbesetzt. – Es gieng aber glimpflich ab: er schnarchte nicht beson-ders, machte nicht viel Geräusch, stank auch nicht. Aber allerdings die gesperrte Luft mit einem Fremden zu athmen, war kein großes Vergnügen. Ich warf mich in meinen Kleidern aufs Bett, und ver-brachte die Nacht passabel. Wie schön wäre es gewesen, Du wärst da gelegen. Die Reise vergieng endlich – ich benützte jeden Aufenthalt zu einem »Walk« und wurde hier am Bahnhof von Kapellmeister Kähler erwartet, der noch am Abend eine Orchesterprobe meiner Symphonie abhielt. Ich zog es vor, den Abend im Theater zu verbrin-gen, wo eine Vorstellung von Romeo u. Julie mich – trotz alles Stüm-perthums – ganz in den Bannkreis des größten aller Dichter und bei-nahe aller Menschen, Schakespear [sic] – zwang; und es gieng mir wieder Manches auf. – In gewissem Sinn ziehe ich eine *schlechte* Dar-stellung eines solchen Werkes einer bloß halb-guten vor. Meine Phan-tasie wird thätig, und die Wirklichkeit – die hier »Unzulänglichkeit« ist – wird zum »Ereigniß«; und alles erhebt sich zum Typus-Symbol. –

Nachher war ich mit den beiden »Hofkapellmeister[n]« beim »bay-rischen« zusammen, und wir fachsimpelten bis 12 Uhr. Allem An-schein nach werde ich in der heutigen Probe alles recht gut vorberei-tet finden.

Wie schön wäre es, Du säßest unten, und ich hätte Jemanden für den ich das alles thun könnte. – Was ist mir aber »Hekuba«?

Ich bleibe die ganze Zeit im *Hotel in Mannheim*, da noch in der Nacht Züge von Heidelberg nach Mannheim gehen. Richte also alle Deine Briefe hierher.

Was macht Putzerl? Welche Fortschritte begeben sich in den beiden entgegengesetzten Regionen ihres Daseins – unten und oben – hin-ten und vorn? Denn eine Mitte giebt es doch noch nicht!
Tausend Grüße und Küsse von Deinem   Gustl.

/Mama u. Karl grüße ich herzlichst.
Jetzt schreibe ich noch an Grethl./

Mahlers sieben Jahre jüngerer Bruder Alois hatte später den Vornamen »Hans Christian« angenommen, da dieser weniger jüdisch klang. Alois galt als »schwarzes Schaf« in der Familie und wanderte schließlich nach Amerika aus. Im Jahr 1910 kam Alois nach Chicago und lebte dort, von Beruf Broker, bis zu seinem Tod am 14. April 1931.

»Kapellmeister Kähler« ist Willibald Kaehler, damals 1. Kapellmeister am Königlichen Theater in Mannheim.

Im Zusammenhang mit der Aufführung von *Romeo und Julia* spielt Mahler auf den Schluß von Goethes »Faust II« an:

Alles Vergängliche
Ist nur ein Gleichnis;
Das Unzulängliche,
Hier wird's Ereignis;
Das Unbeschreibliche,
Hier ist's getan;
Das Ewig-Weibliche
Zieht uns hinan.

Nach der Aufführung traf sich Mahler noch mit den beiden »Hofkapellmeistern« Willibald Kaehler und dem Leiter des Heidelberger Bach-Vereins, Philipp Wolfrum (der nicht Hofkapellmeister war), bei dem von ihm so geliebten »bayrischen« Bier.

Bei seinen Gedanken an Alma hat Mahler an das berühmte Shakespeare-Zitat gedacht:

»What's Hecuba to him,
or he to Hecuba
that he should weep for her.« (Hamlet II, 2)

Der letzte Satz des PS bezieht sich auf Almas ein Jahr jüngere Schwester Grethe, die damals mit ihrem Mann, dem Maler und Kunstlehrer Wilhelm Legler, in Stuttgart wohnte.

Von den Proben berichtet er:

Nr. 62*

Mannheim, 30. Januar 1904

L. A.! Heute mußte ich schon um 6 aus dem Bett um 8 Uhr geht der Zug nach Heidelberg, wo heute den Tag geprobt wird. Daher nur die C.[orrespondenz] K.[arte]Vielleicht komme ich Nachmittag zu einem

Brief. Gestrige Probe war so passabel. Ich hoffe, es wird ganz gut. Es ist merkwürdig, wie fremdartig den Leuten meine Musik zuerst vorkommt. Überall mache ich dasselbe durch. An Grethl habe ich telegrafirt. Wir kommen Montag 2 Uhr in Heidelberg zusammen.

Herzlichste Grüße Dein Gust

Trotz des anstrengenden Pendelns zwischen Mannheim und Heidelberg besuchte er abends noch Hans Pfitzners Oper *Die Rose vom Liebesgarten*.

Nr. 63

Mannheim, 31. Januar 1904

Mein liebes Almschli! Heute mußt Du Dich wieder mit einer Karte begnügen! Dieses verdammte zwischen Mannheim und Heidelberg Herumfahren raubt mir alle Zeit. Ich war noch nie so gehetzt. – Die 2. Probe war schon recht gut. – Heute Abend gehe ich in die »Rose vom Liebesgarten« – Gestern Heidelberg – herrliches Nest – großer Spaziergang zum berühmten »Schloß«. Wirklich ganz wundervoll. Einladungen habe ich durchaus abgelehnt. – Morgen ist Generalprobe – /nachher um 2 Uhr kommen Leglers, mit denen ich zu Tisch gehen werde. Vielleicht auch Nachmittag spazieren./ Herrlich ist der Knabenchor in Heidelberg. – Frauen hüben und drüben recht matt. – Solistin á la Crefeld. – Mannheim ein greuliches Nest. Leider habe ich diesmal nicht einmal Zeit zum Spazierengehen. Neisser hat mich eben aufgesucht – ich gehe mit in seinen Vortrag. Er *bleibt* zu *beiden* Concerten; jammert sehr nach Dir. Wenn Du mitgekommen wärst, wäre seine Frau auch da. Von Dir habe ich heute keine Nachricht.

Tausend Grüße Dein 3er Gustl

Nr. 64

Hotel de L'Europe, Heidelberg
Heidelberg, 1. Februar 1904

Mein Geliebtes! Also gestern in den Liebesgarten. Die Aufführung war sehr gut und durchaus eine Bestätigung meiner Eindrücke bei der Lecture. Ich habe keinen neuen Gesichtspunkt gewonnen. Meine Ansicht über Pfitzner ist die gleiche geblieben. Große Stimmungskraft und sehr interessant im Colorit. Aber zu gestaltlos und verschwommen. /Ein ewiger/ Gallert und Urschleim, immer zum Leben drängend, aber in der Entwicklung gehemmt. Die Schöpfung gedeiht höchstens bis zu den Weichthieren, Wirbelthiere können nicht entstehen. Man möchte ausrufen wie der Kalchas in der schönen Helena: »Blumen, nichts als Blumen.« Das Publikum brachte den besten Willen mit, erlahmte aber in der Stickluft dieses stockenden Nebels und in dieser mysticierenden Atmosphäre. –

Nach der Vorstellung mit Kähler u[nd] Wolfrum soupirt, und dann mit Letzterem nach Heidelberg gefahren, daselbst übernachtet.

Nothnagel tauchte plötzlich auf mit einer »Analyse« der III. [Sinfonie].

Jetzt geht es in die Generalprobe.

/ Um 2 Uhr kommen Leglers, mit denen ich dann zusammen bleiben will.

Der Brief an Nanna, den ich beischließe, schicke nicht ab, Almschili – Du kannst damit nur neue Mißverständnisse hervorrufen und zur »Klärung«, wie Du glaubst, gar nichts beitragen./ Neisser war überall mit und bleibt bis zu meiner Abreise. Er gefällt [mir] jetzt viel besser (er ist nur zu meiner Symphonie gekommen und hat seinen Vortrag nur damit verbunden). Er hat ein riesig warmes Interesse für meine Kunst, und ein merkwürdiges Verständnis – kennt meine 3. [Sinfonie] auswendig.

Ich hoffe, daß mir der Neckar ebenso hold gesinnt ist wie der Rhein. Es sprechen wenigstens alle Anzeichen dafür. – Es ist ein riesiges Interesse in allen Kreisen vorhanden und Alles in beiden Städten *ausverkauft* (was selbst bei Strauss nicht vorkommen soll []). Ich sehe aber, wie *wichtig* es ist, daß ich zunächst noch überall *dabei* bin – es ist zu unsinnig, was die Leute ohne mich mit meinem Werk treiben. Strauss hat ganz Recht, daß er überall selbst dirigirt.

Jetzt nur noch meine innigsten Grüße, Liebstes. (Gestern blieb ich den ganzen Tag ohne Nachricht, hoffentlich bist Du wol!) Was macht das süße Putzi?

Dein Gust

Die Rose vom Liebesgarten war 1901 in Elberfeld uraufgeführt worden, und Pfitzner hatte damals die Partitur und das Textbuch an Mahler geschickt mit der Bitte, ihm sein Werk bei Gelegenheit vorspielen zu dürfen. Als sich beide Künstler beim Tonkünstlerfest 1902 in Krefeld trafen, suchte Pfitzner Mahler auf. Alma berichtet:

»Mahler und ich saßen in dem großen Wohnschlafzimmer, in dem, hinter einem schwarzen Vorhang versteckt, ein riesiges Ehebett in einer alkovenartigen Nische stand. Es wird ein Herr gemeldet. Mahler betrachtete die Karte und bittet mich, für ein paar Minuten in das Ehebettloch zu kriechen, da er mit diesem Mann allein zu reden habe. Ich tat es und zog die schwarzen Vorhänge zu.

Eine dünne, hohe Stimme begann eindringlich auf Mahler einzusprechen. Das Gespräch mußte mich interessieren. Schrecklich!

Wie arm, wie entwürdigend war das, was ich hier hörte. Da bat ein Künstler, und *daß* er einer war, das hörte ich aus den ersten Worten, flehentlichst um die Aufführung seines Werkes, ›Die Rose vom Liebesgarten‹. Und Mahler lehnte ab. Kühl, ruhig, kurz.

Seine eigene Jugend mußte er vergessen haben: ›Keine Sänger – das Textbuch zu schlecht – der ganze Symbolgehalt unverständlich, zu lang, viel zu lang –‹ Dazwischen bebte die bittende Stimme: ›Ein Versuch – letzte Möglichkeit – der einzige Künstler, der ihn verstehen könne, Mahler – sonst Verzweiflung‹!

Beide Stimmen erhoben sich und entfernten sich zur Tür. Es hielt mich nicht länger, ich sprang auf, teilte den Vorhang, eilte auf Pfitzner zu und drückte ihm in höchstem Einverständnis die Hand. Nie werde ich den Blick vergessen, den er mir gab. Dann ging er. Mahler war nicht böse. Merkwürdig, er war nicht böse!«[86]

Später hat Mahler dem Rosé-Quartett Pfitzners *Streichquartett op. 13* zur Aufführung empfohlen und im Jahr 1905, auf Drängen Almas und des Pfitzner-Freundes Bruno Walter, *Die Rose vom Liebesgarten* dann doch zur Aufführung in der Hofoper gebracht. Von einer »Uraufführung« der *Rose vom Liebesgarten* durch Mahler im Jahr 1905, wie dies neuerdings behauptet wird, kann keine Rede sein.[87]

Mahler hatte in früherer Zeit die Operette *Die schöne Helena* von Jacques Offenbach dirigiert. Das Zitat des Kalchas »Blumen, nichts als Blumen!« stammt aus dem 1. Akt dieser Operette.

Der Musikschriftsteller, Kritiker am »Berliner Tagblatt« und Komponist Ernst Otto Nodnagel war ein Schüler von Philipp Wolfrum und später Professor in Königsberg in Ostpreußen. Nodnagel war ein glühender Verehrer Mahlers. Seine Analyse der *3. Sinfonie* erschien 1904 in Darmstadt.

Wie bekannt, hatte Alma im Umgang mit Mahlers Jugendfreunden ihre Schwierigkeiten. In diesen Zusammenhängen ist auch der »Brief an Nanna« (Nina Spiegler) zu sehen.

Am Vorabend des Konzerts traf sich Mahler mit dem Ehepaar Legler, Philipp Wolfrum und dem Breslauer Dermatologen Albert Neisser, Onkel des Mahler-Freundes Arnold Berliner:

Nr. 65*

Ansichtskarte: Heidelberg, Schlosshof

Heidelberg, 1. Februar 1904

Bei Piesporter u. Giesshüble
im gemüthlich Wirthsstüble
Bei Mandeln und Zibeben
lassen wir unser Almscherl leben.
Gust

(Leglers kommen auch morgen nach Mannheim mit, und übermorgen fahren wir zusammen bis Stuttgart – wo ich dann 4 Stunden Aufenthalt habe.) Siehe meinen Extra-Brief! [d. i. Brief 64]
A Neisser
Herzliche Grüße Grete Wilhelm
[am Briefrand] Wolfrum, famulus

Nr. 66

Park Hotel, Mannheim.
Mannheim, 2. Februar 1904

Liebs Almschl!
Also gestern Heidelberg! Großartig vorübergegangen. Aufführung prima – ala Crefeld. /Grethl u[nd] Wilhelm waren da und haben Alles mitgemacht. Nachher Souper im Wirthshaus, ganz gemüthlich./ Wolfrum hat sich famos benommen, und ist, glaube ich, ganz gewonnen. /Spät zu Bett./ Heute Früh mit Neisser (der nicht von meiner Seite weicht und sehr angenehm ist) nach Mannheim. Wieder eine Probe. Zu Mittag beim Intendanten. /Grethl und Wilhelm bleiben in Heidelberg, wo sie mit einem Freunde (Maler) herumspazieren. Jetzt erwarte ich sie zum Thee. Nach dem Concert bin ich mit Leglers u[nd] Neissers in einem »feinen Hause« geladen./ Und morgen, Gott sei Dank, geht es wieder nach Hause. Ich bin das Hotel in der Fremde schon herzlich satt, und freue mich schon riesig auf Dich. Dießmal hoffe ich wieder einen Schritt nach vorwärts gethan zu haben. In dieser Gegend habe ich wieder Boden unter die Füße bekommen, für heuer ist in *beiden* Städten noch eine Wiederholung geplant; und für nächstes Jahr die II. [Sinfonie] unter meiner Leitung. –

Das verdammte Herumvagiren ist mir schrecklich fatal – aber es *muß* sein! Das sehe ich ganz genau. –

Der unvermeidliche Nothnagel hat eine gräßliche Analyse verfaßt und schwärmt wie ein Mädchen. /Zur Eifersucht hast Du keinen Grund./ Mein Umgang sind Kapellmeister und Professoren (unter uns gesagt, mir auch viel lieber als die faden Frauenzimmer). Daß Du Furore gemacht hast, ist mir ganz verständlich. Du in der neuen Toilette bist eine ähnliche Nummer wie meine III. [Sinfonie] in guter Aufführung.

Also auf Wiedersehn Donnerstag früh (für Dich also am nächsten Morgen, für mich leider erst in 1 1/2 Tagen.) Tausendmal alles Liebe, mein Almschili.   Dein Gust.

    Auf Putzi freue [ich] mich! Sch! Sch! Sch!

Schon drei Wochen nach den von Presse und Publikum überwiegend beifällig aufgenommenen Konzerten in Heidelberg und Mannheim – zu Wiederholungen kam es nicht (auch später nicht zu einer Aufführung der *2. Sinfonie*) – verließ Mahler Wien, um am 25. Februar seine *3. Sinfonie* mit Ottilie Fellwock als Solistin in Prag zu dirigieren. Leo Blech hatte die Einstudierung geleitet.

    Auf Einladung des Leiters der städtischen Musikkapelle in Mainz, Emil Steinbach, dirigierte er am 23. März die Aufführung seiner *4. Sinfonie* im Konzerthaus der Liedertafel mit Stefanie Becker als Solistin.

    Nach seiner Ankunft meldete sich Mahler sofort:

Nr. 67*

                              [Hotel] Hof von Holland
                              [Mainz, 21. März 1904]
Mein liebstes Almschili!
Also famos angekommen. Fein dinirt und einen ordentlichen Bummel den Rhein entlang.

    Die Sonne scheint so freundlich und die Luft duftet so lieblich, und ich bin recht ärgerlich, daß Du nicht an meiner Seite bist. Ich denke an die schönen Tage am Basler Rhein, und wie froh Du Dich doch hier wieder fühlen würdest. – Es ist so warm hier, daß ich meinen Überzieher am Arm schlenkern lasse. – Das Hotel ist recht primitiv; es scheint offenbar kein besseres zu geben, denn es ist gar nicht billig, und für das Geld könnte man schon angenehmer hausen. –

    Hier hoffe ich wieder recht allein leben zu können; denn bis jetzt hat sich noch Niemand blicken laßen. Bloß der Herr Hofrath Steinbach (hier ist alles entweder Hofrath oder Generalmusikdirektor) hat mich antelephonirt und durch den Orchesterdiener anambassadirt. Gott segne ihn! Der Musikverein rumort mir recht viel im Kopf herum. Vederemo! Jetzt werde ich dem Hern Hofrath eine Karte

abschmeißen. Nachher habe ich eine Probe mit dem Sopransolo.
Abends gehe ich in's Theater (Undine).

Tausend Grüße meine Liebste von Deinem Gustl

Morgen addressiere ich schon nach Abbazia!
Grüße Mama und Karl!

Mahler erinnert sich »an die schönen Tage am Basler Rhein« im vergangenen Jahr, als er in Begleitung von Alma beim Musikfest des Allgemeinen Deutschen Musikvereins in Basel mit seiner 2. *Sinfonie* einen überwältigenden Erfolg erzielen konnte.

In Mainz und Köln betrat er als Komponist Neuland. Emil Steinbach, Wagner-Dirigent von Rang, war Dirigent der Stadtkapelle in Mainz. Sein jüngerer Bruder Fritz, Nachfolger von Franz Wüllner, leitete als Generalmusikdirektor der Stadt Köln die Gürzenich-Konzerte und die Musik-Gesellschaft. Die Überlegungen Mahlers hinsichtlich des »Musikvereins« bezogen sich auf ein Angebot der Gesellschaft der Musikfreunde in Wien, als Nachfolger von Ferdinand Löwe die Leitung der Konzerte zu übernehmen. Mahler lehnte dieses Angebot schließlich ab, und sein 1. Kapellmeister, Franz Schalk, übernahm diese Aufgabe (s. Brief 70).

Am Abend besuchte Mahler eine Aufführung von Lortzings *Undine* im Stadttheater. Am gleichen Tag schrieb er einen zweiten Brief, der sich mit den Vorbereitungen für den Urlaub in den kurz bevorstehenden Osterferien beschäftigt. Wie im Vorjahr auch, wollte Alma nach Abbazia reisen. Mahler hatte seinen Sekretär der Direktionskanzlei der Hofoper, Alois Przistaupinski, eingeschaltet und verwies Alma auf den Freund Theobald Pollak im Eisenbahnministerium.

Nr. 68*

Motto: »Das muß ich schlau einfädeln«

[Hotel] Hof von Holland
[Mainz, 21. März 1904]

Liebstes!   *Nro. 2*
Eben Telegramm von Przistaupinski bekommen!
Wenn Du nur das eine Ganz-coupé bekämest *(aber das wenigstens sicher)* so wäre es ganz genügend. Denn die Mama (event. Fanni) kann ja ein beliebiges nehmen und dann in St. Peter zu Euch umsteigen, von wo es nur noch 2 Stunden dauert. Selbst für den Fall, daß Du nur ein Halbcoupé bekämst, so könnte die Fanni *nebenan* (wenn auch

mit anderen zusammen) sein, um Dir dann irgendwie zur Hand zu sein, wenn Du es brauchst, und Mama in einem anderen Wagen, und später umsteigen. Pollak muß helfen. – Wenn aber das Alles nicht *sicher* – dann, Almschi, sei gescheit, und gehe nach *Edlach*, wo es herrlich ist, und Dir wieder *sehr* gefallen wird! Zu Ostern ist es halt überall sehr schwer. Selbst in Edlach muß Hassinger oder Przistaupinski *telephonisch* anfragen und bestellen. Tausend Busserln

Dein G.

Mit der *Rückreise* fürchte ich, wird es noch schwerer sein!
Liebste, gehe doch lieber nach Edlach!

Weiterhin beschäftigte sich Mahler neben seinen Proben zur *4. Sinfonie* mit den Vorbereitungen für den Aufenthalt der Familie in Abbazia:

Nr. 69

[Hotel] Hof von Holland
[Mainz, 22. März 1904]

Mein liebstes Almschili!
Obwol ich nicht recht weiß, ob, und wo Dich dieser Brief trifft, so möchte ich Dir doch in Kurzem den Verlauf des heutigen (resp. gestr.) Tages schildern.

Also gestern Abend in einer hundsmiserablen Aufführung der *Undine* – mitten im 2. Akte aufgesprungen und weggegangen. Steinbach weicht nicht von meiner Seite – ich habe zu früh triumphirt – er ist aber /übrigens/ ein sehr lieber und braver Kerl, der meine IV. [Sinfonie] in Wiesbaden gehört, und noch nichts anderes von mir kennt. Die aber hat ihm damals so gut gefallen, daß er sie gleich auf's Programm gesetzt hat, und, wie er mir sagt, bei näherer Bekanntschaft immer lieber gewinnt. – Heute früh also Probe. Orchester ganz gut und sehr willig. Von Steinbach in 4 Proben ausgezeichnet einstudirt. Sängerin des Sopran-solos famos, frische Stimme und sehr schlichter Vortrag. – Zu Mittag bei Steinbach gegessen, und nachher wieder (allein) einen 2stündigen Bummel gemacht. Für morgen nach dem Concert ist dann bei Steinbach großes Festfressen in dem ich wahrscheinlich durch ein leckeres Soupé über die Haue getröstet werden soll, die ich vom Publikum bekommen habe.

Wahrscheinlich geht Steinbach mit mir nach Köln, um meine 3. [Sinfonie] kennen zu lernen.

Wenn ich nur wüßte, was Du machen wirst. Przist[aupinski] hält mich zwar am Laufenden – jedoch ersehe ich daraus nur, daß noch immer nichts bestimmt ist; und ich baue auf Deine Besonnenheit, liebes Almschl, daß Du nichts thun wirst, was Dir oder der Putzi übel bekommt. – Heute Abend geh ich wieder in's Theater; dießmal »Was ihr wollt« /von Schakespeare/ [sic].

Wenn ich doch nur eine Zeile von Dir hätte! Heute könnte sie schon da sein, wenn Du gestern geschrieben hättest. Herzlichst und innigst grüße ich Dich und küsse Euch Beide   Dein Gustav.

Noch einmal sorgte sich Mahler um eine problemlose Reise der Familie an die Adria und berichtete von der Generalprobe:

Nr. 70

[Hotel] Hof von Holland

[Mainz, 23. März 1904]

Mein liebstes Almschel!

Gestern Abend noch telegrafirte mir *Przist.*, daß mit dem Coupé alles in Ordnung sei. – Meinen Expressbrief mußt Du meiner Ansicht nach ungefähr um $^1/_2$6 Uhr, also knapp vor der Abreise nach Abbazzia bekommen haben. Währenddem ich dieß schreibe, schwelgst Du schon am Strand und Putzi macht große Augen und ruft: Papi etc.

Leider bin ich *bis jetzt* noch immer ohne die geringste Nachricht von Dir! Schau Almschel, mich, der ich doch immer minutiös sorgfältig schreibe, ermahnst Du immer zu schreiben, und auf Deine Briefe muß ich regelmäßig so lange warten. –

Heute war also die Generalprobe. Alles geht recht gut, das Sopransolo ist mit einem Frl. Becker einer Concertsängerin aus Köln famos besetzt. Es ist ein Vergnügen anzuschauen, wie die Leute von Probe zu Probe immer entzückter sind. Steinbach, der im Anfang sehr zugeknöpft war ist jetzt ganz aufgetaut, und so warm und herzlich, daß es eine Freude ist. – Da habe ich wieder einen sehr großen und wichtigen Anhänger gewonnen. – Wenn es mir nur in Köln auch so gut gieng! – Schade, daß Du /und Mama/ nicht dabei sein könnt! Ihr würdet jetzt mein Werk ganz anders verstehen und genießen können. –

Ich freue mich schon unbändig, nach diesen Strapatzen Mittwoch Vormittag in Mattuglie auszusteigen, und von Dir mein Almscherl in einem feinen 2sitzer (wenn nicht gar Gummiradler) abgeholt zu werden und dann 4 volle Tage nichts anderes zu thun als mit Dir und Mama müßig zu gehen und bummeln zu können.

Über den Musikverein bin ich mir noch immer nicht klar, aber ich habe doch eine Idee, wie es gehen könnte. Wir reden in Abbazzia über alles.

/Hätte ich doch nur schon eine Nachricht von Dir! Jetzt gehe ich »auf die Luft« und bummle eine Stunde. Tausend Grüße und Küsse auch an Mama von Deinem Gustl.

Daß muß ja reizend sein, wie sich die Putzi bei all den neuen Eindrücken benimmt. Sei nur recht vorsichtig mit ihr!/

Am Tag nach der Aufführung reiste Mahler zur Vorbereitung der *3. Sinfonie* nach Köln. Nach Emil Steinbach in Mainz traf er nun auf Fritz Steinbach.

Die Familie war inzwischen nach Abbazia abgereist. Die Mühen, die Mahler mit all den Vorbereitungen dafür gehabt hatte, quittierte Alma so: »Mahler kam mir bald nach. Er war wie immer im Schlafwagen gefahren, während ich in einem gewöhnlichen Coupé gereist war. Ich holte ihn aus Mattuglie.«[88] [Endstation der Bahnstrecke nach Abbazia]

Nr. 71

Hotel Disch, Köln a. Rh.
[Köln, 24. März 1904]

Mein liebstes Almschi!

Gestern also recht gut ausgefallen. Publikum soll recht warm gewesen sein, was ich nicht beurtheilen kann. Ein bischen verdutzt kamen mir die Leute schon vor, was ja kein Wunder wäre.

Nachher war es sehr gemüthlich bei Steinbach. Ich kam spät nach Hause mußte aber schon zeitig aus dem Bette, und bin mit einem ekelhaften Bummelzug eben hier angekommen, und erwarte den hiesigen Steinbach der mich zu einer Soloprobe mit Posaunen u[nd] Trompeten abholt.

Bin heute recht müde und wäre schon gern bei Dir. Sehr lieb sind die Erinnerungen hier /im Hotel/ an die schöne Crefelder Zeit! Ich wollte, Du wärest mit!

Wegen Putzi habe ich Sorge, wegen des fortwährenden regnerischen und kalten unfreundlichen Wetters. Habt ihr es auch so in Abbazzia? Sei mir vielmals gegrüßt, mein Almschili. Gestern erhielt ich Deinen ersten, sehr lieben Brief, und war nur froh, schon endlich eine Nachricht von Dir zu haben.

Schreib mir nur genau, wie Eure Reise war, und wie Ihr Euch fühlt. Innigst Dein Gustav

Nr. 72

Mein liebs Almschl!

Nun also: der Fritze (Steinbach) ist nu ganz wech mit mir!

Das Orchester entzückend, es ist eine wahre Freude! Chor war auch schon da: famos! Nur das Alt-solo habe ich noch nicht gehört; ich probire jetzt (um 6 Uhr). – Das Schönste ist: Ich habe die Uraufführung meiner V. [Sinfonie] Steinbach versprechen müssen. Er studirt sie den ganzen Sommer mit dem Orchester hier, und ich komme und mache nur die letzten Proben. Am *14.* Oktober (oder 15.) soll die Erstaufführung sein, das wäre doch famos! Vielleicht habe ich hier in Köln eine künstlerische Heimath gefunden. »Am Rhein, am Rhein, da wachsen unsre Reben! [«] Hurrah nun für heute.

Ich bin schachmatt.

Ich esse täglich bei Steinbachs; sie sind sehr nett und lassen mich nicht weg. Für morgen Abend hat er die Kritiker eingeladen. Sehr schön von ihm.

Ich freue mich aber schon, wenn ich in Mattuglie aussteige!

Herzlich und innigst Dein   Gustav,

/Heute wieder keine Nachricht von Dir/

Fritz Steinbachs Bewunderung für Mahler schien trotz des mäßigen Erfolgs der *3. Sinfonie* so groß zu sein, daß er die geplante Uraufführung der *5. Sinfonie* im Herbst 1904 schon auf den 20. Mai vorverlegen wollte. Mahler lehnte diesen Vorschlag mit Rücksicht auf Almas Schwangerschaft jedoch ab.

Nr. 73

Mein Almschl! Also, Gott sei Dank, der letzte Brief, den ich Dir von der Reise schreibe. – Generalprobe prachtvoll ausgefallen. Ochester ist *viel* besser als damals in Crefeld. Die Geigen sind beinahe so gut, wie die Wiener [Philharmoniker]. – Das Alt-solo (eine Frau Hertzer-Deppe) nicht gerade glänzend (etwas »Theater«) aber musicalisch und hinreichend. Chor zu meiner Überraschung *nicht* so glänzend als ich es am Rhein erwartet hätte. –

Alles in Allem aber bin ich sehr zufrieden und ich hoffe, daß meine III. auf ihrer Wanderung nun in einer guten Station angekommen ist. Die *V.* ist also abgemacht für das 1. nächstjährige Gürzenich-concert. Denk Dir, Steinbach wollte es am *Musikfest* in Köln am 20. Mai machen; das habe ich aber mit Rücksicht auf Deinen Zustand abgelehnt. – Ich bin schon recht abgerackert. Das Hotel Disch ist auch gar nicht so behaglich – es zieht überall und giebt einen schrecklichen Radau Tag und Nacht. –

Essen thue ich jede Mahlzeit bei Steinbachs. /Heute Abend geht es glücklicherweise fort./ – Also, wenn nichts dazwischen kommt bin ich Mitwoch früh bei Dir. – Sollte das Wetter noch immer so schlecht sein, so erwarte mich *ja nicht* am Bahnhof sondern in Deinem Zimmer. – Ich habe mit Ausnahme des ersten herrlichen Tages bis jetzt noch nicht einmal die Sonne gesehen – meist regnet es – zum Verzweifeln.

/Ich war schon wieder so dumm, kein ausreichendes Schuhwerk mit zu nehmen. Auch das *Besteck*, Almscherl, habt Ihr vergessen./

Was für Lücken sind denn in meinen Briefen? Ich schreibe doch sicher 3mal soviel wie Du, und Du bist nie zufrieden!

Putzi kann ich mir vorstellen!

Gieb nur Acht auf sie!

/Sei Du und Mama vielmals gegrüßt/ und auf baldiges Wiedersehen mein Almscherl!

Dein Gustav

Am 28. März kehrte Mahler nach Wien zurück und informierte bei seiner Ankunft Alma von dem Erfolg am Abend zuvor.

Nr. 74[*]
Telegramm   Wien, 29. März 1904

Frau Director Mahler, Wiener Hejm, Abbazia

koeln glaenzend ausgefallen   uraufuehrung fuenfte mitte ocktober komme morgen frueh innigst Gustav

Nach diesem Telegramm unternahm Mahler am nächsten Tag die dreizehnstündige Bahnfahrt von Wien nach Abbazia. Nach den Ostertagen kehrte er allein zurück und kümmerte sich neben seinen Aufgaben nun um die Rückreise der Familie und des Kindermädchens Fanni:

Nr. 75[*]

Mein Almschili!

Jetzt komme ich erst dazu, mich zu einem Briefe aufzuraffen. Das war gestern ein scheußlicher Tag. Ich habe keine Minute Ruhe gehabt. Wondra ist krank, und in den letzten 14 Tagen ein Berg von Arbeit angewachsen.

Also: Sehr angenehm gefahren. Die Schlafwagen sind sehr *comfortabel* und ich bin zur Ansicht gekommen, daß Ihr Euch *3 Schlafplätze* 2. Classe nehmen sollt. Da habt Ihr ein Anrecht auf ein *ganzes Coupé* 2. Classe (wàs ganz dasselbe ist, wie 1. Classe) das wird vielleicht 15–18 fl kosten. – Ich habe mit Pollak darüber gesprochen, der derselben Ansicht ist. Es läßt sich nämlich von hier aus *nicht* mit Sicherheit bestimmen, ob Ihr in *Mattuglie* bei dem Schaf von Stationsvorstand auch sicher ein Coupé vorfindet. Du erinnerst Dich doch, was voriges Jahr für eine Confusion mit dem Coupé war, geht also *sofort* zum *Reise Bureau* beim Hotel Stefanie und bestellt Euch für Samstag Abend ein *Ganz*-coupé II. Classe. Ihr braucht nur, wie ich mich erkundigt habe, *3 Plätze* zu nehmen. Die Fanni *steigt mit Euch ein*, und geht dann in St. Peter (ungefähr *10 Uhr*) in einen *x beliebigen* 1. Classe Waggon ab, und schaut dort ob sie nicht irgendwo einen feschen Conducteur oder Kutscher oder so was zu sehen bekommt. Ihr liegt dann sehr bequem, und bringt die Kleinen unter, wie es am besten ist. – Ich andererseits werde jedenfalls schauen, ob ich nicht wenigstens ein *Halbcoupé sicher* bekomme. In diesem Halb-coupé könntest Du, Almscherl, dann vielleicht allein untergebracht werden oder eventuell *Mama*. – Ihr seid ja schließlich auch da, und werdet sehen, wie Ihr Euch helft! Aber *jedenfalls* das Ganz-coupé II. Classe nehmen; das ist das Sicherste!

Gestern hatte ich Vormittag bis $^1/_4$3 hier zu thun und mußte Karl absagen (leider bekam er das Telegramm [erst] um 3 Uhr, und so wartete er bis nach 2 Uhr) dann speiste ich mit Arnold [Rosé] im Hotel *Imperial*! Er erzählte mir viel von Alfi. Später giengen wir genau den Orchester-etat durch. Dann begleitete er mich bis zum Schottenring; auf diesem Wege kamen wir dann wieder auf Alfi zurück. – Von dort fuhr ich zu Carl, wo ich Pollak antraf. Wir machten einen Spaziergang – dann jausten wir, und ich fuhr in's Theater zurück. Pollak gieng in die Loge und schwelgte bei Hofmanns Erzählungen; ich corrigirte indessen meine 5. [Sinfonie] die morgen nach Leipzig zurück muß, damit Alles zur rechten Zeit fertig werden kann. Die Tasche habe ich Dir heute früh eingeschickt. Sie wird Dir für die Reise gute Dienste leisten.

Heute Nachmittag gehe ich in die Sezession. – Eben war Fritz [Löhr] da, der mit mir u[nd] Arnold im Erzherzog Karl speiste. – Hier ist es heute sehr schön, und ich hoffe, daß Ihr auch günstiges Wetter habt. – Seid doch ja nicht blöd, und nimm Dir, Almsch, Deinen Gummiradler Nachmittag, damit Du ordentlich Sauerstoff in die Lunge bekommst. Beiliegender Ausschnitt aus der *Kölnischen* Zeitung v. Neitzel. Ich finde den Aufsatz recht vernünftig. Wie *fad* ist es hier ohne Dich! Ich mag gar nicht zu Hause sein! Das Schlüsserl zur Tasche schicke ich Dir in einem Couvert extra ein. – Richtig, gestern gieng ich nachher mit Pollak in's Hotel Imperial soupiren, wohin nach der Vorstellung Arnold [Rosé] mit [Bruno] Walter (der sehr aufgekrazt ist) nachkamen. – Wir sprachen wieder viel von Alfi. Nachher aber auch über andere Dinge, z. B. über die *moderne Vereinigung* in Wien.

Walter und A[rnold] und Fritz etc. grüßen Euch. Justi kommt, wie ich höre, Donnerstag. Ich küsse Dich tausendmal, mein Almscherl.

Dein Gustav

Mahler mokiert sich über den Elternstolz von Arnold und Justi Rosé auf ihren Sohn Alfred (»Alfi« bzw. »Fredi«, vgl. Brief 42). Alfred Rosé hat sich später über die Erinnerungen seiner Tante Alma geäußert (s. S. 487)

Friedrich (Fritz) Löhr, Archäologe und lebenslanger Freund Mahlers, war einer von jenen alten Freunden, die Alma nicht schätzte. Nach dem Tod der Eltern Mahlers im Jahr 1889 hatte Löhr die Betreuung von Mahlers Geschwistern Justi, Otto und Emma übernommen.

Der von Mahler geschätzte Kritiker Otto Neitzel hatte in der »Kölnischen Zeitung« einen Bericht über die Aufführung der 5. *Sinfonie* in Köln veröffentlicht (s. S. 476).

Die »moderne Vereinigung« war die kurz nach Niederschrift dieses Briefs am 23. April 1904 gegründete »Vereinigung schaffender Tonkünstler in Wien«. Zemlinsky war Präsident, Schönberg sein Stellvertreter. Auf Vorschlag des Hanslick-Nachfolgers Guido Adler wurde Mahler zum Ehrenpräsidenten der Vereinigung gewählt.

Nr. 76*

[Wien, 6. April 1904]

Mein Liebstes!

Nun gelingt es Pollak vielleicht doch, für Euch ein *Coupé* reserviren zu lassen. Er war vormittag da, und hat mir Alles erklärt, und wird Euch, falls es gelingt heute Nachmittag telegrafiren. In diesem Falle also bliebe für Euch im *Schlafwagen* das sogenannte »*Cours coupé*« reservirt. Es ist dieß ein gewöhnliches (allerdings sehr comfortables) *Ganzcoupé*, daß im Schlafwagen sich befindet und gewöhnlich für die Beamten reservirt ist. *Dafür* hättet Ihr *nichts* zu zahlen, bloß die Billete zu lösen. – Ich rathe, daß in diesem Coupé Mama, Fanni und die Kinder Platz nehmen. – Du Almscherl, bestelle aber für Dich jedenfalls noch *2 Schlafplätze 1.* Classe (Halbcoupé), damit Ihr für alle Fälle gesichert seid. Eventuell könntest Du in diesem *Halbcoupé* allein schlafen, und die Anderen wären dann auch gut aufgehoben.

Wenn ich Euch doch nur schon wieder da hätte. Eine so verflixte Geschichte ist diese Heimreise.

Vom Unglück mit Wondra werdet Ihr schon in der Zeitung gelesen haben. Er ist von einem Irrsinnigen angeschossen worden und liegt *im Spital*, und ich habe jetzt die ganze Riesenarbeit allein.

Dein 2. Brief war lieb, mein Almscherl – wieder bedeutende Fortschritte in jeder Beziehung.

Gestern habe ich mit Karl u[nd] Arnold im Spatenbräu Abend gegessen.

Heute mit Arnold [im] Erzherzog Karl mittagmahlt. Ich irre herum in der Wienerstadt wie ein verlassenes Waserl, und ich freue mich schon riesig bist Du wieder da bist.

Zu erzählen giebt es wirklich rein gar nichts. Ich halte fleißig Falstaffproben. Die III. Correktur geht heute ab.

Schreibe mir nur genau, wie Ihr es mit der Rückfahrt halten wollt.

Ich küsse Dich und Putzel vielmals und bin Dein 3er (da Du so viel daraufhältst) Gustl

Nr. 77*

[Wien, 7. April 1904]

Mein lieb's Almscherl!

Hoffentlich ist also nun Alles in Ordnung und ich bekomme Euch Samstag früh wolbehalten in meine Hände. Meine beiden gestrigen Telegramme hast Du doch bekommen? Zu meinem vorigen Brief habe ich noch nachzutragen, daß ich vorgestern Nachmittag bei *G. Adler* draußen war, der vor Freude beinahe einen Ohnmachtsanfall bekam. Ich war eine Stunde bei ihm, und [nachher] begleitete er mich ein Stück des Weges. Beim Weggehen kam Frau Mimose nach Hause und ihr Mund bekam sofort folgende Lin[ie] —— – Heute ist Justi gekommen und ich aß zu Mittag da. Sie packte allen Hamburger Tratsch aus – glücklicherweise nur angenehmes. Die Leute dort haben mir meine Heirath nicht »übel« genommen, und das ist doch schon etwas.

Über Deine mannigfachen Vorzüge sind dort Wundermären im Schwange und Du wirst als Meerwunder begrüßt werden, wenn Du nächste Saison mit mir dort erscheinen wirst.

Hier habe ich leider alle Hände voll zu thun und morgen zum Überfluß noch den Tristan zu dirigiren.

Morgen esse ich zu Hause um Nachmittag ordentlich zu ruhen, und habe Justi und Arnold dazu geladen. Mir ist schon gewaltig bange nach Dir. Mir schmeckt nichts mehr! Und lieber laß ich mich noch ein bischen sekkiren, als so wie ein verlassenes Schaf herumzuirren. Ern.[estine?] war die ganze Zeit durch sehr nett und aufmerksam.

Mit Karl war ich auch viel zusammen. Er wird aber gar nicht zufrieden sein, daß Ihr schon morgen kommt, weil er abends bei Lanckoronski sein muß. Ich denke, Mama wird einfach bei uns nachtmahlen, und Karl holt sie dann ab.

Heute bin ich übrigens *ohne* Brief von Dir geblieben! Was ist denn das, mein Faulpelz? Eine C[orrespondenz] K[arte]. könntest Du an mich wenden?

Sei nun umarmt und geknutscht mein Almschl und grüße vielmals Mama von Eurem Gustav

Mahlers Chordirigent Hubert Wondra war von einem Unzurechnungsfähigen auf der Straße angeschossen worden.

»Frau Mimose« nannte Mahler die Gattin des Musikwissenschaftlers Guido Adler. Mahler spielt bei seinem Bericht über das Mittagessen mit Justi auf seine Hamburger Zeit in den Jahren 1891 bis 1897 an und äußert sich lobend über das Hausmädchen Ernestine.

Wie der zweite Absatz des Briefs zeigt, hatte Mahler zu jener Zeit die Absicht, Alma in der »nächsten Saison« nach Hamburg mitzunehmen. Alma blieb aber dann zu Hause (s. Briefe 128–131).

Am 15. Juni wurde die zweite Tochter Anna Justine, genannt Gucki, geboren. Elias Canetti hat ihr in seiner Autobiographie »Das Augenspiel« ein Denkmal gesetzt. Sein Alma-Porträt im gleichen Buch ist ein Glanzstück funkelnder Ironie.[89]

Der Arzt verordnete Alma nach der schweren Geburt eine Bettruhe von drei Wochen, insbesondere deshalb, weil sie ihr Kind selbst stillen wollte.

Mahlers Bedürfnis nach Ruhe wie der Zwang, im Sommer wieder an sein schöpferisches Werk gehen zu müssen, mögen für ihn Gründe gewesen sein, Frau und Töchter einstweilen der Obhut der Schwiegermutter zu überlassen. Er reiste am 21. Juni allein nach Maiernigg.

Mahler war von den Strapazen der ersten Jahreshälfte völlig erschöpft. Seine Konzerte eingeschlossen, hatte er in dieser Zeit achtundvierzigmal am Pult gestanden. Vor der Abreise schrieb er vom Bahnhof:

Nr. 78*

Wien, 21. Juni 1904

M. g. A! Also mit Bedacht genachtmahlt. Karten gekauft. Gepäck *mußte* aufgegeben werden, hat aber zusammen nur 4 fl gekostet. Mir ist schon jetzt sehr bange! Sage der Vorstadt»natur« doch nichts von der Albi – wozu beim Abschied Bitterkeit erwecken! Wir werden es nach den Ferien schon ordnen. Hassinger habe ich noch ganz bezahlt. Seid noch tausendmal geküßt und *halte Dich* brav, mein Almschi!

Dein Gustl

Alma hat erklärt: »mit ›Vorstadtnatur‹ (ein Wort meines Vaters für seine Schwester) ist Mahlers Schwester J[usti] gemeint«. »Albi« ist Albine Adler, eine Freundin von Justine, aber auch von Mahler, aus gemeinsamen Kindertagen in Iglau.[90]

Am Ziel telegrafierte Mahler:

Nr. 79*

Telegramm

Klagenfurt, 22. Juni 1904

glueckliche ankunft tausend gruesse gustav

und schrieb auch eine Karte:

Nr. 80*

Klagenfurt, 22. Juni 1904

M. l. A.! Eben angekommen, Elise nach Maiernigg expedirt, im Cafe Schieder (das aber nicht mehr so adrett zu sein scheint) gefrühstückt, die Haare schneiden lassen, und nun per pedes über Loretto, wo mich Anton erwarten wird, nach Hause, das Wetter ist jetzt wieder schön. Gestern soll es geregnet haben. Das Coupé war *elend*. Du mußt Dir durch *Wittek* ein *Ganzcoupé* in einem *neuen* Wagen ausbitten. Die *alten* rütteln zu sehr. Tausend Grüße an Euch Alle!

Dein alter Gustl

Mahler schickte die Köchin Elise von Klagenfurt voraus nach Maiernigg. Er selbst ging zu Fuß den etwa zweieinhalb Kilometer langen Weg von Klagenfurt nach Maria Loretto, ein Ausflugsziel unmittelbar am Wörthersee. Dort erwartete ihn Hausmeister Anton, der ihn dann mit dem zur Villa Mahler gehörenden Kahn übersetzte.

Mahlers Stimmung läßt sich nur erahnen. Hier sein berufliches Schicksal, nur im Juli und August produktiv sein zu können, »um den Besitz der Menschheit zu vermehren« (s. Brief 14), dort seine junge Familie, nach der sich der Familienvater sehnte. Er komponierte nicht, sondern plante zunächst einen Spielplatz für seine Kinder:

Nr. 81

[Maiernigg, 23. Juni 1904]

Mein liebstes Almschili!

Gestern bin ich hundsmüde um $^1/_2$10 Uhr in[s] Bett, und habe ohne Unterbrechung bis 8 Uhr früh geschlafen. Dann mein erstes Frühstück im Häuschen eingenommen. – Aber es ist sonderbar; das Klima scheint mich jedes Mal tief herabzustimmen. Sowie ich in Maiernigg ankomme hört alle Lebensenergie und =frische bei mir auf, und es dauert regelmäßig 2–3 Wochen, bevor ich mich einigermaßen wieder aufrichte. – Du kennst ja das von beiden vorigen Sommern her! Dießmal geht es mir genau so, nur, daß Du mir noch dazu fehlst, und ich den ganzen Tag so allein herumschleichen muß. Weiß Gott, wann ich mich wieder ein bischen herausrappeln werde.

So sordinirt war ich schon lange nicht. Vorderhand ist nur mein einziger Trost, daß das Klima für die Kleinen famos ist, und so wenigstens denen zugute kommt. Aber das möchte ich schon, diese Villa an den Mann bringen. –

In meinen Zimmern oben ist ein scheußlicher Geruch, wie von verdorbenem Leim. Es soll von dem *Anstrich* herrühren, der in Folge der Verputzung der Riße nöthig geworden ist. – Ich halte mich daher bloß im Böcklinsalon auf; schlafen aber muß ich oben, und hoffe, daß mir das nicht schaden wird – frage einmal den Karl, ob er eine Ahnung hat, was solche »Maler« für Materialen gebrauchen, und wie so ein Geruch entstehen kann.

Das Gitter hab ich mir reiflich überlegt! Der Platz, den wir aus dem Gedächtniß gewählt haben, ist *ja viel* zu klein; da könnte sich die Putzi ja kaum umdrehen. Dagegen wäre unten ein Platz, wie geschaffen dazu. Ich habe mir Alles genau angeschaut und mit Theuer berathen. Ich laße ihn vollständig *eingittern*, und um *10 fl* feinen Sand aufstreuen – Da haben die Kinder für Jahre hinaus ein Platzl, wo sie sich ein wenig /unter Aufsicht/ tummeln können. Ich laße das machen, wenn Du einverstanden bist. Es ist der Platz, wo die Bank, der Tisch und die beiden Sesseln /(Alles aus Holz)/ stehen.

Schlangen können oben ebensogut hin wie hier unten; und ohne Aufsicht dürfen die Kinder ja ohnehin nie sein. (Abgesehen davon, daß alle Wasserschlangen *nicht* giftig sind, und giftige Thiere nur an *besonders* heißen und trockenen Stellen vorkommen. Frage jeden Arzt[)]. – Ein anderes Mittel giebt es hier nicht. Also, schreibe mir nun Deine Meinung. Der Platz vor dem Haus, den wir anfänglich gemeint ist jedenfalls seiner Kleinheit wegen *unmöglich*.

Für alle Fälle aber laße ich die besonders abschüssigen Stellen vor dem Hause auch einzäumen.

– Jetzt hat es eben zu hageln und wettern aufgehört, und ich will schauen, daß dieser Brief noch heute abgeht.

Tausend Grüße und Küsse   von Deinem Gustav.

/Liebste Mama!
Sei mir auch herzlichst gegrüßt und (Almschel, schau weg) geküßt und schreibe recht ausführlich über Alles!

Rede doch der Almschl die dumme Besorgnis von Schlangen (die doch schließlich überall sind, und gewiß auch in Plankenberg) aus. Man muß eben im freien auf Kinder aufpaßen!/

Wie früher in Steinbach am Attersee hatte sich Mahler auch in Maiernigg ein »Komponierhäuschen«, abseits vom Familientrubel und oberhalb der Villa im Wald gelegen, bauen lassen.

Schon um diese Zeit trug er sich anscheinend mit dem Gedanken, sein Haus am Wörthersee zu verkaufen. Er tat dies dann aber erst 1908 nach dem Tod seiner Tochter Maria (Putzi).

Für den Bau des Kinderspielplatzes ließ er sich vom Architekten der Villa Mahler, dem in der Nähe wohnenden Alfred Theuer, beraten.

Auf Schloß Plankenberg in Oberösterreich hat Alma in den Jahren 1885 bis 1892 ihre Kindheit verbracht.

Nr. 82

[Krumpendorf, 24. Juni 1904]

Mein liebstes Almschili!
Also der erste (richtige erste) Tag wäre vorüber. Einfach schrecklich! Der dumpfe Malgeruch im Schlafzimmer, hierauf nothdürftiges Zu-

Skizze des Spielplatzes, von Gustav Mahler in Brief 81 gezeichnet,
nach dem Satz: »Es ist der Platz, wo die Bank, der Tisch … stehen.«
Beschriftung der Skizze: Sand/Gitter/vom See aus

sammensuchen der zerstreuten Stücke meines inneren Ich (Wie viel Tage es dauen wird, bis ich es mir gesammelt?) hierauf Besprechungen mit Theuer /(von denen schon berechnet und nun Deine Ansicht erwartet),/ dann gebadet, mittagmalt. Den ganzen Tag im Briefwechsel Wagner – Wesendonk gelesen und mich wahrhaft erbaut an diesem Einblick in ein wichtiges – vielleicht das wichtigste Stück Leben dieses einzigen und theuren großen Mannes. Nun wollte ich in Wald und Feld. Aber da brach ein Gewitter mit Hagel los, das bis in die Nacht hinein gedauert, und alle Vorsätze zunichte gemacht [hat].

Nun wurde abwechselnd Clavier gespielt – Brahms Kammermusik – leider doch manchmal recht sterile Musikmacherei, und wenn ich nicht plötzlich auf ein reizendes Sextett in B-dur gestoßen wäre, hätte ich [an] Brahms verzweifelt, wie an mir in diesen Tagen – Dann wieder Wagner-Briefwechsel; der in dieser Nachbarschaft noch dämonisch über alles Irdische hinauswuchs – zuweilen Tolstoi-Beichte; furchtbar trist und barbarisch selbstzerfleischend, schiefe Fragestellung und in folge dessen grenzenlose Verwüstung aller errungenen Herzens- und Geistesgüte. Manchmal versucht im Regen und Schauer ein paar Schritte hinaus – bei Maiernigg Café getrunken, aber wegen pfützenartiger Färbung stehen gelassen. Spiesser rechts und links, strickende alte unappetitliche Frauenzimmer, und Käsefressende Kahlköpfe vertrieben mich bald. So vergieng endlich der Tag und ich schmiß mich in's Bett (der Leim stank) und ich schlief bis $^{1}/_{2}$9 Uhr. – Heute war mir etwas besser zu Muth /und/ besonders Deine Karte, lieb Almscherl /und die lieben Zeilen der Mama/ brachten etwas Frische in mein eintöniges Dasein. Jetzt bin ich zu Fuß auf dem bekannten Bummelwege nach Klagenfurt [gegangen] und sitze hier im Café (Kaiser von Österreich[)] – da Café Schieber wegen Damenbedienung unausstehlich geworden – trinke Café und Chocolade und schreibe Dir diese Zeilen. Der Kahn kam auch heute an. Er schaut wie neu aus – /Ich zahlte *24 Kr.*/ Ich mache einige Besorgungen, und gehe dann nach Loretto, wo mich Anton wieder mit dem Kahn abholt.

Halte Dich oben, mein Almschi ich zähle die Tage, bis Ihr herkommt. Fragt die Putzi mal nach mir? Tausend Grüße und Küsse an Euch Alle von Eurem   Gustl.

/Der Brief von der Emma war doch ganz nett?/
Almschi, schreib mir *ja nicht*! Das kann nicht gut sein für Dich!

Mahler sucht Entspannung für neue Konzentration auf sein Schaffen. Er liest im eben erschienenen, von Wolfgang Golther herausgegebenen Briefwechsel zwischen Richard Wagner und Mathilde Wesendonck sowie Tolstois »Meine Beichte« und beschäftigt sich bis zur Ankunft der Familie mit anderen Komponisten.

Mahlers schwankende Haltung gegenüber der Musik von Johannes Brahms ist bekannt. Als Dirigent hat er dessen Sinfonien 1 bis 3, die Haydn-Variationen, das *1. Klavierkonzert d-Moll op. 15*, das *Violinkonzert op. 77* sowie Chor- und Kammermusik aufgeführt.

Nr. 83*

Krumpendorf, 25. Juni 1904

Liebstes!

Heute leider ohne Nachricht von Euch. Liebste Mama, schreibe mir doch *täglich*, wenn auch nur eine Correspondenzkarte mit lakonischem Bulletin. Ich schlafe täglich 10 – 11 Stunden – wie ein Mehlsack. Versteh das nicht, da ich doch eigentlich gar nicht übermüdet bin. Es muß entschieden die Luft, in Verbindung mit stinkendem Malerleim [sein]! Es ist gräulich! Jetzt, wo ich so allein herumstrabantze schaue ich mir die Bevölkerung ein bischen besser an. So entsetzlich stupid und hoffnungslos ist gewiß in ganz Europa kein Menschenschlag. Trostlos!

Herzlichst   Euer Gustav

Um die Schreibfaulheit Almas zu »strafen«, schreibt Mahler nach dem ersten Satz seiner Postkarte an seine Schwiegermutter.

Nr. 84

[Maiernigg, 26. Juni 1904]

Mein liebstes Almschel!

Wenn Ihr es doch nur auch so gut hättet: Den ganzen Tag regnet's und ich sitze in meinem Hause; wie auf der Alm im Gewitter. – Heute war also der Jergitsch [da] und wird mir morgen den Kostenüberschlag schicken. – Es wird Alles zu Deiner Zufriedenheit besorgt werden. Du wirst Dich freuen, Almschel, wenn die Kleine in bester Luft im Sand herumtollen wird. (Wär's nur schon so weit![)]Morgen will ich in Klagenfurt das Betterl für sie besorgen. – Mit den Schlangen weiß ich ebensowol Bescheid – es sind eben *Wasserschlangen*, die sich in der Nähe des Wasser[s] aufhalten, und die sind *nicht* giftig. Giftschlangen brauchen *Trockenheit* und *Hitze*, und scheuen die Nähe des Wassers.

Da kannst Du jeden Zoologen fragen! Es ist also gewiß gar kein Grund zur Besorgnis! – In meine Einsamkeit fange ich langsam an mich hineinzufinden, wie eben in alles Unabänderliche. Aber so *einsam* war ich noch mein Lebtag nicht!

/Bei Theuers war ich noch nicht! Ich kann mich nicht dazu entschließen. Du brauchst Dir wahrlich keine Sorgen zu machen. Sie war heute bei der Elise und hat ihr ein Hendel für mich gegeben (wie sie sagte, wollte sie mich eigentlich einladen, fürchtete aber zu stören). Von dem Hendel habe ich heute den ganzen Tag gelebt. Aber, Almschel, *Butter* schicke mir sofort und auch 2 Laibl *Grahambrot*; denn dieß ist hier meine wichtigste Nahrung und die Semmeln nicht zu fressen.

Unten gebe ich Dir noch Einiges an, was Ihr mir mitbringen müßt.

Ich habe mich jetzt ganz wohnlich in *Deinem Salon* eingerichtet, und mir Bücher und Noten heruntergenommen (von wegen des Malerleims da oben) und wohne Dir Dein Zimmerl jetzt ganz ein. Von Frau Neisser beifolgenden Brief, den ich Dir zu beantworten aufhebe; Du bist ihr ja ohnehin noch einen schuldig.

Also die Gegenstände zum Mitbringen.

1.) Die blaue Decke (die die Binder gehabt hat)
2.) Den Streichriemen für das Rasierzeug, das ich im Schlafzimmer gelassen habe,
3.) einen alten Anzug – ich habe richtig keinen warmen hier,
4.) noch so eine weiße Mütze vom Herrenhuter,
5.) die Tinte für die Füllfeder.

Eine Fortsetzung folgt im nächsten Brief, sowie ich mich an etwas erinnere./

Ich habe so ziemlich jetzt den ganzen Brahms durchgenommen – Na, das muß ich schon sagen, ein winziges Männchen ist es schon mit einer etwas schmalen Brust. Herrgott, wenn einen daneben so ein Sturmwind aus der Lunge Richard Wagners angeweht hat. Wie muß der Brahms mit seiner Armuth Haus halten, um auszukommen! Womit ich ihm aber nicht etwa nahe treten will. – Womit es aber da am meisten hapert, darüber wirst Du staunen, wenn ich Dir es sage – das sind seine *»sogenannten Durchführungen!«* Mit seinen oft schönen Themen weiß er in den seltensten Fällen etwas anzufangen. Das haben überhaupt nur Beethoven und Wagner gekonnt!

Also, gehab' Dich und die Putzerln wol /und pisak' jetzt die arme Mama nicht, seitdem Du wieder Dein Schnoferl nach oben machst./ So, jetzt geht es an Bach (bei 2 Kerzen) ich muß mich nach Brahms ein bischen auspusten. Schon in großer Sehnsucht nach Euch Gustl.

»Der Jergitsch«, den Mahler im Zusammenhang mit den Arbeiten für Haus und Hof nennt, war ein nicht näher zu identifizierender Handwerker aus Klagenfurt. »Frau Neisser« war die Gattin des mit Mahler eng befreundeten Dermatologen Albert Neisser in Breslau (s. Brief 158).

Wie es scheint, hängt Mahlers feierliche Formulierung »So, jetzt geht es an Bach (bei 2 Kerzen)« mit zwei jüdischen Ritualen zusammen.

In Erwartung des Sabbat zünden am Vorabend die jüdischen Frauen eine halbe Stunde vor Sonnenuntergang zwei Kerzen an. Zudem ist es Brauch, bei der Totenaufbahrung zu beiden Seiten des Hauptes eine Kerze aufzustellen.

Als Mahler sechs Jahre später Alma aufforderte, sich zwischen ihm und Gropius zu entscheiden, zog er sich während des Gesprächs zwischen Alma und Gropius in sein Zimmer zurück, um, wie Alma berichtet, beim Schein von zwei Kerzen in der Bibel zu lesen (s. S. 444).

Nr. 85*

[Maiernigg, 27. Juni 1904]

Liebste! Deinen Befehl habe ich also ausgeführt: an Hellmann telegrafirt. Dann war ich heute bei Riedl wegen eines Kinderbettes. Ich habe das Passendste ausgesucht und sende Dir zur Auswahl beigegebene Bildniße. Ich denke, Du wählst von Nro. 61, u. 62, und 64 eines aus. Hier regnet es und regnet es. Ich muß in folge dessen fortwährend lesen etc. Für die Augen nicht gerade das Beste. Von Brahms habe ich endlich ein Clavierquartett in G-moll gefunden, das mich durchaus befriedigt. Als gewissenhafter Chroniqueur constatire ich dieß hiemit. – Was der Adler so dringend zu sagen hat, bin ich neugierig. Ich zweifle nicht daran, daß es gänzlich überflüssig sein wird. Vielleicht muß er mich wieder einmal retten! Nun wirst Du doch wol beiläufig ahnen, wann Ihr abfahren könnt. – Ich bitte Dich, laß mich darüber etwas wissen. Morgen ist die Kleine schon 2 Wochen alt; und wenn ich Glück habe, kann ich [Euch] nach einer weiteren Woche erwarten. Übernimm Dich nur nicht! Mir scheint, von Besuchen wimmelt es jetzt bei Dir. – Ich kann nicht läugnen, daß ich auch gerne manchmal drunter wäre. Es ist schon ein starkes Stückl auf dieser Alm da mit meiner Sennerin Elise zu hausen. Nichts als Salat! Anton unterrichtet mich während der Kahnfahrten über alle Unglücksfälle die sich im Laufe eines Jahres in ganz Kärnthen zugetragen haben. Das Neueste ist, daß oben am hölzernen Häuschen sich eine Nachteule angesiedelt hat, die sich absolut nicht um die runde Öffnung bekümmert, und nun von Anton in moribus unterrichtet werden muß.

Von Herzen Dein Gustav.

Nachdem Mahler das von Alma angemahnte Telegramm an den Wiener Großindustriellen Paul Hellmann abgeschickt hatte, kümmerte er sich wieder um die Vorbereitungen zur Ankunft der Familie. Almas Genesung schien in dieser Zeit Fortschritte gemacht zu haben, und Mahlers Sticheleien in bezug auf ihr gesellschaftliches Leben zu Hause sind unüberhörbar. Die Eule hatte sich im Toilettenhäuschen eingerichtet, das neben Mahlers Refugium stand.

Nr. 86*

[Maiernigg, 27.(?) Juni 1904]

Liebste! Ich beeile mich, Dir beifolgenden Ausschnitt aus einer Berliner Zeitung einzusenden. Es scheint also Deine Präparation der Brüste mit Bor vor dem Trinken nicht so ganz harmlos zu sein! Ich bitte Dich, das ja zu bedenken. Im schlimmsten Fall scheint es mir doch das kleinere Übel, die Brust bloß mit Wasser oder Franzbranntwein (letzteren aber dann ordentlich zuerst trocknen lassen) zu waschen, statt mit der schädlichen Borsäure. Heute ist nach 3 tägigem Regen endlich ein besserer Nachmittag, den ich zu einer Ausfahrt mit Rad benutze, und bei dieser Gelegenheit Herrn Jergitsch um den noch immer nicht eingelangten Kostenüberschlag zu treten. Also *Samstag* stehst Du auf! Und dann wird doch Deine Abreise nicht mehr so ganz fern [sein]. Heute will ich [in] Klagenfurt über Deinen Transport vom Bahnhof Näheres erfahren. Entweder Sänfte oder Gummiradler?

Herzlichst Dein Gustl

Nr. 87
Dienstag   [Maiernigg, 28. Juni 1904]

Liebstes Almschili!
Jetzt habe ich doch den Ausschnitt gestern vergessen, und Du wirst vielleicht gespannter als die Sache es verdient. Also da ist er! (falls ich ihn nicht am Ende doch wieder vergesse!)

Der Kostenüberschlag von Jergitsch ist laut Beilage billiger als der erste. Jergitsch fragt nun an, in welcher Farbe der *Anstrich* gewünscht wird. Bitte, schreibe mir umgehend, was Du bestimmst. – Dienstag (heute über eine Woche) längstens wird er fertig sein und Sand in Hülle und Fülle – aufgeschüttet und extra ein Häufchen zum Spielen. Ich werde, damit Ihr Euch nicht schleppen müßt mit so unnützen Dingen, eine Schaufel etc. für die Putzi in Klagenfurt kaufen.

Ferner habe ich in Klagenfurt den feinsten Wagen mit Gummirädern und famosen Federn (der eigens für den Kaiser gekauft worden ist) aufgegabelt; in dem sollst [Du], wenn es der Arzt erlaubt, wie eine Fürstin in Deinem G'schloß einziehen. Ich bin schon rasend gespannt auf Deine Nachrichten.

Also Samstag stehst Du auf?

Eben habe ich der Elise 5 fl gegeben, da sie morgen in Klagenfurt Besorgungen machen will. Beim Kaufmann habe ich ein famoses bairisches Flaschenbier aufgetrieben, das ich mir jeden Abend munden laße. – Das Wetter ist ziemlich miserabel – ab und zu hört der Regen auf, was ich schleunigst zu einem Walk oder Rid (per Rad) benütze, und so frette ich mich bis zu Deiner Ankunft durch, und mache nach Art der alten Philosophen (zum Unterschied von den modernen) oder beinahe wie die allerneuesten (vom Schnitte Dehmel und Consorten) nur das Beste aus allen Dingen. Du, mein Almscherl – ich werde Dich auch einmal auf 14 Tage auf eine Alm schicken, damit Du das lernst. Allerdings kann ich mich nicht indessen zu den Dingen herbeilaßen, die Du jetzt zu besorgen hast. Ich freue mich aber schon wie ein Schneekönig, wenn ich das Maul wieder aufmachen kann! Ich küsse Dich tausendmal, Liebste, und *halte* Dich, damit ich Dich bald wieder habe!

Dein Gustav

Mama und Karl viele herzliche Grüße.

Von Brahms habe ich schon ein 2. Clavierquartett, das in C-moll, das wir voriges Jahr hier 4händig gespielt haben, gefunden; die ersten beiden Sätze wundervoll. Bis jetzt mit dem G-moll das einzige, zu dem ich ganz *ja* sagen kann. Schade, daß sich die letzten beiden Sätze so verflachen. /Dann lese ich *Dorian Gray* von Wilde, der mich sehr interessirt. Bin neugierig wie sich die Sache entwickelt./ Tolstoi laße ich eine Weile; von dem muß man sich ausruhen; ich rede nur vom Schriftsteller und Propheten. Seine Novellen und Romane, das ist was anderes!

Das »2. Clavierquartett« war das *Klavierquartett Nr. 3 in c-Moll op. 60* von Brahms, seine Lektüre Oscar Wildes »Das Bildnis des Dorian Gray«. Das PS dieses Briefs hat Alma aus nicht ersichtlichen Gründen als PS nach Brief 135 publiziert.

Nr. 88*

Hotel und Pension »Hugelmann« am Wörthersee   [Juni 1904]

Bis jetzt mein Almschi habe ich noch keine Nachricht von Dir. Heute der erste schöne Tag, den ich zu einer Radtour um den See benütze, auf der ich eben hier Station mache und Cafe trinke. – Gleich geht das Schiff und nimmt diese Grüße mit. Ich muß mich aber auch sputen, sonst kriegst Du sie morgen nicht.   Tausend Grüße Dein Gustl

Nr. 89*

[Maiernigg, Juni 1904]

Mein Lieb

Heute (resp.) morgen wirst Du ohne Brief sein. Ich habe mich auf meinen Wanderungen (durch ekelhafte Kothigkeit und Ruppigkeit der durch das überaus nasse Frühjahr noch immer nicht getrockneten Waldwege) verstiegen und bringe diesen Brief nicht mehr an. Ich war wieder einmal bei den Spinti[n]ker Teichen und habe liebreich Deiner gedacht! Es kam mir beinahe unbegreiflich vor, daß Du da einmal mit mir herumstrabanzt bist! Heute habe ich auch endlich einmal meine Antrittsvisite bei Theuers gemacht! Himmel, wie ward mir! Beide Schwiegermütter, und Theuer auf einem festgewurzelten Motorrad (neuester Sport) unter furchtbarem Gewackel und Gestank seine Übungen anstellend. Theuers waren sehr nett und gar nicht gekränkt. Als ich längere Zeit um Gnade gefleht (ich wußte nicht, sollte ich mir die Ohren oder die Nase zuhalten) stieg Theuer großmüthigst ab und erklärte mir nachdem die Maschine abgestellt in halbstündiger Auseinandersetzung die ganze Einrichtung. Dann wurde über Grünwald getratscht, und endlich bekam ich die Mittheilung, daß die Frau eines Knäbleins genesen war. Die Arme mußte 40 Stunden leiden, und endlich unter Narkose mit der Zange ihres Wurmes entbunden [werden]. Morgen erwarte ich endlich Deine Bestimmungen bezüglich Anstrichs, Kinderbett etc., um das Nöthige zu veranlassen. Wann kommst Du endlich. Ich dürste schon. Dein Kartel wegen des Kindertischchens bekam ich heute, und werde morgen in der Stadt zuschauen.

Für heute, mein Liebstes tausend Busseln und Grüße an Mama. Die Putzi liest den Brief wol selber.   Dein Gustav

[Am oberen Kartenrand, Seite 1] Mit Strümpfen geht es mir sehr schlecht! Alle sind an der Ferse *zerflickt*, daß sie sehr drücken, und außerdem zerfetzt. Bringt mir ein paar neue mit!

Nr. 90[*]

[Klagenfurt, 2. Juli 1904]

L. A.! Eben bin ich in der Stadt, und habe also beim Riedl das Bettl nach Deiner Angabe bestellt – ferner von *Thonet* die Kindersessel, ersteres *32* Kronen, letzteres 21 Kronen! Aber ich habe noch immer keine Antwort, *mit welcher Farbe* das Drahtgitter gegen die Schlangen gestrichen werden soll? Ist dieser Brief vielleicht verloren gegangen? Heute stehst Du also zum ersten Male auf? Zur Feier schreibe ich nämlich diese Correspondenz K[arte]., und zwar stehend – wie bei einem Toast! Hoch! Hoch! Hoch! Den Streichriemen brauchst Du mir nicht mehr mitzubringen; ich habe hier einen gekauft.   Tausend Grüße G.

Nr. 91

[Maiernigg, 3. Juli 1904]

Mein Lieb!

Draußen strömt es ununterbrochen – donnert, blitzt, kracht – daß es nur eine Freude! Gehört für mich zum Schönsten, was mir der See jetzt bieten kann. Draußen der Sturm, und ich so behaglich in Deinem Salon mit Lampe, Büchern, Noten, Clavier, Papier! Aber der Brief geht nicht mehr fort, und so hast Du morgen keinen. Das ist die Schattenseite davon, aber nur für Dich. – Wie lange noch dauert es! Wäre es hier nur etwas möglicher – kräftiger und die Wege gehlicher,. Ich bringe so meine Zeit nach meiner Art in mich und in die Welt schauend – halb selig – halb wartend zu. – Die Bücher leider gehen mir schon aus! Und da ich es nicht so machen kann wie Quintus Fixlein der sich seine Bibliothek nach und nach selbst geschrieben /(so wie ihm ein Titel in den gelehrten Anzeigen zu Gesicht gestanden, flugs schrieb er sich gleich das Buch zu),/ so muß ich mir irgend etwas kaufen, wenn ich nach Klagenfurt komme.

Heute am Sonntag wissen sich diese Ungeziefer da draußen am See und auf den Straßen nicht genug Randal! Kaum, daß in so einem Dreckgehirn so eine Blase Wolgefühl aufsteigt pums, muß es gleich einen Platzer geben, als ein Freudenböller in die Welt – Juh! Juh! etc. etc. – Alle müssen wir wissen, daß der Hans Affe und Peter Viech zufrieden mit sich sind. – /Der Mama danke ich tausendmal für ihre liebe Zeilen, die ich heute erhielt! Es hat mich so gefreut von unseren Putzerln einmal etwas ordentliches zu hören. Jawol, wärt ihr nur schon da! Warum fährt denn Karl nach Karlsbad? Morgen gehe ich nach Klagenfurt um den Jergitsch zu treten – Ich hoffe ganz bestimmt, wenn ihr kommt, ist Alles richtig!/

Der Wilde [Dorian Gray] ist sehr aufregend und dabei eine ziemlich hohle Nuß. Eine nicht üble Idee durch Willkürlichkeit und etwas Dilettantismus verpfuscht. Du darfst es nicht lesen. – Nachdem ich den ganzen Brahms durchhabe, bin ich wieder zu Bruckner übergegangen. Sonderbare Mittelmaß-menschen. – Der Eine war zu lang »im Löffel«, der andere muß erst hinein. Jetzt halte ich bei Beethoven. *Es giebt nur den* und *Richard* – und sonst *Nichts*!! Merk Dir's! Auf den Briefwechsel kannst Du /und Mama Euch/ freuen! Man hat es ordentlich nöthig gehabt um diese lausige Anfechtung von den »ianern« hüben und drüben aus dem Gemüthe zu bekommen.

Dich vielmals abbusselnd Dein   Gustav

Mahler hatte eine Vorliebe für das Werk Jean Pauls. Hier irrt er sich allerdings: »... der sich seine Bibliothek nach und nach selbst geschrieben ...« ist nicht »Quintus Fixlein«. Mahlers Anspielung bezieht sich auf »Leben des vergnügten Schulmeisterlein Maria Wutz in Auenthal« (1793).

Mahlers Bemerkung zu Ibsens »Peer Gynt«, »Der Eine war zu lang im ›Löffel‹, der andere muß erst hinein« bezieht sich auf den 5. Akt, Szene 1, in der Peer Gynt einen »Knopfgießer«, einen Gehilfen der Schöpfung trifft. Dieser hat die Aufgabe, Peer Gynt als nicht perfekt geratenes Produkt der Schöpfung in seinem Schmelzlöffel »als Rohstoff« umzugießen:

> »Du warst gedacht als ein blinkender Knopf
> Auf der Weste der Welt; doch die Öse mißlang.
> So mußt du denn, Freund, in den Ausschußtopf.«

Demgegenüber haben für Mahler nur zwei Erscheinungen der Musikgeschichte »den Löffel« nicht nötig: Ludwig van Beethoven und Richard Wagner.

Im Zusammenhang mit dem Briefwechsel Richard Wagner/ Mathilde Wesendonck erwähnt Mahler den damals heftig geführten Ästhetikstreit zwischen »Wagnerianern« und »Brahmsianern«.

Nr. 92*

[Maiernigg, 4. Juli 1904]

Mein Almschili, das sehe ich wol ein, daß man da nicht warten kann! Ich sende Dir daher umgehend mein Exemplar des Briefwechsels, und es ist so wolerhalten, daß Du nunmehr umtauschen kannst, welches Du willst. Wenn es Dich nur nicht zu sehr aufregt, so wäre es wol für die lange, langweilige Zeit bis zu Deiner Abreise die schönste Lectüre.

Der Sand wird hier schon eingeführt. Das wird was für Putzi geben! Ich schließe diese Karte, damit sie gleich abgeht. Wahrscheinlich schreibe ich noch Nachmittag; für jetzt nur tausend Busseln mein Lieb. Mir ist schon rasend bange nach Euch!

Dein Gustav

Nr. 93[*]

[Maiernigg, 4. Juli 1904]

Liebste

Nichts als Regen! (mit den üblichen Zwischenpausen, in denen die Sonne brennt, statt zu leuchten) Aber ich sage das nicht in schlechter Laune! Man muß sich selbst manchmal ein Probestück auf seine Philosophie ablegen. Nur wenn ich noch einige Bücher hier hätte, wie den Briefwechsel, den ich Dir heute gesendet, so wollte ich es noch eine erkleckliche Zeit aushalten. – Heute habe ich mit einem eigenen Sport angefangen, um mir einen Ersatz an Bewegung zu schaffen – da mich das leidige Wetter ja doch an Ausflügen verhindert. (Auch Toblach wäre unter solchen Umständen kein Vergnügen – ob ich nicht doch wenigstens auf einen Tag mich in die kräftigende Luft begeben werde, hängt davon ab, ob ich die momentane physische Depression nicht durch besondere Müßigkeit überwinden kann.). Ich führe den Sand für die Putzi von der Straße, wo er abgeladen ist, per Schubkarren auf dem Platz vor dem See und streue ihn dort und glätte ihn.

Die Schweißtropfen rinnen Einem dabei nur so herunter.

Schreibe mir nur, ob Du mein Paquet erhalten hast. Morgen sind es 3 Wochen, seitdem Guckerl auf der Welt ist, und 2 daß ich meine Eremitage hier bezogen habe. – Längstens in einer Woche hoffe ich Dich in meine Arme zu schließen, mein Almschili. Ich bin schon ganz ausgehungert darnach. Ich glaube, so lange waren wir noch gar [nicht] auseinander. Übrigens habe ich mir den ganzen Tag heute eingebildet, daß ich schon 3 Wochen in Maiernigg [bin] bis mich Elise erst aus meinem Irrthum gerissen – zu meinem größten Spaß.

Von Herzen grüße ich Dich mein Lieb   Gustav

Nicht wahr? Mama nimmt es doch nicht krumm daß ich ihr nicht auf ihre lieben Brieferl direkt antworte. Ich weiß, daß Du jetzt sehr zapplig bist, und daß Dir die Zerstreuung durch einen Brief nöthiger ist; sie liest sie [ihn] ja auch.?

Nr. 94*

M. l. A.! Heute gieng ich nach Klagenfurt und brachte die Sache mit Jergitsch in Ordnung, der mir sicher versprach, die Sache noch im Laufe *dieser* Woche zu Ende zu bringen! Ist es denn ganz ausgeschlossen, daß Ihr den nächsten Sonntag schon hier seid? Bin neugierig, was Fleischmann sagen [sic]. – Auf dem Rückweg überfiel mich dann ein Wörthersee Regen und Windschauer, und ich kam bis auf die Haut naß nach Hause. (Natürlich überzog ich mich ganz und gar). Es gießt noch immer; dieß ist im Grunde genommen die Devise aller Tage! Der See soll seit Menschengedenken noch nicht so hoch gestanden sein. Glücklicherweise sind nach der Lage und Natur der Gegend Überschwemmungen gänzlich ausgeschlossen. Na, vielleicht kommt ja doch schönes Wetter und sogar – Du – Almschili. Heute wieder keine Nachricht von Euch! Das finde ich aber doch verhältnismäßig. Tausend Grüße Dein G.

Der Wiener Gynäkologe Dr. Carl Fleischmann, den Mahler in seiner Karte erwähnt, war einer der Ärzte Almas. Wie es scheint, verordnete er seiner Patientin weitere Schonung.

Nr. 95*

Mein Almschili!

Das ist eine Hiobspost! Da kommst Du also 8 Tage später, als ich gedacht. – Da werde ich allerdings mein Programm ändern, und werde, bevor Du noch kommst, ein wenig in die Dolomiten ausfliegen; eigentlich habe ich es schon etwas nöthig; denn leider muß [man] es sich gestehen: für uns Erwachsene ist die Luft hier entschieden zu *matsch*! Den Kleinen allerdings wird es wunderbar bekommen. – Ich denke Anfang nächster Woche fahre ich, wenn ich es thue. Jedenfalls aber avisire ich Dich noch vorher und gebe meine Adresse an. Ohnehin ist es jetzt praktischer, weil die Sommerfexe erst Ende Juni kommen, und man um diese Zeit noch ziemlich einsame Partieen findet.

Den Artikel finde ich reizend und lege ihn bei. – Wie schade! Hätte ich Deinen Papa jetzt hier, so würde ich mit ihm gehen, und wir hätten Beide was davon.

Wegen Radeln brauchst Du auch keine Angst zu haben. Ich fahre ganz langsam – und überhaupt nur selten.

Ich war jetzt die ganze Zeit trotz höchster Mäßigkeit, indisponirt; und heute fange ich an, mich ein wenig herauszuarbeiten. –

Der Elise habe ich noch 5 fl gegeben.

Was hat denn Adler so geheimnißvolles gewollt?

Jetzt fliege ich wieder aus. Das ist hier auch ein Elend: auf unserer Seite [des Sees] ist alles so schwer zu erreichen. In Gesellschaft gehen sich die schlechtesten Wege besser, und man merkt gar nichts davon, wie oft man denselben Weg schon gegangen.

Geh, schreibe mir täglich – wenn auch nur eine Karte!

Almschili, Addio:

Halt Dich ordentlich.

Es ist ein schreckliches Opfer für uns Beide, daß Du in dieser Zeit in Wien eingesperrt bleiben mußt, und die armen Dinger dazu!

Dein Gustav

Almas Brustentzündung hatte sich weiter verschlimmert, und Dr. Fleischmann verbot schließlich den vorgesehenen Reisetermin. Mahler macht sich darauf gefaßt, nach Wien zurückkehren zu müssen.

Nr. 96*

[Maiernigg, Juli 1904]

Mein Almschel!

Ich bin ganz verzweifelt über Deine Nachricht! Verlier nur nicht den Muth! Im schlimmsten Fall werden wir eben diese (ganz ungefährliche) Operation machen, die Fleischmann im Sinne hat! Vor Allem aber werden wir Alles thun, was er vorschreibt. Bei einem so jungen und frischen Kerl *wirkt* ja die Natur oft (scheinbare) Wunder! Also, jedenfalls *Kopf hoch*!

Meine heutige Karte hat bloß den Zweck, Dich zu fragen! Sans facon! *Soll ich kommen*? Wenn ja, *dann telegrafire*, und ich bin morgen früh bei Dir! Wenn nicht, bitte ich auch um ein Telegramm, weil ich darauf unruhig warten werde. Ich bitte Dich, mein Lieb, wenn Du es nöthig hast, so *rufe* mich ohne Bedenken. Ich hätte sonst auch keine Ruhe hier! Heute kann ich schon nicht schlafen! Also, Telegramm! Kopf hoch, Lieb!

Dein Gustav

Der nächste Brief Almas mit beruhigenden Nachrichten läßt Mahler aufatmen:

Nr. 97*

Mein Almschel!

Also bleibe ich. – Hoffentlich sind es nur noch 5 Tage nach meiner Berechnung! Bitte, laße mich nur Alles genau wissen bezüglich Deiner Ankunft, denn ich muß 2 Wagen bestellen, von denen der eine der feine Gummiradler ist, den ich bereits jugirt habe. Er ist ganz Deiner würdig! Einen solchen kannst Du in ganz Wien nicht auftreiben.

Eben sind das Bettchen für unser Putzl und die reizenden Sesselchen mit Tischl dazwischen gekommen – Wohin ich sie stellen soll, weiß ich nicht. Ich habe sie, wie sie sind ins Kinderzimmer transportieren lassen, und da harren sie Deiner Bestimmung.

Die Betten sind bereits nach Deiner Angabe verwechselt, und Mamatscherl wird dießmal doch etwas besser schlafen. – Sand führe ich auch fleißig (Ich habe Anton strengstens befohlen den ganzen Sand mir zu überlaßen). Die Gitter aber sind noch immer nicht da. Morgen gehe ich den *Jergitsch* zu treten, daß er blaue Flecke haben wird. Ich rasire mich hier ab und zu, um Dir nicht allzu verändert plötzlich vor die Visage zu kommen. Nur ein kleines Schnurrbartl riskire ich. Es wird noch nicht so martialisch sein, wenn Du kommst und – vederemo. *Butter* – Grahambrot! Wo bleiben sie? Was meinen denn die Ärzte, [eine Zeile unleserlich gemacht] ... muß unbedingt eine Operation sein?

Ich küsse Dich herzlichst und bin Dein Gustl.

Nr. 98

Mein liebes Almschili!

Heute ist alles hier fertig geworden! Du wirst paff sein, was für ein schönes Spielplatzel wir da für unser Putzel hergerichtet haben. Es ist wie das Ei des Columbus. Es können noch eine Menge Verbesserungen geschaffen werden, mit denen ich aber warte, bis Du da bist. Vorderhand habe ich schon selbst Einiges ausgetiftelt. – Ich freue mich schon rasend, bis wir das zusammen das erstemal ansehen, und unsere Putzi da einführen werden. Was nur ihr Herz begehrt, ist da zu sehen. – Noch immer weiß ich nicht, wann ich Euch erwarten soll! /Vergiß nur den *Luftpolster* nicht./ Schreibe mir nur *gleich*, für wann der Arzt Deine Abreise bestimmt. Es muß ja jetzt entsetzlich sein in unserer Wohnung.

/Dein Brief, den ich heute empfing, war zu lieb, und hat mich mit wahrer Sehnsucht nach Dir erfüllt./

Meiner Berechnung nach werdet Ihr Mitwoch $^1/_2$4 circa ankommen. – Sollte es regnen, dann wäre allerdings der feine Gummiradler nicht angezeigt, weil er *offen* ist, und ich würde in diesem Falle lieber einen Landauer anspannen laßen. Was meinst Du? Bitte, antworte mir auf diese Frage. Jetzt schreibe ich also nur noch 2mal, und dann – habe ich Dich, und brauche nicht mehr zu schreiben. Es ist bei alledem herrlich hier, und wird für die nächste [Zeit] wegen der Kinder sehr passen. Aber auf die Dauer – sehe ich schon – ist diese weiche Luft *nichts* für uns, /und Pollak muß schauen, daß wir die Villa anbringen./

Tausend Küsse und zärtlichste Schopfbeutler von Deinem Gustav

Nr. 99

Samstag Nachts. [Maiernigg, 9. Juli 1904]

Mein Almschel!

Jetzt halt ich diese niederdrückende Schwüle nicht mehr aus und raffe mich zu einem (der von mir so beliebte Blitzausflug[ )] in die Dolomiten auf. Ich fahre morgen Sonntag zeitig ($^1/_2$7) nach Toblach gehe über Schluderbach nach Misurina, spaziere dort, schlafe, und gehe nächsten Tag (Montag) auf demselben Wege wieder zurück so daß ich am Abend in Maiernigg anlange. /Dienstag mache ich noch die gewünschte[n] Besorgungen und/ Mittwoch, so Gott will, erwarte ich Euch dann in Klagenfurt. Schreibe mir sicher noch bestimmt und genau Eure Ankunft. Deinen sehr lieben Brief habe ich noch eben vor meiner Abreise bekommen, und mich innig gefreut an Deinem Ausdeuten und Mitleben in den wunderbaren Blättern.

Die Analogien mit dem eigenen Leben, die sich aus solchen Mittheilungen stets ergeben – immer nach irgend einer Richtung – , sind eben der hohe Reiz einer solchen Lektüre. Man ist einerseits im Stande mit verständnißvoller Theilnahme den Ausführungen zu folgen, andererseits genießt man die wundervolle Genugthuung, in diesen hohen Regionen schicksalsverwandte Leidensgenossen zu finden. Es wird Dir immer so gehen, welchen Lebenslauf Du auch aufschlägst. Da findet sich eben außer Zeit und Raum eine auserlesene Gesellschaft von Einsamen zusammen, die dann um so intensiver mit einander leben. Und wenn Du nichts anderes findest als ein schlechtes Conterfei, so suchst Du doch in den verwischten Zügen nach jenem Blick, den Du so gut verstehst, und mit dem nur – Solche schauen. Daß Du da mitgehen kannst, halte ich für das kostbarste Gut, daß [Du] für Deinen und meinen Lebensweg mitgebracht hast. Alles Liebe, mein Almschi von Deinem Gustav

Ein letztes Mal kommt Mahler mit den »wunderbaren Blättern« auf den Briefwechsel Richard Wagner/Mathilde Wesendonck zurück.

Die Tatsache, daß Mahler jeweils nach einer wichtigen Arbeitsphase einen Ausflug in die Berge zu unternehmen pflegte, läßt vermuten, daß bis zum Datum des letzten Schreibens die Lieder 2 und 5 der *Kindertotenlieder* fertig waren. Er schrieb bereits Ende Juni an Willem Mengelberg: »… Ich mache alle Anstrengungen, um ein altes Werk fortzuführen und wenn möglich zu vollenden.«[91]

Sicherlich ist es kein Zufall, daß er nun während seines Ausflugs Alma bittet, die bereits vorhandenen Teile der *6. Sinfonie* mitzubringen, um an diesem Werk weiterarbeiten zu können.

Nr. 100[*]

Schluderbach, 11. Juli 1904

M. A.! Der gestrige Reisetag ist programmatisch mit wahnsinnig heißer Bahnfahrt und Wagenfahrt nach Schluderbach – hierauf Gewitter und Platzregen – verlaufen. Durch die Hitze und Ungemach etwas Migräne – in folge dessen hier geblieben. Heute fühle ich [mich] sehr wol und trete immerhin erfrischt den Heimweg an. – Vor allem eins: Bringe mir aus meinem *Schreibtisch, mittlere Lade* (Du hast ja den Schlüssel) die darin enthaltene[n] *Manuscripte* mit; ich brauche vornehmlich den 2. u. 3. Satz der VI. [Sinfonie], die ich vergessen habe, mitzunehmen. In Maiernigg hoffe ich, bestimmte Nachrichten von Dir vorzufinden. Ich freue mich schon rasend. Hier fand ich den Dir von Crefeld aus bekannten Kapellm[eister] Weidmann [sic], der mir sehr gefällt und – scheint es – ein treuer Anhänger von mir ist. Er hat mir sehr lustige Dinge von Frankfurt erzählt.
Tausend Grüße an Euch Alle von G.

Mag sein, daß Mahler bei diesem Ausflug Inspirationen für das Finale seiner *6. Sinfonie* bekommen hat, das er in der Folgezeit komponierte.

Karl Friedrich Weigmann war damals Kapellmeister in Graz. Auf der Rückreise nach Maiernigg meldete sich Mahler noch zweimal:

Nr. 101[*]

[Toblach, 11. Juli 1904]

Liebste! Nach eingenommenen »Diner« (bei dem ich wolweislich die Suppe weg- und die anderen »Gänge« stehen gelassen habe) erwarte ich den Schnellzug und schicke Dir noch einen schönen Gruß. Karl und Mama grüße auch von mir. Schreibe über Gucki   Dein G.

Nr. 102*

Villach, 11. Juli 1904

Mein Almischili!

Im Coupé schreibe ich Dir nochmals! In Toblach, wo ich zu Mittag aß, ließ ich eine Corresp.K. an Dich (leider mit Invectiven gegen das Hotel) liegen [s. Nr. 101*] und bezweifle, daß sie jemand in den Postkasten schmeißen wird. Gott sei Dank schreibe ich Dir nicht mehr, sondern habe Dich eigenhändig. Was müßt Ihr Ärmsten bei dieser Hitze in Wien ausstehen! Jeden Augenblick denke ich daran! Ist nur Alles mit dem Coupé in Ordnung? Diese Radelei in der Welt herum ohne Dich macht mir doch gar kein Vergnügen. Ich habe aber einen famosen Plan für uns. Mündlich Näheres.

Tausend Grüße zu allerletzt, mein Lieb. Bin neugierig, welche Nachrichten ich zu Hause antreffen werde   Gustav

Unter den zahlreichen Sommergästen in Maiernigg war auch Erica Conrat, die jüngere Tochter des Kaufmannehepaars Ida und Hugo Conrat. Die Conrats waren eng mit Brahms befreundet, der im Salon von Ida Conrat in der Walfischgasse ein und aus ging. Erica Conrat hat später Auszüge ihrer Briefe an ihre Familie von diesem Sommer verfaßt und ihre Niederschrift Alma überlassen. Das Typoskript befindet sich in Almas Nachlaß in Philadelphia und ist von Almas Hand mit dem Zusatz versehen: »Von Frau Dr. Erica Tiedze [recte Tietze, geb. Conrat] mir zur Veröffentlichung überlassen. Eine Jugendfreundin von mir, die ich zu uns nach Maiernigg eingeladen hatte.«

Zwei Beispiele von Erica Conrats Eindrücken des Sommers 1904 seien hier wiedergegeben:

»Es war eine schöne Nacht, ich saß allein auf der Steinterrasse... Um halb elf kam G.M. zu mir hinaus und sagte mir die Verse aus dem Fernöstlichen Divan [sic] (Das Lebendige will ich singen, Das den Flammentod sich wählt – – – Ja, und wenn Du dies nicht hast, Dieses stirb und werde, ›Bist Du nur ein trüber Gast Dieser dunklen Erde‹.) Und dann sprach er von dem Leben Goethes, daß es eigentlich fragmentarisch ist, denn er ist ein Anfänger, ein Anfänger in höherem Sinn ›ein Anfänger in einer Sphäre, in die wir nie hineinwachsen werden‹. Und dann sprach er viel, wie gleich es eigentlich ist, ob eine Rakete aufsteigt und in den See lautlos verlischt oder der Lauf einer Sonne in Milliarden von Jahren, und doch müssen wir trachten, über unsere Zeit hinauszuschaffen und über uns selbst hinaus, besser zu werden – und doch!

Und dann erzählte er mir über das berauschende Wunder, wenn ein Musiker zum erstenmal sein Werk hört – so ist es einem doch nie im Geiste vorgeschwebt –, und er ging ins Zimmer und spielte lange kleine Sachen von Bach, die so klar und einfach waren, daß man sich nach Griechenland träumen konnte. Und ich saß draußen und sah den Himmel an mit den vielen Sternen und sah die Raketen, die weit drüben ins Wasser fielen und hörte zu ...«

*

»Heut nachmittag ruderten wir nach Krumpendorf. Alma am Steuer, dann G.M. und endlich ich am zweiten Ruder. G.M. gab den Takt an, und ich fühlte mich als ganzes Opernorchester und zitterte wirklich, den Rhythmus zu verfehlen. Das Ankommen drüben und Jausen ist wie ein Spiessrutenlaufen. Die schöne Frau und der berühmte Mann, den jeder kennt ... Am Rückweg saß ich Alma gegenüber. Durch die untergehende Sonne erschienen ihre Haare wie flammendes Rot und sie sah aus wie ein schönes Raubtier ...«

Noch einmal während dieses Sommers, gegen Ende der Ferienzeit und wahrscheinlich als Abschluß dieser Schaffensperiode, machte Mahler einen Ausflug in die Dolomiten und erwähnt in seinem Kartengruß auch Erica Conrat.

Nr. 103*

Dölsach, 18. August 1904

L. A.! Bei famosem Wetter hier in Dölsach angekommen. In der Früh war dichter Nebel am See, so daß Anton mit mir im Zick Zack hinüber fuhren. Ich schreibe dieß im Coupé, um Dir womöglich noch heute einen Gruß zukommen zu laßen, denn von Heiligenblut aus dürfte eine Karte erst mit mir zugleich anlangen. Diese Karte schmeiße ich am Bahnhof in Dölsach in's Kastel. Grüße auch nochmals die Erica von mir und sei tausendmal abgebußelt. Dein G.

O jeh! Eben steigen Wolken auf! Vederemo!

Ähnlich wie im Sommer 1901 bei der Arbeit an der *4. Sinfonie* erlebte Mahler zu Beginn des Sommers 1904 eine Blockade seiner schöpferischen Kräfte. In seinen zahlreichen Briefen an Alma (Briefe 79–102) kommt dies nur andeutungsweise zum Ausdruck. Er vermied es tunlichst, die Familie damit zu belasten.

Seine Anspannungen im Zusammenhang mit den großen Aufgaben an der Hofoper, aber auch durch die Aufregungen um die Geburt seines zweiten Kindes scheinen sich in Maiernigg allmählich gelöst zu haben.

Nach seinen anfänglichen Schwierigkeiten geriet Mahler dann in einen wahren Schaffensrausch. Nach Fertigstellung der insgesamt fünf Gesänge umfassenden *Kindertotenlieder*, die am 29. Januar 1905 in einem Orchesterkonzert der Vereinigung schaffender Tonkünstler in Wien uraufgeführt wurden, entstanden in ungefähr sechs Wochen das Finale der *6. Sinfonie* sowie die beiden »Nachtmusiken« der *7. Sinfonie*.

Alma berichtet, daß sie Mahler gegenüber ihr Mißfallen bekundet hat, daß er zu jener Zeit die beiden Texte der *Kindertotenlieder* komponierte: »Ich habe damals sofort gesagt: ›Um Gottes willen, du malst den Teufel an die Wand!‹«

Eine Vorahnung des tragischen Todes der fünfjährigen Tochter Maria (Putzi) drei Jahre später? Doch Alma fährt gleich fort: »Der Sommer war schön, konfliktlos, glücklich.«[92]

Alma hatte genügend Ablenkung. Nicht nur ihre Eltern kamen und wohnten in einem nahe gelegenen Haus, auch Freunde und Bekannte, Theobald Pollak und Alfred Roller, Max Burckhard und auch Alexander Zemlinsky besuchten die Mahlers. Im Gegensatz zum vorhergehenden Sommer konnte sich Alma über mangelndes gesellschaftliches Leben nicht beklagen.

Auch von Spaziergängen mit Mahler berichtet Alma in ihren Erinnerungen: »Einmal sagte ich [...] ›Ich liebe am Manne nur die Leistung. Je größer die Leistung, desto mehr muß ich ihn lieben‹.

Mahler: ›Das ist ja recht gefährlich für mich, denn wenn einer käme, der mehr ist als ich –?‹

›Dann müßte ich den lieben‹, sagte ich.

Darauf er lächelnd: ›Na, einstweilen bin ich unbesorgt. Ich weiß keinen, der mehr ist als ich.‹

Doch wir waren beide eifersüchtig aufeinander und leugneten es. Er sagte oft: ›Wenn du doch plötzlich durch Krankheit entstellt würdest, zum Beispiel Blatternarben bekämst (seine Worte), dann erst, wenn du niemand anderem gefallen kannst, dann erst könnte ich dir zeigen, wie ich dich liebe‹.«[93]

Ein paar Tage vor Almas fünfundzwanzigstem Geburtstag am 31. August kehrte die Familie ausnahmsweise gemeinsam nach Wien zurück. Mahler dirigierte erstmals in der Saison 1904/05, am 6. September, den *Tristan*.

Am 18. Oktober fand unter seiner Leitung die Uraufführung der 5. *Sinfonie* in Köln statt, und anschließend dirigierte er, nun schon zum zweitenmal in Holland, seine 2. und 4. *Sinfonie* im Concertgebouw in Amsterdam. Vorher hatte er am 7. Oktober Alfred Rollers Neuinszenierung des *Fidelio* in Wien geleitet.

Mahler verließ Wien am 12. Oktober und schrieb bis zu seiner Rückkehr am 28. Oktober täglich an Alma, insgesamt achtzehn Briefe bzw. »Correspondenz-Karten«. Am 13. und 22. Oktober schrieb er zweimal.

Beim gewohnten Abschiedsgruß vom Bahnhof fehlt die Anrede. Er war in Eile, denn nur mit einem »Comfortabel«, einem »Einspänner« (Wagen mit Pferd), erreichte er seinen Zug.

Nr. 104*

Wien, 12. Oktober 1904

Jetzt bin ich doch noch, trotzdem meine Tramway, in die [ich] aus höchster Eile hineingesprungen, wegen Stromstörung stehen geblieben, [habe] aber zum Glück einen Comfortabel benutzt, der dabei gestanden, doch noch früh genug gekommen, um Dir meinen Morgengruß zu schicken, mein liebes Almschl. Ich habe schon einen Viechshunger und freue mich auf den Abgang des Zuges, um dann mein Souper hervorzuziehen! Nochmals viele und innige von Deinem G.

Beim halbstündigen Aufenthalt in Frankfurt erinnerte er abermals Alma an die gemeinsame Fahrt nach Krefeld vor zwei Jahren:

Nr. 105*

Frankfurt, 13. Oktober 1904

Mein Almschi! Eben in Frankfurt ausgestiegen. Rostbeaf mit Apfelkuchen verschlungen. Cigarre angezündet. Reise sehr angenehm. War allein. Kein Aspirin oder Kola gebraucht. Gleich geht es weiter nach

Köln. Wie schade, daß Du nicht dabei sitzt wie damals! – Ich würde Dir ein wunderbar gutes Menu bestellt haben.

Tausend Grüße Dein G.

Nr. 106[*]

10 Uhr abends   Dom Hotel, Köln
                                                    [Köln, 13. Oktober 1904]

Mein liebstes Almschi!

Ich schreibe Dir diese Zeilen und trage sie auf den Bahnhof. Ich vermuthe, daß sie mit dem Luxuszug weggehen und morgen bei Dir ankommen werden.

Das Zimmer, das mir [Fritz] Steinbach besorgt hat, ist sehr schön, 2 große Betten nebeneinander, kostet 6 Mk. Er kam gleich nach meiner Ankunft, und erzählte mir, daß eine Menge auswärtiger Musikdirektoren zum Concert angekündigt seien. für Montag bat er mich und Dich zu Tisch – *ganz allein*! Ich sagte natürlich zu. Ich erwarte Dich sicher Sonntag nachmittag. Der Zug hat in Frankfurt eine halbe Stunde Aufenthalt – von da an bis Köln einen angenehmen Speisewagen; Du könntest also vielleicht am Bahnhof eine *Suppe* essen, und dann im Speisewagen mittagmalen, um Dir so ein bischen die Zeit zu vertreiben.

Dieses Domhotel ist doch viel angenehmer und gemüthlicher als Hotel Disch. Ich freue mich schon riesig auf unser Moselweinkneipen!

Tausend Küsse meine Geliebte   Dein Gustl.

Mahler schrieb seinen ersten Bericht über die Situation in Köln:

Nr. 107

Freitag Nachmittags nach der 1. Probe   Dom Hotel, Köln
                                                    [Köln, 14. Oktober 1904]

> Motto:
> O seelig, o seelig
> ein Schuster zu sein!
> mit Variationen.

Lieb's Almschi!

Meiner Berechnung nach wirst Du diesen Brief morgen früh erhalten, wenn ich ihn gleich auf den Bahnhof trage.

Also heute die erste Probe!

Es ist Alles passabel gegangen. Das Scherzo ist ein verdammter Satz!

Der wird eine lange Leidensgeschichte haben! Die Dirigenten werden ihn 50 Jahre lang zu schnell nehmen und einen Unsinn daraus machen, das Publikum – o Himmel – was soll es zu diesem Chaos, das ewig auf's Neue eine Welt gebärt, die im nächsten Moment wieder zu Grunde geht – zu diesen Urweltsklängen, zu diesem sausenden, brüllenden, tosenden Meer, zu diesen tanzenden Sternen, zu diesen verathmenden, schillernden, blitzenden Wellen für ein Gesicht machen? Was kann eine Schafherde zu einem »Brudersphären-Wettgesang« anderes sagen, als blöken!? O seelig, o seelig, ein Schneider zu sein! O, wäre ich als Commis geboren, und als Baritonist am Opernhaus angestellt! O, könnt ich meine Symphonien 50 Jahre nach meinem Tode uraufführen!

Jetzt gehe ich an den Rhein, der einzige Kölner, der nach der Premiere ruhig seinen Weg weiter nehmen wird, ohne mich für ein Monstrum zu erklären! O wäre ich »ganz die Mama, ganz der Papa«!

»O seelig, o seelig, ein Schlosser zu sein« und dann Tenorist am Wiener Opernhaus zu werden! Abends muß ich in's Theater, um die Sängerin anzuhören. Es wird Fedora gegeben von Puccini [sic]. O wäre ich ein italienischer Maroniman!

O wäre ich ein russischer Polizeispion!

O wäre ich ein Kölner Stadtverordneter, und hätte meine Loge im Stadttheater und im Gürzenich, und könnte die ganze moderne Musik verachten!

O wäre ich ein Universitätsprofessor und könnte Wagner-Vorlesungen halten und herausgeben!

Sonntag erwarte ich Dich bestimmt! Es muß doch Jemand da sein, dem meine Symphonie ein Vergnügen macht. Wärst Du jetzt da, so säßen wir im Automobil und führen am Rhein spaziren; so aber werde ich zu Fuß gehen, damit Du nicht neidig wirst. Das Wetter ist herrlich. Tausend Grüße von Deinem o so »seeligen«   Gustl

Das abgewandelte Zitat aus *Zar und Zimmermann* »O selig, o selig, ein Kind noch zu sein...« durchzieht »leitmotivisch« seine Briefe. Wieder einmal spricht Mahler aus, daß die Zeit für seine Musik noch nicht reif ist. Das Publikum erscheint ihm wie eine Schafherde, die sich an Goethes »Faust« erfreuen soll (»Die Sonne tönt, nach alter Weise, in Brudersphären Wettgesang...«). Prophetisch klingt Mahlers Wunsch: »...O – könnt ich meine Symphonien 50 Jahre nach meinem Tod uraufführen!« In der Tat erreichte Gustav Mahlers Werk erst in den sechziger Jahren eine große Öffentlichkeit.

Mahler denkt in diesem Zusammenhang an den Publikumsliebling Strauss und zitiert aus der *Sinfonia Domestica*, die er im nächsten Monat in Wien dirigieren wird, »Ganz die Mama, ganz der Papa!«

In seinem Amt als Hofoperndirektor konnte Mahler selbstverantwortlich Sänger für drei Gastspiele verpflichten. In Köln hörte er damals die Sängerin Frieda Felser in der Oper *Fedora* von Umberto Giordano und lud sie zu einem Gastspiel im Dezember ein.

Mahlers skurrile Wünsche in der Folge des abgewandelten Lortzing-Zitats beziehen sich auf den ehemaligen »Commis« (Kaufmannsgehilfen) und späteren Bariton Leopold Demuth sowie auf den ehemaligen Schlosser und späteren Tenor Leo Slezak. Mit dem »Universitätsprofessor« ist Guido Adler gemeint, der gerade sein Buch »Richard Wagner« (Leipzig, 1904) veröffentlicht hatte.

Alma war unterdessen krank geworden und hatte telegraphisch ihren Besuch abgesagt.

Nr. 108

Dom Hotel, Köln
[Köln, 15. Oktober 1904]

Das ist ja grausam! Mein Almschl, im ersten Moment war ich wirklich zornig wie ein Kind, und hätte beinahe dem Telegrafenboten eine heruntergehaut. Dann – nachdem ich mich ausgerast habe – gebe ich doch noch nicht alle Hoffnung auf! Thue nur Alles – Schwitze – sauf Cognac, friß Aspirin – Du kannst von einem Schnupfen in 2 Tagen curirt sein, und noch Montag *Abends* fortfahren und bist Dienstag zum Concert hier! Bitte Dich, Almschili – thue Alles. Das wäre ja gräßlich – ich allein bei meiner Uraufführung. Da kann Einen wirklich die Leich' nicht freuen. – Die Probe übrigens war heute schon viel zufriedenstellender! /Von Emma kam heute ein Paquet mit beifolgendem Schein. – Ich sende es Dir p[e]r. Post nach Wien./ Das Dumme ist, daß ich noch zu alledem in Sorgen bin, ob Dir Nichts Ernstliches fehlt. Denn so mir nichts, Dir nichts, verbietet Dir der Fleischmann doch nicht so eine Reise?

Schreibe mir *sofort*! Ich hoffe noch immer! Tausend Grüße! Ich trage den Brief wieder zur Bahn und gebe ihn expreß auf – vielleicht bekommst Du ihn doch noch morgen! Dein sprachloser Gust

Das »Paquet«, das Mahler von seiner Schwester Emma aus Weimar erhalten hatte, wanderte mit nach Amsterdam (s. Brief 114).

Das Telegramm nach der Generalprobe am 17. Oktober teilt des weiteren mit, daß der Verlag C. F. Peters in Leipzig, dessen Leiter und Inhaber Henri Hinrichsen war, die gerade vollendete *6. Sinfonie* übernehmen wollte.

Nr. 109*
Telegramm   Köln, 18. Oktober 1904, 10 Uhr 38

generalprobe sehr zufriedenstellend auffuehrung gut publikum gespannt erst befremdet zum schluss begeistert hinrichsen bereits um die sechste beworben gruesse gustav

Alma hatte inzwischen endgültig abgesagt. Sie schreibt: »Nun sollten wir zusammen nach Köln fahren zu den Proben. Aber die Natur läßt nicht mit sich spaßen. Ich wurde krank durch das plötzliche Abstillen, und unsere Hoffnung, daß ich doch würde nachkommen können, erwies sich als unerfüllbar. Und so lag ich fiebernd im Bett, während die Fünfte das erste Mal erklang. Diese Fünfte war mein erstes, volles Miterleben gewesen! Ich hatte die ganze Partitur kopiert, ja mehr als das: Mahler ließ oft ganze Zeilen aus, weil er wußte, daß ich die Stimmen kenne; und verließ sich blind auf mich.«[94]

Nr. 110
                                                        Dom-Hotel, Köln
                                                        [Köln, 18. Oktober 1904]
Lieb's Almschel!
Nur kurz! Ich bin in einem Wirrwarr! Gestern Generalprobe sehr gut ausgefallen! Aufführung ausgezeichnet! Publikum riesig gespannt und aufmerksam – Trotz aller Befremdung in den ersten Sätzen! Nach dem Scherzo sogar einige Zischer. – Adagietto u[nd] Rondo scheinen durchgeschlagen zu haben. Eine Menge auswärtiger Musiker, Dirigenten etc. angekommen. Hinrichsen ist *begeistert* und hat bereits mit *größter* Aufregung sich meiner 6. [Sinfonie] versichert. (Humoristisch hinzugefügt – Bitte, steigern Sie mich nur nicht – was ich wirklich nicht thun will, da er ein so netter Kerl ist) – Walter, und Berliner die beiden Getreuen sind eingetroffen. Walter schon gestern bei der Generalprobe – er wird Dir Alles erzählen. Berliner erst heute morgen – sitzt jetzt drin und weint, daß Du nicht gekommen bist. Ich glaube, er ist nur Deinethalben hergekommen.

Heute Abend also Concert. Ich depeschir morgen und fahre gleich nach Amsterdam. /Adresse kann ich Dir erst von dort aus geben./ Schreibe zunächst:

Amsterdam

Concertgebouw.

Das genügt.

Daß Du nicht da bist, Almschi, hat mir das Ganze verdorben, und mir ist beinahe die Sache Wurscht. Du hättest Deine Freude am Werk!

Die kleinen Engerln küsse von mir! Schaut, daß Ihr gesund werdet! Himmelherrgott noch einmal!

Dein alter Gustl.

/Grüße Karl und *Mama* – warum ist denn nicht Mama gekommen, statt Deiner? Das wäre fesch gewesen. – Justi und Arnold./

Am Tag nach der Uraufführung, zu der viele Freunde und Anhänger Mahlers gekommen waren, mußte Mahler nach Amsterdam weiterreisen. Auch Bruno Walter hatte das Ereignis in Köln miterlebt.

Nr. 111

Dom Hotel, Köln

[Köln, 19. Oktober 1904]

Mein Almschili!

Walter wird gleich zu Dir kommen, und alles ausführlich erzählen. Hinrichsen ist sehr begeistert, und läßt sich durch keine Opposition aus seinem Gleichgewicht bringen. Ich glaube übrigens, daß der Eindruck ein sehr bedeutender war. Aus Amsterdam, wohin ich gleich abfahren werde, schreibe ich ausführlich. – Du hast mir so gefehlt – es war mir alles nur halb. Das ist doch tückisch, daß mir das gerade bei der V. passiren muß. Wenn mir was von Zeitungen unterkommt, schicke ich Dir es ein. Nodnagel war auch da, und hat sich sehr famos benommen. Laß Dir Alles vom Walter erzählen. Köstlich sind die verschiedenen Urtheile über das Werk. Jeder Satz hat seine Liebhaber und seine Feinde. Ich küsse Dich und die Kleinen tausendmal. Lebe recht wol – resp. *werde* bald wol.

Meine Theuere

Dein Gustl.

Mahler traf am Abend in Amsterdam ein und hielt sofort eine Probe mit der Sopranistin Alida Oldenboom-Lutkeman, die das Solo in der *4. Sinfonie* singen sollte. Am Morgen des nächsten Tages schrieb er:

Nr. 112

[Amsterdam, 20. Oktober 1904]

Lieb Almschl!

Also in Amsterdam angekommen. Ehepaar Mengelberg mich am Bahnhof erwartet, und nicht geruht, bis ich mit ihnen kam. – Da bin ich nun also wieder, wie voriges Jahr. Sehr liebe, anspruchslose Menschen. – Noch gestern Abend hatte ich Probe mit der hiesigen Sängerin der Soli. Ein kleines dickes Weiberl ungefähr wie die Cilli – singt aber herrlich mit glockenreiner Stimme. /Alles ist großartig vorbereitet./ Warum kannst Du nicht da sein? Hättest viel Davon!

Über Köln hat Dir Walter hoffentlich Alles erzählt. – Ich glaube, es ist Alles gewesen, wie wir es erwartet. –

Ich muß in die erste Probe (sie fangen hier um 9 Uhr Morgens an) – und schreibe nur schnell diese Zeilen, damit Du nicht ohne Nachricht von mir bleibst. Schreibe mir zum *Concertgebouw*, es ist bequemer, und wird mir doch gleich gebracht.

Tausend Küsse in Eile Dein Gust

Nr. 113

[Amsterdam, 21. Oktober 1904]

Liebste!

Beiliegend die Kritik aus der »Kölnischen«, die mir hierher gesendet wurde /Was/ Anderes habe ich bisher nicht gesehen. Ich kann mir denken, was nun Alles geschwafelt werden wird. Besonders die neue freie P[resse, Wien] wird sich einiges leisten.

Hier habe ich eine rechte Freude an den Leuten.

Denke Dir das Programm des Sonntag:

1. IV. Symphonie v. G. Mahler

Pause

2. IV. Symphonie v. G. Mahler

Wie gefällt Dir das?!

Sie haben mein Werk einfach 2 mal auf das Programm gesetzt – Nach der Pause fängt es noch einmal von vorne an! Ich bin faktisch neugierig, ob das Publikum das 2. mal wärmer sein wird.

Ich halte das für das Ei des *columbus* bei einem neuen Werk. – Das Orchester spielt die IV. die ich heute probirt mit entzückender Reinheit, /und ist sehr begeistert./ Auch in Köln habe ich im Orchester meine größten (wenn nicht gar *einzigen*) Anhänger.

Ich muß zur Probe. Tausend Grüße, meine Liebste   Dein Gustl. Mach Dir nichts daraus, wenn die Kritiken etwas hundsgemein sein sollten.

Alma schreibt in ihren Erinnerungen über das nachstehende »Programm vom Sonntag«: »... Die Vierte, die das erste Mal in Amsterdam gegeben wurde, hatte Mengelberg zweimal an einem Abend auf das Programm gesetzt. *Vierte.* Pause. *Vierte.* Erst dirigierte Mahler, dann Mengelberg. Mahler setzte sich behaglich ins Parkett und ließ sich sein Werk vorspielen. Er sagte mir dann zu Hause, daß es ihm gewesen sei, als ob er selbst dirigiere, so genau hatte Mengelberg seine Intentionen erfaßt.«[95]

Dieser Darstellung widersprechen nicht nur der Programmzettel und die Rezensionen dieses Konzerts, sondern auch Mahler selbst (s. Brief 117). Mahler dirigierte beide Male.

Nr. 114

[Amsterdam, 21. Oktober 1904]

So, mein Almschl!

Das Leben geht hier in einem wahren Saus und Braus von Proben weiter. Vorbereitet ist Alles prachtvoll, und ich glaube, daß ich hier mit der Zeit so eine Art musikalisches Inselreich /haben/ werde. Jetzt bin ich nur neugierig auf den Chor, mit dem ich heute Abend probiere. – Dießmal habe ich viel weniger Zeit, als vor einem Jahr – kann also nicht so schöne Ausflüge machen.

Über Deine Nachricht freue ich mich riesig; denn – ich muß Dir aufrichtig gestehen, daß ich von Tag zu Tag besorgter wurde. – Ich habe mir es aber zugeschworen: wenn der »Kelch« dießmal vorübergegangen ist – dann werde ich *tapfer* sein wie ein Held der Vorzeit.

Es ist ein gräßliches Leben, das in der fremde herumsitzen! Wenn man noch so lieb aufgenommen ist – aber schließlich ist man auf allen Seiten genirt, und fühlt sich schließlich doch verlaßen.

Ich bin neugierig auf Sonntag; wie sich das Publikum bei der Wiederholung der IV. [Sinfonie] verhalten wird. /Die beiden Unterröcke bringe ich Dir im Koffer mit./ – Nun habe ich mit dem guten Walter doch die Kassaschlüssel verpudelt. – Aber Du könntest ja und solltest ja jetzt doch nicht schreiben.

Von heute in einer Woche sitze ich schon im Coupé! Juchhe!

Jetzt weiß ich factisch nicht – muß ich mich schämen, wenn ich in Wien ankomme oder nicht?

Bin ich durchgefallen – oder durchgedrungen?

Tausend Grüße und Küsse, mein Lieb. Laß doch nur recht oft was von Dir hören. Du hast ja doch soviel Zeit, /mir/ über Alles zu schreiben.

Dein alter Gustl

In einem unveröffentlichten Brief schrieb Mahler an seine Schwester Emma Rosé in Weimar: »… Daß die Alma nicht hier ist, wirst Du wol schon gehört haben. Der Arzt hat ihr die Reise nicht erlaubt. Ich werde daher die beiden Unterröcke in meinem Koffer über Amsterdam, wohin ich eben weiterfahre, mitbringen, der gestrige Abend ist recht gut ausgefallen…«[96]

Mahler hat also das »Paquet« nicht nach Wien geschickt, wie er Alma in Brief 108 mitteilt, sondern bei der Weiterreise mitgenommen.

Mahler pflegte seine Manuskripte in einem Tresor, einer eisernen Kasse, aufzubewahren. Für diesen müssen die »verpudelten Kassaschlüssel« bestimmt gewesen sein, denn Alma, die wegen ihrer Krankheit »ja … jetzt doch nicht schreiben sollte«, kommentiert in ihrer Ausgabe diesen Satz: »Ich kopierte alle Werke Mahlers.«[97] Im Typoskript ihrer Erinnerungen hat Alma nach diesem Brief noch folgenden Zusatz angebracht: »Ich sollte weiter an der VI. copieren. In der eisernen Kasse war niemals Geld, sondern die Manuscripte Mahlers eingesperrt.«

Nr. 115

[Amsterdam, 22. Oktober 1904]

Liebs Almschl!

Beiliegend eine »Photografie« ausgeführt von einem »Bewunderer« während eines Concerts.

Ich denke, es macht Dir Spaß, und ich schicke Dir es ein – als einen Moment aus meinem Gegenwärtigen Dasein. (Ich lausche gerade einer vortrefflichen Aufführung der D-moll symphonie [Nr. 4] von Schumann unter Mengelberg). – Heute ist Generalprobe zur IV. – Gestern Abend war Chorprobe von der II. – Sie sangen prachtvoll – beinahe so gut wie die Basler.

Ich wollte es wäre schon Freitag und ich säße wieder im Coupé. Zum Herumreisen bin ich einmal nicht geboren – wenn es auch schon noch so nöthig sein [sic].

Die einzigen Momente einer solchen Reise, in denen ich mich wolfühle sind nur die Proben. Wäre es doch nur schon so weit, daß die Dirigenten den Styl meiner Werke erfaßten, und ich könnte indessen in Heiligenstadt umherstreifen!

Jetzt wird mir übrigens klar, was für ein Schwabenstreich es von mir war die Uraufführung eines Werk[es] in Köln zu unternehmen, wo sich das Publikum meiner III. [Sinfonie] gegenüber so kühl verhielt.

»Beiliegend eine
›Photographie‹ aus-
geführt von einem
›Bewunderer‹
während eines
Concerts.«
(Gustav Mahler
im Brief 115)

– Die Haltung des Publikums wirkt immer zurück auf die haltlosen
und gänzlich unselbständigen Zeitungsschmierer. Dafür die Umständ-
lichkeiten und Strapazen einer weiten Reise – war doch dumm! Das
hätte ich in Wien billiger haben können.

Bei der VI. [Sinfonie] will ich versuchen, es gescheiter zu machen.

Ich grüße Dich innigst, mein Almscherl – schau, daß Du recht frisch
bist, wenn ich wieder komm!

Dein sehr gehetzter Gustl

/Grüße Mama Karl
Justi und Arnold.
Was machen die Putzln?/

Die beiliegende »Photografie« ist eine anonyme Bleistiftzeichnung
(s. Abb. oben) eines Konzertbesuchers.

Mahlers Bedauern, Köln als Ort der Uraufführung seiner *5. Sinfonie* gewählt zu haben, gründet sich auf die Tatsache, daß sich neben
Köln unter anderem auch die Städte Prag, Mannheim, Heidelberg
und Berlin um dieses Ereignis beworben hatten. [98]

Nr. 116*

Amsterdam, 22. Oktober 1904

Lieb's Almschel!

Beiliegendes, das übrigens schon beantwortet, diene Dir zum Amusement und weiterer Bereicherung Deines »Shannon«. Tausendmal *Bussi!* Dein Gustl.

Dunkel bleibt, was das »Beiliegende« war. Der »Shannon« war das Markenzeichen für einen Aktenordner.

Am Tag des Konzerts schrieb Mahler vor der Aufführung:

Nr. 117*

Amsterdam, 23. Oktober 1904

So, Almschl! Jetzt gehe ich in's Concert um 2 mal hintereinander die IV. [Sinfonie] zu dirigiren. Eine starke Belastungsprobe eines Amsterdamischen Magens, die leicht zu einer Indigestion führen kann. – Wenn ich doch nur einmal einen etwas ausführlicheren Brief von Dir erhalten könnte! Ich weiß jetzt so ziemlich gar nichts von Euch. Hier in Amsterdam ist ein starker Zug für meine Musik! Vielleicht ist meine Verwandschaft mit den alten Niederländern daran Schuld. Bin neugierig, wie ich heute aufgenommen werde.

Tausend Grüße u. A.! Dein G.

Über die Aufführung berichtete er am folgenden Tag und schickte auch eine Karte von einem Erholungsausflug:

Nr. 118

[Amsterdam, 24. Oktober 1904]

Liebste! Das war ein erstaunlicher Abend! Das Publikum ist vom Anfang an so aufmerksam und verständig gewesen, und war von Satz zu Satz wärmer. – Das 2. mal wuchs die Begeisterung und nach dem Schluß gab es etwas Ähnliches wie in Crefeld. Die Sängerin hat das Solo mit schlichtem und rührendem Ausdruck gesungen und das Orchester hat sie begleitet wie Sonnenstrahlen. Es war ein Bild auf Goldgrund. – Ich glaube nun wirklich, daß ich in Amsterdam jene musicalische Heimath finde, die ich mir in diesem vertrotteln Köln erhofft habe.

Heute geht es an die Hauptproben zur II. [Sinfonie]. – Das giebt

noch eine harte Nuß. – Das Orchester ist hier wieder reizend zu mir!
Ich küsse Dich vielmals mein Almschi. /Grüße Karl und Mama!/
Dein (sehr eiliger) Gustl.

**Nr. 119*

Haarlem, 24. Oktober 1904

Auf einem Ausflug nach Haarlem – wo ich leider Frans Hals nicht
mehr zu Hause angetroffen. – Karte abgeschmissen!   Gustav
Herzliche Grüße von W. Mengelberg
                                    A. Diepenbrock
                                    Tilly Mengelberg

Das durch Alma gesteigerte Interesse Mahlers für bildende Kunst
wurde diesmal enttäuscht. Das Frans-Hals-Museum hatte bereits geschlossen. Bei der Aufführung der *2. Sinfonie* wirkten neben Alida
Oldenboom-Lutkeman auch Martha Stapelfeld mit.

Nr. 120

[Amsterdam, 25. Oktober 1904]

Liebste!
Beifolgend sende ich Dir eine Kritik (aus der hiesigen *ersten* Zeitung)
von Frau Mengelberg für Dich übersetzt. Daraus wirst Du ungefähr ein
Bild habe[n], wie meine IV. [Sinfonie] hier aufgenommen wurde. *Viel*
wärmer als meine III. [Sinfonie] – Mengelberg hat sie bereits wieder
auf sein nächstes Programm gesetzt, und will es noch einige mal wiederholen. Am *stärksten* hat der letzte Satz mit dem Sopran-Solo gewirkt.
    Jetzt bin ich [in] den wahnsinnig anstrengenden Proben zur II. [Sin-
fonie]; heute Abend ist Generalprobe!
    Bis jetzt konnte ich noch keinen rechten Ausflug machen – weil alle
meine Vormittage und Abende besetzt waren.
    Gestern war ich in Harleem, um *Hals* anzuschauen; leider aber ist
das Museum nur bis 3 Uhr offen. – Ich hoffe morgen Vormittag eine
Probe auslassen zu können, und gehe dann nach Zandvoert an der
Nordsee (p[e]r. electrische in einer Stunde zu erreichen) – und auf
dem Wege hin in Haarlem auszusteigen, und dann mehr Glück zu
haben.
    Gott sei Dank, jetzt geht es wieder heim. Freitag früh fahre ich hier
ab, und bin Samstag circa 8 Uhr bei Dir. /Bitte, laße mir ein Bad richten. Elise dürfte wol schon fort sein./

Almschi! Dießmal bist Du aber recht schreibfaul! Allerdings, armer Kerl, erkläre ich es mir mit Deinem Zustand. Aber täglich eine C.[orrespondenz] Karte hättest Du doch schreiben können. Bitte, liebstes Almschi, *lies* die mitfolgende Kritik, und gieb sie dann der Mama, die ein viel besseres Publikum für dergleichen ist, und mit mehr Verständniß solche Tränke schlürft.

Aber, wie man auch über solche Sachen denkt – das Verständnis und die Unbefangenheit, die aus solchen Äußerungen spricht, freut Einen doch.

Die anderen Kritiken sind alle in diesem Ton gehalten. Von den Kindern schreibst Du auch gar nichts. Putzi hat mich wol ganz vergessen, und Guckerl wird mich gar nicht mehr kennen.

Seid mir 3 innigst geküßt /und grüße Arnold und Justi und natürlich Mama und Karl/ Dein alter Gustl.

Nr. 121

[Amsterdam, 26. Oktober 1904]

Liebste!

Hier hast Du noch eine andere Kritik (vom hiesigen Conservatoriumsdirektor) – von Diepenbrok übersetzt. (dem famosen Componisten vom dem ich Dir schon erzählt.) Hiemit hat Gott sei Dank unsere *sehr einseitige* Correspondenz ein Ende; denn morgen Abend dirigire ich zum letztenmale, und übermorgen fahre ich ab. – Ich bin jetzt, obwol es mir gesundheitlich sehr [gut] geht, doch schon das Herumradeln herzlich satt und möchte einmal meine Beine wieder unter meinen Tisch stecken. Und meine 3 Fratzen gehen mir auch schon gehörig ab.

Zwar bin ich *sehr* unzufrieden mit dem ältesten von ihnen. So schreibfaul! Almschi! Aber, man muß eben 5 gerade sein lassen. Die eigentliche Gardinenpredigt folgt Samstag früh, währenddem ich im Bad sitze.

Jetzt gehe ich zur II. [Sinfonie]

Gestern Generalprobe sehr gut ausgefallen. Mitwirkende wahnsinnig begeistert. Tausend Küsse von Deinem Gustav

Nr. 122*

Amsterdam, 27. Oktober 1904

Liebes Almschi!

Also gestern die II. [Sinfonie]! Hat voll ihre Schuldigkeit gethan! Physiognomie wie in Basel und Crefeld!

Heute Abend noch Wiederholung und dann geht es fort – zu Euch!

Auf Wiedersehen! Gust

Die letzte Reise Mahlers im Jahr 1904 führte ihn nach Leipzig, wo er auf Einladung von Max Staegemann, dem Direktor des Leipziger Stadttheaters, am 28. November seine 3. *Sinfonie* mit Marie Hertzer-Deppe als Solistin dirigierte.

Mahler schrieb vom Bahnhof:

Nr. 123*

Wien, 25. November 1904

L. A – li!

Ich bin also doch noch rechtzeitig gekommen, um euch [nach] schon altgewohnter Weise meinen Morgengruß zu senden. – Ich habe noch Zeit, einen Schinken zu essen. Leider habe ich schon vernommen, daß der Schlafwagen vollbesetzt ist, und ich daher angezogen auf meinem Bett liegen werde! Nicht sehr begeisternd!

Tausende von jeder Sorte! Dein alter [Unterschrift fehlt]

Nach einer anstrengenden Bahnfahrt berichtet Mahler die Umstände seiner Ankunft:

Nr. 124*

Hotel de Prusse, Leipzig
[Leipzig, 26. November 1904]

Lieb's Almschli!

Mir ist in Folge meines wieder mit Vehemenz hervorbrechenden Hexenschußes elend und ich lege mich jetzt 2 Uhr nieder um vor der Chorprobe um 4 Uhr ein wenig zu ruhen. In Tetschen um 6 Uhr gefrühstückt, mir an einem ekelhaften Geschlader (Kaffee – Thee war keiner da) den Magen verdorben. Habe es aber schon glücklich übertüncht. Wurde hier vom Concertmeister in Empfang genommen, der sehr nett ist, und mir erzählt, daß das Orchester von meinem Werk sehr begeistert ist, und daß ich es sehr wolvorbereitet antreffen werde. – Wenn ich so was höre giebt es mir immer einen Stich und ich denke dann – Verflucht noch einmal! da hätte die Almschi doch mitkommen können. – Na, übrigens, Vederemo. – Morgen um $^1/_2$11 ist meine 1. Probe. Dann schreibe ich Dir wieder.

Heute Nacht ziehe ich wieder den Bauchwärmer an.

Tausend Grüße! Ich bin wahnsinnig schläfrig!

Dein alter Gustl.

Nr. 125

Geliebte! Guten Morgen!

Ich habe mich gestern um $^1/_2$10 zu Bett gelegt – einen warmen Umschlag mit (ich weiß nicht, wie die Geschichte heißt, so ein Brei aus einem Pflanzenstoff, den mir die Frau des Hoteliers empfohlen und bereitet hat) gemacht und bis 8 Uhr morgens geschlafen. Heute ist mir pumperlwol – nur eine leise Mahnung in der linken Hüftengegend, daß, wenn ich nicht brav bin sofort wieder die Hexe schießen wird. – Ich habe tüchtig gefrühstückt (rohen Schinken) und schicke Dir nur schnell diesen Herzensgruß. – Dein liebes Brieferl habe ich auch eben bekommen, und nimm mir's in die Probe [mit], wo es mich stärken soll, wenn die ruppigen Bläser oder Violinen gar zu traurige Mislaute von sich geben. – Ich hoffe Dir Nachmittag nochmals schreiben zu können, obwol ich zu Peters – Stägemann – Nikisch muß. –

Tausend Grüße mein liebes, gute[s] Almscherl. Ich freue mich schon riesig – daß es dießmal so kurz dauert – noch 3 Tage! Dein

Gustl.

Nr. 126

Hotel de Prusse, Leipzig
[Leipzig, 28. November 1904]

Mein Almschili!

Also alle Proben sind vorüber, und ich sitze – ganz zusammengerackert – jetzt ein wenig ruhig, vor mir nur noch die Aufführung. – Also vor allem: das Orchester, das gestern noch ein Trümmerhaufen von unzusammenhängenden Geräuschen schien, ist nun ein übersichtlich geordnetes Gebäude geworden – Die Steine haben sich bei Arions Lied willig aufgebaut und ich sehe mit ziemlicher Ergebenheit der heutigen Aufführung entgegen.

Sie haben sich reizend benommen, die armen Kerle, gestern und heute unverdrossen 4 Stunden lang von mir sekkiren laßen und noch zum Schluß mit Begeisterung von mir verabschiedet.

In der Stadt ist ein Rieseninteresse für das Werk; die Hauptkritiker waren in beiden Proben und es ist ein Glück, daß ich zur Aufführung hieher gekommen bin. Nun zu den Einzelheiten.

Gestern in der ersten Probe kuck ich mich um: wer steht hinten wie ein Adorant: Herr Nodnagel!

Zuerst war ich ganz wüthend, nachher aber gerührt! Das ist doch ein Original! Nachmittag war ich bei Stägemann! Sie waren nach wie vor herzlich mit mir, erkundigten sich nach Dir und wollten mich zu

Tisch; ich habe aber absagen müssen, weil mich schon Hinrichsen zum Nachtmal eingeladen hat. – Als ich zu ihm hinkam (er hatte mich telefonisch gefragt, ob er mich nicht abholen dürfe) saß er gerade über dem 4 händigen Clavierauszug einer Brucknerschen Symphonie und paukte sich den Second ein.

Ich setzte mich hin und spielte mit ihm den ganzen Clavierauszug durch – heimlich erschien mir dieß als ein Opfer und Zoll der Dankbarkeit für seine Generosität, und daß ich um so viel ein bischen die Kosten abverdienen kann die der arme Kerl für die durchgefallenene V. [Sinfonie] aufgewendet.

Dann kam ein sehr sympathischer und famoser Musiker dazu, Musikdirektor Straube von hier, der ein enragirter Anhänger von mir ist.

/Heute früh kamen Emma und Eduard [Rosé] – sehr bescheiden, wohnte[n] der Probe bei, giengen mit mir dann zu Tisch, waren aber nicht zu bewegen, sich die Zeche von mir bezahlen zu laßen.

Ich gab ihr, nachdem sie mich in's Hotel begleitet die Kuglerschachtel von Dir, welche sie [mit] andächtiger Rührung in Empfang nahm./

Eben war ein Verleger (Kahnt) bei mir, und bewarb sich mit Leidenschaft um die neuen Lieder und Balladen. Ich werde ihm von Wien aus die Clavierauszüge schicken, und er wird mir dann ein Angebot machen.

Nun Addio, mein Almschl.

Morgen bin ich von Nikisch zu Tich geladen (p[e]r. Telegramm, da er heute in Berlin dirigirt) und nachher soll ich ihm meine V. [Sinfonie] vorspielen, damit er in meine Intentionen eingeweiht ist. – Abends fahr ich heim, und übermorgen früh (Mitwoch) bin ich bei Dir!

Tausend Küsse von Deinem   Gustl.

In Leipzig hatte Mahler von 1886 bis 1888 als Kapellmeister (damals von Max Staegemann verpflichtet) am Stadttheater gewirkt.

Nach Aufführungen der *3. Sinfonie* in fast allen deutschen Großstädten lag Mahler besonders an der Erstaufführung seines Werks in der Stadt Bachs, Mendelssohns und Schumanns. Die Begleitumstände der Aufführung in Leipzig waren alles andere als günstig.

Direktor Henri Hinrichsen vom Verlag Peters hatte Mahler vor dem mittelmäßigen Winderstein-Orchester (für die *3. Sinfonie* verstärkt durch die Kapelle des 107. Regiments) gewarnt und darauf hingewiesen, daß am gleichen Abend Felix Weingartner ein Konzert mit einem anderen Orchester dirigieren sollte. Dies waren zweifellos Gründe, die Mahler bewogen haben, die beschwerliche Reise nach Leipzig zu unternehmen und die Aufführung selbst zu leiten.

Schwester Emma und Schwager Eduard Rosé waren aus Weimar herübergekommen. Am folgenden Tag traf Mahler seinen ehemaligen Kollegen Arthur Nikisch, der am 20. Februar 1905 die Berliner Erstaufführung der *5. Sinfonie* dirigieren sollte.

Den Verlag C. F. Kahnt kannte Mahler bereits aus seiner Zeit als Theaterkapellmeister in Leipzig. Kahnt hatte damals das von Mahler für den Bühnengebrauch bearbeitete Fragment der Oper *Die drei Pintos* von Carl Maria von Weber veröffentlicht. Die »neuen Lieder und Balladen«, von denen Mahler spricht, waren zwölf Lieder auf Texte von Friedrich Rückert (*Kindertotenlieder* und vier einzelne Lieder), dazu zwei Gesänge aus »Des Knaben Wunderhorn«. Sie kamen im Sommer 1905 bei Kahnt heraus, das Lied »Liebst du um Schönheit« jedoch erst 1907. Mahler verhandelte damals mit Alfred Hoffmann, der seit 1902 Direktor des Verlags war.

»Musikdirektor Straube« war der elfte Amtsnachfolger von J. S. Bach im Amt des Thomaskantors, Karl Straube.

Vor der Heimfahrt telegraphierte Mahler das Fazit seiner Reise:

Nr. 127*
Telegramm   Leipzig, 29. November 1904, 1 Uhr 36

voller erfolg gruesze gustav

Die Urteile der Leipziger Presse über die *3. Sinfonie* hingegen waren vernichtend. – Am 14. Dezember dirigierte Mahler seine *3. Sinfonie* im Musikvereins-Saal in Wien mit einem so großen Erfolg, daß er sie am 22. Dezember wiederholen mußte.

Ihre Schilderung der Jahre 1903 bis 1906 hat Alma in ihren Erinnerungen jeweils mit »Splendid Isolation« überschrieben, »einem Lieblingswort Mahlers«, wie Alma berichtet, »womit er gern unsern Lebenszustand, den der völligen Einsamkeit, bezeichnete«.[99]

Das »Lieblingswort Mahlers« geht auf die außenpolitische Haltung Englands seit dem 16. Jahrhundert zurück. Seit der Monroedoktrin im Jahr 1823 spielte die »Splendid Isolation« auch in der Außenpolitik der USA eine wichtige Rolle. Bei Mahler drückt der Begriff sicher ganz schlicht seine Sehnsucht nach seinem Komponierhäuschen aus. Alma hingegen könnte damit ihre Zwänge meinen, denen sie als Gattin und Mutter unterworfen war und die ihre Selbstverwirklichung behinderten.

Über den Beginn des Jahres 1905 berichtet sie: »Meine Kinder sind krank. Maria geht's besser, der kleinen Anna schlimm. So traurig das ist – es gibt mir meine Kraft wieder. Je mehr man sich verbraucht, desto mehr Kräfte hat man... Ich bin heiter und aufgeräumt, wie selten. Auf einmal wußte ich wieder, warum ich auf der Welt bin: meine Kinder brauchen mich! Und Gustav Mahler braucht mich! Aber ich kann ihm meine ganze Wärme nicht geben. Warum eigentlich nicht? Er war mir anfangs fremd, ja – und in vielem ist er es mir noch immer. Darum auch kann ich manches an ihm nicht ganz verstehen – und wenn ich es kann, treibt es mich von ihm fort. Doch da ist so viel Positives! Ich weiß, daß ich ihn wirklich liebe und – jetzt – ohne ihn gar nicht leben könnte. Denn er hat mir so viel genommen, daß seine Gegenwart jetzt meine einzige Stütze ist. Jetzt muß ich aus dem Rest meiner Existenz herausholen, was mir das kurze Leben bietet. Unter diesem Herausholen verstehe ich, so gut... so nützlich... so ruhig... so in mich abgeschlossen zu werden, daß ich dadurch glücklich werde. Aber ich bin etwas über zwanzig Jahre alt. Ganz still ist mein Leben. Kinder – Gustav. Gustav – Kinder...!«[100]

Mahler begann in jener Zeit, nach dem überwältigenden Erfolg des *Tristan*, mit Alfred Roller die erste Wiener Neuinszenierung des *Ring der Nibelungen* von Richard Wagner nach der Erstaufführung (1879) ins Werk zu setzen. Rollers Ideen haben durch seine völlig neue Verwendung von Licht und dekorativen Elementen Theatergeschichte gemacht. Sie stießen beim Personal der Hofoper zunächst auf mannigfachen Widerstand. Die Premiere des ersten Abends, *Das Rheingold*, am 23. Januar 1905 wurde jedoch zu einem durchschlagenden Erfolg, auch wenn sich die Gemüter erhitzten.

Am 29. Januar leitete Ehrenpräsident Gustav Mahler das 2. Orchesterkonzert der Vereinigung schaffender Tonkünstler, deren führende Köpfe Arnold Schönberg und Alexander Zemlinsky waren. Er dirigierte einen »Lieder-Abend mit Orchester«, in dem neben den Gesängen aus »Des Knaben Wunderhorn« die im vergangenen Sommer komplettierten *Kindertotenlieder* und vier andere Rückert-Lieder auf dem Programm standen. Fast lauter Uraufführungen. Der Erfolg des Konzerts war so groß, daß es am 3. Februar wiederholt wurde.

Ein weiteres Theaterereignis fand Almas besonderes Interesse: die Wiener Erstaufführung von Hans Pfitzners Oper *Die Rose vom Liebesgarten*. Wie bereits dargestellt, hatte Pfitzner schon drei Jahre zuvor, beim Tonkünstlerfest 1902 in Krefeld, bei Mahler vorgesprochen und durfte sich dabei der besonderen Fürsprache Almas erfreuen.

Nach der Widmung des *Streichquartetts op. 13* von Pfitzner an Alma wuchsen ihre Sympathien und Zuneigungen für den konservativen Spätromantiker, dessen Musik ihr mit Sicherheit näher gestanden hat als die Klangwelten des Propheten an ihrer Seite.

In Brief 64 hat sich Mahler unmißverständlich über Pfitzner geäußert. Ohne Almas und Bruno Walters Förderung hätte dieses Theaterereignis, das Mahler mit gewohnter Akribie und Sorgfalt vorbereitet hatte, wohl kaum stattgefunden.

Als Ende März 1905 die Proben begannen, kam Pfitzner nach Wien. Über einen Besuch Pfitzners im Hause Mahler zu einer Zeit, als der Hausherr nicht anwesend war und der Gast ihr eine rote Rose überreichte, notierte Alma am 21. März: »Gestern spielte ich Pfitzner, auf seinen Wunsch, alte Lieder von mir vor. Er fand sie gut, versicherte mir mit Freude, daß ich entschiedenes Kompositionstalent habe und eine gesunde Melodik. ›Ich möchte mal eine Zeitlang mit Ihnen studieren, es ist so schade um Sie!‹ Welche wehmütige Freude mich da durchzog. Ein minutenlanges Glücksgefühl.«[101]

Einen Tag später schrieb Alma: »[...] Der Abend gestern wurde durch Pfitzners Anwesenheit etwas verdorben. Irgendwo ist er beschränkt. Er sagte, daß die tiefste und wahrste Seite an Wagner sein Deutschtum sei. Hauptmann und Gustav waren einer Meinung, daß je größer ein Künstler sei, er desto höher *über* den Nationen stehen müsse. Pfitzner wand sich wie ein Wurm und ging bald verwundet weg. Seitdem ist er verändert. Dies war nach einer Vorstellung des ›Fidelio‹ [am 25. März 1905], die Pfitzner und ich zu Hause mit Vorspielen seiner und dann später meiner Lieder verbracht hatten. Wir hatten dann mit Mahler und Hauptmann im Kellerrestaurant Meissl & Schadn Rendezvous. Im Eifer unseres Spieles hatten wir die Zeit vergessen, so daß wir zu spät kamen, was indes von niemand übel vermerkt wurde. Pfitzner hatte mir jedes seiner Lieder ungefähr zehnmal vorgespielt. Immer so lange, bis es mir restlos gefallen hatte.«[102]

Bevor Ende März die Proben für die *Rose vom Liebesgarten* begannen, reiste Mahler über Berlin nach Hamburg, wo er am 13. März im 14. Philharmonischen Konzert auf vertrautem Boden seine 5. *Sinfonie* dirigierte. Mahler war von 1891 bis 1897 1. Kapellmeister in Hamburg gewesen.

Der obligate Abschiedsgruß vom Wiener Bahnhof fehlt. Mahler schrieb erst nach seiner Ankunft.

1905

Hamburg, 8. März 1905

Liebste! Heute wieder den ganzen Tag die programmässige Migräne gehabt. In Berlin 3 Stunden mit Berliner von Almscherl gesprochen, dann – nach Hamburg abgefahren und hier *vor dem* Hotel durch einen Zufall die alten *Herz* getroffen. – Jetzt fängt mein Kopfweh ein bischen an aufzuhören. Ich gehe auf 2 Akte in die Oper (Carmen) und lege mich dann schlafen. Morgen um 9 Uhr die erste Probe. Darauf schreibe ich wieder. Und da diese Karte erst übermorgen ankommen kann, so werde ich noch morgen früh depeschiren! Schreib bald und auch über unsre Putzerln.

Herzlichst und treulichst Dein G.

Das Gespräch mit seinem Freund Arnold Berliner handelte sicher nicht nur »von Almscherl«, sondern auch von der schlechten Aufnahme seiner 5. *Sinfonie* in Berlin.

Nr. 129

Streit's Hotel, Hamburg
[Hamburg, 9. März 1905]

Mein Almschi!

Jetzt gehe ich zur ersten Probe. Meine Migräne ist noch gestern Abend vergangen. In Carmen blieb ich 2 Akte; sämtliche in Wien durchgefallene Sänger, Edel-Fleischer, Thyssen und die Metzger defilirten, vom Publikum stürmisch gefeiert – hierauf kam Demuth als Obergott – ich gieng. Brecher und Carl Wagner tauchten auf, und ich soupirte mit ihnen. Brecher (der dirigirt hat) hat sich *famos* entwickelt und ist ein sehr fixer Kerl. – /Heute Nachmittag suche ich Willy und Alma auf./

Wie schade, daß Du nicht mit bist! Hotel Streit ist etwas heruntergekommen und trotzdem kostet mein Zimmer *10 Mark.* Vielleicht ziehe ich aus.

Tausend Grüße von Deinem Gustl

/Was macht Deine Verkühlung?
Schreib ausführlich, mein Lieb!/

Mahler besuchte am 8. März eine Aufführung von Bizets *Carmen* im Stadttheater unter der Leitung des sechsundzwanzigjährigen Gustav Brecher, seit 1903 Kapellmeister am Hamburger Stadttheater. Auf Empfehlung von Richard Strauss hatte ihn Mahler in der Spielzeit 1900/01 als Kapellmeister und von Februar 1901 bis Mai 1902 als Sologesangskorrepetitor an der Wiener Hofoper angestellt.

Im August 1901 hatte Mahler an Strauss geschrieben: »Brecher ist ein famoser und lieber Kerl, aber für uns gebricht es ihm allzusehr an Routine und Handwerksgeschicklichkeit. Ich werde versuchen, ihn für 1 oder 2 Saisons an irgend ein Stadttheater zu beurlauben...«¹⁰³ Über Olmütz ging Brecher dann nach Hamburg, wo er bis 1911 blieb.

Auf der Bühne des Stadttheaters sah Mahler bekannte Gesichter: Katharina Fleischer-Edel, die am 27. und 29. August 1901 in Wien gastiert hatte, Josef Thyssen, der erst kurz vorher am 26. Januar zu Gast an der Hofoper war, und den gerade in Hamburg gastierenden Leopold Demuth, der seit der Spielzeit 1898/99 an der Wiener Hofoper ein festes Engagement hatte. Dazu traf er den damals am Deutschen Schauspielhaus Hamburg engagierten Schauspieler Karl Wagner. Mahler hatte ihn schon während seiner Kapellmeisterzeit in Hamburg kennengelernt.

Wie bereits früher dargestellt, hatte Alma ihre Schwierigkeiten mit der für sie nicht standesgemäßen Familie ihrer Mutter, die in Hamburg lebte. Mahler versuchte während seines Aufenthalts, mit Almas Tante, Alma Bergen – der Schwester ihrer Mutter – und deren Bruder Willy Kontakt aufzunehmen.

Nr. 130

Streit's Hotel, Hamburg
[Hamburg, 9. März 1905, abends]

Mein Almschili!

Hier sind alle Brief[e] und noch einer dazu:

Über Zemlinsky kann ich weiter nichts sagen. Offen gestanden – ich hätte ebenso geschrieben! – Wie Du Dich nun dazu verhalten willst, hängt lediglich von Deiner Empfindung ab. Aber zur Wydenbruck gehe jedenfalls. Wenn ich zurückkomme, will ich auch noch das Meinige beitragen. Der Marschalk ist ein dummer Tropf. Mir scheint, dieser Brief hat der »Verleger« in ihm geschrieben. Aber ich habe gar keine Lust, ihm meine Lieder zu übergeben.

– In der heutigen Probe sprach ich wieder immer vor mich hin:

O selig, o selig ein Schuster zu sein. Die V. [Sinfonie] ist ein verfluchtes Werk. Niemand capirt sie. Zum Schluß fieng es an etwas besser zu gehen. Nun, morgen werden wir ja sehen.

/Heute suchte ich eine Stunde lang Deinen Onkel *Willy*. Mama hat mir leider eine falsche Adresse gegeben.

Er wohnt aber nich[t] Nro. *188*! sondern *80*. Denke Dir! Durch einen Zufall (ein Dienstmädel, das gerade in einem Geschäfte war, als ich mich erkundigte[)], erfuhr ich endlich die Adresse. – Aber, o weh! Beide waren ausgeflogen, und ich hinterließ nur viele Grüße und meine Adresse. Es ist alles hier so weit! Ich werde aber jedenfalls versuchen mit *Willy* und *Alma* und Ehegesponsen mal zusammenzukommen.

Hier regnet es unaufhörlich. Ich bin ganz müde.

Behn hat mich in alter Herzlichkeit aufgesucht. Morgen werden wir zusammensein. Er will durchaus, daß ich bei ihm wohnen soll, aber ich mag nicht. Für heute habe ich mich [mit] Brecher zusammenbestellt, der sich in jeder Beziehung zu seinem Vortheil gebessert hat.

Bei den alten *Hertz* war ich auch (um 6 Uhr) und aß mit. Die Alten waren rührend. Ihr standen immer die Thränen in den Augen.

Übrigens werde ich von Allen, die mich sehen, ausgezankt, warum ich Dich nicht mitgenommen habe! Wie schön wäre das, wenn Du mit wärst.

Jetzt leb wol, mein Liebstes. Lieb von Dir, daß Du mir schon geschrieben hast.

Küß die Putzerln von mir und *Mama* vielmals   Dein Gustl/

Was Alma an ihren früheren Verehrer und Freund Alexander Zemlinsky geschrieben hatte, konnte bisher nicht festgestellt werden.

Gräfin Miza Wydenbruck-Esterhazy wohnte in nächster Nachbarschaft des Ehepaars Mahler in Wien.

Offensichtlich war Max Marschalk vom Dreililien Verlag in Berlin ein Konkurrent von C.F. Kahnt, der Mahlers Lieder dann schließlich veröffentlichte.

Dr. jur. Hermann Behn, ein Schüler von Franz Liszt, fertigte einen Klavierauszug von Mahlers 2. *Sinfonie* für zwei Klaviere zu vier Händen, der 1895 bei F. Hofmeister in Leipzig erschien.

Nr. 131*

Streit's Hotel, Hamburg
[Hamburg, 10. März 1905]

Mein liebstes Almschili!

Also: die heutige Probe famos gewesen. Orchester nimmt sich colossal zusammen und ist bereits für das Werk eingenommen. Behn bevatert mich sehr nett. Bei *Willi* war ich, und nach einer sehr aufgeregten Conversation, die sich theilweise auf socialem Gebiet bewegt[e], dann aber sofort mit einem kühnen Saltomortale auf Kunstgegenstände schmiß, giengen wir beide zu Alma, die ich mit ihrem Jüngsten zu Hause traf. Ihre Ähnlichkeit mit Mama nahm mich sofort sehr für sie ein. Später kam Frau Bergen dazu. Sie wollen durchaus, daß ich einmal bei ihnen essen soll, und ich thäte ihnen auch gern die Freude. Aber ich fürchte, ich komme nicht mehr dazu. Ich habe natürlich von allem auspacken müssen. Willy meinte gesprächsweise:»Wenn Sie mal wieder nach Wien zurückmachen, dann grüßen Sie mir Alle recht herzlich[«].

Berth kann ich nicht besuchen, doch habe ich für Alle 5 Sitze zur Generalprobe und zum Concert ergattert.

Behn besorgt die Vierländerpuppe für Putzerl. Ich schreibe in höchster Eile, da ich in das Theater von *Berger* muß.

Du gehst mir sehr ab, mein Almschl; ich habe Dich aber *sehr* aufgelobt. Besonders Alma wollte von Dir Alles wissen.

Viele Küsse und Grüße an Dich und die Kleinen. Von denen *schreibst* Du ja gar nichts? Dein alter Gustl.

Alma kommentiert Mahlers Familienanhänglichkeit und meint zum ersten Absatz des Briefs:»Ironisch gemeint, da dieser Willy ein ziemlich öder Philister war. Eine rührende Identifikation mit den kleinbürgerlichen Verwandten meiner Mutter in Hamburg. Ganze Absatz humoristisch gemeint. Er hatte in seiner unergründlichen Güte sämtliche Verwandte meiner Mutter in Hamburg aufgesucht.«[104]

»Berth« war der Kosename für Anna Molls jüngere Schwester Bertha, die ebenfalls in Hamburg lebte.

Das Deutsche Schauspielhaus in Hamburg wurde damals von Alfred von Berger geleitet. Mahler sah an jenem Abend das Stück *Doppelselbstmord* von Ludwig Anzengruber.

So wie der gewohnte Abschiedsgruß zu Beginn der Reise nach Hamburg, fehlen hier nun (wie sonst gewohnt) Briefe vom 11. und 12. März (Generalprobe) sowie vom Tag der Aufführung (13. März).

Die Vermutung liegt nahe, daß diese Schreiben verlorengegangen sind. Zumindest ein Indiz dafür ist die Tatsache, daß Mahler sein Zusammentreffen mit dem Dichter Richard Dehmel und seiner Frau Ida in den darauffolgenden Tagen – was Alma bei ihrer Begeisterung für diesen Dichter besonders interessiert hätte – bis dahin mit keinem Wort erwähnt. Andrerseits hat Alma es für wert befunden, in ihren Erinnerungen an das Jahr 1905 einen Auszug aus Ida Dehmels Tagebuch aufzunehmen, der dieses Treffen mit Mahler ausführlich beschreibt.[105]

Im Gespräch mit Ida Dehmel machte Mahler auch einige kritische Bemerkungen zu Persönlichkeit und Werk von Richard Strauss, die nach der Herausgabe des Briefwechsels zwischen beiden Komponisten wohl weitgehend zu relativieren sind. »Rivalität und Freundschaft« hat Herta Blaukopf ihren zusammenfassenden Essay zu diesem Briefwechsel treffend betitelt, denn Mahlers aufrichtige Bewunderung für Straussische Partituren, etwa die der *Salome*, ist eine bekannte Tatsache.[106]

Die Beziehungen zwischen Strauss und Mahler intensivierten sich gerade im Jahr 1905. Zwei wichtige Musikfeste, das 1. Elsässisch-Lothringische Musikfest in Straßburg vom 20. bis 22. Mai, zu dem Mahler und Alma bereits am 13. Mai reisten, und gleich im Anschluß daran vom 31. Mai bis 2. Juni in Graz das Tonkünstlerfest des Allgemeinen Deutschen Musikvereins, verbinden beide Musiker in starkem Maß.

Die besonders engen Kontakte zwischen Mahler und Strauss in diesem Jahr gründeten sich weiterhin auf eine geplante, dann aber vom Hofzensor in Wien abgelehnte Aufführung von Strauss' *Salome* an der Hofoper. Während des Musikfestes in Straßburg hatte Mahler das Werk durch Strauss kennengelernt.

Alma gibt eine anschauliche Darstellung dieser Begegnung: »Er [Strauss] hatte einen Klavierhändler ausfindig gemacht, und wir drei wanderten in ein Lokal, in dem Dutzende von Klavieren standen. Der Raum hatte übrigens nach allen Seiten hin große glänzende Schaufenster, an denen unausgesetzt Menschen vorübergingen oder stehenblieben, um hineinzusehen – und sich die Nasen plattdrückten, um etwas zu erlauschen.

Strauss spielte und sang unvergleichlich gut. Mahler war hingerissen. Wir kamen zum [Salomes] Tanz. Er fehlte. ›Dös hab i no net g'macht!‹ sagte Strauss und spielte nach der großen Lücke weiter bis zum Schluß. Mahler meinte: ›Ist das nicht gefährlich, den Tanz einfach so auszulassen und später, wenn man nicht mehr in der Stimmung der Arbeit steckt, ihn zu machen?‹ Aber Strauss lachte sein leichtsinniges Lachen: ›Dös krieg i schon‹. Aber er hat es nicht gekriegt, denn der Tanz ist das einzig Schwache in dieser Partitur – nur eine Kompilation des übrigen. Mahler war völlig bezwungen. Man kann eben alles wagen, wenn man das nötige Genie hat, Unglaubwürdiges zu machen.«[107]

Im Anschluß an die Grazer Veranstaltungen hatte Mahler für die Teilnehmer des Tonkünstlerfestes drei Festvorstellungen am 5., 6. und 7. Juni an der Wiener Hofoper organisiert, darunter Pfitzners *Die Rose vom Liebesgarten*. Der Präsident des Allgemeinen Deutschen Musikvereins, Richard Strauss, hatte für ein Konzert mit Orchesterliedern von Mahler in Graz gesorgt, das Mahler selbst dirigierte. Zum Programm am 1. Juni im Stephanien-Saal s. Faks. S. 244.

Mahler telegraphierte am gleichen Tag an Alma:

Nr. 132*

[Telegramm]   [Graz, 1. Juni 1905]

gestern ganzen tag corigirt   heute probiert   morgen freier tag   befinden sehr gut   habe noch keinen brief   innigst gustav

Alma war mit den Töchtern bereits nach Maiernigg abgereist, während Mahler von Graz nach Wien zurückkehrte, auch, um an Stelle von Richard Strauss dessen Oper *Feuersnot* zu dirigieren. Mahler wohnte bei seinen Schwiegereltern auf der Hohen Warte.

Strauss mußte überraschend wegen des Todes seines Vaters nach München zurückkehren.

Nr. 133

[Wien, 3. Juni 1905]

Mein Almschl!

Warum habe ich denn noch kein Lebenszeichen von Dir? Ich war wirklich ganz traurig, als ich sah, daß heute morgens die Mama einen 8 Seiten langen Brief von Dir erhielt, während Du für mich noch nicht einmal eine Coresp. Karte hattest. Wenigstens erfuhr ich, daß Ihr Alle gut angekommen seid.

Ich bin also seit heute Morgen in Deinem alten Mädchenzimmer einquartiert, und werde in Deinem Bette schlafen, /das höchstwahr-

Allgemeiner Deutscher Musikverein.

Tonkünstlerfest in Graz.

Donnerstag, den 1. Juni, abends 6 Uhr
(Hauptprobe vormittags 10 Uhr)

Im Stephaniensaal

Erstes Orchesterkonzert.

**Roderich v. Mojsisovics: Romantische Fantasie
für die Orgel** (op. 9), III. (letzter) Satz.

Herr Otto Burkert.

Guido Peters: Aus der Sinfonie No. 2, E-moll.
I. Satz. Frei rezitatorisch; mit Leidenschaft und großem
Ausdruck; heroisch.
IV. (letzter) Satz. Möglichst rasch; feurig; trotzig;
bachantisch.

Pause.

**Gustav Mahler: Gesänge für eine Singstimme
mit Orchester.**

I.

1. Der Schildwache Nachtlied.
2. Das irdische Leben.
3. Der Tamboursg'sell.
4. Ich bin der Welt abhanden gekommen.

Herr Friedrich Weidemann.

II.

1. Lied des Gefangenen im Turm.
2. Wo die schönen Trompeten blasen.
3. Des Antonius von Padua Fischpredigt.

Herr Anton Moser.

III.

1. Revelge.

Herr F. Schrödter.

2. Um Mitternacht.

Herr Erik Schmedes.

IV.

1. Nun will die Sonne so hell aufgeh'n.
2. Nun seh ich wohl.
3. Wenn dein Mütterlein.
4. Oft denk ich.
5. In diesem Wetter.

Herr Friedrich Weidemann.

Pause.

Paul Ertel: „Der Mensch".
Sinfonische Dichtung für großes Orchester und
Orgel, nach dem gleichnamigen Triptychon von
Lesser Ury, in Form eines Präludiums und
einer Tripelfuge (op. 9).

Orgel: Herr Alois Kofler.

scheinlich außer Dir noch keinen anderen Insaßen gehabt hat. / Vielleicht geht es mir wie beim Nippen vom Glase eines Anderen: daß ich Deine Gedanken errathe!

In Graz war es recht hübsch! Über den äußeren Verlauf wird Dir wol Mama schreiben. Ich habe Alles gethan um ihr das Leben angenehm zu machen. Nur haben wir bei jedem Gummiradler etc. immer bedauert, daß Du nicht da seiest.

Das Wichtigste ist, daß ich von Kahnt ein Angebot von 15000 fl habe und nun in einem Dilemma bin, wie ich mich Peters gegenüber benehmen soll. Ich werde nun einige Nächte drüber schlafen. Keinesfalls aber gebe ich den Vortheil, der mir so in den Schoß gefallen ist, preis.

Heute gieng ich zur Justi essen und nachher mit ihr in den Volksgarten zur Jause. / (Sie ist noch Strohwitwe und Arnold bleibt bis Montag [in Graz]) / und nachher spendirte ich ihr einen Comfortabel nach Hause. – Jetzt, hoffe ich, wird sie versöhnt sein.

/Heute morgens sandte ich Dir von *der Gage*   1000 Kronen

der Emma,	100	"
der Justi gab ich	1200	"
und außerdem	40	" für Emma
und	40	" für das
		Grab in Iglau /

Den Gage!zettel lege ich bei.

Bevor ich nach Maiernigg gehe, zahle ich noch Justi ganz aus und wir sind dann wieder um einen großen Schritt weiter.

Mit Straus[s] war ich von Wien bis Graz in einem Coupé ganz allein und wir sprachen uns sehr angenehm, wie in alten Zeiten. Leider wurde er schon am nächsten Tag durch den plötzlichen Tod seines (84jährigen) Vaters abberufen, und hörte meine Lieder nicht. –

Die anderen Herren hatten wieder diesen gewiß picksüßen, superfeinen, höflichst ausweichenden Ton. Sie sangen die sauere Honigweis! – Ich gieng aber nach dem Concert allein mit Mama und Walter u[nd] Adler in's Hotel, wo wir mit Mauthners u[nd] Moser sehr vergnügt zusammen saßen, und ließ[en] die Festversammlung, die am Schloßberg tagte, sein. – Ich glaube nicht, daß mich irgendwer vermißt hat.

Nun grüße ich Dich mein Almschi, bin aber »bös«. Dein Gustl

Das Angebot des Verlags C. F. Kahnt für die Übernahme der *6. Sinfonie* ist ein greifbares Beispiel dafür, wie Mahlers Wertschätzung als Komponist in den vergangenen Jahren in der Öffentlichkeit gestiegen war. Mehr als die fünftausend Gulden aber, mit denen Kahnt über dem Angebot des Verlags Peters lag, war für Mahler das damit verbundene Bewußtsein wichtig, nun auch in der Honorierung seiner Werke in die Nähe anderer großer Komponisten – etwa Richard Strauss – zu rücken.

Wie so oft bei ihren Weglassungen, hat Alma auch in diesem Brief die konkreten finanziellen Angaben Mahlers unterdrückt. Die wirtschaftliche Situation bei der Eheschließung schildert sie so: »Ich übernahm eine vollständig zerrüttete Wirtschaft. Schulden über Schulden! Mahler hatte in Budapest eine große Abfindungssumme [25 000 Gulden] bekommen und von der Zeit ab überall viel verdient. Aber seine Geschwister, an der Spitze seine älteste Schwester [Justine], vergeudeten sein Geld dermaßen, daß er in Hamburg fast immer am Anfang des Monats bereits bei seinen Freunden Schulden machen mußte, weil er vollkommen ausgeplündert war. In einem Brief an seine Schwester, den sie mir zeigte, schrieb er: ›Spar doch endlich, seit Monaten soll ich mir ein Paar Schuhe besohlen lassen und habe das Geld nicht dafür.‹ Und dies schrieb der Erste Kapellmeister des Stadttheaters in Hamburg. Als wir heirateten, sagte mir Mahler: ›Meine Schwester hat das Wirtschaften leider nie verstanden, ich war schon überzeugt, niemals aus meinen Schulden herauszukommen. Aber nun versuche du es.‹ Ich fand eine Schuldenlast von 50 000 Goldkronen vor. Außerdem war der Hausbau in Maiernigg noch zu bezahlen. Die Erbteile der drei Schwestern mußte ich zuerst zurückzahlen. Ich war so bescheiden erzogen worden, daß mir das Sparen, ja Pfennigfuchsen der ersten Jahre wenig ausmachte. Im Gegenteil, mein Ehrgeiz war es nun, Mahler schuldenfrei zu machen. Aber *er* hat gelitten, wenn wir uns so *gar* nichts leisten konnten – fünf Jahre lang! Justine, einmal von mir zur Rede gestellt wegen des unsinnigen Verbrauches, sagte: ›Wenn wir uns nicht mehr zu helfen gewußt hätten, *so wäre ich mit ihm betteln gegangen.*‹«[108]

Mahler hatte das Erbteil seiner Schwester Justi geborgt und es für den Bau des Hauses in Maiernigg in den Jahren 1899 bis 1901 eingesetzt. Per Kaufvertrag vom 21. September 1899 hatte Mahler das Grundstück am Wörthersee für 3775 Gulden erworben. Bevor die Villa Mahler bezogen werden konnte, war das im Wald gelegene Komponierhäuschen bereits im Jahr 1900 fertiggestellt worden. Wie dann Brief 138 zeigt, bekam Justi im Juni 1905 den Rest des Darlehens von ihrem Bruder zurück. Nicht, wie in den Erinnerungen zu lesen steht, von Alma. In Mahlers Rechnung sind am Schluß noch vierzig Kronen zur Pflege des Grabes seiner Eltern in Iglau vorgesehen. In Almas Erinnerungen heißt es später weiter: »Die Schuldenlast, die ich übernommen hatte und deren schnelle Tilgung mir Mahler vor unserer Hochzeit mit den Worten ans Herz gelegt hatte: ›Ich bau auf *Gott und meine Euryanth, daß du bald damit fertig wirst*‹, beschwerte mein Herz. Die Einteilung blieb völlig mir überlassen. Mahler bezog alle Kleider vom ersten Schneider, unzählige Paar Schuhe vom ersten englischen Schuster. Ich freilich trug fünf bis sechs Jahre dasselbe Kleid...«[109]

Durch die bisher unbekannte Briefkarte 139 läßt sich das monatliche Haushaltsgeld Almas für den Vier-Personen-Haushalt mit zwei Dienstboten in Maiernigg während dieses Sommers feststellen. Die jeweils 1000 Österreichischen Kronen für die Monate Juli und August im Jahr 1905, die Mahler für Alma mitbrachte, entsprechen einer heutigen Kaufkraft (1995) von ca. 8000 DM.[110]

Das Verhältnis Mahlers zu den leitenden Persönlichkeiten des Allgemeinen Deutschen Musikvereins war nicht ohne Spannungen. Neid und sicherlich auch antisemitische Haltungen haben hier eine Rolle gespielt. Insbesondere war es in früherer Zeit zwischen Mahler und dem deutschnational gesinnten Max von Schillings zu Mißhelligkeiten gekommen.

Mahler hatte kurz vorher beim Elsässischen Musikfest in Straßburg am 21. Mai seine *5. Sinfonie* und tags darauf einen Beethoven-Abend dirigiert. Alma hatte ihn begleitet; über die Atmosphäre bei diesem Musikfest berichtet sie: »Auch sonst waren wir dort viel allein. Der Verein der deutschen Tonkünstler mied Mahler auffallend. Schillings grüßte feige, Rösch [Kapellmeister Friedrich Rösch, Mitglied des Vorstands des ADMV] schaute ganz weg, der Antisemitismus blühte schon, und Mahler bekam ihn zu fühlen. Wir konstatierten es, sahen sie an Nebentischen gemeinsam tafeln, ohne Neid...«[111]

Am 5. Juni dirigierte Mahler in Wien für den verhinderten Richard Strauss die *Feuersnot*, am 6. Juni leitete Bruno Walter Pfitzners *Die Rose vom Liebesgarten*, und am 7. Juni erklang Liszts Oratorium *Die Legende von der heiligen Elisabeth* unter Franz Schalk.

Wegen des bevorstehenden Staatsbesuchs des Schahs Muzzafar ad-Din von Persien befürchtete Mahler, seine Abreise nach Maiernigg verschieben zu müssen.

Nr. 134

[Wien, 5. Juni 1905]

Mein Almscherl!

Heute aß ich bei Justi zu Mittag. Arnold war aus Graz wieder zurückgekehrt und wir besprachen einige »Orchesterangelegenheiten«. Es war sehr »anziehend«. Darauf zog ich mich aus und legte mich auf's Canapee und briet ein wenig. (Die Hitze ist einfach mörderisch.) Darauf gieng ich fort und trank im Imperial einen Schwarzen. Auf dem Wege schlief ich ein. Der Kellner weckte mich. Schade! Ich träumte so süß. Jedoch weiß ich nicht mehr, wovon. Jetzt sitze ich im Bureau und bringe mich langsam in die Weihestimmung für »Feuersnoth«, die heute um 7 Uhr den 1000 entzückten Zuhörern geboten werden soll.

/Mama und Carl kommen auch, hernach gehen wir in's *Spaten*!/
Zu blöd, daß der Schah erst am 15. kommt.
Ich könnte wunderschön Sonntag schon abreisen! –
Die Kleinen müssen jetzt lieb sein! Schade, daß ich das jetzt nicht miterleben kann, wie sich die Putzi über Alles wundert und erkundigt. Erkennt sie denn das wieder?
Ist das Geländer gemacht?
Sei innigst gegrüßt und umarmt mein Almscherl   Gustav.

Am Abend dieses Tages vertraute Alma in Maiernigg ihrem Tagebuch an: »Ach, wenn ich nur noch schreiben könnte – so wie früher – alles, wie ich es denke und fühle… Beide Kinder sind im Zimmer – und doch hatte ich eben jetzt wieder das Gefühl der geistigen Freiheit und Fruchtbarkeit – Wenn ich länger allein wäre – und viel wirklich einsam…« Und später: »Ich habe den ganzen Tag gearbeitet. Für Gustav copiert – Kinder gehütet, Clavier gespielt, am Abend bin ich endlich innerlich etwas zur Ruhe gekommen. Ich ging ganz allein nach Maiernigg hinunter – hatte und habe Sehnsucht nach Gustav… Aus dem See… aus dem Wald… überall tauchte sein Bild mir auf. Trennung macht sehend. Ich lebe ja NUR in ihm.

Ich copiere für ihn, ich spiele Clavier, um ihm zu imponieren – ich lerne, lese, alles aus demselben Grund… Und wenn er da ist, vergälle ich mir die meisten Freuden – durch Empfindeleien… immer wieder bäumt es sich – der alte Stolz – die alte Herrschsucht… maßloser Ehrgeiz – Ruhmsucht – statt, daß ich trachte – NUR IHM das Leben schön [gestrichen: und weich] zu machen… wozu ich einzig auf der Welt bin, und was allein meine Existenz rechtfertigt. Und meine süßen Fratzen! [letztes Wort später gestrichen und durch ›Kinder‹ ersetzt] Ich bin sehr besorgt – ich habe einige Tage keine Nachricht von ihm [dieser Satz später gestrichen].«[112]

Nr. 135

[Wien, 6. Juni 1905]

Mein Geliebtes!

Deine lieben Zeilen waren eine rechte Erfrischung für mich.

Jetzt bist Du am rechten Wege, wie ich merke. Wenn wir längere Zeit allein sind so gelangen wir zu einer *Einheit* mit uns und der *Natur*, die allerdings eine bequemere »Umgebung« ist als die gewohnten Menschen. Dann werden wir *positiv* (statt, wie sonst in der Negation stecken zu bleiben) und schließlich productiv. Dieß ist der gewöhnliche Weg; daher führt uns das Alleinsein zu uns selbst und von uns zu Gott ist nur ein Schritt. Von dieser Stimmung bist Du voll, und ich freue mich riesig darüber; denn ich habe nie gezweifelt, daß das in Dir steckt.

Wie kleinlich kommt uns da unser gewöhnliches Leben vor, das ganz in Negation und »Kritik« stecken bleibt. Siehst Du, mit Deiner Lektüre ist es geradeso: Schakespeare ist das *Positive, Produktive*; Ibsen bloß die Analytik, die Negation, das Unfruchtbare. – /Es ist genau so, wie der Unterschied zwischen Dir *jetzt*, und *Dir* in Wien, wenn Du Dich über die »Theaterer« oder Ähnliches ärgerst./

Jetzt wirst Du mich begreifen, der ich mir die *Positive, productive* Stimmen in das verwirrende Alltagsleben hinüberzuretten trachte, und daher Manches oft aus der Vogelperspective sehe, /wo Du mitten drin stecken bleibst./ – Laß Dich nur nicht beirren, wenn wieder /(sei es durch physische Depression oder momentanen Ärger hervorgerufen)/ die Negation [mehrere Wörter unleserlich gemacht] Dich packt und Dir den Ausblick für eine Weile raubt. Glaube dann nur nicht, daß das *Positive* nicht da ist, oder nicht das Wesentliche ist. – Denke immer nur: die Sonne hat sich hinter den Wolken versteckt und es ist augenblicklich dunkel, kühl, unfreundlich. Aber, *sie kommt* wieder heraus!

Hier, Liebste, ist es vor Hitze nicht auszuhalten. Gestern die *Feuersnoth*, das Erstaunen der deutschen Kritiker und den *Neid* der deutschen Operncomponisten erweckt. Beim faulen Hans waren sie dann alle getröstet, und weinten vor Schmerz und vor Freude. –

/Mama ist überall mit dabei, und voran! Karl und sie tragen das Blaue vom Himmel zusammen, um mir das Leben angenehm zu machen./ *Wie gerne* wäre ich schon bei Dir und den Putzerln!

Heute dinire ich ich mit dem Festausschuß, *Schillings* etc. bei Sacher.

/Am Abend Rose v. L./ [»Die Rose vom Liebesgarten«]!

Tausend Busseln von Deinem   Gustl.

/Dießmal aber schreibst Du brav mein Almschili und erleichterst mir das Fernsein liab!/

Seit längerer Zeit wieder ein Brief Mahlers mit Passagen zu Almas Psyche, die teilweise ihrem Rotstift zum Opfer gefallen sind.

Oskar Nedballs Ballett *Der faule Hans* erschien Mahler neben Strauss' avantgardistischer *Feuersnot* als unbedeutendes Machwerk. Mahler war weiterhin mit dem Finale des Tonkünstlerfestes in Wien beschäftigt:

Nr. 136*

Wien, 8. Juni 1905

Mein liebes Almschili!

Gestern und heute habe ich noch keine Minute zum Schreiben gefunden! Ich bin durch die »Tonkünstler« mit Beschlag belegt. – Übrigens ist Manches ganz willkommen – z. B. mit Schillings bin ich persönlich in ein ganz nettes Verhältnis gekommen. Gestern waren er und *Mengelberg* aus Amsterdam bei Mama zu Tisch. Morgen kriege ich Luft, dann schreibe ich ausführlich. – Deine Briefe sind so lieb und erfrischend für mich. Ach, könnte ich doch schon bei Dir sein.

Tausend Küsse, mein Almschl,   Dein Gustl.

Nr. 137

[Wien, 10. Juni 1905]

Mein Almschili!

Du mußt mir verzeihen. Ich finde buchstäblich seit einigen Tagen nicht eine Minute Zeit, um mich zu einem Brief an Dich hinzusetzen. – Ein solches Getrubel durch Musikfest und Saisonschluß mit Sitzungen, Proben etc. war noch nicht da. – Eine große Gefahr ist glücklich abgewendet! Denke Dir, daß ich bei einem Haar hätte bis zum 20.! hierbleiben müssen, weil da erst /das Schwein/ aus Persien eintrifft. Ich habe nach langem verzweifelten Spintisiren zum Ausweg gegriffen, mich einfach auf den Arzt zu berufen, und bin von Donnerstag an beurlaubt. Ich fahre also, so Gott will, Mittwoch Abends weg, und bin Donnerstag zum Frühstück bei Dir, mein Lieb! Auf *das* Frühstück freue ich mich aber schon tamisch.

Mengelberg ist noch /immer/ hier! /Nimmt mir eine Masse Zeit weg und kostet mich natürlich auch ein Heidengeld! Aber ich muß mich ja für seine Gastfreundschaft revanchiren./ Schillings und ich sind ganz gute Freunde geworden. – Persönlich habe ich große Sympathien für ihn gewonnen. Auch der Mama gefällt er und Mengelberg sehr gut. Seit zwei Tagen bin ich ohne Brief von Dir. Hoffentlich ist nichts passirt! Deine lieben Briefe sind mir immer eine Auffrischung. Ich genieße es ordentlich, daß Du so »der Welt abhanden gekommen« bist. – Da kommt doch immer der echte Mensch heraus (natürlich wenn ein solcher drin stak). – Geh, schreib mir doch mal ordentlich. Auch von unsern Putzerln erzähle mir zu meiner Stärkung. Mein Rad habe ich schon gekauft. (150 fl).

Tausend Küsse meine geliebte Almschi   Dein alter Gustl.

Mahler hatte Sehnsucht nach Ruhe und den Seinen in Maiernigg. Ärgerlich tituliert er den Schah von Persien als »das Schwein«, was Alma in ihrer Ausgabe zu »der Herr« umformt.

Nr. 138*

Wien, 11. Juni 1905

Liebes! Schon 3 Tage ohne Brief! Was ist denn da der Grund davon? Hier geht es zu, wie auf der Eisenbahn. Gott sei Dank – Mittwoch geht es fort und zu Euch! Da ruhe ich mich dann ein bißchen aus, und habe Euch. Heute war ich in der eisernen Kasse und suchte ein paar Skizzen, die ich mir für heuer zurechtgelegt, und fand sie nicht! Habe ich sie vielleicht in Maiernigg gelassen? Gestern waren wir in Minna von Barnhelm (ich habe mich aber, aufrichtig gesagt, gelangweilt).

Meine 6. [Sinfonie] bekommt wahrscheinlich Kahnt, da Peters nicht mehr geben will. Einfach 5000 fl hinauszuschmeißen kann ich doch nicht – besonders, da Kahnt jetzt einen großen Aufschwung nimmt. Näheres mündlich. Heute bekam ich die Gage, morgen zahle ich Justi aus.   Tausend von Deinem Gustav

Alma konnte Mahler wahrscheinlich beruhigen. Die »Skizzen«, die »Nachtmusiken« der 7. *Sinfonie*, die er bereits im vergangenen Sommer komponiert hatte, fanden sich wohl in Maiernigg. In ihren Erinnerungen heißt es: »Im Sommer 1905 hatte Mahler die VII. Symphonie in *einem* Furor niedergeschrieben. Mitte des Sommers 1904 hatte er bereits die ›Bauskizzen‹, wie er sie nannte, entworfen. – Ihm schwebte bei den Nachtmusiken Eichendorffsche Vision vor, plät-schernde Brunnen, deutsche Romantik. Sonst ist diese Symphonie programmlos.«[113]

Willem Mengelberg verdanken wir noch einen weiteren Hinweis auf eine Quelle der Inspiration für Mahlers 7. *Sinfonie*. Es ist Rembrandts »Nachtwache«, die Mahler im Herbst 1903 im Rijksmuseum in Amsterdam gesehen hatte. Rembrandts Bild hatte – laut Mengelberg – bei Mahler einen überwältigenden Eindruck hinterlassen.[114]

Am 10. Juni hatte das Kleine und Neue Theater in Berlin mit G. E. Lessings *Minna von Barnhelm* ein Gastspiel im Theater an der Wien gegeben. Max Reinhardt führte Regie und spielte selbst im Stück mit.

Nr. 139*

[Wien, 12. Juni 1905]

Liebste!

Ich zittere, daß ich am Ende Mittwoch wieder nicht weg kann. Die Fürstin Kinsky, Schwester von Liechtenstein, und Schwiegermutter von Montenuovo ist gestorben, und am Ende muß eine Sitzung verschoben werden, bei der ich anwesend sein muß. Das wäre schon ekelhaft. Für Dich wechsle ich jetzt Deine 2000 Kronen Haushaltungsgeld für Juli-August in neue 50 Kronenscheine um, damit Du im Sommer kein »G'frett« mit dem Wechseln hast. Jetzt behandelst Du mich aber sparsam! Ich freue mich schon auf unser erstes Frühstück. Das wird herrlich. –

Die Pfingstfeiertage waren hier ganz verregnet, aber ich mache mir nichts daraus – mich freut hier das spazierengehen nicht mehr. Hoffentlich bekomme ich noch eine Nachricht von Dir. Die Putzi strabantz wol fleißig [im] Garten auf und ab? Und die Gehschule? Das muß lieb sein!

Ich küsse Dich mein Lieb. Schreib! Dein Gustl

Du gehst mir sehr ab!

Endlich konnte Mahler reisen:

Nr. 140

Wien, 13. Juni 1905

Mein Almschi!

Hurrah! Ich komme übermorgen, also *Donnerstag* Früh gegen $^1/_2$8 Uhr mit dem Rad angewackelt. Bitte, feines Frühstück. Es wird zuerst nur gefaulenzt! Die Rackerei ist schon zu blöd. Morgen telegrafire ich

noch einmal zur Sicherheit. – Die Geschichte mit der Lampe war ein
schöner Schreck für uns Alle. Gott sei Dank, daß es so gut ausgefallen
ist.   Tausend Dein Gustl.

Zur »Geschichte mit der Lampe« gibt Alma folgende Erklärung:
»Ich hatte die Reinpartitur [Abschrift] der VI. Symphonie geschrieben und wollte ein neues Notenblatt aus dem Schreibtisch nehmen –
auf der Klappe aber stand halb die Petroleumlampe, die umfiel und
auf Teppich und Sopha sofort eine ungeheure Flamme verursachte.
Ich schrie aus dem Fenster, hatte aber, als die Mädchen kamen, fast
alles gelöscht durch Polster und Decken. Rechts und links von meinem Musikzimmer schliefen die beiden Kinder.«[115]
    Tatsächlich schien Mahler nach seiner Ankunft am 15. Juni, Guckis
zweitem Geburtstag, mit dem »Faulenzen« ernst gemacht zu haben.
Entgegen seiner Gewohnheit machte er schon nach ein paar Tagen
einen Ausflug in die Berge.
    In seinen Erinnerungen an den Sommer 1905 in Brief 303 gibt
Mahler irrtümlicherweise an, damals erst nach zwei Wochen Maiernigg verlassen zu haben: »Zwei Wochen quälte ich mich bis zum
Trübsinn … bis ich ausriß in die Dolomiten.« Tatsächlich ging er am
21. Juni auf die Reise und schrieb:

Nr. 141
                                      [Schluderbach, 22. Juni 1905]

Mein Almschili! Nachdem ich mich in Lienz krampfhaft am Waggon
angehalten, um nicht in die Restauration hineinzufallen, erinnerte
mich schon ein dumpfes Gefühl, daß ich unvermeidlich der Migräne
verfallen war, die richtig hier in Schluderbach in vollster Blüthe mich
antrat. Sie steigerte sich, nachdem ich vergeblich versucht hatte, mich
niederzulegen, und trieb mich vom Canapée auf die Straße – ich lief
um den See herum (2^1/$_2$ Stunden) und kam ziemlich frei hier an, wo
ich mich nun für die Nacht etablire. Schon auf dem Spazier»lauf«
(durch einen Wald von Zwergkiefern) dachte ich immer: wenn nur
Almschi hier wäre! Das thät Dir gefallen! Wie schade! Denn gerade jetzt
ist es leer von Tagedieben – allerdings heute, am Fronleichnam lärmen
die Bauern, die Soldaten (aus der Festung Landro), daß es nur so
wackelt. Aber zwei Schritte vom Wirthshaus weg, und aller Graus hat
ein End.   Tausend Küsse Dein Gustl
/Morgen gehe ich nach Misurina!/

In Brief 303 schreibt Mahler weiter, daß dieser Dolomitenausflug, auf den er wohl entsprechende Hoffnung gesetzt hatte, keinerlei Inspiration gebracht habe. Er glaubte, er habe den »Sommer verloren«. Es heißt jedoch dann gleich weiter: »... In Krumpendorf erwartetest Du mich nicht, weil ich meine Ankunft nicht angezeigt hatte. Ich stieg in das Boot, um mich hinüberfahren zu lassen. Beim ersten Ruderschlag fiel mir das Thema (oder mehr der Rhythmus und die Art) der Einleitung zum 1. Satz ein. Und in 4 Wochen war 1., 3. und 5. Satz fix und fertig.«

Auch hier erinnert sich Mahler nicht genau. Die Zeit von der Rückkehr aus den Dolomiten nach Maiernigg bis zu seiner Rückkehr nach Wien beträgt etwa sieben Wochen.

Die erste überlieferte Nachricht von der Vollendung der 7. *Sinfonie*, geschrieben am 15. August, erhielt Guido Adler in Aussee in lateinischer Sprache: »Septima mea finita est. Credo hoc opus fauste natum et bene gestum. Salutationes plurimas tibi et tuis etiam meae uxoris. G. M.« (Meine Siebente ist vollendet. Ich glaube, daß dieses Werk glücklich geboren und wohl geraten ist. Sehr viele Grüße Dir und den Deinen, auch von meiner Frau.)[116] Vier Tage später schrieb Mahler an Strauss: »Meine 7. ist fertig.«[117]

Weit weniger Besucher als im Vorjahr kamen nach Maiernigg. Theobald Pollak, Alfred Roller und seine Verlobte Milewa, der Grazer Kritiker und Musikschriftsteller Ernst Decsey mit dem Chordirigenten Julius von Weis-Ostborn waren unter den Gästen. Auch in diesem Sommer litt Alma unter innerer Unruhe und ihren Zwiespältigkeiten. Dies ist in ihrem Tagebucheintrag nach Brief 134 deutlich erkennbar.

Noch klarer kommen ihre Gefühle in dem Tagebucheintrag vom 6. Juli zum Ausdruck: »Heute ist unser Freund Pollak angekommen. Es ist mir lieb, einen fremden Menschen zu sprechen. Mit Gustav weiß ich oft nichts zu reden. Schon zu bekannt ist mir von Vornherein jedes Wort, das er sprechen wird. Die letzten Wochen waren von mörderischer Hitze, so daß ich zu gar nichts Lust hatte. Also – weder las – noch arbeitete, noch sonst etwas trieb. Sehnen könnte ich mich nach einem Mann – denn ich habe KEINEN ... Aber ich bin zu faul ... auch dazu ...«[118]

Alma hat den fünften und sechsten sowie den letzten Satz dieses Tagebucheintrags später durchgestrichen.

Früher als geplant kehrt Mahler nach Wien zurück. Neben den Schwierigkeiten, welche die Absetzung einer geplanten Neuinszenierung der *Walküre* verursachten, lag der Grund in den Vorbereitungen für das Mozartjahr 1906.

Am 21. August verließ er Maiernigg und schrieb, wie gewohnt, bereits vor Abfahrt des Zuges nach Wien. Dabei erwähnt er auch eine bisher nicht wieder aufgefundene Karte.

Nr. 142

Hôtel Edlacherhof, Edlach bei Reichenau, N. Ö.
[Wien, 23. August 1905]

Mein Almschili!

Das war gestern kostbar! Durch die Hin- und Herruderei habe ich wieder einen tüchtigen Appetit bekommen, so daß ich [im] *Bahnhofswirthshaus* noch eine Portion Pallatschinken gegessen habe. – Die Karte hast Du hoffentlich bekommen. – Leider hatte ich einen Schlafkameraden, so daß ich nur sehr selten die Augen geschlossen habe. – Aber immerhin ist es angenehm, sich wenigstens ausstrecken zu können. – Hier war ich (von Hassinger erwartet,) sofort in der Wohnung, /gab die Tasche an Johanna,/ sperrte meine 7. [Sinfonie] ein nahm Kleider und Wäsche und gieng in's Theater.

Hier fand ich seltsamerweise (außer Wondra u[nd] Przistaupinski) nur Roller vor, der herzlich war, wie nie; ordnete alle Angelegenheit[en], gehe jetzt mittagmahlen, und fahre nach Tisch nach *Edlach* hinaus, wo ich mir telefonisch ein Zimmer acquirirt habe.

Von dort aus schlängle ich mich wahrscheinlich langsam auf den Schneeberg hinauf. *Wie schade* ist es, daß Du nicht mit mir sein kannst. –

Schreib mir zunächst nach Edlach – *Edlacherhof*. – Sollte ich von dort weg, so telegrafire ich Dir gleich.

Ich küsse Dich innigst, mein Liebstes!

Schreib auch was die Kinder machen.   Dein Gustl.

Alma gibt im Typoskript ihrer Erinnerungen nach diesem Brief folgenden Kommentar: »Da die Oper immer an Kaisers Geburtstag (18. August) eröffnet wurde, mußte Mahler da schon nach Wien. Ich blieb dann immer noch 8–10 Tage. Ordnete das Haus[,] pack[e]n, übersiedeln und die Wiener Wohnung richten zu unserem Empfang.

Mahler blieb in der Nähe von Wien – wohin er täglich nach Schluß der Amtsstunden hinausfuhr. Für uns alle, 2 Kinder und eine Bonne [Kindermädchen], wäre eher das Hotelleben zu teuer gekommen.«

Nr. 143*

Hôtel Edlacherhof, Edlach bei Reichenau, N.Ö.
Edlacherhof, 24. August 1905

Mein Almschi!

Kaum gieng gestern mein Brief ab, kam Arnold (gar nicht beleidigt, was man ja immer erst hinzusetzen muß) – Justi bleibt bis 15. September in Aussee. – Er begleitete mich auf die Südbahn, wo wir zusammen mittagmahlten und ich fuhr dann nach Edlach. Zu Fuß vom Bahnhof hierher. Im Kaffeehaus saß die Frau Horwitz. – Kaum nahm ich Platz kam Dr. Seewald. – Frau Horwitz schlängelte sich mich bald zu – nachdem ich unentwegt ihren begrüßenden Blicken vom Tisch aus ausgewichen. – So saß ich nun in der amusantesten Societät – Sie sprach immer sehr laut von Alma, Anna, etc. Gegenüber von uns saß ein älterer Herr, der Deinem Papa ungemein ähnlich sah, was mir auch Seewald bestätigte. Ich schaute, davon zu kommen, und bummelte auch hübsch herum. Herrlich ist es hier, aber die Gesellschaft soll der Teufel holen. – Heute beim Frühstück kam gleich Herr Ludw. Grünfeld an. Ich schau wieder aus der Gesichtsweite zu kommen, und gehe wahrscheinlich auf den Semmering. Morgen will ich auf die Rax.

Wie jammerschade ist es, daß Du nicht mit mir sein kannst. Da würde ich Alles ganz anders genießen. Du mußt mit mir heuer öfters heraus. Ich habe vor, nach jeder Novität auf 2 – 3 Tage irgendwo auszuruhn. Schreib mir nur, was das Baucherlweh von der Putzi macht. Ich sorge mich doch ein wenig.

Jetzt fliege ich aus.

Ich küsse Dich innigst, mein Almscherl   Dein Gustl

Könntest Du mir meine 6. [Sinfonie] p[e]r. Post zuschicken? Ich möchte die anderen Sätze copiren lassen, und Du hast dann nicht die Mühe des Transportes. Aber recommandire die Sendung ordentlich.

Die Szene im Kaffeehaus mit »Frau Horwitz« und »Dr. Seewald«, die Mahler ironisch beschreibt, bezieht sich vermutlich auf Persönlichkeiten aus dem Bekanntenkreis der Familie Moll. Auch der Konzertagent Ludwig Grünfeld vermag Mahlers Laune nicht zu heben, und er nimmt sich vor, eine Wanderung in die Raxberge am Semmering zu unternehmen.

Nr. 144

Liebste!

Gestern also in tüchtigstem Gewitter zurückgekommen. – Als Lectüre hatte ich mir *Fechner Aesthetik* (höchst interessant, wird Dir riesig gefallen) mitgenommen. Das einzige Buch, das Du mir am Schreibtisch liegen gelassen hast. – Mitten im ersten Capitel wurde ich gewahr, daß es der II. Theil ist – der erste befindet sich also in der Kiste. – In meiner Verzweiflung aber habe ich einfach diesen weitergelesen. – Nun passirte es mir aber, daß ich das Buch im Coupé liegen lasse. Ich werde an die Südbahn schreiben! Ich glaube, daß dieses Buch nur »ehrliche« Finder haben wird.

Heute nießelt es noch immer. Also aus der Rax wird nichts. Hoffentlich morgen. Heute bummle ich in der Ebene herum.

Fidelio dirigire ich nicht. Zum erstenmal gedenke ich m[it]. Tristan den »Taktstock zu ergreifen«. – Dann bist Du ja schon da, und kommt vielleicht auch mit hinein. – /Der Johanna kann ich natürlich Deine Botschaft wegen des Eingesottenen nicht mittheilen, vielleicht schreibst Du ihr das./

Mir ist sehr bange nach Dir. Es wäre jetzt so hübsch, wenn wir zusammen bummelten. Doch beinahe die einzige Zeit des Jahres, wo ich ohne Sorgen und Pflichten bin. – Hoffentlich ist es nicht ein *Landregen*, sonst müßte ich morgen in die Stadt hinein. Ich bin aber schon in diesen 3 Tagen ungemein erfrischt und ausgeruht.

Jetzt sei vielmals geküßt mein Schatz. Schreib mir von den Kindern!

Dein Gustl.

Mahlers Lektüre war die zweibändige »Vorschule der Ästhetik« aus dem Jahr 1876 von Gustav Theodor Fechner.

Den *Fidelio* dirigierte am 24. August Bruno Walter. Mahler begann die Saison am 5. September mit *Tristan* wie in den Jahren 1903 und 1904, und letztmalig dann auch im Jahr 1906. »Johanna« war ein neues Dienstmädchen, das die alljährliche Renovierung der Mahlerschen Wohnung beaufsichtigte. Wie dann Brief 147 zeigt, hatte Alma Schwierigkeiten mit ihr.

Nr. 145

Mein Lieb! Deine sehr lieben Zeilen die an die Hofoper gerichtet waren, habe ich erst heute hier bekommen. – Ich bin sehr froh daß diese Besuche so a propos gekommen sind. Mich hätten sie vielleicht nur gelangweilt, und Dich haben sie doch aus einem sehr ermüdenden Einerlei ein bischen herausgerappelt. – Aber laß Dir von Rosthorn nur nichts vorreden. Würdest Du sehen, wie wol und ausgeruht ich mich schon heute fühle, und wie ich genau meine Körperkräfte kenne, hättest Du gar keine Sorgen. – Von einer solchen Entelechie wie die meinige machen sich ja diese Rosthorns gar keinen Begriff. – Ganz im Gegentheil können sich die gar nicht vorstellen, wie ich herunterkäme, wenn ich *nicht* zum Arbeiten käme. – Und gerade in den letzten Jahren war es viel ängstlicher, als ich beim Schlafengehen diese gewissen Schwindelanfälle hatte, von denen ich heuer ganz verschont war. Also das beste Zeichen, daß es mich heuer viel weniger angestrengt hat. – /Mein ganzes Leiden in diesem Sommer bestand aus einem faul arbeitenden Verdauungssystem, und dieß ist jetzt schon wieder gewaltig aufgefrischt./

Trotz fortwährenden Regnens bin ich heute doch wieder meine 5 Stunden gegangen. – Das Essen hier ist factisch das Beste, das ich je in einem Wirthshaus gefunden. Ich vertrage Alles so vortrefflich. Leider gießt es heute auch schon wieder. – Wenn das nicht endlich aufhört, fahre ich morgen nach Wien. Aber ich verspreche Dir heilig, mein Alms[ch]el, daß ich nur faulenzen und spazieren gehen – resp. beim ersten schönen Tag wieder in die Berge ausfliegen werde. –

Ist es denn gar nicht möglich, daß Du etwas früher kämst?

Mir ist schrecklich bang und ich bin des Alleinseins und das Wirthshauslebens recht satt.

Tausend Grüße. /(Auf die Rax bin ich noch immer nicht gekommen.)/

Dein Gustav

Nach der Rückreise Mahlers nach Wien hat Alma in Maiernigg noch ihr nahestehende Freunde empfangen. Dazu zählte auch der anscheinend von Mahler nicht besonders geschätzte Gynäkologe Dr. Alfred Rosthorn. »Diese Rosthorns« können sich nach Mahlers Meinung keine Vorstellung von der in seinem Organismus liegenden Kraft, seiner »Entelechie«, machen, die ihn zur Selbstvollendung bringt.

Nr. 146*

[Wien, 26. August 1905]

Liebste! Heute Nacht bei Pollak geschlafen in einer entsetzlichen Luft. Der arme Teufel ist wahnsinnig. Um 8 Uhr sitzt er bereits im Bureau. Aus der Wiener Stickluft kommt er nicht hinaus. – Ich gehe eben auf den Schneeberg und habe vor, wenn nichts weiter vorfällt bis zum *31.* oben zu bleiben, und dann Dich am Bahnhof in *Wiener* Neustadt zu erwarten um mit Dir heimzukommen. – Himmel, ich kann es wirklich kaum erwarten. – Dieses Herumbummeln ohne Dich macht mir jetzt keinen Spaß. Jetzt brauchte ich Dich mit mir. Auch für meinen Magen ist die Wirthshauskost sehr bös.

Nur in *Edlach* war es nach dieser Richtung famos, aber von dort hat mich eigentlich nicht das Wetter sondern einige zudringliche Menschen weggetrieben! Das Essen war beinahe wie eine *Kur* für mich. – Im Herbst oder Winter, wenn es dort einsam ist, müssen wir unbedingt mal zusammen mit hinaus. – In der Wohnung, wo ich war, sieht es grauenvoll aus. – Hoffentlich wird sie rechtzeitig fertig. –

Pollak sagt, Du bekommst von Banhans *sicher* ein famoses Coupé – aber *schreibe gleich*, falls er Dir es noch nicht gethan und *gieb genau* den Zug an.   Dein Gustl.

Vor dem Wechsel seines Quartiers vom »Edlacherhof« zum Schneeberg übernachtete Mahler noch einmal in Wien. Er kümmerte sich um die Rückreise der Familie, und Dr. Karl von Banhans, Beamter bei den Österreichischen Staatsbahnen und Kollege von Theobald Pollak, besorgte für Alma und die Familie ein Coupé.

Nr. 147

Hotel Hochschneeberg, Niederösterreich
26. August 1905

Mein Almschl! Heute nach etwas durch Regen und Sturm getrübtem Aufstieg hier oben angekommen. Almschl! Das ist das Schönste und Großartigste, was ich je gesehen habe! Da *mußt* Du wenigstens auf einen Nachmittag mit mir herauf. Kannst herauf und herunter *fahren!* Das mußt Du sehen. – Ich begreife nicht, wo ich Kopf und Augen hatte, als ich das letztemal da war. Es ist nicht anders, als das [sic] der Arnold, der damals mit mir war, sich als schwere Wolke auf mein Ich gelegt hat und mir Athem und Seele beklemmte. Ich Esel! Warum bin ich nicht statt nach Edlach gleich daherauf gegangen. Jetzt bleibe ich aber da, bis ich Dich vom Bahnhof *Payerbach* abhole. Bitte schreibe mir nochmals genau, wann Du ankomst. –

/Hassinger versicherte mich heute, daß nach dem Ausspruch der Johanna (die übrigens nach wie vor »kühl« ist – laß Dich nur nicht wieder mit ihr ein) die Wohnung nicht vor dem 1.[September] beziehbar sein wird. – Ich ließ ihr aber einschärfen, daß Du mit den Kindern am 31. Abends da bist. Mit Kahnt habe ich jetzt Schwierigkeiten. – Er behauptet, diese Correcturen, *dieses Paket* das Du damals nach Leipzig geschickt hast nicht bekommen zu haben. Bitte, Almschl, sieh nach, ob Du noch den *Postschein* hast! Das wäre sehr wichtig. Oder hast Du vielleicht wirklich die Geschichte verpudelt?

Was Du mir von Mama schreibst, daß sie die Kinder nicht wird nehmen können, darf absolut nicht sein. – Du *mußt* etwas für Dich thun! Sonst revoltire ich, und thue auch nichts mehr für mich. – Wir werden das mündlich besprechen. – Sollte es sehr schön sein, so wäre immer noch an den *Schneeberg* zu denken, wo ich Dich manchmal heimsuchen könnte. – Übrigens sind die Preise in September ermäßigt! Ich suche Dir für alle Fälle jetzt ein schönes Ostzimmer oder Südzimmer mit Balkon. Ich habe leider nur ein kleines Löchel bekommen. Das kann mir aber den Genuß nicht stören. Das Essen ist *sehr* gut, und billiger als in Edlach. Ganze Pension mit Wohnung (was ich aber für mich nicht akkordirt habe) kostet, glaube ich 6–7 fl./

Viele Busseln mein Geliebtes. Dein Gustav

Mahlers nicht immer ungetrübtes Verhältnis zu seinem Konzertmeister und Schwager Arnold Rosé kommt hier zum Ausdruck.

Mahler dachte bei den Schilderungen der landschaftlichen Schönheiten seines Aufenthalts vielleicht auch an einen künftigen Altersruhesitz. Tatsächlich baute dann Alma im Jahr 1911, nach Mahlers Tod, in dieser Gegend ein Haus. Mahler hatte 1910 das Grundstück am Breitenstein gekauft.

Almas Spannungen mit »Johanna« scheinen unüberbrückbar gewesen zu sein, denn, wie Brief 150 später zeigt, hatte Alma bereits gehandelt. Johanna wurde durch ein anderes Dienstmädchen ersetzt. Mahler hat Johanna dann wohl noch das Führungszeugnis (»Büchel«) aushändigen müssen (s. Brief 150).

Inzwischen waren die »Correcturen« der 6. *Sinfonie* nach Leipzig gegangen. Die Angelegenheit schien sich geklärt zu haben, denn Mahler erwähnt sie später nicht mehr. Außerdem bekam er nach wenigen Tagen die einmalige Abfindungssumme von 15 000 Gulden für sein Werk (s. Brief 150).

Nr. 148*

Hochschneeberg, 27. August 1905

Liebes! Heute regnet es in Strömen – mit kurzen Unterbrechungen. Nichtsdestoweniger doch immer herrlich. Ich wanke nicht und bleibe da, bist Du kommst. Heute Mittag kam Walter von unten zu mir herauf und leistete mir Nachmittags Gesellschaft. Nein! Wie Dir das hier gefiele! Ich denke bei jedem schönen Moment an Dich. Du mußt unbedingt mal mit mir herauf. Leider fehlen mir seit gestern Deine Briefe, die wahrscheinlich auf dem Umweg über Edlach, Wien, erst zu mir heraufwandern werden. Wie ist denn der Thee ausgefallen? Und Hammerschlag ist nicht aus den Wellen des Wörthersee als Leiche herausgezogen worden? Schön wird es aber doch sein, wenn wir am Abend wieder zusammen zu Hause sitzen, und ich meine bayerisch [Bier] neben Dir schlürfen kann. Tausend Grüße Dein Gustav

Alma empfing in Maiernigg weiterhin Freunde. Ob Mahler den Gynäkologen Dr. Albert Hammerschlag, einen der Ärzte Almas in Wien, oder dessen Bruder, den Bankier Paul Hammerschlag, der ebenfalls mit dem Ehepaar Mahler befreundet war, meint, läßt sich nicht mehr feststellen.

Nr. 149*

Hochschneeberg, 28. August 1905

Mein Lieb! Leider bin ich schon seit 2 Tagen ohne Briefe von Dir. Höchst- wahrscheinlich bin ich selbst daran Schuld, denn ich hätte Dir meine neue Adresse telegrafiren sollen. – Aber trotzdem ist es mir etwas unheimlich. Ich bitte Dich, schreibe bei Zeiten oder noch besser telegrafire am *Mitwoch* die genaue Zeit Deiner Abfahrt. – Ich werde Dich, je nachdem, ob es mir das Wetter gestattet nach Payerbach abzusteigen, oder mich zwingt per Bahn abzureisen entweder in *Payerbach*, oder Wiener Neustadt erwarten. Schau nur in beiden Stationen event. zum Fenster hinaus. Bin ich in keiner von Beiden, dann erwarte ich Dich am Südbahnhof [Wien]. – Hier ist es unbeschreiblich herrlich und ich bin ganz traurig, daß Du nicht mit bist. Für Dich wie geschaffen. – Allerdings gebe ich ein *Heidengeld* aus – die Portio-

nen sind wahnsinnig groß und für uns Beide völlig hinreichend. Auch
habe ich ein Zimmer mit 2 Betten (ein anderes war nicht zu haben
außer dem Loch) die ich beide bezahlen muß. – Bei größtem Sturm
giebt es immer noch einen wunderbar geschützten Spaziergang mit
herrlichster Rundschau! Innigste Grüße und Küße   Dein Gustav

Alma kehrte mit den Kindern am 30. August nach Wien zurück.
   Mitte September besuchte Mahler mit Alma und den Töchtern alte
Freunde. Bereits im Jahr 1903 (s. Brief 33) waren Mahler und Alma
bei Fritz und Emma Redlich in ihrem Barockschlößchen in Göding
(Hodonin) zu Gast gewesen.
   Wie damals mußte Mahler auch diesmal wegen seiner Verpflichtungen früher als Alma nach Wien zurückkehren. Die Briefe
150–152, die Mahler nach Göding schrieb, lassen sich nicht mit Sicherheit datieren. Aufgrund der Tätigkeiten Mahlers an der Hofoper
kommt am ehesten die Zeit nach dem 14. September in Frage. Wahrscheinlich blieb Mahler nur ein oder zwei Tage in Göding.

Nr. 150*

[Wien, September 1905]

Mein liebstes Almschili! Schön war's in Göding! Hier bin ich durch den
Besuch des *Fried* aus Berlin, und wegen Absagen (Slezak etc) noch
nicht zu Athem gekommen. – Fried speiste bei mir. Wir nahmen dann
meine II. [Sinfonie] durch! Er flößte mir ein großes Zutrauen zu seinen Fähigkeiten ein.
   Ich halte diese Aufführung in Berlin (8. Nov) für höchst *wichtig*; und
habe vor *mit Dir* dazu hinzufahren! – Das Fräulein ist gekommen. Leider haben wir in keinem Heim für sie Platz gefunden (der arme Kerl
ist den ganzen Vormittag auf den Beinen gewesen) und ich habe der
Mama vorgeschlagen sie in einem bescheidenen Hotel unterzubrin-
gen; denn zu Hause will ich sie nicht einquartiren, so lange Johanna
da ist. – Schreibe mir sofort (eventuell telegrafire) ob ich ihr Montag
das Büchel aushändigen soll. Die 15 000 Spieße sind schon angekommen.
   Ich freue mich so, daß Ihr noch schönes Wetter [habt]. Bleibe nur
mit den Kindern so lange als möglich. – *Dienstag* Nachmittag um
5 Uhr will ich wieder kommen, und über Mittwoch dort bleiben. Ich
habe mich auch famos erholt. Tausend Busseln schicke ich Dir.
Schreibe sofort.   Dein alter Gustl

Der Hornist, Dirigent und Komponist Oskar Fried hatte mit seinem Chorwerk *Das trunkene Lied* (nach Nietzsche), dessen Uraufführung Karl Muck im Jahr 1904 in Berlin leitete, großes Aufsehen erregt. Am 5. März 1905 wurde das Werk unter der Leitung von Franz Schalk in Wien aufgeführt.

In seinem Aufsatz »Erinnerungen an Mahler« hat Fried später seine Eindrücke zusammengefaßt. Frieds Ausführungen enthalten gravierende Erinnerungsfehler und eine anmaßende Behauptung. Nicht im Jahr 1904, sondern im März 1905 hat Fried anläßlich der Aufführung seines *Trunkenen Liedes* Mahler in Wien kennengelernt. Fried behauptet zudem, die Uraufführung der *2. Sinfonie* Mahlers in Berlin geleitet zu haben: »... Und dann kam er [Mahler] nach Berlin. Zur Uraufführung seiner Zweiten unter meiner Leitung. Der Erfolg war beispiellos. Und Mahler war überglücklich ...« Am Schluß seines Aufsatzes weist Fried auf einen Besuch Mahlers in Berlin hin, der aber nicht im Jahr 1910, sondern im November 1908 stattgefunden hatte.[119] Bereits im Herbst 1905 verhandelten Mahler und Fried über eine Aufführung der *2. Sinfonie* in Berlin unter Frieds Leitung, wie ein Schriftwechsel belegt.

Ebenfalls im Jahr 1905 übernahm Fried die Leitung der Neuen Symphonischen Konzerte in Berlin. Im Rahmen dieser Reihe fand dann die Aufführung statt.

Mahler lernte damals den später berühmten Dirigenten seiner Werke, Otto Klemperer, kennen. Der junge Musiker hatte Fried bei der Aufführung der *2. Sinfonie* im letzten Satz (als Dirigent des »Fernorchesters«) assistiert.

Die leidige Dienstbotenangelegenheit beschäftigte Mahler noch immer, bis zu seiner ratlosen Frage am Schluß des nächsten Briefs.

Inzwischen hatte der Verlag C. F. Kahnt das vereinbarte Honorar, 15 000 Gulden, für die *6. Sinfonie* überwiesen.

Mahler hatte ursprünglich vor, nach seinen Proben zu *Die neugierigen Frauen* von Ermanno Wolf-Ferrari am Dienstag, dem 19. September, nach Göding zu reisen und kündigt seine Absicht im nächsten Brief an.

Nr. 151*

[Wien, September 1905]

Mein Almschili! für heute auch nur einen kurzen Gruß. (Ich habe Proben über Proben). Dienstag komme ich, wenn mir nichts dazwischen

kommt. (Um 5 Uhr) Heute gehe ich Mittag zu Mama: (Karl ist nicht da
– aber ich fürchte Willy u[nd] Martha). Am liebsten wäre es mir, Mama
wäre allein! – Gestern Abend war ich mit Fried zusammen, der ein
sehr origineller und eigenartiger Patron ist. Ich glaube, daß er eine
große Zukunft hat, und für mich sehr wertvoll sein wird. – Schade,
daß Du ihn nicht kennen lernst. Aber nach Berlin *muß* ich und *Du
mußt* mit. –

Grüße herzlichst Redlichs. Das sind wirklich famose Menschen, bei
denen ich Dich sehr gerne weiß. Was soll ich mit Johanna thun? Eventuell telegrafire!   Tausend Grüße Dein Gustav

Almas ungeliebte Verwandtschaft aus Hamburg, Willy Bergen und
seine Frau Martha waren in Wien zu Besuch, und Mahler hatte offensichtlich keine Lust, die Bekanntschaft vom März dieses Jahres
(s. Briefe 128–131) weiter zu pflegen.

Nr. 152*

[Wien, September 1905]

Liebste!

Gestern war wieder ein rechter Hetz-tag. Proben – Gänge ins Oberst-
hofmeisteramt, Intendanz, Absagen und alle schönen Dinge. Von Ma-
rakky ist eine Postanweisung an Dich eingetroffen, die Dir nur persönlich ausgefolgt werden kann. Da Du nicht da warst, ist das Geld
wieder an die Absenderin zurückgegangen. Du mußt es von ihr wieder reclamiren wenn Du zurückkommst. –

Nachmittag holte mich Fritz [Löhr] zum Spazierengehen ab. Wir
schwiegen viel mit einander, und unterhielten uns recht gut. – Am
Abend erschien *Hammerschlag* im Bureau, und erkundigte sich nach
Dir. Er scheint recht happig nach Zusammenkünften. War aber sehr
lieb. Er scheint uns Beide sehr in's Herz geschlossen zu haben. – Am
Abend aß ich mit Roller kalt im Café Imperial. In der Loge war Mama,
mit der ich ein wenig plauderte.

Schreibe mir noch genau Deine Ankunft. – Na, ich freue mich schon
riesig auf das Ende meiner Strohwitwerschaft, und wenn wir am
Abend wieder allein zusammensitzen!

Du mußt aber heuer ordentlich mit mir spazieren gehen! Wie im ersten Jahr? Erinnerst Du Dich wie hübsch das war?

Heute ist große Orchesterprobe. Ich werde wol spät nach Hause
kommen. Könntest Du mich nicht telephonisch anrufen? Ich werde
morgen um 3 Uhr Nachmittag in der Wohnung darauf warten.

Sind die Rangen gesund und lustig? Das ist ein wahres Glück, daß
Ihr drei Euch noch so schön erholen konntet. – Redlichs sind wirklich famose Menschen, die ich sehr lieb gewonnen habe.

Sei innigst gegrüßt und geküßt mein Almschi von Deinem Gustav

Mahler konnte nicht nach Göding fahren. Möglicherweise war nicht
nur die übliche Hektik des Berufsalltags, von der Mahler zu Beginn
seines Briefs spricht, der Grund dafür. Vielleicht war die am 20. September eingetroffene endgültige Ablehnung einer Aufführung der
Salome durch den Hofzensor für Mahler der entscheidende Grund für
seine Umdisponierung.

Wer die »Absenderin« der Geldsendung an Alma war, bleibt dunkel. Eindeutig hingegen ist Mahlers ironische Bemerkung zum Treffen mit Fritz Löhr, der zu jenen alten Freunden zählte, die Alma nicht
mochte. Welcher der Gebrüder Hammerschlag seinen Besuch in
Mahlers Büro machte, muß offenbleiben.

Ursprünglich hatte Mahler geplant, Alma zur Aufführung seiner
2. *Sinfonie* in Berlin mitzunehmen (s. Briefe 150–151). Warum Alma
dann doch nicht mitfuhr, läßt sich nicht feststellen. Vor der Abfahrt
schrieb Mahler vom Bahnhof:

Nr. 153*

Wien, 6. November 1905

Mein Almschili! Meine allerschönsten Morgengrüße! Zu schade, daß
Du jetzt in Deinem Bette liegst währen dem Du mit mir schon so
schön in Dresden Thee trinken könntest. Küsse die Putzerln und
grüße Berliner. Tausendfach Alles dies von Deinem Gust.

Nr. 154

Berlin, 7. November 1905

Lieb's Almschl! *Motto:* O Selig, o selig, ein Schuster zu sein! – Ich
schreibe dieß an demselben Tische, an dem ich Dir alle *jene* Briefe aus
dem Pallasthotel geschrieben – als ich noch nicht ahnte, daß ich einst
einen Schuster beneiden werde. – Das Frühstück war famos. (ein
Lichtblick in diesem finsteren Tag). (Du merkst, daß ich eben aus der
Generalprobe komme.) Heute Abend bin ich bei Strauss. Wenn ich
übermorgen nicht in Leipzig zu thun hätte, führe ich noch heute
Nacht ab! O selig, o selig, ein Tenor zu sein!   Dein Gustav

Mahler erinnert Alma an die Briefe 8–12, die er noch vor der offizi-
ellen Verlobung während seines Aufenthalts in Berlin anläßlich der
Aufführung seiner 4. *Sinfonie* am 16. Dezember 1901 an sie geschrieben hatte.

Strauss hatte Mahler für den 7. November zum Essen eingeladen.[120] Eines der Themen bei diesem Treffen war sicherlich die von
Mahler immer noch nicht akzeptierte Entscheidung des Hofzensors,
eine Aufführung der *Salome* an der Hofoper nicht zuzulassen. In seinem diesbezüglichen Schreiben spricht der Zensor »von Darstellung
von Vorgängen, die in das Gebiet der Sexualpathologie gehören und
sich nicht für unsere Hofbühne eignen«. Daß der Zensor mit dieser
Meinung nach langem Hin und Her schließlich die Oberhand be-
hielt, hat Strauss ebenso gekränkt wie Mahler.

Die österreichische Erstaufführung des Werks fand im daraufol-
genden Jahr in Graz statt. Mahler und Alma waren unter den Zuhörern (s. Brief 166).

Mahlers Rückreise nach Wien führte ihn zunächst nach Leipzig.
Unter der Leitung von Hugo Popper bespielte er am 9. November
auf einem Feurich-Flügel vier »Welte-Mignon«-Rollen, die damals
einen neuen Standard der Reproduktionsqualität setzten. Mahler
schrieb begeistert in das Gästebuch der Firma: »Staunend und be-
wundernd schließe ich mich meinen Vorrednern an.«

Auf den erhalten gebliebenen Rollen spielt Mahler folgende eigenen Werke: »Das himmlische Leben« aus der 4. *Sinfonie*, den Kopfsatz der 5. *Sinfonie*, »Gieng heut' morgen übers Feld« aus den *Liedern
eines fahrenden Gesellen* sowie »Ich ging mit Lust durch einen grünen
Wald« aus den frühen *Liedern und Gesänge.*[121]

Nr. 155

Palast Hotel, Berlin
[Berlin, 8. November 1905]

Mein liebstes Herz! Ich sitze wieder am selben Tisch, von dem aus Du
ungefähr vor 4 Jahren tagtäglich von mir bombardirt wurdest; und ich
merke, daß meine Empfindungen seit damals sich nicht verändert
haben. Mit derselben Freude und Liebe denke ich hin zu Dir, und freue
mich genau so, wie damals, Dir dies zu sagen. – Heute bin ich wahnsinnig gehetzt – Besuche bei Ochs, Hülsen, Muck, Gerh. Hauptmann,
Fernow, Probe zum Concert – Durchsprechen mit Fried etc. etc. Bei
Strauss war es gestern ganz nett; aber eine gewisse Kühle und Bla-

sirtheit wird man nicht los bei ihm. Übrigens schenkte [er] mir seine neueste Veröffentlichung (eine Berlioz-sche Instrumentationslehre mit neuem »Kren« dazu von ihm), welche aber für Dich sehr interessant sein wird, und woraus Du sehr viel lernen wirst. Ich schenke sie Dir für Deine Bibliothek /(sie kostet glaube ich 50 Mk),/ ferner versprach er mir eine Partitur zur Salome, welche ich Dir gleichfalls dedizire, so daß nunmehr der Neid aller schaffenden Tonkünstler zur Raserei ausarten muß.

Aber, wie gesagt, – ein bischen mehr Wärme wäre mir lieber gewesen als Alles das /(wenn ich mich auch für Dich sehr erfreue. –/ [2 Zeilen unleserlich gemacht].

Heute Abend sind wir Alle bei Frau Wolff. – O Gott – welches Motto werde ich da murmeln? – Aber Fried ist sehr willig, und meine Winke mit Zaunpfählen werden vielleicht viel nützen. (Daran werde ich jedenfalls erkennen, ob er Talent hat; gestern war alles um die Hälfte zu rasch!)

Nun trinke ich noch Thee, und dann holt mich Berliner, der mit mir auch mittagmahlt hat, in's Concert ab. Morgen Früh um 8 Uhr nach Leipzig, Übermorgen früh 8 Uhr – Bussi, Putzi, Gucki, Bad, Frühstück und nachdem eiligst »rin in's Jeschäft« – denn es kommt eine wahnsinnige Arbeit.

Tausend Grüße auch der Mama, liebes Almschel. Dein Gustav

Mahler nutzte seinen Besuch in Berlin zu geschäftlichen und privaten Begegnungen. Er traf den Leiter des Philharmonischen Chors, Siegfried Ochs, den Intendanten des Königlichen Theaters, Georg von Hülsen-Haesseler sowie Karl Muck, damals 1. Kapellmeister an der Königlichen Oper.

Gerhart Hauptmann hatte Mahler während der Theatersaison 1903/04 in Wien kennengelernt. Alma erinnert sich: »Hauptmann, der in diesem Winter zur Première seiner ›Rose Bernd‹ (im Burgtheater) [am 11. Februar 1904] nach Wien gekommen war, hatte eine zärtliche, von Mahler nicht voll erwiderte Liebe zu diesem gefaßt. Ich fühlte aber instinktiv, daß für Mahler dieser Verkehr segensreich war oder werden würde, und verabredete jeden Morgen das Zusammensein für den Tag. Mahler kam immer vor die vollendete Tatsache. Und es wurde von Mal zu Mal schöner. Wir waren immer allein zu viert. Sie sprachen über Christus. Hauptmann schrieb sehr bald darauf den ›Emanuel Quint‹. Mahler sprach in herrlicher Erregung. Hauptmann hörte still zu; als Mahler einmal aus dem Raum ging (wir aßen im Hotel Erzherzog Karl), sagte Hauptmann: ›Ihr Mann spricht alles klar aus, was ich chaotisch empfinde. Ich habe noch von keinem Menschen so viel gehabt wie von ihm!‹ Mahler liebte Hauptmann immer mehr, doch machten ihn dessen langsames Denken und das gehemmte Sprechen leicht ungeduldig.«[122]

Schließlich traf Mahler noch Hermann Fernow, den Geschäftsführer der Konzertdirektion Hermann Wolff.

Das Geschenk von Strauss, das Mahler an Alma weiterreichte, war Strauss' Übersetzung und Bearbeitung der »Instrumentationslehre« von Hector Berlioz (Leipzig 1905), die auch ein Beispiel aus dem Werk von Mahler enthält.

Nach der Aufführung der 2. *Sinfonie* traf man sich noch bei Louise Wolff, Inhaberin der genannten Konzertdirektion.

Bis zum Ende des Jahres 1905 dirigierte Mahler noch dreimal seine 5. *Sinfonie*. Die Erstaufführung in Wien am 7. Dezember im Rahmen der »Gesellschaftskonzerte«, die unter der Leitung von Franz Schalk standen, fand eine begeisterte Aufnahme beim Publikum, jedoch niederschmetternde Urteile in der Presse.

Eine Woche vorher, am 1. Dezember, hatte Mahler sein Werk auf Einladung der dortigen Philharmonischen Gesellschaft, wobei Enrico (Heinrich) Schott sein Betreuer war, in Triest aufgeführt.

Nr. 156

Hôtel de la Ville, Triest
[Triest, 30. November 1905]

Liebste Almschi!

Der erste Tag wäre also glücklich vorüber. Das Orchester ist ganz passabel, ausgezeichnet vorbereitet, und voller Eifer und Feuer. Ich hoffe eine gute Aufführung. Das Concert ist ausverkauft. Leider regnet es fortwährend und ich patsche in Galloschen und mit Regenschirm herum, so gut ich kann.

Nachmittag war ich p[e]r. Wagen (in Begleitung von H. Schott) in Miramare wo wir 2 Stunden herumliefen. Ich habe schrecklich bedauert, daß Du nicht mitwarst. – Das ist ein herrlicher Aufenthalt. Cypressen und Lorbeern – Alles grün u[nd] Teiche mit Schwänen etc. etc. Und eine himmlische Ruhe. Das Hotel ist gräulich (trotzdem es noch das Beste in der Stadt ist). – Schlamperei und Unruhe. Die Proben sind hier von 12–2, und *Abends* von 8–11 Uhr. – Schon Alles italienische Wirthschaft. – Das Concert beginnt auch erst um $^1/_4$9. –

Also, im Ganzen werde ich schrecklich froh wieder in Wien auszusteigen und die bekannte Vergnügungstour zu Deinem Bette, hierauf zu den Kindern, dann in's Badezimmer und schließlich zum lucullischen Frühstück anzutreten. Ich küsse Dich innigst, mein Almschi

Dein Gustav

Nr. 157

Hôtel de la Ville, Triest
[Triest, 1. Dezember 1905]

Mein Almscherl!

Diese gräuliche Hotel macht mir den Aufenthalt zur Tortur. Ich bin ordentlich froh, daß Du nicht da bist. Diese Sauerei würde Dich chokiren. Und gar keine Nachtruhe. Ich schlafe höchstens 5 Stunden täglich. Gott sei Dank, heute ist das Conzert, und morgen fahre ich ab. – Das Orchester hielt sich /sehr/ brav, und ich habe in dieser Beziehung keinen Ärger.

Die Leute hier sind reizend. 2 Herren vom Comité fühlen sich sogar verpflichtet, mir eine »Cortege« zu machen, und führen mich in der Stadt herum (lassen mich keinen Augenblick allein – so erfordert es ihre vermeintliche Gastlichkeit.) Die Feder ist ganz im Style des Hotels. – Ich kann factisch nicht schreiben. – Almscherl – von unseren Putzerln schriebst Du kein Wort? Ich nehme also an, daß sie wol und lustig sind. – Schau, daß wir Sonntag, wenn ich ankomme einen feschen Spaziergang mit Euch unternehmen können. Ich grüße Dich vielmals und innigst Dein Gustav

Der enthusiastische Beifall des Publikums galt, wie ein Kritiker der »Triester Zeitung« schrieb, mehr dem Dirigenten als dem Komponisten Mahler. Seiner 5. *Sinfonie* vorausgegangen waren Beethovens Ouvertüre zu *Coriolan* und Mozarts *Jupiter*-Sinfonie.

Am 20. Dezember brachte Mahler seine 5. *Sinfonie* mit dem Breslauer Orchesterverein zur Aufführung. Er wohnte bei seinen alten Freunden, der Familie Neisser. Der gewohnte Abschiedsgruß vom Bahnhof wie auch vorher bei der Reise nach Triest fehlt. Es scheint, daß Mahler nicht vorhatte, an den Tagen bis zur Aufführung zu schreiben (19. und 20. Dezember). Sein letzter Satz im folgenden Brief »Auf Wiedersehen am Donnerstag früh« könnte so gedeutet werden.

Nr. 158

[Breslau, 18. Dezember 1905]

Mein liebstes Almschli!

Du kriegst heute nur ein paar Zeilen. Ich lebe sehr wol aufgehoben hier. Neissers sind prachtvolle Wirthe, und leben in einem herrlichen Hause. – Probiren thue ich daß alles kracht – gemalt werde ich nach Tisch (Erler gefällt mir übrigens als Mensch sehr gut – sehr ernst und ungekünstelt) – Berliner ist immer um mich, und jedes zehnte Wort zwischen uns bist Du.

Leider habe ich unangenehme Nachrichten aus der Oper, die mir meine ganze Laune verderben. Davon Näheres nach meiner Rückkehr. Schlafen gehe ich um 11 Uhr und stehe um 8 Uhr auf. Es wird für mich gesorgt wie für einen Prinzen.

Tausend Grüße mein Almschili. Auf Wiedersehen Donnerstag früh.

Dein Gustav

Bei diesem Aufenthalt in Breslau entstand das weitverbreitete Porträt Mahlers durch den mit der Familie Neisser befreundeten Innenarchitekten, Maler und Zeichner Fritz Erler, der unter anderem auch das Künstlerhaus am Lenbachplatz in München ausgestaltet hat.

Die »unangenehmen Nachrichten aus der Oper« beziehen sich auf Proteste von Leopold Demuth, der ursprünglich für die Titelrolle des neuinszenierten *Don Giovanni* am 21. Dezember vorgesehen und dann durch seinen Rivalen Friedrich Weidemann ersetzt worden war.

Der 150. Geburtstag W. A. Mozarts am 27. Januar 1906 gab Mahler Anlaß, endlich ein längst geplantes Vorhaben zu realisieren. Seine Aufführungen der reifen Opernwerke Mozarts waren vielleicht die künstlerischen Glanzpunkte seiner Tätigkeit als Direktor der Hofoper.

Das »Mozart-Jahr« hatte im November mit der Neueinstudierung von *Cosi fan tutte* begonnen. Im Dezember folgte die berühmte Premiere des *Don Giovanni* mit Rollers Bühnenbildern. Am 29. Januar 1906 hatte die Neuinszenierung der *Entführung aus dem Serail* Premiere und gleich am 30. März *Le nozze di Figaro* bzw. mit dem damals im deutschen Sprachraum üblichen Titel *Die Hochzeit des Figaro*, entsprechend den in der Praxis benutzten deutschen Übersetzungen von Mozarts italienischen Textbüchern. Auf Mahlers Veranlassung hatte Max Kalbeck eine neue deutsche Übersetzung von *Figaro* vorgenommen. Mahler hatte die originale Gerichtsszene von Beaumarchais im

3. Akt eingelegt und mit einem Rezitativ versehen. Den Schlußpunkt der Mozart-Aufführungen setzte die Neuinszenierung der *Zauberflöte* am 1. Juni.

Mahlers vielfältige Pflichten als Hofoperndirektor verschlangen zu Beginn des »Mozart-Jahres« den größten Teil seiner Zeit und seiner Arbeitskraft. Während dieser arbeitsreichen Monate stand er zwischen dem 24. November 1905 und dem 8. Juni 1906 bei insgesamt 37 Mozart-Abenden selbst am Pult, und im ersten Halbjahr von 1906 verließ er Wien nur zweimal, um auswärts Konzerte zu dirigieren. Zum einen, um Anfang März in Antwerpen und in Amsterdam unter anderem seine *5. Sinfonie* aufzuführen, zum anderen, um Ende Mai die Uraufführung seiner *6. Sinfonie* beim Tonkünstlerfest des Allgemeinen Deutschen Musikvereins, diesmal in Essen, zu leiten. Die Ostertage 10. bis 14. April verlebte die Familie in Abbazia, und Mitte Mai waren Gustav und Alma einige Tage zusammen in Graz (s. Brief 166).

Bevor er am Abend des 2. März in den Zug nach Belgien stieg, schickte er Alma vom Bahnhof den gewohnten Abschiedsgruß.

Nr. 159*

[Wien, 2. März 1906]

Mein lieb's A!

Guten Morgen! Ich habe noch einen feschen Spaziergang gemacht – durch die Stadt – und mir bei dieser Gelegenheit ein paar Schlappen und ein Bindel gekauft. Hassinger bringt ja hoffentlich die Futterale mit. Jetzt noch tausend O und sei schön *bjav!*

Schreib!
Dein G.

[Am unteren Kartenrand:] Der »Steffel« läßt schön grüßen. [Am oberen Kartenrand:] Den »Steffel« und den »Goldenen Brunnen« hab' ich mir wieder lang angeschaut.

Offenbar ging Mahler von zu Hause zu Fuß zum Bahnhof, und Hassinger übergab ihm dort sein Gepäck.

Mahler schrieb am anderen Morgen in seinem Hotelzimmer.

Nr. 160

Grand Hotel, Anvers
[Antwerpen, 3. März 1906]

Mein liebes Al[m]schili!

Das war eine liebe Idee von Dir! Ich habe beim Auspacken des Bildes ebenso lachen müssen, als ich mich gefreut habe. – Jetzt steht es am Nachtkastl, und ich führe die schönste Unterhaltung mit Dir und den Kleinen.

Wohnen thue ich schon magnifique. Ein sehr großes Zimmer mit *2 Betten nebeneinander!* (Eine Ironie!) Daneben ein sehr großes lichtes Badezimmer, in dem, bloß durch einen Druck auf eine Schraube, heißes Wasser zu haben ist. – Ich bade täglich 1 Stunde. Das gehört zu den größten Vergnügungen. – Die Kehrseite von Antwerpen ist leider das Orchester! Zum Davonlaufen! Es wird eine Höllenmusik werden. – Gerne würde ich ohne Bad schmutzig herumlaufen, wenn die Musikanten etwas reiner spielen wollten. Van Dyk [sic] macht mir sehr gentil die Honneurs. Er ist ein ganz lieber Kerl. Wenn er nur nicht singen wollte!

Täglich bin ich eingeladen; es sind sehr gemüthliche, reiche, aber

einfache Leute. – Meine Reise war recht angenehm. Ein ganzes Coupé
für mich. Zu Schade, daß Du nicht mit bist. Es wäre dießmal alles so
comfortabel gewesen.

Für heute tausend Grüße und Küsse, mein Lieb; /hoffentlich/tunkst
Du Deine Feder bald ein. /Erzähle mir wie es mit Engel – und Rothschild war./ Grüße Mama und Karl.   Dein Gustav

In Wien war Alma unterdessen mit dem ungarischen Schriftsteller
Alexander (Sandor) Engel und dem Bankier Albert Rothschild zusammengetroffen.

Neben Mahlers 5. *Sinfonie* standen auf dem Programm des 4. Ant-
werpener Societé des Nouveaux Concerts am 5. März die Liszt-Bear-
beitung für Klavier und Orchester von Schuberts *Wanderer-Fantasie*
mit dem Liszt-Schüler Eugen d'Albert als Solist. Das Konzert endete
mit der Ouvertüre zu Webers *Freischütz*. Während seiner dreitägigen
Proben mit dem Orchester fand Mahler nur wenig Zeit zum Ausruhen. Immerhin besichtigte er noch unter Führung des belgischen
Tenors Ernest van Dyck die Stadt. Als Mitbegründer (im Jahr 1903)
und stellvertretender Vorsitzender des Societé des Nouveaux Concerts war es wahrscheinlich van Dyck, der Mahler zu diesem Konzert
eingeladen hatte. Sie kannten sich bereits von Mahlers Anfängen als
Hofoperndirektor. Mahler mochte sein Spielen und Singen nicht und
verachtete das Repertoire, in dem er glänzte (z. B. Massenets *Werther*
und *Manon*). Er hatte keine Gelegenheit versäumt, ihn zu entmutigen.
Van Dyck verließ schließlich im September 1900 die Wiener Hofoper.

Nr. 161

Grand Hotel, Anvers
[Antwerpen, 4. März 1906]

Mein Almscherl!

So, die Generalprobe wäre nun auch vorüber. Ich kann sagen, wie von
Bach erzählt wird: »erst prügelte er die Jungens, nachher klang es
scheusslich.« Gestern kamen richtig *Clemenceau* u[nd] *Piquart* aus
Paris (eigens zur Symphonie) und wir seufzten ein ganzes Frühstück
nach Dir. Picquart schüttelt[e] minutenlang wehmüthig sein Haupt
(Du weißt, das kann Einem bei dem nahe gehen) und Clemenceau versicherte mir, er liebe Dich! Ich bin recht froh, daß Du den Höllen-
breughel nicht über Dich ergehen läßt. Sonst sind die Leute recht lieb,
und thun Alles, was sie können.

Wenn es in Amsterdam auch so ist, so laufe ich davon. Hoffentlich

habe ich wenigstens morgen eine Zeile von Dir. Ich bin hier viel allein, drücke mich, wo ich kann. – Morgen habe ich frei, da schaue ich
mir Einiges an.

Tausend Grüße, mein Luxi   Dein alter Gust

Nach dem Konzert in Antwerpen ging die Reise am nächsten Vormittag weiter nach Amsterdam, wo Mahler für drei Konzerte engagiert war: am 8. März mit der 5. *Sinfonie*, den *Kindertotenliedern*, zwei
Gesängen aus »Des Knaben Wunderhorn« sowie dem Rückert-Lied
Ich bin der Welt abhanden gekommen. Als Solist war der Bariton Friedrich Weidemann von der Wiener Hofoper verpflichtet worden. Er
mußte in letzter Minute durch den holländischen Bariton Gerard
Zalsman ersetzt werden. Schließlich waren zwei Aufführungen (am
10. und 11. März) von Mahlers Chorwerk *Das klagende Lied* vorgesehen. Aus unbekannten Gründen wollte Mahler aber früher nach
Wien zurück und bat deshalb seinen Sekretär an der Hofoper, Alois
Przistaupinski, ein fingiertes Telegramm nach Amsterdam zu senden
mit, wie Mahler es formulierte, »ungefähr folgendem Inhalt: Gene-
ralintendant bittet dringend um sofortige Rückkehr in wichtiger Angelegenheit oder dergleichen«.[123] Mengelberg mußte deshalb die
Wiederholung des *Klagenden Liedes* am 11. März übernehmen.

Nr. 162

Het Concertgebouw, Amsterdam
Amsterdam [6. März 1906]

Meine Liebste! Nun wäre ich hier eingezogen, und hätte auch die erste Probe hinter mir. »Welch anderer Geist«! Das Orchester *herrlich
vorbereitet* und eine Aufführung, wie sie in Wien nicht besser war. Der
Chor (im Klagenden Lied) sehr fein studirt und wolgeschult. Mengelberg ist doch ein famoser Kerl! Der Einzige, dem ich mit voller Beruhigung ein Werk von mir anvertrauen möchte. – Die Symphonie ist
bereits für nächste Woche in *Haag, Rotterdam, Harlem, Utrecht* und
Arnheim angesetzt, wo Mengelberg mit dem hiesigen Orchester concertirt. Kindertodtenlieder probire ich heute. Den Sänger kenne ich
noch nicht. Bin neugierig.

In Antwerpen hatte ich entschiedenen *»Succes«*. Kritiken großartig.
Deinen Brief erhielt ich hier! Die Zeichnung von der Putzi ist einfach
unglaublich! *Wie die sieht!* Ich bin *Montag* Früh zu Hause! Himmel, ich
freue mich schon! Für heute, mein Lieb, viele Grüße. Hier sind sie Alle

empört, daß Du nicht mit bist. Mengelbergs übrigens ließen es nicht zu, daß ich ins Hotel gehe. Es sind sehr herzliche und einfache Menschen und er ist ungemein *verläßlich*. Diepenbroock war auch schon da. Ich habe da wirklich *Freunde!*   Dein Gustl.

Nr. 163*

Amsterdam, 8. März 1906

M.l.A.! Der heutige Tag war sehr anstrengend. Vormittag u[nd] Nachmittag Proben, Abends Conzert! Daß Du so viel auf »Gaude« bist, freut mich ganz besonders. Es geht Dir also gut! Wenn ich zurückkomme, möchte ich von der Gaude auch noch was weg bekommen. Vergiß nicht, daß ich schon *Montag* Früh komme. Tausend Grüße Dein Gustl.

Nr. 164

Het Concertgebouw, Amsterdam
Amsterdam [9. März 1906]

Mein liebstes Almschili!
Trotz Deinem »spitzigen« /2./ Brief /(seitdem bin ich ganz ohne Nachricht) kriegst Du heute Deinen Brief. (Ich habe bis jetzt täglich geschrieben)./

Gestern also Symphonie /u./ Kindertodtenl[ieder] – *prachtvolle* Aufführung bis auf den Sänger, der zu äußerlich sang.

Heute Abend Generalprobe Klagendes L[ied], morgen Aufführung, übermorgen früh Abfahrt. Gott sei Dank, daß ich Montag wieder bei Euch bin. – Man fühlt sich ganz verlassen; obwol alle Menschen sehr lieb sind, und sich die größte Mühe geben. – Hier in Amsterdam habe ich bereits eine tapfere Gemeinde – besonders die jungen Leute sind enragirt. Das Publikum sehr *achtungsvoll*, die Presse geradezu warm.

Und, was das Wichtigste ist, Mengelberg hält mich ständig am Repertoir[e]. Die *5.* [Symphonie] kommt binnen 2 Wochen noch in Haag, Rotterdam, /Utrecht, Haarlem/ und Arnheim – und wird ferner in 2 Conzerten *hier* wiederholt. –

In Wien sind unterdessen mit *Roller* und seiner *Choraffaire* sehr unangenehme Geschichte[n]. – Ich habe Angst, daß es nicht von weittragenden Folgen begleitet sein möge.

Wie leicht kann ich selbst in Mitleidenschaft gezogen werden.

Du Schlingel, *ob Du* mir doch endlich mal noch schreiben wirst?! Immer nur *Gaude* bis 2 Uhr Nachts?

Auch Servus! Dein Gust

Mahlers Stimmung wurde in diesen Tagen durch eine Nachricht aus der Hofoper getrübt. Roller hatte für die Neuinszenierung des *Lohengrin* am 27. Februar so ausgefallene Kostüme entworfen, daß die Choristen sich weigerten, sie zu tragen. Im nachhinein wurde festgestellt, daß jedes dieser Kostüme mehr als zwanzig Kilo wog. Darüber hinaus hatte Roller, das Gegenteil eines Diplomaten, die dicksten männlichen und weiblichen Mitglieder des Chors von der Aufführung ausgeschlossen. Grund genug für die beleidigten Choristen, sich beim Obersthofmeister zu beschweren und sogar mit Streik zu drohen. Erst nach Mahlers Rückkehr nach Wien konnte der Streit beigelegt werden.

Nr. 165*

Amsterdam, 10. März 1906.

M.l.A.! Generalprobe »kl. L.« [*Das klagende Lied*] famos gegangen. Heute Vormittag bin ich frei und gehe mit Mengelberg an den »Zuydersee[«] und werde mich ein bischen auslüften! Anstrengend ist dieses ewige Stehen in den Proben und Conzerten. Heute ist herrliches Wetter – wie fehlst Du mir auf dem heutigen Ausflug! Jetzt also nur noch auf Wiedersehen. Montag Früh bin ich wieder bei Euch!

Dein G.

Der ausgedehnte Spaziergang, den Mahler mit Mengelberg und Diepenbrock entlang der Zuidersee unternahm, ist durch mehrere Photos dokumentiert.

Nach seiner Rückkehr am 12. März begann Mahler mit den Vorbereitungen zur Neuinszenierung des *Figaro*, die am 30. März Premiere hatte und wiederum triumphale Reaktionen hervorrief. Währenddessen waren Mahlers Gedanken wohl schon auf die Uraufführung seiner *6. Sinfonie* gerichtet, die am 27. Mai im Städtischen Saalbau in Essen stattfinden sollte. Vorher hielt er am 1. Mai in Wien eine Leseprobe des Werkes mit dem Philharmonischen Orchester. Vierzehn Tage später fuhr er zusammen mit Alma nach Graz, um am 15. und 16. Mai die Generalprobe bzw. die österreichische Erstaufführung von Richard Strauss' *Salome* zu besuchen, die vom Komponisten selbst geleitet wurde. Im Hotel hinterließ er für Alma eine Botschaft.

Nr. 166*

[Visitenkarte mit Aufdruck: *Gustav Mahler*]

[Graz, 15. oder 16. Mai 1906]

Liebste Almscherl! Ich mußte schon gehen und konnte nicht mehr warten! Also auf Wiedersehen im Theater! Dein [Unterschrift fehlt].
    Habe Rich. Strauss getrieben und bin darauf wieder sehr »Arrogant« geworden.

Worauf Mahler in seinem Postskriptum anspielt, läßt sich nicht präzise feststellen. Vielleicht meinte er mit »Arrogant« sein künstlerisches Selbstbewußtsein gegenüber Strauss.
    Schon am 20. Mai begab sich Mahler nach Essen, um mit den Vorproben der *6. Sinfonie* zu beginnen. Alma sollte vier Tage später anreisen, um noch an den letzten zwei Proben teilzunehmen; sie verschob aber ihre Abreise um einen Tag (s. Brief 169).

Nr. 167*

Essen, [21.] Mai 1906

O selig, o selig – ein Componist zu sein.

Mein Almschili!
Sehr zufrieden von der *1. Probe!* Orchester hält sich *famos* und klingen thut Alles, wie ich es wünschen kann. Ich glaube, dießmal habe ich es gut gemacht. – Die Reise war wahnsinnig fad – mit einer Verspätung von 1 Stunde. Hotel ist *famos*, Zimmer im 1. Stock, damit mein Almschi nicht steigen muß. Sehr hübsches Zimmer und gutes Essen. Sehr *reinlich!* Um 7 Uhr angekommen, bis 11 Uhr noch Stimmen corrigirt, dann Butterbrot gegessen, und heute Morgen von 7–9 noch weiter gearbeitet. – Von $^1/_2$10 – $^1/_2$1 die 1. Probe. Jetzt gegessen. Um $^1/_2$5 ist die 2. Probe. Jetzt gehe ich mich auf eine Stunde ein bischen ausschlafen. Über das Telegram*m war ich sehr beruhigt. Ich fand es bei meiner Ankunft. Morgen Früh schreibe ich wieder.
    Sei herzlichst gegrüßt mein Almschl, und schreibe bald! Donnerstag $^1/_2$9 geht Dein Zug.

Dein Gustav

Wieder einmal spielt Mahler mit der Sentenz »O selig, o selig ein Componist zu sein« auf die berühmte Arie »Sonst spielt' ich mit Zepter« aus dem 3. Akt von Lortzings *Zar und Zimmermann* an, wie bereits zwei Jahre früher während der Proben zur 5. *Sinfonie* in Köln oder auch hinsichtlich seiner Beziehung zu Richard Strauss. Das zweitklassige Orchester in Essen (verstärkt durch das Utrechter Stadtorchester) rief alle Erinnerungen an frühere Situationen wach, in denen Mahler alles andere sein wollte als der Dirigent eines eigenen Werkes.

Mehrere Angehörige des engsten Mahler-Kreises hatten sich zur Uraufführung angesagt: Anna Moll und Theobald Pollak sowie auch Guillaume de Lallemand, ein Mitglied des Dreyfus-Quartetts, dem Mahler besonders nahestand. Zuletzt war das Ehepaar Mahler beim Tonkünstlerfest 1905 in Straßburg mit diesen Persönlichkeiten zusammengewesen. Alma berichtet: »Unsere Freunde kamen aus Paris an: Oberst Piquart, Painlevé, der große Mathematiker und spätere französische Ministerpräsident, Paul und Sophie Clemenceau und Baron L'Allemand. Das sogenannte Quartett aus dem Dreyfus-Prozeß. Sie waren am Nachmittag angekommen. Piquart war, ohne erst das Hotel aufzusuchen, sofort ins Konzert gegangen, wo er, mit den Händen die Augen bedeckend, um nicht erkannt zu werden, lang vor Anfang ruhig den Beginn des Konzerts abwartete. Er war damals Oberst in Pension. Durch die Dreyfus-Affaire suspendiert, aber vor der Möglichkeit stehend, reaktiviert zu werden, durfte er sich nicht ohne Erlaubnis über den deutschen Festungsgürtel wagen. Um den langwierigen Formalitäten auszuweichen, war er einfach durchgegangen. Piquart machte sofort den Eindruck eines Helden der Gesinnung und des Gemüts. Seine Intervention in der Dreyfus-Affaire war viel mutiger als die Zolas, der, heldenhaft genug, sein »j'accuse« in die Welt geschrien hatte. Aber Piquart hatte als Offizier gewußt, daß er alles verlor, wenn er bei seiner Anklage blieb, Ehre, Beruf, Brot und vielleicht das Leben.«[124]

Weiterhin kamen Dirigenten und Musiker, welche die letzten Proben und die Aufführung miterleben wollten. Alma berichtet, daß »Oskar Fried Mahler wie sein Schatten« folgte[125]. Klaus Pringsheim, Thomas Manns Schwager und neuer Assistent Mahlers an der Hofoper, war anwesend, ebenso Willem Mengelberg, Julius Buths und der russische Pianist und Dirigent Ossip Gabrilowitsch, mit dem Alma später in Amerika einen kurzen Flirt hatte.

Der Verleger der *6. Sinfonie* (C. F. Kahnt Nachf. in Leipzig) hatte etwas unbeholfen versucht, die Aufmerksamkeit der Öffentlichkeit auf Mahlers neues Werk zu ziehen. Er verschickte Mitteilungen an verschiedene Zeitungen des Inhalts, daß die neue Sinfonie alles bis dato Gekannte übertreffe. Besonderen Wert legte er dabei auf die Feststellung, daß die Schlagzeuggruppe die größte sei, die jemals in einer Sinfonie aufgeboten wurde.

Nr. 168*

Telegramm   Essen, 22. Mai 1906

gestern sehr harten tag   nicht zu schreiben gekommen   noch sehr viel corrigirt   briefe sehr lieb gewesen   erwarte dich donnerstag bahnhof   innigst gustav

Nr. 169

Essen, [22.] Mai 1906

Mein liebstes Almschili!

Das war gestern eine Tour. 5 Stunden probirt, 7 Stunden Stimmen corrigirt. Befinden trotzdem sehr gut. Deine Briefe sind *sehr* lieb gewesen. Wir reden über Alles. Heute um 9 Uhr wieder Probe. Ich schreibe schnell einige Zeilen, damit Du nicht ohne Nachrichten bist. Quartier hier sehr schwer zu bekommen. Im Essener Hof unmöglich. Habe aber für Mama möglichst gesorgt. /Für Pollak versuche ich es heute./ Das Hotel wird Dir sehr gefallen. Ein junger Russe (der bekannte Clavierspieler und Dirigent Gabrilowitsch), der zu meinen Proben hergekommen ist, gefällt mir sehr und ist mein Tischgenosse im Hotel. Er erzählt mir von meinen Anhängern in Petersburg unter der jungen Garde.

Die Proben befriedigt mich sehr. Ich habe mich hoffentlich nicht geirrt. Bis jetzt habe ich die ersten 3 Sätze durchprobirt. Heute komme ich zum letzten Satz. Deine Äußerungen über »Salome« hat mich sehr interessirt. Ich habe Dir das Alles vorhérgesagt. Aber jetzt *unterschätzt* Du das, trotz alledem sehr bedeutende, und, wie Du richtig herausgefühlt, im schlechten Sinn »virtuose« Werk. Da ist Wagner ein anderer Kerl. Je weiter Du im Leben als *Mensch* gelangst, desto deutlicher wirst Du den Unterschied zwischen diesen wenigen Großen, *Wahren* und den bloßen »Virtuosen« empfinden. Ich bin glücklich, wie *schnell* Du zur Klarheit gelangst. Die *Kühle* im Wesen Straussens, die nicht im Talent sondern im *Menschenthum liegt*, spürst Du eben und sie stößt Dich ab.

Was machen die Putzerln? Darüber mußt Du immer ein Wort sagen. Sei mir tausendmal gegrüßt, mein Lieb und komme Freitag. Du sollst Deine Freude haben. Dein alter   Gustl

Nr. 170*

Telegramm   Essen, 24. Mai 1906

glueckliche reise almscherli   mir ist schon sehr bange   gustav

Von Klaus Pringsheim besitzen wir eine Beschreibung der Uraufführung. Er berichtet von Mahlers nahezu krankhafter Unsicherheit, sogar beim Dirigieren, von seinen ständigen Instrumentationsretuschen in der Partitur und von dem Austausch der zwei Mittelsätze im letzten Moment. Wie schon die 5. *Sinfonie* konnte auch die *6.* nur höflichen Beifall ernten. Auch Pfiffe und Buhrufe waren zu hören.

An der Hofoper wurde die Saison 1905/06 mit der Neuinszenierung von Mozarts *Zauberflöte* am 1. Juni beendet, und Mahler reiste am 13. Juni zusammen mit seiner Familie nach Maiernigg.

Almas Bericht vom Sommer 1906 ist leider ungewöhnlich kurz. Aber vier Jahre später beschrieb Mahler selbst in einem Brief an sie, was geschah, als er damals sein Komponierhäuschen erstmals wieder betrat: »Und vor vier Jahren ging ich am ersten Ferialmorgen in mein Häuschen in Maiernigg hinauf mit dem festen Vorsatz, mich in diesen Ferien (ich hatte es damals nötig) recht auszufaulenzen und Kräfte zu sammeln! Beim Eintritt in das alt gewohnte Arbeitszimmer packte mich der spiritus creator und schüttelte und peitschte mich 8 Wochen lang, bis das Größte fertig war« (s. Brief 303).

In etwas mehr als acht Wochen war die Komposition der *8. Sinfonie* vollendet. Wahrlich eine Meisterleistung, wenn man bedenkt, welcher Aufwand an Energie und Zeit notwendig war, neben der schöpferischen Leistung die reine Schreibarbeit zu verrichten. Etwa am 12. oder 13. August schrieb Mahler an Mengelberg: »Ich habe eben meine 8. vollendet. – Es ist das Größte, was ich bis jetzt gemacht. Und so eigenartig in Inhalt und Form, daß sich darüber gar nicht schreiben läßt – Denken Sie sich, daß das Universum zu tönen und zu klingen beginnt. Es sind nicht mehr menschl[iche] Stimmen, sondern Planeten und Sonnen, welche kreisen.«[127]

Wie sonst auch, unternahm Mahler einen kleinen Ausflug in die Berge, um sich zu erholen. Etwa am 17. Juli reiste er zuerst nach Toblach, kehrte aber – so scheint es – am nächsten Tag wieder um und machte auf der Rückreise zunächst Aufenthalt in Dölsach auf jener Strecke, die von Toblach und Lienz nach Klagenfurt führt. Von da aus setzte er seine Reise in das dreizehn Kilometer nördlich gelegene Winklern fort. Heiligenblut liegt am Fuß des Großglockners.

Folgt man den Schreibgewohnheiten Mahlers, so ist seine erste Karte an Alma, wahrscheinlich von Toblach geschrieben, verschollen.

Nr. 171*

Dölsach, 19. Juli 1906

Liebste! 2.Karte!

Dellach. Bei sehr schönem Wetter, halbgedecktem Himmel, bis nach *Winklern* gegangen. (2 Stunden scharf gestiegen bis *1200 Meter* – hierauf $^1/_2$ Stunde bergab. – In Dölsach vor dem Aufstieg 2 weiche Eier gegessen – müssen schlecht gewesen sein – mich elend befunden, mit Migräne gekämpft – tapfer ausgeschritten, und in Winklern verschwitzt, aber *wol* angekommen. Zu Mittag gegessen (Naturschnitzel mit Preiselbeeren-Heidelbeercompot) – Wahnsinniges Wetter niedergegangen. Einspänner nach Heiligenblut genommen. Hier *Station* – indessen wieder schön geworden. Während der Kutscher futtert, spaziere ich voraus! *Wie Schade,* daß mein Almschl nicht mit ist!   G.

Mahler kam in Bleiberg, unweit von Villach, an, von dort aus erklomm er den über zweitausend Meter hohen Dobratsch.

Nr. 172*

Bleiberg, 19. Juli 1906

Liebste! Bei herrlichstem Wetter u[nd] bereits bester Verfassung steige ich eben auf den Dobratsch (3 Stunden), bleibe über Nacht oben, gedenke morgen wieder zurück zu gehen, und komme ungefähr $^3/_4 7$ in Krumpendorf an. Anton soll mich erwarten! Tausend Grüße.

Dein G.

Mitte August mußte Mahler die weitere Ausarbeitung der Partitur seiner *8. Sinfonie* unterbrechen, als er Verpflichtungen beim Salzburger Musikfest wahrzunehmen hatte. Hier sollte er zwei Aufführungen (am 18. und 20. August) von *Figaros Hochzeit* mit dem Ensemble der Wiener Hofoper leiten, das zu diesem Zweck eine besondere Subvention des Kaisers erhalten hatte. Zu jener Zeit fanden die Salzburger Musikfeste, Vorläufer der heutigen Festspiele, nur gelegentlich statt. Bis zum Jahr 1906 verzeichnet die Chronik die Jahre 1877, 1880, 1887, 1891, 1901 und 1904. Seit 1901 war die von Mahler hochgeschätzte Sopranistin Lilli Lehmann künstlerische Leiterin dieser Musikfeste. Für das Mozart-Jubiläumsjahr 1906 hatte sie außer

Figaros Hochzeit den *Don Giovanni* mit je zwei Aufführungen angesetzt und dabei selber die Partie der Donna Anna sowie die Einstudierung der letztgenannten Oper übernommen. In beiden Opern spielte das Wiener Philharmonische Orchester (Hof-Opernorchester), das darüber hinaus auch drei Festkonzerte unter Leitung von Felix Mottl bzw. Richard Strauss gab. Strauss sprang in letzter Minute für den erkrankten Karl Muck ein.

Nr. 173

Salzburg, [16. August] 1906

Mein Almschili!

Der Trubel ist gräßlich! Ich bin ganz zertäpscht. Gestern bei der Ankunft von Roller, Stoll, Hassinger, Kanzleioffizial und einem Hofrath vom Festcomite (weißgekleidete Jungfrauen waren keine) empfangen. Geschaut, alle bis auf Roller loszuwerden, der mich ins Hotel begleitete, und mit mir zusammenblieb. Die Misurina, wollte sagen Kiurina, nein, Milewa, war zu Besuch bei Burckhard /und Erz. Eugen./ Wir bummelten durch die Stadt. Gleich kam Strauß daher, der sich anschloß. Ich gieng mit Letzterem ins Hotel soupiren, währenddem Roller auf dem Bahnhof gieng, um Schluderbach, wollte sagen Misurina, abzuholen. Um $^1/_2$9 gieng Strauß weg zur Festversammlung (von der ich mich sofort gedrückt habe); indessen kam Roller mit Toblach, wollte sagen Schluderbach zurück; wir waren ein wenig beisammen. Hierauf gieng Tre Croci schlafen und Strauss kam mit einem Journalisten in gehobener Stimmung vom Fest zurück. Wir sprachen dann noch eine Stunde über Honorare und Tantiemen etc., dann gieng ich schlafen. That dies aber nicht, warum wissen die Dämonen. Stand eben um 6 Uhr auf, frühstückte massenhaft und erwarte nunmehr den Münchener Konzertunternehmer. Um 10 Uhr ist Probe. Ich werde mich dann retten, und schauen abzustürzen oder sonst einen sensationellen Coup zu unternehmen. Da kriege ich vielleicht Ruhe.

Der Teufel hole dieses verdammte Geschlecht. Strauss hat schon einige Szenen aus *Electra* (Hofmannsthal) componirt. Unter 10 Procent pro Abend und 100 000 Mark giebt er es nicht her. (Das ist allerdings nur eine Vermuthung von mir[)]. Da mich auch weiter nicht befragt, sagte ich ihm auch nichts von meinem antiquirten Dasein im Sommer. Ich glaube, es würde ihm sehr wenig imponiren, zu erfahren, mit was für veraltetem Kram ich mich im Sommer beschäftige. O selig, o selig, modern zu sein!

Ich küsse Dich tausendmal, mein Alm. Es wäre doch besser, Du wärest mit. Heute Abend gehe ich um 10 Uhr auf mein Zimmer. /Korngold hat bereits nach Dir gefragt./ 20 Briefe, 50 Einladungen liegen schon vor. Freitag um $^1/_2$5 ist *Rout* bei Erzherzog Eugen. Die ganze Künstlerschar (1000 Personen) sind eingeladen. Gehrock ist vorgeschrieben. Was ich da thun werde, weiß ich nicht.

Schreibe bald Deinem Gustav

Alfred Roller hatte kurz vorher seine Schülerin, die zweiundzwanzig Jahre jüngere Mileva Stoisavljevic geheiratet, deren ausgefallenen Namen Mahler scherzhaft mit den von seinen Ausflügen her wohlbekannten Ortsnamen um Cortina d'Ampezzo verwechselte. Sie war offenbar zu Besuch bei Almas ehemaligem Verehrer Max Burckhard, der am Wolfgangsee eine Villa hatte. Erzherzog Eugen war Protektor des Salzburger Mozarteums und ein überzeugter Mozartianer, einer der wenigen echten Musikliebhaber am Wiener Hof.

Mit dem Münchner Konzertunternehmer ist Emil Gutmann gemeint, der eben sein Konzertbüro eröffnet hatte und vier Jahre später die Uraufführung der *8. Sinfonie* in München organisierte. Sein Besuch in Salzburg galt wohl der Besprechung eines Konzerts in München, das am 8. November stattfand (s. Briefe 188–191).

Mahlers Zusammentreffen mit Strauss zeigt wiederum die Gegensätzlichkeit der beiden Charaktere und die grundsätzlichen Verständnisschwierigkeiten auch als Musiker. Das stimmte Mahler um so trauriger, als er ein Jahr zuvor in Straßburg Straussens geniale dramatische Begabung bewundert hatte, als Strauss ihm die *Salome* vorspielte.

Nr. 174

Salzburg [17. August 1906]

Mein Almschili! – Das war heute ein lieber Brief. Deine Noten waren in der Empfindung ganz richtig. Nur ein paar Kleinigkeiten habe ich retouchirt. (Der »Satz« ist jetzt nicht gerade »rein«). Es ist erstaunlich, was Du für ein Gedächtniß hast. – Also weiter im Bericht. – Ich bin Gott sei Dank allein im Hotel. Im Nebenhause wohnt Roller mit Cortina /(die heute auf 3 Tage nach Graz fährt)./ Über Roller wärest Du erstaunt. Er geht mit mir stundenlang spazieren; sie sind sehr nett miteinander aber weiter ungebunden, wie als Junggesellen. [1 Zeile unleserlich gemacht] Bei jeder Mahlzeit sind wir zusammen. Hierauf geht sie in ihr Zimmer und er schließt sich mir an. Strauss ist jetzt auch immer dabei, und überhaupt sehr lieb, wie immer, wenn er allein mit mir ist. Sein Wesen aber wird mir immer fremd bleiben. Diese Denk- und Empfindungsart ist von der meinen weltenweit entfernt. Ob wir beide uns noch einmal auf demselben Stern begegnen werden? Die Probe war recht gut. Ich gieng gleich in mein Orchester und begrüßte die Solisten von unten. –

/Heute ist Rout, wozu ich mir von einem Schneider einen Gehrock ausleihe. Denke Dir: die Schoder soll schwanger sein. Obwol es mir für mein Repertoire sehr störend sein wird, ist es mir anderentheils doch sehr angenehm; wenigstens verschwindet sie auf ein paar Monate aus unserem Dunstkreis. Hammerschlag (der Direktor) begegnete mir und Roller gestern auf unserm Spaziergang und schloß sich uns an. Er jammert sehr, daß Du nicht da bist./ – Gestern war ich im Don Juan mit Strauss. (für mich und Dich war eine Loge reservirt) – die Aufführung ist so hundsmäßig schlecht, daß ich und Strauss nach der 2. Szene entsetzt davon liefen. Wir soupirten ganz allein im Hotel. /Meine Verdauung ist vom Tag angefangen, da ich hier eintraf – sehr mangelhaft. –/ Gott sei Dank, daß Du mir über Gucki gut berichten konntest.

Tausend Grüße, mein Lieb. Jetzt dauert es nicht mehr lang

Dein Gustl.

/Eben kommt beifolgender Brief von Picquart./

Alma erinnert sich: »Mahler hatte mir [vor seiner Abreise nach Salzburg] den Chor ›Alles Vergängliche ist nur ein Gleichnis‹ vorgespielt und – gesungen. Ich stand vollkommen unter dem Bann dieses Werkes und schickte ihm nach einigen Tagen aus dem Gedächtnis den ganzen Einfall mit der vollen Harmonie.«[128]

Mag sein, daß Alma auch diesen Schlußchor zu Papier gebracht hat. Tatsache ist, daß nur ein kleines Blatt mit zwei fünfzeiligen Notensystemen und zwei anderen von Alma niedergeschriebenen Zitaten aus der Sinfonie überliefert ist.

Da Mahler sonst nie ein unvollendetes Werk darbot, muß er seiner Frau die ganze Sinfonie vorgespielt haben. Daß er das Werk tatsächlich vollendet hatte, wird durch den oben erwähnten Brief an Mengelberg bestätigt.

Ihr erstes Zitat entspricht den Takten 1116–1125 aus dem 2. Teil der Sinfonie (»Neige, neige, Du Ohnegleiche«). Mahlers Retuschen in der linken Hand (die Baßlinie) sind deutlich erkennbar. Vergleicht man Almas Zitat mit Mahlers Original, so ist letztlich alles falsch notiert: die Notenwerte, Ton- und Taktart und auch der Text. Dieser lautet richtig: »Der *früh Geliebte*, nicht mehr Getrübte, er *kommt* zurück.« Die Stelle ist im Original in D-Dur und die Taktart [⁴/₄].

Almas zweites Zitat (ohne Text) entspricht den Takten 825–830. Es ist die Chorstelle »Wer zerreißt aus eig'ner Kraft der Gelüste Ketten«. Alma hat sie fälschlicherweise in F-Dur statt in E-Dur notiert.

Nachdem Mahler die beiden letzten Takte von Alma durchgestrichen hatte, notierte er auf der Rückseite des Notenblatts: »Es geht auf alle möglichen Arten weiter, nur nicht so: das wäre eine ordinäre Sequenz. Das erstemal erscheint es so« (s. Faks. S. 290). Mahler ist aber unsicher und schreibt: »Donnerwetter: ich finde es selber nicht. Im Salzburger Juchhetrubel ist mir aller Eros abhanden gekommen.« Einen Tag später, in Brief 176, erinnerte sich Mahler: »Aha! Jetzt hab ich's!« und notierte dann gleich die Takte 825–830 in der von Alma irrtümlich gewählten Tonart F-Dur. In ihrer Ausgabe hat Alma das Notenzitat weggelassen. Nicht so Mahlers Ausruf: »Aha! Jetzt hab ich's!« Ein unlösbares Rätsel für alle Leser ihres Buches.

Mahlers Nachsatz über Picquart hat Alma in ihrer Ausgabe durch folgenden Text ersetzt: »Noch einmal – über Deine Musikalität bin ich wirklich paff!« – Sie hat einen Satz aus dem Brief 177 umgeformt. Es heißt dort: »Über Dein musikalisches Gedächtnis bin ich wirklich paff!« Der Übersicht wegen sind Almas Briefbeilage und die Reaktion Mahlers zusammen wiedergegeben (s. S. 290).

Mahlers Bemerkung über die Sopranistin Marie Gutheil-Schoder hat einen besonderen Hintergrund: Vor der Hochzeit mit Alma hatte es Spekulationen über ein intimes Verhältnis des Hofoperndirektors mit dieser Sängerin gegeben. Sogar die Presse hatte Mahler die besondere Bevorzugung »der Schoder« vorgeworfen. Im Frühjahr 1906 hatten Mahler und die Sängerin außerdem eine Kontroverse gehabt, weil er ihr einen Urlaub verweigert hatte.

Die Besetzung der Titelrolle in *Don Giovanni* hatte Lilli Lehmann große Schwierigkeiten bereitet, und sie sah sich schließlich gezwungen, den portugiesischen Bariton Francesco d' Andrade zu verpflichten. Seine Sucht nach Selbstdarstellung, verbunden mit maßloser Eitelkeit, führte zu einer mehr applausheischenden als werkgetreuen Darstellung seiner Rolle. Darüber hinaus hatte Lilli Lehmann den jungen französischen Liederkomponisten Reynaldo Hahn als Dirigenten engagiert. Seine Fähigkeiten als Mozart-Interpret müssen hinter denen des Liedkomponisten weit zurückgestanden haben, denn wie die »Neue Musikalische Presse« berichtete, »schon die Ouvertüre zeigte, was Herr Hahn aus Paris nicht kann, nämlich dirigieren«.

Nr. 175

Mein liebes Almschili! Der gestrige Tag war durch einen echten Schnürlregen ausgezeichnet. Vormittag war ich im Conzert (von Rich. Strauss geleitet[)]. Zur Feier Mozarts wurde die IX. von Bruckner aufgeführt. (wie den Tag vorher die V. von Beethoven). /Dieses Werk ist der Gipfelpunkt des *Unsinns*./ Salzburg bebte vor Begeisterung. Es war eine Art musikalischer Frühschoppen-Rettich mit Salzstangel. /Nachher wurde jedenfalls sehr viel Stiegelbräu getrunken./ – Nachher zu Tisch mit Strauss und Roller. bei Dessert kam bleich und etwas unsicher Specht an. – Strauss verabschiedete sich und ich wachte nun eine Stunde in stillem Gespräch [mit] Spechten. Zog dann einen ausgeliehenen Gehrock an und verfügte mich zum Rout. Von Sr.k.Hoheit durch eine Ansprache ausgezeichnet, wankte ich erregt zu Buffet trank eine Tasse und fraß ein Butterbrot und verduftete nach dem Theater, wo um 6. Uhr die Generalprobe von Figaro sehr gelungen vom Stapel lief. (Bei geschlossenen Thüren) – Nachher mit Hammerschlags, Dr. Botstieber und Roller und Specht im Hotel soupirt. – Specht fuhr glücklich nach Wien ab. Strauss (richtig!) besteht noch immer darauf, daß ich eine Oper schreibe. Ich hätte dazu viel Talent. /Heute Vormittag will ich mit Roller einen ordentlichen Bummel machen. Am Abend die Vorstellung. – Schlafen und Verdauen sehr mangelhaft./ Dienstag Abend – hurrah – bin ich bei Dir. O wäre ich nie fortgegangen! Tausend Grüße von Deinem Gustl

/Du hast doch meine Briefe bekommen?
Ich schreibe täglich nach dem Frühstück./

Mahlers Feststellung, daß Bruckners *9. Sinfonie* »der Gipfel des Unsinns« sei, hat Alma verständlicherweise in ihrer Ausgabe weggelassen.

Die Sinfonie, in Salzburg damals in einem Vormittagskonzert am 17. August von Strauss dirigiert, hatte ihre Uraufführung in Wien am 11. Februar 1903 unter Ferdinand Löwe erlebt. Die Reserven Mahlers gegenüber der Musik Bruckners sind nicht neu. Bereits zu Bruckners Lebzeiten hatte sich Mahler seinem Bruder Otto gegenüber abfällig geäußert.[129] Bezeichnend sind auch die vielen Sprünge, die Mahler in den Partituren der *4.*, *5.* und *6. Sinfonie* machte, als er sie mit den Wiener Philharmonikern aufführte. Die Aufführung von

Beethovens 5. *Sinfonie* in Salzburg hatte im 1. Festkonzert unter Felix Mottl am 15. August stattgefunden. In beiden Konzerten wurden außer den erwähnten Sinfonien ausschließlich Werke von Mozart gespielt. Richard Specht, Kritiker der Wiener Zeitung »Die Zeit« hatte im vergangenen Jahr eine kleine Mahler-Biographie veröffentlicht und publizierte 1913 die erste wichtige Mahler-Studie.[130]

Nr. 176

Salzburg [18. August 1906]

Liebste! Ich schreibe jeden Tag – nur die verdammte Verbindung ist daran Schuld, daß [Du] meinen ersten Brief so spät bekommst. – /Was die Guth.Sch. [Gutheil-Schoder] anbelangt, da sei nur außer Sorge. Ich kümmere mich ebensowenig um sie, wie um die andern. Ich habe sie überhaupt nur par Distance in den beiden Proben und beim Rout [gesehen], ohne mit ihr zu sprechen./ – Jetzt werde ich jausnen, mich anziehen und in die Vorstellung gehen. Der Autor ist auch schon gekommen (Maxi) und wird uns beehren.

Eben bekomme ich die Karte von Redlichs. Himmelfix noch einmal! Wen soll ich denn eher beleidigen? Ich habe ja ohnehin schon meinen Ruf ... – Mit der Lehmann bist Du zu spät gekommen. Auf die hab' ich schon öffentlich laut geschimpft. Auf Strauss gieng es noch nicht, weil er dabei war. Ich will mich also moderiren. Der Intendanz bin ich bereits persönlich auf die Füsse getreten; kann mich also nach dieser Richtung von nun an kurz fassen. – Morgen fahre ich wahrscheinlich, wenn das Wetter danach ist, zeitlich in der Früh nach Berchtesgaden zum Hintersee mit Roller und Hammerschlag, der die Partie arrangirt: drum schreibe ich noch heute Abend, damit Du morgen nicht ohne Brief bleibst.

Aha! Jetzt habe ich's!

Eben hat mir Frischauer der Gütige aus Paris seinen Besuch gemacht. »Er hat sich so auf Dich gefreut.« Ich war *sehr lieb* mit ihm, damit er aus Paris seine blumigen Berichte an's theure Vaterland schreibt. Er macht einen so geistvoll-perversen Eindruck. Vielleicht componirt ihn Strauss noch einmal. Jetzt schreibt er an der Elektra.

Also, viele Grüße mein Almschi und knutsche die Kinder für mich. (aber irre Dich nicht und zwicke nicht das Fräulein).

Dein Gustav.

/Kugeln und Erdäpfeln sind bestellt; werden Dienstag 10 Uhr fertig um $^1/_2$ 12 fahre ich ab./

Mahler war ein Bewunderer von Lilli Lehmann und hatte sie alljährlich in den vergangenen Jahren zu Gastspielen an die Wiener Hofoper eingeladen. Wie er Frau Lehmann in Salzburg beleidigte, weiß Alma in ihren Erinnerungen zu berichten: »Mahler ging mit Roller am Abend [des 16. August] in den Don Juan und war empört über [Lehmanns] dilettantische Art, das Ganze anzupacken. Er sagte halblaut zu Roller: ›ein Mann muß eure Herzen leiten, denn ohne ihn pflegt jede *Kuh* aus ihrem Wirkungskreis zu schreiten‹ [...] Eine Dame vor ihnen drehte sich um, sie hatte gehört; es war Lilli Lehmann.«[131]

In diesem Zitat aus Mozarts *Die Zauberflöte* (1. Akt, Finale) hatte Mahler das Wort »Weib« durch »Kuh« ersetzt.

Almas Darstellung kann nicht stimmen, denn Frau Lehmann wirkte als Donna Anna in der Oper mit, und weiterhin geht aus Brief 174 hervor, daß Mahler mit Strauss (nicht Roller) zusammen war und schon nach der 2. Szene des 1. Aktes mit ihm die Vorstellung verlassen hatte.

Dr. jur. Otto Frischauer, bis 1901 Redakteur des »Wiener Tagblattes«, war nun freier Korrespondent des »Neuen Wiener Tagblatt« in Paris.

Almas Vorliebe für süße Speisen hatte Mahler schon früh entdeckt (s. Brief 10). Als Mitbringsel von seiner Reise nach Salzburg hatte Alma Marzipan und Mozartkugeln erbeten. Sie erzählt: »Bei seiner Rückkehr holte ich ihn von Klagenfurt ab. Er stieg aus, hinter sich eine große Kiste herschleifend – Hunderte von Mozartkugeln und Marzipankartoffeln mußten nun schnell aufgegessen werden, und die ganze Nachbarschaft hatte ihre Freude an seiner ungeheuerlichen Generosität und – Ahnungslosigkeit.«[132]

Lilli Lehman geht in ihrer Autobiographie ausführlich auf diese Zeit in Salzburg ein.[133]

Salzburg [19. August 1906]

Mein Almschl! Es regnet Schnürln – daher der Ausflug nach Berchtesgaden in's Wasser fällt. – Jetzt bin ich erst froh, daß Du nicht mit
bist. *Gar nichts* hättest Du davon gehabt. Gestern Abend Figaro wirklich wundervoll gewesen. Publikum sehr ernst und mäuschenstill.
Keine Unterbrechung durch Privatapplause. Nachher mit Roller und
Hammerschlags und Dr. Botstiber in's Hotel. Diesen Brief trage ich auf
den Bahnhof. Ich berechne, daß Du ihn Dienstag bekomst. Na, und
Abends bin ich wieder bei Dir. Über Dein musikalisches Gedächtniß
bin ich wirklich paff!
Heute suchte ich Redlichs auf.
Eben kommt Dein Brief. Lieb, daß Du täglich schreibst. – Ich schrei-
be Dir alles persönliche jetzt genau. – Meinen Verkehr, was ich un-
ternehme. Das Theatervolk habe ich außer dem Theater noch nicht
gesehen.
Gott sei Dank, morgen der letzte Tag. Übermorgen dampfe ich ab.
Ich freue mich schon rasend. Es sollen noch 14 Tage schöne ruhige
Arbeitstage werden, und inzwischen mußt Du mit mir ordentlich mit-
halten.
Tausend Grüße. Meine Ankunft telegrafire ich noch.

Dein Gustav.

[Am oberen Rand der 1. Karte]: Beiliegende Karte erhalte ich eben (lauter Wiener Kritiker)

Mahlers PS könnte eine Glückwunschadresse meinen, die ihm Wiener Kritiker für seine erfolgreiche *Figaro*-Aufführung geschrieben
hatten. Nach erfolgreicher Erfüllung seiner Pflichten in Salzburg
kehrte Mahler nach Maiernigg zurück, um während der letzten vierzehn Tage seines Sommerurlaubs an der Komposition seiner *8. Sinfonie* zu feilen.
Nach Ferienschluß reiste er allein voraus nach Wien, während
Alma, die beiden Kinder und ihre Mutter weiterhin die frische Land-
luft genießen konnten. Es war wahrscheinlich in dieser Zeit, als er
Alma seinen ersten Einfall zur *8. Sinfonie* widmete: »8. Sinfonie –
Aug. 1906 / Der erste Einfall / meinem Almschl aufgehoben / Spiritus creator.« Bevor Mahler in Klagenfurt den Zug nach Wien bestieg,
schrieb er noch eine Karte, nach der Ankunft in Wien einen Brief.

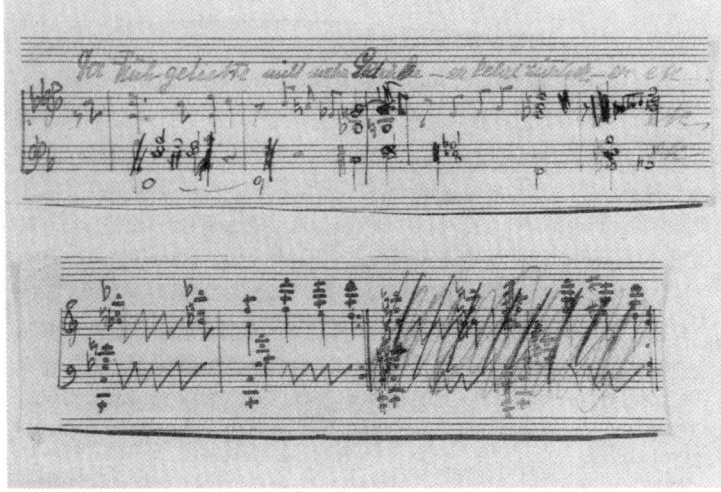

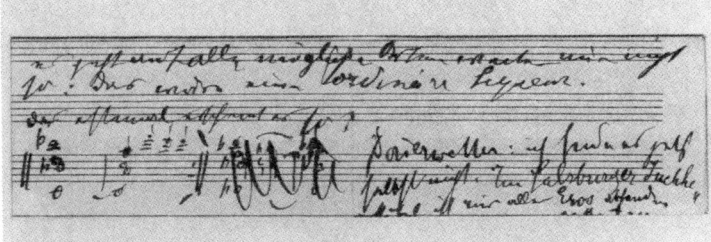

Almas »Gehörbildungsübungen«, korrigiert von Mahlers Hand,
vgl. Seite 284/285

Nr. 178*

Klagenfurt [2. September 1906]

Liebste, eine 15 Minutige Verspätung erlaubt mir, Dir noch eine Gute Nacht zu wünschen, die Du allerdings erst für die morgige quittiren wirst. Grüße auch nochmals Mama und sei herzlich geküßt von Deinem G.

Nr. 179*

Wien [3. September 1906]

Liebste!

In aller Eile einen Gruss!

Beiliegend einen Ausschnitt aus der »Musik« und ein Telegramm von *Wolff* – Berlin. Das ist doch erfreulich? –

Ich hatte *kein Coupé*, mußte Schlafwagen nehmen. Schreib nur sofort an Banhans. Freund erwartete mich am Bahnhof, und hatschte mit mir in die Wohnung, wo ich mein Manuscript in die eiserne Kasse that, und das Einlagebüchel dem Freund gab. Er kann aber nur *400 Kronen* hineingeben, weil ich 200 Kronen Steuern zahlen muß. (Die Erhöhung, die ich hier vorfand.) 100 Kronen behalte ich bei mir, um vorläufig nicht in Verlegenheit zu gerathen. – Bei Konrads war ich noch nicht: gehe aber jetzt ($^1/_2$ 11 Uhr) hin; ich werde schon von »Ida« erwartet, welche mich eben antelefonirt. Wahrscheinlich gehe ich heute doch nach *Dornbach*, da herrliches Wetter und ich in der Stadt nichts zu thun habe.

Tausend Busseln, schreib bald   Dein Gustl.

Verdauung *ohne* Luftballon vortrefflich.

[Am oberen Briefrand der 1. Karte:] Die Schlüsseln habe ich gut abgezogen (alles wol versperrt) und hebe sie hier im Bureau bis Freitag auf.

Die in Berlin zweimal im Monat erscheinende Zeitschrift »Die Musik« brachte in ihrer Ausgabe vom 1. 9. 1906 einen kurzen Bericht über die vergangene Konzertsaison in Boston, wo Wilhelm Gericke am 2. Februar 1906 die amerikanische Erstaufführung von Mahlers *5. Sinfonie* mit Erfolg geleitet hatte: »Das große Ereignis der Saison war Mahlers 5. Sinfonie (cis-Moll). Für mich war sie die erfreulichste Bekanntschaft, die ich seit Jahren gemacht habe.

Wie da alles singt und leuchtet und blüht! Das ist Schubert redivivus. Es war das erste Mal, daß ein Mahlersches Werk in Boston gespielt wurde, und die Aufführung war über alles Lob erhaben. Die Solotrompete (Herr Kloepfel) und das Solohorn (Max Hesse) waren wundervoll. Die Symphonie mußte auf Verlangen im nächsten Konzert wiederholt werden.«

Vom Berliner Konzertbureau Wolff erhielt Mahler am 3. September ein Telegramm mit der Einladung, seine *3. Sinfonie* im Januar 1907 in Berlin zu leiten, die er dann auch akzeptierte (s. Brief 182). Die Mitteilung des Jugendfreundes und Rechtsanwalts Emil Freund, Mahler müsse eine erhebliche Nachzahlung auf seine Einkommensteuer leisten, muß Alma besonders erbost haben, wie aus Mahlers späterem Brief (s. Brief 182) hervorgeht. In Almas Erinnerungen erscheint Emil Freund als »ein alter Advokat, dumm und aufdringlich«.[134]

Um der Hitze in der Stadt zu entkommen, verbrachte Mahler noch ein paar Tage bei seinen Freunden Hugo und Ida Conrat, die zu dieser Jahreszeit zwischen ihrer Stadtwohnung in der Walfischgasse und ihrer Villa im Wiener Vorort Dornbach zu pendeln pflegten.

Nr. 180*

[Wien, 5. September 1906]

Mein Almschili! Also gestern zu Tisch Karl getroffen (im Imperial). Heute holt er mich zum Essen aus dem Bureau ab. Von Justi und Arnold bisher noch nichts gehört. Nachmittags hinaus zu Conrads; mit Horn einen 2 stündigen Spaziergang gemacht. Ausgezeichnet gegessen. Großartig geschlafen. Es ist colossal, wie Conrads mir alles bequem und gemütlich machen. Die Frau (Ida) ist von rührender Aufmerksamkeit. Wenn Du kommst, so müssen wir einen Nachmittag mit den Kindern hinaus. Ich glaube, es wird in der Zeit des Räumens immer für uns die beste Erholung sein. Es ist herrlich dort auf der Veranda, im Garten, im Wald. Das Wetter ist herrlich. –

Heute früh wurde ohne Zuhilfenahme areonautischer Instrumente den Göttern geopfert. –

Mein Befinden famos. Heute Abend Tristan! Mir graut's. Hast Du den Brief an Kahnt expedirt? Bekommst Du die Zeitungen?

Tausend Grüße und Küsse von Deinem Gustav

Die neue Spielzeit 1906/07 an der Wiener Hofoper hatte wie immer am 18. August begonnen, Mahler ergriff erst am 5. September den Taktstock, um *Tristan und Isolde* zu dirigieren. Der Rechtsanwalt Dr. Richard Horn zählte zu den engsten Freunden der Familie Conrat und war auch mit Mahler bekannt. In einem unveröffentlichten Brief von Horn aus dieser Zeit, den Alma in ihren Erinnerungen zitiert, heißt es: »Aber der gefürchtete Gast [Mahler] machte gar nicht so viele Umstände, wie man geglaubt hatte. Wenn er seine Äpfel beim Frühstück, Mittag- und Abendmahl vorfand, wenn in Dornbach der erste, in der Walfischgasse der zweite Band von [Albert] Bielschowskys Goethe-Biographie lag, da war er beseligt; Goethe und Äpfel sind beinahe das einzige, was er konstant zu sich nimmt.«[135]

Nr. 181

[Wien, 6. September 1906]

Liebste! Gestern vor Tristan fand also der große Moment statt. Arnold [Rosé] stürzte freudenstrahlend (wie einer von den tausend entzückten Besuchern) herein und begrüßte mich, als ob nichts vorgefallen wäre. – Binnen 5 Minuten aber waren wir wie Titschi u[nd] Tatschi übereinander. Aus seinen Äußerungen geht natürlich hervor – wie ich es gar nicht anders erwartet – , daß er und Justi liebevolle Engel und wir beide kalte eigensüchtige Dämonen sind.

Ich verschob aber – um mir für den Tristan keine Indisposition zu holen – die Austragung des ganzen Schinkenknochens auf gelegenere Zeit. Er hat gar keine Ahnung, daß seine Briefe knotig waren und ist tief gekränkt daß Du darauf der Justi und nicht ihm geantwortest. Na – und so weiter! Gestern schlief ich in der Stadt. Die Frau Konrad ist rührend aufmerksam. Heute gehe ich wieder nach Dornbach und bleibe draußen, /wo mir *Horn* eine sehr angenehme Gesellschaft ist./

Morgen kommt der Fürst [Montenuovo], und dann geht die Geschichte wieder offiziell los. /Karl treffe ich täglich zu Tisch./

Heute muß ich leider nachher zum *Zahnarzt*, was mir aber meinen Appetit, der nach wie vor hünenhaft ist nicht rauben soll. – Das Brot habe ich bekommen und verspeise es langsam aber sicher. Die Äpfel habe ich zu Freund gestellt, um ihm die Verantwortung auf den Hals zu laden. Wehe ihm, wenn einer anfault.

Wann kommst Du eigentlich? Ich gönne es Dir und den Kindern vom Herzen, wenn ihr noch recht lange bleibt. Aber froh wäre ich doch, wenn die ganze Pastete schon einmal unter Dach und Fach wäre. Grüße herzlichst Mama.

Tausend Busseln an Dich und die Kinder. Dein Gustav.

Alma bemerkt, daß »Titschi und Tatschi zwei Hunde einer Bekannten [waren], die immer rauften.«[136]

Die Beziehung zwischen Alma und Justi war im allgemeinen freundschaftlich und gelegentlich sogar liebevoll. Trotzdem empfanden sie sich auch als Rivalinnen. Dabei darf nicht vergessen werden, daß Justi ihrem Bruder schon in Budapest und dann vom Herbst 1894 bis zur Eheschließung im März 1902 den Haushalt geführt hatte. Reibereien und Streitigkeiten zwischen beiden Ehepaaren gab es von Anbeginn. So heißt es zum Beispiel in einem unveröffentlichten Brief Mahlers an Justi vom Januar 1903: »Ich sehe seit geraumer Zeit, daß Du ›was hast‹ – ob eine Empfindlichkeit gegen Alma, oder auch gegen mich, weiß ich nicht. Dasselbe glaube ich bei Arnold herauszufühlen, und wahrscheinlich hetzt Ihr Euch gegenseitig in solche Stimmungen. Erstens, sage ich Euch, daß es dumm, zweitens, daß es schlecht ist. Das Empfindlichsein könnt Ihr doch wahrhaftig den ›jüdischen Gemüthern‹ überlassen – und wenn wirklich berechtigte Gründe vorhanden wären, so denkt doch daran, daß jeder sein Päckchen zu tragen hat und daß man es weder sich noch Anderen erschweren muß. Na! etc. Schließlich weißt Du ja noch, daß mir nichts seit jeher verhaßter war als diese persönliche Nachträgerei, und ich will nicht hoffen, daß es Dir jetzt schon gleichgültig ist, wie mir etwas scheint... Also schütte nicht das Kind mit dem Bade aus und hetzt Euch nicht gegenseitig auf [...]«[137]

Nr. 182*

Wien, 7. September 1906

Liebste Almschi!

Bz. Berlin scheinst Du im Irrthum zu sein. Die Aufführung meiner 6. [Sinfonie] am 8. Oktober ist durchaus nicht tangirt. – *Außerdem* soll am 15. Jänner meine III. unter meiner Leitung aufgeführt werden. Das ist doch für Fried durchaus nicht kränkend. Was die Steuern anbetrifft, so trifft *Freund* kein *Vorwurf!*

Er hat in meinem Auftrag gehandelt. Und mach Dir nur keine Gedanken und ärgere Dich nicht! Ich habe richtig und vorsichtig gehandelt. Meine Mehr-Einnahmen durch meine Werke und Concertreisen können kein Geheimniß bleiben und wenn ich nicht freiwillig um Erhöhung beantragte könnte ich in eine furchtbare Patsche gerathen. – Also gieb Dich zufrieden, kleiner Gewaltsnickel! –

Beiliegender Brief von Pane Schroeder aus Petersburg wird mollige Erinnerungen in Dir erwecken. Ich muß natürlich abschreiben, weil ich schon zu viel vorhabe, und außerdem auch nicht gerne in die Luft fahren will. Mir gefällt es da unten für eine Zeit lang noch *sehr gut*. Ich schlafe und verdaue prachtvoll und für das Übrige ist bei mir gesorgt. Conrads sind unübertrefflich. Koessler war also wieder der alte (den ich ja so gerne gehabt habe) und scheint den Groll langsam zu verschlafen.

Sei herzlichst gegrüßt ebenso Mammerl. Jetzt gehe ich zum Fürsten – – Gestern war ich beim Zahnarzt. Heute Abend höre ich mir den neuen Tenor an, der *sehr schlecht* sein soll. Addio mein Schatz.

Gustl.

Auf Deinen Brief habe ich schon mit Ungeduld gewartet.

Der Klavierfabrikant und Impresario C. M. Schröder in St. Petersburg organisierte die Konzerte der Kaiserlich-Russischen Musikgesellschaft in St. Petersburg. Mahler nahm seine Einladung an, im nächsten Jahr wieder in Rußland zu dirigieren.

Es bleibt dunkel, was zwischen dem Komponisten Hans Koessler und Mahler geschehen war. Die beiden kannten sich seit Mahlers Budapester Jahren. Möglicherweise hatte Mahler Koesslers Oper *Der Münzenfranz* (Uraufführung Straßburg 1902) abgelehnt.

Mahlers nächste Reise führte ihn nach Berlin, wo Oskar Fried die Erstaufführung seiner *6. Sinfonie* (mit neuen Retuschen) am 8. Oktober leiten sollte. Hier traf er wieder alte Freunde, Arnold Berliner und dessen Neffen Albert Neisser.

Nr. 183*

[Berlin, 7. Oktober 1906]

Mein liebes Almischi [sic]! Reise ziemlich elend. Heute Vormittag die Probe geradezu überraschend gut. Fried ist ein Prachtkerl. *Schade*, daß Du nicht dabei bist. Es klingt herrlich.

Die Retouchen sind ausgezeichnet.

Hoffentlich bekommst Du morgen diese Karte. Übermorgen circa $^1/_2$ 4 bin ich am Nordbahnhof. *Neissers* sind beide zur Symphonie herübergekommen. Berliner und Alle lassen Dich vielmals grüßen. Herzlichst Dein Gustl.

Ende Oktober reiste Mahler nach Breslau, wo er am 24. Oktober auf Einladung des dortigen Orchestervereins seine *3. Sinfonie* (Solistin: Toni Daeglau) und vier seiner Orchesterlieder (Solist: Friedrich

Weidemann) dirigierte. Wie im Vorjahr wohnte er wieder bei Familie Neisser.

Nr. 184*

Wien, 21. Oktober 1906

Noch einen schönen Morgengruß, mein liebes Almschili! Hast Du gut geschlafen?

Herzlichst Dein G.

Nr. 185*
Telegramm   Breslau, 21. Oktober 1906

glueckliche ankunft   herrliche unterkunft   baldige wiederkunft
gustav

Wie immer hatte Alma seine Koffer gepackt und auch Photographien der Töchter beigelegt. Unmittelbar vor seiner Abreise hatte Mahler für seine Freunde des Dreyfus-Quartetts eine »geheime Festwoche« in der Hofoper veranstaltet, wobei er in der Zeit vom 9. bis 19. Oktober für seine Ehrengäste *Fidelio*, *Figaros Hochzeit*, *Die Entführung*, *Zauberflöte* und *Trista*n dirigierte.

Nr. 186*

Breslau, 22. Oktober 1906

Mein liebstes Almschi! Das ist aber perfid von Dir, mir die Putzi u. Gucki mitzugeben, und Dich auszulassen! – 2 Proben sind hinter mir. Es ist mir schon recht fad, meiner 3. [Sinfonie] nachzulaufen. Aber andere können es leider nicht. Bei Neissers wird wahnsinnig geschimpft, daß Du nicht mitgekommen bist. Es ist hier herrliches Wetter, und ich laufe ordentlich. Ich bin aber noch *recht* müde von der Wiener Franzosenwoche, und freue mich auf ein paar recht ruhige Tage in Wien. Tausend Grüße, mein Almschi von Deinem Gustav

Nr. 187*

Breslau, 23. Oktober 1906

Meine Liebste!
Du hast es also richtig zusammengebracht, mir nicht ein Wort zu schreiben! Hoffentlich ist aber nur Deine Faulheit daran schuld, und

es geht Euch gut. – Jetzt ($^1/_2$6 Abends) gehe ich in die Generalprobe, und morgen nach dem Conzert direkt ins Coupé. Übermorgen (Donnerstag) zeitlich früh bin ich in Wien. Ein Bad wäre nicht »ohne«! Ich komme ungefähr $^1/_2$7 früh an. Die Proben sind recht gut von Stapel gelaufen. Aber ermüdend sind sie schon. Tausend Grüße, mein Herz von Deinem G.   Grüße Mama.

Vor der Jahreswende hatte Mahler noch andere Dirigierverpflichtungen zu erfüllen. Zwei Tage nach der Neuinszenierung Rollers von Hermann Goetz' komischer Oper *Der Widerspenstigen Zähmung* reiste Mahler nach München, um am 8. November die Erstaufführung seiner *6. Sinfonie* mit dem verstärkten Kaim-Orchester (den späteren Münchner Philharmonikern) zu leiten. Dieses Benefizkonzert »für den Österreichisch-Ungarischen Hilfs-Verein und für die Armen Münchens« war – auch für damalige Zeiten – ungewöhnlich lang: Auf dem Programm standen neben Mahlers riesiger Sinfonie das *Meistersinger*-Vorspiel, drei Orchesterlieder von Richard Strauss, Felix Weingartner und Hugo Wolf (Solistin: Tilly Koenen) und das *1. Klavierkonzert* von Franz Liszt (Solist: Ernst von Dohnanyi). Die Vorproben hatte Bernhard Stavenhagen geleitet, den Mahler zwar als Dirigent nicht besonders mochte, den er aber bei dieser Gelegenheit als Mensch schätzenlernte. Stavenhagen wiederholte Mahlers Sinfonie in einem Konzert am 14. November. Wie bei der Uraufführung in Essen, stand auch hier das Andante in der Satzfolge an zweiter Stelle.

Nr. 188*

Wien, 5. November 1906

Mein Almschili!
Lieb warst Du heute und die kleinen Bälge – alle zum Küssen. Ich habe wieder ein Pulver genommen, und bin jetzt ohne Kopfweh hier am Westbahnhof angelangt. Ich hoffe, daß die Luftveränderung mir wie immer wolthun wird. Ich küsse Dich und die Kleinen. Schreib mir gleich an Hotel 4 Jahreszeiten.   Dein G.

Nr. 189
Telegramm   München, 6. November 1906

im besten wolsein eingetroffen dann munter ins hotel geloffen gebadet und kaffee gesoffen poetisch ist mein heutges kabel wie man in muenchen nur capabel denn kunst eirfuellt hier mann und wabel man fuehlt sich hier beinahe griechisch darueber freue ich mich viechisch. gustav

Nr. 190

Hotel Vier Jahreszeiten, München
[München, 7. November 1906]

Mein Almschli!

Gestern bin ich den ganzen Tag nicht zum Schreiben gekommen. – Von 10 – $^1/_2$2 Probe dann Mittagmal mit Gutmann u. Stavenhagen, der wirklich ein sehr lieber Kerl ist. – Hierauf Karten abgegeben bei Intendanten, Mottl und dem österr. Gesandten, der mich für heute zum Dejeuner eingeladen hat. Selbstverständlich habe ich abgesagt. Um 4 Uhr – 2. Probe. Pringsheim war Vormittag und Nachmittag dabei, und dirigirte wieder in virtuosester Weise die Kuhglocken. Zur besonderen Ausschmückung wurde vom Hoftheater noch eine besonders große einzelne Kuhglocke ausgeliehen, die Pringsheim eigenhändig schlägt, und welche offenbar höchst sinnig den Jodl symbolisirt. Hiedurch bekommt nun die Symphonie wie Pringsheim ein eigenartiges Gepräge, welches Dich, wenn Du dabei wärest, wahrscheinlich wieder zu jenem wehmüthigen Kopfschütteln anregen würde. – Ich muß consequent alle programmatischen Ausdeutungen ablehnen. – Nach der Probe that es Pringsheim (der ganz jodlertig begeistert war) nicht anders und führte mich zu seinen Eltern, die ein prachtvolles Palais bewohnen, wo ich Thee trank und mich mit den sehr lieben und gebildeten Menschen sehr wol befand.

Hierauf gieng ich in's Residenztheater (allein) und wohnte einer Aufführung eines *Wilde*'schen, riesig lustigen Stückes bei und ärgerte mich, daß Du nicht dabei warst. Du hättest Dich famos unterhalten. Heute 10 Uhr die 3. Probe. Die Leute nehmen sich recht zusammen. Da es ein Wohltätigkeitsconcert ist, kommen die nobelsten Leute dazu. (sogar die Gisela ist angesagt.) – Die Concertdirektion drängt darauf, daß die Kuhglocken nicht hinter der Szene, sondern auf dem Podium mimisch geschlagen werden. Pringsheim bekommt seine große um den Hals gehängt und muß damit auf und abrennen, wodurch erst der natürliche Ton erzeugt werden wird. – Dies muß den Ausschlag geben, und wird bei dem weiblichen Theil der Gesellschaft einen durchschlagenden – sogar ausschlagenden Erfolg sichern. Ich denke Stavenhagen wird die Kuhglockentheile in einem populären Conzerte wiederholen. –

Jetzt, mein Schatz, leb wol, und sei tausendmal gegrüßt. Hoffentlich bist Du bei meiner Ankunft ebenso lieb wie bei meiner Abreise.

Dein Gustl.

Die ungewöhnliche Einbeziehung von Kuhglocken in ein sinfonisches Werk hatte großes Aufsehen erregt. Den Spott des Publikums und der Kritiker nahm Mahler mit gewohnter Gelassenheit hin. Zwei Tage vor der Aufführung, am 6. November, besuchte er im Münchner Residenztheater Oscar Wildes Bühnenstück *Ernst.*

Mahlers scherzhafte Bemerkung gilt dem jungen Dirigenten Klaus Pringsheim, der auch bei diesem Konzert die Glocken hinter der Szene dirigiert hatte.

Um seinen Verpflichtungen in Wien nachkommen zu können, sah sich Mahler gezwungen, die Leitung des Klavierkonzerts von Franz Liszt Stavenhagen zu überlassen. Mahler traf am Morgen des 9. November in Wien ein und dirigierte abends *Der Widerspenstigen Zähmung* von Hermann Goetz in der Hofoper. Von seinem Büro schickte er Alma eine Botschaft.

Nr. 191*

Visitenkarte [Wien, 9. November 1906]

Mein liebes Almschi! Beifolgendes lese [ich] eben in der *Münchener Zeitung.* Ich bin also richtig gestern Abend dort hingerichtet worden. Zugleich auch die Schlüssel und noch ein saftiges Bussel.

Dein G.

Die »Hinrichtung« Mahlers war eine Rezension von Rudolf Louis (s. S. 479). Schon am nächsten Tag reiste Mahler nach Brünn, wo er am 11. November eine Aufführung seiner *1. Sinfonie* leitete. Diesmal wurde er ausnahmsweise von Alma begleitet, die das Konzert in ihren Erinnerungen beschreibt, aber fälschlicherweise auf den »Vorfrühling 1907« datiert.[138]

Nach dem großen Erfolg seiner Orchesterlieder beim Tonkünstlerfest in Graz im vergangenen Jahr wollte man unbedingt auch eine der großen Sinfonien Mahlers hören. Ursprünglich war die *2. Sinfonie* geplant. Da aber im Grazer Stadttheater keine Orgel vorhanden war, entschloß sich Mahler, seine *3. Sinfonie* aufzuführen. Der ortsansässige Theaterkapellmeister Friedrich Weigmann hatte die Vorproben geleitet.

Nr. 192*

Grand-Hotel Steirerhof, Graz
[Graz, 1. Dezember 1906]

Mein liebes Almschili!
Geschlafen habe ich nicht viel. Als ich um $^1/_2$6 Uhr hier ankam stand
der arme Weigmann am Bahnhof Spalier. Also scheint auch er nicht
viel geschlafen [zu] haben. Wir giengen zu fuß in's Hotel. Ich schickte W. nach Hause, machte in aller Ruhe Toilette und trank dann ausgezeichnete[n] Kafé u. [aß] Butterbrot. Einen Artikel, den ich in einer
hiesigen Zeitung fand, lege ich bei. (Hauptsächlich für Mama, der Du
ihn *gleich* bringen sollst). – Jetzt warte ich auf Weigmann, der mich
zur Probe abholen soll. – Im Hotel bin ich famos aufgehoben. Hoffentlich kann ich irgendwo an Dich telefonieren. Herzlich grüße ich
Dich mein Almschi und grüße auch vielmals Mami

Dein alter Gustl.

Bei diesem Benefizkonzert für den Pensionsfonds des Theaters war
die in Ungarn gebürtige Altistin Bella Paalen, die Mahler dann ab
Herbst 1907 an die Hofoper engagierte, für die Solopartie verpflichtet worden.

Mahler hatte in Graz treue Bewunderer. Dazu gehörte Ernst
Decsey, Kritiker der »Tagespost« und Hugo Wolfs erster Biograph,
der vor dem Konzert einen umfangreichen Aufsatz zu Mahlers Werk
veröffentlichte. (Vielleicht war es dieser Aufsatz, den Mahler seinem
Brief beilegte.) Auch Wilhelm Kienzl, Komponist der Oper *Der
Evangelimann*, berichtete im »Grazer Tageblatt« über den riesigen
Erfolg, wobei das Finale »die geheimsten Türen des Herzens geöffnet« hätte. Wegen des großen Erfolgs der Sinfonie wurde Mahler
eingeladen, drei Wochen später sein Werk in einem Nachmittags-
konzert am 23. Dezember zu wiederholen. Vor seiner Abfahrt schickte er einen Abschiedsgruß.

Nr. 193*

Wien, 23. Dezember 1906

Liebstes Almschi!
Ich sage Dir auf diesem Wege Guten Morgen und auf Wiedersehen
morgen früh! Recht kalt war es heut Morgen. Dafür krieg' ich morgen
Früh bei meiner Ankunft ein heißes Bad. Ich freue mich schon auf
mein Frühstück mit Dir und den Kleinen. Innigst   Dein G

Wie die Briefe des öfteren zeigen, wollte Mahler (wenngleich ihm Nebeneinnahmen sicher willkommen waren) durch seine auswärtigen Dirigate eine künstlerische Tradition der Interpretation seiner Werke begründen. War er sich bewußt, daß er damit unweigerlich in Konflikt mit seinem Amt geraten mußte? Nie zuvor war er so häufig unterwegs gewesen wie in der zweiten Hälfte des Jahres 1906. Obersthofmeister Fürst Montenuovo ermahnte Mahler um die Jahreswende und erinnerte ihn an seine Amtspflichten als Operndirektor. Mahler antwortete wie üblich mit dem Hinweis, daß er bisher alle seine Pflichten als Administrator, Dirigent und Regisseur erfüllt habe. Außerdem käme es dem Ansehen der Hofoper zugute, wenn der Direktor mit seinen Werken internationalen Erfolg hätte.

Zu Beginn des Jahres 1907 hatte er, allzu sorglos vielleicht, eine vierzehntägige Konzertreise angenommen. Zwei Tage nachdem er am 4. Januar die Wiener Erstaufführung seiner *6. Sinfonie* mit dem Konzertvereinsorchester geleitet hatte, begann Mahler seine Reise, die ihn zunächst nach Berlin führte, dann nach Frankfurt a. M. und schließlich nach Linz. Ursprünglich hatte er auch vorgehabt, weitere Konzerte in Reichenberg und in Amsterdam zu leiten, die dann aber abgesagt werden mußten.

Das Konzert in Berlin (14. Januar) galt der vollständigen Erstaufführung seiner *3. Sinfonie* mit dem Philharmonischen Orchester und Chor (Dirigent: Siegfried Ochs) und der holländischen Altistin Maria Seret als Solistin. Arthur Nikisch hatte im November 1896 den zweiten Satz und Felix Weingartner im März 1897 den dritten und sechsten Satz uraufgeführt.

1907

Conrad Uhl's Hotel Bristol, Berlin
[Berlin, 9. Januar 1907]

Mein Almschili!

Die ersten Proben wären also nun vorüber!

Das Orchester ist durchaus nicht *erstrangig* – sehr routinirt, sehr aufmerksam (allerdings, wie ich höre, nur ausnahmsweise gegen mich) aber man merkt die Schludrigkeit der hiesigen Berühmtheiten (tout comme chez nous). – Ich hoffe auf eine passable Aufführung. – Wolffs sind auffallend kühl – mir ganz angenehm, wenigstens lassen sie mich in Ruhe. – Fried saß mit offenem Munde von Anfang bis zum Schluß, und fraß mich und schluckte mich mit Stumpf und Stiel, so daß er endlich wie ein[e] Boa constrictor da saß, die sich nicht rühren kann. Am Abend saßen wir mit Berliner im Restaurang und er war ganz tiefsinnig. Endlich gestand er, daß ihm meine absolute Zweckmässigkeit in Allem was ich that erst die Augen geöffnet [und] daß er *nichts* könne (allerdings wie er gleich selbstbewußt hinzusetzte: die Andern noch weniger!) Heute schöpfe ich ein wenig Athem, und werde zusehen, wie ich Straussens habhaft werde, wegen eines Billets zur heutigen Salome. Von Fried habe ich mich für heute und morgen losgemacht. Ich muß ein bischen allein sein. Berliner schwärmte gestern wie ein Verliebter von Dir, und Fried war ganz traurig, daß Du nicht mit bist. – Leider regnet es die ganze Zeit. – Dieses Herumreisen ist doch zu dumm. Aber leider *muß* es sein.

Sei innigst umarmt, mein Lieb und laß was von Euch hören! Dein Gustav

Kurz bevor er Wien verließ, nahm Mahler an einer Privatprobe zu einem Kammermusikabend teil, in dem Bruno Walter (dessen »Kapellmeistermusik« zu keiner Zeit Erfolg hatte) sein *F-Dur-Klaviertrio* mit zwei Mitgliedern des Rosé-Quartetts darbot.

Mahlers Sorge gilt der Gesundheit seiner Schwiegermutter, die mit Alma Dr. Friedrich Kovacs aufgesucht hatte. Mahler selbst konsultierte diesen berühmten Diagnostiker ein halbes Jahr später.

Nr. 195

Conrad Uhl's Hotel Bristol, Berlin
[Berlin, 10. Januar 1907]

Mein liebes gutes Almschili!

/Deine beiden lieben Briefe habe ich gestern bekommen. Heute morgen Deinen 3. – Dießmal muß ich Dich aber loben! Das war famos, daß Du mit Mama zu Kovac [sic] bist. Wir werden die Sache selbst in die Hand nehmen müssen. Es ist ja ein Glück, daß nicht ein organischer Fehler besteht. Wenn die Mama nur den Ernst der Situation einsieht und brav ist, so kann ja alles noch gut werden.

Deine Meinung über Walter muß ich leider nach seinem Trio theilen. Deine »Kritik« ist sehr unbarmherzig, aber leider der Wahrheit entsprechend. Es kann einem leid thun so ein inbrünstiges vergebliches Liebesmühen. Du begreifst, daß ich mit dem Schlaf gekämpft habe. Nun will ich Dir über mein hiesiges Leben erzählen. Du gehst mir schrecklich ab! In diesen beiden Tagen hätten wir so schön zusammen bummeln können. – Fried habe ich mir abgewimmelt, und zu den Mahlzeiten bin ich mit Berliner zusammen, der der alte brave treue Kamerad geblieben ist. Unser Hauptgesprächsstoff bist natürlich Du. Auch über Justi und alles habe ich genau erzählt. Er war ganz paff über alles. /

Gestern Nachmittag war ich bei Strauss. – *Sie* empfieng mich bei der Thüre mit: Pst! Pst! Richard schläft, zog mich in ihr (sehr schlampiges) Boudoir wo ihre alte Mama bei *Káffe* (nicht Kaffee saß) und überschüttete mich mit einem Wolkenbruch von Tratsch über sämtliche finanziellen und sexuellen Ereignisse der letzten beiden Jahre, frug dazwischen hastig über »tausend und ein« Dinge, ohne die Antwort abzuwarten, ließ mich unter keinen Umständen gehen, erzählte, daß Richard gestern früh in Leipzig eine anstrengende Probe gehalten, dann nach Berlin zurückgefahren, Abends die Götterdämmerung dirigirt, und heute matsch nachmittag sich geschlafen gelegt, und sie sorgsamst seinen Schlaf bewacht! Ich war ganz gerührt. Plötzlich fuhr sie auf. Jetzt muß der Schlingel aber geweckt werden. Ohne daß ich es verhindern könnte, zog sie mich mit beiden Fäusten in sein Zimmer und fuhr ihn mit Stentorstimme an: Aufstehen, Gustav ist da. (Eine Stunde lang war ich Gustav – nachher plötzlich wieder der Herr Direktor). Strauss fuhr auf, lächelte mit Duldermiene, und nun giengs zu 3en sehr lebhaft in den Quatsch und Tratsch wieder zurück. Dann tranken wir Thee und sie brachten mich p[e]r. Automobil in's Hotel zurück, nachdem sie mit mir ausgemacht, daß ich Samstag mit ihnen zu Mittag speise. – Dort fand ich 2 Parqu[ettsitze] I Reihe zu *Salome* vor, wohin ich Berliner mitnahm. – Die Aufführung (orchestral und gesanglich ganz ausgezeichnet – Szenisch total Kitsch und Stoll) machte wieder einen außerordentlichen Eindruck auf mich! Mein liebes Almschili, das Werk unterschätzt Du ganz gewaltig! Es ist ein ganz geniales, *sehr starkes* Werk, das entschieden zu dem Bedeutendsten gehört, was unsere Zeit hervorgebracht! Es arbeitet und lebt da unter einer Menge Schutt ein Vulcan, ein unterirdisches Feuer – nicht ein bloßes Feuerwerk! Mit der ganzen Persönlichkeit Straussens verhält es sich wol ebenso! Daher ist es so schwer bei ihm Spreu von Weizen zu scheiden. Aber ich habe einen Riesenrespect vor der ganzen Erscheinung gewonnen und auf's Neue befestigt. Ich freue mich riesig darüber! Da kann ich *ganz* mit! Gestern hat Blech (vortrefflich) dirigirt. Samstag dirigirt Strauss, und ich gehe wieder! Die Destinn war großartig! Der Jochanaan (Berger) recht gut! Das Andere mäßig. Orchester prachtvoll! Für heute Nachmittag bin ich bei Frau Wolff mit Berliner. Ich verspreche Dir mein Lieb, daß ich mich nicht verliebe. Das junge Mädchen, von dem Du geträumt /(Du Traumgörgl)/ ist sie nicht! Übrigens habe ich heute von Dir geträumt; Du hattest die Frisur, die Du als Mädchen getragen, und Du gefielst mir so gut! Almschili, frisir Dich doch mal wieder so, wie damals. Das ist mir viel lieber als diese jetzige Verjüdlung! Jetzt um 12 Uhr habe ich Probe mit der Sängerin! Ich fürchte, daß ich einen Schreck erlebe. – Ich habe seit 3 Tagen bis *10* Uhr geschlafen und Nachmittags dto eine Stunde! Das thut mir sehr wol, und wahrscheinlich ist dieses Müßiggehen auch sehr gut für mich. Ich küsse Dich mein liebes Herz! Von den *Kindern* schreibst Du nichts? Grüße auch Mammerl vielmals und sie soll *brav* sein! Karl auch vielmals. Dein alter Gustl.

Gestern traf ich Meschaert in der Oper! Er war reizend und ist *begeistert* von den Sachen! /Der Brief, den Du gefunden, ist nicht die Antwort auf meinen Antrag, sondern nur ein *zweiter Nachtrag* zu seinem Briefe./

Anderthalb Jahre lang hatte Mahler vergeblich versucht, den Zensor des Wiener Hofs davon zu überzeugen, daß Strauss' *Salome* ein geniales Werk sei und daß mit einigen wenigen Textänderungen, denen der Komponist zugestimmt hatte, nun auch eine Aufführung in Wien – unter anderem nach Dresden, Berlin und sogar Graz – stattfinden könnte. Die Inszenierung der *Salome* beurteilte Mahler als »Kitsch und Stoll«, wobei er auf seinen Regisseur in Wien, August Stoll, anspielte.

Mahlers Wort »Du Traumgörgl« bezieht sich auf die Oper *Der Traumgörge* von Zemlinsky, die Mahler ein halbes Jahr zuvor zur Ur-aufführung am 4. Oktober 1907 an der Hofoper vorgesehen hatte. Die Aufführung wurde aber immer wieder verschoben und schließ-lich von Mahlers Nachfolger Weingartner abgelehnt.

Als junges Mädchen hatte Alma ihr Haar offen getragen. In der Zeit ihrer Ehe mit Mahler trug sie der Mode entsprechend eine Hochfri-sur. Mit dem holländischen Bariton Johannes Messchaert hatte Mah-ler einen reinen Mahler-Liederabend in Wien verabredet. Drei Tage nach obigem Brief sagte Mahler Messchaert für diesen Liederabend ab. Sie vereinbarten aber ein Konzert in Berlin, das dann auch am 14. Februar stattfand (s. Brief 198).

Nr. 196

Conrad Uhl's Hotel Bristol, Berlin
Berlin, [11. Januar] 1907

Mein Almschili! Hoffentlich hast Du meine beiden ausführlichen Brie-fe schon bekommen. Gestern also Dinner bei Frau Wolff. Es war nur Oscar Bie, Fried und Berliner dabei. – Nach allgemeiner Mopserei gieng ich zu Fuß mit Bie u. Fried nach Hause. Am Abend ganz ruhig mit Berliner und *Ochs*, der die Chöre famos einstudirt hat – übrigens ein sehr anständiger lieber Kerl – im Restaurant – Um 11 Uhr zu Bett.

Heute Nachmittag habe ich die 3. Probe mit Chor u. Sängerin. Bin sehr neugierig. Heute besuche ich auch Hauptmann. Ich wäre schon glücklich, wenn ich wieder bei Euch wäre. / Das hast Du sehr schlau eingerichtet, daß Du Dein Unwolsein jetzt fertig machst. – Ich benei-de Dich um Deine schöne Muße, Deine Bücher und die Kleinen. /

Ochs will die Uraufführung der *8.* [Sinfonie]. Vederemo! Sein Chor ist jedenfalls der größte und beste. –

In Wien ist nach der Dummheit der Kritik zu schließen, doch noch nicht an eine »Uraufführung[«] zu denken.

Heute Abend sehe ich mir ein *Wedekind*'sches Stück (bei Reinhart) an. Ich muß diesen Stier bei den Hörnern packen. Fried schwärmt da-von in Verzückung – Berliner schüttelt sich vor Ekel.

Morgen bin ich bei Strauss und abends nochmal in der Salome. Ich bedaure schrecklich, daß Du nicht mit bist. – Weißt Du, Almschi, das junge Mädchen, in das ich mich verliebt habe, warst wahrscheinlich Du – vielleicht habe ich gerade von Dir geträumt, wie Du von mir.

Alles Liebe und Schöne! Du bist *sehr brav* dießmal.   Dein Gustl.

Im Deutschen Theater (oft Reinhardt-Theater nach dem Direktor Max Reinhardt benannt) sah Mahler *Frühlings Erwachen* von Frank Wedekind, ein Stück, das die Pubertät und jugendliche Sexualität zum Thema hat und damals die Öffentlichkeit schockierte. Mahlers sachliche Urteile im nachfolgenden Brief über diesen Theaterabend, welche die kraftvolle Originalität dieses Stücks hervorheben, müssen überraschen. Er erweist sich dabei durchaus nicht als der Puritaner, als den ihn Alma so oft beschrieben hat. Wedekind hat sein Stück 1891 veröffentlicht, aber erst am 20. November 1906 wurde es in Berlin uraufgeführt.

Unter seinen alten Freunden, die Mahler in Berlin traf, war auch der Musikschriftsteller Oscar Bie, der oft für die Wiener »Neue Freie Presse« berichtete.

Nr. 197

Grand Hôtel de Rome u. du Nord, Berlin
Berlin [12. Januar 1907]

Mein Luxl! Die letzte Probe wäre nun auch vorüber. Ich bin recht zufrieden. Wolffs haben wirklich ganz gegen ihre sonstige Schlampigkeit Alles mögliche gethan. Nachher zu *Strauss* zu Mittag. Es war außerdem noch Abfütterung von Ehepaar Blech. Als ich kam, war noch Niemand da. Gleich darauf kam Frau Strauss und begann eine temperamentsvolle Conversation, welche sich in steil abschießender Bahn bis zur Äußerung hinabbewegte: [»]Herrgott, nur eine Million – na, das ist net gnug – 5 Miollinen! [sic] Und dann giebt der Richard das Musikmachen auf.« –

Liebes Almschili: Eben wurde ich unterbrochen und das liebe Gesicht *Hauptmanns* erhellte ein wenig die entsetzliche Ödigkeit, in die mich die Stunde bei Strauss gestürzt hat. – Er will, daß ich mit ihm morgen Abend bei Leistikow zubringe. Wir sind, (da ich Einladungen nicht annehmen mag) übereingekommen, daß wir morgen Abend zwanglos im Hotel zusammen soupiren. Auch sonst haben wir viel zusammen gesprochen. Ich erzähle Dir Alles, wenn ich komme; die detaillirte Schilderung des Straussischen Diners ist mir in der Kehle stecken geblieben. Ich sage Dir nur, daß ich einen wahren Ekel vor der »da Ahna« bekommen haben, und er (der Richard) wie er so zerstreut und conventionell die Sonne seiner Gnade zwischen mir und Blech vertheilt und daß die respectvolle und freundschaftliche Fürsorge, die ich ihm in solchen Fällen zu Theil werden laßen, ohne jeden Widerhall, ja wahrscheinlich, ohne überhaupt bemerkt zu werden, an ihm verpufft. – Ich bin nun ganz in irre an mir und der Welt, wenn ich so was immer wieder auf's Neue erlebe! Sind denn die Menschen aus einem andern Stoff als ich? Donnerwetter, man möchte sich da rein in das Dickicht zurückziehen und überhaupt nichts mehr von der Welt wißen.

/Eben bekomme ich beifolgendes Telegramm aus Wien. Was soll man da thun? Bitte Dich, zeige es doch jemanden! Ich traue dem Landfrieden nicht, und glaube, daß das Conzert *leer* sein muß.

Leider muß ich dem Br. [Baron] Tucher gleich antworten. Ich will versuchen, die Sache so hinauszuziehen; telegrafire mir übermorgen, wenn Du meinen Brief erhältst sofort Euere Meinung./

Gestern war ich im *Kammerspiel Reinhart* (ein entzückendes kleines, riesig geschmackvolles Theater, wie man es auf der Welt noch nicht gesehen) in Frühlingserwachen von *Wedekind*. Das Stück ist sein Opus I und schon 15 Jahre alt! Du, ich war *paff*! Riesig stark und begabt – und voller Poesie! Welch ein Schaden! Was hätte aus *dem* werden müssen.! In welche Gesellschaft ist der gerathen – und was ist ihm passirt?

Jeden Moment bedauerte ich es, daß Du nicht mit warst. /Neben mir saßen Berliner u. Fried./

Heute gehe ich wieder zu Salome und will dem Problem Strauss wieder ein wenig auf den Grund schauen! Mein Almschili!. Morgen nach der öffentlichen Generalprobe schreibe ich wieder. Für heute viele innige Grüße, mein Herz und Dank Dir, daß Du mir so viel und lieb schreibst. Dein alter Gustl

/Grüße Mammerl und Karl Gottlob, daß Du nicht eine Generalstochter bist./

Mahler hatte gerade von Baron Freiherr Heinrich Tucher von Simmelsdorf, bayerischer Gesandter und bevollmächtigter Minister in Wien, folgendes Telegramm erhalten: »In Anbetracht Riesenerfolges Ihrer [6.] Sinfonie gestatte ich mir Erneuerung der Bitte, dieselbe am 16. Februar für Deutschen Hilfsverein zu wiederholen. Bitte umgehende Antwort wegen Abmachung mit Concertverein, ob der 16. Februar frei ist. Gesandter Baron Tucher.« Das Angebot des Barons überrascht um so mehr, als der Erfolg der Sinfonie keineswegs »riesig« gewesen war und die Presse das Werk verrissen hatte. Eine zweite Aufführung fand nicht statt.

Mahler erwähnt zweimal Pauline Strauss. »Da Ahna«, meint ihren Mädchennamen »de Ahna«. Seine Bemerkung im Postskriptum »daß Du nicht eine Generalstochter bist« bezieht sich auf den Vater von Pauline, Adolf de Ahna, der General im bayerischen Kriegsministerium war.

Mahler traf sich mit Gerhart Hauptmann und dem Maler Walter Leistikow, einem der Gründungsmitglieder der Berliner Sezession.

Nr. 198

Grand Hôtel de Rome u. du Nord, Berlin
Berlin [13. Januar 1907]

Mein Almschl! Gestern also in Salome! Mein Eindruck hat sich immer noch verstärkt, und ich bin fest durchdrungen davon, daß das eines der größten Meisterwerke unserer Zeit ist. – Ich kann es mir nicht zusammenreimen und nur ahnen, daß aus dem Innern des Genies die Stimme des »Erdgeistes« tönt, der sich eben seine Wohnung nicht nach menschlichem Geschmack sondern nach seinen »Gehäuse« noch besser verstehen.

Übrigens traf ich Strauss vor der Vorstellung im Opernhaus – der war wieder (allein) sehr lieb und bestand darauf, nachher mit mir zusammen zu sein. Wir trafen uns, er, seine Frau und Schwiegermutter – ich mit Berliner in einem Restaurant und sprachen sehr lieb und eingehend über Alles. Es war durchaus erfreulich bis auf die temperamentvollen »Intermezzi«, die das ewig Weibliche lieferte. Sie [Pauline Strauss] war jedoch gut gelaunt und stand mit mir auf dem »Gustav«- Standpunkte. – Heute Früh kam wieder Hauptmann herunter (er wohnt im selben Hotel). Um 6 Uhr gehen wir zusammen zu Leistikow und nachher um 8 Uhr zum »Friedensfest«.

Um 12 Uhr (in einer Stunde) beginnt die öffentliche Generalprobe. Mir kommt meine 3. [Sinfonie] wie eine Haydn'sche Symphonie vor. Dafür werden wahrscheinlich die Leute mich als Irrsinnigen betrachten. Ich denke ziemlich wurschtig über die ganze Geschichte.

Beiliegenden Brief bekam ich von der Koenen. In meinem Schreck sagte ich nun dem Meschaert für Wien ab. Denn wohin käme ich, wenn ich nun alle Sänger in ihren Concerten begleiten wollte.

Tausend Grüße! Was machen die Kleinen?   Dein Gust

Der dritte Satz des Briefes ist unverständlich. In der Druckfassung hat Alma dann umformuliert: »…sondern nach seinen unergründlichen Bedürfnissen baut. Vielleicht lehrt mich die Zeit, dieses ›Gehäuse‹ noch besser verstehen.«

Mahlers Vergleich seiner *3. Sinfonie* mit einer Haydn-Sinfonie erinnert an eine merkwürdige Reaktion von Hans von Bülow. In einem Brief vom 28. November 1891 hatte Mahler an Friedrich Löhr geschrieben: »Als ich ihm [Bülow] meine Totenfeier [Kopfsatz der *2. Sinfonie*] vorspielte, geriet er in nervöses Entsetzen und erklärte, daß Tristan gegen mein Stück eine Haydnsche Symphonie ist, und gebärdete sich wie ein Verrückter.«[139]

In ihrem Brief an Mahler hatte die holländische Altistin Tilly Koenen gebeten, sie bei einem Mahler-Liederabend in Wien zu begleiten. In seiner Antwort heißt es: »Das wäre ja sehr verlockend für mich, von Ihnen meine Lieder zu hören, und Sie dabei begleiten zu dürfen. – Aber in Wien ist dies für mich leider ausgeschlossen, und ich mußte dies in den 9 Jahren, die ich dort lebe, principiell ausschließen, um Empfindlichkeiten vielerlei Art nicht zu verletzen. Wenn Sie mich *anderswo* zu einem solchen Zwecke brauchen, stehe ich Ihnen gerne zur Verfügung.«[140]

Messchaert sang in Wien am 28. Januar 1907 Mahlers *Kindertotenlieder* mit Richard Pahlen am Klavier, und einen Monat später sang Tilly Koenen dieselben Lieder in Berlin (21. Februar), begleitet von Coenraad Val. Bos.

Nr. 199

Grand Hôtel de Rome u. du Nord, Berlin
Berlin [14. Januar 1907]

Also, mein Almschi, heute ist der letzte Tag in Berlin! Gott sei Dank! Ich bin schon halb zerrissen.

Gestern die Generalprobe vortrefflich ausgefallen. Ich wurde schon stürmisch empfangen und nach den einzelnen Sätzen, wie nach dem Schluß stark beklatscht.

Nachher bei Wolff Ehrendiner. – Von dort mit Hauptmann zu Leistikow auf eine Stunde. – Ich kann noch immer nicht begreifen, warum ihm so viel daran gelegen war. Von dort in's Deutsche Theater zum »Friedensfest«. (Hauptmann war so viel daran gelegen, daß ich es sah, sonst wäre ich lieber zu Hause geblieben.) – Ein schreckliches, realistisches Ding. Wenn man sich für diese Art Kunst erwärmen kann, so kommt man ja auf seine Rechnung. Ich begab mich auch ganz in das Rayon des Autors, um ihm gerecht zu werden. (Hauptmann bat mich, nächsten Morgen zu ihm herauf zu kommen um mit ihm darüber zu sprechen.[)] Nach dem Stück holte mich Reinhart ab und wir giengen in eine Kneipe, und sprachen über Alles, Darstellung und Stück. Er ist ein äußerst kluger Theatermensch, mit dem sich famos fachsimpeln läßt. – Später kam (von Reinhart aufgefordert) Wedekind dazu. Ich war sehr aufgezogen und segelte einmal meinen Wind. Sie benehmen sich aber Alle sehr aufmerksam und verständnißvol. Vielleicht habe ich ihnen ein wenig genützt. Wedekind hat mir *nicht* misfallen. Heute zeitig in der Früh – gleich nach dem Frühstück trat Hauptmann zur Thüre herein: [»]Na, ich hole mir meine Censur.« Ich hielt also meine Kritik und wir plauschten sehr gemüthlich. Nachdem er weg war, kam sein kleiner (reizender) Junge mit der Engländerin in mein Zimmer. Sie sagte, er hielte es nicht aus und wolle mir *Guten Morgen* sagen. Lieb? Nicht wahr? An dem Jungen spürte ich wie ich bei den Alten stand.

/Um 12 Uhr holt mich Berliner in die Nationalgallerie ab. Nachmittag bleibe ich zu Hause und freue mich auf mein Alleinsein. Richtig – im Concert kamen *Osthaus'* – in's Künstlerzimmer. Sie waren ganz begeistert. – Abend traf ich sie wieder in der Kneipe. Sie lassen Carl grüßen. Leistikow hat gar keinen Eindruck auf mich gemacht. Morgen Früh um *8 Uhr* geht mein Zug nach Frankfurt. Ich wohne dort Hotel Imperial. Lieb bist Du dießmal, daß Du mir täglich und so ausführlich schreibst./

Tausend Grüße von Deinem Gustav

/(Mir ist heute ein bischen Katzenjämmerlich zu Muthe)/

Das Publikum nahm die Sinfonie freundlich auf, die Kritiker hingegen, besonders Leopold Schmidt vom »Berliner Tageblatt« und Otto Taubmann vom »Börsen-Courier«, verrissen das Werk. Richard Strauss hatte der Generalprobe beigewohnt, schrieb aber am Konzerttag an Mahler: »Ich habe die ganze Woche bis inclusive Sonnabend mit auswärtigen Concerten jeden Abend zu dirigieren und muss mir, dringend der Ruhe bedürftig, leider versagen, heute Abend Ihr herrliches Werk nochmals zu hören. Die ersten Sätze, die ich gestern vernahm, haben mir wieder den größten Eindruck gemacht in ihrer eigenartigen Kraft und blühenden Erfindung und habe ich mich herzlich gefreut, zu sehen, wie auch das Publikum allmählich anfängt,

Ihre Kunst zu lieben und zu verstehen. [...] Sie werden mein heutiges Fernsein gewiss nicht einem Mangel an Teilnahme und Bewunderung zuschreiben und mit meiner Überanstrengung der letzten Wochen entschuldigen«. [141]

Zu Mahlers Vermutung, daß es Pauline war, welche die Anwesenheit von Strauss verhindert hatte, bemerkte Strauss in seinem Exemplar von Almas Erinnerungen empört:»gemein und gelogen!«

Zum Konzert war auch das Ehepaar Osthaus gekommen. Karl Osthaus war der Gründer des Folkwang-Museums in Essen.

Vier Tage später, am 18. Januar, dirigierte Mahler in Frankfurt folgendes Programm: Beethovens Ouvertüre zu *Coriolan*, seine *4. Sinfonie* (Solistin: Elsa Gentner-Fischer) und Schumanns *1. Sinfonie*. Es handelte sich dabei um die retuschierte Fassung, die Mahler einige Jahre vorher für die Wiener Philharmoniker erarbeitet hatte.

Nr. 200

Hotel Imperial, Frankfurt a. M.
Frankfurt [15. Januar 1907]

Mein Liebstes! Gestern *Aufführung großartig!* Aufnahme seitens des Publikums über alles Erwarten verständnißvoll und warm. – Kritik dürfte wieder zum 3. Satz gehören. In der Früh las ich nämlich auf dem Bahnhof den Börsencourir, der mir kurz und bündig alles Talent abspricht. Sogar instrumentiren könnte ich nicht. – Kränkend war es für mich, daß *Strauss* nicht im Conzert war. Als ich nach Hause kam, fand ich beiliegendes Kärtchen. Höchst wahrscheinlich – wie ich es jetzt überschaue – hat es ihm Frau Pauline nicht erlaubt! »Da bleibst heut! Spielst deinen Skat un[d] gehst dann schlafen.« Nach dem Conzert war ich mit Wolff, Fernow, Ochs und Frau u. Berliner im Hotel. Sie haben es sorgsamst danach eingerichtet, daß mir der ganze Trubel vom Halse blieb. /Ich gieng bald, Berliner brachte mich nach Hause, packte mit. Um 6 aus dem Bett;/ um 8 im Coupé und um 4 Uhr hier ausgestiegen.

Rottenberg und ein gewisser *Siloti* aus Petersburg – der mich nächstes Jahr dorthin engagiren will, erwarteten mich am Bahnhof.

Rottenberg hat wieder vorgeprobt und ist der alte, liebe Kamerad geblieben.

/Im Hotel habe ich ein reizendes, gemüthliches Zimmer, zahle 6 M Künstlerpreis./

Leider muß ich hier bei den Direktionsmitgliedern der Museumsconzerte mich durchfressen, habe für jeden Abend eine Einladung. Werde aber sehen, wie ich mich drücken kann.

Aus Wien stehen ja in allen Zeitungen Demissionsberichte? Es wünschen wol schon wieder einige, daß ich längere Zeit fortbleibe?

Tausend Grüße für heute, ich gehe bald zu Bette. Mein Lieb, leb wol
Gustav

Mit dem »gewissen Siloti aus Petersburg« ist der damals berühmte ukrainische Pianist Alexander Siloti gemeint, der seit 1903 eigene Orchesterkonzerte in St. Petersburg veranstaltete. Mahler nahm sein Angebot nicht an, sondern hielt an seinem Agenten C. M. Schröder fest.

Nr. 201

Hotel Imperial, Frankfurt a.M.
Frankfurt [16. Januar 1907]

Mein Almschl! Die erste Probe hier hätte ich auch hinter mir. Die Leute stellen sich gut und willig an. – Siloti aus Petersburg ist (denke Dir) im Auftrage des dortigen Orchesters bei mir, das um jeden Preis von mir 2 Conzerte dirigirt haben möchte. Er erzählte ungefähr dasselbe wie Gabrilowitsch. Die Leute können meine Proben nicht vergessen; sie hätten so viel gelernt; und ich soll ihnen wieder einen *Haydn* dirigiren, außerdem möchten sie die IX. [von Beethoven], einige Wagnerstücke und eine Symphonie von mir. Da ich 1000 Rubel für ein Conzert bekommen soll, so ist das zu überlegen. Es soll [am] *21.* und *28.* Dezember [sein]! Vielleicht gehst Du wieder mit – ? /Heute konnte ich mich leider nicht los machen und muß mich beim Vorstand der hiesigen Conzertgesellschaft durchfressen./ Mir kommt es schon vor, als ob ich ein Jahr von Dir weg wäre. (Das kommt daher, weil Du so lieb schreibst, und ich daher so ein Heimweh nach Dir bekommen habe)

Mit Strauss bin ich selbst in's Unklare gekommen. Wie soll man sich diese Ungleichheit und Mischung erklären? Aber mein Urtheil über die Salome steht doch fest. (Denk nur an solche Leute, wie Tizian oder den Philosophen *Bacon*.)

In Wien scheinen ja die Leute ganz toll zu sein. In den Zeitungen hier fortwährend Telegramme von dort, daß ich demissionirt habe – und daß ich ein wahnsinniges Defizit habe und daß ich nicht mehr möglich bin etc. etc.

Gucki ist zu süß – /natürlich!/

Sei vielmals geküßt mein Lieb von Deinem Gustav

Kurz nach Mahlers Abreise von Wien kursierten in der Wiener Presse Spekulationen über seinen Rücktritt, da die Hofoper – so hieß es – ein noch nie dagewesenes Defizit von 200 000 Kronen ausweisen mußte.

Am Tag vor seiner Heimkehr veröffentlichte die Wochenschrift »Die Zeit« eine reißerische Karikatur, die Mahlers langes Fernbleiben von Wien zum Gegenstand hatte (s. Faks. S. 314).

Nr. 202

[Frankfurt, 17. Januar 1907]

Mein liebes Herz, Dein heutiger Brief hat mich in große Sorge gestürzt. Schau Almsçhili, man stirbt nicht daran – siehe Mama mit ihrem Herzen – und lebt drauf los und plötzlich ist der Krach da.

Ich bitte Dich, halte Dich ordentlich! Gott sei Dank, in 3 Tagen bin ich bei Dir. Dann nehme ich Dich in die Cur. – Die heutige Probe war recht gut. Meine Symphonie geht vortrefflich und Schumann wird morgen fertig gemacht (Die Geigen sind allerdings im letzten reizenden Satz mehr kratziös als graziös). Da lobe ich meine Philharmoniker, die aber leider von mir nichts wissen wollen.

Es geht jetzt nicht sehr lieblich über mich in der Welt los. Wie ein gehetztes Wild, hinter dem die Hunde her sind. Ich gehöre aber Gott sei Dank nicht zu denen, die am Wege Sterben, und diese Püffe, die ich jetzt überall aushalten muß (die Berliner Kritik ist auch beinahe einstimmig »verachtend«) haben nur die Wirkung einer Massage. Ich bürste meinen Anzug aus, wenn man ihn mit Koth bespritzt. »Allen Gewalten« zum Trutz sich erhalten!« Wie fein ist es, daß wir 50 000 Spieße und eine Pension von jährlich 5000 liegen haben. – Und jetzt heißt es noch schnell ordentlich gespart. Beiliegenden Brief bekam ich von Mengelberg. Wie wol thut Einem eine solche Treue! – Ich habe übrigens Lust, in Berlin Meschaert abzusagen. Wozu sich denn immer bepissen lassen!? Diese Thierchen sehen mich offenbar für einen Eckstein an. Morgen also Conzert, in der Nacht nach Linz. Dort athme ich schon unsere Luft und Montag Mittag 12.55 komme ich am Westhbahnhof an, wo Du mich erwartest und dann nach Hause. Die Kleinen möchte ich zu Tische haben. *Die* Opusse wird mir die Kritik schließlich nicht als Fehlgeburten denunziren.

Tausend Busserln, mein Herz von Deinem Gustl.

Bildunterschriften: In der ersten Woche probiert er seine neueste Symphonie mit einem unbekannten Orchester; in der zweiten sucht er ein Instrument mit einem völlig neuen Klang; in der dritten ist er durch die Überarbeitung seiner Symphonien gebunden; in der vierten muß er sich ausruhen, um sich von seinen Ferien zu erholen. An der Bürotür ist zu lesen: »Sprechstunden von 6.00 Uhr abends – 2.00 Uhr morgens«.

Zunächst hatte Mahler geplant, von Frankfurt nach Holland weiter-
zureisen, um dort seine *6. Sinfonie* vorzustellen. Offensichtlich hielt
ihn aber die Überlegung zurück, bei längerer Abwesenheit vielleicht
erneut den Unwillen des Obersthofmeisters zu erregen. Er schrieb
deswegen an Mengelberg am 26. Dezember 1906 und sagte das geplante Konzert ab.[142] Mengelberg antwortete am 12. Januar und
schlug andere Daten im Frühling 1907 vor, schließlich wurde das
Vorhaben auf die nächste Saison verschoben.[143]

Inzwischen hatte Mahler ein Angebot aus Linz erhalten, am 20. Januar eine Matinee im dortigen Stadttheater zu leiten. Auf dem Programm standen seine *1. Sinfonie*, die *Leonore-Ouvertüre Nr. 3* von
Beethoven sowie drei eigene Lieder mit dem Tenor Gustav Kaitan.
Mahlers Zug von Frankfurt nach Linz war verspätet, deshalb über-
ließ er die Leitung des Beethoven-Werkes und die Klavierbegleitung
seiner Lieder dem ortsansässigen Kapellmeister Leopold Materna.

Auf der Rückreise, bei einem Aufenthalt in Passau, schrieb Mahler
eine Karte nach Hause.

Nr. 203*

[Passau, 19. Januar 1907]
Mein liebes Almschl!
Heute öffentliche Generalprobe und Abends Aufführung. Sehr gut
ausgefallen – vom Publikum recht gut aufgenommen worden. –
Dampfe nächste Stunde nach Linz ab (Hotel Erzherzog Karl[)]. Bin nur
mehr 4 Stunden von Dir entfernt. Gott sei Dank. Beim Orchester habe
ich immer am meisten Glück. Die Leute waren hier – wie in Berlin reizend gegen mich. Tausend Grüße G.

Nach seiner Rückkehr in Wien hatte Mahler zwei verschiedene Aufgaben zu bewältigen. Zum einen galt es, die fürchterlichen Angriffe
in der Presse abzuwehren, zum anderen mußte er mit Roller letzte
Hand an die Neuinszenierung von Wagners *Die Walküre* legen, die
am 4. Februar Premiere hatte.

Den Kampf gegen Mahler hatte während dessen Abwesenheit der
einflußreiche Kritiker Richard Wallascheck mit einem hetzerischen
Aufsatz am 12. Januar in der Wochenschrift »Die Zeit« begonnen.
Insbesondere nahm er Mahlers und Rollers Neuinszenierungen aufs
Korn und behauptete, daß das Repertoire erheblich verringert worden sei und die Qualität der Aufführungen bedeutend nachgelassen
hätte. Wallascheck fügte hinzu, daß Mahlers häufige Gastdirigate im

Ausland seine Autorität an der Hofoper gravierend geschwächt hätten. Zudem empfänden es die Sänger als Ungerechtigkeit, daß Mahler zwar sich selber fortwährend Urlaub von der Hofoper gönnte, seinem Personal aber so gut wie nie die Erlaubnis gab, Gastspielverpflichtungen anzunehmen.

Wallaschecks Angriffe gipfelten in der Feststellung, daß der Symphoniker Mahler ein Feind der Oper geworden sei und diese zerstöre.

In einem Gespräch mit dem Obersthofmeister Fürst Montenuovo schlug Mahler vor, wenigstens den schlimmsten Verleumdungen öffentlich zu begegnen. Der Obersthofmeister hingegen vertrat die Ansicht, daß es besser sei, wenn Mahler die Schmähungen mit Taten beantworten würde.[144]

Mahlers und Rollers Neuinszenierung von Wagners *Walküre* am 4. Februar konnte die Ressentiments gegenüber Mahler nicht dämpfen. Viele Kritiker nörgelten, auf der Bühne herrsche eine »Orgie der Dunkelheit«, die Kostüme seien zu »modern« und bei Siegmund vermisse man die blonde Perücke (er trug eine braune). Auch die ungewöhnlichen Tempi Mahlers wurden bekrittelt.

Vier Tage später war Mahler Zuhörer der Uraufführung von Schönbergs *1. Streichquartett*, die in einem Desaster und Tumult endete.

Mitte des Monats reiste Mahler wieder allein für zwei Tage nach Berlin, wo er am 14. Februar zum letztenmal öffentlich als Klavierbegleiter auftrat, und zwar mit Johannes Messchaert, der ausschließlich Lieder von Mahler vortrug. Briefliche Mitteilungen an Alma von dieser Reise sind bisher nicht nachgewiesen.

Indessen warteten Mahlers Widersacher in Wien auf neue Möglichkeiten, ihn zu beschuldigen, und fanden sie auch bald. Für die tragende Rolle in der Neueinstudierung von Daniel François Esprit Aubers *Die Stumme von Portici* (18. Februar) hatte Roller insgeheim und mit Zustimmung Mahlers aus dem Corps de Ballet die überragend begabte, aber bisher unbekannte Tänzerin Grethe Wiesenthal ausgesucht. Dabei war der Ballettmeister Josef Hassreiter nicht befragt worden. Zudem hielt sich an der Oper das Gerücht, daß es Rollers Ziel sei, künftig für alle tänzerischen Belange zuständig sein zu wollen. Als Hassreiter von der Angelegenheit erfuhr, beschwerte er sich bei Fürst Montenuovo und drohte mit seinem Rücktritt. Der Fürst lud Mahler vor und erteilte ihm einen Verweis mit den Worten: »Direktor Mahler, es ist das erste Mal, daß Sie eine Unrechtmäßigkeit schützen. Mein Beamtenherz kann und will Ihnen da nicht folgen.«[145]

Auch andere Ereignisse trugen zur langsam reifenden Entscheidung Mahlers bei, die Hofoper zu verlassen. Der Zensor des Hofs weigerte sich weiterhin strikt, die Aufführung der *Salome* von Richard Strauss zu genehmigen, und auch Mahlers Bitte, die Mittel für die Neuinszenierungen der letzten *Ring*-Dramen *Siegfried* und *Götterdämmerung* bereitzustellen, wurde abgelehnt. Zu allem Überfluß gewann bei einer Intrige der schon etwas ältere Tenor Fritz Schrödter – wegen seiner Unmusikalität sogar vom Publikum ausgebuht – gegen Mahler die Oberhand. Als die Frage einer Kontraktverlängerung für Schrödter anstand, hatte Mahler zwar schweren Herzens zugestimmt, aber nur unter der Bedingung einer Gehaltskürzung. Mit Hilfe einiger hoher Hofbeamter brachte es Schrödter jedoch fertig, seinen alten Vertrag ohne Abstriche zu erneuern. Bereits Mitte März wurde zwischen Montenuovo und Mahler sodann ernsthaft über einen Rücktritt gesprochen.

Am 5. März dirigierte Bruno Walter eine Neueinstudierung von Meyerbeers *Der Prophet* mit der vielversprechenden Altistin Sarah Cahier als Gast, die Mahler später an die Hofoper verpflichtete. Von seinem Büro schickte er Alma per Boten einen Artikel und eine Botschaft.

Nr. 204[*]

[Wien, 5. März 1907]

Liebste!
Zum Amusement im Bett sende ich Dir beifolgenden Ausschnitt aus dem Abendblatt, der Dir einigen Spaß bereiten soll. Es ist ganz unser Freund Zuckerkandl. Herzlichst bis Nacht Dein Gustav

Zwei Wochen später ging dann eine bedeutende, leider viel zu kurze Ära der Hofoper zu Ende. Als letzte gemeinsame Produktion (in einem völlig anderen Genre) boten Mahler und Roller am 18. März eine bis dato noch nicht gesehene Interpretation von Glucks *Iphigenie in Aulis* in der Bearbeitung von Richard Wagner. Rollers Kostüme und Bühnenbilder, von griechischen Vasenbildern inspiriert, erreichten durch Einsatz von Licht und Farbe wiederum bisher unbekannte Wirkungen. Die Presseberichte waren zum größten Teil überschwenglich.

Unterdessen hatte Mahler erneut die Spielregeln der Oper verletzt. Alma berichtet: »Mahler hatte die Gewohnheit, in sein großes Hauptrepertoirebuch auch sein eigenes Programm einzutragen. Und er schrieb in die Rubrik ›Nach Ostern‹ ganz harmlos: ›Rom, drei Konzerte‹. Laut Alma galt sein Urlaub aber nur für die Osterzeit, und Mahler wollte von Rom aus um einen kurzen Nachurlaub für das dritte Konzert einkommen.«[146]

Einer seiner unsichtbaren Feinde brachte das Buch dem Fürsten, der daraufhin seinen Direktor wiederum zitierte und zur Rede stellte. »Das Gespräch spitzte sich so zu, daß beide übereinkamen, sich Mahlers Demission zu überlegen.«[147]

Am Tag nach der Premiere der *Iphigenie* reiste Mahler zusammen mit Alma nach Rom, wo er am 25. März und 1. April zwei Konzerte dirigierte. Die Programme umfaßten klassische Werke und das Adagietto aus Mahlers 5. *Sinfonie*. Auf der Rückreise nach Wien dirigierte Mahler in Triest am 4. April Werke von Beethoven und Wagner sowie seine 1. *Sinfonie*.

»Krank und leidend kam ich aus Rom zurück«, schreibt Alma in ihren Erinnerungen, »und begab mich dann ins Sanatorium, um eine notwendige Operation an mir vornehmen zu lassen.«[148]

Anfang Mai erkrankte die jüngere Tochter Gucki an Scharlach. Mahler nahm deshalb bis Anfang Juni Wohnsitz im Hotel Imperial.

Ende Mai waren er und Alma endgültig zu dem Entschluß gekommen, Wien zu verlassen, und Mahler ersuchte Fürst Montenuovo um seinen Rücktritt. Dieser wurde ihm zwar sofort genehmigt, aber da Mahler nicht mit einem Vertrag, sondern durch ein kaiserliches Dekret auf Lebenszeit verpflichtet worden war, konnte er nur durch ein neues Dekret abgelöst werden, das seinen Nachfolger benannte und Mahler in den Ruhestand versetzte.

Mahlers Entschluß, Wien zu verlassen, wurde zweifelsohne dadurch bestärkt, daß er in der Zwischenzeit ein Angebot des Direktors Heinrich Conried von der Metropolitan Opera in New York erhalten hatte. Conried suchte zu jener Zeit einen deutschen Dirigenten mit internationaler Reputation, da Oscar Hammersteins neues Opernhaus zu einem Treffpunkt der New Yorker Gesellschaft avanciert war und der Metropolitan Opera unliebsame Konkurrenz machte. Um Mahlers Haltung besser verstehen zu können, muß man sich erinnern, welches Gehalt er zuletzt an der Hofoper bezog: jährlich 36 000 Kronen, alles inklusive, für zehn Monate harter Arbeit. Conrieds erstes Angebot an Mahler für sechs Monate Arbeit war 125 000 Kronen, dazu die Kosten für Reise und Aufenthalt (s. Brief 206). Mahler stand in seinem siebenundvierzigsten Lebensjahr und hatte Frau und zwei Kinder zu versorgen. Von der Oper würde er zwar eine jährliche Pension (Ruhegeld) von 11 000 Kronen erhalten, aber dieser Betrag reichte nicht, um seinen bisherigen Lebensstandard mit dem Landhaus in Maiernigg und der Wohnung in Wien aufrechtzuhalten. Conrieds Angebot gab ihm die Möglichkeit, ein Vermögen zu sparen, seine Unabhängigkeit zu sichern und für die Zukunft seiner Familie zu sorgen. Darüber hinaus konnte er mit Einkünften durch eine jetzt allmählich steigende Anzahl von Aufführungen seiner Kompositionen rechnen. Hinzu kam ein größerer Spielraum für Gastdirigate. Die Verhandlungen zwischen Mahler und Conried hatten zunächst unter äußerster Geheimhaltung stattfinden müssen, weil Mahler sich offiziell um keine andere Stellung bemühen durfte, bevor er seine Entlassung in Händen hielt. Außerdem wurde er von Fürst Montenuovo gebeten, diese zu verheimlichen, bis ein Nachfolger für ihn gefunden war. Eine Geheimhaltung war jedoch nicht möglich. Jedermann wußte bald davon, nicht zuletzt deswegen, weil Conried seinen »Meistercoup« nicht für sich behalten konnte. Die Gerüchte in der Presse wurden aber offiziell nicht bestätigt.

Anfang Juni hatte Mahler in einem Interview mit Ludwig Karpath, veröffentlicht am 5. Juni im »Neuen Wiener Tagblatt«, klargestellt, daß er nicht »gestürzt« worden sei, wie die Presse dies fälschlicherweise verkündete, sondern daß er Wien aus eigenem Entschluß verlasse, müde seiner administrativen Zwänge und müde der unzähligen Lügen, welche die Zeitungen über ihn verbreiteten. Schwer getroffen hatte Mahler der Vorwurf, für das erwähnte Defizit von 200 000 Kronen verantwortlich zu sein, der sich im nachhinein als haltlos herausstellte. Überdies freue er sich, daß Felix Mottl derjenige sein würde, der dort weitermache, wo er aufhöre. Mahler gratuliere sich und der Oper zu diesem Nachfolger.

Am Tag, als dieses Interview erschien, befand sich Mahler in Berlin, um zum erstenmal Conried persönlich zu treffen und die Einzelheiten seines Vertrags mit ihm festzulegen. Zwischen den Verhandlungen mit Conried versuchte er, Alma telefonisch zu erreichen.

Nr. 205*
Telegramm   Berlin, 5. Juni 1907

vergebens telefonirt   abmachung mit conried glaenzend   brief
folgt ich auch   innigst gustav

Nr. 206

Hotel »Der Kaiserhof«, Berlin
[Berlin, 5. Juni 1907]

Mein liebstes Almschili!

Seit 2 Stunden warte ich auf eine telephonische Verbindung mit Dir. Hoffentlich komme ich bald dran. Indessen schreibe ich nur ein paar Worte. – Mit ziemlicher Migräne abgefahren (wollte Dir nichts davon sagen) – Walter holte mir noch schnell Aspirin aus seiner Wohnung. – Sehr gut geschlafen und heute recht frisch hier angekommen. Gebadet (in meinem Zimmer) gefrühstückt – und gleich zu Conried der im selben Hotel wohnt. Er war voller Projekte – ganz Feuer und Flamme. – Wollte vor Allem mich ganz u. gar wie Caruso. – Dann *8 Monate* (180.000 Kronen) – dann 6. Endlich machten wir Folgendes aus: *3 Monate* (15. Jänner bis 15. April) – dafür fix 75.000 Kronen, freie Reise und Aufenthalt (Hotel ersten Ranges)! Über die Dauer des Vertrages sind wir noch nicht einig. Er will 4 Jahre – ich möchte nur eins! – Wenn ich mit Dir gesprochen habe, gehe ich wieder hinauf zu ihm. – Ich soll in der Oper Wagner und Mozart dirigiren und etwa 6 Concerte. (darunter meine C-moll mit Chor). –

Verflixt nochmal – wieder eine Viertelstunde nichts anderes als *fauxen* und *schrappen* und *murren* – ich werde Dir jetzt ein Telegramm schicken, und auf ein Gespräch verzichten.

Morgen Abends fahre ich ab und Übermorgen erzähle ich Dir alles genau.

Tausend Grüße von Deinem Gustav

Kuß   Kuß

4 Jahre á 6 Monate á 125.000 Kr. zusammen
$^1/_2$ Million Kronen
oder jährlich Gastspiel von 6–8 Wochen
50.000 Kronen Honorar
zusammen 200.000 Kronen in 4 Jahren

Kuß   Kuß

Auf Wiedersehen
/bei Henneberg?/

Richard Strauss hat in seinem Exemplar von Almas Erinnerungen bei der endgültigen Honorarabmachung am Blattrand ein bissiges »Na also!« vermerkt.

Da Mahlers häufige Konzertreisen immer wieder als Hauptgrund seiner Demission genannt worden waren, war es bei der Bestellung eines Nachfolgers äußerst schwierig, einen Dirigenten von internationalem Rang zu finden, der sich bereit erklärte, seine gesamte Zeit der Hofoper zu widmen.

Felix Mottl in München hatte sich als Bewerber gemeldet und alles versucht, um den Ruf nach Wien annehmen zu können. Der bayerische Prinzregent Luitpold verweigerte jedoch seine Demission und stellte zudem in aller Öffentlichkeit fest, »daß der Verlust eines Dirigenten dieses Formats ein unersetzlicher Verlust sei.«¹⁴⁹ Die Nachricht von Mottls Absage erreichte Mahler kurz nach seiner Rückkunft von Berlin. Sie dürfte für ihn eine besonders schmerzliche Erkenntnis bedeutet haben. Fürst Montenuovo hatte Mahlers Rücktritt akzeptiert, ohne sicher zu sein, daß Mottl sein Nachfolger sein würde. Außerdem hatte das Königreich Bayern im Falle Mottl so reagiert, wie sich das Mahler vom Kaiserreich Österreich nach zehnjähriger aufopferungsvoller Tätigkeit glaubte erhoffen zu dürfen.

Die Peinlichkeit der Affäre hatte ihren Höhepunkt erreicht, und es spricht nicht für das Feingefühl des Fürsten, wenn er nach Mottls Absage Bleibeverhandlungen mit Mahler führen wollte. Mahler lehnte ab. Wien war für ihn erledigt. Am 21. Juni unterschrieb Mahler in Wien den Vertrag, den er in Berlin mit Conried verhandelt hatte.

Die Spielzeit der Wiener Hofoper endete am nächsten Tag, aber die Abreise nach Maiernigg verzögerte sich durch die Krankheit der kleinen Anna. Mahler zog sich zunächst allein auf den Hochschneeberg am Semmering zurück.

Nr. 207*

Korrespondenz-Karte:
Puchberg am Schneeberg. Zahnradbahn.
Puchberg, 23. 6. 1907

2 Uhr in Puchberg an. Fahre jetzt direkt auffi! Es regnet und gewittert. Von oben näheres! innigst Dein G.

Nr. 208*

[Schneeberg, 29. Juni 1907]

Mein liebstes Almschi!

Seit gestern sitze ich im dichtesten Nebel, der noch keinen Augenblick sich gelüftet hat. Trotzdem ist es schön, und ich bedaure riesig, daß Du nicht mit bist. – Nun meinen Bericht. Gestern sitze ich am Bahnhof eine Viertelstunde vor meiner Abfahrt. Daher tritt plötzlich *Bahr und die Mildenburg*. Beide auf der Reise nach – Loretto, wo sie 4 Wochen bleiben wollen. Wir fuhren bis Wiener Neustadt zusammen. – Das ist also nicht sehr erfreulich. Ich spürte schon wieder die seit einer Woche täglich Nachmittag wiederkehrende Migräne. – Am Abend hier steigerte sich der Zustand so, daß ich draußen im Nebel barhäuptig eine Stunde herumlief. Dann wurde mir besser und ich schlief recht gut. – Hoffentlich bleibt mir hier das Übel erspart. –

Aber, Almschi, wenn das Wetter nicht besser wird, habe ich wirklich Angst, wenn Du mit den Kindern morgen um $^1/_2$5 in Klagenfurt aussteigst! Ich schreibe Dir diesen Brief hier, den Du hoffentlich in Maiernig Vormittags vor meiner Ankunft bekommst. Ich fahre morgen um $^1/_2$9 hier weg, und erreiche meinen Zug 12 Uhr in Wiener Neustadt und bin hoffentlich um $7^1/_2$ bei Euch. –

Das Buch von Mereschofsky [sic] ist herrlich – sehr originell, und ist mir hier in meiner Einsamkeit ein willkommener Gesellschafter. Ich bin beinahe ganz allein. (Dieses Gute hätte also das Schlechte – denn wäre es schön, würde es hier sicher wimmeln.) Aber da herauf mußt Du mit heuer im Herbst, wenn wir zurückkommen. Man ist wirklich famos hier aufgehoben. Den Mereschkowski mußt du *gleich* lesen. Das gehört zu dem Allerbesten, was ich kenne, und ist eines von jenen Büchern, die ich noch einmal lesen werde. –

Wenn es nur nicht *so kalt* hier wäre.

Also, mein Lieb, wenn Du dieß liest, sitze ich schon im Zuge und dampfe zu Dir hinunter.

Tausend Grüße von Deinem Gustav.

Nr. 209*

Postkarte: *Hotel Hochschneeberg 1800 m*
mit Grussplatz und Franz Josef Steg

[Hochschneeberg, 29. 6. 1907]

Ich muß Dir doch auch zeigen, wo und wie ich jetzt lebe. –

Ich habe auch schon ein wunderbares Südzimmer für Dich ausgesucht für den September. – Man ist hier wunderbar aufgehoben. Du kannst jeden Moment vom Vestibül aus die Wohnung oder das Theater anrufen, und wirst Dich in 8 oder 14 Tagen wunderbar erholen. – Ich komme jeden Moment (zu Fuß) zu Dir herauf, weil ich September noch die Nachmittage frei habe.

Heute leider ist ein Wettersturz eingetreten Gustav

Das »Buch von Mereschofsky« (s. Brief 208) ist möglicherweise ein Band der Romantrilogie »Christ und Antichrist« von Dmitri Sergejewitsch Mereschowski. Mahler könnte aber auch den Essay »Tolstoi und Dostojewski« meinen, der 1903 in deutscher Sprache erschienen war.

Wenige Tage nach der Ankunft in Maiernigg erkrankte auch Putzi. Mahler schrieb am 4. Juli seinem Freund Arnold Berliner: »Wir haben furchtbares Pech! [...] Jetzt hat meine Ältere Scharlach-Diphterie!«[150] Was dann geschah, hat Alma in ihren Erinnerungen dramatisch geschildert: »In der letzten Nacht, in der der Kehlkopfschnitt gemacht wurde, stand die ganze Zeit hindurch der Diener vor Mahlers Schlafzimmertür, damit er, falls er durch den Lärm geweckt würde, beruhigt und wieder in sein Schlafzimmer zurückgebracht werde. Und so schlief er die ganze Nacht. Diese furchtbare Nacht, [...] Ich rannte während der Operation am Strand entlang, laut schreiend, von niemandem gehört. Es war fünf Uhr früh [...], da kam meine Engländerin und sagte: ›Es ist vorbei.‹ Und ich sah dieses herrliche Kind mit großen Augen liegen und röcheln, und so litten wir alle noch einen Tag – bis es aus war.«[151]

Die »Neue Freie Presse« in Wien brachte am 12. Juli folgende Notiz: »...Vor 12 Tagen wurde das ältere Mädchen Mahlers ... von Scharlach befallen und trotz der sorgsamsten Pflege heute früh vom Tode dahingerafft.«

Laut Alma hat Mahler sich von diesem Schicksalsschlag nie mehr ganz erholt. Zwei Monate später berichtete Bruno Walter seinen Eltern: »Er ist ganz gebrochen davon; äußerlich kann ihm niemand etwas anmerken, aber wer ihn kennt weiß, daß er innerlich ganz fertig ist. Sie scheint es leichter zu tragen, mit Tränen und Philosophieren. Ich weiß überhaupt nicht wie man so etwas tragen kann.«[152]

Ein weiteres Ereignis dieses unglücklichen Sommers hat Alma in ihren Erinnerungen mitgeteilt, das in der Mahler-Literatur Anlaß zu vielen Mißverständnissen gegeben hat. Der Distriktsarzt Dr. Carl Blumenthal aus Viktring, der Putzi während ihrer Krankheit betreute und auch die Operation vorgenommen hatte, wurde ein paar Tage nach dem Tod des Kindes wegen eines »Herzkrampfes« zu Alma gerufen. »Gehn S' Doktor, wollen Sie mich nicht auch untersuchen?« fragte ihn Mahler. »Meine Frau hat immer Angst wegen meines Herzens.« Dr. Blumenthal untersuchte nun auch Mahler und meinte: «Na, auf dieses Herz brauchen Sie aber nicht stolz zu sein.«[153] Er konnte einen »doppelseitigen, angeborenen, obwohl kompensierten Klappenfehler«[154] bei Mahler feststellen. Alma irrte sich insofern, als es sich *nicht* um ein angeborenes Leiden handelte. Um keine Verschlimmerung zu riskieren, mußte Mahler lediglich Überanstrengungen meiden.

Mahler beschloß nach der Diagnose von Dr. Blumenthal, sofort nach Wien zu reisen, um den Herzspezialisten Dr. Friedrich Kovacs zu konsultieren, der ein halbes Jahr vorher seine Schwiegermutter untersucht hatte (s. Brief 195). Almas Wahlonkel, der Neurologe Dr. Richard Nepalleck, der während der vergangenen schweren Wochen Beistand geleistet hatte, begleitete Mahler nach Wien.

Nr. 210

[Im Zug nach Wien]
17. Juli 1907

Liebste! Wir sitzen hier im Speisewagen – mit obligatem Riesenappetit (Schade, daß Ihr Beide nicht da seid, Ihr hättet geschwelgt!) Bitt' Euch, *übernehmt* Euch nicht, da die beiden Aufpasser nicht da sind, und seid schön brav. Miss Turner und die Kathi, und Anton sollen jede Handbewegung für Euch machen. Ich nehme sofort ein Bad, wenn ich in Wien ankomme, und werde Karl zur Vorsicht *nicht* anrühren! Ich steige [im] *Imperial* ab.

Tausend Grüße Euer Gustav

/Grüße Euch herzlichst Richard [Nepallek]/

Nr. 211

Wien, 17. 7. 1907

Melde bloß unsere glückliche Ankunft. Ich fahre gleich in's Hotel und bade. – Morgen gehe ich /also/ zum Kovacs, und übermorgen (Freitag) Früh habt Ihr eine Depesche von mir. Haltet Euch bereit, sofort /dann/ abzureisen, wohin Kovacs befiehlt. –

Vergiß nicht, Almschili, für mich die *Oberon*sachen einzupacken. Sie liegen auf der Bücherstellage in meinem Zimmer in den unteren Fächern. Vergiß nichts davon. /Solltet Ihr nach Wien fahren, so ist der Zug von *Krumpendorf* aus, wie Richard und ich gefahren sind, sehr *räthlich!* / Bitte, Ihr Beide, beim Einpacken nicht *selbst* mit Hand anlegen! Innigst Euer Gustav

Nr. 212

Frohner' Hôtel Imperial, Wien
[Wien, 18. Juli 1907]

Mein liebstes Almscherl!

Nun einen kurzen Bericht: Wir kamen also um 6 Uhr hier an. Ich gleich in's Hotel, nahm ein Bad und aß dann im Cafe einen Schinken. Dort traf ich Karpath, der aus bester Quelle wissen will, daß der Fürst Liechtenstein gesagt habe: Wir lassen Mahler nicht fort, wir geben ihm seine Entlassung nicht. – Na, vederemo. –

/Um 8 Uhr hatte ich Rendes-vous mit Nepalleck bei Hartmann. – Ich aß nur ein Compot, dann giengen wir noch ein wenig spazieren. Um 9 Uhr gieng ich auf mein Zimmer, und legte mich zu Bette. Schlief famos bis heute morgen $^1/_2$8. Jetzt habe ich gefrühstückt und warte auf Karl, der jetzt kommen soll./ Ich fühle mich sehr wol – hätte Blumenthal nichts gesagt, so wäre ich schon lange herumgestrichen – und wäre gestern sicher nicht vor 12 schlafen gegangen. Du siehst also, meine Liebe – alles hat auch seine gute Seite. – Ich werde von nun an überhaupt mich nicht mehr anstrengen, und sollte ich hier bleiben müssen, so werde ich mein Leben ganz nach *Kovacs* einrichten – (Mit Dir fleißig auf den Semmering hinaufgehen etc.) – Ich denke fortwährend an Euch, meine Liebsten und hoffe, daß wir morgen oder übermorgen schon wieder zusammen sein werden. Ich telegrafire sofort heute Abend, wenn ich von Kovacs weggehe. Ich denke mir, daß Ihr Beide über Wien fahren dürftet, und daß dann Du, Almscherl, auch den Kovacs consultiren wirst. Ich werde Alles mit ihm verabreden.

Hier ist schändliches Wetter; ein Gewitter nach dem andern. In dieser Beziehung haben wir es dort in Maiernigg sicherlich besser als anderswo.

Jetzt küsse ich Euch Beide innigst und *lebst* ordentlich – und beim *Packen nicht* selbst Hand *anlegen*. Vergiß meine Oberonsachen nicht. Nimm auch meine Radfahranzüge mit – ebenso *Mommsen*, /Beethovens Briefwechsel u. Hölderlin./ Überhaupt von Büchern laß *nur* Göthe [sic] und Schaepeare [sic] dort. Rückert nimm mit.

Tausend Grüße, meine Liebste Euer Gustav

Mahlers Vorliebe für sportliche Aktivitäten wie Bergsteigen, Radfahren, Rudern und Schwimmen hatte schon immer Almas Besorgnis erregt. Vielleicht hat sie Dr. Kovacs empfohlen, den Ernst von Mahlers Zustand zu übertreiben, um ihn so zu veranlassen, ein gemäßigteres Leben zu führen. Jedenfalls war der Einfluß von Dr. Kovacs groß genug, daß sich Mahler nun für einige Monate bewußt schonte. Daß er aber nicht gewillt war, seine Aktivitäten ganz aufzugeben, beweist sein Brief (s. Brief 212) aus Wien, in dem er Alma bittet, seine Radfahreranzüge mitzubringen. Der Aufenthaltsort, wo die Familie sich für den Rest des Juli und Anfang August niederließ, ist heute bekannt. Auf einer undatierten Postkarte, die wahrscheinlich im Juli geschrieben wurde, schlägt Mahler ein Hotel zwischen Toblach und Schluderbach (nicht zu verwechseln mit Alt-Schluderbach) vor.

Nr. 213[*]
Notiz auf der Rückseite einer Fahrplan-Übersichtskarte

[Toblach, Juli 1907]

Liebstes Almschl!
Auf dem Wege von Toblach nach Schluderbach ist am *Toblachersee* ein gutes Hotel. Wäre es Dir da passend? Telegrafire sofort expr. Toblach Bahnhof.

In Schluderbach, südlich von Toblach, teilt sich die Straße in zwei Richtungen: Die eine führt nach Cortina d'Ampezzo, die andere nach Misurina, das Mahler in der Vergangenheit öfter bei seinen Ausflügen in die Dolomiten besucht hatte. Etwa Mitte August schrieb Alma aus Maiernigg an Alfred Roller: »Wir sind gestern aus Fischleinboden heimgekehrt und fühlen uns nicht so unwohl in unserer Villa [in Maiernigg], als wir geglaubt haben. Nun reden wir beständig von unsrer Zukunft und da Gustav mehr denn je von Wien (Oper) angeekelt ist und mehr denn je weg will – so ventilieren wir die Frage unsres zukünftigen Haushaltes nach allen Seiten.«[155]
Der Tod ihres Kindes scheint das Ehepaar einander eher entfremdet als nähergebracht zu haben. »Damals waren Mahler und ich uns vorübergehend fremd«, erinnert sich Alma, »das Leid hatte uns einander entfremdet. Er verargte mir, ohne es zu wissen, den Tod des Kindes.«[156]
Die höchst zwiespältigen Gefühle Almas gegenüber Mahler schon während der Verlobungszeit sind durch ihre Tagebucheintragungen hinreichend belegt. Auch der erste gemeinsame Sommer im Jahr 1902 und die folgende Zeit hatte an dieser Situation nichts grundsätzlich ändern können und, so müssen wir vermuten, vielleicht bei Alma die Einsicht reifen lassen, daß sie nicht nur »Kamerad«, Hausfrau und Mutter ihrer Kinder sein konnte. Zu ihrer Selbstverwirklichung bedurfte sie ebenso des Kreises ihrer Freunde und Bewunderer, die

sich von ihrer Schönheit, ihrem Widerspruchsgeist und ihrem beißenden Witz angezogen fühlten. Im Schatten eines berühmten Mannes zu leben war nur bedingt Almas Sache. Außerdem war wohl selten ihre Zeit ganz ausgefüllt; Dienstboten kümmerten sich um den Haushalt, die Betreuung und Erziehung der kleinen Mädchen lag ganz in den Händen der englischen Gouvernante, Miss Turner. Die Tochter Anna (Gucki) hat einmal gegenüber Henry-Louis de La Grange geäußert, daß es nach Putzis Tod plötzlich zu Spannungen zwischen den Mahlers und der Familie Moll gekommen sei. Eine mögliche Deutung hierfür wäre, daß die Großeltern Putzi schon vor Guckis vollständiger Genesung ohne Rücksicht auf die Gefahr einer Ansteckung in die Familie zurückgebracht hatten und dies der Grund für Schuldzuweisungen war.

Die Wiener Hofoper eröffnete die neue Spielzeit wie immer am 18. August. Sechs Tage später begab sich Mahler, in Begleitung von Emil Freund, der zu Besuch in Maiernigg war, nach Wien, um seinen Pflichten nachzukommen.

Nr. 214*

Marburg, 24. 8. 1907. 11 $^1/_2$ h

Frau Direktor Mahler
Maiernigg bei Klagenfurt

Liebste! Im Coupé – während eines Aufenthaltes einen herzlichen Gruß. Mir geht es vortrefflich – wie die ganze Zeit in Maiernigg nicht – Ich sehe, ich brauche einfach Zerstreuung. Die *Karte*, die ich Dir mit Anton zurückschickt – – könntest Du für *Marie* benützen (nicht destoweniger braucht sie sich nicht zu Euch in die 1. Classe zu setzen). – Die Züge *sind jetzt* alle überfüllt! Schreibe doch an Banhans!
Tausend Grüße von Deinem G.
Ich bin glücklich!
Innigst [Emil] Freund

Nr. 215*

Marburg, 24. 8. 1907

L.A.! Eben erinnere ich mich, daß ich meinem *grauen Hut* vergessen habe. Ich vermuthe, daß er unten am Kleiderständer hängt! Bitte, sende mir ihn sofort, sonst müßte ich mir einen neuen kaufen. – Nochmals Tausend Grüße G.

Nr. 216*

Eben angekommen. Carl erwartete mich am Bahnhof (Hassinger, der Arme, auch) – wir fahren soeben hinaus nach Döbling. Mir geht es recht gut. Jetzt tausend Grüße Dein G.

Nr. 217*

[Wien, 25. 8. 1907]

Mein Almschili! Heute sehr gut geschlafen und gefrühstückt. Dann mit Karl hereingefahren. Dein Brieferl auf Notenpapier war lieb! Meine erste Bureaustunde wäre auch vorüber. Ein von Korngold empfohlener Interviewer der N. Fr. Pr. [Neuen Freien Presse] hat mich bereits angestochen. Korngold zuliebe bin ich ihm gesessen. Wirst es morgen im Blatte lesen. Jetzt hole ich Karl ab und wir gehen hinaus. Ich bleibe heute schon draußen.

Die *gestrickte Weste* habe ich in Maiernigg vergessen! Bitte, bring mir sie mit. – Hier grassieren doch die Blattern. *Alle Welt läßt sich impfen!* Almscherl – laß Dich doch schnell von Blumenthal impfen und vielleicht die Guckerl auch – und auch Miss Turner. Frag ihn einmal, ob ich mich vielleicht impfen lassen soll. Hoffentlich bleibt Ihr nicht zu lang! Ich fühle mich aber draußen in der Osterleitengasse sehr wol. Nur möchte ich Dich dabei haben, mein Almscherl. Tausend Grüße, Liebste von Deinem Gustav

Nach den gescheiterten Verhandlungen mit Felix Mottl hatte die Hofoper inzwischen mit Felix Weingartner Kontakte aufgenommen. Er war damals am Königlichen Theater in Berlin verpflichtet, hatte aber zunächst Schwierigkeiten, sich zu lösen. Endlich, am 9. August, konnte er Fürst Montenuovo mitteilen, daß er seine Entlassung erhalten habe und nun in der Lage sei, die Wiener Oper ab 1. Januar 1908 zu übernehmen. Dies schrieb Montenuovo in einem Brief vom 10. August an Mahler, »da ich annehmen mußte, daß auch Sie schon brennen müssen, zu wissen, wann Sie Ihre Freiheit erlangen«.[157] Gleichzeitig erfuhr Mahler, daß seine Pension um 3000 Kronen erhöht worden war und daß er eine einmalige Abfindung von 20 000 Kronen erhalten würde. Hinzu kam, daß seiner Frau nach seinem Ableben ein Pensionsrecht wie der Witwe eines Hofrates zuerkannt werden sollte.

Bei seiner Rückkehr nach Wien nahm Mahler zunächst Wohnsitz bei seinen Schwiegereltern, die vorübergehend in die Osterleitengasse 2 A (Döbling) übersiedelt waren. Dort warteten sie auf die Fertigstellung ihrer neuen von Josef Hoffmann entworfenen Villa in der Wollergasse 10.

Das erwähnte Interview erschien am gleichen Tag in der »Neuen Freien Presse«: Mahler stellte dabei Überlegungen für die Zukunft an und legte Wert auf die Feststellung, daß er nun mehr Konzerte als Opern dirigieren werde. Dies ging auf ein mündliches Versprechen von Conried zurück, das dieser aber dann nicht einlöste.

Nr. 218*

[Wien, 26. 8. 1907]

Liebstes Almschili!
Ich habe eine solche Freude über beiliegenden Artikel v. Kalbeck, daß ich Dir ihn sofort zur Unterhaltung schicke. – Den anderen Ausschnitt bekam ich eben aus Darmstadt. Dein Gustl

Nr. 219

[Wien, 27. 8. 1907]

Mein Almschili! Heute wieder vortrefflich geschlafen. Sende Dir einige »Einläufe«, unter denen Dich hauptsächlich der Liebesbrief *W's* [Weingartners] interessiren wird. Er scheint aus der n.f.P. [Neuen Freien Presse] die Überzeugung geschöpft zu haben, daß ich ihm unter Umständen nützlich oder schädlich werden könnte. /Gestern war Nepallek bei uns draußen, der mir immer besser gefällt. Ich gab ihm für Lohengrin u. Othello unsere *Loge*!/ Hier ist das herrlichste Wetter und ich hoffe, auch bei Euch, damit Du den Aufenthalt noch recht genießen kannst. – Wann kommst Du? Gesehen habe ich bis jetzt noch Niemanden! Auch nicht Roller u. Arnold. *Przst.* u. *Wondra* sind die einzigen, die sich famos benehmen. Gegrüßt werde ich von Allen im Hause *respectvoll* und *herzlich*. Es läßt sich also Alles besser an, als wir geglaubt haben.

Heute habe ich noch keinen Brief von Dir. Hoffentlich kommt er noch.   Innigst Dein Gustav

Der Ausschnitt aus einer Darmstädter Zeitung enthält eine Reihe von Meldungen über Mahlers Zukunftspläne und neue Kompositionen, die jedoch alle aus der Luft gegriffen waren.

Der erwähnte »Liebesbrief« kam von Felix Weingartner. Er schrieb: »Nun ist das mir noch vor verhältnismäßig kurzer Zeit unglaublich Erscheinende wahr geworden: ich soll wirklich Ihr Nachfolger in Wien werden. Lassen Sie mich statt vielem, was ich Ihnen sagen könnte, nur einen kurzen Wunsch aussprechen. Den Zeitungen entnehme ich, daß Sie in Wien wohnen bleiben werden. So wünsche und hoffe ich denn, daß die freundschaftlichen Beziehungen, die zwischen uns bestanden haben und die mehrere Jahre eingeschlafen schienen, wieder aufleben und dann ununterbrochen bestehen bleiben. Ich freue mich herzlichst, Sie hoffentlich bald in Wien wiederzusehen und verbleibe bis dahin mit den schönsten Grüßen, Ihr aufrichtig ergebener Felix Weingartner.«[158]

Mahler hatte sich seit dem Herbst 1901 von Weingartner distanziert, nachdem dieser Mahlers *4. Sinfonie* in Karlsruhe abgesetzt bzw. nur das Finale dirigiert hatte. Das geschah nach der Uraufführung der Sinfonie in München am 25. November 1901, wo Mahler sein Werk selbst geleitet hatte. Anschließend nahm Weingartner die Sinfonie in das Repertoire einer Tournee des Kaim-Orchesters auf und setzte sie in Nürnberg, Darmstadt, Frankfurt, Karlsruhe und Stuttgart auf das Programm. Überall wurde das Werk sowohl vom Publikum als auch von den Kritikern abgelehnt. Weingartners »Entschuldigungsbrief« und Mahlers kurze und höfliche Antwort (unveröffentlicht)[159] hatten zur Folge, daß es bis zum Jahr 1907 keine Kontakte mehr zwischen den beiden Männern gab. Außerdem hatte Weingartner nach den Vorfällen des Jahres 1901 auch keine Werke von Mahler in seinem Repertoire.

Nr. 220*

Wien, 27. August 1907

Für Heute, l. A. nur wenige Zeilen, damit Du nicht ohne Nachricht bist von mir. Gestern Abend waren wir bei Emil u. Bertha [Zuckerkandl] in Purkersdorf. Sie waren selig und Emil lebte sichtlich auf. Es geht ihm seit einigen Tagen auch besser. Denke Dir, sie leben ganz nach *Lahmann*, und loben es riesig; bestürmen mich auch zu thun. – Mir hat das Essen so riesig geschmeckt. Mir geht es hier viel besser. Wenigstens die nervösen Zustände haben so ziemlich aufgehört. Wahrscheinlich lasse ich mich impfen. Es wäre *sehr* gut, wenn Blumenthal dasselbe *bei Euch thun wollte*. Kathi hier sollte es auch thun. Die Epidemie breitet sich scheinbar aus. Tausend Grüße von Deinem G.

Aus Krankheitsgründen hielt sich der Anatom Emil Zuckerkandl um diese Zeit im Sanatorium Purkersdorf auf. Hier folgte man einer vom Naturarzt Heinrich Lahmann empfohlenen vegetarischen Diätkur.

Nr. 221*

Café Hohe Warte
[Wien, 28. August 1907]

Lste F. A. [Liebste Frau Alma]
Wir sind sehr wohlgemut, und, nach Einnahme einer Jause, die uns vortrefflich geschmeckt hat, im Begriffe, ins Grüne zu gehen. Die allerherzlichsten Grüße auch an Guckerl von Emil Freund
    [Zeichnung von Mahler]: (Ich habe dieß nur zu einer *Ansichts*karte umgestalten wollen.) Ich verbringe meine Nachmittage immer hier in dem Prachtgarten. Heute hat mich Freund dazu abgeholt.

Herzlichst Gustav

Nr. 222*

[Wien, 29. August 1907]

Liebste! Jetzt verdienst Du aber wirklich schon eine Belobigung für Dein tägliches Brieferl! Wenn man die list, bekommt [man] ordentlich Lust nach Maiernigg zu fahren, und sich dort eine Villa zu kaufen. – Das Hauserl von der Gretel habe ich mir gestern von außen angeschaut, und einen ordentlichen Neid bekommen, so lieb ist es. Auch Mamas Haus wird wundervoll. – Sollte es denn uns nicht auch gelingen? – Den Tratsch über Theuers begrabe doch – diese Mensch[en] meinen ja weder ihre Bosheit, noch ihre Herzlichkeit so ernst. Sie wissen nichts zu reden, und moquiren sich deshalb über andere, weil es der bequemste und dankbarste Gesprächsstoff ist. – Sei versichert, daß Dich Theuer liebt, wenn Du dort bist! Heute laße ich mich impfen. Richtig, mein subjectives Befinden ist jetzt ausgezeichnet. Wenn ich nicht das »Urtheil« in Händen hätte, wüßte ich absolut nicht, daß mir was fehlt. Allerdings lebe ich sehr *vorsichtig* und meide jede Anstrengung. Verdauung ist auch wieder gut. Doch freue ich mich schon auf das Eintreffen meines Heildieners. Kathi fragt soeben telefon. an, wann Du kämst. Tausend Grüße von Deinem Gustav
Wie denkst Du denn über Ischl?

Almas Schwester Grethe und ihr Mann Wilhelm Legler waren unterdessen von Stuttgart nach Wien übersiedelt und ließen sich eine

Villa auf der Hohen Warte erbauen, die ebenso wie Molls neue Wohnung von Josef Hoffmann entworfen war.

Nr. 223

[Wien, 30. August 1907]

Liebste! Die Hitze fängt an hier ein bischen lästig zu werden. Ich habe mich gestern impfen lassen. Bei Dr. Hammerl, der mich auch zugleich untersucht hat. – Er fand einen *kleinen* Klappenfehler, der ganz compensirt ist, und macht gar nichts aus der ganzen Sache. Er sagt, daß ich unbedingt nach wie vor meinen Beruf ausüben kann und überhaupt ganz *normal* weiterleben soll nur *Überanstrengungen* vermeiden. Komisch, im Grunde genommen sagte er nichts anderes, wie Blumenthal, aber in der ganzen Art lag etwas Beruhigendes. Ich habe auch in der That keine Angst mehr vor dem Dirigiren. Morgen sehe ich *Montenuovo* zum ersten mal. – Zemlinsky war auch schon bei mir; Du wirst paff sein, was für ein dickes Gesicht der bekommen hat. Die Ehe scheint dem aber gut anzuschlagen. – Ich gieng eigentlich sehr gern auf den *Schneeberg* hinauf! Wie wäre es, wenn Du auch noch ein bischen Hochluft athmen wolltest? Vielleicht kommt auch Roller ein bischen mit, /der *ungemein* lieb ist. Ich bin neugierig,/ wann Du kommst. /*Bring mir nicht* etwa die Marie noch mit. Dieses Frauenzimmer geht mir an die Nerven,/ Lieb sind Deine Brieferln, ich freue mich über Deine Fixigkeit, und möchte auch noch was davon genießen. Tausend Dein Gustav

[Am oberen Rand der 1. Seite]: /Bleib nur recht lang, Almscherl, und komm recht bald!/

Almas alter Verehrer und Liebhaber Alexander Zemlinsky war im Frühjahr 1907 als Kapellmeister an die Wiener Hofoper verpflichtet worden. Er hatte am 26. Juni 1907 Ida Guttmann geheiratet.

Die erwähnte Marie war zweifelsohne ein neues Dienstmädchen.

Nr. 224*

[Wien, 30. August 1907]

Mein Almschili!

Eben erinnere ich mich daran, daß morgen Dein Geburtstag ist. – Zu einem Praesent ist es leider zu spät – und mit bestem Willen fällt mir nichts Rechtes ein. – Du weißt ja, mein Almschi, wie unbeholfen ich in diesen Sachen bin.

Am liebsten wäre ich mit Dir heute am Schneeberg, da oben muß es herrlich sein. – Morgen ziehe [ich] am Rennweg ein; mir ist es draußen in der kleinen Wirthschaft zu eng. Muß mir von Arnold Leintuch und Handtücher ausleihen, weil Du den Schlüssel zur Wäsche hast.

Tausend Grüße von Deinem Gustl

Nr. 225*

[Wien, 31. August 1907]

Liebste Almschi! Ich schicke Dir eben p[e]r. Geldbrief 1200 Kr. Dem Freund gab ich seine 1000. – Ich kann Dir nur sehr recht geben, daß Du diese herrliche Zeit noch draußen verbringst. Hier ist es wahnsinnig heiß.

Außerdem ist es höchstwahrscheinlich, daß Ihr in Folge der Impfung ein kleines Fieber durchzumachen haben werdet. Ich fiebere seit Gestern, und habe große Armschmerzen (Anschwellung der Drüse.). Karl hatte dasselbe durchzumachen. Von heute an lasse ich von der Kathi zu Hause kochen. Bei Freund aß ich gestern Lahmannisch. Vorgestern rief mich Albi[ne Adler] an und wir machten einen Spaziergang, und aßen dann zusammen. Sonst bin ich aber so ziemlich ein einsamer Spatz. Mit der Maria [Moll], das ist doch schrecklich! Die Mama hat wieder einige Nächte nicht schlafen können. Karl, der Sonntag hingefahren ist, kommt heute wieder zurück.

Tausend Grüße Dein Gustav

Wieder einmal taucht für Maler die Frage nach einem Geburtstagsgeschenk für Alma auf, und wiederum gesteht er seine »Unbeholfenheit«.

Nr. 226*

[Wien, 31. August 1907]

Mein liebstes Almschili!

Ich schicke also das Geld nicht, und, da Du *Montag* kommen willst, so gehe ich nicht auf den Schneeberg, und warte auf Dich. Heute ziehe ich ein am Rennweg, esse aber zu Mittag noch beim Karl. In Maiernigg muß es herrlich sein. Ich athme ordentlich diese milde, reine Luft aus Deinen Briefen ein. – Gestern und heute bin ich unter der Leitung *Rollers* von *Neer* [Nähr] photografirt worden. Die Bilder sollen nach dem Ausspruch von Roller *ausgezeichnet* sein. – Mein subjectives Befinden ist *ganz* vortrefflich. Ich spüre *gar* nichts mehr von den gewißen Zuständen, lebe aber nach wie vor ganz ruhig und vorsichtig weiter. –

Heute, mein Almschi ist Dein Geburtstag. Bis Du herkommst, suchen wir zusammen bummelnd etwas Hübsches für Dich aus. Hoffentlich ist dieß das letzte mal, daß wir diesen Tag nicht zusammen miteinander verbringen. Gestern war Pollak bei uns draußen. Er erzählt sehr interessant von seinem englischen Ausflug. – Telegrafire mir an's *Theater,* wann Du kommst. Ich freue mich schon riesig. Dein alter

Gustl.

Die Nachwelt verdankt dem Photographen Moritz Nähr, einem Künstler, welcher der Wiener Secession nahestand, die schönsten Porträtaufnahmen, die je von Mahler gemacht wurden.

Nr. 227[*]

[Wien, 1. September 1907]

Liebste! Beiliegend der Brief der Emma [Rosé]. Vielleicht beantwortest Du ihn. – Ich bin recht elend. Meine Drüsenanschwellungen verursachen mir heftige Schmerzen, besonders Nachts und auch meine Verdauung ist ganz deroute. Gestern war Hammerschlag bei mir und wir verbrachten mit Karl zusammen den Abend. Er erkundigte sich wieder angelegentlich nach Dir.

Freund wackelt auch täglich in der Früh an und möchte gerne genau Deine Ankunft wissen. Er ist rührend. Arnold sehe ich fast gar nicht. Walter spielte mir heute seine Symphonie vor, die er voriges Jahr gemacht. Leider kann ich mir gar nichts dabei denken, und setzte ihn durch meine aufrichtige Ansicht in gelinde Verzweiflung. [3 Zeilen unleserlich gemacht]   Dein Gustav

Nach Weingartners Zusage, die Nachfolge Mahlers anzutreten, konnte dieser über endgültige Pläne nachdenken. Am 20. September reiste er nach München, um seine Präsenzpflicht in New York mit Conried endgültig zu besprechen. Wie immer schrieb er einen Abschiedsgruß vom Bahnhof, in dem er den Prager Theaterdirektor Angelo Neumann, seinen früheren Vorgesetzten, erwähnte.

Nr. 228[*]

Wien, 20. September 1907

M. A.! Habe noch einige Minuten und kann also einen Gruß senden. Am Schreibtisch irgendwo habe ich ein Telegramm von Neumann ver-

gessen. Lies es und sage mir Deine Ansicht. Es geht mir recht gut.
Schau, daß Du die Grippe anbringst und *bleib im Bett!* Das beste Mittel! Tausend Dein G.

Die Ergebnisse seiner Unterredung mit Conried wurden in einem Nachtrag zum abgeschlossenen Vertrag vom 21. Juni festgelegt und in Wien am 27. September von Mahler unterschrieben. Es wurde vereinbart, daß Mahler seine »Reise um circa vier Wochen früher als im Vertrage festgesetzt war« antreten sollte, und »zwar wird sich Herr Direktor Mahler am 12. Dezember von Cherbourg aus nach Amerika einschiffen. Für diese Prolongation von vier Wochen erhält Herr Direktor Gustav Mahler ein Honorar von K[ronen] 25 000 und übernimmt dafür die Verpflichtung, während der vier Wochen 2 mal wöchentlich zu dirigieren.«[160]
Im Laufe des September und Oktober nahm Mahler mit je einer Aufführung seiner Lieblingsopern von Wien Abschied. Es waren Mozarts *Don Giovanni, Figaros Hochzeit* und die *Zauberflöte,* Wagners *Die Walküre,* Glucks *Iphigenie in Aulis* und schließlich am 15. Oktober Beethovens *Fidelio,* zum zehnjährigen Amtsjubiläum des Hofoperndirektors.
Vor seiner Abreise in die Neue Welt unternahm Mahler noch zwei Konzertreisen (eine dritte nach Amsterdam hatte er absagen müssen). Die erste führte ihn mit dem Münchner Kaim-Orchester nach Wiesbaden, die zweite nach Rußland und Finnland.
Auf dem Programm am 9. Oktober in Wiesbadens neuer riesiger Kurhaus-Halle standen Werke von Beethoven, die Ouvertüre zu *Coriolan* und die *5. Sinfonie,* Wagners Vorspiel zu *Tristan* und *Isoldes Liebestod* sowie das Vorspiel zu den *Meistersingern.* Mahlers Gruß vom Bahnhof lautete:

Nr. 229*

Wien, 6. Oktober 1907

Noch zeitig genug, um Dir, meine Liebste einen innigen Gruss zu schicken! Hoffentlich schläfst Du schon jetzt, und schlafe ich morgen noch, wenn der Briefträger Dir diese Karte bringt.   Dein G.

Auf dem Weg nach Wiesbaden machte Mahler einen kurzen Zwischenaufenthalt in Frankfurt, um seinen alten Freund, den Kapellmeister Ludwig Rottenberg, zu treffen.

Nr. 230*

Telegramm   Frankfurt, 7. Oktober 1907

hier mit rottenberg gebummelt   fahre frisch nach wiesbaden   gustav

Nr. 231

Hotel Nassau (Nassauer Hof), Wiesbaden
Wiesbaden, 7. Oktober 1907

Liebste Almschi!

Hier angekommen, bekam ich im ganz veralteten Victoriahotel einen Schreck; nachdem ich das Zimmer inspizirt, in dem ich vor Unruhe kein Auge zugemacht hatte, vor Klopfen und Läuten – fuhr ich, ohne auszupacken in's Kurhotel, um mir dort ein besseres Zimmer zu versorgen. Es wurde mir im Nassauerhof nun ein zwar nicht sehr ruhiges, wenigstens comfortables Zimmer angewiesen, in dem ich es in Gottes Namen versuchen will.

»Wer hat mich gebracht in dieses Land?« So rufe ich alle Viertelstunden! Dieses blödsinnige Getrubel eines fashionablen Badepublikums – das war wirklich nich nöthig. Und nur die unverdaulichen Nockerln und der knoblaucherne Kalbsbraten bei Theuer konnten mir den Gedanken eingeben, das telegraphische Angebot zu acceptiren.

Na, applaustreibend und leicht ist mein Programm. Hoffentlich bezahlt es mir meinen Pelz. Jetzt sitze ich splitternackt in meinem Zimmer und warte auf mein Gepäck, das ich im Victoriahotel gelaßen.

So vereinige ich das Angenehme mit dem Nützlichen. Schreibe Dir luftbadend und warte ausgezogen auf das Gepäck, um nicht eine Minute zu verlieren. Denn ich freue mich auf ein kräftiges Diner, nach dem Frankfurter Fraß. Diese Feder und das fettige Papier ist auch gerade kein Vergnügen.

Also Schluß – Gruß etc. Dein Gustav

Mahler spielt scherzhaft auf seinen Architekten Alfred Theuer an, in dessen Haus in Maiernigg er die telegraphische Einladung zum Konzert erhalten hatte.

In ihren Erinnerungen vermerkt Alma, daß der Wiener Kritiker Gustav Schönaich den großen roten Bart des Dirigenten Hans Richter als »applaustreibend« bezeichnet hat. [161] Auch Richard Strauss hat das Wort gern auf erfolgversprechende Programme angewandt.

Nr. 232*

Telegramm   Wiesbaden, 9. Oktober 1907. 5,55 [Uhr]

wollte dich telefonisch sprechen   aber vergebens   mein conzert ist
ganz voll waehrend all frueren leer waren   befinden auch sonst vortrefflich   gustav

Zehn Tage später befand sich Mahler auf der Fahrt nach Rußland.
Alma fühlte sich immer noch nicht wohl und weilte zu einer Kur auf
dem Semmering. Die drei Konzerte in St. Petersburg und Helsinki
(Helsingfors) hatte der Impresario und Klavierfabrikant C. M. Schröder in St. Petersburg arrangiert.

Nr. 233*

                                   Warschau, 20. Oktober 1907
Bahnhof in Warschau
   Vor dem Einsteigen in den Petersburger Zug. – Schmutzig, wie damals! Sehr gut verbrachte Nacht. Tausend Grüße! – Ich bin sehr traurig, daß Du nicht mit bist!   G.

Nr. 234*

Telegramm   St. Petersburg, 21. Oktober 1907

wol angekommen   gruesze gustav

Das erste Konzert der Kaiserlichen Russischen Musikgesellschaft in
St. Petersburg sollte am 26. Oktober im Großen Saal des Konserva-
toriums stattfinden. Auf dem Programm standen Berlioz' Ouvertüre
Römischer Karneval, Beethovens 7. *Sinfonie* und seine Konzertarie *Ah
Perfido*, je ein Orchesterlied von Richard Strauss, Max Fiedler und
Hugo Wolff und schließlich Wagners Vorspiel zu den *Meistersingern*.
Als Solistin wirkte die holländische Altistin Tilly Koenen mit.
   Während des Aufenthalts in St. Petersburg verkehrte Mahler mit
seinem Vetter Gustav Frank, der schon seit Jahren dort eine öffent-
liche Stellung bekleidete und inzwischen geheiratet hatte. Auch
Arthur Gabrilowitsch, ein jüngerer Bruder des Pianisten Ossip Ga-
brilowitsch, leistete Mahler Gesellschaft. Wehmütige Erinnerungen
an die Hochzeitsreise im Jahr 1902 werden in Mahlers Briefen wach.

Nr. 235[*]

Liebste Almschi!

Für heute nur wenige Zeilen, damit Du möglichst bald was bekommst.– Ich bin glänzend gefahren, wurde hier wieder von *Frank* – lieb wie immer in Empfang genommen, habe mit Schröder alles abgemacht – meine Stimmen collationirt – den Bruder von Gabrilowitsch kennen gelernt, Äpfel von *Ossip* G. hier [als] Huldigungsgruß empfangen und theilweise schon verzehrt. Jetzt ist Frank gekommen (4 Uhr Nachmittags) holt mich zum Spaziergang ab. Morgen schreibe ich ausführlich. Für heute nur so viel, mein Luxerl, daß Du mir sehr abgehst, bei jedem Schritt erinnere ich mich an die Zeit vor 6 Jahren. Sei vielmals umarmt, mein Liebes und schreibe bald Deinem Gustav

Mama viele Grüße, Karl, wenn er schon da ist, ebenfalls.

Frank grüßt ebenfalls. Er hat nur einen Brief von uns bekommen und – geantwortet!?

Nr. 236

/Nr. 2/

Meine Almschi; Also ich fahre fort (d. h. ich setze fort; fortfahren kann ich leider noch nicht!)

Von der Reise habe ich noch nachzutragen, daß ich mit Rührung am Warschauer Bahnhof 2 Stunden saß (so lange dauerte der Aufenthalt) mit äußerstem Unbehagen aus den Händen eines sehr unwirschen Kellners in fettem Frack und schmutzigem Hemd einen Thé empfieng. Etwas anderes von dem fliegenbesetzten Buffet zu nehmen (die Warschauer bringen es sogar zu dieser Jahreszeit zu einem Reichthum von Schmeißfliegen) konnte ich mich nicht entschließen. Ich nahm aber meine Kostbarkeiten aus dem Koffer und amüsirte mich eine Stunde lang. Dann gieng ich auf und ab und suchte unseren alten Juden. Ihn fand ich nicht, dafür eine ganz gehörige Anzahl junger. (Zum Andenken wollte ich Dir keinen mitbringen.) Trotzdem aber kam ich auf meine Kosten. Es ist etwas sehr Seltsames, so ganz fremde Typen zu sehen. Man möchte jeden Einzelnen fragen, wer er ist, was er thut, was er wünscht, hofft. Alte und Junge durcheinander. Eine Gesellschaft von Frauenzimmern – dreier Generationen – 2 alte, 1 mittelalte (sehr sympathische) und 3 Backfische wie die Orgelpfeifen, die älteste von ihnen mit einem reizenden, hochaufgeschossenen jungen Mann – alle slavische Typen – interesierten mich sehr; sie hielten fortwährend – an allen Stellen des Bahnhofs abwechselnd – Cercle – fuhren aber nicht mit. Was thaten die wol am Bahnhof? – Dann kamen die 24 Stunden Bahnfahrt. Am Tage collationirte ich meine 5. Symphonie, in der Nacht schlief ich famos. Frank ist wieder der alte liebe, und etwas philiströse Herr, der mich jeden Tag um 5 Uhr abholt. Gestern war ich bei ihnen zum Abendessen. /Die Kinder gefielen mir ganz und gar nicht./ Er sehnt sich fort und kann es gar nicht mehr aushalten. Wahrscheinlich wird er seine Stellung ohne Pension wegwerfen (er ist übrigens wirklich Excellenz) und nach München übersiedeln. – Heute Früh Probe! Das Orchester empfieng mich sehr herzlich, probirte famos und war zum Schluß der Probe begeistert.

Dann gieng ich nach Hause, wollte mich eben zu Tisch setzen, als die alte Abaza ankam; sie wollte durchaus, daß ich zu ihr zu Tisch komme. Ich lehnte aber ab, versprach aber einmal zu kommen. Sie sieht sehr gut aus und schien das Bedürfnis zu haben, mit mir zu plaudern. Obwol ich Hunger hatte und nicht sehr redselig war, war sie doch nicht wegzubringen. Es war etwas Eigenes in der Unterhaltung: Wie zu einem Seelsorger kam sie zu mir; sie scheint sich vor dem Tod zu fürchten und möchte gern erfahren, was nachher geschieht. Da muß ihr aus einer Unterhaltung vor 5 Jahren so was in den Ohren geblieben sein. Und als ob sie nun 5 Jahre mit Ungeduld erwartet hätte, dort fortzufahren, wo wir aufgehört hatten. Von meiner 2. Symphonie erzählte sie, daß sie sie so eigenthümlich gefunden hätte, und daß sie ihr einen solchen Eindruck hinterlassen. Ich frug, ob sie sich an den Text nicht noch erinnerte. Sie frug – ist denn Text dabei? Ja, der Chor sang so, daß man den Text nicht verstehen konnte. Ich: Also lesen Sie das einmal nach, da finden Sie die Antwort auf Ihre Fragen. Sie: den muß ich haben. Gleich darauf fuhr sie fort – und [ich] bin überzeugt, zum Musikalienhändler, um sich ihn zu verschaffen.

Leider ist das Hotel sehr schlecht und im umgekehrten Verhältnis theuerer geworden. Alles so verwahrlost und auch das Essen nicht mehr gut. In der Nacht keine Ruhe – mein Zimmer geht auf den Hof. Daneben liegt Nr. 18, wo wir damals waren – ich kukte hinein, als ich vorübergieng. Das alte Stubenmädchen ist auch noch da; sie erkannte mich gleich und frug nach Dir. – Überhaupt erkundigen sich alle nach Dir.

Walter (Concertmeister) ist nicht im Orchester mehr. (Er privatisirt schon). Er kam aber, mich begrüßen, und blieb die ganze Probe hindurch da. –

Erinnerst Du Dich an den eigenartigen Geruch, der in Rußland – selbst schon auf der Bahn – überall ist? So eine Mischung von Holzrauch und Juchten? Der erinnert mich immer so an diese Zeit, wo wir zusammen da waren. –

/Jetzt erwarte ich wieder den Frank, um zu bummeln. Zeitig lege ich mich zu Bette, da morgen, wie jeden Tag, um 9 Uhr Probe. Hoffentlich bekomme ich bald einen Brief von Dir.

Wenn ich von Helsingfors zurückkomme, gehe ich ins Hotel Europa, das renovirt und viel besser geworden sein soll. Tausend Grüße an Euch alle./ Dein Gustav

Ein Jahr vorher, am 10. November 1906, hatte Oskar Fried Mahlers 2. *Sinfonie* mit großem Erfolg in St. Petersburg erstaufgeführt. Dies war einer der Gründe für Mahlers Gespräch mit der Kunstmäzenin Julia F. Abaza, einer ehemaligen deutschen Sängerin, die einen russischen Fürsten geheiratet hatte. Mahler hatte sie schon im Jahr 1902 kennengelernt. Abaza hatte Tschaikowsky nahegestanden.

Nr. 237*

Hôtel d'Angleterre, St. Petersburg
[St. Petersburg, 24. Oktober 1907]

No. 4

Liebste Almschl! Das sind ja traurige Nachrichten, die ich heute von Dir bekam! Wieder so einen nervösen Fall! Ich bitte Dich, geh gleich zu *Kovacs* und folge nur sklavisch in allem, was er Dir sagt. Du bist noch jung – Du *mußt* das Zeug los werden! Himmel, was würde ich alles thun, um meinen Fehler los zu werden, und Du hältst Dich nicht 2 Wochen. – Halte Dich ruhig so lange ich nicht da bin und nütze diese Zeit zu Deiner Gesundheit aus. – Über Deinen Plan bezüglich des Heiligenstädter Grundes kann ich ja keine Ansicht äußern. Ich glaube, wir sollten uns da ganz auf Karl verlassen und thun einfach das, was er räth. Eine solche Eile wird es doch schließlich nicht haben, daß man augenblicklich den Contrakt schließt. Bis zu meiner Rückkehr sind noch 2 Wochen, so lange bleibt man uns sicher im Wort, und wir überlegen es uns noch nach allen Seiten. – Hier wird Gott sei Dank das 1. Conzert bald vorüber sein. Frank und Gabrilowitsch leisten mir abwechselnd Gesellschaft. – Letzterer erinnert mich in seiner unglaublichen Zartheit und liebevollen in's Einzelne gehenden Rücksichtsnahme ganz an seinen Bruder.

Im Hotel wandere ich hin und her. Geradezu empört bin ich, wenn ich Jemanden aus *28* im 2. Stock herausgehen sehe. Heute kam als ich in meinen 3. Stock hinaufgieng eine Dame mit Wuckerln! Ich wäre beinahe grob geworden. Sonntag Abend fahre ich nach Helsingfors; dort soll alles civilisirter (reinlicher) sein.

Schreibe mir nur, wie es Dir geht. Bis *Freitag* Morgens adressiere nach Petersburg; von Samstag an nach *Helsingfors*, Finnland, *Conzert-bureau Fazer.*

Jetzt sei brav, und *lumpe* nicht, auch wenn es Dir besser geht. Du mußt Dich auch für Amerika gesund machen. Übrigens hoffe ich zuversichtlich, daß Dir die Seereise und der Aufenthalt sine cura wol thun wird.

Mit aller Liebe Dein Gustav

Nr. 238

Hôtel d'Angleterre, St. Petersburg
[St. Petersburg, 24. (?) Oktober 1907]

Mein Almschl!

Jetzt denke ich die ganze Zeit nach, was es ist, daß ich Dir von Petersburg mitbringen soll (was wir in Wien besprachen) und erinnere mich absolut nicht mehr daran. Also bitte, schreibe mir es *sofort!* /Wenn Du mir das Maß schicktest – die *Stiefel* sind hier so wundervoll gemacht und haben so weiches Leder *Chevreau.* Ich will mir jedenfalls ein Paar kaufen und wenn Du wolltest, auch Dir./

Heute war die 2. Probe. Das Orchester hält sich famos. Die Begeisterung ist anhaltend. Heute kam eine Deputation sehr artig und frug an, ob ich für sie 2 Concerte im Februar dirigiren wollte. Ob ich nur im Princip zustimmen wollte. – Ich theilte ihnen natürlich mit, daß die Reise von Amerika hieher doch zu weit sei. Aber in einem andern Jahre sehr gern. Sie bedankten sich auch für dieses Versprechen. –

Schade, daß Du nicht hier bist. Es ist wirklich ein Vergnügen unter solchen Umständen zu probiren. /Von der Abaza kam heute beifolgendes Briefchen. Ich gehe also am Abend um 9 Uhr auf eine Stunde hin./

Im Hotel bin ich in die obere Etage gezogen, um mehr Ruhe zu finden. Aber wahnsinnig schmutzig ist es hier. Ich zahle pro Tag *8 Rubel.* Dafür kriege ich in Deutschland die schönsten Apartements. In Hotel Europa soll es noch theuerer sein.

Almschili! das ist nicht schön von Dir, daß ich bis heute noch immer ohne Nachricht von Dir bin. Eine Corresp[ondenz]karte könntest Du schon selbst bei anhaltendster Thätigkeit an mich wenden. Jetzt, seitdem ich hier oben bin, und die Aussicht auf den schönen Platz mit der großen Isaak Kirche habe, sitze ich gern den ganzen Nachmittag am Fenster beim Schreibtisch, lesend, schlafend, träumend, und hinausschauend.

/Montag fahre ich nach Helsingfors./

Tausend Grüße von Deinem Gustav

/Das ist doch ein Pech. Bei einem Hemd fehlt ein Knopf von vorne herein, und die anderen waren schon so lose, daß sie bei der leisesten Berührung abfielen./

Nr. 239*

Hôtel d'Angleterre, St. Petersburg
[St. Petersburg, 25. Oktober 1907]

Liebste! Heute wieder ohne Brief! Nach dem gestrigen bin ich nun wirklich besorgt; denn Dein Schweigen kann doch nur den einen Grund haben! Laß mir doch durch Mama oder Justi sagen, was los ist. – Mir schleicht diesmal die Zeit langsam dahin. Morgen ist es erst eine Woche, daß ich abgefahren bin und mir erscheint es schon wie 3. –

Heute war öffentliche Generalprobe – sehr voll. Nachher kam wieder das Comité, Walter an der Spitze, zu mir, und bat mich, Ihnen wenigstens für nächstes Jahr die Direktion zweier Beneficeconcerte zuzusagen (das sind so ein[e] Art philharmonische Concerte, die das Orchester auf eigene Rechnung veranstaltet[)]. Du würdest überhaupt staunen, wie lieb die Leute sind.

Eventuell wird es ja ganz nett sein, wenn wir nächstes Jahr im Oktober zusammen (denn da fährst Du natürlich mit) hier 2 Wochen zubringen.

Ich fahre erst *Montag* Abends von hier nach Helsingfors, da ich Sonntag eine Probe für das 2. Concert habe. – Das ist schon fatal, dieses tägliche um *9 Uhr* probiren. Du kennst es ja von anno dazumal.

In die Eremitage bin ich noch immer nicht gekommen, weil täglich von 9–12 Uhr Probe ist, und nachher esse ich, und ruhe dann bis 5 Uhr; um diese Stunde holt mich Frank ab. (Um $^1/_2$ 1 Uhr esse ich täglich mit Gabrilowitsch.[)]

Hoffentlich bekomme ich morgen wenigstens eine Karte von Dir, sonst bin ich wirklich sehr unruhig. Inigst Dein Gustav

Zwischen den beiden Konzerten in St. Petersburg hatte Mahler ein Konzert in der finnischen Hauptstadt eingeschoben. Finnland war seit 1809 in Personal- und Realunion mit Rußland und hatte um die Jahrhundertwende schwere Kämpfe um seine nationale Verfassung ausgefochten. Es war jene Zeit, in der Jean Sibelius seine *Finlandia* komponierte. Mahlers Konzert am 1. November brachte abermals Werke von Beethoven: die 5. *Sinfonie* und die *Coriolan*-Ouvertüre sowie Wagners Vorspiel zu *Tristan, Isoldes Liebestod* und das *Meistersinger*-Vorspiel.

Nr. 240*

Hôtel d'Angleterre, St. Petersburg
[St. Petersburg, 28. Oktober 1907]

Liebste! Dießmal bist Du sehr faul. Ich hatte wieder über 2 Tage keinen Brief – und gieng schon in größter Sorge herum.

Vorgestern war also das Conzert. (mit Riesenerfolg) Nächstes Jahr will mich das Orchester für 2 Conzerte haben, und dazwischen möchte der Intendant, daß ich 2–3 Vorstellungen im Theater dirigire. Eventuell kann man das im Oktober machen.

Heute Abend fahre ich nach Helsingfors (*Societätshus* ist die Adresse). Ferner mußt Du schreiben H. in *Finnland*. Die Saburoffin kam nun auch an. Wenn ich zurückkomme, muß ich mich eben durchfressen; dießmal gieng ich nirgends hin.

Über alle Deine Pläne gelegentlich mündlich. Was sagt der Karl zu alldem? Vor Allem zu *Aussee*? Denn für die nächsten Jahre mindestens müssen wir für das *Frühjahr* und *Sommer* gesorgt haben; denn Du hast Recht – die Wintermonate sind wir ja wahrscheinlich doch nicht zu Hause. – Gestern wurde es endlich kalt, und ich fuhr mit Stolz und Behagen in meinen Pelz. Die Ärmel sind vielleicht etwas zu kurz und eng gerathen. Das muß geändert werden, wenn ich zurückkomme. Sonst ist er sehr fein und macht Aufsehen. Das Petersburger Klima ist mir sehr angenehm. *Zu schade*, daß Du nicht mit bist. Ich bitte Dich, bringe wieder Deinen Herzzustand an, bevor ich komme und vor Allem laß Dir den *Hammerschlag* kommen! Aber *wirklich*! Laß es nicht anstehen – Du wirst es sonst *bereuen*! Warum schreibst Du nichts von Gucki? Und wissen möchte ich, wie es Mama und Karl geht! Innigst Dein Gustav

(Das Orchester hier ist wirklich reizend und *herzlich* zu mir.)

Nr. 241

Hôtel Societetshuset, Helsingfors
[Helsingfors, 30. Oktober 1907]

Mein Almschili!

Also gestern der erste Tag in Helsingfors. Hier ist es leider Patschwetter und ich muß meinen schönen Pelz ausziehen. Am Abend war ich in einem populären Conzert – wo ich auch mein Orchester kennen lernte. Es ist erstaunlich gut und disciplinirt, was sehr für den hiesigen Musikdirektor *Cajanus* spricht, der übrigens einen sehr guten Namen in der Musikwelt hat. – Er war Nachmittags bei mir und leistete mir Gesellschaft. Ein äußerst sympatischer, ernster, bescheidener Mensch.

Am Abend im Conzert – bei Biertischen – setzt sich plötzlich Axel Galén [sic] zu mir, brachte auch seine Frau. Und nach dem Conzert blieben wir auch mit Cajanus und Frau und einem Pianisten aus Brüssel zusammen. Galén war riesig aufgekrazt und gefiel mir sehr gut. Ich empfahl mich aber um 11 Uhr und gieng schlafen, was allgemeines Aufsehen erregte, denn hier lumpt man bis zum Morgen. Samstag, den Tag nach dem Conzert, will Galén mich mit seiner Jolle abholen und etwas am Wasser unternehmen. Am Abend fahre ich dann wieder nach Petersburg zurück.

Im Conzert hörte ich auch einige Stücke von *Sibelius*, dem finnischen National-komponisten, von dem nicht nur hier, sondern auch in der musikalischen Welt, großes Aufheben gemacht wird. In dem einen hörte ich ganz gewöhnlichen Kitsch durch diese gewissen »nordischen« Harmonisationsmanieren als nationale Sauce angerichtet. »Pui Kaiki«.

So sehen übrigens überall die Herren nationalen Genies aus. In Russland und Schweden ist ein Gleiches – und in Italien dieser Huren und Louis erst recht. Da macht Axel mit seinen 12 Schnäpsen vor der Suppe und seiner Jolle doch ein anderes Gesicht und man spürt das Echte an seiner Gesundheit und Race. Bis jetzt bin ich noch ohne Nachricht von Dir.

Sei vielmals gegrüßt, mein liebes Almschili! Gustav

/Um 12 Uhr habe ich die erste Probe./

Die Bahnfahrt von St. Petersburg nach Helsingfors dauerte etwa acht Stunden. Am ersten Abend besuchte Mahler ein Konzert unter Leitung des Begründers des modernen Musiklebens in Finnland, Robert Kajanus, der als Freund und Förderer von Jean Sibelius unter anderem dessen heute wenig bekannte symphonische Dichtung *Vårsång* (Frühlingslied) *op. 16* und als Extranummer den *Valse triste* dirigierte. Beide Stücke sind für Sibelius wenig charakteristisch, und Mahlers niederschmetternde Kritik erscheint nicht unberechtigt.

Alma vermerkt zu Mahlers »Pui Kaiki«: »...die kleine Gucki konnte nur dies statt pfui Teufel sagen«.[162]

Der »Pianist aus Brüssel« ist der berühmte Klaviervirtuose Arthur de Greef. Finnlands großen Maler, Akselli Gallen-Kallela, von Mahler »Galén« geschrieben, hatte er schon früher in Wien kennengelernt, als dieser an den Ausstellungen der Secession teilgenommen hatte.

Mahler war von dem Komponisten Sibelius enttäuscht. Die menschliche Begegnung war jedoch positiv. Im Gespräch vertrat Sibelius den Standpunkt, daß die Gattung Sinfonie das tiefe und verborgene Geflecht motivischer Beziehungen sei, worauf Mahler antwortete: »Nein, nein! Eine Sinfonie muß alles einschließen.«[163]

Die Begegnung der beiden Künstler war insofern von einer gewissen Spannung überschattet, als Sibelius hoffte, daß Mahler seine Werke in New York aufführen würde.

Nr. 242*

[Helsingfors, 31. Oktober 1907]

Liebste! Eben Dein Telegramm vom Semmering erhalten, mit der Anzeige Deines »Wolseins«! Ich bin ganz glücklich darüber. Helsingfors ist herrlich durch sein Meer. Überall fließt es ein, und überall sieht man es. Trotzdem mopse ich mich sehr, weil ich wenig spazieren gehen kann – nach den Proben ruhe ich mich immer aus. (Nach Tisch auch). Meine Adresse in Petersburg bleibt: Hotel d'Angleterre. Ich will nicht mehr wechseln, habe mich auch schon daran gewöhnt.

Mir kommt es schon wie eine Ewigkeit vor, daß ich von Dir weg bin. – Ich gehe wieder zur Probe, und schicke nur diese Zeilen rasch weg,damit Du meine Petersburger Adresse hast.   Servus Gustav

Nr. 243

[Helsingfors, 2. November 1907]

Liebste! Also gestern das Conzert. Aus ganz Finnland kamen die Leute zusammen. *Sibelius* war schon Vormittag bei mir. Auch ein äußerst sympatischer Mensch, wie alle Finnländer.

Nach dem Conzert war auch Galén [sic!] mit. Jetzt sitze ich da und warte auf ihn, der mich mit seinem Motorboot in den finnischen Schären spazieren führen will. Leider regnet es, und ich fürchte, daß dieß das Vergnügen ein wenig beeinträchtigen wird. Doch halt! Was ist das? Währendem ich dieß schreibe kommt die Sonne /ein wenig/ hervor! Also vielleicht wird es doch noch ganz hübsch.

Der *Gedankenstrich* in Deinem Briefe, wo Du mir schreibst, daß Du vom Semmering schon weg mußt – hat mich sehr wenig erfreut. Aber Almschi! Ist das wirklich ein Grund? Wenn es Dir oben so gut that, so hättest Du oben bleiben sollen. Die 100 fl. werden wir auch noch erschwingen! Du weißt doch jetzt endlich, welch ein Kostbares Gut die Gesundheit ist.

Abends geht es nach Petersburg – Gott sei Dank die Zeit nähert sich nun ihrem Ende. Mir ist schon sehr fad zu Muth; obwol ich hier wie in Petersburg recht gut aufgehoben bin.

/Eben kommt Galen, um mich abzuholen. Also ich schließe den Brief und grüße Dich tausendmal/   Dein Gustav

/Vergiß nicht, die Joghurtmaschine zu kaufen, damit ich meine Milchkur wieder anfange, wenn ich zurückkomme. Auch mit dem *Masseur* möchte ich sofort anfangen. Besprich alles, damit es bereit ist.

Besten Gruß von Gallén [von Gallen-Kallela geschrieben]/

Nr. 244

Hôtel d'Angleterre, St. Petersburg
[St. Petersburg, 4. November 1907]

Mein liebes Almschili! Der Laustanz von Kellner, dem ich seit einer Stunde schelle, will nicht kommen und mir Briefpapier bringen. Ich muß also auf diesem Telegraphenblanquet schreiben – selbverständlich also im Telegraphenstyl. –

Seit gestern Morgen (von Finnland angekommen) collationire ich an den Orchesterstimmen [der 5. Sinfonie] – und bin eben mit Ach und Weh fertig geworden. Mein Mittelfinger der Rechten hat ein großes Loch. – Der Tag mit Gallen war noch recht hübsch. Er und ein sehr berühmter Architekt, dessen Name ich mir nicht merken kann waren um mich besorgt, wie 2 Ammen. Sie wickelten mich in Plaids ein und atzten mich mit finnischen Butterbroden, von denen mir ganz übel wurde. – Ich fror wie ein Windhund (– sie aber auch). Nach 3 stündiger Meerfahrt die durch die Schären gieng, und die abwechslungsreichsten Ansichten brachte, kamen wir am Ziel unserer Fahrt an, wo wir von Wagen und Pferd erwartet, in sehr lustiger Fahrt in einem reizenden Hause – ganz a la Hofmann – eigentlich mehr einen Schlosse, wo wir sehr gastlich aufgenommen wurden. –

Dieser Architekt wohnt dort mit seinem Compagnon (dessen Namen ich mir gemerkt habe, er heißt Gesellius) Winter und Sommer.

An einem See gelegen, und von oben die Aussicht in's Meer. Die Räume reizend – ganz a la Hohewarte in's *Finnische* übersetzt. Diese 2 Architekten, 2 sehr sympathische junge Leute waren mit 2 ebenso jungen Frauen ein Jahr verheirathet, lebten äußerst lustig zusammen (es sind Jugendfreunde); bis es ihnen vor einem Jahr ungefähr einfiel, daß ohne Abwechslung das Leben doch nur ein »bloßes Dasein« ist – was thun? Nun, sie wechselten ihre Frauen um, und leben nun seit einem Jahr ebenso lustig wie vorher zusammen und bauen Andere Häuser und bevölkern ihr eigenes. Ist diese Geschichte nicht hübsch? – Am Abend, als es sehr schumrig war setzten wir uns in der Dämmerung an den Kamin, wo mächtige Scheite Holz brodelten und glühten wie eine Schmiede. – Galen [sic!], der schon die ganze Fahrt hindurch mich so wunderbar fixirte (wie ein Jäger einen Hasen) stellte plötzlich eine Staffelei auf und fing mich an einzufangen. Ganz a' la Rembrandt nur vom Kamin Beleuchtet.

Als er so eine halbe Stunde zeichnete, wurde ich zappelig, und wir standen auf und giengen hinaus in den Wald spazieren. – Ich war recht froh, entronnen zu sein, und erinnerte ihn nicht mehr an's Malen. Nach einer Stunde kam die Zeit meiner Abfahrt und ich verabschiedete mich eben, als der Hausherr die Staffelei heranbrachte und zur Verwunderung Aller stand das Bild – ganz fertig hingeworfen da. Als Bild herrlich – und dabei sehr ähnlich. – Ihr würdet Augen machen! Das ist doch ein Patentkerl? Es war übrigens wirklich ein prachtvoller Anblick, ihn am Schiff steuernd zu sehen – gewöhnlich hoch aufgerichtet, die 2 Gluthpfannen im Gesicht in die Ferne gerichtet – so stramm und aufrecht; wie ein Wikinger. Ich denke, in den müssen die Frauen riesig verschossen sein! – Ich war übrigens ganz erwärmt von all den lieben Leuten, die trotz ihrer Herzlichkeit keinen Moment aufdringlich waren. Ich legte mich sogar, ohne ein Wort zu sagen in's Nebenzimmer auf's Canapee schlafen und kein Laut störte mich. –

Seit gestern bin ich nun wieder hier im Gewahrsam von Frank u. Gabrilowicz, besonders letzterer holt mir das Blaue vom Himmel.

Heute kam ein Telegramm von Dir: »*Alles wol*« – es ist hoffentlich nur eine verspätete Antwort auf meinen letzten Briefe. Weißt Du, daß diese Briefe *4 Tagen* brauchten, bis sie an ihren Bestimmungsort gelangten –

Schreib doch mal ausführlich – d. h. Du mußt Dich beeilen, sonst bin ich vorher schon bei Dir.
Tausend Grüße von Deinem Gustav

/Grüße Karl u. Mama
und Justi, die mir sehr lieb geschrieben. Vielleicht finde ich noch Zeit zu einer Antwort./

Die beiden Architekten, mit denen Mahler durch Gallen-Kallela bekannt gemacht wurde, waren Eliel Saarinen und Hermann Gesellius. Beide Architekten waren an der Entstehung der allgemein bewunderten, die Neubesinnung der Architektur repräsentierenden Künstlerkolonie »Hvitträsk« (Die weiße See) beteiligt. Dort lebten sie in zwei verschiedenen Häusern, für die sie die gesamte Innenarchitektur entworfen hatten, ausgeführt von den besten finnischen Kunsthandwerkern. Mahler hat übrigens die ehelichen Verwicklungen mißverstanden: Es war Saarinens erste Frau Mathilde, die ihn verlassen hatte, um Gesellius zu heiraten, und danach hatte Saarinen die Schwester von Gesellius, Loja, geheiratet.

Gallen-Kallelas Mahler-Porträt befindet sich heute in einer Privatsammlung (s. Bildteil, Nr. 43)

Nach seiner Rückkehr von Helsinki dirigierte Mahler am 9. November in St. Petersburg zum letztenmal in seinem Leben seine 5. *Sinfonie*, danach spielte der französische Pianist Raoul Pugno das 2. *Klavierkonzert* von Rachmaninow und zwei Sätze eines *Klavierkonzertes in Es-Dur* von Mozart unter der Leitung des russischen Dirigenten Mihail Vladimirov. Mahler beschloß das Konzert mit Beethovens *Coriolan*-Ouvertüre und den *Tristan*-Ausschnitten.

Nr. 245*

Hôtel d'Angleterre, St. Petersburg
[St. Petersburg, 5. November 1907]

Heute bekam ich Dein 2tes Telegram[m] mit »Alle wol«. – aber, Almschi, das ist eine ganz neuartige Einführung, und ich weiß gar nicht, was ich damit anfangen soll. Denn meine Logik sagt mir: entweder ist nicht Alle wol, und das Telegramm soll nur ein wenig beruhigen, ohne was zu sagen; oder es ist Alle wol, und da begreife ich dann nicht, warum Du nicht einmal Zeit zu einer hingeschmierten Karte finden solltest. – Und meine Ankunft soll ich telegrafiren? Heute, also gerade eine Woche vorher? Da könnte doch noch Manches dazwischen kommen. –

Heute habe ich Nichts Neues zu vermelden. Von Burckhard lese ich heute ein Feuilleton in der *neuen freien* [Presse, Wien], da ist er also hoffentlich wieder gesund.

Auch den Unglückfall des Lehrers Kraus erfahre ich. Da wird sich wol die Mama und Karl sehr kränken.

Gestern war ich [in] der hiesigen Oper. *Onegin.* Sehr reiche Mittel, aber roh, und oft dilettantisch verwendet – wie überall, – und wie bald auch in Wien! Ihr werdet schon sehen.

Bin wirklich neugierig, ob ich von Dir im Laufe dieser Woche außer Telegramme noch was zu Gesicht bekommen werde. Tausend Gustav

Nr. 246[*]

Hôtel d'Angleterre, St. Petersburg
[St. Petersburg, 8. November 1907]

Mein Almschi, jetzt bin ich seit 3 Tagen ohne irgend eine Nachricht – 3 Tage vorher hatte ich täglich ein Telegramm, sonst nichts. Das kann ich mir nun nicht mehr erklären.

Deine Briefe nach Helsingfors dürfte ich noch alle bekommen haben. Der letzte war der Bericht über die Vorstellung der Butterfly. – Hier geht es seinen gewohnten Gang. Die Proben zu diesem Conzert waren recht anstrengend, aber ich hoffe, daß ich sie recht gut überstanden habe.

Die heutige Generalprobe war bis zum letzten Platz ausverkauft. Der Erfolg enorm. Ich scheine mich so zu so einer Art zweiten Nikisch aufgeschwungen zu haben. Allerdings habe ich nirgends so viele ernste Elemente, und so nette begeisterungsfähige Jugend getroffen. So giebt es allerdings schon eine Menge, welche den Unterschied zwischen Mahler und Nikisch (der hier bis jetzt der erklärte Favoritdirigent war) schon bemerken. Ich war auch im Theater bei einigen Vorstellungen, recht interessant.

Wenn also Alles gut geht, fahre ich Sonntag Abend von hier ab und komme Dienstag Nachmittags circa $1/_2 4$ Uhr in Wien an.

Der Fall Kraus wird wol Carl und Mama recht nahe gegangen sein.

Heute bekam ich von Freund einen »Freundes«brief.

Warum Du nicht schreibst – da Alles wol ist, wie Du telegrafirst, kann ich mir nicht erklären.

Hoffentlich giebt es keinen ernsten Grund.

Tausend Grüße von Deinem Gustav

Nr. 247*
Telegramm   St. Petersburg, 10. November 1907

ankunft dienstag halbvier   gustav

Mahlers *2. Sinfonie* ein Jahr zuvor war ein Erfolg gewesen. Gegenüber der *5. Sinfonie* verhielt sich das Publikum nun ablehnend, und auch die meisten Kritiker lehnten das Werk ab. Nur ein Kritiker stellte fest, daß Mahler »einer der originellsten und brillantesten Repräsentanten moderner symphonischer Musik« sei.

Unter den Zuhörern dieses Konzerts befanden sich zwei besonders illustre Persönlichkeiten: Nikolai Rimski-Korsakow und der junge, noch unbekannte Igor Strawinsky. Der ältere Meister verurteilte das Werk als bar jeden Geschmacks und Talents, mißbilligte die Instrumentation als »außerordentlich roh und schwerfällig« und empfand das ganze Werk als »eine Art arroganter Improvisation auf dem Papier, wobei der Komponist nie genau weiß, was im nächsten Takt passiert«.[164] Fünfzig Jahre später erinnerte sich Strawinsky, daß der Dirigent Mahler und seine Persönlichkeit einen bei weitem größeren Eindruck auf ihn hinterlassen hatte[165] als seine *5. Sinfonie.*

Zwölf Tage nach seiner Rückkehr von St. Petersburg nahm Mahler als Komponist und Dirigent mit einer Aufführung seiner *2. Sinfonie* am 24. November 1907 endgültig Abschied von Wien.

Wie die Wiener Öffentlichkeit auf den Verlust ihres größten Operndirektors reagierte, zeigen markant einige gegensätzliche Zeugnisse.

Richard von Perger, Direktor des Wiener Männergesangvereins und Konservatoriums, schloß seinen Bericht über Mahlers Abschiedskonzert mit der Bemerkung: »Wie schade, daß der phantasiereiche, alleswollende und vielkönnende Mann neben allen sonstigen Gaben nicht auch echte, schöpferische Kraft und naive Erfindung besitzt, er wäre dann wohl der ersten einer.«[166]

Der Kritiker Max Graf meinte: »Die Tätigkeit Gustav Mahlers als Hofoperndirektor ist meiner Meinung nach trotz seiner genialen künstlerischen Anlage durchaus destruktiv gewesen. Trotz seines zehnjährigen Aufenthalts in Wien ist Gustav Mahler in dieser Stadt ein Fremder geblieben. [...] Keine der Neigungen der Wiener Gesellschaft wurde von ihm geteilt, der Zauber der Stadt hat ihn nicht umfangen und keiner seiner Kompositionen merkt man es an, daß der Mann, der sie geschrieben hat, auf dem Wiener Boden tätig gewesen ist.«[167]

Der Schriftsteller Hermann Bahr hingegen vertrat die Auffassung, daß Mahlers Tätigkeit »die größte Zeit der Wiener Oper [war], ein ganz einziger Versuch, einmal ein Theater rein künstlerisch zu leiten«.[168]

In einer Zeit des Umbruchs hatte Mahler die Grenzen des Musiktheaters des 19. Jahrhunderts erkannt. Als der Zug den Wiener Westbahnhof in Richtung Paris verließ, resümierte er gegenüber Alma sein Wirken: »Die Repertoire-Oper ist hin. Ich bin froh, daß ich den Abstieg hier nicht mehr selber miterleben muß. Es ist mir doch bis zum Schluß gelungen, das Publikum darüber hinwegzutäuschen, daß ich mit Wasser gekocht habe.«[169] Am 9. Dezember um acht Uhr morgens waren etwa zweihundert Freunde und Bewunderer einem Aufruf von Schönberg-Schülern gefolgt und hatten sich für ein letztes Lebewohl am Westbahnhof eingefunden. Alma berichtet: »Sie standen, als wir ankamen, alle schon da, die Hände voll Blumen, die Augen voll Tränen, stiegen in unser Coupé, bekränzten es, die Sitze, den Boden, alles. Wir fuhren langsam aus der Halle, ohne Bedauern, ohne Sehnsucht. Zu schwer waren wir getroffen, wollten nur weg, nur in die Ferne.«[170]

»Ohne Bedauern? Ohne Sehnsucht?« Dies galt sicher für Alma, bereit, zu neuen Ufern aufzubrechen, im 28. Lebensjahr ohne größere Schwierigkeiten noch anpassungsfähig. Anders stand es um Mahler und dessen Verwurzelung im europäischen Kulturkreis. Einige sei-

Euer Hochwolgeboren !

Die Verehrer Gustav Mahlers versammeln sich zum Abschied am Montag d. 9. vor ½ 9 Uhr früh am Perron des Westbahnhofs und laden Sie ein, dort zu erscheinen und Gleichgesinnte davon zu verständigen. Da Mahler mit dieser Kundgebung überrascht werden soll, erscheint es dringend geboten, Personen, die der Presse nahestehen, nicht ins Vertrauen zu ziehen.

Dr. Anton v. Webern.   Dr. Paul Stefan.
Dr. Karl Horwitz.   Heinrich Jalowetz.

ner Kollegen, zum Beispiel Richard Strauss, hatten schon gelegentlich in den USA dirigiert, dabei aber hauptsächlich die – vergleichsweise – fürstlichen Honorare schätzengelernt. In Künstlerkreisen war man sich in den Vorurteilen gegenüber Amerika weitgehend einig: das Land des allmächtigen Dollars und der philiströsen Millionäre, ein Land, in dem Kultur weder Tradition besaß, noch als Notwendigkeit erschien; ein Land, in dem »making money« an oberster Stelle stand und Kunst nur ein schmückendes Beiwerk der führenden Gesellschaftskreise war. Tatsächlich erhielt Mahler für vier Monate Arbeit eine circa vierfach höhere Gage als in Wien für die ganze Saison. Neu war für ihn, daß er in New York keinerlei administrative Kompetenzen mehr besaß und sich mancher unangenehmen Entscheidung der Verwaltung unterordnen mußte.

Im Jahr 1907 war es offenbar noch möglich, mit dem Opernbetrieb Geld zu verdienen, vorausgesetzt, man war bereit, Kompromisse zu Lasten des Künstlerischen zu schließen. Wie so mancher Theaterdirektor in Amerika und Europa hatte auch Conried einen untrüglichen Instinkt für den Publikumsgeschmack. Das Aufspüren junger Talente zählte ebenfalls zu seinen bemerkenswerten Fähigkeiten.

Oper in New York war zu jener Zeit vorwiegend eine Sache der oberen Zehntausend. Die Metropolitan Opera war 1883 von einer Gruppe von Millionären finanziert worden. Die eigene Loge war Statussymbol. Berühmte Stimmen interessierten das Publikum mehr als der künstlerische Anspruch eines Werks. In der Met gesehen zu werden war wichtiger als das individuelle Kunsterlebnis. Auch nachdem sich der Vorhang gehoben hatte, verstummten die Gespräche in den Logen nicht. Aufführungen von Werken Richard Wagners waren relativ selten, die Partituren entstellend gekürzt. Auch Werke von Mozart gehörten zu den Seltenheiten. Im Jahr 1906 zwang ein Ereignis besonderer Art Conried jedoch zu neuen Strategien.

Oscar Hammerstein hatte in diesem Jahr sein neues Opernhaus in New York, »The Manhattan Opera House«, eröffnet und geradezu sensationelle Erfolge mit Primadonnen wie Nelli Melba, Luisa Tetrazzini und Mary Garden erzielt. Sein Repertoire berücksichtigte auch das zeitgenössische Musiktheater, so etwa die von der Met verbannte *Salome*, französische Opern wie *Thaïs* von Massenet und *Pelléas und Mélisande* von Debussy, deren Exklusivrechte sich der ehemalige Tabakwarenfabrikant Hammerstein gesichert hatte. Sein Theatermanagement war ungleich progressiver als Conrieds, der erst mit der Verpflichtung eines international anerkannten Dirigenten wie Mahler den Weg zu Reformen an der Met beschritt.

Nach der Abreise von Wien am 9. Dezember trafen Mahler und Alma am 10. Dezember in Paris ein. Am 11. Dezember besuchten sie eine Aufführung des *Tristan* mit Ernest van Dyck in der Titelrolle. Mahler verließ vorzeitig die Grand Opéra. Das Paar blieb im Hotel Bellevue bis zum 12. Dezember, reiste dann nach Cherbourg weiter und traf – an Bord der »Kaiserin Auguste Viktoria« – am 20. Dezember in New York ein. Sie stiegen im Hotel Majestic ab, und Mahler probte erstmals am 23. Dezember mit dem Orchester der Metropolitan Opera.

Am 1. Januar 1908 gab er sein Debüt mit einer Neuinszenierung des *Tristan*. Nur neun Tage hatten ihm für Proben zur Verfügung gestanden, eine sehr kurze Zeit, wenn man bedenkt, daß in Wien für ein solches Unternehmen stets mehrere Wochen eingeplant waren. Als »Ausgleich« für die kitschige Inszenierung und die wenigen Proben konnte Mahler mit einer hervorragenden Besetzung arbeiten. Olive Fremstad sang die Isolde, Heinrich Knote den Tristan und Louise Homer die Brangäne. Die Presse stellte in großspaltigen Aufmachungen Mahlers Leistung in eine Reihe mit Aufführungen der größten deutschen Dirigenten, wie etwa Felix Mottl und Anton Seidl. Lediglich der von Mahler zugunsten der Sänger zurückgenommene Orchesterklang überraschte einige Kritiker. Lawrence Gilman schrieb in »Harper's Weekly«, Mahlers Interpretation hätte es an »feuriger Ekstase« gemangelt.

Auf den *Tristan* folgte *Don Giovanni* am 23. Januar. Produktion und Inszenierung entsprachen dem üblichen Standard, die Besetzung hingegen war außergewöhnlich: Emma Eames, Johanna Gadski, Marcella Sembrich, Antonio Scotti und Fjodor Schaljapin.

Einige New Yorker Kritiker, insbesondere der zum Jähzorn neigende Henry Krehbiel von der »Herald Tribune«, litten Europäern gegenüber an schier unüberwindlichen Minderwertigkeitskomplexen, die sie durch Pseudowissenschaftlichkeit zu kompensieren suchten. Krehbiel bekrittelte, daß Mahler sich weigere, den traditionellen Tempi zu folgen. Auch künftig war er in seinen Rezensionen Mahler nicht wohlgesonnen. Im Fall des *Don Giovanni* blieb dies jedoch sein einziger Vorbehalt.

Schon im Januar 1908 mußte Mahler feststellen, daß die Gerüchte, die er noch vor seiner Abreise aus Wien gehört hatte, den Tatsachen entsprachen. Der »Board of Directors« verlängerte den auslaufenden

Vertrag mit Conried nicht. Sein schlechter Gesundheitszustand mag dabei eine Rolle gespielt haben. Man bot Mahler die Nachfolge an, jedoch war er fest entschlossen, nie wieder Verwaltungsaufgaben zu übernehmen. Statt seiner wurde schließlich der bisherige Leiter der Mailänder Scala, Giulio Gatti-Casazza, verpflichtet, in dessen Gefolge sich der Dirigent der Mailänder Oper, Arturo Toscanini, befand.

Mahler konnte sich wohl nicht vorstellen, daß durch einen italienischen Maestro Schwierigkeiten entstehen könnten. Er selbst hatte seinerzeit den vorher in Lemberg tätigen Francesco Spetrino für den Bereich der italienischen Oper in Wien verpflichtet und dann gut mit ihm zusammengearbeitet. Während der Saison 1907/08 brachte Mahler noch am 7. Februar die *Walküre* und am 19. Februar *Siegfried* heraus. Beide Inszenierungen litten, wie die beiden vorangegangenen, unter dem gleichen Mißverhältnis: schwache Inszenierung – hervorragende Besetzung.

Seinen größten Erfolg errang Mahler zum Ende der ersten Spielzeit. Es war einer der künstlerischen Höhepunkte seines Lebens überhaupt. Am 20. März brachte er eine Neuinszenierung des *Fidelio*, wobei Mahler nicht nur dirigierte, sondern auch Regie führte. Er hatte Conried überreden können, die Bühnenbilder Alfred Rollers von 1904 von der Wiener Oper auszuleihen, und bekam von ihm überdies zahlreiche Proben genehmigt.

Mahlers Interpretation des Beethovenschen Werkes, das er über alles liebte, das aber bis dahin in New York alles andere als populär war, wurde vom Publikum und der Presse enthusiastisch gefeiert. Am Ende der Vorstellungen erntete Mahler geradezu ekstatischen Beifall, insbesondere für seine ungewohnte Einfügung der Ouvertüre *Leonore III* vor der letzten Szene des 2. Aktes. Die »mitreißende Beredsamkeit«[171], die »dramatische Gewalt in jeder Phase«[172], »die Gewalt […] und die unwiderstehliche Leidenschaftlichkeit«[173] der Aufführungen wurden in den Himmel gehoben. Mahler schrieb an Anna Moll: »Der Fidelio hat mächtig eingeschlagen und meine Chancen mit einem Schlage ganz verändert.«[174] Mahlers gefeierter Erfolg zog weitreichende Konsequenzen nach sich.

Mrs. George R. Sheldon, die Ehefrau eines bekannten New Yorker Bankiers, gründete im März 1908 eine Vereinigung, deren Ziel es war, entweder ein neues Mahler-Orchester zu schaffen oder das alte Philharmonische Orchester New Yorks wiedererstehen zu lassen. Im Gegensatz zu früheren Zeiten sollte das Philharmonische Orchester zu einer ständigen Einrichtung werden, mit entsprechend vielen Konzerten während einer Saison. In der Zwischenzeit hatte Walter Damrosch, der Leiter der New York Symphony, Mahler für drei Konzerte mit seinem Orchester im Herbst 1908 verpflichtet. Damrosch war außer sich, als er von Mrs. Sheldons Plänen erfuhr sowie von den drei Probekonzerten, die Mahler mit den New Yorker Philharmonikern im nächsten Jahr geben sollte. Damrosch war ein mittelmäßiger Dirigent, verfügte aber über weitreichende Verbindungen. Mahler empfand er als übermächtigen Rivalen, der seine Existenz bedrohen konnte. Er wurde in der Folgezeit Mahlers erbittertster Feind.

Vor seiner Rückkehr nach Europa dirigierte Mahler einige Aufführungen mit der Metropolitan Opera Company in Boston und New York. In einer Benefiz-Aufführung für den scheidenden Heinrich Conried, der am 24. März 1909 starb, setzte Mahler noch einmal auf seine außerordentliche Interpretation der 3. *Leonoren*-Ouvertüre.

Die Gefühle, die Mahler am Ende seiner ersten Spielzeit in den USA bewegten, waren durchaus gemischt: In einem Land zu leben, das keine Vorurteile kannte, gefiel ihm. Vorherrschendes Nützlichkeitsdenken machte ihn für notwendige Kompromisse flexibler. Die Vorstellung aber, den Publikumsgeschmack und das Niveau der Aufführungen an der Met heben zu können, reizte ihn. Immerhin hatte er sich, was seine Qualitätsvorstellungen betraf, partiell durchsetzen können. Für die nächste Spielzeit waren ihm bereits erheblich mehr Proben zugestanden worden. Kurz vor der Rückreise nach Europa schrieb Mahler an Zemlinsky: »Im nächsten Winter gehe ich wieder zurück. Wir beide haben sehr großes Gefallen an diesem Lande gefunden, die Frische, Gesundheit und Geradheit aller Verhältnisse ziehen uns stark an. In allem liegt Zukunft.«[175]

Zur gleichen Zeit beschrieb Mahler in einem Brief an die Gräfin Wydenbruck die Kehrseite der Medaille: »Mein Heimweh, das mich die ganze Zeit geplagt hat (leider bleibe ich im Gegensatz zu meiner Frau, die am liebsten ganz hier bliebe, ein eingefleischter Wiener), verwandelt sich in jenes gewisse erregte Sehnen, das Sie gewiß kennen.«[176] Das Heimweh indes war nur eines der Kümmernisse, die seine Stimmung trübten. Mehr und mehr beschäftigte ihn nun auch seine angeschlagene Gesundheit; auch hatte er den tragischen Tod von Putzi keineswegs überwunden. Alma schrieb: »Außerdem wußte er jetzt, daß er selbst krank war, und alles andere verlor für ihn an Gegenwart. Er war nervös, auffahrend, gereizt, und dieser Winter war sehr traurig für mich – sicherlich für uns beide.«[177]

Am 23. April 1908 kehrten Mahler und Alma wieder nach Europa zurück. Sie trafen am 2. Mai in Cuxhaven ein und fuhren weiter nach Hamburg. Während Alma noch einige Tage blieb, vielleicht um ihre Angehörigen zu besuchen, reiste Mahler nach Wiesbaden. Hier leitete er am 8. Mai ein Konzert mit seiner *1. Sinfonie*, Mendelssohns *Hebriden*-Ouvertüre und Beethovens 3. *Leonoren*-Ouvertüre.

Wie früher auch, schrieb Mahler vor Abfahrt des Zuges.

1908

Nr. 248*

Hamburg, 5. Mai 1908

Viele Grüße, liebstes Herz   Ich habe noch reichlich Zeit   G.

Alma kam zum Konzert, wie auch Mahlers alte Freunde Arnold Berliner und Ossip Gabrilowitsch. Das Konzert selbst aber war eine Ent-
täuschung, da es wegen erhöhter Preise vor nahezu leerem Haus
stattfand.

Am nächsten Tag ging es weiter nach Wien, wo das Ehepaar
zunächst auf der Hohen Warte bei Molls abstieg, um anschließend
wieder die alte Wohnung in der Auenbruggergasse zu beziehen.

Bereits am 20. Mai reiste Mahler allein nach Prag, um dort drei
Tage später ein besonders festliches Konzert zu dirigieren. Kaiser
Franz Joseph feierte im Jahr 1908 sein sechzigstes Regierungsjubi-
läum, nicht nur als Kaiser von Österreich, sondern auch als König von
Böhmen und Ungarn, wobei Prag diese Personalunion auf seine Weise in der neu erbauten Tonhalle mit zehn Konzerten feierte. Mahler
eröffnete die Reihe mit der 7. *Sinfonie* und der *Coriolan*-Ouvertüre
von Beethoven sowie der Ouvertüre zu Smetanas *Die verkaufte Braut*
und Ausschnitten aus Wagner-Opern.

Nr. 249*

[Prag, 21. Mai 1908]

glueckliche ankunft   ausgezeichnetes befinden   gruesse gustav

Nr. 250

Hotel Blauer Stern, Prag
[Prag, 22. Mai 1908]

Mein Almscherl!

Ich war sehr froh, heute von Dir ein Brieferl zu haben. – Der gestrige
Tag sehr angenehm. Das Orchester sehr gut und willig. – Ich bin stets
von einem Stab junger (sehr netter) Leute umgeben – unter Andern
dem Bodanzsky [sic] und dem *Klemperer*, der den prachtvollen Cla-

357

vierauszug zu 2 Händen von der 2. [Sinfonie] gemacht hat. – /Mein Zimmer in einer Dependance des *Blauen Stern* ist reizend – von Fix u. Portois eingerichtet.

Das »Norden«-Brot, das mir Justi mitgab, *schmeckt* mir sehr, und scheint sehr gut zu dienen. *Bitte, bestelle mir für den Sonntag Abends* (ich komme wahrscheinlich halb acht an, falls ich nicht in der Nacht zurückfahre, was aber doch ein Unsinn wäre), *einen weiteren Laib.*/

Ich bin neugierig, was wir am Ende doch noch für den Sommer bekommen werden. Ich überlasse Alles Dir. – Heute kommt die zweite Probe.

Der Dirigent des hiesigen cechischen Orchesters, ein Dr. Zemanek, der heuer mit stürmischen Erfolg meine Vierte aufführte, gefällt mir persönlich sehr gut. Die Aufführung soll, wie mir Bodanzsky und Andere erzählen, famos gewesen sein.

Tausend Busserln, mein Almschi, und auf baldiges Wiedersehen!

Dein Gustav

Der gebürtige Wiener Arthur Bodanzky war ursprünglich Violinist. Mahler hatte ihn im Jahr 1903 als Repetitor an die Hofoper verpflichtet, entließ ihn aber schon nach einem Jahr. Nach verschiedenen Engagements wurde Bodanzky als 1. Kapellmeister an das Prager Königlich Deutsche Landestheater verpflichtet. Als leidenschaftlicher Verehrer Mahlers veranstaltete er in Mannheim im Jahr 1912 das erste deutsche Mahler-Festival.

Otto Klemperer und Mahler hatten sich im November 1905 kennengelernt, als Klemperer das Fern-Orchester in Oskar Frieds Aufführung von Mahlers 2. *Sinfonie* dirigierte (s. Brief 150). Zwei Jahre später suchte Klemperer Mahler in Wien auf. Als Zeichen seiner besonderen Wertschätzung hatte er einen Klavierauszug zu zwei Händen von Mahlers 2. *Sinfonie* gefertigt. Damals schrieb ihm Mahler eine Empfehlung, die Klemperer dann eine Stellung in Prag verschaffte. Klemperer berichtete später von jenen Tagen in Prag: »Ich konnte nur eine Probe hören und hatte nach dieser Probe nur die eine Empfindung: den Beruf aufgeben, wenn man nicht so dirigieren könnte.«[178]

»Fix und Portois« war eine Tischlerei in Wien, die für die Wiener Werkstätten arbeitete.

Vilém Zemànek hatte Mahlers 4. *Sinfonie* in Prag am 3. November 1907 mit großem Erfolg aufgeführt. Er blieb auch weiterhin ein Förderer von Mahlers Musik.

Der Erfolg von Mahlers Konzert war sensationell, und vor seiner

Abreise nahm er das Angebot der Tschechischen Philharmonie an, im September wiederzukommen, um die Uraufführung seiner 7. *Sinfonie* im letzten Festkonzert zu leiten.

Kurz nach Mahlers Rückkehr von Prag waren Alma und ihre Mutter nach Toblach gereist, um ein Haus für den Sommer zu mieten. Das Haus in Maiernigg hätte wegen der tragischen Ereignisse des letzten Sommers wohl allzu viele unglückliche Erinnerungen wachgerufen.

Das Hoch-Pustertal lag Ende Mai laut Alma »in hohem Schnee«.[179] Nachdem Mutter und Tochter eine Reihe von Wohnungen besichtigt hatten, fanden sie schließlich, was sie suchten. »Ein großes Bauernhaus außerhalb des Ortes [Alt-Schluderbach], elf Zimmer, zwei Veranden, zwei Badezimmer, allerdings etwas primitiv, aber herrlich gelegen.«[180] Es war der Trenkerhof mit Sicht auf den kleinen Marktflecken Toblach, auf der Südseite des Pustertals. Alma vermerkt in einer Fußnote zu Brief 268, daß die Bauern im unteren Trakt des Hauses wohnten.[181] Mahler suchte sich einen Zimmermann, der nun nach Steinbach und Maiernigg das dritte, abseits vom Familientrubel gelegene Komponierhäuschen errichtete, in dem Mahler bald mit einem Kleinklavier und seinen Lieblingsbüchern einziehen konnte.

Mahler berichtete aus Toblach an Bruno Walter: »Ich habe mich hier zunächst einzurichten versucht. Diesmal habe ich nicht nur den Ort, sondern meine ganze Lebensweise zu verändern. Sie können sich vorstellen, wie schwer mir letzteres wird. Ich hatte mich seit vielen Jahren an stete und kräftige Bewegung gewöhnt. Auf Bergen und in Wäldern herumzuschweifen und in einer Art keckem Raub meine Entwürfe davonzutragen. An den Schreibtisch trat ich nur wie ein Bauer in die Scheune: um meine Skizzen in Form zu bringen. [...] Nun soll ich jede Anstrengung meiden, mich beständig kontrollieren, nicht viel gehen. Zugleich fühle ich in dieser Einsamkeit, wo ich nach innen aufmerksam bin, alles deutlicher, was in meinem Physischen nicht in Ordnung ist. Vielleicht sehe ich sogar zu schwarz – aber ich fühle mich, seitdem ich am Land bin, schlechter als in der Stadt, wo auch die Zerstreuung über manches wegtäuschte. – Ich kann Ihnen also nicht viel Tröstliches vermelden und wünsche zum erstenmal in meinem Leben, daß meine Ferien zu Ende wären. – Herrlich ist es hier; hätte ich so was nur einmal in meinem Leben nach Vollendung eines Werkes genießen können! – Das ist nämlich, wie Sie ja selbst wissen werden, der einzige Moment, in dem man wirklich genußfähig ist. Zugleich mache ich eine sonderbare Bemerkung. Ich kann nichts als arbeiten; alles andere habe ich im Laufe der Jahre verlernt. Mir ist wie einem Morphinisten oder einem Potator [Säufer], dem man mit einem Schlage sein Laster verbietet. – Ich gebrauche jetzt die einzige Tugend, die mir noch übrig geblieben ist: Geduld! Höchstwahrscheinlich habe ich ganz zur Unzeit die Einsamkeit erwählt. [...] Für diesmal nur noch herzliche Grüße, auch von meiner Frau, die erst im September zu Lahmann [unweit von Dresden] zu gehen die Absicht hat, und wahrscheinlich werde ich sie dahin begleiten. Ich bitte, reden Sie doch mit Dr. Novak, ob er nicht uns beide als Patienten annehmen kann.«[182]

Die Sorgen um seine Gesundheit machten es ihm schwer, seine Seelenruhe wiederzufinden. Dann begann er aber doch, erstmals seit 1906, wieder mit der Komposition eines Werkes.

Von Theobald Pollak hatte Mahler, vielleicht zu seinem achtundvierzigsten Geburtstag am 7. Juli, ein kleines Bändchen mit chinesischen Gedichten, von Hans Bethge ins Deutsche übertragen, als Geschenk erhalten. Sie waren der Ausgangspunkt für das neue Werk, zunächst konzipiert als eine Gruppe sinfonischer Lieder. Erst später titelte Mahler: »*Das Lied von der Erde*. Eine Sinfonie für eine Tenor- und eine Alt- (oder Bariton) Stimme und Orchester.«

Während des Sommers herrschte im Trenkerhof ständiges Kommen und Gehen. Es waren zu viele Gäste, wie Mahler sich gegenüber Carl Moll beschwerte.[183] Alma jedoch war glücklich, neben ihrer Familie so viele alte Freunde wiederzusehen. Der Bankier Paul Hammerschlag, die Kritiker Julius Korngold und Ernst Decsey, Alfred und Milewa Roller sowie die Dirigenten Oscar Fried und Gustav Brecher.

Nur eine Botschaft an Alma ist von diesem Sommer erhalten geblieben. Mahler schrieb ihr in der Frühe, bevor er in sein Häuschen ging, während sie noch schlief. Seine Bemerkung: »Ich bin soweit fertig, daß ich nur einen kleinen Umzug habe«, bezieht sich auf die Arbeit an *Das Lied von der Erde*. Die Botschaft dürfte sicher im August geschrieben sein, da alle überlieferten Skizzen und Entwürfe zum *Lied von der Erde* im August datiert sind.

Nr. 251*

[Toblach, August 1908]

Liebstes, Jetzt – beim Aufstehen – ist das Wetter trüb. Sollte es sich Vormittags aufheitern und Du Lust haben, unseren Plan auszuführen, so hole mich um 11 Uhr aus dem Häuschen. Ich bin so weit fertig, daß ich nur einen kleinen Umzug habe. Wir können dann so fahren, daß wir Mittag in Schluderbach sind. Wenn Du nicht kommst – so komme ich, wie gewöhnlich, zu Mittag. G

Der letzte Gesang des *Liedes von der Erde*, der »Abschied«, in der Klavierfassung trägt das Schlußdatum 1. September. Vier Tage später verließ Mahler mit dem Nachtzug Toblach, um rechtzeitig zu den Proben seiner 7. *Sinfonie* in Prag einzutreffen. Die folgende Karte wurde in Wien während eines kurzen Aufenthalts geschrieben.

Nr. 252*

[Wien, 5. September 1908]

Mein liebstes Almschili!
Nur ein paar Zeilen, die Dich hoffentlich noch in Toblach erwischen. – Die Nacht – resp. das Lager – war wundervoll. Ich schlief einen großen Theil durch. In Wien war Carl mit den Wohnungsschlüsseln schon am Bahnhof, so daß ich gleich in die Auenbruggergasse fuhr. Fränkel-Recept übergab ich gleich Carln. Hoffentlich bekommst Du es mit diesem Brief. Hierauf in's Café; Roller kam bald nach – ungewöhnlich warm und lieb. –
Die Verhältniße in der Oper sind für ihn nicht mehr auszuhalten. Er möchte stante pede weg. Um $^1/_2$11 kam Walter. – Wir plauschten und bummelten dann – nun gesellte sich noch Arnold dazu, und wir sind auf dem Wege zu Meissl und Schadn, wohin auch Pollak kommt, den ich antelephonirte und um ein *Coupé* für die Franz-Josefsbahn anschnorte.
Alle finden mich großartig aussehend. Mein Appetit und Magen sind famos, wie ich es vorausgesehen.
Sei tausendmal umarmt mein Liebstes – es war zu lieb von Euch, daß Ihr nachgekommen seid. Grüße auch vielmals Mammerl

Dein Gustav

Das »Fränkel-Recept« für Alma war zweifellos von Joseph Fraenckel, einem 1889 in die USA ausgewanderten Wiener Arzt, verschrieben worden. Er war inzwischen Direktor des Montefiore-Hospitals in New York geworden und ein Freund Mahlers.
Vor seiner Abreise von Toblach hatte Mahler brieflich Walter und Roller verständigt, ihn im Restaurant Meissl & Schadn zu treffen, bevor er um fünfzehn Uhr weiterreisen sollte.[184]

Hotel Blauer Stern, Prag
[Prag, 8. September 1908]

Mein liebstes Almscherl!

Erst heute komme ich dazu, Dir einige Zeilen zu senden. – Ich habe buchstäblich den ganzen Tag collationiren müssen, eine Probe mit den Streichern hatte ich erst. Zu Mittag und Abends war ich mit den jungen Leuten. Hammerschlag tauchte auch hier auf – er ist zu einem Congress hier und ich machte mit ihm Abends 6 Uhr vorgestern eine Ausfahrt. – Im Hotel bin ich dießmal sehr unglücklich; ich habe einen Nachbar, der mich täglich um 11 Uhr aufweckt und in der Nacht so furchtbar schnarcht, daß ich jedesmal aufkomme, als ob ein Unglück geschehen wäre.

Heute, Gott sei Dank, reist er endlich ab, und auch Prag, das unausstehlich lärmend ist, soll nun etwas ruhiger werden, da diese Congresse etz. nun zu Ende gehen. – Gestern Abend kam ich ganz allein in den blauen Stern und traf den unvermeidlichen Orlik (dem ich überall begegne, wo ich hinkomme). Ich saß natürlich bei ihm und ließ ihn auspacken. Was er über Japan und China zu sagen hätte, »räumte ich ihm abi«. Er ist aber ein confuser Kerl und scheint das Ganze nicht aus eigener Anschauung, sondern aus irgend welchen Berichten zu haben. Später kam Bodanzky dazu. – Da packte Orlik von seiner heurigen Reise in die Provence aus, und was er da künstlerisch gelernt hätte. – Er male seither ganz anders – die Landschaft und die Sonne dort wären seine Lehrmeister gewesen – und es wäre so erhebend, wieder einmal in »künstlerischem Neuland« zu wandeln. – Ich vermuthe, daß er dort einige Photographien gemacht hat, und einige Bilder von Cezanne und van Gogh abgepaust. – Im Übrigen hatte ich doch den Eindruck eines gutmüthigen und braven (im bürgerlichen Sinne) Menschen.

Ich wäre schon riesig froh, Dich da zu haben, und besonders freue ich mich auf die ruhigen sechs Wochen, die uns nachher beschieden sind. /In Toblach muß es wunderbar sein. Welch ein Stiefel, uns das so einzurichten!

Sei innigst gegrüßt, mein Almschi, und schreibe bald und vor Allem komm bald. Dein Gustav./

Der deutsche Graphiker, Maler und Designer Emil Orlik war ein Künstler, mit dem Mahler einige Jahre früher in Prag und Wien bei Ausstellungen der Secession zusammengetroffen war. Alma vermerkte in ihrer Erinnerung, daß »Orlik sehr stark nach Photographien [arbeitete]«.[185] Laut Erstfassung ihrer Erinnerungen hatte Orlik einige Versuche unternommen, Mahler zu zeichnen. Schließlich hatte er Mahler um eine der Photographien, die Moritz Nähr im August 1907 gemacht hatte, gebeten. Nach dieser Vorlage entstand dann jene Radierung, die das bekannteste und immer wieder reproduzierte Mahler-Porträt ist. Auch wenn Orlik behauptete, sein Werk sei »aus dem Gedächtnis« geschaffen worden, so hat eine der Photographien Nährs doch offensichtlich Pate gestanden.

Nr. 254

Hotel Blauer Stern, Prag
[Prag, 10. September 1908]

Mein liebstes Almscherl!

Motto: O selig, o selig

ein {
Friseur
Kellner
Tenor
Rentier
Vorsitzender des allgem. deutschen Musikvereins
Stellvertreter dieses Vorsitzenden
}

zu sein. –

»Wer hat mich gebracht in dieses Land?«

Ich habe natürlich absolut keinen Verstand, den irgendwie gearteten, irgendwo geschriebenen, irgendwann abgeschickten Brief zu schreiben. – Ich muß Stimmen collationiren, und darüber nachdenken, wie man aus einem Wurstkessel eine Pauke, aus einer rostigen Gießkanne eine Trompete, aus einer Heurigenschänke ein Concertlokal machen kann. Nur einen Trost habe ich mir doch aus diesem Wirrwarr herausgefischt. –

Ein verzweifelter Trompeter hat Bodanowitsch gefragt: »Jetzt möchte ich nur wissen, was da dran schön sein soll, wenn einer die Trompeten fortwährend in den höchsten Tönen gestopft bis am hohen Cis hinauf blasen soll«. Diese Äußerung hat mich sofort auf das Innere des Menschen gewiesen, der auch sein eigenes Jammerleben, das sich in den höchsten Tönen gestopft herumquälen muß, nicht begreifen kann, und nicht einsehen, wozu dies Alles da ist, und wie dieses Gekreisch in der allgemeinen Weltensymphonie in den großen Akkord einstimmen soll. –

Bodanowitsch antwortete dem Unglücklichen ganz logisch: »Warten Sie es doch nur ab! Das können Sie doch jetzt noch nicht verste-

hen und übersehen. Wenn das Andere dazu kommt, (Ich habe nämlich Bläser extra probirt – wie in diesem Jammerthal, wo uns die beruhigenden und beseligenden Violinen, und die tiefen Streichinstru-
mente, die den Grund und den Anker aller Instrumente bilden, noch
fehlen), werden Sie schon sehen, wozu Sie da sind.« –

Also schicken wir uns nun mit Geduld in dies Wirrsal.

Keussler ist auch schon erschienen. Ein prachtvoller Mensch.
Samstag Abends nach der Probe werde ich bei ihm vegetarisch soupiren.

Servus, altes Almschl, schicke Dich auch in die Gestopftheit. Einmal
müssen ja doch die Sordinen abfallen!   Dein Gustav

/Bitte, schicke mir sofort die Adresse von Pfitzner und Berliner./

Wiederum taucht das von Mahler geliebte Zitat aus *Zar und Zimmermann* auf. Das zweite Zitat »Wer hat mich gebracht in dieses
Land?« ist wahrscheinlich eine Abwandlung von Molières berühmter Zeile »Mais qu'allait il donc faire dans cette galère?« aus *Les Four-
beries de Scapin* (»Scapins Gaunerstreiche«).

In diesem Brief spielt Mahler wieder einmal mit einem Namen, indem er seinen Jünger und ergebenen Bewunderer Arthur Bodanzky
als »Bodanowitsch« verballhornt.

Der deutsche Komponist und Dirigent Gerhard von Keußler hatte unter anderem in Leipzig studiert und war seit 1906 Leiter eines
Orchester- und Chorvereins in Prag.

Nr. 255
Freitag, 8 Uhr Früh   Hotel Blauer Stern, Prag
                                    [Prag, 11. September 1908]

Heute nur in aller Eile einige Worte, mein liebes Almschel. Dein Liebes Brieferl und die Karten aus dem Coupé haben mir riesig gefallen.
/In solchen Stunden wirst Du mich wol begreifen. – Ich bin überhaupt
sehr glücklich darüber, daß Du dieser Stimmungen fähig bist./ Leider
kommt Einem diese wundervolle Besitzergreifung seiner selbst sofort
abhanden, so wie man in den Lärm und Wirrwarr des Alltags zurück-
kehrt. – Da heißt es dann – sich *gut zurückerinnern* an diese Seligkei-
ten, und sich darin zu üben, so oft als möglich, wieder einen Blick
und einen Athemzug aus dieser Welt zu thun. – Ich bin nun endlich
aus den Specialproben heraus und heute um 10 Uhr Morgens ist die

erste Gesamtprobe. Das Hotel und die Stadt ist gräulich lärmend. Ich habe mir doch das Zimmer nebenan miethen müssen, um nicht wieder durch einen schnarchenden Nachbar (der heute endlich abzieht) 4–5 mal nächtlich aufgestört zu werden.

Tausend Grüße, mein Almscherl. Wärst Du nur schon da!

Dein Gustav

In einer Fußnote vermerkte Alma in ihrer Ausgabe der Briefe: »Ich hatte Mahler über meine Lektüre des Novalis geschrieben, den ich damals für mich entdeckt hatte.«[186] Im Jahr 1924 veröffentlichte sie zwei Lieder auf Texte von Novalis.

So unglaublich dies heute auch klingen mag, Mahler hatte erst kurz vor der Uraufführung seiner 7. *Sinfonie* einen Verleger für dieses Werk gefunden. Es war Oscar Fried, der ihn im Sommer 1908 auf den kleinen Leipziger Verlag Lauterbach & Kuhn aufmerksam gemacht hatte, und Mahler schrieb sofort einen Brief an den Verlag, um sein Werk anzubieten.[187] Die Drucklegung komplizierte sich noch dadurch, daß der Berliner Verlag Bote & Bock kurze Zeit später diesen kleinen Verlag übernahm. Die Partitur erschien dann erst im November 1909. Bei der Uraufführung in Prag mußte Mahler deswegen die meiste Zeit seiner Proben dafür opfern, die handgeschriebenen Stimmen zu korrigieren und Änderungen einzufügen.

Nr. 256*

Telegramm   Prag, 14. September 1908

ganzen tag stymmen corigiren   komme nicht zum schrejben   freue mich schon riesig auf dich   erwarte dich dienstag nachmittags im hotel   dein zimmer neben mir berejt   hyer sehr kalt   warm anziehen u mir winterrock mitbringen   innigst gustav
berliner eben angekommen

Der Schweizer Schriftsteller William Ritter beschreibt anschaulich eine der letzten Proben am 15. September, die in einem großen Festsaal stattfand, währenddessen die Kellner damit beschäftigt waren, geräuschvoll die Tische zu decken. Inzwischen war Alma eingetroffen, und Mahler wollte ihr, erstmals ohne Unterbrechung, das Finale vorspielen. »Diesmal angefeuert durch die Gegenwart seiner Frau, deren Schönheit und Wienerischer Anmut à la Mackart [sic] er anbetete, tobte der Meister herum wie ein Besessener, sitzend, stehend,

365

trampelnd, hüpfend, wie ein Springteufel, nach allen Richtungen zur gleichen Zeit dirigierte er rechts, dirigierte er links, vorne, hinten, vergaß mich natürlich vollkommen und gab mir große Fußtritte in den Leib. Aber welche Begeisterung! Welches Entzücken! Und welcher Schwung in der Ausführung! Diesmal so unerschütterlich tschechisch sich auch das Orchester dem deutschen Dirigenten gegenüber fühlte, es war erobert! Begeistert! [...] Und Mahler schien glücklich, glücklich, wie ich ihn nie mehr gesehen habe. Stehend triumphierend, verschlang er mit den Augen, über diese wahrhafte Apotheose hinweg, die Heißgeliebte, die dort unten lächelte.«[188]

Ritters Bericht von der Generalprobe ist weniger enthusiastisch: »Aber Mahler, besorgt und ernst – und zwar durchaus nicht wegen seiner Symphonie –, hatte einen einzigen Gedanken: seine Frau. Er hatte in der Mitte des Ganges einen Tisch aufstellen lassen, neben dem er sein Idol gesetzt hatte, allein, höchstens zehn Meter von seinem Podium. Und die junge Frau machte uns an diesem Abend einen sehr eigenartigen Eindruck. [...] Diese großartige und aufwühlende Symphonie endet in einer verblüffenden Stille. Oben auf dem Podium macht Mahler noch ein paar Empfehlungen, hier und dort. Dann schlägt er seine große handgeschriebene Partitur zu, und ohne irgend jemanden anzublicken, steigt er auf der Seite vom Podium herunter und geht langsam, wie ein Schlafwandler, hypnotisiert durch die Anwesenheit seiner Frau, mit einem Ausdruck unendlicher Trauer, fast Verzweiflung, zu ihr, setzt sich neben sie, im rechten Winkel zu ihr, das Gesicht in unserer Richtung, aber die Augen so tief in sie versenkt fast entrückt [...] er flüstert [...] wer wird je wissen, was [...]? Und er ergründet sie mit seinen nachdenklichen, trüben Augen und mit einer Intensität, die uns erschreckt, beunruhigt [...] Was geht zwischen ihnen vor? [...] Die Symphonie ist beendet. Worauf wartet man, worauf warten wir, um wegzugehen [...]? Niemand wagt sich zu rühren [...] Und sie, Madame Mahler, nie werde ich es vergessen [...] Ich habe immer großen Respekt vor ihr gehabt und will auch heute nicht das geheime Gefühl verraten, das mir dieses tête-à-tête einflößte. Sie war offensichtlich nicht auf ihn eingestellt, weder auf die eben gemachten Bemerkungen, noch auf das Werk, das sie gerade gehört hatte und von dem sie wußte, daß es ganz ihr geweiht war [...] Sie lächelte gezwungen [...] warf verlegene Blicke nach rechts und links. Sie fühlte sich von uns allen beobachtet! Das war es, was sie beunruhigte, die Arme [...]! So fühlte sie keinerlei Mitleid mit diesem genialen Mann, zerschmettert und sozusagen umgarnt von seinem Werk, er, der vor Liebe zu ihr fast erstickte. Es dauerte lang dieses Vergessen unserer Gegenwart und dieses Drama, das wir alle ahnten.«[189]

Dieser Bericht Ritters ist das einzige Dokument eines Augenzeugen, der für einen Moment die tiefe Kluft zwischen Mahler und Alma selbst miterlebte. Eine Kluft, die später zu der katastrophalen Ehekrise des Jahres 1910 führen sollte.

Die Uraufführung der Siebten fand am 19. September statt, und der Schlußapplaus dauerte etwa eine Viertelstunde. Obwohl die Mehrzahl der Rezensenten außerordentlich höflich und mitunter auch lobend berichtete, konnte die Sinfonie nur einen Achtungserfolg erringen. Von wenigen Ausnahmen abgesehen, wurde sie erst nach Mahlers Tod wieder aufgeführt. Eine Ausnahme machte der Münchner Konzertagent Emil Gutmann, der für den 27. Oktober die Erstaufführung in München in seiner Reihe »Meisterdirigenten« vorgesehen hatte. Nach der Sinfonie erklangen die 3. *Leonoren*-Ouvertüre und das Vorspiel zu *Die Meistersinger*, eine beziehungsreiche Auswahl deswegen, weil der Anfang des Finales der 7. *Sinfonie* ein unüberhörbares *Meistersinger*-Zitat enthält.

Nachdem Mahler in Wien noch drei Wochen an der Vollendung seiner Partitur des *Liedes von der Erde* gearbeitet hatte, machte er sich am 19. Oktober auf die Reise nach München. Dort hatte er sich acht Tage für Proben mit dem Kaim-Orchester, das sich gerade unter dem Namen Münchner Tonkünstler-Orchester reorganisiert hatte, ausbedungen.

Die vielen Retuschen, die Mahler in Prag an der Partitur der 7. *Sinfonie* vorgenommen hatte, erwiesen sich als unzureichend, und wieder brauchte er viel Zeit, um die Stimmen zu ändern bzw. umzuschreiben. Diese langweilige Tätigkeit verglich er süffisant mit der ihm unverständlichen Skatleidenschaft von Richard Strauss.

Nr. 257*
Telegramm   München, 23. Oktober 1908

konnte gestern nicht schreiben   musste den ganzen tag skat spielen
befinden ausgezeichnet fortgang der proben zufriedenstellend
innigst gustav

Nr. 258

Mein liebstes Almscherl!

Mir scheint es nun (nach der heutigen Probe mit dem unglaublich willfährigen Orchester) wirklich ein »Vergnügen, Componist« einer erfolgreichen Symphonie zu sein. – Die Leute haben sich, wie Du weißt von Kaim losgesagt, und selbständig organisirt. Und es ist wirklich eine Freude, den Eifer und die Unverdrossenheit dieser armen Kerls zu sehen, denen es noch recht schlecht [geht] und die mit recht abgetragenen Röcken unermüdlich und wirklich mit Begeisterung darauf los blasen und geigen. Wenn es so weiter geht, so sind diese Tage für mich nur eine Erholung. N. B. Was ich schon immer bemerkt habe: München (welches 600 Meter hoch liegt) hat ein herrliches Klima und ich befinde mich hier jedesmal riesig wol, wenn nicht außerklimatische Umstände mich herunterbringen. Z. B. erinnere ich [mich] sehr gut der Tage vor ungefähr 20 Jahren, als ich hier vagirend – ohne Geld, und Aussicht auf Engagement herumstolzirte. Und später wieder einmal – vor 15 Jahren, als die Cholera in Hamburg ausgebrochen und ich zu Pollini anrücken mußte. –

Immer mehr und mehr mache ich mich mit dem Gedanken vertraut, eventuell vielleicht *nach München* zu übersiedeln. Was meintest Du dazu? Um 3000 Mark kann man hier ein Schloß mit einem Park bekommen, und das Leben ist faktisch um die Hälfte billiger als in Wien. Mit unserem Einkommen lebt man hier, wie ein Fürst. Mitten in Europa – nach allen Seiten die wundervollsten Verbindungen.

Die Wohnung, die ich im Hotel habe, ist wieder allerliebst – und gar nicht theuer. Ich möchte Dir nur wünschen, zu sehen, wie mollig ich es habe. Badezimmer ist auch dabei. Hoffentlich kennst Du Dich bei dieser Schreiberei aus. Das liegt da am Zimmer und ist zu einladend.

Tausend Grüße von Deinem Gustav

Im Sommer 1888 war Mahler ohne Anstellung gewesen, nachdem er um seine Entlassung vom Leipziger Stadttheater ersucht hatte. Vier Jahre später brach eine große Choleraepidemie in Hamburg aus. Aus Angst, angesteckt zu werden, traute sich Mahler nicht, nach Hamburg zurückzukehren, sondern blieb in München. Obwohl Direktor Bernhard Pollini schon Mitte September das Theater eröffnet hatte, kehrte Mahler erst zwei Wochen später nach Hamburg zurück und riskierte damit fast seine Entlassung.

Nr. 259*

Hotel Vier Jahreszeiten, München
München, 25. Oktober 1908

Sei nicht bös, Almscherli! Täglich *2 große* Proben (mit Ausnahme des Tages, an welchem ich geschrieben) und dazwischen *Skat* gespielt, daß mir der Schweiß herunterrinnt. Dabei andauernd das *famoseste* Befinden. Es muß rein am Münchener Klima liegen! Morgen ist der erste Tag, an dem ich ein bischen ausschnaufen kann. – Wenn Ihr kommt, schauts daß Ihr die Generalprobe am Dienstag 12 Uhr mitmachen könnt. Fried kommt auch!

Tausend Grüße. Telegrafiere ob Du kommst. Dein Gustav

Nr. 260*

Telegramm   München, 26. Oktober 1908

skat skat ueberall skat   almscherl schau dass du kommen kannst generalprobe morgen 12 uhr   innigst gustav

Wiederum war William Ritter bei den meisten Proben anwesend. »[Mahler] kam zu mir, mich ansehend, aber sein Blick war noch nicht ganz gelöst von einer inneren Vision: ›Etwas Unglaubliches, dieser Tristan…!‹ und kurz danach, wie zu sich selbst sprechend: ›Ach, ein geliebtes Haupt auf unseren Schultern […] die geliebte Frau in unseren Armen […] Was macht es mir, wenn ich weder in diesem Haupt noch in diesem Herz bin und ein anderer dort herrscht, in dem Herz […]!‹ Verlegen tat ich so, als ob ich diese Vertraulichkeit nicht gehört hätte. Aber wie schmerzlich dachte ich an das zurück, was sich in Prag vor uns abgespielt hatte […]Ossip Gabrilowitsch erzählte mir, er hätte Ähnliches gehört.« [190]

Laut Almas Erinnerungen reiste ihre Mutter allein zu dieser Aufführung der 7. *Sinfonie*, die, wie auch die anderen Werke, vom Publikum mit frenetischem Beifall gefeiert wurde. Die Presse hingegen zeigte sich unnachsichtig gegenüber Mahlers »geräuschvollen Kakophonien«. Nur der »Meister der Formen und Farben« sowie die virtuose Instrumentierung der Sinfonie fanden eine angemessene Würdigung. Rudolf Louis, Kritiker der »Münchner Neuesten Nachrichten«, selbst Komponist und erklärter Antisemit, nannte die Sinfonie ein »Monstrum an Impotenz und Künstlichkeit«.

In das Jahr 1908 fällt auch der Verkauf der Villa Mahler in Maiernigg. Alma bemerkt zum Sommer 1908: »Ich hatte unterdes die Villa in Maiernigg am Wörthersee verkauft, weil wir nicht daran denken konnten, je wieder dahin zu ziehen. So reiste ich im Herbst nocheinmal allein hin, verpackte alles, auch Möbel aus Mahlers Kindheit, und nahm Abschied von einem Ort, der uns so viel Leid gebracht hatte«.[191]

Tatsächlich verhält es sich jedoch so, daß Alma mit dem Verkauf gar nichts zu tun hatte. Aus dem Verkaufsvertrag geht hervor, daß Mahler erst am 3. November 1908 seinem Rechtsanwalt Emil Freund die Vollmacht gab, das Haus zu veräußern. Dies geschah dann schon drei Tage später am 6. November. Der Erlös für das Anwesen betrug 42 000 Kronen, für das Inventar 10 000 Kronen, insgesamt also 52 000 Kronen oder 26 000 Gulden.

Bevor Mahler mit seiner Familie in Cuxhaven an Bord der »SS Amerika« ging, dirigierte er das letzte Konzert seines Europaaufenthalts mit der Hamburger Philharmonie. Das Programm am 9. November war fast das gleiche wie im vergangenen Mai in Prag: Beethovens 7. *Sinfonie*, die *Coriolan*-Ouvertüre, Wagners Vorspiel zu *Die Meistersinger* und Tschaikowskys Fantasie-Ouvertüre *Romeo und Julia*. Vom Bahnhof in Wien schrieb Mahler seinen Abschiedsgruß, in Hamburg dann einen Ankunftsgruß und einen Reisebericht.

Nr. 261*

Wien, 5. November 1908

Tausend Grüße vor Abfahrt. Innigst Dein G.

Nr. 262*

Telegramm   Hamburg, 6. November 1908

ausgezeichnete reise tausend gruesse gustav

Nr. 263

[Hamburg, 7. November 1908]

Meine liebste Almscherl!

Famose Fahrt in ausgezeichneten Waggons. Mama wird Dir schon erzählt haben: Du wirst ein Vergnügen haben.

In Berlin angelangt, von Berliner erwartet. – 2 Stunden Automobil in *Grunewald*. Reizend, aber sehr kalt! Zu diesem Zwecke Pelze anziehen und Decken mitnehmen. Habe mit Berliner alles sonst Nöthige arrangirt. –

Hier angekommen von Brecher mit Automobil großartig abgeholt. – Ausgepackt und umgezogen. Da Brecher zu dirigiren hatte, fuhr ich (natürlich in Brechers Automobil) zu *Behn* und aß dort zu Abend (d. h. 7 Uhr zu Mittag). Um 9 Uhr gieng ich, nämlich mit einer Droschke, was ich als Gehen betrachtete nach Hause, legte mich nieder und schlief bis Morgens um 7 Uhr. Im Hotel haben wir ein reizendes Nest. Schade, daß Du nicht länger mit mir da bist. *Überall* ist es hübscher und wohnlicher als in Wien. Um Dich ist sehr viel Nachfrage und Wehgeschrei.

Jetzt holt mich Brecher mit *Automobil*! ab, und es geht zur Probe. Hoffentlich Nachmittag mehr.

Tausend Grüße von Deinem Gustl

/ Richtig, den *Brief* las ich erst auf der Fahrt von Berlin nach Hamburg (ich hatte es wirlich ganz vergessen). Ich schicke Dir ihn am besten gleich, sonst kommst Du am Ende vor Interesse noch ganz herunter. Bitte, bring mir ihn wieder mit, damit ich ihn beantworten kann./

Vermutlich hat Mahler während der erwähnten Automobilfahrt im Grunewald Oscar Fried einen Besuch abgestattet, den Fried später fälschlicherweise auf 1910 datierte. Dies hat zu der irrigen Meinung geführt, daß Mahler im Herbst 1910 allein über Berlin nach Bremen reiste, um sich von dort nach Amerika einzuschiffen (s. Brief 150).[192]

Nr. 264*

Hotel Esplanade, Hamburg
Hamburg, 7. November 1908

M. l. A. ! Heute 2 Proben! Schreibe nur diesen Gruß, um Dich nicht ohne Nachricht zu lassen. Befinden vortrefflich. Freue mich schon riesig auf Dein kommen. Meinen Brief hast Du hoffentlich erhalten? Mit Einlage. Von Justi habe ich nichts bekommen.

Tausend Grüße Dein G. ·

Nr. 265*

Hotel Esplanade, Hamburg
[Hamburg, 8. November 1908]

Liebstes Almscherl!

Hoffentlich bekommst Du diesen Gruß noch vor der Abreise. – Vergiß nicht die Schiffsbillets. Ferner die Adresse vom *Wein der Verdauung*! Die Proben hier waren sehr erfreulich! Der Aufenthalt durchaus angenehm.

Am *Dammthorbahnhof* – vergiß *nicht* Dein *Gepäck in Wien dahin* aufzugeben, und Du mußt dies *eigens bemerken* – werde ich Dich erwarten. Wenn nur dieses herrliche Wetter und der Sonnenschein, der hier die ganze Zeit über herrscht, noch eine Woche andauerte!

Grüße Mammerl und Karl! Das Paket von Justi ist schon eingelangt und liegt am Zollamt. Bin neugierig –

Eben kommt der Diener mit dem Paket! Ich las eine halbe Stunde drin, wie verzaubert! Jetzt muß ich fort zur Probe! Ich schäme mich wie ein kleines Kind! Also *das* hat diese – mir gestohlen – und einem Fremden zur Besichtigung übergeben!

Na, Schwamm drüber!   Tausend Grüße Dein Gustav

Alfred Roller hatte im Juni 1907 an der Hofoper ein Ballett mit Motiven aus dem alten Volksmärchen »Rübezahl« inszeniert. Bei dieser Gelegenheit hatte Mahler ihm von seinem Jugendversuch erzählt, eine Oper aus diesem Stoff zu gestalten. Es ist aber nur ein unvollständiges Libretto überliefert. Alma berichtete in ihren Erinnerungen, daß Roller im Herbst 1908 sie und Mahler besuchte und sagte: »Gestern hat mir Justi ein Jugendwerk Mahlers zu lesen gegeben.«[193] Mahler verlangte sein Manuskript von Justi zurück. Sie behauptete aber, es verbrannt zu haben. Mahler glaubte ihr nicht und reiste nach Hamburg, ohne daß die Angelegenheit geklärt worden war. In einem Gespräch mit Alma erklärte Justi nachher: »Natürlich habe ich es nicht verbrannt, ich habe es ihm sofort nach seiner Abreise geschickt, er findet es schon in Bremen [Hamburg] vor, wenn er ankommt.«[194]

Nachdem Mahler das Paket von Justi erhalten hatte, schrieb er an seine Schwester: »In aller Eile, nur damit Du Dir keine dummen Gedanken machst, danke ich Dir für Deine Zusendung und erkläre aufs feierlichste und etc. daß es mir doch gar nicht in den Sinn kommen kann, auf Dich bös zu sein. Also Schwamm drüber und wir bleiben die Alten – leider bald schon im wahren Sinne des Wortes! – Aber paff war ich doch – ich kann es nicht verhehlen – als ich das Paket aufgemacht. – Das ist ja gar nicht der Rübezahl, sondern etwas *ganz* Anderes – nämlich aus den Argonauten [Ein früher Opernentwurf Mahlers] und rein lyrisches. Hast Du denn das dem Roller gegeben? der sprach doch von Rübezahl! Und an dieses Buch – es hat kleineres Format – erinnere ich mich auch ganz gut. Also was ist denn das? Lauter Rätsel für mich! Für heute nur die herzlichsten Grüße an Dich und Arnold von Deinem eben sehr gehetzten Gustav.«[195]

Alma behauptete später, daß Mahler und sie das Autograph von »Rübezahl« während ihrer Überfahrt nach New York ins Meer geworfen hätten.[196] Es muß sich wohl um das Manuskript der »Argonauten« gehandelt haben, das bis heute verschollen ist. Das Manuskript von »Rübezahl« fand sich in Almas Nachlaß.

Das Konzert in Hamburg wurde vom Publikum enthusiastisch aufgenommen. Manche Kritiker jedoch fanden Mahlers Interpretation »zu vergeistigt« und zu »intellektuell«, dabei aber »von starker persönlicher Kraft«.

Am 11. November gingen Mahler, Alma und die kleine Anna – die zum erstenmal dabei war – sowie ihre Gouvernante in Cuxhaven an Bord des Dampfers nach New York, wo sie am 21. November ankamen. Sie vertauschten ihr bisheriges Hotel mit dem näher zur Stadtmitte gelegenen Hotel Savoy, das für viele Sänger der Metropolitan eine bevorzugte Bleibe war. Als Mahler in New York eintraf, fand er eine veränderte Metropolitan Opera vor. Conried war inzwischen von Gatti-Casazza ersetzt worden, dessen Strategien weit einfallsreicher als die seines Vorgängers waren. Er stand ganz unter dem Einfluß seines führenden Dirigenten Arturo Toscanini, dessen Qualitätsansprüche nicht geringer waren als diejenigen Mahlers. Mahler profitierte von dieser Entwicklung insofern, als ihm nun weit mehr Probenzeit zur Verfügung gestellt wurde als im vergangenen Jahr. Unglücklicherweise war es im vergangenen Sommer zu schwerwiegenden Unstimmigkeiten zwischen Mahler und dem anderen Verwaltungsdirektor der Met, gekommen. Gatti-Casazza hatte Toscanini versprochen, daß er als Wagner-Debüt den *Tristan* dirigieren könne. Mahler aber hatte bei seinem Debüt viel Mühe und Arbeit darauf verwendet, den *Tristan* völlig neu einzustudieren. Mit Recht reklamierte er seine Ansprüche auf eine Produktion, deren neuer Glanz in erster Linie ihm zu verdanken war. Mahler drohte sogar mit seinem Rücktritt, und Toscanini debütierte daraufhin mit Verdis *Aida* am 16. November 1908. Sein Wagner-Debüt gab er mit der *Götterdämmerung* am 10. Dezember.

Drei Konzerte mit der New York Symphony in der Carnegie Hall waren Mahlers erste Verpflichtungen nach seiner Ankunft in New York. Sein erstes Programm am 29. November brachte folgende Werke: Schumanns *1. Sinfonie*, die *Coriolan*-Ouvertüre, die Ouvertüre zu *Die verkaufte Braut* von Smetana und Wagners Vorspiel zu *Die Meistersinger*. Das zweite Konzert am 8. Dezember brachte als amerikanische Erstaufführung Mahlers *2. Sinfonie* und wurde in Zusammen-

arbeit mit dem New Yorker Oratorienverein (Oratorio Society) gegeben, der von Frank Damrosch, Bruder von Walter Damrosch, geleitet wurde. Das dritte Konzert am 13. Dezember war den Klassikern
gewidmet: Wagners *Eine Faust-Ouvertüre*, Webers *Oberon*-Ouvertü-
re« und Beethovens 5. *Sinfonie*.

Walter Damrosch fühlte mit Recht, daß Mahler inzwischen ein gefährlicher Rivale für ihn geworden war. Er tat sein Bestes, um einen
Erfolg dieser drei Konzerte zu verhindern, und unterließ zum Beispiel Werbemaßnahmen, die diesen Konzerten angemessen gewesen
wären. Nicht nur, daß Mahler mit einem mittelmäßigen Orchester
proben mußte, wobei viele Mitglieder den Proben fernblieben, er dirigierte schließlich auch noch vor einem halb besetzten Haus. Auch
die mögliche Verteilung von Freikarten hatte Damrosch unterlassen.
Trotz dieser widrigen Umstände zeigten sich Publikum und Presse
von Mahlers 2. *Sinfonie* beeindruckt. In den Schlußapplaus stimmten
auch die ausführenden Künstler mit ein.

Im dritten Konzert fanden die Schwächen des Orchesters größere
Aufmerksamkeit als Mahlers Interpretation, die der Kritiker Henry
Krehbiel wieder als »zu vergeistigt und intellektuell« einstufte. Ohne sein Zutun fand Mahler sich plötzlich im Mittelpunkt eines Streits
zwischen Mrs. Sheldon und ihrem Verein sowie den Damroschs, die
den Konzerten Mahlers jeden Erfolg absprachen und den Verlust
ihres Geldes beklagten.

Auch an der Met gab es Spannungen. Toscanini konnte Mahler
nicht verzeihen, daß er ihm den *Tristan* verweigert hatte. Zu Beginn
der Saison, als Mahler noch abwesend war, hatte der sieben Jahre jüngere Italiener unangefochten regiert und sowohl Publikum wie Presse davon überzeugt, daß er der richtige Mann am richtigen Platz war.

Mahlers wesentliche Aufgaben während seiner zweiten Saison an
der Met waren die Neuinszenierung des *Figaro* am 13. Januar 1909,
mit einer für dieses Opernhaus bisher unvorstellbaren Zahl von fünfzehn Proben, sowie die Neuinszenierung von Smetanas Oper *Die verkaufte Braut* am 19. Februar. Der Wiener Maler Heinrich Lefler lieferte für beide Produktionen die Dekorationen und Kostüme. Die
Besetzung des *Figaro* versammelte wieder Sänger von Weltrang:
Marcella Sembrich, Emma Eames, Geraldine Farrar, Antonio Scotti
und Adamo Didur. Mahler mußte bei den Vorbereitungen seine
ganze Autorität einsetzen, um die Solisten von der Notwendigkeit so
vieler Proben, zu überzeugen. Mahler verringerte die sonst übliche
Zahl der Streicher und dirigierte von einem Klavier aus, dessen Sai-

ten mit Papier bedeckt waren, um den Klang eines Cembalos vorzu-
täuschen. Wieder überschlugen sich die Kritiken. Gerühmt wurden
die Lebendigkeit der Musik, die »schäumte und funkelte wie Cham-
pagner«, die sängerische Darstellung und die »enge Verbindung des
Orchesters mit dem Geschehen auf der Bühne«. Auch wurde Mahlers ruhige Gestik bewundert. Das Duett im 3. Akt mußte fast immer
wiederholt werden. Dank Mahler hatte Mozart diesmal an der Met
triumphiert. Erstaunlich, daß diese gefeierte Aufführung, neben zwei
Gastspielen in Philadelphia und Brooklyn, in New York selbst nur
viermal wiederholt wurde.

Für Smetanas *Verkaufte Braut* waren Emmy Destinn, Karl Jörn und
Adamo Didur verpflichtet worden. Als besondere Attraktion hatte
man zusätzlich noch eine Tanzgruppe samt Ballettmeister aus Prag
engagiert, die zu dem großen Erfolg der Oper in New York beitrug.
Die *Verkaufte Braut* erreichte trotzdem nicht mehr Aufführungen als
der *Figaro*.

Mit einer letzten Aufführung des *Figaro* am 26. März verabschiedete sich Mahler von der Metropolitan Opera. Zwei so dominante
Persönlichkeiten wie Mahler und Toscanini konnten nebeneinander
an einem Theater nicht existieren.

Das neue Betätigungsfeld, dem sich Mahler nun zuwandte, interessierte ihn weit mehr als die Arbeit an der Met und war zudem eine
neue Herausforderung. Zum Zeitpunkt, als Mahler die New York
Philharmonic übernahm, zählte das Orchester nur siebenunddreißig
ständige Mitglieder. Jedesmal mußten deshalb für die achtzehn
Abonnementkonzerte Aushilfen engagiert werden. Die neuen Pläne
waren hochfliegend: Die Zahl der ständigen Mitglieder sollte auf ein-
hundert aufgestockt und die Zahl der Konzerte bis auf sechsundvierzig vermehrt werden. Außerdem sollte das Orchester Mitte der Saison Konzerte in New England geben.

Die Proben für die beiden Konzerte am 31. März und 6. April 1909
zeigten außer Mahlers vollkommener Beherrschung des Orchesters
leider auch die Schwächen der New York Philharmonic. Eine Reihe
von alten Mitgliedern mußte dringend durch junge Kräfte ersetzt
werden, wobei Mahler mit einem Problem besonderer Art konfron-
tiert wurde. Wahrscheinlich wußte er nicht, daß nach den strengen
Regeln der mächtigen amerikanischen Musiker-Gewerkschaft in den
Orchestern europäische Musiker nur dann beschäftigt werden durf-
ten, wenn sie mindestens schon sechs Monate in den USA gelebt hatten. Drei Tage bevor Mahler nach Europa reiste, fand eine Sitzung

des verantwortlichen Komitees statt mit dem Ergebnis, daß Mahler einen neuen Konzertmeister und einen ersten Flötisten aus Europa mitbringen durfte. Der bisherige Konzertmeister des Orchesters, Richard Arnold, vertauschte sein Amt mit dem des Managers des Orchesters.

Almas Bericht in ihren Erinnerungen über diese zweite amerikanische Saison zeigt, daß die gedrückte Stimmung Mahlers vom Vorjahr der Vergangenheit angehörte. Sein Blick war optimistisch in die Zukunft gerichtet, und sein neues Orchester war eine Aufgabe, die ihn restlos faszinierte und in Anspruch nahm.

Das Ehepaar Mahler nahm am gesellschaftlichen Leben New Yorks teil und erweiterte seinen Freundeskreis. Künstler, Wissenschaftler, Musiker und viel Prominenz zählten dazu. In einem Brief an Bruno Walter schreibt Mahler, daß er »lebensdurstiger sei als je und findet die ›Gewohnheit des Daseins‹ süßer als je«[197]. In diesem Winter hatte sich sein Gesundheitszustand weiter gebessert, Alma hingegen erlebte eine Phase gesundheitlicher Labilität. Ihre Neigung zum Trinken in dieser Zeit ist bezeugt. Zudem hatte sie eine Fehlgeburt beziehungsweise Abtreibung hinter sich gebracht. Ihr Wiener Arzt empfahl ihr deshalb eine Kur in Levico in der Nähe von Trient.

Anna Moll war im Frühjahr 1909 nach New York zu Besuch gekommen, und am 10. April kehrte die Familie an Bord der »Kronprinzessin Cäcilie« nach Europa zurück. Nach der Ankunft in Cherbourg reiste man weiter nach Paris, wo Carl Moll mit Hilfe von Paul Clemenceau den weltberühmten Auguste Rodin überredet hatte, eine Büste von Mahler zu fertigen, nachdem Almas Familie den Auftrag gegeben hatte. Während der sich über zehn Tage hinziehenden Sitzungen wurde Mahlers Geduld auf ein harte Probe gestellt. Daneben nutzten die Mahlers die Gelegenheit, ihre französischen Freunde aufzusuchen, und Mahler kümmerte sich schon um die Vorbereitungen zur geplanten Aufführung seiner 2. *Sinfonie* im April 1910 mit dem Orchester Colonne.

Den ganzen Monat Mai verbrachte die Familie in Wien, sie besuchten Freunde, und Mahler beurteilte Probespiele von Musikern, die sich um die Stellen der New York Philharmonic beworben hatten.

Am 9. Juni brachte Mahler seine Frau, Tochter und Gouvernante zur Kur nach Levico und reiste wenige Tage später nach Toblach, wo er, wie im vorigen Jahr, Wohnsitz im Trenkerhof nahm. Alma hingegen berichtet: »Ich brachte Mahler erst nach Toblach und ging dann mit dem Kinde nach Levico.«[198]

Die Quellen des Heilbades waren bekannt für ihren Heilerfolg bei Hautkrankheiten, nervösen Störungen und Frauenleiden. Mahler erhoffte eine Besserung der körperlichen Verfassung Almas.

Almas Kur dauerte einen Monat. Mahler schrieb in dieser Zeit vierundzwanzig Briefe an Alma, von denen manche zu den schönsten und gehaltvollsten zählen. Durch sie gewinnen wir einen tiefen Einblick in die Beziehungen des Ehepaars. Leider geben sie nicht immer die notwendigen konkreten Anhaltspunkte für genaue Datierungen.

1909

Toblach, 12. Juni 1909

Frau Direktor Mahler
Levico (Tirol)
Grand Hotel

Für heute nur tausend Grüße. Es regnet Schnürln – ich freue mich für Euch. Eben in Toblach – Haare geschnitten, Regenschirm gekauft Jetzt Rückweg. Schreib bald   Dein G.

Nr. 267*

[Toblach, 13. (?) Juni 1909]

Liebste!

Da wär ich nun also. Alles stand wieder Spalier (das ist jetzt schon einmal so) ich befriedigte die brennendste Begierde der zarten Gemüther durch unaufhörliches »Wie geht's? Wie ist es gegangen? Mir geht es sehr gut![«] Hierauf versicherten mich alle durcheinander daß das Wetter heuer gar nicht recht schön wäre. Und wenn es jetzt sehr schön würde, so wäre dieß theilweise recht, theilweise sehr schön. In meinem lieben Zimmerl angelangt, packte ich mit der Anna aus. – Leider fand ich *keine* Äpfel vor. Dagegen von *Freund* 2 Flaschen Honig, so daß ich des Suchens zunächst enthoben bin. – Unter den angelangten Briefschaften fand ich unter Anderem einen Check auf 475 Kronen vor als Einnahme aus den *3 Pintos!*. Ist das nicht kostbar? Da ich annehme, daß diese Mittheilung einen bedeutenden Einfluß auf den günstigen Verlauf Deiner Kur ausüben wird, so theile ich es Dir brühwarm mit. – Soll ich Dir den Chek, der auf die *Länderbank* geht, einschicken, oder dort einlösen, und Dir dann das Geld zuschicken, oder es hier bis zu Deiner Ankunft behalten? Du siehst, es geschieht immer etwas zur Abrundung Deiner Rechnungen.

Nun schreib bald. Ich muß jetzt schauen, wie ich mich da zurechtsetzen werde. Das Telegramm beantworte ich überhaupt nicht.

Tausendmal mein Schatz Dein Gustav.

Sorge für Äpfel, Almschi! Eine Rechnung von *Gerold* über 60 Kronen werde ich p[e]r. Postanweisung begleichen.

Ich friere wie ein Windhund.

Anfang 1888 hatte Mahler in Leipzig eine Bearbeitung von Carl Maria von Webers unvollendeter Oper *Die drei Pintos* eingerichtet und uraufgeführt. Hin und wieder stand das Werk auf den Spielplänen deutscher Opernhäuser, wobei die letzten Aufführungen im Herbst 1908 in Dresden und im Frühjahr 1909 in Essen stattgefunden hatten. Mahler erhielt 475 Kronen Tantiemen.

Nr. 268

[Toblach, 13. (?) Juni 1909]

Liebste Almschi!

Heute ist also der erste Vormittag. Klappernd mit Zähnen und Beinen sitze ich im Zimmer – das Oferl scheint doch den Vergleich mit einem Ofen nicht auszuhalten – und diese recht behagliche Zimmerwärme mit dem molligen Überschuß, der Einen anregt, den Rock und die Stiefel auszuziehen, kann man nicht erzielen. Das Klavier ist schon im Häuschen – so lange aber dieses grausliche Wetter andauert, gehe ich nicht hinunter. /Ich freue mich, für Dich und Gucki, daß Ihr im Süden seid./

Dem Trenker wollte ich gestern das Geld geben, er nahm es aber nicht und meinte, es sei sicherer bei mir in der eisernen Cassa aufgehoben (die ich übrigens gleich zu mir ins Zimmer hinauf transportieren ließ). /Bis jetzt werde ich von Kathi und Agnes gut bedient. Gestern aß ich zum erstenmal das mit Spannung erwartete Kunstprodukt – Grahambrot – und fand es vorzüglich. Die Kiste mit dem Puppenhaus ist angekommen und steht uneröffnet bei mir im Zimmer. – Um dieser schauderhaften Kälte zu begegnen, habe ich heute doppelte Unterwäsche angezogen./ Hätte ich nur schon einen Flügel da, dann würde ich mich musikalisch warm machen. – /Aus beiliegender Rechnung ersehe ich, daß ich morgen beim Abholen 66 Kronen erlegen muß.

Der Bertha Zuckerkandl schrieb ich gestern und lehnte das Pariser Projekt in der gegenwärtigen Form ab. Ich sehe nicht ein, warum sich die Herren nicht direkt mit mir in Verbindung setzen, und lasse meine Antwort auf demselben Wege zurückgehen, auf dem sie gekommen./

Beifolgenden Brief /von Fritz/ [Löhr] sende ich Dir, daß Du siehst, wozu ich jetzt Frieden machen will mit den alten Genossen – /und sei lieb und unterstütze mich bei meinem Vorhaben./ Die Freude und das Glück, das dort aufsprießt, möge auch zu uns zurückstrahlen – und wird es auch. Es ist für mich eine tiefste Beruhigung, den Schutt zwischen mir und Lipiner weggeräumt zu haben – und »zu lieben, so lange ich noch lieben kann«.

/Ich bin neugierig auf Deine ersten Nachrichten – wie Du Dich dort fühlst und wie es Dir und Gucki anschlägt. Das war wirklich gerade zur rechten Zeit!/

Tausend Grüße, Liebste von Deinem Gustav

Die Köchin »Agnes« (Huizdova) taucht hier zum erstenmal in Mahlers Briefen auf. Sie scheint eine Art Original gewesen zu sein und hatte unter anderem die Angewohnheit, in ihrer Küche Zither zu spielen. In seinem Roman »Der veruntreute Himmel« hat Almas dritter Ehemann, Franz Werfel, ihr ein bleibendes Denkmal gesetzt.

Der Briefwechsel mit Bertha Zuckerkandl betraf die Vorbereitungen zu der geplanten Pariser Aufführung von Mahlers 2. *Sinfonie*, wobei Berthas Schwester, Sophie Clemenceau, Hilfestellung leistete.

Mahlers Brief zeigt, daß er unter dem Bruch mit seinen Jugendfreunden gelitten hatte. Die Beziehungen mit Fritz Löhr waren allerdings weitgehend unbelastet. So hatten Mahler und er zum Beispiel im Jahr 1906 hinsichtlich der Komposition der *8. Sinfonie* Briefe gewechselt. Mahler benutzte ein abgewandeltes Zitat des Gedichts »Der Liebe Dauer« von Ferdinand Freiligrath: »O lieb, so lang du lieben kannst.«

Nr. 269

Montag   [Toblach, 15. (?) Juni 1909]

Mein liebstes Almschi!

/Hoffentlich hast Du meine Karte und Brief erhalten. Ich bin nicht ganz sicher, ob die Adresse zureicht. Beiliegende Rechnungen werde ich von hier aus begleichen, da ich ja jetzt der Crösus bin und Dir außerdem gerne unnöthige Schererei abnehme. Bisher mache ich meinen täglichen Spaziergang trotz Regens und Winds nach Toblach hinunter, wo ich »jause«. Ansonst bin ich mit den beiden Hausgeistern ganz zufrieden. – Das Spiritusoferl wird leider nicht genügen – so viel sehe ich schon. – Bis jetzt hause ich noch bei den Bauern, denn ich traue mich nicht hinunter in den Keller. – So wie es ein bischen wärmer wird, versuche ich es dann, und lasse mir dann, wie voriges Jahr meinen Eisenofen setzen. – Der Spiritusbrenner wird dann bei Dir, Liebste, schöne Dienste leisten (und mir auch) wenn Du vor dem Schlafengehen Dein Zimmerl ordentlich ausheizen kannst, damit das Zähnenklappern dann ein Ende hat. – Im großen Zimmer lasse ich heizen. Der Raum ist riesig gemüthlich – nur schade, daß der Schreibtisch versperrt ist, so daß ich daran leider nicht arbeiten kann./

Aber das Haus und der Platz ist zu wonnig – bis auf den Lärm, der mich ohne Unterlaß genirt. Entweder flüstern die Bauern, daß die Fenster klirren oder sie gehen auf den Fußspitzen, daß das Haus wackelt. Die beiden munteren Stammhalter zwitschern den ganzen Tag Bibi! Bibi! (Das ist nämlich ihr Volapük und bedeutet: Alles). Der Hund läßt mich auch wieder fühlen, daß ich »ein Mensch unter Menschen bin« und bellt täglich von Anbruch der Dämmerung bis in die süßen Träume der Bauernjageln hinein. Ich komme alle Viertelstunden auf und gedenke der sanft Schnarchenden. – Hol es der Teufel: Wie schön wäre die Welt, wenn man zwei Joch umzäunt hätte, und mittendrin allein wäre. –

Wenn ich von meinem Spaziergang zurückkomme, so glaube ich immer, Du und Guckerl müßten mir entgegenkommen. Das Alleinsein ist den ganzen Tag über schön – sehr schön – aber am Nachmittag von der Jause ab geht Ihr mir sehr ab. –

Sei tausendmal gegrüßt mein Almschili Dein Gustav

/Eben kommt Dein Brief und beiliegende Karte von Hirth, deren Beantwortung wol Du übernimmst.

Schreibe mir auch, ob Du meine Briefe bekommst./

Mahler, so scheint es, hat sich während dieser Zeit nur noch wenig um seinen Herzklappenfehler gekümmert. Täglich wanderte er den etwa drei Kilometer langen Weg von Alt-Schluderbach zum Postamt in Toblach und zurück.

Der deutsche Sinologe Friedrich Hirth, Autor vieler Bücher, war in die USA ausgewandert und Leiter der China-Abteilung der Columbia University geworden. Mahler und Alma waren ihm während der ersten Saison 1907/08 in New York begegnet.

Nr. 270

[Toblach, 16. (?) Juni 1909]

Liebste!

Jetzt fängt aber das Stilleben da unten mir an unausstehlich zu werden. Der Kindermord von Bethlehem ist rein gar nichts und die Centauernschlacht ein Kinderspiel gegen das, was ich vorhabe, wenn ich die reizvollen Naturlaute der muntern Berg- und Hausbewohner höre. – Nachher überlege ich mir's und plane den großen Umzug. O! O! O! Wenn es mir nur einmal im Leben vergönnt wäre, ungestört zu sein. Die Menschen machen einen Lärm!. –

/Eben kommt von Berliner ein reizendes Geburtstagsgeschenk für

Gucki: eine große, pompös illustrirte Naturgeschichte der Tiere. – Das ist wieder mit Liebe ausgesucht. – Auch Deinen Brief, in dem Du mir so viel Reizendes von Gucki erzählst. – Das sind herrliche Jahre, wenn so ein Kind sich in der Welt umschauen beginnt, und so viele Dinge gewahr wird, die wir schon gar nicht mehr sehen – aus Gewohnheit.

Gestern bekam ich eine Karte aus New-York, die mir den Tod des Herrn Wolfsohn anzeigte. –

Ich habe mir jetzt was Reizendes für Dich ausgedacht: Wir richten für Dich das obere Mittelzimmer mit Ausräumung aller überflüssigen Dinge – nur ein Kanapé, ein Fauteuil und ein Tisch – als Atelier ein. Da kannst Du dann ungestört herummodeln und wirthschaften. Zu gleicher Zeit ist es am passendsten – weil reines Nordlicht. Ist es Dir recht, so arrangire ich alles bevor Du kommst. – Sollte Fränkel ankommen, so trete ich ihm – wie voriges Jahr dem Nepallek – mein 2. Zimmer ab. Mama schläft mit Dir – daneben unten, und daneben oben bleiben noch im Ganzen drei Gastzimmer. Ich denke, das ist genug und ohnehin erscheint es mir als das Beste, alles was kommt, in's Wirthshaus zu schicken und für die Nachmittage und Abende herauf zu laden.

Heuer im Sommer sollst Du endlich mal auf einen grünen Zweig kommen./

Innigst Dein Gustav

/Aus Rom werde ich gebeten, Die Conzerte im *Mai* zu geben, da im April 2. Hälfte nicht mehr disponibel. Was denkst Du?/

Die kleine Gucki konnte am 15. Juni ihren fünften Geburtstag feiern.

Der amerikanische Konzertagent Henry Wolfsohn war am 31. Mai in New York gestorben. Er hatte im Frühjahr die zwei Konzerte Mahlers mit der New York Philharmonic arrangiert. Die Konzerte in Rom fanden am 28. April und 1. Mai 1910 statt.

Nr. 271*

[Toblach, 17. (?) Juni 1909]

Mein Almscherl, das ist heute eine wahre Hiobspost: d. h. nicht, daß Du Dich matt und zerschlagen fühlst, sondern daß Du Dich darüber wunderst, und an zurückfahren denkst! Erinnere Dich doch, daß man Dir vorausgesagt hat, daß Du in den ersten 2 Wochen nur Schattenseiten der Cur spüren wirst, und daß Du aber ruhig ausharren mußt. – Die rechten Folgen werden sich erst bei Deiner Rückkunft zeigen. Also: Vernünftig sein, und nicht die Flinte ins Korn werfen.

Hier sind indessen die 3 Kisten aus Wien angelangt, und außerdem eine Kiste Gemüse, ein Schinken, Oel, 2 geschlachtete Hühner, ein[e] Trage mit lebendigen Hühnern: Alles von Grünwalds. – Da mußt Du also eine Dankfanfare loslassen.

Beifolgendes Telegramm aus New-Y[ork] und den Artikel aus der Arbeiterzeitung, der Dich interessiren wird, lege ich bei. – Ich mache hier fleißig Programme – denn wegen der Proben ist das noch nicht so einfach; damit, wenn Arnold aus N[ew] Y[ork] kommt, Alles schon klappt. – Ich lebe äußerst regelmäßig, und hoffe, mich bis zu Deiner Rückkehr in psysiche Stabilität gebracht zu haben. Das Wetter ist beinahe ununterbrochen kalt, unfreundlich und regnerisch. Trotzdem sind oft schöne Momente. Ich mache, ob schön ob Regen täglich meinen Nachmittagsspaziergang nach Toblach gebe meine Briefe an Dich auf, und jausne in der Conditorei (aber nur Milchkaffèè.)

Mein Almschi, morgen bekomme ich wieder einen lustigen Brief?!

Innigst Dein Gustav

In einem Brief an Bruno Walter aus dieser Zeit hatte Mahler geschrieben: »Ich habe einen Brandbrief bekommen und muß binnen 2 Wochen 24 Programme für die nächste Saison abliefern! Bitte, *dichten* Sie etwas für mich – und schicken Sie mir es bald.« [199]

Nr. 272*

[Toblach, 18. (?) Juni 1909]

Liebste!

Beifolgend der [Brief von] Burckhard!

Ich freue mich übrigens, Dir melden zu können, daß am 12. Juli die Tauernbahn eröffnet wird, und Dir nichts im Wege steht, Deinen Freund im Salzkammergut aufzusuchen. Die Reise wird 5–6 Stunden dauern. –

Das Mehl, der Spiritus, der Lehm, Seife und die Bildhauerutisilien sind auch angekommen, und unterdessen von Trenker ausgelöst worden. – Was meine jetzige Wohnung betrifft so fange ich an einzusehen, daß die vorjährige Wohnung die einzig mögliche für mich ist. Allerdings erst, wenn die Fliegenfenster drin sind – ferner wenn die Hausfrau den *Käs* aus dem Souterrain entfernt (der jetzt drin ist ich habe ihn dem Gestank nachgehend mit Augen drin gefunden) ferner mein Spiritusoferl in's größte Zimmer gestellt, und in's Waldhäusl mein[en] alten (»geliebten« würdest Du sagen) Eisenofen hineinkommt. – Was hältst Du davon? Soll ich es so machen? – Das hätte noch den Vortheil, daß am *Abend* der Spiritusbrenner in Dein Zimmer hineinkäme, um Dir ein behagliches Betti zu bereiten (und mir eventuell auch). – Heute hat es sich hier ausgeheitert, und ich nehme an, daß es bei Euch schon sehr mollig warm ist. Aber halte nur aus Almscherl es' tut Euch beiden, Wärme und Eisen gut. – Bin neugierig, wann und ob das Clavier von Bösendorfer eintrifft. Wenn es bis 1. Juli nicht da ist, bestelle ich sofort bei Kohn ein anderes, damit Du es bei Deinem Eintreffen hier vorfindest. Heute mache ich einen Versuch, das untere (Käs=) Zimmer bei geschlossenem Fenster mit dem Sp.O. [Spiritus Oferl] zu heizen. Vielleicht geht es.

Tausend Grüße von Deinem Gustav

Eben kommt Dein 2ter Brief. Das ist lieb, Almschi, daß Du täglich schreibst. Da Dich »alle Männer« nicht interessiren, so übernehme ich wahrscheinlich die Rolle des »Fleischtopf's aus Aegypten«. Au! Welch ein Vergleich für einen vegetarisch gesinnten Ehemann!

Almas alter Verehrer und Freund Max Burckhard hatte »nach seiner schweren Erkrankung [...] sich eine Villa am Wolfgangsee erbaut und, weit in den See hinaus, ein großes Bootshaus, das man nur mittels einer Zugbrücke erreichen konnte. So wollte er sich, mit Büchern und Konserven bewaffnet, vor der Welt totstellen. Er wollte im Gebüsch, wie ein krankes Wild, verenden«.[200]

Durch eine Tunnelverbindung zwischen Mallnitz und Bad Gastein war die Reisezeit von Toblach nach Salzburg um mehrere Stunden verkürzt worden. Mahler und Alma benutzten dann Mitte August diesen neuen Verkehrsweg, um Burckhard zu besuchen.

Almas bildhauerische Versuche waren nur von kurzer Dauer. Sie vermerkte in einer Fußnote zum nächsten Brief: »Ich hatte im Bildhaueratelier von Edmund Hellmer einige Wochen modelliert«[201], und bezieht sich damit auf das »Schaffen« in Mahlers Brief 274.

Nr. 273*
(Mit meiner Zeitrechnung geht es schlecht)

Freitag (?)   [Toblach, 18.(?)Juni 1909]

Mein Almschi! Jetzt machen die Leute mal einen vernünftigen Lärm – sie tragen nämlich die Möbel von oben wieder nach unten. Ganz besonders hat mich dazu der Umstand bewogen, daß die Fliegenfenster in den beiden Zimmern wirklich die Fliegen abzuhalten scheinen, die

Luft aber durchlassen. – Auf mein Befragen, ob die Fenster auch in der Küche in Ordnung sind, erfuhr ich, daß die Agnes sich absolut mit Händen und Füssen dagegen sträubt, sie dort anmachen zu lassen. Außerdem wäre nicht genug *Stoff* vorhanden. Letzteres aber scheint mir nicht verständlich, da im Ganzen bis jetzt nur *2* Fliegenfenster (oben in meinen Zimmern) angebracht sind, und Du doch gewiß mehr mitgebracht hat. Also verfüge einmal eine ordre din [sic] Mufti, damit das Viechsvolk sich bescheidet und ich sicher keine Fliegen in meinen Spinat bekomme. Im Übrigen bekomme ich meine Mahlzeiten mit dem *Schlag* der Uhr, was meiner Verdauung riesig zu Gute kommt.

Es ist überhaupt entzückend hier nur die langen Abende nehmen alle meine Philosophie und stoische Haltung in Anspruch. Von der Mama höre ich kein Sterbenswörtchen. Bitte lasse mich von Zeit zu Zeit wissen, wie es dort steht. Wo sind denn nur die Stutzen, und Strümpfe, die ich voriges Jahr in Mengen hier angeschafft? – Die Wiesen sind heuer noch ganz grün – die Blumen noch nicht draußen. Mich freut es für Dich, weil Du das Alles bei Deiner Rückkunft vorfinden wirst. – Wolltest Du dort nur so regelmäßig (auf den Schlag der Uhr) leben, wie ich hier, so würdest Du bald auf einen grünen Zweig gelangen. Mir bekommt es ausgezeichnet, und ich habe von meinem entsagungsvollen Leben hier die besten Früchte.

Wenn Du brav ausharrst, so gedenke ich, Dich dort abzuholen. Aber nur, wenn nicht [Hermann] Bahr u. die [Anna von] Mildenburg dort sind, an denen ich nicht leicht vorübergehen könnte.

Tausend Grüße von Deinem Gustav

Nr. 274

[Toblach, 20. (?) Juni 1909]

Mein Almscherl!

Gestern kam Dein lieber Brief erst Nachmittag (ich hole mir die 2. Post immer selbst), ich war schon recht besorgt. –

Deine Stimmungen (dießmal von einem Traum hervorgerufen) sind mir selbstverständlich, denn ich *selbst* mache sie tausendmal durch; letzteres setzt Dich vielleicht in Erstaunen, aber es mag Dir zugleich als Trost dienen, ja sogar Dich selbst erst Dir verständlich machen. Der Mensch – und alles Wesen wahrscheinlich – sind unaufhörlich productiv –.

Auf allen Stufen geschieht dies unzertrennlich vom Wesen des Lebens: wenn die Productionskraft versiegt, so stirbt die »Entelechie«, d. h. sie muß einen neuen Leib erhalten. Auf jener Stufe, auf der sich höhere Menschen befinden, wird die Production (die in Form von Reproduction den Meisten natürlich ist) von einem Akt des Selbstbewußtseins begleitet; und dadurch einerseits gesteigert, andererseits als *Forderung* an das sittliche Wesen aufgestellt. *Dies* ist dann eben die Quelle aller *Beunruhigung* solcher Menschen. Abgesehen von den kurzen Momenten im Leben des Genies, wo diese Forderungen sich erfüllen, sind es die langen unausgefüllten Strecken des Daseins, die dem Bewußtsein solche Prüfungen und unerfüllbare Sehnsuchten auferlegen. Und eben dieses unaufhörliche und wahrhaft schmerzvolle Streben verleiht dem Leben dieser Wenigen das Gepräge. – Nun wirst Du vielleicht schon ahnen oder wisen, was ich von den »Werken« der Menschen halte. Sie sind das wahrhaft Flüchtige und *Sterbliche*; aber was der Mensch aus sich selbst macht – was er durch rastloses Streben und Leben *wird*, das ist das Dauernde. In diesem Sinne, mein liebes Almschi, ist Dir alles geworden, was zum Wachsthum der Seele und zum Emporstreben der Persönlichkeit nöthig ist. Und Du hast noch ein langes Leben vor Dir. Immer mehr betätige diese Kräfte Deines Innern (und Du tust es ja!) mache so viel von der Schönheit und der Macht zu Deinem *Eigen*. (Mehr können wir alle nicht – und überhaupt nur die Auserwählten) »breite Dich aus«, übe Dich im schönen, Guten wachse unaufhörlich (dies ist die wahre Production) und sei versichert, was ich Dir immer predige: was wir hinterlassen, was es auch sei, ist nur Haut, Schale etc. – Die Meistersinger, die Neunte [Sinfonie Beethovens], der Faust, alles sind nur abgestreifte Hüllen! Nicht mehr als das, im Grunde genommen unsere Leiber! Nun freilich sage ich nicht: daß das Schaffen überflüssig sei. Es ist dem Menschen nöthig zum Wachsen und zur *Freude*, die auch ein Symptom der Gesundheit und der Schaffenskraft ist. – Aber warum müssen es gerade Noten sein? Wie oft sehe ich Dich in dieser, mir so wohlbekannten Freudenstimmung, wenn Du Dich »erweitert« hast. /Zuletzt da unten im Prater.

Vor allem *werde Gesund* – und dann kommt das »Schaffen« von selbst: in irgend einem Sinn, und die Freude. Gestern kam das Clavier von Bösendorfer, ein prachtvoller, ganz neuer Flügel, Du wirst Deine Freude daran haben. Ich bin schon ganz hinuntergezogen, wo ich es nun wunderbar mollig finde. Gestern schrieb ich an Fränkel und zwar Crédit Lyonnais! Ist die Adresse richtig?/ Ins Häuschen habe ich mich noch immer nicht hinunter gewagt. Das ist für mich immer eine *solche Umwälzung*, das »Häuschen« zu beziehen, daß ich mich nicht getraue. Tausend Grüße mein Almschi Gustav

Von der Gucki erzähle wieder recht bald.

»Crédit Lyonnais« ist eine französische Bank. Am 20. Juni schrieb Mahler an Arnold Berliner: »Wann Fränkel kommt und wo er ist, weiß ich nicht. Ich habe ihm nach Paris an Credit Lyonnais geschrieben. Ist dies die Adresse, von der ich munkeln gehört habe?«[202]

Nr. 275[*]

[Toblach, 20. (?) Juni 1909]

Aber, mein liebstes Almschi, was war das für ein trauriges Briefl heut! Und Du klagst über Einsamkeit und hast Dein Guckerl bei Dir und siehst doch Menschen – und wenn es selbst nur die Miss T[urner] ist. Nun denke Dir aber mich hier – Tag für Tag. Wenn der Abend kommt, möchte ich mich am liebsten zusammenpacken, und zu Dir fahren. Aber ich beiße die Zähne zusammen und harre aus; denn erstens weiß ich, daß Du in Levico für Deine Gesundheit lebst, und in wenigen Wochen bei mir bist – und zweitens ist es eben meine Pflicht (frage einmal die Gucki, die weiß genau, was das ist), hier zu bleiben, und mich wieder ein bischen zusammen zu klauben. Morgen suche ich das Häuschen auf – bis jetzt habe ich mich wegen der Kälte nicht getraut. Nun aber ist es höchste Zeit, daß ich den Ofen ausprobire – nächste Woche, kündigte mir heute der Georg an, hätten sie nicht mehr Zeit eventuell wieder meinen alten Ofen zu setzen – daher muß ich morgen sehen, ob ich mit dem Spiritusofen mein Auskommen finde. – Mir ist schon schrecklich bang nach Dir, Almschi! [10 Zeilen unleserlich gemacht] ich freue mich schon rasend auf den Moment, wo ich mich ins Coupé setze, Dich abzuholen. – Gestern kam eine Schachtel mit Wäsche für Dich, die ich gar nicht aufmache. – Auch die fränkelschen Pillen sind aus Paris eingelangt. Brauchst Du sie vielleicht? Sonst lasse ich sie auch da. – Die Fliegenfenster leisten mir die besten Dienste und ich bin jetzt ganz mollig in meinen beiden Zimmern. Wie gesagt mir fehlt nichts da als – etwas *sehr Wichtiges!* Verstehst Du – melancolische Wildanten! [Wildente]?

Soll ich den *Chek* für die Wiener Firma *Spiritusofen* bezahlen? Oder von nun an mit allen diesen Dingen warten, bis Du da bist?

Ich hoffe zuversichtlich, daß Du nach Absolvierung dieser Tage wieder ganz in die Höhe kommst. Ein bischen Melancholie täglich ist erlaubt; ich vergönne mir auch diesen Luxus! Und wenn Du traurig bist, so denke, daß unsere Empfindungen sich vielleicht gerade begegnen und daß die Trennung ein Ende hat und daß wir dann unser Beisammensein recht genießen und *gut anwenden* wollen. Nicht wahr, Almschi?   Innigst Dein Gustav

Nr. 276

Mein Almscherl!

Das war ein lieber Brief heute (noch dazu der 2. im Tag) [2 Zeilen unleserlich gemacht] weißt Du, das ist eben nöthig; ein geistiges Centrum gewinnen; von da aus schauen alle Dinge anders aus! Und
daß Du Dir gerade Göthe ausgesucht hast, läßt in Dein Inneres blicken;
daß Du kerzengerade in die Höhe gewachsen – so wie außen auch
innen. –

Deine Deutung der letzten Verse ist famos und ich bin überzeugt:
besser, als die der Herren Commentatoren. (Die ich zwar nicht kenne,
aber von denen ich weiß, daß sie sich bald seit einem Jahrhundert die
Zähne daran ausbeißen) Nun, mit den Deutungen eines Kunstwer-
kes hat es seine eigene Bewandtniß, [1 1/2 Zeilen unleserlich gemacht]
das *Rationale* daran (d. h. das vom Verstand Aufzulösende) ist fast
immer das nicht Wesentliche: und eigentlich ein Schleier, der die
Gestalt verhüllt. – Soweit aber eine Seele einen Leib braucht, – es ist
ja gar Nichts dagegen zu sagen – muß der Künstler seine Mittel zur
Darstellung aus der Rationalen Welt herausgreifen. Dort, wo er selbst
noch nicht zur Klarheit, oder eigentlich zur *Ganzheit* durchgedrungen, wird das Rationale das künstlerisch Unbewußte überwuchern
und zur Ausdeutung übermäßig auffordern. – Der Faust ist nun allerdings ein rechtes Gemisch von Alledem – und, wie seine Schaffung
ein ganzes *langes* Leben umfaßt, so sind nun auch die Bausteine aus
denen er sich zusammensetzt recht ungleich und oft bloßes *Material
geblieben*. Das macht, daß man dem Werk auf verschiedene Art, und
von verschiedenen Seiten beikommen muß. – Aber die Hauptsache
ist doch das *künstlerische* Gebilde, das sich in dürren Worten nicht
ausdeuten läßt. Die Wahrheit ist für Jeden – und für Jeden zu verschiedenen Epochen verschieden – anders geartet; sowie es mit den
Symphonien Beethovens ist, die auch für Jeden – und zu jeder Zeit –
immer wieder etwas Anderes und Neues sind. – Soll ich Dir nun sagen, in welchem Stadium sich gegenwärtig meine »Rationalität« diesen Schlußversen gegenüber befindet, so will ich es also versuchen –
ob es gehen wird weiß ich nicht! Also: diese 4 Zeilen nehme ich in
engster Verknüpfung mit dem Vorangegangenen – als direkte Fortsetzung der letzten Zeilen einerseits – und andererseits als Spitze der
ungeheuren Pyramide des ganzen Werkes, welches uns eine Welt in
Gestalten, Situationen, Entwicklungen vorgeführt hat. Alle deuten,
– zuerst ganz schattenhaft – und von Szene zu Szene (besonders im
2. Theil, wo der Autor selbst dazu herangereift war) immer bewußter

auf *dieses Eine*, nicht Auszudrückende, kaum geahnte, aber innigst Empfundene!

Alles ist nun ein *Gleichniß*, für Etwas, dessen Gestaltung nur ein *unzulänglicher* Ausdruck für das sein kann, was hier gefordert ist. Es läßt sich eben *Vergängliches* wol beschreiben; aber wir fühlen, ahnen, aber nie *erreichen* werden (also was hier ein *Ereigniß* werden kann) eben das hinter allen Erscheinungen Dauernde, Unvergängliche ist *unbeschreiblich*. Das, was uns mit mystischer Gewalt hinanzieht – was jede Creatur, vielleicht sogar die Steine, mit unbedingter Sicherheit als das Centrum seines Seins empfindet, was Göthe hier – *wieder in einem Gleichniß* – das *Ewig Weibliche* nennt – nämlich das *Ruhende*, das *Ziel* – im Gegensatze zu dem ewigen Sehnen, Streben, sich Hinbewegen zu diesem Ziele – also dem Ewig Männlichen! – Du hast ganz recht, es als die *Liebesgewalt* zu charakterisiren. Es giebt unendlich viele Vorstellungen, Namen dafür. (Denke nur, wie es das Kind – das Thier, wie es ein niederer oder ein hoher Mensch lebt und webt). Goethe selbst bringt hier, je weiter gegen den Schluß, immer deutlicher eine unendliche Stufenleiter dieser Gleichniße zur Darstellung: das leidenschaftliche Suchen Faust's nach Helena – immer weiter in der Walpurgisnacht vom Homunculus – dem noch Ungewordenen – über die mannigfaltigen Entelechieen niederer und höherer Ordnung, immer bewußter und reiner dargestellt und ausgesprochen, bis zur Mater gloriosa – dies ist die Personification des Ewig Weiblichen!

Also direkt mit Anknüpfung an die Schlußszene spricht Göthe persönlich seinen Hörer an, und sagt:

»*Alles Vergängliche* (was ich Euch da an den beiden Abenden vorgeführt habe) – sind lauter *Gleichnisse*; natürlich in ihrer irdischen Erscheinung *unzulänglich* – *dort aber*, befreit von dem Leibe der irdischen Unzulänglichkeit wird es sich *ereignen*, und wir brauchen dann keine Umschreibung, keinen Vergleich – Gleichniss – dafür; dort *ist es eben gethan*, was ich hier zu beschreiben versuchte, was aber doch nur *unbeschreiblich* ist: und zwar, was?! Ich kann es Euch wieder nur im Gleichniß sagen:

Das Ewig Weibliche hat uns *hinangezogen* – Wir sind da – Wir ruhen – Wir besitzen, was wir auf Erden nur ersehnen, erstreben könnten. Der Christ nennt dieß die »ewige Seligkeit« und ich mußte mich dieser schönen und zureichenden mythologischen Vorstellungen als Mittel für meine Darstellung bedienen [2 Zeilen unleserlich gemacht] – der adäquatesten, die dieser Epoche der Menschheit zugänglich ist.«

Hoffentlich habe ich mich deutlich ausgedrückt. – Bei solchen unendlich zarten und, wie gesagt, *unrationalen* Dingen liegt immer die

Gefahr eines Wortgewäsches nahe. – Drum haben alle Commentare etwas so Zuwideres. –

/Eben kommt Dein Telegramm: das mußt Du mir erst näher erklären. Ich werde also mit meiner Antwort noch warten, bis ich von Dir gehört habe./

Für heute schließe ich.   Tausend Grüße von Deinem Gustav

/Mittwoch? Ich glaube, ich lebe schon seit vielen Tagen ohne Datum. So: jetzt kommt auch Dein Brief: Höre! Das muß wohl überlegt werden. 5mal wöchentlich anstrengende Abende, das erscheint mir zu viel! Ich will mir es recht überlegen, und wenn ich antworte, bekommst Du eine Copie.

Beiliegende Rechnung von Cormaldi, die Du von dort aus expediren kannst. Karte von Grünwald – vielleicht wäre da die Gelegenheit, die Adresse zu erfahren?/

Dieser Brief ist einer der längsten und gleichzeitig wichtigsten, den Mahler an Alma gerichtet hat. Wahrscheinlich zielt Almas Bemerkung in ihren Erinnerungen »wir korrespondierten täglich über abstrakte Dinge« auf diesen Brief.[203]

In seiner *8. Sinfonie* hat Mahler die letzte Szene aus Goethes »Faust II« vertont. Hier gibt er seine Deutung der letzten Verse »Alles vergängliche ist nur ein Gleichnis...«, die zweifellos von seinem alten Freund Siegfried Lipiner beeinflußt worden ist. Lipiner hatte im Jahr 1894 an der Wiener Universität den Doktorgrad mit einer Dissertation »Homunculus. Eine Studie über Faust und die Philosophie Goethes« erworben. Es liegt jedenfalls nahe, daß die beiden Freunde Deutungsmöglichkeiten des Goetheschen Textes erörtert haben.

Nr. 277[*]

[Toblach, 23. (?). Juni 1909]

Liebste! Heute ist es so garstig, daß ich mir es wirklich überlegen muß, ob ich meinen gewohnten Walk unternehme oder nicht. – Unten im Häusel geht es doch nicht. – Oben ist es mir zu heiß (so daß ich mit Migräne kämpfe) unten in den Füssen frier ich. – Ich laße also wieder den Ofen stellen. Voriges Jahr war es immer – selbst beim schlechtesten Wetter gemüthlich. – Der Spiritusofen wird uns doch ganz gut kommen. Man braucht ja doch fortwährend irgendwo Erwärmung. –

Gestern also habe ich die beiden Rechnungen gezahlt. – *Von Grünwald kam wieder ein Korb mit Eiern!* Was soll man da thun?

An Deckner schrieb ich gestern und frug um alle näheren Bedingungen. – Wenigstens haben wir eine Zeitlang eine Unterhaltung. – Von Zacherl kam eine Police – soll ich die verlangten 22 Kr. 13 Pf. bezahlen?

Ich laß jetzt eben den großen Ofen heizen. Es ist unglaublich, wie gemüthlich so ein prasselndes Feuer ist. – Meine Füllfeder ist trocken und ich habe keine Tinte mehr im Haus. – Daher nun der Bleistift. – Himmelfix – das dumme Wetter – heute kann ich wirklich nicht vor die Thüre! Also weder diesen Brief auf die Post tragen noch mir den Deinen holen. Ich bin neugierig, was Du mir von Euerem Barometer erzählen wirst. Für heute nur innigste Grüße Dein Gustav

Ich wollte, Ihr wärst [sic] wieder da!

Der Wiener Konzertagent Hermann Deckner versuchte in dieser Zeit, Mahler zu überreden, eine Reihe von Wagner-Opern (in italienischer Sprache!) am Teatro Colon in Buenos Aires im Sommer und Herbst 1910 zu leiten. Die Verhandlungen scheiterten schließlich an Mahlers zu hohen Forderungen (s. Briefe 281 und 285).

Nr. 278

[Toblach, 23. (?) Juni 1909]

/Aber, das ist schrecklich, Almschi!

Angesichts solcher Nächte, und solcher Stunden, frage ich mich wirklich: was ist das für eine Cur, die Du brauchst, daß sie eine solche Wirkung hat! Bitte, beschreibe mir doch einmal, was Du thust (resp[ective] was Dir an Bädern etc. verordnet ist), damit ich doch endlich einmal darin klar sehe.

Die Guckerl entwickelt sich zu reizend; es ist doch zu traurig, daß sie in meiner Gegenwart nie so unbefangen herzig ist. Seit gestern bin ich also in meinem Häuschen. Vielleicht geht es so. Aber das muß ich schon sagen, ein wirklicher Ofen gibt eine ganz andere molligere Wärme. Vielleicht aber gewöhne ich mich dran – Nur zu dumm, daß Anton noch immer nicht die Decke schickt. Es ist entschieden etwas fußkalt da. – allerdings regnet es hier wieder seit gestern und ist ziemlich kalt.

Wegen Buenos-Ayres werde ich also die Unterhandlungen beginnen, und die mindestens bis zu Deiner Rückkunft hinausziehen, damit wir

Alles persönlich gut besprechen können. – Jetzt wird bald der Newyorker Arnold kommen; ich bin neugierig, was er zu erzählen hat. Der Pauker aus Pittsburg, den sie acquirirt zu haben scheinen, ist ganz gut. Geh, schreib mir doch genau, *was sagte* Dein Arzt zu Dir; und findet er Deinen Zustand angemessen etc. etc. Ist die Temperatur dort angenehm? Trinkt die Gucki auch mit? Hast Du meine Antwort auf Deine Faustfragen bekommen? Und hat Hammerschlag das Geld geschickt? Heute schreibe ich der Mama auf ihre Aufforderung einen »Wunschzettel«. Die Schlüssel glaube ich gefunden zu haben./ Halt den Kopf oben, Almschi! *Das belohnt* sich sicher, glaub mir, der darin eine große Erfahrung hat. – Ich schreibe dieß am Fenster meines Schlafzimmers, das diesen herrlichen Blick auf die Wiese hat (daneben ist es mir entschieden zu kalt!) Die Sonne kommt jetzt hervor, und schon flattern die Falter draußen, und heben die Blumen ihre Köpfe hoch – die es alle jetzt 2 Tage sehr schlecht gehabt haben – und gewiß am Leben verzweifelt haben. Ein Sonnenblick – und weg ist alles Ungemach an Regen Wind, Kälte!

/Es ist zu herrlich da draußen. Jetzt nehme ich meinen Stock und wandere (meinen täglichen Nachmittagsspaziergang).

Innigst Dein Gustav

Morgen schreib mir ein heiteres lustiges Brieferl und benimm Dich heute darnach, daß Du morgen nicht liegst./

Alma hat nur die Zeilen von »Halt den Kopf oben« bis »an Regen, Wind, Kälte« in ihrer Ausgabe der Briefe veröffentlicht und stellt in einer Fußnote fest: »Briefstelle aus einem sonst unwichtigen Brief.«[204] Mahler erwartete den Besuch des neuen Vizepräsidenten des Komitees der New York Philharmonic, Richard Arnold, und seiner Frau Charlotte. Auch sein Freund und juristischer Ratgeber Emil Freund sollte an einem der nächsten Tage zu Besuch kommen.

Nr. 279*

[Toblach, 24. (?) Juni 1909]

Mein liebes Almschili!

Deinem gestrigen pudel-närrischen Brieferl entnehme [ich] vor Allem zu meinem größten Vergnügen, daß sich Deine Stimmung und Activität in aufsteigender Linie befinden, daß aber die Cur nicht viel zur Abspannung Deiner Nerven beiträgt. Bis jetzt konnte ich, trotz aller Bitten und Beschwerden noch nicht erfahren, worin Dein Curprogramm besteht. –

Ich stelle hier indessen das bissel Gehirn meiner Hausbewohner auf die Probe und bringe ihnen jedenfalls eine höchst skeptische Meinung über das meine bei. Denn ich lasse einen Tag den Ofen setzen, den andern inhibire [ich] wieder solche Ideen und benütze den Spiritusofen. Seit 2 Wochen schwanke ich – heute entschied ich wieder: Es bleibt beim Spiritusofen. – Das Wetter ist wieder etwas besser geworden, und da sind dann gleich die Temperaturverhältniße erträglicher da unten. Am schönsten wäre es freilich, man käme ohne diesen sehr precäre[n] Eingriff des Ofensetzens aus. – Falls Du ihn in Deinem Zimmer brauchtest, könntest Du ihn täglich Abends heraufholen lassen. –

Jetzt kommen also meine Besuche – aber dann freue ich mich schon rasend bis wir wieder zusammen sind. Ich hoffe zuversichtlich, daß Dir Deine Cur in Verbindung mit dem Nachaufenthalt dann hier große Dienste leisten wird. –

Innigst grüße ich Dich mein Almscherl Dein Gustav

Nr. 280*

[Toblach, 25. Juni 1909]

Liebste Almschi!

Eben gehe ich zur Post, um mir Deine Briefe zu holen – da kommt Arnold daher direkt aus New-York – ganz gemüthlich – ich komme also keinesfalls mehr zum Schreiben heute und sende Dir daher zur Unterhaltung eine Menge Correspondenz. Die Pintotantiemen werden uns ganz gut kommen – einige Tropfen in einen leeren Becher.

Die Anweisung löse ich indessen ein und hebe Dir das Geld auf. Es sind also jetzt dann die 1300 Kronen für Trenker Deinem Wunsche gemäß beisammen. – Über Gucki bin ich außer mir! Da hat sie sich also damals morgens verkühlt. – trotz aller Härte der Miss Turner und nackten Beinen eine solche Verweichlichung, daß sie sich bei der geringsten Gelegenheit verkühlt.

Also alle Nacktheit der Beine und Verbote von warmen Kleidern keinen anderen Erfolg als – Blutarmuth. Traurig!

Ich muß jetzt schließen – Arnold bringt eben seine Frau angewackelt. Herzlich Gustav

Nr. 281*

[Toblach, 26. Juni 1909]

Wie geht es Gucki?

Liebe Almsch

Die unendliche Langeweile des amerikanischen Ehepaars hat sich auf diese Landschaft herabsenkt. Im ersten Moment, als ich die schönere

Hälfte meines managements erblickte, war es mir klar, daß ich einer der ungastfreundlichsten Menschen bin und ließ der Germania alle Ehren und Freuden, die die Beherbergung unser[er] distinguished foreigner bietet. Heute Abend kommt Freund – er soll Alles genießen, was unsere Burg zu bieten [hat]; wenn auch »beschämt[«], soll er doch nicht zu ihr zurückkehren, wenn er einmal dahingegangen.

Ich bin momentan also wieder einmal ganz Orchesterangelegenheit. Das haben die Arnolds einmal an sich. Es giebt auch eine ganze Menge zu thun. – Arnolds haben auch generöser Weise ihren Aufenthalt in der Germania bis *Donnerstag* ausgedehnt. – Morgen (Sonntag) habe ich sie zu einem Lunch eingeladen. –

Grünwalds haben wieder einen Korb mit *Eiern* geschickt. Da ich jetzt in der Früh keine mehr esse, so ist es sehr schade; ich weiß nicht, wozu sie Agnes verwendet. – Vom Wiener Schuster kam ein Paket an Dich – welches ich nach Levico weiter befördert habe. –

Brief von Spiering ist die Antwort auf eine Anfrage, die ich an ihn gerichtet. – Deckners Schreiben habe ich dahin beantwortet, daß ich folgende Forderungen stelle:

18 000 Dollars, Staatscabine, Engagement des assistant conduktor, der mit mir sich in's Dirigiren zu theilen hat, Engagement van Rooys. –

Der Brief an Berliner *ist sehr warm* ich wüßte nicht, wie man noch wärmer an einen Freund schreiben könnte, und er kann sich alle Finger nach so einen Brief ablecken. –

Gutmann kündigt auch seinen Besuch für August an in Sachen Musikfest. – Für allerlei Zerstreuung ist also gesorgt.

Grüße Pollak herzlichst von mir. Das ist lieb von ihm, daß er sein Versprechen gehalten hat.

Ich wandere jetzt zum Rendezvous mit den illustren Vertretern der amerikanischen Musik.

Wenn Pollak zurückfährt, so könnte er wirklich einen Tag überschlagen und mich hier besuchen: Neue Freie [Presse, Wien]

[Neues] Wiener Journal

Arbeiter Zeitung

Frankfurter.

In der Germania: *Zeit*, Münchener Neueste [Nachrichten], Berliner Tageblatt.

Mindestens aber mir anzeigen, wenn er durchfährt, daß ich ihn wenigstens am Bahnhof begrüßen kann. Tausend Grüße liebes Almscherl

Gustav

Auf Empfehlung von Fritz Kreisler hatte Mahler vor seiner Abreise von Wien ein Probespiel des amerikanischen Geigers Theodore Spiering gehört und ihn als neuen Konzertmeister der New York Philharmonic verpflichtet.

Nr. 282

[Toblach, 27. Juni 1909]

Mein liebes Almscherl!

/ Das ist dumm, daß Dir P[ollak] so ermüdend. – Ich denke, er hält es ja doch nicht lange aus./ – Ich bin jetzt durch gesellschaftliches Leben sehr in Athem gehalten. Ein Fest erschlägt das andere. Ich erschlage sie alle. – Am Abend sind die munteren Bergbewohner vereint (sie mähen jetzt, wenn ich nicht da bin; wenn ich im Hause bin, sind sie auch immer da). Sie ergehen sich meist in munteren Scherzen und fröhlichen Liedern. Manchmal spielen sie auch ein recht anregendes Gesellschaftsspiel – eine Art Kegel und Kugelwerfen, (wobei es hauptsächlich darauf ankommt, die Bein= und Armmuskeln durch vieles Strampeln zu stählen und die Lungen zu höchsten Kraftleistungen heranzubilden.[)] Den Rhytmus der Nerven hebt man durch möglichste Gleichzeitigkeit und Gleichmäßigkeit der Geräusche. – Abends erwartete ich Freund mit dem Zug. Aber erst spät Abends kam das Telegramm, daß er in den falschen Wagen eingestiegen, und daher in Villach übernachten mußte. So sah ich ihn erst heute zum Lunch in anregenster Gesellschaft des Ehepaar Arnold; besonders die Frau zeichnet sich, wovon ich gar keine Ahnung hatte, durch sehr scharfe Auffassungsgabe, und die dazugehörige Frohnatur [aus], Alles sofort und entschieden wieder von sich zu geben (d. h. nicht das Essen sondern nur die Eindrücke.) – So war denn der heutige Lunch – in richtiger Würdigung der Gelegenheit hatte Agnes ein nach ihrer Meinung amerikanisches, ja gerade canadisches Menü erdacht – ein Sprühfeuer der sich überstürzenden Gedanken und Ideen des schöneren Theiles unserer kleinen aber gewählten Compagnie. – Zum Schluß, nachdem es nicht mehr weitergehen wollte hatte ich einen verblüffenden Einfall – ließ *einspannen* (Einspänner) und schob das Ehepaar in die Kalesche, die zwar für das stattliche Paar ein etwas enger dafür umso behaglicherer »kleiner Raum für ein glücklich liebend Gespons [war«]. – Ich legte mich dann, konnte aber vor innere[r] Erregung nicht schlafen. – Ich werde den heutigen Nachmittag mehr in sinnenden Posen und ruhig gemüthvollen Aperçus zu Ende führen. (Verfluchte Feder ist wieder trocken). Heute hat es sich übrigens ausgeheitert und es fängt an lieblich wie immer hier zu sein. – Schau nur,

Almschl, daß Du Dich recht ausruhst und die *Cur* ordentlich machst – Du wirst sehen, es wird Dir hier riesig gefallen. Ich freue mich colossal. /1000 Kronen habe ich dem Trenker schon auf sein Ersuchen gegeben./ Herzlich[s]t und innigst Gustav

Nr. 283*

[Toblach, 28. Juni 1909]

Liebstes Almschel!

So, jetzt muß ich das neue Papier ergänzen – woraus Du ersiehst, wie fleißig ich dießmal Briefe geschrieben habe. – Unterdessen geht die Weltgeschichte hier ihren Weg. – In das Gemüth von Frau Arnold habe ich unterdessen – es war gestern beim Ansichtskarten schreiben an Freund Leifels – tiefe Blicke gethan. – Ich dachte früher, sie ist ein Strunk! Aber nein! Sie ist ein Schäker. Neckisch ist der Grundzug ihres Wesens. Gestern, als ich ihre Begeisterung für die Natur – hauptsächlich liebt sie illustrirte Ansichten – kam mir plötzlich wieder eine Idee, merkwürdiger Weise wieder mit einer Kalesche. Sie gehen morgen (Dienstag statt Donnerstag) mit einem Wagen die neue Dolomitenstraße, um sich sämtlich hier befindliche Gegenden anzusehen. – War das nicht genial? –

Freund lebt hier still aber entschieden seiner Gesundheit. Ich unterstütze ihn ganz darin und wir betreiben hauptsächlich die Higiene des Tiefathmens – bei geschlossenem Maule. – [18 Zeilen unleserlich gemacht].

Heute habe ich noch keinen Brief von Dir. Hoffentlich ist er jetzt auf der Post, von wo ich mir ihn holen gehe. – Sag doch lieber P[ollak] nichts von einem Besuch hier.

Bei der schrecklichen Bauernhaftigkeit der Agnes fühle ich mich nicht ganz sicher bezüglich der verschiedenen Menus. – Es wird prachtvoll sein, wenn wir alle wieder einmal beisammen sein werden. Abholen, Almscherl, werde ich Dich doch nicht. Denn es ist kostspieliger als es im ersten Augenblick erscheint. Und dieser feine Zufall mit dem in den Schoß gefallenen Tantièmen muß ausgenützt werden – Denk Dir, in die Idee mit Plankenberg lebe ich mich von Tag zu Tag besser hinein. Vielleicht ist es gerade das Richtige. So also Schluß – die Fliegen lassen einen nicht still sitzen. Innigst Gustav

Felix Leifels war der stellvertretende Geschäftsführer der New York Philharmonic und spielte auch Kontrabaß im Orchester.

In Brief 283 bezeichnet Mahler Frau Arnold als einen »Strunk«. In der Erstfassung ihrer Erinnerungen erklärt Alma: »Ein Freund unseres Hauses sagte auf alles unfertige – und ausdruckslose – er ist ein Strunk – und dieses Wort wurde halt geflügelt bei uns«.[205]

Nr. 284*

[Toblach, 30. (?) Juni 1909]

Mein Almscherl

Das war ja komisch – da haben wir zu gleicher Zeit von Plankenberg phantasirt – unsere Apostrophen haben sich gekreuzt. – Ich träume jetzt viel davon – ich seh uns schon im Park, im Frühling und im Herbst, die ich seit 20 Jahren nur mehr in staubigen und überhitzten Städte[n] erlebe. Und Ruhe! Ruhe! Es wäre ja zu schön, wenn es klappen würde. – Jedenfalls ist es das erste, was wir thun, wenn wir im Herbst zurückkommen – nach Plankenberg. – Aber *Du* mußt es auch zuerst sehen, denn oft ist es ein eigenthümliches Wiedersehen mit Menschen – und mit Orten, die man in der Jugend geliebt und dann nicht mehr wiedergesehen.

Der Brief von Heppner ist reizend. So recht naiv romantische Stylübung des unverdorbenen gemüthvollen Landmenschen, der um 50 Jahre jünger und zurück ist. Er hält jetzt bei der Romantik – was mir so gut gefällt. *Er glaubt* – das ist die Gesellschaft, die ich mir liebe. – Er soll auch unser Guckerl dann in die Arbeit nehmen. –

Der Brief von Burckardt ist allerdings *sehr erfreulich.* Nun mußt Du aber *Wort halten!* Ich denke mir, damit Du hier ein bischen noch zur *Ruhe* kommst nach all den Besuchern – Ende August oder Anfang September gehen wir zusammen nach Salzburg das ich auch gerne einmal wiedersehen möchte – dort warte ich auf Dich bis Du vom Burckhardt wieder zurück bist – und von dort fahren wir zusammen dann *über Plankenberg* (das am Weg ist) nach Wien. – Die Gucki bleibt indessen bei der Mama in Toblach und fährt mit ihr zurück. Was denkst Du? – Das Ehepaar Arnold sind nun gestern fort. – Jetzt aber war es höchste Zeit. Diese Leute sind mir an die Nerven gegangen – ich habe es wirklich *nicht* länger ausgehalten. – Freund bleibt bis Samstag. – An Dich sind von einem Werner Visitkarten p[e]r. Nachnahme (mit Post gegen 4 Kronen) gekommen. Daß die Uchatius kommt, ist mir riesig lieb. – Beeile Dich nur ja nicht. – Ich empfange sie eventuell allein. *Deine Cur* darfst Du absolut nicht abkürzen. – Heute muß ich noch Briefe nach Newyork schreiben. Daher Schluß. Grüße Pollak. – *Bitte schreibe mir,* ob *Guckerl schon ganz gesund ist.*   Servus Gustav

(böse Beispiele verderben gute Sitten)

Marie von Uchatius hatte Kunst und Kunstgeschichte unter anderem an der Wiener Kunstgewerbeschule bei Alfred Roller studiert und war eine Freundin Almas. Sie weilte bei den Mahlers am 16. Februar 1908 im Hotel Majestic, als das Ehepaar Zeuge des Leichenbegängnisses eines Feuerwehrmanns wurde. Sie hatten den Vorgang am Hotelfenster beobachtet.

Die eigentümliche Begleitmusik inspirierte Mahler zu jenen gedämpften Trommelschlägen am Schluß des zweiten Scherzos und Anfang des Finales seiner unvollendeten *10. Sinfonie*. Im Manuskript hat er die Trommelschläge mit einer Anmerkung für Alma versehen: »Nur du weißt, was es bedeutet.«

Zu Mahlers Nachsatz »böse Beispiele verderben gute Sitten« bemerkt Alma: »Ich hatte öfters ›Servus‹ geschrieben.«[206]

Nr. 285*

[Toblach, 1. (?) Juli 1909]

Liebste Almschi!

Ich bin ganz glücklich über Deine Nachricht. Einen solchen Grund für Deine mir zuerst ganz unerträgliche Seelenstimmung kann ich begreifen. Aber Dein heutiger Auftrag (Dir die bezahlten Rechnungen aufzuheben) erfüllt mich mit Schrecken. Ich habe dießbezüglich vollständig in den Tag gelebt – glaube, Dir überdieß Alles geschickt zu haben. – Ferner zahle ich nur das, was an mich gelangt. Soviel ich weiß hat auch die Kathi oder der Trenker manches beglichen, was sie Dir sicher nach Deiner Rückkehr vorlegen werden. Die heute beiliegende Rechnung soll ich wol zahlen? – Die eine Beilage, wie man *Fliegen* vertreibt schicke mir wieder zurück, und vor Allem merk Dir das; bis Du zurückkommst wird ja gerade die Hoch-zeit der süßen Geschöpfe sein. Die Annonce bez. der *austr*[alischen] Äpfel wird Dich auch interessiren. Du siehst, wie unreel doch die Wiener Geschäftsleute sind.

In Buenos Ayres laßen sie nicht locker – Ich werde aber standhaftermaßen absagen. 50 Wagnervorstellungen in 3 Monaten – allerdings keine Proben dazwischen bis auf die Vorproben.

Die mitkommende Rechnung von Brandweiner erledigst Du? Oder soll ich es thun? –

Bitte, schicke doch an Karl die Schlüssel von der Wohnung. Er kann sonst nicht hinein, wie er mir schreibt. Er muß außer der Controlle wegen der Kassa mir auch die Strümpfe und Stutzen aus der Wohnung schicken, die wir sämtliche vergessen haben.

Bitte, schreibe mir mal ausführlich, aus was für Einzelheiten sich

Deine *Cur* zusammensetzt. Bäder – Trinken etc.; und ob Du die Kleine etwas mitmachen läßt. –

Bitte, halte Dich *brav* und bleibe 4 Tage liegen!

Innigst Dein Gustav

Die Wiesen fangen schon an zu blühen. Jetzt sind sie im *gelben*
Stadium.

Nr. 286*

Freitag   [Toblach, 2. Juli 1909]

Liebstes Almscherl!

Heute nur wenige Zeilen! Wie ich aus dem Häuschen herauskomme,
stehen mit breitem, – resp. schmalen Lächeln – Fried und Brecher da!
Freund hielt daneben – nur halb zugehörig. – Es wurde durch Vermittlung Freunds mit der Agnes ein Mahl improvisirt, welches Beide
zu wiederholtem Wiehern des Entzückens begeisterte. – Ich bedauerte innerlich fortwährend, daß Du nicht da seist! Es wäre so lustig gewesen. – Brecher fährt schon Nachmittag wieder ab, – nach Gastein.
Ich konnte ihn nicht bewegen, noch ein bischen zu bleiben. Stammelnd und mit bleicher Lippe gestand er mir, daß die Walker seiner
harre. –

Aber Fried? Soll ich Dir ihn zuschicken? Er kommt sehr gerne und
heitert Dich sicher auf! Er hat ein famoses Engagement für nächste
Saison nach Petersburg und kann sich's zahlen. – *Bitte Dich, telegraphire mir gleich bei Erhalt* dieses Briefes, *ob er kommen soll!?* Und falls
nicht, ob ich ihn *bis zu Deiner Rückkunft hier halten soll.* – Nach Deinem heutigen Brief erscheint mir die Frage nicht ausgeschlossen, ob
Du nicht noch eine Woche in Levico bleiben solltest. – Bitte Dich, thue
nur Alles für Dich, was Du kannst. –

Viele Grüße von Deinem Gustav

Freund fährt morgen ab.

Seit Oscar Frieds Aufführung von Mahlers *2. Sinfonie* in Berlin im
November 1905 (s. Brief 155) hatte sich zwischen den beiden Männern eine herzliche Freundschaft entwickelt. Der andere Dirigent,
Gustav Brecher, war der bereits erwähnte Schützling von Richard
Strauss.»Die Walker« ist die amerikanische Altistin Edyth Walker,
die bereits Mitglied der Wiener Hofoper war, als Mahler nach Wien
kam. Nach mehreren schweren Auseinandersetzungen mit Mahler
verließ sie im September 1903 die Hofoper und wurde sofort vom
Hamburger Stadttheater verpflichtet.

Der nächste Brief könnte auf den ersten Blick den Eindruck erwecken, daß Mahler tatsächlich Alma in Levico besucht hat, so wie sie dies berichtet. Der Satz »Ich nehme täglich seit meiner Abreise aus Levico 1 Sajodinpille ...« bezieht sich jedoch auf die Tatsache, daß er die Familie nach Levico gebracht hatte und dann nach Toblach gereist war. Die Briefe vom Juni und Juli 1909 bezeugen die zahlreichen Besuche und Verpflichtungen Mahlers während seines Strohwitwerdaseins im Trenkerhof. Ein zweitägiger Besuch Mahlers in Levico erscheint aufgrund der Lebensumstände, wie sie nun in den unveröffentlichten Briefen zum Ausdruck kommen, so gut wie unmöglich. Alma schreibt: »... Mahler hatte Angst um mich und endlich kam er selbst. Ich fuhr ihm nach Trient entgegen, er stieg aus dem Coupé aus, und erkannte ihn nicht. Der Friseur in Toblach hatte ihn vor der Abfahrt, wo er sich besonders schön machen lassen wollte, vollkommen glatt geschoren. Er hatte Zeitung gelesen und es nicht gemerkt. Er war unkenntlich häßlich, wie ein Bagnosträfling, ohne die beiden ausladenden Seitenhaarbüschel, die seinem ungeheuer langen, hageren Gesicht die richtige Formation gaben. Ich konnte mich nicht gewöhnen und mein Fremdheitsgefühl nicht überwinden, so fuhr er nach zwei Tagen betrübt wieder weg.«[207]

Der Zwischenfall mit Mahlers übereifrigem Figaro ereignete sich wahrscheinlich bei Almas Rückkehr, als Mahler sie in Niederdorf abholte (s. Brief 289). In den Briefen des Jahres 1910 erwähnt Mahler nochmals diese Episode (s. Brief 315).

Nr. 287*

[Toblach, 4. Juli 1909]

Mein liebes Almschili!
Also Fried ist bei mir einquartirt. Brecher im Begriffe (seit 2 Tagen) nach Gastein zur Walker abzufahren. Ich denke bis zu Deiner Rückkunft dürfte er schon in den Waggon gelangt sein. (Immerhin lebt sich es mit Beiden sehr angenehm – sie sind sehr discret und bequem.) Brecher wohnt im Südbahnhotel, das mit einer prachtvollen »Hall« ausgestattet ist, wo ich jetzt täglich meinen Jausencaffé einnehme. – Freund ist mit Versicherung ewiger Treue abgedampft. Also jetzt hängt es nur von Dir ab, ob ich Fried (der sehr ruhig und angenehm ist) hier behalten soll oder nicht. Schreib mir ausdrücklich darüber. Ich glaube, er wird uns nicht stören. Ich informire ihn auch über Dein Ruhebedürfniß – und es ist ausgemacht, daß wir uns Alle bis Mittag nicht sehen.

Ich schicke Dir heute 200 Kronen. Spar nur absolut nicht! Wir bringen das im Winter wieder ein. Es ist ja eine Lappaliè. Dein Plan mit mir fortzugehen, ohne daß jemand weiß, wohin, – wenn es uns zu voll wird – ist famos. Wir suchen uns dann einen recht molligen Ort aus.

Ich nehme täglich seit meiner Abreise von Levico 1 Sajodinpille, und vertrage das sehr gut. Von morgen werde ich es wieder mit 2 Pillen nach Angabe von Dr. Liermberger versuchén.

Vielleicht geht das auch.

Der Agnes habe ich gestern 5 Kronen zur Aneiferung gegeben. Aber in der Früh schmuggeln sie mir doch jeden Moment die Trenkerische Butter ein. Heute bin ich – von den fräuleinischen Erfahrungen gewitzigt – zum Küchen-Gitterfenster geschlichen und habe eine Conversation eröffnet – und dann sorgfältig vorsichtig einfließen laßen – es wäre doch sehr lieb eine Niederdorfer Butter zu haben; weil man von Trenkerischer ab und zu kotzt. Dann noch einige Sommerschäker – in die Wangen habe ich dießmal noch nicht gekneift, und [bin] mit vertraulichem Gekicher dann langsam abgegangen. – Gott sei Dank – Du übernimmst ja wieder bald den Dienst am Hofe. – Von Grünwald wieder ein Korb mit Gemüsen angekommen. – Denke Dir Leifels hat schon die Staatscabine – sie kostet aber *1800* Dollars! An die Schelden [sic!] habe ich einen netten Brief und sämtliche Programme geschickt. – Das wird sie mir hoch anrechnen. – Schreib noch genau wann Du kommst – aber ich bitte Dich – *eile nicht* wegen ein paar Tagen oder Kronen. – Wir bringen das schon wieder ein! Tausend Grüße mein Almscherl Dein Gustav

Von Hammerschlag habe ich 2000 Kronen kommen lassen. Näheres mündlich!

[Am oberen Briefrand, 1. Seite] Frage den Dr. Liemberger, ob ich bei Sajodin bleiben soll – oder ob ich sein Präparat vielleicht *dazu* – oder auch allein nehmen soll.

Der folgende Brief Mahlers ist ein Unikum. Nie sonst hatte er sich um Angelegenheiten der Dienstboten gekümmert. Alma gibt für den Brief im Typoskript ihrer Erinnerungen folgende Erklärung: »[Das] Stubenmädchen Kathi kündigte mir per Brief wegen des unwirschen Wesens des Herrn. Als ich kurz mit Mahler verheiratet war und sehen und hören mußte, wie unduldsam und rauh er mit den Dienstboten umgieng, bat ich ihn, mir die Taue des Haushalts zu überlassen und seine unaufhörlichen Klagen über sie mir zu sagen, damit ich sie aufrichte nach seinem Geschmack. Manchmal wurde es mir zuviel und ich sagte, er möge es ihnen selbst sagen. Tat er dies aber, so geschah es wieder in einer Form, die uns plötzliche Kündigungen eintrugen. Es war sehr schwer, die Dienstboten auf vollkommene Lautlosigkeit zu erziehen. Es gelang mir – aber, wenn ich diesmal in Levico abwesend war – so verfielen sie ihrem geliebten Auftrampeln, Türenschlagen und Geschrei.«[208]

Nr. 288*

[Toblach, 8. Juli 1909]

Liebes Almscherl!

Ich bin *paff!* Sowol der Brief von Frl. Kathi (Ich sage Fräulein, damit ich nicht wieder etwas anstelle) als auch Deiner, liebstes Almscherl, ist von jener Art, bei der man nicht weiß, ob man sich ärgern oder lachen soll. – Also: 1. *Auf Ehrenwort!* Nicht ein lautes Wort habe ich noch zu dem Fräulein gesagt! Dazu bin ich viel zu faul in diesen Tagen. – Im Gegentheil – Gegen 4 Wochen halte ich still (obwol es durch Mangel an jeder Sorgfalt oder Fürsorge wirklich sehr traurig um mich bestellt ist) – in derselben Hoffnung, wie Frl. Kathi, daß es doch auch ein End' haben wird. – Die *einzigen* Bemerkungen, die ich mir erlaubt habe, waren ungefähr 2 oder 3mal wenn ich Speisen herauf bekommen habe, die ich nicht essen darf, (z. B. Gries[s]chmarn und ähnliches), oder, wenn ich durch einen bösen Geschmack darauf kam, daß Trenkerische Butter im Gebrauch ist – die sie nämlich mir auch zum Frühstück *einschmuggeln* wollten – doch verhinderte mich der schlechte Geruch, sie zu gebrauchen – und das Fehlen dieser gewissen Fabriksmarke sagte mir das Andere. – Überhaupt rieche ich viel zu viel Trenker im Haus – die Kathi (wollt ich sagen Fräulein K.) läßt nun die Thüre von Gucki zur Veranda hinaus offen (in der Nacht), ich sperre zu, und ziehe den Schlüssel ab (ich glaube, das ist der Hauptgrund ihres Ärgers). –

Aber, wie gesagt – grob oder auch nur unfreundlich war ich *nie* in dieser Zeit. – Es ist das frechste an Behauptung was mir von einem Dienstboten noch vorgekommen ist – und muß, weiß Gott, womit, zusammenhängen. – Daß ich aber noch Ursache habe, Dir auf Deine Vorwürfe darüber zu antworten macht dieß alles geradezu ärgerlich! Deine steten Vorwürfe an mich zu Hause in dieser Sache sind immer nur: »So red doch etwas – so sage es ihr doch – so mach doch einen Skandal« etc. – Ich mag aber nicht – weil ich mit Dienstboten nichts zu thun haben möchte. – Allerdings *Distanz* wahre ich – ich rede gar nicht zu ihnen. – Das mag sie vielleicht ärgern, dazu aber habe ich meine Gründe! – Ich hoffe, daß dieß Dir genügt, und daß mir diese Dame im nächsten Jahr nicht mehr vor die Augen kommt. – Ob ich es heuer noch nach diesen beiden Brief[en] mit ihr aushalten werde, weiß ich nicht; denn so zornig war ich in meinem Leben noch nicht auf einen Servant. – Jedenfalls: *bis* zu Deiner Rückkehr halte ich still. – Vielleicht ist es im Hause auch schon besprochen – daß ich quasi stolz bin – denn die Annährungen der Familie Trenker sind seit jeher meine »Freud'« – und wahrscheinlich ist mein »Stolz« nie so aufgefallen weil Deine »Leut=Seligkeit« die Sache vielleicht ein bischen gemildert hat.

Hoffentlich machst Du mir nicht etwa darüber irgend Vorwürfe, oder bist der Ansicht, daß ich doch »menschliche Menschen« menschlich bemenschen soll etc. –

Hoffentlich habe ich mir das schon in der Welt verdient, daß ich mir meinen Verkehr aussuchen darf – und reden darf, wenn es *mir* paßt. – Und von meiner Köchin verlangen darf, daß sie kocht, was *ich* will (gar nicht zu reden, daß Du einen Speisezettel gemacht hast, der vollständig ignorirt wird) – und wenn ich statt Niederdorfer gute Butter, Trenkerische Jauche servirt bekomme (vielleicht ist dieß auch ein Grund, weshalb ich nicht angenehm wirke) darf ich wol eine Bemerkung darüber machen! Nochmals, mein *Ehrenwort*: nicht ein lautes Wort habe ich die ganze Zeit gesprochen – und in jeder Beziehung mich gehütet, hier nach irgend einer Richtung Dir zu präjudiziren! Und es ist eine Frechheit, sich zu beklagen, und so verlogen die Sache zu drehen – dagegen müßte ich mich beklagen über diese Mienen und über dieses Wesen, welche sie die ganze Zeit hindurch zur Schau trägt – von dem Du weißt, wie es mir den Aufenthalt verderben kann – und was auch eine stete Quelle für mich die ganzen 4 Wochen hindurch von Ärger und Unbehaglichkeit war. –

So, vielleicht schreibe ich heute Nachmittag noch weiter. Jetzt mußte ich mir vor Tisch meinen Grant ein bischen herunterschreiben.

Ich bin nur ganz glücklich, daß ich eine Nachricht vor Dir habe. –

Ich nehme an, *das Gucki* schon *vollkommen* wiederhergestellt ist; denn von Dir kann ich bis jetzt noch keine Antwort auf diese Frage bekommen.

So! Nachdem ich jetzt mein Essen heruntergeschluckt habe, prost Mahl Zeit! Übrigens (um noch einen kleinen Beller nachzusenden) – sonderbares Vorgehen, mich bei der gnädigen Frau verzünden! Was soll sie denn eigentlich, die Gnädige? Vielleicht mich kündigen? Er oder sie? Einer muß gehen? – –

An Fried telegrafirte ich gleich: sehr angenehm. Fügte aber Deine Adresse hinzu und forderte ihn zu einem Besuche bei Dir auf, um Dir einen lustigen Menschen zuzuführen. Ist er bei Dir gewesen? Denn ich habe nichts mehr von ihm gehört. –

– Nun zur Erklärung meines gestrigen Telegramms! Son[n]tag kam kein Brief. Ich – etwas beunruhigt durch Deine Nachrichten über Gucki – telegrafirte. – *Keine* Antwort! – Montag Früh kam Dein Brief mit den vielen Beischlüßen. Von Gucki kein Wort. Da Dein Brief von *Son[n]tag* datirt war, also wahrscheinlich noch vor der Ankunft meines Telegramms geschrieben, so war ich immer unruhiger. Dienstag Vormittag – kein Brief! Nachmittag kein Brief! Darauf telegrafirte ich express. – Von Klagenfurt kam eine Kiste Esswaren von 96 Kilo. Von Justi gestern (7. Juli) eine Kiste mit Äpfeln.

Also Dienstag willst Du schon kommen? *Ich bitte Dich nochmals*, versäume *ja nichts* von Deiner Cur. Hier ist das Wetter *schaudervoll* und jeden Tag mehr, den Ihr im schönen Levico seid, segne ich. Also überleg Dir es ordentlich und *stelle* es *sicher* dem Dr. Liernberger anheim. –

Das *Dickwerden* macht *jetzt* gar *nichts*. Spazierengehen ist *recht. Aber wenig essen* ist *dumm!* Mein Gott, mach doch nicht solchen Unsinn.

Von Pollak hast Du mir gar nichts geschrieben. Ich glaube bemerkt zu haben, daß er durch mich verletzt ist. (Ich weiß auch warum! Bist Du kommst, sag ich es Dir.)

Nun also Schluß. Tausend Grüße, Gustav

Über [die] Angelegenheit wollen wir uns nicht mehr ärgern – das hat Zeit (das heißt nicht das Ärgern sondern das Reden drüber, bis wir wieder beisammen sind) – ich hätte Dich gern verschont, aber indessen vergißt man das und Du hast Dich unterdessen in die *Fräulein* Kathi verliebt, und kannst nicht mehr von ihr lassen.

Das Geld an Toch und an Redlich habe ich also abgeschickt.

Das *Essen* der Agnes (um ganz gerecht zu sein) ist (bis auf ein zwar undiätisches) *sehr gut*.

[Am oberen Briefrand der 1. Seite]: Gegen Agnes habe ich gar nichts. Die scheint ein harmloses und gutmüthiges Geschöpf zu sein

Daß Mahler in seinen ärgerlichen Rechtfertigungen so triviale Vorkommnisse wie eine »verschlossene Tür« oder den üblen Geschmack von »Trenkerscher Butter« gar so ernst nimmt, mag erheitern. Hinter den Vorgängen verbirgt sich jedoch eine Eigenart Almas, die ihre Angestellten ins Vertrauen zog, um besonders willfährige Geschöpfe aus ihnen zu machen. Nicht nur Mahler hat diesen Mangel an Distanz beklagt. Kathi wurde schließlich gekündigt.

Nr. 289*

Mein liebes Almscherl!

Also der letzte Tag vor dem Wiedersehen! Ich sage auch Gott sei Dank, daß das Briefschreiben ein End hat!

Heute etwas sehr Wichtiges! Bitte, bring mir *so viel Honig* als möglich mit! Meiner ist schon aus! Es ist der beste Honig, den ich je gegessen habe; und ich glaube wirklich, daß er mich reparirt hat. Er scheint mir sehr wol zu bekommen. Also – recht viel mitbringen! Ich hole Dich also Dienstag Abends ganz allein von Niederdorf ab! Und lasse Euch ein Nachtmal bringen! – Brecher ging – und im selben Moment kam Decsey – durch eine eigene Verkettung von Umständen wohnt er jetzt auch bei uns – oben neben Fried. Aber er bleibt natürlich nicht. Brecher kommt übrigens in einigen Tagen wieder. Den Brief von der Zuckerkandl mußt Du mir erklären, wenn Du kommst. – Ich freue mich schon riesig! Wir wollen recht lustig sein. – Mein Befinden ist subjectiv ausgezeichnet. Fränkel scheint Recht zu haben – wenn mein Darm in Ordnung ist (seit 8 Tagen bin ich dieß), so ist Alles gut! Ich muß jetzt Alles dazu tun, um mich so zu stabilisiren.

Daß Du ordentlich gehen kannst, danke ich dem Himmel. Da machen wir also täglich Nachmittag unseren Spaziergang.

Jetzt also auf Wiedersehen! Innigst Dein Gustel

Hier regnet es in Strömen. *Bring Honig!* und Regalia!

Der Kritiker und Hugo-Wolf-Biograph Ernst Decsey, von der »Grazer Tagespost« war mit Mahler während des Tonkünstlerfestes des Allgemeinen Deutschen Musikvereins 1905 in Graz bekannt geworden. Seine Eindrücke von seinen Besuchen in Mahlers Ferienrefugium 1906, 1909 und 1910 hat er kurz nach Mahlers Tod in zwei Aufsätzen »Stunden mit Mahler« beschrieben.[209]
Mit Almas Ankunft in Toblach Mitte Juli endete der Briefwechsel für diesen Sommer. Mahler holte sie an der Bahnstation Niederdorf, wenige Kilometer von Toblach entfernt, ab. Während der noch verbleibenden Ferienzeit bereitete sich Mahler auch auf die kommende Saison in New York vor. Es galt, die neuen Partituren zu studieren, die er auf die Programme der New York Philharmonic gesetzt hatte, aber ebenso harrte sein neues Werk der Vollendung. Als Mahler und Alma in der ersten Augusthälfte Salzburg und (Alma allein Max Burckhard) besuchten, muß der Partiturentwurf der 9. *Sinfonie* so gut wie vollendet gewesen sein. Der Partiturentwurf zum Finale der

9. Sinfonie ist am Schluß mit dem 2. September datiert. Vier Tage später nahm Mahler abends Abschied von Frau und Kind und reiste – aus welchen Gründen wissen wir nicht – nach Wien, wo keine Verpflichtungen auf ihn warteten. Vielleicht brauchte er nur etwas Zerstreuung nach Vollendung seines Werkes. Vom Bahnhof schrieb er einen Abschiedsgruß.

Nr. 290*

Toblach, 6. September 1909

Frau Alma M. Mahler
Toblach
Villa Trenker

L. A.! Noch 100 herzliche.
Die *Fahrkarte* kostet ungefähr *60* Kr. Gepäck 10 Kr. bezahlt. Telegraphire ob ich noch [Geld] schicken soll. Der Spaziergang war herrlich! Hoffentlich macht Dein Hals keine Sperenzien! Bitte schreibe sofort, wenigstens eine Karte. 1000 Dein G.
    Ich vergaß auch Wanderjahre! Laß Dir einen Band Göthe (weiß) nach dem anderen geben, bis Du ihn findest.
Goethe, Werke – kleines
Goethe, Gespräche – großes Format

In Wien angekommen, verbrachte Mahler etwa eine Woche auf der Hohen Warte bei den Schwiegereltern und traf sich mit den Freunden Arnold Rosé, Bruno Walter und Theobald Pollak.

Nr. 291*

Wien, 7. September 1909

So, mein liebstes Almscherl. Ich habe um 1 Uhr bei der Mama hier draußen wunderbar und massenhaft gegessen, dann geschlafen; jetzt gehen wir Beide zu einer solennen Jause nach Grinzing in den Garten, wo wir einmal zusammen waren.
    Mein Vormittagstelegramm und den Brief vom norddeutschen Lloyd in dem uns gemeldet wird, daß wir *sowohl* 5 – wie 3 bekommen, hast Du wol erhalten. –
    Für heute nur tausend Grüße. Mama hat Dir auch geschrieben. Walter und Arnold sehe ich morgen – sie essen bei »Sandor«, ich bei Mama und nachher holen sie mich hier ab. Justi kommt Montag. Dein G.
    Schreib!

[Wien, 8. September 1909]

Mein liebstes Almscherl! Deinen sehr lieben Brief bekam ich heute morgen. Famos geschlafen, gebadet und gefrühstückt. Unter uns ein schreckliches Geklopfe! Die Wohnung wird hergerichet. Dann mit Walter spazieren gegangen, er zur Probe, ich weiter – auf dem Wege Arnold getroffen. Wir fuhren zusammen im Einspänner heraus – ich zur Mama, er zu »Sandor«. Wunderbar gegessen, dann geschlafen. Jetzt erwarte ich Walter u. Arnold zum Spaziergang. Abends Erzherzog Karl und dazu Freund! Gestern Abend suchte ich Pollak auf. Nicht zu Hause, ins Ministerium telephonirt – Cafe Imperial bestellt, wo ich Eier und Grahambrot, hierauf Mokkacreme nachtmalte. – Um $^1/_2$9 kam er [Pollak] strahlend an. Wir plauschten lange und um $^1/_2$11 begleitete er mich nach Hause. Ich hätte große Lust, nächste Woche nach Göding zu gehen, wenn die Unruhe im Hause andauert. Tausend Grüße mein Lieb Dein Gustav

Alma kehrte mit Gucki früher nach Wien zurück als zuerst geplant, da Almas und Guckis Mandeln in einem Wiener Sanatorium »kauterisiert« (verödet) werden sollten. Gleichzeitig reiste Mahler etwa am 17. September nach Göding (Hodonin), um das Ehepaar Redlich zu besuchen und – wie Alma berichtet – letzte Hand an die Partitur von *Das Lied von der Erde* zu legen.[210]

[Göding, 18. September 1909]

Jetzt, Liebste, dürfte Dein Martyrium schon vorüber sein. Ich telephonire nachher.

Mir geht es hier prachtvoll! Schade, daß ich nicht direkt von *Toblach* hiehergegangen bin. Ich bin den ganzen Tag in der Luft – auch Vormittag beim Arbeiten, da die Fenster geöffnet sind. – Ein 2. für mich ausschlaggebender Vortheil ist die absolute Pünktlichkeit der Speisestunden. Mitwoch fahre ich um 10 Uhr 40 hier fort – komme $^3/_4$1 in Wien an, und fahre schnurstracks zu Euch auf die Hohewarte. Hoffentlich finde ich Dich schon ganz munter vor – eventuell in der Lage eine kleine Spazierfahrt zu machen. – Von Collonne [sic] habe ich schon eine Antwort, woraus ich ersehe, daß es vollkommen ernst ist. – Von *Mengel*berg aber noch immer keine Nachricht! Schrecklicher

Correspondent das! Redlich sagte mir heute, er hätte vor, falls wir ein Gut á la Plankenberg miethen würden, Dir ein feines Wagerl zum Present zu machen, und ein paar feine schnelle Pferde zum billigsten Preise zu verschaffen.

Wäre es nur schon so weit. Wir müßen so was haben!

Es ist zu toll, im Sommer sich ewig zu fretten und zu frieren. – Außerdem, Ihr Beide mit Eurem Hals werdet ja jetzt allen Stürmen trotzen können (*unberufen!*)

Servus, Almscherl, auf baldiges Wiedersehen!   Dein Gustav

Grüße Mammerl.

Der Brief von Eduard Colonne, dem bekannten französischen Dirigenten, betraf die Aufführung von Mahlers 2. *Sinfonie* in Paris im April 1910. Mahler hatte Mengelberg einen Brief wegen seiner bevorstehenden Konzerte in Amsterdam geschrieben.

Nr. 294

[Göding, 18. September 1909]

Frau Direktor Mahler

Wien

Sanatorium Luithlen

Auerspergstraße [9]

Mein liebstes Almscherl!

Du hast Dich prachtvoll gehalten. Ich habe alles gehört: 24 Schnitte – und ohne Narkose. Ich bin riesig froh über Euch Beide! Ich bin überzeugt, es wird sehr *folgenreich* sein für das ganze Leben. Ich war doch sehr nervös. Besonders, als ich von 4–$\frac{1}{2}$6 auf die telefonische Nachricht warten mußte. – Ich war schon fest entschloßen zusammen zu packen (in meiner bekannten Virtuosität) und in's Sanatorium zu fahren. – Jetzt halte Dich noch Montag gut, mein Lieb. – Ich denke Mitwoch nach Wien zu kommen, und bei Euch dann zu Mittag zu essen. Unterdessen habe ich mich hier sehr gemüthlich etablirt. Aber Wagenfahrten schmecken mir nun einmal nicht ohne Dich. – Die Zimmer sind sehr gemüthlich und das ganze Leben. Aber ein Lärm von der Fabrik und der Eisenbahn den ganzen Tag und die ganze Nacht. –

Aber so was – ohne Fabrik und ohne Eisenbahn – möchte ich für uns haben. Ein gemüthliches Haus, einen großen Garten mit Obst, Blumen und Gemüsen.

Carl sagt, er sucht so lange bis er so was in der Nähe von Wien für uns findet. –

Jetzt tausend Grüße, mein tapferes Almscherl – und die Gucki hat so eine Freude am Leierkasten?!   Dein Gustav
/Grüße unsere liebe Mama./

Nr. 295

[Göding, 19. September 1909]

Mein Almschi!

Gestern schrieb ich Dir. Erfuhr aber aus dem teleph[onischen] Ge-spräch /mit Mama/, daß Du meinen Brief noch nicht bekommen. – Hoffentlich hast Du ihn jetzt schon. Ich habe trotz aller besseren Ein-sicht doch einen nervösen Tag gehabt. – Hier fühle ich mich herrlich! Bei geöffneten Fenstern sitzen können und arbeiten und dabei die Bäume und Blumen zu athmen – das ist eine Wonne, die ich in mei-nem Leben noch nicht kennen gelernt habe. – Jetzt sehe ich erst, wie verkehrt mein Leben im Sommer [gewesen] ist.

Dagegen kommt nicht einmal der wahrhaft mörderische, infernali-sches Lärm auf, der hier den ganzen Tag und die ganze Nacht dauert. – So was *muß ich* haben. Karl sagt, er wird nicht eher ruhen, als bis er uns so etwas gefunden hat. – Überhaupt thut mir der Aufenthalt hier ungemein wol. Ich fühle es, wie ich mich erhole. Das nützt nichts! Der Mensch braucht Sonne und Wärme. – Mir schaudert jetzt bei dem Gedanken an meine verschiedenen Componirhäuschen; obwol ich dort die schönsten Stunden meines Lebens verbracht, so habe ich sie wahrscheinlich mit meiner Gesundheit bezahlen müssen. –

Hier fahren wir täglich 2mal aus. Es ist mein größter Schmerz, daß Du da nicht dabei bist. Mir gefällt die Ebene so riesig!

Wir *müssen* so was einmal haben – aber ohne Lärm.

Ich hoffe, Euch Mittwoch auf der Hohenwarte zu überraschen. Tau-send Grüße, mein Lieb! Daß Du so tapfer bist, ist famos. (habe es aber auch erwartet[)]   Dein Gustav

Am 22. September kehrte Mahler wieder nach Wien zurück. Er wur-de am Bahnhof von Bruno Walter abgeholt und sprach mit ihm erst-mals über *Das Lied von der Erde* als »Sinfonie in Gesängen«. Wie es scheint, hat Mahler seine Partitur Bruno Walter geliehen. Vielleicht deswegen, weil er fürchtete, von seinen Gefühlen übermannt zu wer-den, wenn er sein Werk am Klavier spielen würde.

Bruno Walter berichtet: »Nie kann ich den Ausdruck vergessen, mit dem er mir einmal erzählte, wie er bei einem Besuch auf dem Lande in Mähren die Welt so schön wie noch nie gefunden habe, welch sonderbares inniges Glück ihm der vom Acker aufsteigende Erdgeruch bereitet habe. Hinter seinem Gespräch stand jetzt eine Aufgewühltheit der seelischen Verfassung, die von vielfachen Themen geistiger Art, fast wie in den Hamburger Jahren, immer wieder zu den metaphysischen Fragen hinstrebte, aber noch dringlicher, noch erregter.«[211]

Freunde des Kreises um Mahler haben – retrospektiv – von seiner Krankheit und Vorboten seines frühen Todes im Sommer 1909 berichtet, aber Mahler sprach damals mit Walter über die Zukunft, unter anderem auch über den Erwerb eines künftigen Altersruhesitzes. Dem Freund Alfred Roller vertraute er an, daß er sich seit der Diagnose seines Herzklappenfehlers besonders bemühe, sich zu schonen. Als Grund nannte er auch, daß er sich freue, im Alter all jene Bücher, so zum Beispiel die Goethe-Briefe, in Ruhe lesen zu können, wozu er in seinem bisherigen Leben noch nicht gekommen sei.

Im Herbst 1909 bereitete Mahler sich auf eine Saison vor, welche die anstrengendste seit seinem Abschied von der Wiener Hofoper werden sollte. Zwischen dem 4. November 1909 und dem 2. April 1910 dirigierte er in Amerika sechsundvierzig Konzerte.

Bevor er Europa wieder verließ, kam er noch einer Zusage an Mengelberg nach, seine 7. *Sinfonie* dreimal in Holland zu leiten. Die Konzerte mit dem Concertgebouw-Orchester fanden am 2. Oktober in Den Haag und am 3. und 7. Oktober in Amsterdam statt. Mengelberg leitete die ersten beiden Konzerte mit Beethovens 1. *Sinfonie* ein, während Mahler das letzte Konzert mit dem Vorspiel zu *Die Meistersinger* von Wagner eröffnete, wiederum als Hinweis auf das Zitat im letzten Satz seines Werkes.

Im Zug nach Holland kümmerte Mahler sich wieder um Almas und Guckis Reise nach Paris einige Tage später.

Nr. 296* \
Im Coupé [28. September 1909]

Mein Almscherl! \
Famos geschlafen und besonders gefrühstückt. – Die Westbahn hat ganz neue Schlafwagen eingestellt, die sich zwar in der Einrichtung nicht besonders von den früheren unterscheiden, aber doch in allen Einzelheiten angenehmer, vor allem reinlich und handlich sind; und

etwas geräumiger. – Nimm Dir *bei Zeiten* in die Mitte des Wagens 2 Halbcoupés (für das Eine Gucki und Miss Turner) hast Du 2 Schlafplätze, für das Andere (das Deine) 1 $1/2$ Schlafplätze zu lösen. Wenn Du z. B Nr. 9/10 und 11/12 bekämst (wenn Du 5 Tage vorher kommst, bekommst Du es gewiß) so seid Ihr durch die Toilette verbunden, und Du wirst famos schlafen, und sicher angenehmer hausen! Unterlaße das nicht. Es sind doch 24 Stunden u. anstatt in einem Saustall in einem menschlichen Gelaß verbracht. Nehmt Euch einen großen Thermophor Thee, und ein Einkühlungsgefäß mit Butter u. Grahambrot, dann habt Ihr ein famoses Frühstück. Ich war so traurig bei der Abfahrt, Dich leidend (und überhaupt) zurückzulassen. – Dießmal waren aber nur Deine »3 Tage« schuld, sonst hätte ich es unter keiner Bedingung gethan. Grüße vielmals Mama und Karl. Die werden mir sehr abgehen.

Dein Gustav

Nr. 297

Het Concertgebouw, Amsterdam
[Amsterdam, 29. September 1909]

Mein Almscherl!
Kurzes Curriculum!
Am Bahnhof von Mengelberg erwartet. Lieb und gastfreundlich wie stets. Lange geplauscht und müde schlafen gegangen. Doch wenig geschlafen. Nächsten Morgen $1/2$10 Probe. Alles glänzend vorbereitet. Klingt großartig. Nachmittag Wagen genommen, spazieren gefahren und dazwischen gegangen. 6 Uhr Dinner – 9 Uhr schlafen gegangen und prachtvoll bis 6 Uhr geschlafen. Heute um 9 Uhr 2te Probe. – Holland gefällt mir wieder rasend. Vor Allem wolthuend und charakteristisch ist der Zug der Reinlichkeit in allen Dingen. Die Küche, die blankt, ist nur ein Symbol für alles andere. Wenn man hier eine Malzeit genommen hat, denkt man mit Schaudern an die Schweineställe da draußen. Diepenbrock fand sich auch schon zur ersten Probe ein. Das ist ein so prachtvoller Kerl. Wie bedaure ich jeden Moment, daß Du nicht dabei bist. Ich schlafe in einem großen Zimmer mit 2 nebeneinander stehenden Betten und daneben ein kleines Zimmerl mit einem Kinderbett – (die Thür dazwischen herausgenommen). So lieb haben sie Alles für uns gerichtet. – Mengelberg will auch durchaus die Uraufführung der 8. haben, und Bodanzky und Hagemann aus Mannheim sind auch angekündigt. –
Das Orchester ist *prachtvoll* und für mich riesig eingenommen. Dießmal ist es ein Plaisir und keine Arbeit. – Gestern kam eine Ab-

ordnung zu mir, mich bitten, in einem der Conzerte auch die andern Nummern zu dirigiren (in dem ersten macht es Mengelberg). Sie wollten so gerne auch einmal Beethoven oder Wagner von mir lernen. Ist das nicht reizend? Denn sie müssen deshalb statt 2 freier Vormittage 2 Proben machen. »Tout comme chez nous![«]

Sei vielmals umarmt mein Lieb /und thue dasselbe für mich an Mama und Karl!/ Schreib! Dein Gustav

/Hast mein Coupegekritzel bekommen?/

Arthur Bodanzky war inzwischen als 1. Kapellmeister an die Oper in Mannheim verpflichtet worden. Er kam in Begleitung seines Intendanten Carl Hagemann. Bodanzky und Hagemann planten ein Mahler-Festival in Mannheim im Frühjahr 1910 und luden Mahler ein, einige Konzerte und eine Opernvorstellung zu leiten. Mahler zog seine Zusage später zurück.

Nr. 298

Het Concertgebouw, Amsterdam
[Amsterdam, 1. Oktober 1909]

Liebste Almscherl!

Ich bin sehr besorgt. Dein Stillschweigen bedeutet jedenfalls, daß Deine Leber nicht in Ordnung ist. Wenn Du Dich nur bei der kommenden Packerei nicht vollends verdirbst! Bitte, Almschi, laß alles gehen wie es geht! Ob einige Haferln zerbrochen werden oder nicht, ist doch gleichgültig. – Und komm schlimmstenfalls erst am *11.* Diese paar Tage mehr können Dich vielleicht sehr entlasten. – Hier geht alles vortrefflich. Mengelberg will unbedingt die *8.* [Sinfonie] haben. Die Bedingungen hierfür wären allerdings hier insoferne glänzende, als sehr geschulte Chor und Orchestermittel, vorbereitet wie nirgends, mir unbeschränkt zur Verfügung stünden. Vederemo! Bodanzky und Hagemann, Bock u. Fried sind telegrafisch angemeldet. – Clemenceaus kommen schon Sonntag. Es wird also etwas unruhig werden. Das Orchester ist herrlich – und ein wahres Labsal nach den Newyorker Erfahrungen. Kreisler concertirt eben hier und steckt in meinen Proben. – Er gefällt mir als Mensch und Künstler ganz außerordentlich. /Seine Frau ist weniger zu empfehlen. – Ich gebrauche sie aber auch gar nicht./

Mengelbergs sind von alter Herzlichkeit und gastfreundlich, wie es nur Holländer sein können. An Diepenbrook habe ich eine Freude. Ein tiefer und treuer Mensch. – Wenn ich nur schon eine Nachricht von Dir hätte, daß ich nicht so unruhig wäre!

Heute ist die letzte Probe. – Wahrscheinlich dirigire ich aber im 3. Conzert das ganze Programm (Wagner Faust-Ouvert. – Siegfried Idyll, Meistersinger Ouvertüre – hierauf 7.)
Tausend Grüße mein Lieb an Euch Alle Dein Gustav

Nr. 299

Het Concertgebouw, Amsterdam
[Amsterdam, 1. Oktober 1909]

Liebste! Endlich habe ich Deine ersten Zeilen! Ich bin ganz glücklich, daß Du mir von 20 gepackten Kisten schreibst. Da macht also Deine Leber keine Sperenzien. *Wenn Du Dich nur nicht* herunterbringst. Morgen also geht es nach den Haag und ich spendire mir, um ein wenig Erholung zu haben nach sehr strapaziösen Tagen, ein Automobil. (Kostet 40 fl.) – Eine Angst, ziemliche Angst habe ich vor den Tagen, wo hier die Assembleen losgehen. Das wird wieder ein Wirrwarr werden, und ich sehe mich schon wieder im Bett essen. Ich halte diese vielen Menschen nicht aus, so lieb sie Alle sind. Denn es ist keine Kleinigkeit, sich 8 Stunden in die Bahn zu setzen, um ein Werk von mir zu hören. Diese Liebhaber sind heutzutage noch etwas rar. (Obwol es sich gerade jetzt wieder ein bischen zu rühren scheint.) Bitte, Almscherl, gieb beiliegenden Zettel dem *Karl* zur baldigen Ausführung. Ich möchte mich ein bischen revanchiren für die wirklich aufopfernde Gastfreundschaft von Mengelberg. Er bemerkte dieser Tage meine Zigarrenspitzen mit Raucherwolle und drückte den Wunsch aus, die Adresse der Firma zu bekommen. – /Es wird ungefähr 6 fl. kosten./
Tausend Grüße, mein Almschl von Deinem Gustav

Gestern spielte ich Mengelberg und Diepenbroek ein paar Sachen aus meiner 8. – Es ist komisch, dieses Werk macht immer den typischen starken Eindruck. Es wäre sonderbar, wenn gerade mein wichtigstes Werk am leichtesten verständlich wäre.

Direktor Hugo Bock von Bote & Bock in Berlin, der Verleger für die 7. *Sinfonie*, kam zu den letzten Proben und zur Aufführung. Auch der Violinvirtuose Fritz Kreisler, mit dem Mahler in der kommenden Saison drei Konzerte geben sollte, wohnte mehreren Proben bei. Beim letzten Konzert dirigierte Mahler schließlich, außer seiner Sinfonie, nur das *Meistersinger*-Vorspiel.

Kurz vor Mahlers Abreise hatte sich das Ehepaar entschlossen, die Wohnung in der Auenbruggergasse aufzugeben. Mahlers Sorgen um Almas Gesundheit beziehen sich sicher auf ihren Umgang mit Alkohol.

Nr. 300

Het Concertgebouw, Amsterdam
[Amsterdam, 6. Oktober 1909]

Mein Almscherl! Bitte telegrafire bei Ankunft dieses Brief an
Mahler Amsterdam
van Eeghenstraat 107
bei Mengelberg
wann Du kommst. –
Halt! Das nutzt nichts mehr – Also, ich fahre übermorgen, Freitag den 8. nach Paris, steige Hotel Bellevue ab und erwarte da Deine Nachrichten. – Ich habe in den letzten Tagen einen wahnsinnigen Schnupfem bekommen und bin ziemlich müde von dem Aufenthalt da in der Fremde. –

Seit gestern bin ich ganz allein in der Wohnung / und glücklich über die Ruhe. / –

Beiliegender Brief von Reitler [sic] zeigt doch den Menschen in einem etwas anderen Lichte, als den bloßen Orchesterbanausen.

Richtig, meine Symphonie hat einen Riesenerfolg gehabt. Wie überhaupt hier der Boden für mich außerordentlich vorbereitet ist. – Trotzdem habe ich mich entschlossen, in New York nicht die 7. sondern vorerst die 4. aufzuführen. denn für ein Publikum, das noch nichts von mir weiß, ist das Werk zu complicirt.

Falls die Weiber keine Ruhe geben, so sollen sie ihren Tschaikowsky haben. (Wenigstens sind sie dann still.) Deine Müdigkeit kann ich wol begreifen! Siehst Du, Liebste, wenn man tüchtig arbeiten muß, dann ist man eben müde!

Tausend Grüße Dein Gustav

/ An Mama und Karl das Schönste. /

Eben bekomme ich Deinen Brief: also gehe ich ins Hotel Majestic (am Freitag treffe ich dort ein) Bitte, sage es Allen in Wien.

Mahler erwähnt in seinem Brief ein neues Mitglied der New York Philharmonic, Xaver Reiter. Er hatte ihn im Sommer nach einem Vorspiel als 1. Hornisten engagiert.

Zwischen Mahler und den Damen des Komitees, zuständig für die New York Philharmonic, war es zu Spannungen gekommen, da Mahler zu wenig Kompositionen von Tschaikowsky auf seine Konzertprogramme gesetzt hatte. Seit Tschaikowskys Besuch im Jahr 1891 in New York schwärmte das dortige Publikum für sein Œuvre, aber Mahler mochte seine Opern lieber als seine Orchesterwerke. Er kam dann doch den Wünschen des Komitees entgegen. Neben drei Aufführungen von *Romeo und Julia* und einer Aufführung des *1. Klavierkonzerts* dirigierte Mahler zweimal die *6. Sinfonie*, die *Pathétique*. Die Zahl von Werken Tschaikowskys erhöhte sich noch einmal in der nächsten Saison.

Während des dreitägigen Aufenthalts mit Alma in Paris saß Mahler wiederum einige Stunden Auguste Rodin Modell. Daneben kümmerte er sich um die Vorbereitungen für die Aufführung seiner *2. Sinfonie* im kommenden April in Paris. Am 12. Oktober ging Mahler mit Alma, Gucki und Gouvernante sowie Theodore Spiering in Cherbourg an Bord der »Kaiser Wilhelm II«, um den Atlantik nun bereits zum fünftenmal zu überqueren. Während der einwöchigen Überfahrt verließ Mahler, wenn wir Alma Glauben schenken, kaum die Kabine. Nach der Ankunft in New York stieg die Familie wieder im Hotel Savoy ab.

In der 68. Saison verfolgte Mahler mit der reorganisierten New York Philharmonic hochgesteckte Ziele. Er hatte die Konzerte in vier Folgen eingeteilt: Acht Subskriptionskonzerte, jeweils am Donnerstagabend, von denen jedes am Nachmittag des darauffolgenden Tages wiederholt wurde. Einen Beethoven-Zyklus von fünf Konzerten, jeweils am Freitagnachmittag. Fünf »populäre« Konzerte zu ermäßigten Preisen an den Sonntagnachmittagen und schließlich eine Folge von sechs »historischen« Konzerten, jeweils am Mittwochabend nach dem seinerzeitigen Vorbild von Hans von Bülow in Hamburg. Mehrere dieser Konzerte wurden wiederholt. Außerdem dirigierte Mahler ein Konzert für den Pensionsfonds des Orchesters, fünf Konzerte in Brooklyn und zwei Konzerte in Philadelphia. Eine Konzertreise durch New England war für die letzte Februarwoche 1910 vorgesehen.

Theodore Spiering, der neue Konzertmeister des Orchesters, hat in einem Aufsatz, veröffentlicht nach Mahlers Tod, Zeugnis von dem unerhörten Eifer und Enthusiasmus gegeben, mit dem Mahler seine

Aufgabe anging: »In New York fingen sofort die Proben an, mit riesigem Enthusiasmus stürzte Mahler sich in die Arbeit. Täglich wird sehr sorgfältig probiert. Unsere Proben waren stets interessant, aber auch anstrengend. Es wurde keine bestimmte Zeitdauer eingehalten. Selten überschritten sie die von der Gewerkschaft festgesetzte Zeit von 3½ Stunden. Manchmal genügten schon anderthalb – sogar fünfviertel Stunden. Mahler arbeitete beständig mit Anspannung aller Kräfte. Jede Minute zählte. Pausen gab es nicht. Rein durchgespielt wurde fast nie. Ein beständiges Ringen mit der Materie, bis sie überwunden war. Das Orchester, zuerst etwas bockbeinig – eben diese anspannende Art nicht gewohnt –, fügte sich recht bald und bewunderte den Mann, der es zugleich so schroff behandeln und zu so ungeahnten Höhen mit emporreißen konnte. Als Interpret wird wohl Mahler unerreicht dastehen.«[212]

Auf dem Programm des ersten Subskriptionskonzerts am 4. November standen zwei Werke von Beethoven: Die Ouvertüre zu *Die Weihe des Hauses* und die *Eroica*. Nach der Pause erklangen Liszts *Mazeppa* und *Till Eulenspiegel* von Richard Strauss. Sechs Tage später dirigierte Mahler das erste »historische Konzert« mit der Uraufführung seiner Bearbeitung von zwei Bach-Suiten, die er, um einen cembaloähnlichen Klang zu erreichen, von einem präparierten Flügel aus leitete. Fünf Monate später, am 1. und 2. April 1910, schloß die Saison mit Beethovens *Chorphantasie op. 80* und der *9. Sinfonie*. Manche Konzerte, besonders jene des »historischen Zyklus«, erwiesen sich als nur bedingt publikumswirksam, aber die Saison insgesamt war für Mahler ein großer künstlerischer Erfolg.

Die Urteile der New Yorker Presse hingegen waren keineswegs einstimmig. Zwar hob die Mehrzahl der Kritiker Mahler in den Himmel, Henry Krehbiel und William Henderson jedoch warfen ihm vor, bildhaft und überdramatisch zu musizieren, unfähig, sich mit den großen Partituren der Vergangenheit auseinanderzusetzen.

Es liegt auf der Hand, daß bei solchen Urteilen musikpolitische Gesichtspunkte eine größere Rolle spielten als künstlerische. Die Rivalität zwischen Mahlers New York Philharmonic und Walter Damroschs Konzerten mit der New York Symphony teilte auch die Kritiker in zwei Parteien. Während Mahlers Fürsprecher meistens die Konzerte von Damrosch kritisierten, so waren es umgekehrt Krehbiel und Henderson, die Mahler aufs Korn nahmen. Beide lehrten am Institute of Music Art (heute Juilliard School of Music), das der Familie Damrosch gehörte und auch von ihr geleitet wurde. Krehbiels

36 Gustav Mahler am Schreibtisch, Rom 1907

37 Die Metropolitan
Opera in New York

38 Der holländi-
sche Sänger
Anton Van Rooy

40 Die Sopranistin
Olive Fremstad

39 Die Sopranistin
Marcella Sembrich

41 Leo Slezak und Arturo
Toscanini, 1909

42 Gustav Mahler
und Bruno Walter,
Prag, September
1908

43 Gustav Mahler,
Ölgemälde von
Akseli Gallen-
Kallela, Helsinki,
Oktober 1907

44 Der russische Opernsänger
Fjodor Iwanowitsch Schaljapin

45 Gustav Mahler in Fischleinboden (Südtirol) 1909

46 Das Ehepaar Mahler in Toblach 1910

47 Gustav Mahler mit Tochter Anna, Toblach 1909

48 Die Carnegie Hall in New York, ca. 1905

WILLEM MENGELBERG

GUSTAV MAHLER

49 Das Concert-gebouw in Amsterdam

51 Gustav Mahler
mit dem Konzert-
meister Theodore
Spiering und
Tochter Anna
auf der Überfahrt
nach New York,
1909

50 *Linke Seite unten:*
Gustav Mahler
mit holländischen
Kollegen:
Cornelis Dopper,
2. Kapellmeister
des Concertgebouw
Orchesters, Hendrik
Freyer, Geschäfts-
führer des Orchesters,
der Dirigent Willem
Mengelberg und der
Komponist Alphons
Diepenbrock
(von links),
Amsterdam 1909

52 Das Hotel Savoy in New York

53 Der russische Pianist
und Dirigent
Ossip Gabrilowitsch

54 Walter Gropius
als Student, 1905

55 Der Trenkerhof, im Hintergrund Toblach

56 Gedicht Gustav Mahlers für Alma,
August 1910, (s. Brief 324)

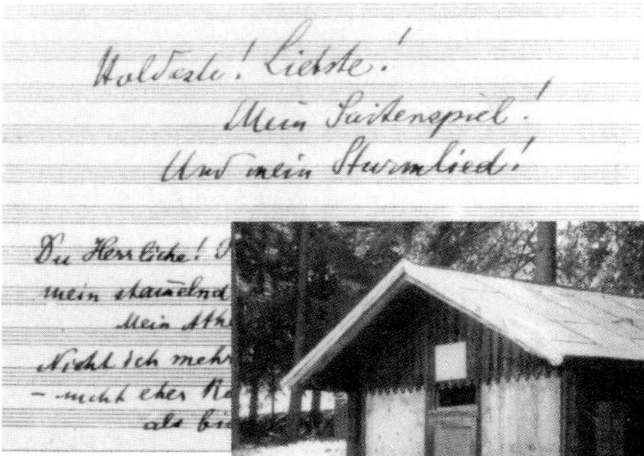

57 Das
Komponier-
häuschen in
Toblach, in
unmittelbarer
Nähe des
Trenkerhofs

58 Gustav Mahler bei einer Probe zur Uraufführung seiner 8. Sinfonie
im September 1910 in München (Halle 1 des Ausstellungsgeländes an
der Theresienwiese)

59 *Rechte Seite unten:*
Karikatur von 1910: Mahler wird mitgeteilt, daß kein Publikum
im Saal übriggeblieben ist, weil jeder gebraucht wird, um in seinen
Mammut-Symphonien mitzuwirken

60 Gustav Mahler mit Alma, Maria Moll, Tochter Anna, dem Dirigenten
Oskar Fried und Anna Moll (Almas Mutter), Pragser Wildsee 1910

62 Beerdigung Gustav Mahlers am 22. Mai 1911 auf dem
Grinzinger Friedhof

EINLASS IN KIRCHE UND FRIEDHOF ZUR BEERDIGUNG GUSTAV MAHLERS

63 Einlaßschein zur Beerdigung

61 *Linke Seite unten:*
Gustav Mahler
mit Alma während
seiner letzten Passage
von New York
nach Europa,
April 1911

64 Die Bronzebüste von Auguste Rodin, 1909

Animositäten lassen sich auf Begleitumstände der New Yorker Erstaufführung von Mahlers *1. Sinfonie* am 16. Dezember 1909 zurückführen. Krehbiel verfaßte die Programmbücher der Philharmonischen Konzerte und wandte sich deswegen an Mahler mit der Bitte, ihm dafür sein früheres, jedoch längst von ihm verworfenes »Programm« der *1. Sinfonie* zu überlassen. Mahlers Weigerung, dieser Bitte nachzukommen, verärgerte Krehbiel so sehr, daß er von da an in seinen Rezensionen kein gutes Haar mehr an Mahler ließ.

Wie sehr Mahler in dieser Zeit belastet war, zeigt ein Brief an Bruno Walter: »Hoffentlich haben Sie sich über mein Schweigen keine Gedanken gemacht. Es hat keinen anderen Grund gehabt als eine ungeheure Arbeitslast (sie hat mich an die Wiener Zeit erinnert), die mir nur 4 Dinge erlaubt hat: Dirigieren, Notenschreiben, Essen und Schlafen. Ich sehe nachgeradezu, daß ich unverbesserlich bin. Leute unserer Art können nichts anders, als was sie tun, gründlich tun. Und das heißt, wie ich geradezu sehe, sich überarbeiten. [...] Mein Orchester hier ist das richtige amerikanische Orchester. Talentlos und phlegmatisch. Man steht am kürzeren Hebel. Als Dirigent wieder von vorne anzufangen, ist recht unerquicklich für mich. Das einzige Vergnügen sind für mich die Proben eines Werkes, das ich noch nicht unter den Händen hatte. Das Musizieren macht mir noch immer einen ungeheuren Spaß. Hätte ich nur ein bißchen bessere Musikanten!«[213]

Wie geplant, fanden Ende Februar vier Konzerte außerhalb von New York in New Haven, Springfield, Providence und Boston statt. Jedesmal standen dabei unter anderem Berlioz' *Fantastique* und Richard Strauss' *Till Eulenspiegel* auf dem Programm, und außerdem dirigierte Mahler dreimal seine Bearbeitung der Bach-Orchestersuiten. Aus Springfield schrieb er an Alma.

1910

Nr. 301*

Springfield, 24. Febr[uar] 1910

Liebste! Das wird immer old-fashioneder. O Savoy! Was bist Du für ein ruhiges, neices [sic] Tusculum. – Heute bin ich in einem Loch (es giebt hier keine anderen), ein Gebrüll von Maschinen, Cars, etc. Mein Magen ist auch nicht mehr in Ordnung! Vielleicht ist es wieder die Butter, die ich von jetzt an ausscheiden will. Sehr kalt und Alles beschneit und vereist! Wie gut, daß ich den Pelz mithabe. – Es wäre gar nichts für Dich diese Tour! Überall Negerbedienung. Hier übrigens sehr angenehme diensteifrige und bescheidene Burschen.

Spiering als Reisemarschall Operettenfigur. – Eine Conversation mit ihm wird immer schwieriger. Er überlegt sich jedes Wort so lange, daß man indessen immer was Anders denkt, und dann nicht mehr weiß, was er sagt. – Jedenfalls ist New-Haven ein liebes Örtchen, mit einem schlechten Hotel. Springfield ist ein ekelhaftes Nest mit einem unmöglichen Hotel.

Servus! Bitte, vergiß nicht eine Schachtel für Gucki für mich vorzubereiten. Gustav

Hast Du mich unten abgemeldet?

Alma beschreibt in ihren Erinnerungen die vielfältigen gesellschaftlichen Aktivitäten des Ehepaars während dieses dritten Aufenthalts in New York. Sie berichtete auch von einem Ausflug zum Wohnsitz von Mrs. West-Roosevelt, der Schwägerin Präsident Theodore Roosevelts, in der Oysterbay und einem Besuch zusammen mit dem Bankier Otto H. Kahn und dessen Frau bei einem bekannten italienischen Medium. Mahler und Alma besuchten Partys in den Salons amerikanischer Millionäre, und sie wagten auch eines Abends mit dem Musikverleger Schirmer, der Mahlers »Bach-Suite« veröffentlichte, einen Ausflug nach Chinatown, einen weniger gut beleumundeten Bezirk der Weltstadt.[214]

Das Verhältnis zwischen Mahler und Alma war in jener Zeit anscheinend gut, aber doch nicht ohne Spannungen. Alma hatte eine starke Zuneigung zu dem russischen Pianisten Ossip Gabrilowitsch gefaßt, die jedoch nach ihrer Auskunft nicht über Küsse hinausging.

Mahler blieb es nicht erspart, Augenzeuge einer solchen Szene zu werden, und er war tief verletzt.[215]

Es will scheinen, daß Alma im Freundeskreis Mahlers auch herber Kritik ausgesetzt war. Ein Zeugnis dafür, daß Mahler sich schützend vor seine Frau stellte, gibt ein Brief an Guido Adler: »... mit diesem Umstande komme ich auf meine Frau zu sprechen, der Du mit Deinen Ansichten und Äußerungen ein großes Unrecht zugefügt hast. Du kannst es mir aufs Wort glauben, daß sie nichts anderes im Auge hat als mein Wohl. Und wie sie acht Jahre lang in Wien an meiner Seite sich weder von dem äußeren Glanz meiner Stellung blenden ließ, noch je trotz ihres Temperaments und trotz der Verlockungen, die das Wiener Leben und die ›guten Freunde‹ daselbst (die alle über ihre Verhältnisse leben), sich zu irgend welchem, selbst unserer sozialen Stellung gemäßen Luxus verleiten ließ, so ist auch jetzt nichts anderes ihr ernstes Bestreben, als meinen Anstrengungen (die übrigens, ich wiederhole es, keine Überanstrengungen sind wie in Wien) für meine Unabhängigkeit, die mir das Schaffen erst recht ermöglichen soll, ein baldiges Ziel zu setzen. Du kennst sie ja doch zur Genüge! Wann hast Du bei ihr Verschwendungssucht oder Egoismus bemerkt? Glaubst Du wirklich, daß sie in der letzten Zeit, in der Du mit ihr nicht mehr zusammengekommen bist, sich so urplötzlich verändert hat? [...] Und sind wir vielleicht verpflichtet, in einer Dachkammer in Wien das Gnadenbrot der Wiener Hofoper zu essen? Soll ich mir nicht, da es mir geboten wird, in kurzer Zeit in ehrlicher künstlerischer Arbeit ein Vermögen verdienen? Nochmals versichere ich Dich, daß mir meine Frau nicht nur ein tapferer, an allem Geistigen teilnehmender treuer Genosse, sondern auch (eine seltene Verbindung) ein kluger, besonnener Hausverwalter ist, die mir trotz aller Behaglichkeit der leiblichen Existenz sparen hilft, und der ich in eigentlichem Sinne Wohlstand und Ordnung verdanke. Ich könnte Dir das alles in Ziffern ausführen. Aber ich denke, es ist unnötig, Du wirst bei einigem guten Willen (und Erinnerung an eigene Eindrücke) Dir alles selbst sagen können.«[216]

Am Ende der Saison schrieb Mahler an seine Schwiegermutter: »Das Jahr habe ich famos überstanden und mich eigentlich gar nicht geschont. Von uns dreien war ich eigentlich der einzige stets auf dem Damm. Almschi hat zweifellos heuer einen so guten Winter gehabt, wie seit vielen Jahren nicht mehr. – Ein paar Verkühlungen, aber gutartigen Charakters, von denen sie ziemlich bald aufstand. Guckerl scheint das Klima hier weniger gut zu vertragen. Sie hat einen langwierigen (sogar mit Fieber verbundenen) katarrhalischen Zustand –

Gott sei Dank, hinter sich. Jetzt ist sie kreuzfidel und sieht schon wieder prächtig aus. [...] Ist gar keine Aussicht auf ein Landhaus im Charakter von Göding etc., wie ich mit Karl gesprochen?«[217]

Trotz seiner anstrengenden Arbeit – Mahler dirigierte in dieser Saison durchschnittlich zehn Konzerte monatlich – konnte er am 1. April Bruno Walter mitteilen: »Die Reinpartitur meiner IX. [Sinfonie] ist fertig.«[218]

Darüber hinaus beschäftigte ihn die Vorbereitung für die bevorstehende Uraufführung seiner *8. Sinfonie* im September 1910, die er mit dem Münchner Konzertunternehmer Emil Gutmann verabredet hatte. Mahler drohte mehrmals, das Konzert abzusagen, weil die Klavierauszüge nach seinen Informationen noch nicht erschienen waren. Sie hätten bereits am 1. Januar an die mitwirkenden Chöre ausgeliefert werden sollen.

Im März 1910 mußte Mahler noch seine letzte Verpflichtung der Metropolitan Opera gegenüber erfüllen: die Einstudierung der amerikanischen Erstaufführung von Tschaikowskys Oper *Pique Dame* mit insgesamt zehn Aufführungen. Mahler erhielt ein Honorar von 5000 Dollar. Die Besetzung mit Leo Slezak und Emmy Destinn als Attraktion war von besonderem Glanz. Wie bei *Figaros Hochzeit* waren Heinrich Leflers Bühnenbilder von der Wiener Hofoper ausgeliehen worden. Die erste Aufführung am 5. März war den Presseberichten zufolge ein Publikumserfolg. Mahler dirigierte dann nur drei Wiederholungen.

Trotz aller Erfolge endete die erste Saison der New York Philharmonic in einer Atmosphäre, die für die Zukunft Reformen erwarten ließ. Zwar hatten die führenden Gesellschaftsschichten New Yorks Mahler unterstützt und bewundert, die Konzertsäle waren jedoch nur selten ausverkauft. Berichte über die resignierte Haltung Mahlers waren in der Presse zu lesen, obwohl er dies öffentlich dementierte. Die Verpflichtung eines hauptamtlichen Managers für die nächste Saison, die Mahler selbst befürwortete, schien unausweichlich. Trotz des Defizits, welches die gesamten Reserven der privaten Sponsoren verschlang, erhielt Mahler die Erlaubnis des Komitees, die Qualität des Orchesters weiter zu verbessern. Mahler kündigte sechsundzwanzig Musikern (davon waren siebzehn erst zu Beginn der Saison 1909/10 engagiert worden), und als Ersatz verpflichtete er sechzehn neue Mitglieder. Zu Beginn der Saison 1910/11 bestand das Orchester aus nur zweiundachtzig Mitgliedern, zehn weniger als in der vergangenen Saison.

Am 5. April kehrten die Mahlers auf der »Kaiser Wilhelm II«
zurück nach Europa und trafen sieben Tage später in Paris ein. Mahler begann sofort mit den Proben zur französischen Erstaufführung
seiner 2. Sinfonie, die in einer Matinee am 17. April mit dem Orche-
stre Colonne im Théâtre du Châtelet stattfinden sollte. Die Solisten
waren Povla Frisch und Hélene Demellier. Obwohl der Erfolg dieser
Aufführung weit größer war, als allgemein behauptet wird, zollte die
Mehrzahl der Presseberichte in erster Linie dem Dirigenten Mahler
Beifall. Mahlers schöpferische Leistung hingegen erntete mehr Respekt als Zustimmung. Mahler war zutiefst verletzt, als er – vielleicht
durch Alma – erfuhr, daß Claude Debussy, Gabriel Pierné und Paul
Dukas während seiner Sinfonie den Saal verlassen hatten. Es scheint
aber höchst unwahrscheinlich, daß die beiden letztgenannten Komponisten dies wirklich taten. Dukas war für seine Höflichkeit und To-
leranz bekannt, und Pierné hatte im ersten Teil des Konzerts Lalos
Ouvertüre zu Le Roi d'Ys und ein Orgelkonzert von Händel dirigiert.
Debussys Aufbruch hingegen ist bezeugt. Mahler muß dies als besonders unhöflich empfunden haben, da er einige Kompositionen
Debussys bereits in seinen Programmen in New York aufgeführt hatte oder noch aufführen wollte.

Von Paris ging die Reise weiter nach Rom, wo drei Konzerte mit
dem Orchester der Accademia di Santa Cecilia in dem gerade eröffneten Augusteo-Konzertsaal stattfinden sollten. Die Konzertsaison
näherte sich ihrem Ende, und die meisten der ständigen Mitglieder
des Orchesters waren nach dem Konzert am 24. April unter Willem
Mengelberg zu anderen Verpflichtungen nach Südamerika gereist.
Die beiden ersten Konzerte Mahlers am 28. April und 1. Mai gerie-
ten deshalb zu einem Desaster. Nach einem ernsten Konflikt mit den
Musikern, keineswegs alle Meister ihrer jeweiligen Instrumente,
überwarf sich Mahler mit dem Orchester, sagte das dritte Konzert ab
und reiste nach Wien. Wie es scheint, versuchte Alma damals Mahler zu überreden, doch noch weiter zu dirigieren. Mahler hat ihr dies
später verübelt (s. Brief 310).

Das Ehepaar traf am 3. Mai in Wien ein. Emil Gutmann kam aus
München angereist und besprach mit Mahler die Abfolge der Or-
chestervorproben für die Uraufführung der 8. Sinfonie, die in der
zweiten Junihälfte in München stattfinden sollten. Für die Aufführungen waren unter anderem der Leipziger Riedelverein und der
Wiener Singverein verpflichtet worden; die acht Solisten standen
noch nicht fest.

Am 21. Mai unterzeichnete Mahler einen Vertrag mit der Universal Edition in Wien über die Drucklegung seiner *9. Sinfonie* und *Das Lied von der Erde*. Der Klavierauszug zur *8. Sinfonie* war erst einen Monat früher erschienen, weshalb die Chöre nun erst mit der Probenarbeit beginnen konnten. Mahler hörte bereits im Mai mehrere Proben mit dem Singverein in Wien an, die von Franz Schalk geleitet wurden, war aber mit dem Ergebnis recht unzufrieden.

Almas labiler Gesundheitszustand hatte sich nicht gebessert, und man kam überein, daß sie als nächsten Kurort Tobelbad in der Steiermark, wenige Kilometer südlich von Graz, aufsuchen sollte. Das Wildbad-Sanatorium hatte seit 1909 die Prinzipien des Lahmannschen Sanatoriums Weißer Hirsch in Dresden übernommen. Mahler hat oftmals in seinen Briefen diese Kur erwähnt.

Länger als im vergangenen Jahr, sollte sich Alma diesmal volle sechs Wochen ausruhen. Die nun sechsjährige Gucki und ihre Gouvernante Turner begleiteten Alma. Alma macht auch hier wieder falsche Angaben zur Anreise: »Ich brachte Mahler nach Toblach und mußte auf ärztliche Verordnung nach Tobelbad gehen, meine kranken Nerven auskurieren.«[219] Brief 302 erhellt jedoch eindeutig, daß es Mahler war, der die Familie am 1. Juni nach Tobelbad brachte. Er kehrte am nächsten Tag nach Wien zurück. Auf der Rückreise besichtigte er ein verlassenes Kloster (die »Propstei«), ein Objekt, das Mahler als späteren Alterssitz in Betracht gezogen haben mag.

Nr. 302[*]

[Wien, 6. Juni 1910]

Mein liebes Almschili!

Also jetzt erst komme ich dazu, Dir zu schreiben. Seit meiner Rückkehr (die ganz Presto rabiato erfolgte, wie gewöhnlich meine Rückreisen[)], ist es der erste Moment, wo ich ein wenig zu mir komme. Die Propstei ist ein entzückendes Nest – besonders anzusehen! Ein Stück Romantik. Aber ob es sich darin gemüthlich hausen läßt, weiß ich nicht. Karl, dem man in diesen Dingen wol ein Urtheil zutrauen muß, meint: ja! Jedenfalls aber müßtest Du es erst persönlich sehen. Jedenfalls müßte da Geld hineingesteckt werde. Wundervoll sind die 4 großen Zimmer und die Küche mit abgegittertem Speiseplatz und daran angrenzenden Schlafzimmer für die Dienstleute. Alles andere aber einschließlich der Aborte müßte erst dazu geschaffen werden. Wie, begreife ich nicht, da es nur *eine* Stiege gibt, die die 4 Zimmer und die Küche entzweitheilt. Da alle anderen Räume jenseits der

Küche liegen, so müßte immer dahin durch die Küche gegangen werden. – Doch wie gesagt, da lasse ich lieber dem Karl das [2 Zeilen unleserlich gemacht].

Ich bin überzeugt, daß Tobelbad Dir *gut* thun wird. Ich habe mich schwer getrennt dießmal. Ich möchte einmal so ganz ruhig und vergnügt – ohne Arbeiten – mit Dir zusammen in so einem Nest wohnen und bummeln! Das haben wir noch nie zusammen gehabt! Aber gesund mußt Du dazu sein! Vielleicht im September, wenn Alles gut geht! Jetzt wohne ich in Deinem Zimmerl, und denke dabei viel an Dich. Gestern saß ich so eine kleine Stunde (nach Tisch) ganz ruhig am Fenster, und ließ dieses wunderbare Licht hier oben über mich fluthen. Die Glocken läuteten und von Ferne tönten diese gewissen Sonntag-Unsitten – Harmonika, Leierkästen durcheinander. Meine ganze Kindheit stieg wieder vor mir auf! Wie ich das genieße kann ich Dir gar nicht sagen. Und in Alles lugt so herzig Dein Bild hinein. [6 Zeilen unleserlich gemacht]

Heute sitze ich wieder am Fenster – aber am Bauplatz daneben machen die Rangen einen so mörderischen Spektakel, daß ich sie furchtbar gern durchwatschen möchte. Bitte, schreibe mir, und recht ausführlich über Euer Leben in Tobelbad. Nachträglich machte ich mir Vorwürfe über mein fortwährendes Befehlen an der Speisetafel. Ich war so übermüthig. (Und Du leider so niedergeschlagen – nächstens wirst wahrscheinlich Du über die Stränge schlagen und ich an Verdauungsstörung leiden.)

Tausend Grüße, mein Almschi, von Deinem Gustav

Heute war *Freund* da! Eine Überraschung zu Tisch! Das geht schon aber wirklich über Sachertorte!

Nr. 303

[Wien, 8. Juni 1910]

Mein liebstes Almschili!

/Gestern beim Nachhausekommen von ein[er] 12 stündigen Automobiltour (Winter) auf Suche nach einem Schlößl fand ich Deinen Brief vor. Heute zeitig in der Früh muß ich Dir schnell antworten. Vor Allem! Du bist doch ein Afferl! Warum quälst Du Dich mit solchen Hirngespinsten? Hast Du denn noch nicht Erfahrung genug an Dir wie an mir? Nie hast Du mir besser – ja vielleicht so gut gefallen wie eben jetzt! Und/ als ich Dir am letzten Morgen in Tobelbad von Deinem guten Aussehen sprach, verlieh ich unwilkürlich einem spontanen Entzücken Ausdruck, als ich Dich so ungemein lieb und anmuthig daherkommen sah. Aber Du kennst mich doch jetzt schon! [Durchgestrichen: Wenn etwas von mir gefordert wird, so kann ich nicht entfliehen.] In der Kunst, wie im Leben, bin ich ganz auf Spontanäität angewiesen. Wenn ich componiren *sollte, müßte*, würde ich sicher keine Note zusammenbringen. Und vor 4 Jahren gieng ich am ersten Ferialmorgen in mein Häuschen in Maiernigg hinauf mit dem festen Vorsatz, mich in diesen Ferien (ich hatte es damals gerade so nöthig) mich recht auszufaulenzen und Kräfte zu sammeln! – Beim Eintritt in das altgewohnte Arbeitszimmer packte mich der spiritus creator und schüttelte und peitschte mich 8 Wochen lang bis das Größte fertig war. – Einen Sommer zuvor hatte ich vor, die 7te (deren beide Andantes da lagen) fertig zu machen. 2 Wochen quälte ich mich bis zum Trübsinn, wie Du Dich noch erinnern mußt – bis ich ausriß in die Dolomiten! Dort derselbe Tanz, und endlich gab ich es auf, und fuhr nach Haus mit der Überzeugung, daß der Sommer verloren sein [wird].

In Krumpendorf erwartetest Du mich nicht, weil ich meine Ankunft nicht angezeigt. Ich stieg in das Boot, um mich hinüberfahren zu laßen. Beim ersten Ruderschlag fiel mir das Thema (oder mehr der Rhytmus und die Art) der Einleitung zum 1. Satze ein – und in 4 Wochen war 1., 3., u. 5. Satz fix und fertig! Denkst Du daran? Sieh, mein Lieb, nach solchen Erfahrungen, und nach solcher Kenntnis meiner Art muß Dich doch nie mehr etwas an mir kränken! Und insbesonders, da Du doch siehst, daß ich nur für Dich und die Gucki lebe, und daß mir nie irgend ein anderes Bild zwischen Dich und meine Liebe treten kann. Es ist ja Alles andere so blaß – wie ein schlechter Holzschnitt gegenüber einen Tizian! Werde nur schön gesund, mein Luxerl, daß Du recht mit mir halten kannst, und daß wir endlich wieder als gute Kameraden die Welt genießen, [3 Zeilen unleserlich gemacht]. /Du sollst sehen daß Dich kein Zweifel überkommen wird./ Leben und Lieben wird als Blüthe eines unbewußt in die Höhe- oder manchmal in die Breite wachsenden Baumes begreiflich; und seien es Blüthen – oder abwechselnd Früchte, die im Winter wieder abfallen – man wartet gesichert wieder auf das Frühjahr, wo sie wieder anschießen. /Mach Dir doch keinen dummen Gedanken mehr! Werde mir nur recht gesund – das ist die Hauptsache! Bitte, thue nun endlich einmal ganz systematisch alles für Dich und bleibe so lange, bis Du ganz frisch bist!/ – Ich muß Freitag Nachts nach Leipzig (Samstag ist Probe) kann also leider nicht Dich besuchen! Auf *einen Tag und Nacht* wäre es mir auch zu *riskant!* Aber – in München bin ich am 2. Juni [sic] fertig! Ein Wort von Dir, und ich fahre direkt über Wien zu Dir, um dann bei Euch ein bischen nur ganz »con amore« zu leben.

Oder ich gehe nach Innsbruck und Toblach direkt, wo ich mich ein bis-chen auslüfte und ausruhe von der Strapaze der Probe, und hole Dich dann ab. Je nachdem Du siehst, was für Deine Cur das beste ist. Aber nochmals: *Ich lege es Dir ans Herz!* Werde gesund – thu' alles dafür! –

Nun einen cursorischen Bericht über die letzten Tage! Also Mon-tag Abend Probe – wo sich die Nichtsnutzigkeit des Wiener Männerge-sangsvereins (er kam einfach nicht und probirte anfangs mit 14 Man-deln) und die Unfähigkeit Schalks (er leitete zuerst und vergriff alle Tempi – denn ich wollte aus Zorn nicht mehr mitthun) offenbarte.

Später wurde es voller, und [ich] kam wie ein schmollender Junge aus dem Winkel und ergriff den Taktstock. Dann gieng es gleich bes-ser, aber es zeigte sich, daß die Herren ihren Part noch nicht beherr-schen. Und so erscheint es mir noch immer nicht sicher, ob es zur Aufführung kommt, denn ich bin fest entschlossen *keine* künstleri-sche Schlamperei zu toleriren. Die Damen allerdings sind famos und machen manche Niedertracht der Männer wett! /(Du siehst, ganz comme chez nous!)/Nächsten Tag/(Carl hatte Alles arrangirt)/holten uns Winters mit der Maschine ab, und wir fuhren in 3 Stunden nach Pöchlarn, wo ein Schloß zu besichtigen war! Herrlichste Situation – aber ganz verwahrlost und Gelsen!

Dann fuhren wir über die *Wachau* immer an der Donau durch Al-leen, wie in einem Park, zurück- an Dürrenstein und Weißendorf vorüber- bis Mautern. Alles entzückende Nester, ganz und gar un-berührt. Von da ab nach rechts an Göttweig vorüber durch ein von Wiesen und Wäldern durchwirktes Hügelgelände, und kamen ganz unversehens in [die] Neulengbacher Gegend, und plötzlich direkt an *Planken*berg vorüber, das so lieblich dalag, und wo ich so heftig an Dich dachte, daß es Dir in den Ohren geklungen haben muß. – Den ganzen Weg habe ich und Karl beinahe geweint (einmal bin ich sogar eingeschlafen – daran war aber nur Frau Winter schuld, die neben mir saß) daß Du und Mama nicht mit uns wart! Aber, ich habe es mir fest vorgenommen: Im September wenn es gut gieng [sic], mache ich mit Dir die ganze Partie nochmals im Automobil! Jetzt leb wol, mein Lieb, und schreib mir einen recht lustigen Brief, sonst gehe ich mit schwerem Herzen auf die Reise!

Tausend Küße von Deinem Gustl.

Dr. Josef von Winter, Chirurg in Wien und Schüler des berühmten Theodor Billroth, kannte Mahler schon aus seinen Studentenjahren von den deutschnationalen Kreisen um den Schriftsteller Richard von Kralik. Seine Frau Josefine hatte künstlerische Ambitionen, sie malte und komponierte. In ihrem Tagebuch hat sie diese Fahrt mit Mahler beschrieben:

»$^1/_2$9 bei herrlichem Wetter mit Mahler (der darum gebeten) und Moll nach Krummnußbaum, wo Mahler ein Schloß besichtigen wollte; über den Rieder Berg; Mahler entzückt von dem Blick, besonders von den Pappeln; empört, daß man sie überall ausrottet: ›Weil sie unnütz sind?‹ Thun die Leute nicht auch viel, was unnütz ist? Tarock spielen; die ‚lustige Witwe‘ aufführen!‹

Schon bei der Fahrt über den Sommerheidenweg und den Schottenwald waren beide begeistert; Moll nie dort gewesen!! Durch St. Pölten, größere, nette Stadt; Pöchlarn, kleinerer Ort, dann auf verschlungenem Weg (›ein verrückter Weg; das würde ja passen‹, meinte Mahler humorvoll) nach Krummnußbaum, wo das Objekt aber nicht gefiel (eine Dampfsäge dicht davor!).

In Melk, wo viele schöne alte Häuser, bei goldenem Schiff gegessen; der Wirt wollte gern Mahlers Autogramm, Mahler aber gab das Fremdenbuch zu Josef hinüber, als dem Autobesitzer!

Mit Moll hinauf zum Stift. Durch einen engen Gang seitlich in die prunkvolle Kirche, durch deren offenes Haupttor man den herrlichen Blick auf das Donauland hat; der ist dann noch von der Balustrade und Säulen als Triptychon einfaßt, wunderschön.

Leider im Regen weiter. Später wieder schön. Fahrt durch die oft ersehnte Wachau entzückend, wie durch einen Park, mit dem Blick auf die wechselnden Bilder der Hügel und reizenden Ortschaften am Ufer. Mahler genoß die Schönheiten lebhaft; auch später, als die Felsen zurücktraten, wir die Donau verließen und durch die Hügelwellen über Tulln zurückfuhren; das schöne Schloß Walpersdorf, in mittelalterlicher Abgeschiedenheit, entzückte Mahler. Wieder Regen; Mahler verzehrte Ei, Schinken und Äpfel als Nachtmahl und naschte oft Nüsse. Eine Andeutung von mir, daß (ich) mich freue, in seiner neuen Symphonie das Ende des 2. Theils ›Faust‹ zu hören, ließ er gleich fallen.

Um 8 zu Haus.«[220]

Nr. 304*

[Wien, 10. Juni 1910]

Liebste! Es ist 5 Uhr Morgens, und ich muß die Zeit benützen, um Dir ein paar Zeilen zu schreiben, sonst komme ich den ganzen Tag nicht mehr dazu. Es drängt sich in den letzten Tagen so viel zusammen und dießmal ganz besonders, weil ich dazu Proben und dergleichen Vorbereitungen für den Herbst habe. Wüßte ich nur, wie es Dir in T[obel-bad] geht. Darüber hast Du noch nicht eine Zeile geschrieben. – Heu-te Abends fahre ich also nach Leipzig, *Hotel Sedan*, wo ich wenigstens einen Brief von Dir zu haben hoffe. Dort bleibe ich bis *13*. Nachts. Dann nach München wo ich am 14. Morgens eintreffe, und im Pallast-Hotel Regina absteige. Liebstes, ich nahm aus der eisernen Kassa das *Porte-feuille*, und übergab es Dir in Deinem Zimmer. Nun wollte ich einen Ver-trag (über die 9.) hineinlegen, und finde es nicht. Ich war der Meinung, Du hättest es dem Karl wieder zurückgegeben! Hast Du es mit Dir ge-nommen? Oder wo kann es denn sein? Alle Dollarvalute sind drin!

Mit dem Tenor für die VIII hapert es noch immer. Senius und Maikl scheinen beide dafür nicht zu taugen. Nun hat Walter einen Tenor, (der italienischen Stagione, der aber Amerikaner ist, und deutsch spricht) aufgegabelt, der wirklich eine prachtvolle Stimme hat, und die Partie nun studirt.

Ich nehme doch den großen Koffer nicht mit, sondern Mama kauft heute ein *Sprüngerl*, da wir ja doch ein 2tes haben wollen. Wozu für 10 Tage so einen Ballast!

Hoffentlich habe ich bald eine Zeile von Dir in Händen – – – Deine Briefe (ich habe bisher 3 bekommen) waren so lieb, wie noch nie. Es ist ordentlich eine Wärme von ihnen ausgegangen.

Addio, Liebste, und laß auch immer ein Wort über Gucki hören. In-nigst Dein Gustav

Mahlers endgültige Wahl des Tenors fiel schließlich auf Felix Senius, einen der bedeutendsten Konzerttenöre seiner Zeit. Der erwähnte ame-rikanische Tenor war möglicherweise William Miller, den Bruno Wal-ter später zur Uraufführung von *Das Lied von der Erde* verpflichtete.

Nr. 305*
Telegramm   Leipzig, 12. Juni 1910

Fleißig probirt mit chor   recht gut und Solotenor sehr gut   sonst Stimmen corrigirt   wie gewöhnt   küßend Dein gustav

Nr. 306*
Telegramm   Leipzig, 13. Juni 1910

Probieren und radieren   Tenorsolo erstrangig   fahre heute Nacht München Hotel Regina   Schreibe von dort aus   befinden vorzüglich innigst Gustav

In Leipzig probte Mahler mit dem Riedel-Verein, dessen Leiter, Georg Göhler, zu den ergebensten Bewunderern Mahlers zählte. Zu Mahlers fünfzigstem Geburtstag veröffentlichte er in der Münchner Zeitschrift »Der Kunstwart« einen Aufsatz, der Mahler außerordentlich gut gefiel (s. S. 480); in Brief 319 nimmt er darauf Bezug. Göhler war auch der erste Dirigent, der am 9. Januar 1913 Mahlers letzte Fassung der 5. *Sinfonie* zu Gehör brachte.

Nr. 307[*]
Telegramm   München, 16. Juni 1910

Servus Almschili   kome nicht zum schreibe   kopist kornfald ganz schlampiges Material   muss   jede Minute collationieren   klingt trotzdem überwältigend   probierte   bisher   nur   einzeln   tausend bitte schreiben   Gustav

Nr. 308
                                          Regina-Palast-Hotel, München
                                          [München, 17. Juni 1910]

Mein Almschl! Nur, damit Du wieder einmal was Schriftliches siehst! Denn es ist wirklich zu albern, was mir dieser Copist (der uns ja damals gleich einen so prétiösen und unangenehmen Eindruck gemacht) nur angethan hat. Dieses Schwein hat zu seiner Bequemlichkeit in allen Stimmen, wo mehrere Pausen stehen, anstatt dieselben näher auszuführen, einfach *tacet* hineingeschrieben. (Dieß ist nämlich Sitte, wenn ein ganzer Satz für ein Instrument ausfällt. [)] – Nun kennt sich nicht nur infolgedessen das Orchester beim Spielen nicht aus, sondern *ich,* armer Teufel kann beim Retouchiren nicht die betreffenden Takt[e] an Ort und Stelle einfach eintragen, sondern muß das *Tacet* ausführen, manchmal einige Zeilen ausradiren, um Platz zu gewinnen. Das bedeutet einen Verlust von *vielen, vielen* Stunden. Du wirst freilich wieder sagen: Wien (wie sonst: Jud) – aber vergiß nicht, daß ich in Wien auch den feinsten, verläßlichsten Copisten (Forstik) habe; der übrigens nunmehr *Alles* Weitere schreiben muß. in Leipzig war es sehr nett. Der gesamte Chor (250) wartete Schlag 8 Uhr auf mich, und stand ehrfurchtsvoll auf, wie eine Schule, bei meinem Kommen; kannte seine Sache schon vortrefflich, und war, ohne jedes Pahöl, prachtvoll enthusiasmirt (stellte sich nachher auf der Straße zu einem Hoch für mich auf). Der dortige Dirigent, Dr. Göhler, ein bekannter wüthender Straussgegner und Anhänger von mir – sehr tüch-

tig und gewissenhaft. Senius, (Dr. Marianus) war auch dort und singt
prachtvoll – Du wirst eine Freude haben. – Orchester hier sehr gut
und vollzählig, und aufmerksam. *Gutmann* macht seine Sache großartig und verdient in Zukunft die schmeichelhafteste Behandlung.
Aber ich fange an recht hin zu sein /(auch Verdauung). Grethl Remy
soll natürlich kommen; sie ist ein famoser Kerl – und Du hast sie lieb,
das ist die Hauptsache; da ist sie mir schon deshalb sympathisch./
  Grüß Dich mein Almscherl! Dein Gustav

/*Was macht Gucki?*/
[Am oberen Briefrand der 1. Seite:] /Hast Du das *Portefeuille?*/

Der neue Kopist, Karl Kornfeld, dessen Faulheit Mahler soviel Kummer verursachte, war von der Universal Edition verpflichtet worden.
  In dieser Zeit (Juni 1910) schrieb Mahler an Carl Moll: »Sei so lieb,
beifolgendes Muster mit solcher Beschleunigung ausführen zu lassen,
daß es Almschili an ihrem Geburtstag (30. August [sic]) bekommen
kann.«[221] Es handelte sich um einen Entwurf des Wiener Designers
Josef Hoffmann für ein Diadem, das dann tatsächlich rechtzeitig fertig wurde.[222] Stets hat Alma behauptet, nie ein Schmuckstück von
Mahler bekommen zu haben.[223] Folgerichtig verschweigt sie dann
auch ein entsprechendes Geschenk Mahlers zum Weihnachtsfest des
Jahres 1901 (s. Auslassung in Brief 16). Mahlers Bitte an seinen
Schwiegervater fällt in die Zeit, als Almas Affäre mit Walter Gropius
gerade begonnen hatte.

Nr. 309
Morgens.   Regina-Palast-Hotel, München
                                            [München, 18. Juni 1910]
Mein Almscherl!
/Heute die erste Gesamtprobe! Das war ein wahres Fegefeuer. – Wenn
ich hier fertig bin, weiß ich nicht, was ich dann thun soll. – Meine
Rundreisekarte geht Innsbruck–Toblach. – Falls Du wünschest, daß
ich *gleich* zu Dir komme, müßte ich sie verfallen lassen, und via Wien
fahren. Denn auf der anderen Seite fahre ich 8 Stunden mehr. – Aber
ich wäre überhaupt der Ansicht, daß ich zuerst nach Toblach gehe,
mich eine Zeit dort auslüfte und regenerire und dann, Dich abzuholen, auf ein paar Tage nach Tobelbad käme. – Auch will ja die Mama eine Zeit zur Dir kommen, und da bist Du dann wieder in einem
Trubel, der unmöglich vortheilhaft für Deine Cur wirken kann. Also

überleg Dir's mein Lieb. Hast Du etwa das unbedingte Einsamkeits-
gefühl und willst mich *jetzt* gerade haben, so kommt es mir nicht
darauf [an], und ich laße einfach mein Billet nach Toblach verfallen.
Aber, wie gesagt, *ich* hielte es für besser, Dich seinerzeit von dort zu
holen. –

Gutmann macht seine Sache vortrefflich. – Denk Dir – wen treffe
ich vor einigen Tagen auf der Straße? Krzyzanowski! Mit dem sitze ich
nun faktisch jeden Abend nach vollbrachter Arbeit beim Nachtmahl
in einem gegenüberliegenden Beisel, und befinde mich wie in alten
Zeiten. –

Mir wäre jetzt dieses absolute Alleinsein auch nicht recht angenehm. Was gäbe ich drum, wenn Du jetzt in meinen Proben sitzen,
und nachher mit mir plaudern könntest.

Wenn Du nur auch *alles* für Dich thust, damit Du aus dieser Schle-
mastik mal herauskämst. Am 22. und 23. sind sämtliche Solisten hier
beisammen, und wir probiren im Zimmer und mit Orchester. –

Ich werde Dir in den nächsten Tagen ein merkwürdiges Buch
schicken, das von einem unbekannten Menschen vor 10 Jahren geschrieben wurde. / – Im Plato bist Du nun richtig auf den springenden
Punkt gerathen. In den Reden des Sokrates spricht Plato seine eigene
Weltanschauung aus die als misverstandene »platonische Liebe« sich
durch die Jahrhunderte bis zu den untersten Intellekten geschwun-
gen hat. – Das Wesentliche daran ist eben die Goethische Anschauung, daß alles Lieben ein Zeugen, Schaffen ist; daß es eben ein physische[s] und ein geistiges Zeugen giebt, das eben der Ausfluß dieses
»Eros« ist. – In der Schlußscene des Faust hast Du es ja in einer sym-
bolischen Darstellung. [3 Zeilen unleserlich gemacht] Zuerst gefällt
Einem am Symposium der Schwung der Darstellung, und das dramatische Feuer der »Erzählung«. – So erinnere ich mich, daß in meinen
Bubenjahren mir hauptsächlich die Scene gefallen hat, wo Alkibiades
herein stürmt, weinbekränzt und jugendtoll – und später als entzückender Gegensatz und Ausklang des Ganzen, wie Sokrates – noch
allein aufrecht unter den bezecht dahingesunkenen Genossen – sich
besonnen erhebt, und auf den Marktplatz geht, zu philosophiren. Erst
später gewinnt man einen Gefallen an den verschiedenen Darlegun-
gen und ganz zum Schluß entdeckt man erst, wo das Alles in wol-
durchdachter Steigerung hinzieht: zu den wundervollen Auseinandersetzungen zwischen Diotima und Sokrates, die den Kern der Pla-
tonischen Welt – Aus- und Überblick wiedergeben. In allen Schriften
Platos ist Sokrates das Gefäß in dem der Wein Platos ausgegoßen ist.
Was muß das für ein Mensch gewesen sein, der in einem solchen

Schüler eine solche unversiegbare Erinnerung und Liebe ausgelöst hat. Der Vergleich zwischen ihm und Christus liegt sehr nahe, und ist zu allen Zeiten unwillkührlich gezogen worden. – Die Gegensätze sind durch das Milieu und die Zeit bedingt. Dort das Licht der höchsten Cultur, und Jünger und Berichterstatter intellectuelster Gattung; hier das Dunkel einer kindlichen und naiven Zeit, und Kinder als Gefäß für die wundervollste Lebensweisheit, welche das Ergebniß eines Naturells und unmittelbaren und intensiven Anschauen und Erfaßens der Dinge ist*).

Für heute mein Lieb nur tausend Grüße und schreib! Dein Gustav

*) Eros in beiden Fällen als Schöpfer der Welt!

[Am oberen Briefrand der 1. Seite:] /Was ist mit dem Portefeuille? Gucki?/

Die Brüder Rudolf und Heinrich Krzyzanowski zählten während Mahlers Studienzeit zu seinem engeren Freundeskreis. Rudolf war Dirigent am Hoftheater in Weimar, Heinrich lebte seit einigen Jahren als Schriftsteller in München.

Nr. 310*

Regina-Palast-Hotel, München
[München, 20. Juni 1910]

Das war ein trauriges Brieferl heute, mein Almschi? Es stimmt mich ganz down. – Ich wiederum hatte heute die Probe mit den Kindern. Zu herzige Rangen darunter. Leider sind die Mehrzahl Mäderln, aber ganz lieb und pfeifen [wie] die Spatzen. Sie sind leider durch ein paar schreckliche Patzer (die Lehrer der verschiedenen Klassen) geschult und so habe ich jetzt mein Kreuz mit denen, und muß Abhilfe finden. – Die Gesamtprobe des I. Satzes war grandios. Morgen kommt der zweite. – Ich erinnere mich in Rom beim Abschied (Du willst es wissen) und die ganzen letzten Tage so verstimmt und eigentlich zornig gewesen zu sein, weil Du mich mit allen Mitteln überreden wolltest, noch weiter zu dirigiren. Und das kam mir so verständnislos vor. Heute denkst Du vielleicht auch anders darüber. Aber jedenfalls darf ich solche Dinge nicht mehr über mich ergehen lassen, wie diese Proben und Conzerte dort.

Jetzt habe ich also bereits Alles im Einzelnen gehört, und »denke, er ist genial!« So was hat die Welt bis jetzt noch nicht erlebt, und diese Urzellen da vor Milliarden von Jahren sind ganz schön eingerichtet gewesen, daß sie so was in ihrem Zukunftsrepertoire parat gehabt haben. Wirst eine Freud haben im September, *wenn nichts dazwischen kommt!*

Servus mein Liebling Gustav

Die schlimmen Erinnerungen Mahlers an die Konzerte in Rom stehen im Kontext des Briefes ganz unvermittelt. Vielleicht erleichterte die Schriftlichkeit Mahler die Formulierung seiner bis dahin noch nicht ausgesprochenen Vorwürfe. – In der ungedruckten Erstfassung ihrer Erinnerungen und Briefe hat Alma vermerkt: »Ich denke, er ist genial! hatte der Concertmeister Walter des Petersburger Orchesters im Jahr 1902 von Mahler zu mir gesagt.«[224]

Nr. 311

Regina-Palast-Hotel, München
[München, 21. Juni 1910]

Mein Almschi!

Heute bin ich besorgt, von Dir keinen Brief zu haben, nach dem gestrigen so traurigen. Verbirgst Du mir etwas? Denn ich glaube immer etwas zwischen den Zeilen herauszufühlen.

Heute Gesamtprobe 2. Theil. Auch da »sah der Herr (Mahler) daß es gut sei«!

Morgen kommen die Solisten an. Sonntag, so Gott will werde ich in Toblach [an]kommen, falls Du nicht etwa beschließest, daß ich direkt nach Tobelbad komme. In diesem Falle bitte ich um eine Depesche. – Wenn aber Du einverstanden bist, so bitte, gieb gleich die nöthigen Anordnungen, daß ich in Toblach das Nöthige vorfinde. –

Falls nöthig, schicke mir die betreffenden Schlüßel. Ich möchte dort *die Bücher,* und eventuell auch Kleider herausnehmen können. Auch *Butter* frische und gute die mein Hauptnahrungsmittel ist, laß vorbereiten. Für alles Andere habe ich schon von Wien aus vorgesorgt. In dieser Woche habe ich hier noch Manches zu bestehen. Es fließt eine ganze Unmenge von Menschenmaßen hier zusammen: – Rosé mit seinem Quartett, R. Strauss mit den [Wiener] Philharmonikern, Kritiker aus allen Herren Länder etc. etc.!! Himmel was steht mir an Besuchen etc. – bevor! Doch ich will gute Miene zum bösen Spiel machen. Aber eines thue ich schon von heute ab: Ich nehme meine Malzeiten auf meinem Zimmer. Bei dieser Anstrengung muß [ich] Ruhe und Abgeschlossenheit haben. Sei mir vielmals gegrüßt, mein Almscherl und schreibe doch täglich, wenn auch nur eine C.K.[Correspondenz-Karte]!

Dein Gustav

Der erste Absatz des Briefes klingt wie eine Vorahnung auf die kommenden Geschehnisse. In diesen Tagen schrieb Mahler an seine Schwiegermutter: »Ich bin so beunruhigt durch die Briefe der Almschi, die einen so eigentümlichen Ton haben. Was geht denn da vor? [...] Wenn ich nur nicht so unruhig über Alma wäre. Das macht mich ganz traurig.«[225]

Die abgewandelte Bibelstelle »Und er [Mahler] sah, daß es gut war« hatte Mahler schon im Zusammenhang mit einer Probe der 3. Sinfonie in Köln 1902 zitiert.[226]

Emil Gutmann hatte für den Sommer 1910 eine Reihe von Festveranstaltungen arrangiert, die schon im Mai mit Werken von Robert Schumann anläßlich des 100. Geburtstags des Komponisten begonnen hatten. Vom 23. bis 28. Juni gab es eine Richard-Strauss-Festwoche, die unter anderem Aufführungen von *Feuersnot*, *Salome* und *Elektra* sowie drei Festkonzerte der Wiener Philharmoniker unter Richard Strauss, Felix Mottl, Ernst von Schuch und zwei Kammermusikmatineen umfaßte. Dabei spielte Arnold Rosé am 24. Juni zusammen mit Strauss am Klavier dessen *Violinsonate op. 18*, und das Rosé-Quartett spielte mit Ignaz Friedman Strauss' *Klavier-Quartett op. 13*. Mahler besuchte das Orchesterkonzert am 25. Juni unter Strauss' Leitung, und eine Breslauer Zeitung berichtete von dem ungestüm applaudierenden Gustav Mahler, als er den *Don Quixote* gehört hatte.

Nr. 312

Regina-Palast-Hotel, München
[München, 23. (?) Juni 1910]

Zwischen 2 Proben, Almscherl (heute ist ein scharfer Tag) schreib ich Dir einen Gruß. Heute war zum erstenmal Orchester mit Sänger. – Es war colossal welchen Eindruck diese höchst ungenügende Besetzung machte. Das Orchester hat buchstäblich nach der Probe getobt. –

Denk Dir, wie ich in den Saal trete, kommen mir *Fried* und *Klempe-rer* entgegen. Das war doch fesch von ihnen. Dagegen finde ich, wie ich nach Hause komme die Karte von Arnold Rosé. (Der hätte doch schließlich auch erfahren können, wo ich Probe habe[.)] Jetzt um 4 Uhr werde ich (wie gewöhnlich) zu Hause essen, und habe mir dazu Fried eingeladen. Um 6 Uhr geht es wieder los und morgen Früh kommen die Kinder dazu. So Gott will, fahre ich Sonntag nach Toblach, wo ich um 4 Uhr ungefähr ankommen werde. – Ich gelobe feierlich, keine Note dort anzurühren, sondern nur essen, spazieren und vor Allem *schlafen*, was man factisch in München vor lauter Automobilhuppen nicht im Stande ist.

Der Verleger (Herztka) ist auch da, und freut sich wie ein Schneekönig.

Es klingt aber wirklich überwältigend. Alles sitzt da oben und unten. Grüß Dich mein Almschi Dein Gustav.

/Ich habe Nichts anderes, als *Brot* und gedörrte Früchte bestellt. Äpfel habe ich der Mama aufgetragen. Alles andere (coffeinfreien Haag-Caffée) mußt Du [bestellen]. Das Brot habe ich persönlich beim Bäcker Fritz bestellt. – Alles kann ich lassen, bis Du kommst – nur *Bücher,* die muß ich gleich haben, sonst sterbe ich vor Langeweile.

Sehe ich, daß ich es allein nicht aushalte, so komme ich dann von Toblach aus. Jedoch glaube ich, daß es mir ganz gut thun wird, mal wieder »in mich zu gehen«. – (Ich weiß schon gar nicht mehr, wie es in mir aussieht.) Schau nur, daß ich Sonntag eine *feine* Butter vorfinde./

Nr. 313*

Telegramm   München, 25. Juni 1910

Warum keine Nachrichten   bin sehr besorgt   bitte Express Antworten.   Hier geht alles aufs beste   Brief morgen   Gustav

Nr. 314*

[München, 26. Juni 1910]

Liebes Almscherl!

Fried sitzt gerade bei mir. Er hat mir sehr geholfen. – Aber ich bin wirklich ziemlich hin. (keine Herzzustände) Beim Dirigiren habe ich so herumgefetzt, daß ich irgendeine Muskelzerrung am Oberarm mir zugezogen hat [habe], die meinen Zustand noch auf's Ärgerlichste beeinflußt. Morgen – Gott sei Dank – geht es in die herrliche Luft von Toblach, wo ich mich recht ausruhen will. Von Dir aber seit *2 Tagen* keine Nachricht! Almschi wenigstens eine Corr. K. kannst Du doch schreiben! Für heute nur diesen Gruß, mein Almscherl, Dein Gustl.

Es ist das einzige Mal in Mahlers gesamter Korrespondenz, daß er eine Muskelzerrung als Folge des Dirigierens erwähnt.

Beunruhigt durch Almas ständiges Schweigen, änderte Mahler über Nacht seine Reisepläne und nahm am 27. Juni den Zug nach Wien.

Nr. 315*

[Wien, 28. Juni 1910]

So, mein Almscherl. Noch diese Zeilen, und dann bin ich bei Dir. – Es geht Alles vortrefflich, und morgen habe ich den ganzen Krempel hinter mir. – Der Verlag ist famos. Es ist dießmal viel angenehmer und leichter zu arbeiten, als sonst.

Hier fand ich auch Gott sei Dank etwas bessere Nachrichten über Dich vor. Denn ich war in München schon *sehr* deprimirt. –

Ich fahre also übermorgen (*Donnerstag*) mit demselben Zug, mit dem wir seinerzeit gefahren (esse im Speisewagen) und bitte Dich, mir ein Automobil (u. zwar ein kleines) zur Bahn zu schicken. Ich gebrauche dießmal die Vorsicht, und laß mir keine Haare schneiden (das *muß* aber dann später kommen, denn sie sind schon etwas flatterhaft). Und so freue ich mich schon unbändig, Liebste, Dich wieder in meine Arme zu schließen. Aber ich bitte Dich, um Himmelswillen, sei *gescheut!* Und verlange keine Symphonien von mir – denn die müssen von selbst kommen, sonst kommen sie gar nicht, oder es sind Suiten. Ich bleibe dann bis Sonntag und fahre nach dem Souper nach Graz um dort im Schlafwagen, den ich schon habe, nach Toblach abzudampfen. Dann bleibst Du wieder einen Tag allein und die Mama ist dann Dienstag bei Dir. So lautet das fein ausgetüftelte Programm. Nun auf Wiedersehen, mein Almschl, und »sei lieb mit mir«, wenn ich komme. Dein Gustl   ·

Sein Versprechen, in der Zwischenzeit nicht zum Friseur zu gehen, bezieht sich auf ein Mißgeschick im vergangenen Sommer.

Am 30. Juni reiste Mahler von Wien über Graz nach Tobelbad, wo er zwei Tage mit Frau und Kind verbrachte. An Anna Moll schickte er einen erleichterten Bericht über Almas Gesundheit: »Nur in wenigen Worten, daß ich Almschi viel frischer und fester angetroffen habe und der festen Überzeugung bin, daß ihr die Kur hier sehr gut anschlägt.«[227]

Am 3. Juli reiste Mahler von Tobelbad nach Toblach über Graz, wo er mit seinen alten Freunden und Bewunderern Ernst Decsey und dem Dirigenten Julius von Weis-Ostborn zusammentraf.

Nr. 316

L. A.! In strömendem Regen angekommen und in strömendem Regen fahre ich ab. D. u. O. erwarteten mich Spalier. Hierauf in Triumph in's Wirtshaus. Dort thauten sie bemerkenswert auf. Durch eine wirklich eingehende Kenntnis sämtlicher Mahler-Werke gewannen sie ganz mein Herz, und wir sangen abwechselnd Themen aus den Symphonien und Liedern. Wir beschlossen die Gründung eines Mahler-Vereins und Aufstellung einiger Gedenktafeln. Servus! Schreiben! G.

Nr. 317*

[Toblach, 5. Juli 1910]

Liebstes Almschili!

Also die munteren Landbewohner sind wieder all[e] vereint. Sie schneiden und schäkern wieder unter meinen Fenstern. (Ich bin wieder in meinem alten Zimmer, das so riesig mollig ist). – Ich zweifle gar nicht daran, daß sie mir demnächst auch in mein Waldhäuschen folgen werden, wenn ich dorthin ziehe. –

Unten im Parterre zappelt ein kleiner Weltbürger, der [sich] zunächst seine Zeit hauptsächlich mit Brüllen vertreibt. –

Die munteren Bibis schleichen auch wie Zwillinge herum und vertreiben mir gewöhnlich die Zeit mit munteren Spielen und Jauchzen. –

Ha! Welch ein Vergnügen wäre der Landaufenthalt, wenn die Bauern taubstumm zur Welt kämen! Sonst wäre alles wieder herrlich hier, und bekommt mir vorzüglich! –

Liebste, mir fehlen:

    1) Äpfel

    2) die großen Leuchter zum Clavier

    3) der Schlüssel zur kleinen Wertheimkasse

    4) die Stutzen-strümpfe

    – ich weiß nicht, wo sie sind.

Heute Früh fuhr Carl hier durch, und gab mir sein Farbenkastl in Verpflegung. Er selbst kommt in einer Woche nach. –

Von Dir noch keine Zeile! Almschi, hast Du wirklich nicht 5 Minuten für mich zu einer Corresp.Karte? – Heute hat sich Rottenberg zu einem Besuch angesagt. – Richtig! Von Krumpendorf (offenbar Grünwalds) ist ein Riesenkorb mit Eiern, Gemüsen, Salaten etc. und ein Zweites mit *20* lebenden Hühnern eingetroffen. –

Mit den beiden Dienstboten haust sich's heuer sehr gut. Es ist eine Wolthat, daß dieses Luder, die Kathi, aus dem Hause ist. –

Für den Bach-verein habe ich wieder 12 Kronen schwitzen müssen.
Beiliegend die Quittungen für Gerold und Bachverein.

Jetzt ist hoffentlich Mammerl schon bei Dir, und da geht es Einem
ja immer gleich besser! Die wird Dich schon hoch kriegen. Tausend
Grüße an Euch Beiden von Gustav

Was macht Gucki?
Wenigstens das schreibe mir gründlich.

Bei dem erwähnten »Bach-verein« handelt es sich um die Bach-
Gesellschaft, die mit Band 46 termingerecht im Jahr 1900 die Gesamtausgabe der Werke des Meisters abgeschlossen hatte und danach
noch Varia veröffentlichte. Mahler hatte seit 1894 die »Bach-Aus-
gabe« abonniert.

Ursprünglich hatte Mahler geplant, im Sommer 1910 eine Ruhe-
pause einzulegen, doch er gehorchte seinem Spiritus creator. Bald saß
er wieder am Schreibtisch und skizzierte ein neues Werk, die unvollendet gebliebene *10. Sinfonie.*

Am 7. Juli beging Mahler seinen fünfzigsten Geburtstag ohne Fest-
lichkeiten. »Ein ziemlicher Trubel von nichtssagenden Depeschen
und Ansichtskarten« war immerhin zu registrieren.

Nr. 318*

[Toblach, 7. Juli 1910]

Liebste Almschi!
Ich war riesig froh, Deine Zeilen bekommen zu haben.

Habe ich recht verstanden, daß die Gucki Harnsäure hat? Das ist
doch viel zu früh für so ein kleines Wesen? Was thust Du nun? Und
wird das durch eine vernünftige Diät behandelt? – Jedenfalls bitte ich
dringendst – zwinge sie nie zum Essen! Auch Überernährung (und
vielleicht in erster Linie dieß) erzeugt Harnsäure. – Ein Kind weiß gewiß, wenn es genug hat. Hier ist es herrlich, und ich würde es genießen, wie ein Paradies, wenn diese ekelhaft lärmende Umgebung
nicht wäre, die Einen gerade zum Menschenfeind machen müßte.
Diese Leute haben alle eine Stimme, wie ein überfressener Papagei.
Besonders die Alte ist widerwärtig mit ihrem Paperlorgan. – Andererseits wüßte ich auf der ganzen Welt kein Fleckerl, das so abgeschie-
den und doch so mitten im Verkehr, und so reizend und gesund wäre.
– Ich bummle so still für mich hin, lese, esse, spaziere, schaue. Meine Functionen sind alle in schönster Ordnung. Die Bedienung ist

famos. Agnes zwar wahnsinnig dumm aber das macht mir nichts, weil sie so folgsam ist, und wirklich nichts Anderes mir vorsetzt, als was ich befehle.

Hier ist ein göttlicher Regen von Rosegger-Bänden über mich niedergegangen. Das hat Mammerl wieder famos gemacht. Ich wollte es nämlich ihr schenken. – Na, so wird [sie] es eben bei mir lesen – sonst hätte ich es bei ihr gelesen. – Ich danke ihr vielmals, auch für den lieben Brief. Deiner und ihrer war doch das Einzige, was mich gefreut. Sonst ist trotz aller meiner Verbote doch ein ziemlicher Trubel von nichtssagenden Depeschen und Ansichtskarten über mich losgegangen. Ich kann Euch zu Eurem Troste sagen daß ich, wie ich mich heute fühle, nicht vor 10 Jahren tausche. Die Diät, die ich unentwegt weiter halte, ist mein Heil. Das ist bestimmt, und Ihr müßt auch sicher nicht darin beirren. Liebes Almschili! *Bitte nochmals:*

    1) *Schlüssel* zur *Werthheimcassette,* ich brauche sie *DRINGEND!*

    2) die *Leuchter*

    3) die Stutzenstrümpfe finde ich nicht

    4) Äpfel habe ich keine.

    5) der Termophor=Teller (mit dem heißen Wasser käme mir jetzt *riesig gut!* Wie verschaffe ich mir den?

[1 Zeile unleserlich gemacht; Schluß des Briefes fehlt]

Dem Dichter Peter Rosegger waren Mahler und Alma im Zug auf dem Rückweg von Graz nach Wien im Mai 1905 begegnet.[228] In seinem Aufsatz »Stunden mit Mahler« zitiert Ernst Decsey die Bemerkung Mahlers, Rosegger sei »der größte Dichter unserer Zeit[229].«

Nr. 319

[Toblach, 8. Juli 1910]

Mein Almscherl!

Ich bin ganz wund von Briefschreiben; so viel Unaufschiebbares ist da zusammengekommen. Ich erzähle Dir es, bis Du kommst.

Die Zeichnungen von der Gucki sind zu reizend. Ich habe Thränen gelacht und geweint. – Das mit den 5 Parallelen ist kein Beweis. Sondern höchstens im Gegentheil: daß eben Hodler noch in der Phantasie und dem Kunstverstand eines Kindes steckt. Aber – ohne Kritik sage ich das: vielleicht ist Hodler ein Heros der Kunst. Nur die Gucki kann ihn mit ihren entzückenden Kindervorstellungen nicht beweisen.

/Almscherl! Bitte Dich *inständigst* bleibe, so lange als möglich! Schau, Du bist so auf gutem Wege. Bringe wenigstens noch Dein nächstes Unwolsein dort zu! – Ich habe so eine Angst, daß der Sommer wieder nur eine Flickerei wird, wenn Du nicht die Geduld hast auszuharren. Jetzt, wo Mammerl bei Dir [ist] – hast [Du] es ja so gut! Heute ist übrigens der erste erträgliche Tag hier. Ich danke jeden Morgen meinem Schöpfer, daß Ihr noch nicht da seid./Ich friere wie ein Windhund, wie ein Schneehase (oder falls die nicht frieren) wie der Pollak.

Der Aufsatz von Göhler ist das Schönste und Beste, was ich über mich noch gelesen habe. – Aber nicht deshalb schicke ich Dir es zurück: Sondern ich habe daneben etwas gelesen und Dir roth unterstrichen. Das ist göttlich! Das lies einmal! Und erkläre Dir das aus der Zuchtwahl und dem Kampf um's Dasein und wie die Sächelchen alle heißen, die sich die Professoren austüfteln. *Das* gehört in mein Gebiet! Das spiritus creator, mein Lieb! Das ist ebenso begeisternd, so viel mehr, als irgend eine 9. oder Missa, oder VIII. (arroganter Kerl!)

Ich grüße und küsse Euch Beide. Sag noch dem Mammerl, daß ihre Nüsse wunderbar, und die meinen, die ich aus München mitgebracht, alle ranzig! Dein Gustav

/So was von Schmierampel wie der alte Trenker heuer, war vielleicht noch nicht auf Erden!/

Alma hat in ihrer Briefausgabe den zweiten Absatz des Briefes kommentiert: »Ich hatte auf die Eurythmie von Hodler hingewiesen«, und meinte damit Ferdinand Hodlers so betiteltes Werk aus dem Jahr 1895 (Museum Bern).[230] Ferdinand Hodler hatte im Januar 1904 eine Ausstellung in der »Secession« in Wien veranstaltet und bei dieser Gelegenheit Mahler kennengelernt. Alma gibt in ihren Erinnerungen eine Beschreibung von ihm.[231]

Nr. 320*

[Toblach, 9. Juli 1910]

Liebste Almschi!

Wieder 2 Tage ohne Nachricht! Ich weiß wirklich nicht, warum das sein muß.

Hier ist ein Sauwetter. Wenn das so fortgeht, so ist es sicher kein Aufenthalt für Guckerl. Auf meine Fragen habe ich leider keine Antwort von Dir! So wird es auch egal sein wenn ich Dir mittheile, daß mir Agnes eröffnet hat, daß der Kaffé (Haag) bald alle ist. Wahrscheinlich halten es beide Donne ihrer Gesundheit zuträglich, coffeinfreien Saft zu schlürfen.

Ich bin übrigens mit Beiden sehr zufrieden. Sie sind aufmerksam und willig. Rottenberg, der arme Teufel, langweilt sich wol in Landro und sucht mich manchmal heim. Ich gönne ihm es, aber stören thut's mich doch. Dieses Alleinsein ist so was Himmlisches. – Ich habe jetzt scharfe Correspondenzen mit New York. Es kracht da ordentlich, und nimmt mir leider viel Zeit weg. Bis Du kommst, zeige ich Dir Alles. – Von der Lehmann ist auch ein Schreibebrief gekommen, ebenso von der Lieser. Ich hebe Dir Alles auf, bis Du kommst. Den Artikel von Bodanzky schicke ich Dir nur, damit Du siehst, wie die Begeisterung und der gute Wille sogar die Musikanten zu Schriftstellern macht, und den Analphabeten latein[isch]e Citate einflößt. Almscherl, bessere Dich, schreibe mehr, antworte auf meine Fragen [4 Wörter unleserlich gemacht], »sei lieb mit mir«. Mamerl viele Grüße   Dein Gustav

[Beigelegtes loses Blatt:] Pollack nach Tobelbad

Die Formulierung »scharfe Correspondenzen mit New York« bezieht sich auf Mahlers Honorarforderung für zwanzig zusätzliche Konzerte, die er mit der New York Philharmonic in der nächsten Saison dirigieren sollte. Über die vertraglich fixierte Anzahl hinaus verlangten der neue Manager, Loudon Charlton, und das Komitee nun weitere Veranstaltungen. Das zusätzliche Honorar sollte nach Mahlers Vorstellung 5000 Dollar betragen, das Komitee indes bot nur 2000. Erst als Mahler im Herbst wieder in New York war, einigte man sich schließlich auf 3000 Dollar.

Mahler erwähnt zwei Freunde, die ebenfalls unter den Geburtstagsgratulanten waren, die berühmte Sopranistin Lilly Lehmann und Lilly Lieser-Landau, die vermögende Witwe eines Wiener Industriellen und Kunstmäzenin, die später auch Arnold Schönberg unterstützte. Der Artikel von Arthur Bodanzky war in der deutschsprachigen Prager Zeitung »Bohemia« erschienen.

Nr. 321*

[Toblach, 10. Juli 1910]

Liebste! Das waren 3 bängliche Tage für mich. – Ich weiß nicht, daß Du Dich nicht einmal zu einer Karte rechtzeitig aufschwingen kannst! – Wenn ich Ressentiment üben wollte und könnte, so sollte ich Dir überhaupt nicht mehr schreiben. Aber was soll [man] mit so einem

»Kind und Weib« zugleich anfangen? Schreiben und Dulden! Wo die Schlüssel zur Werthheimkasse sind, konnte ich von Dir nicht erfahren. Und es wäre so wichtig für mich! Nun bitte, theile mir umgehend Tag und Stunde Deiner Ankunft an [mit]. Auch Trenker will es wissen wegen des Wagens. Dem wirst Du sicher antworten.

Karl ist noch immer nicht da und ich habe auch keinerlei Nachricht von ihm. Von Mama sind heute 2 Briefe an ihn eingetroffen. Korngold hat sich gestern plötzlich gemeldet – zu einem Interview im Auftrage der neuen freien [Presse]! Ich habe ihm sehr präcis geantwortet.

Hier ist viel Kindergeschrei – das Kleine an der Brust scheint bereits Sauerkraut und Schweinernes essen zu müssen. Denn der Jammer ist wirklich nicht auszuhalten. – Dieses Gethier sollte geprügelt werden. Da haben es doch die Kalbeln besser. – Auch sonst viel Lärm und Ungemach. Die beiden Rangen, reizend und lieb, bringen mich aber zur Verzweiflung durch ihr drolliges lallendes lärmendes Spielen. – Wenn es wenigstens noch die Guckerl wäre, da könnte ich mit einem Auge lachen und mit dem Andern weinen.

Bessere Dich! Seid alle geküßt Gustav

In Almas Typoskript »Ein Leben mit Gustav Mahler II.« steht auf der dem Brief folgenden Seite mit großen Lettern lediglich: NACH DER KATASTROPHE.

Zwischen dem letzten und dem folgenden Brief, Mitte August in Gedichtform geschrieben, ereignete sich die schwerste Krise im Leben Mahlers. Eine Krise, die seine Lebensauffassung und gesamte Lebenshaltung veränderte. Entsprechend ändern sich Inhalt und Form seiner Mitteilungen an Alma.

Schon zu Beginn ihrer Kur in Tobelbad hatte Alma den ebenfalls dort aus gesundheitlichen Gründen weilenden Architekten Walter Gropius kennengelernt. Während des gemeinsamen Aufenthalts von etwa vier Wochen hatten sie sich leidenschaftlich ineinander verliebt. Alma schreibt: »In Tobelbad lebte ich wie immer, wenn ich irgendwo allein war, vollkommen einsam. So einsam und melancholisch, daß der Leiter der Anstalt, besorgt um meinen Zustand, mir junge Leute vorstellte, die mich auf meinen Spaziergängen begleiten sollten. Der Künstler X ... [= Gropius] war mir besonders sympathisch, und es bestand für mich bald kein Zweifel, daß er mich liebte und meine Gegenliebe erhoffte. Ich reiste ab. Mahler holte mich in Toblach von der Bahn und war plötzlich verliebter als je zuvor. Sei es nun, daß die Liebe dieses fremden Mannes mein Selbstbewußtsein wieder ins Gleichgewicht gebracht hatte, kurz, ich war nun zukunftsfreudiger und glücklich, wünschte mir aber keinen neuen Zustand.«[232] Almas Darstellung der Ereignisse ist schon immer bezweifelt worden. Die volle Wahrheit wurde aber erst etwa siebzig Jahre später durch Reginald R. Isaacs Gropius-Biographie enthüllt.[233] Isaacs hat den Nachweis erbracht, daß Alma seit dem Zeitpunkt, als sie Gropius kennenlernte, hinsichtlich ihrer Gefühle und Empfindungen bis zum Tod Mahlers ein konsequentes Doppelleben geführt hat.

Isaacs berichtete, daß Gropius am 4. Juni 1910 Alma kennenlernte, »deren Arzt die Wienerin und den Berliner miteinander bekannt gemacht hatte [...]. Alma hat zwar später behauptet, daß der junge Mann sich auf der Stelle in sie verliebt habe, doch die erhaltengebliebenen Briefe, wie auch die nachfolgenden Ereignisse beweisen eindeutig, daß die sich anbahnende Beziehung aus einer beiderseits spontan empfundenen Zuneigung hervorgegangen ist. An jenem ersten gemeinsam verbrachten Abend unternahmen die zwei, der noch recht unerfahrene Siebenundzwanzigjährige und die vier Jahre ältere, welterfahrene Frau, nach dem Abendessen einen Spaziergang, ließen sich am Rande eines Baches nieder und unterhielten sich im Mondlicht unter freiem Himmel bis spät in die Nacht hinein.«[234] Nach ihrer Trennung in Tobelbad etwa Mitte Juli, hatten Alma und Gropius leidenschaftliche Briefe gewechselt. Die Briefe von Gropius waren zunächst postlagernd an das Postamt Toblach adressiert, wo Alma sie abholte. Dann ereignete sich – entweder in der letzten Juliwoche oder Anfang August – die Katastrophe.

Alma berichtete: »Nach acht Tagen ungefähr kommt ein Brief von diesem jungen Mann, in dem er mir schreibt, daß er ohne mich nicht leben könne, und daß ich, wenn ich nur das geringste Gefühl für ihn hätte, alles verlassen und zu ihm kommen möge. Dieser Brief, der an mich gerichtet war, trug auf dem Kuvert deutlich die Anschrift ›An Herrn Direktor Mahler‹. Niemals ist aufgeklärt worden, ob der Jüngling [Gropius war 27 Jahre alt] im Fieberwahn gehandelt hatte oder ob es unbewußt sein Wunsch gewesen war, diesen Brief direkt an Mahler selbst gelangen zu lassen.«[235]

Es ist sehr unwahrscheinlich, daß Gropius seinen Brief versehentlich an Mahler adressierte. »Trenker-Hof« oder »Alt-Schluderbach« läßt sich kaum verwechseln mit »Postlagernd Toblach«. Alle Anzeichen deuten darauf hin, daß Gropius' »Fehler« Absicht war, wie dies schon Mahler selbst vermutete. Henry-Louis de La Grange hat in den fünfziger Jahren Gropius in seinem Büro in Cambridge/USA aufgesucht und ihm die Frage vorgelegt, ob er damals absichtlich »an Herrn Direktor Gustav Mahler« adressiert habe. Gropius' antwortete: »Es war ein Versehen!«

Im Sommer 1910 wollte dies nicht einmal Alma glauben. In einem Brief an Gropius zitiert sie von ihm eine erhellende Bemerkung: »Ich habe gestern wieder 2 Briefe von Dir geholt [...] – alles in Ordnung – nun verstehe ich den vorgestrigen Abend immer weniger. – Das Einzige – was mich glauben lassen könnte, daß Du die Adresse mit Absicht an Herrn G. Mahler geschrieben hast – ist der Passus in Deinem heutigen Brief: ›Hat Dein Mann noch nichts gemerkt?‹

Schreibe mir alles aufrichtig, ich werde Dich immer recht verstehen!! – Sonst aber müßte ich an Sinnesverwirrung denken u. ich tu es lieber [...]«

Die Folgen dieser »Fehlleistung« waren schrecklich. Alma resümierte in ihren Erinnerungen: »Mahler saß am Klavier, las den Brief, rief mit erstickter Stimme: ›Was ist das?‹ und reichte mir den Brief. Mahler war und blieb davon überzeugt, daß X... diesen Brief absichtlich an ihn geschickt hatte, um, wie er sagte, bei ihm um meine Hand anzuhalten. Was jetzt kam, ist unsagbar! Endlich durfte ich alles aussprechen: Wie ich mich jahrelang nach seiner Liebe gesehnt hatte und wie er, in seinem ungeheuren Missionsgefühl, mich einfach übersehen hatte. Er fühlte zum ersten Mal in seinem Leben, daß es auch so etwas wie eine innere Verpflichtung gegen den Menschen gibt, dem man sich nun einmal verbunden hat. Er fühlte plötzlich Schuld. Wir gingen tagelang unter lautem Weinen nebeneinander her. [...] Wir sprachen, wie wir nie miteinander gesprochen hatten. In Wahrheit hatte meine grenzenlose Liebe nach und nach ihre Stärke und Wärme verloren. Mir, die ich außer dem meinen kein Frauenschicksal beobachtet hatte und unerhört naiv war, mir war es bei den stürmischen Werbungen des jungen X... wie Schuppen von den Augen gefallen. Ich wußte plötzlich, daß meine Ehe – keine Ehe –, mein eigenes Leben vollkommen unausgefüllt sei. Aber diese Wahrheit verhehlte ich nun Mahler, und wenn er sie auch *wußte* (ebensogut wie ich), so spielten wir – aus Schonung für ihn – beide diese Komödie bis ans Ende.«[236]

Vielleicht mehr noch als die plötzliche Entdeckung ihrer Liebesaffäre mit Walter Gropius hat die Art ihrer Vorwürfe Mahler verletzt. Jedenfalls stürzte ihn der Vorfall in tiefe Verzweiflung. In einem Brief an Gropius beschreibt Alma die nun entstandene Situation: »Da es quasi durch Zufall herausgekommen ist u. nicht durch ein offenes

Geständnis von meiner Seite – hat er jedes Vertrauen, jeden Glauben an mich verloren.«[237]

Alma bat Gropius, unter keinen Umständen nach Toblach zu kommen, was dieser jedoch mißachtete. Alma schreibt: »Auf einer Spazierfahrt sah ich verborgen unter einer Brücke den jungen X..., der, wie ich nachher von ihm hörte, schon lange in der Gegend weilte, um mich irgendwo zufällig zu treffen und so die Antwort auf seinen Brief zu erzwingen. Mein Herz blieb stehen, nur vor Schreck, nicht vor Freude. Ich sagte es sofort Mahler, und er sagte: ›Ich selber hole ihn her.‹ Er ging augenblicklich nach Toblach hinunter, fand ihn sofort und sagte: ›Kommen Sie!‹ Weiter wurde nichts gesprochen. Es war unterdessen Nacht geworden. Wortlos gingen sie den weiten Weg, Mahler mit einer Laterne voraus, der andere hinterdrein. Pechschwarze Nacht. Ich war in meinem Zimmer geblieben. Mahler kam sehr ernst zu mir herein. Nach langem Zögern ging ich zu X... Die kurze Unterredung, die ich mit ihm hatte, unterbrach ich nach wenigen Minuten, weil ich plötzlich Angst um Mahler bekommen hatte. Mahler ging im Zimmer auf und ab. Zwei Kerzen brannten auf seinem Tisch. Er las in der Heiligen Schrift. Er sagte: ›Was du tust, wird recht getan sein. Entscheide dich!‹ Aber ich hatte ja keine Wahl! [...] War ich oft in den letzten Jahren verzweifelt gewesen über mein verfließendes Leben, so hätte ich mir doch ein Leben ohne Mahler nie und nimmer vorstellen können. Am wenigsten mit einem andern Manne. [...] Mahler war und blieb mir der Zentralpunkt meines Daseins.«[238] Mit dieser Haltung hatte sich Alma zwar entschieden, an der Seite Mahlers zu bleiben, andererseits aber war sie auch fest entschlossen, Gropius nicht aufzugeben. Zunächst hatte sie an ihn geschrieben: »Ich bin nun gezwungen, mich zu entscheiden. – Ich erlebe etwas an meiner Seite, das ich nicht für möglich gehalten hätte. Nämlich, daß Liebe so grenzenlos ist, – daß mein Bleiben – trotz allem, was geschehen ist – ihm Leben – und mein Scheiden – ihm [...] Tod sein wird [...] Gustav ist wie ein krankes, herrliches Kind.«[239]

Almas Überlegungen liefen wohl darauf hinaus, daß nach acht Jahren »erzwungener Askese«[240] der junge und hübsche Walter Gropius für sie künftig unverzichtbar geworden war.

Als Gropius damals das Haus zu nächtlicher Stunde verließ, begleitete ihn Mahler bis zur Grenze des Grundstücks. Noch vor seiner Abreise von Toblach schrieb der junge Architekt an Mahler: »Wir hatten uns leider eben ja nur so wenig zu sagen – es schmerzt mich, daß ich Ihnen nur weh tun kann. Lassen Sie mich Ihnen wenigstens noch danken für die Noblesse, mit der Sie mir entgegenkamen, und Ihnen ein letztes Mal die Hand drücken.«[241]

Alma setzte ihren Briefwechsel mit Gropius heimlich fort mit der Bitte, seine künftigen Schreiben entweder an das Postamt Toblach oder an ihre Mutter zu schicken. Es scheint, daß Anna Moll, die immer ein enges Verhältnis zu ihrem Schwiegersohn pflegte, andererseits keine Bedenken hatte, die Rolle einer Zwischenträgerin zu übernehmen. Almas Briefe an Gropius glühen vor Leidenschaft: »Wann wird die Zeit kommen, wo Du nackt an meinem Leib liegst, wo uns nichts trennen kann – als höchstens der Schlaf? [...] Ich weiß, daß ich nur für die Zeit lebe, wenn ich ganz und gar die Deine werden kann [...]«[242]

Sie unterschreibt »Dein Weib« und möchte, wie früher von Zemlinsky und Mahler, nun ein Kind von Gropius: »Mein Walter – von Dir will ich ein Kind – und will es hegen und pflegen – bis der Tag erscheint, an dem wir ohne Reue mit Sicherheit und Ruhe – uns lächelnd und für immer in die Arme sinken.«[243]

Die Briefe von Gropius – er bewahrte Kopien auf – sind ebenfalls leidenschaftlich, im ganzen aber kontrollierter als die der Partnerin. Ob Mahler jemals ahnte, was da vor ihm geheimgehalten wurde, ist eine Frage, die wohl für immer unbeantwortet bleiben wird. Es scheint so, daß er zwar eine solche Situation für möglich gehalten hat, zugegeben hat er dies aber niemals.

Nach dem Besuch von Gropius in Toblach war Mahler von der Vorstellung gepeinigt, Almas Liebe für immer verloren zu haben. Seine Angst, er sei zu alt für sie (s. Mahlers Vergleich »Sachs und Evchen« in Brief 5), läßt sich bis in die Zeit der Verlobung zurückverfolgen und bricht nun wieder mit einer solchen Gewalt hervor, die ihn zur Verzweiflung treibt.

Ein erschütterndes Zeugnis von seiner krankhaften Verfassung geben die Verzweiflungsschreie und Hilferufe, die er in das Particell seiner *10. Sinfonie* hineinkritzelt: »Erbarmen! O Gott! O Gott! Warum hast Du mich verlassen! Dein Wille geschehe!« – »Der Teufel tanzt es mit mir! Wahnsinn, faß mich an, Verfluchter! Vernichte mich, daß ich vergesse, daß ich bin! daß ich aufhöre, zu sein, daß ich ver ... [?] Du allein weißt, was es bedeutet. Ach! Ach! Ach! Leb wohl mein Saitenspiel! Leb wol leb wol Ach Ach. Für Dich leben! Für Dich sterben! Almschi!«

Von der Angst geplagt, Alma könnte ihn verlassen, wollte er sich ständig ihrer Anwesenheit versichern. In Almas Erinnerung: »Unsere

Zimmer, die nebeneinander lagen, mußten nun immer offenstehen. Er mußte mich atmen hören. Ich wachte oft des Nachts auf, er stand im Finstern vor mir. Ich erschrak wie vor einem abgeschiedenen Geist. Jeden Tag mußte ich ihn jetzt aus seinem Arbeitshaus zum Essen holen. Ich tat das sehr vorsichtig, denn in dem Übermaß seiner Angst, er könne mich verlieren, habe mich vielleicht schon verloren, lag er oft auf dem Erdboden der Hütte und weinte. Denn so, sagte er, sei er der Erde näher.«[244]

Verzweifelt bemühte sich Mahler um Liebesbeweise besonderer Art, um Almas Vorwürfe zu entkräften. Ein Beispiel ist die Widmung seiner *8. Sinfonie* »MEINER LIEBEN FRAU/ALMA MARIA«, die auf Anweisung Mahlers von der Universal Edition auf lose Blätter gedruckt und in die Klavierauszüge (die Partitur war noch nicht druckreif) eingeklebt werden mußten. Daß in der Kritischen Gesamtausgabe von Mahlers Werken, herausgegeben von der Internationalen Gustav Mahler Gesellschaft in Wien, Mahlers Widmung an Alma in der Partitur (1977) unberücksichtigt geblieben ist, mag ein Versehen sein. Alma jedenfalls hat im Typoskript ihrer »Erinnerungen an Gustav Mahler II.« unter dem Datum des 20. August 1910 eine maschinenschriftliche Kopie dieser Widmung bewahrt.

Auch daß Mahler nun plötzlich Almas Lieder entdeckte und Direktor Emil Hertzka von der Universal Edition vorschlug, sie zu veröffentlichen, war wohl kaum der Überzeugung entsprungen, damit den »Besitz der Menschheit zu mehren«, wie Mahler sein eigenes Schaffen in Brief 14 versteht. Er schrieb Gedichte für Alma, hinterließ kurze Mitteilungen auf ihrem Schreibtisch und ihrem Nachtkästchen.

Nr. 322

[Toblach, August 1910]

Mein, Liebling
mein Saitenspiel
Komm, banne die finstern Geister, sie umklammern mich, sie schleudern mich zu Boden. Bleib mir, mein Stab, komm bald heute, damit ich mich erheben kann. Ich liege darnieder und warte, und frage stumm, ob ich noch erlöst werden kann, oder ob ich verdammt bin.

Nr. 323

[Toblach, August 1910]

Geliebte! Ich habe wundervoll geschlafen und doch hat meine Empfindung nicht einen Augenblick ausgesetzt! Und ich glaube, es kann
kein Moment mehr kommen, in dem ich nicht beseligt fühlen würde:
Sie liebt mich!

Inbegriff meines Lebens ist dieses Wort – wenn ich das nicht mehr
sagen darf, bin ich todt! – Wenn ich heute herauf komme, bist Du
nicht da – wie ich mich sehne, dich zu sehen und in meine Arme zu
schließen, Du Theuere, innigst Geliebte! – Meine lieben Lieder, die
wonnevollen Herolde eines göttlichen Wesens sollen meine Sterne
sein, bis meine Lebenssonne an meinem Firmament erscheint!

Nr. 324

[Toblach, August 1910]

Holdeste! Liebste!
Mein Saitenspiel!
Und mein Sturmlied!
Du Herrliche! O könnt ich Töne finden –
mein stammelnd Seufzen Dir in Worten künden!
Mein Athem ist – mein Wesen nicht mehr meins!
Nicht ich mehr – ich bin von mir selbst geschieden
– nicht eher kann mich Himmelsruh befrieden
als bis ich trunken deines süssen Weins!

Der Lenz hat mich und dich zu sich bezwungen.
Ich gab mich gleich, nicht hab ich erst gerungen
Ich starb – wie gern – und süss küsst er mich wach!
Die Töne brausen – wüthen mir im Herzen
die heissen Worte flammen – Hochzeitskerzen –
Es strömt mein Wesen dir in's Brautgemach!

Nr. 325

[Toblach, August 1910]

Mein Lebensathem!
Ich habe die Pantöffelchen tausendmal abgeküsst und bin in Sehnsucht an deiner Thüre gestanden. Du hast dich meiner erbarmt, du
Herrliche, aber mich haben die Dämonen wieder gestraft, weil ich
wieder an mich und nicht an dich, du Theuere, gedacht habe. Ich
kann nicht weg von deiner Thüre und möchte so lange davor stehen

447

bis ich deines Lebens und Athmens süssen Laut empfunden. – Aber ich soll es ja! Meine Fürstin hat mich hinunter verbannt.

Sei gesegnet, du Geliebte [3 Wörter unleserlich gemacht] – was mir von dir beschieden ist – Jeder Herzschlag ist für *Dich*.

Nr. 326*

[Toblach, August 1910]

Mich nicht abholen heute, weil es zu naß ist und die Fußerln ganz feucht würden. Oder wenn – Galoschen anziehen!

Nr. 327

[Toblach, August 1910]

Mein Almschilitzili, geh' bleib heute den Tag im Bett – das wird das beste Ausruhen für Dich; ich setze mich zu Dir und gehe den ganzen Tag nicht fort. Ich such was heraus zum lesen.

Mein Almschilitzilitzilitzi! Denk nach, was Du mir gestern gesagt hast, und sag mir es heute wieder.

Nr. 328
[Auf Notenpapier geschrieben]   [Toblach,] 17. Aug. 1910

> Meiner Holden!
> Immer Gegenwärtigen!
> Die Zeit ist da, die Feder ist zur Hand –
> doch die Gedanken wollen nicht verweilen.
> Auf die fünf Linien blick' ich unverwandt
> – Es flimmern vor den Augen mir die Zeilen –
> denn noch bin ich geblendet von dem Licht,
> das mir gestrahlt von Aphroditens Angesicht!
>
> Und was mein Herz auch singt und dringt –
> es schweifen alle Sinne in die Runde!
> O Sehnen, das mich ewig an die Stelle zwingt,
> wo mir das Leben ward aus süssestem der Munde!
>
> Zusammenfassen will ich alle Schauer meiner Lust,
> der Gotteswonne Ewigkeit an ihrer Brust
> zu einer Melodie, die wie der Sonnenbogen
> den Himmel ihrer Holdheit kühn durchzogen –

in tiefste Tiefen tauchend ihrer Schöne,
dann flammend niedersinkt zum Hochzeitsbett!
O fände doch bei *Dir*, wie ehmals meine Töne,
mein Liebessehnen Heimathsruh und Stätt'!

17. Aug. 1910

Nr. 329

[Toblach, 17. August 1910]

Du süsse Hand, die mich gebunden!
O holdes Band, das ich gefunden!
Mit Wollust fühl' ich mich gefangen
und ewge Sklaverei ist mein Verlangen!

O wonniger Tod in schmerzenvollsten Stunden!
O Leben – spriesse auf aus meinen Wunden!

In der zweiten Augusthälfte wurde klar, daß Mahlers psychische Verfassung ohne äußere Hilfe sich nicht bessern würde. Almas Wahlonkel, Dr. Richard Nepallek, Schüler von Sigmund Freud, über-
redete seinen Lehrer, der gerade einen Urlaub an der Ostsee verbrachte, Mahler zu behandeln. Mahler verschob aber die Termine
dreimal, bis Freud schließlich ein Ultimatum stellte: Entweder Mahler nähme seine Dienste in Leiden (Holland) in Anspruch, wo er sich
für einige Tage aufhielt, oder überhaupt nicht mehr diesen Sommer.
Er reise von dort direkt nach Sizilien. Mahler verließ Toblach am
25. August und schickte Alma Telegramme von den Zwischenaufent-
halten seiner langen Eisenbahnfahrt von Toblach über Franzensfeste,
Innsbruck, Köln nach Leiden, zudem ein Gedicht, das er im Zug verfaßte.

Nr. 330*
Telegramm

Franzensfeste, 25. August 1910

Innigste Grüsse Ihr lieben   fühle mich wol und denke nur an unser
Wiedersehen nach dem ich mich sehne   als wäre ich schon lange
fort Gustav

Nr. 331
Telegramm   Innsbruck, 25. August 1910. 6,35 Uhr

alle guten und boesen maechte beglejten mich   ueber allen thront
die siegerin   gute nacht mein saitenspiel   ich fuehle nur glueck und
sehnsucht

Nr. 332
Telegramm   Köln, 26. August 1910

befinden andauernd vortreflich   eigentlich normal   fahre mit weh-
mut am rhein entlang und suche entschwundenes glueck   jeder augenblick hier mit dir gelebt   stejgt vor meiner seel auf   die letzten
bejden worte deines telegramm eroeffnen mir neue welten   dein
gustav

Nr. 333
                                        [Amsterdam (?), 26. August 1910]
Alma Mahler Toblach Tirol

> In lichten Fernen noch ein traumhaft Glänzen
> ein grauer Schleier deckt der Bilder Saal
> das Auge thränt noch nach entschwundnen Lenzen –
> das Herz verstummt schon in Erinnrungsqual.
>
> »Höllische Unruhe – fast nur Schmerz«
> Gesegnet des Weges treue Gesellen
> Umgürtet die Seele mit dreifachem Erz
> Schliesst auf das Leiden Lindrungsquellen!
>
> Auch mir gab Gott zu sagen, was ich leide –
> O Wonne, dass ich nicht für ewig scheide.
> Ein Herz blieb mein – und schlägt mir heimathwärts
> »O Himmlische Unruh – Lieb – und fast kein Schmerz!«

Liebste! Ich wollte dieß eben telegrafiren ich sehe aber, es kommt
dann unsinnig an so schicke ich es schnell pr. Post, meine Einzige, Geliebte Dein Gustav

Nr. 334*

Telegramm   Leyden, 26. August 1910

eben angekomen   befinden normal   habe von coupe geschrieben
erwarte heute keine depesche wejl nach unterredung zu spaet   morgen mehr   dein gustav

Mahlers Gespräche mit Freud am 26. August in den Straßen von
Leiden hat Alma in ihren Erinnerungen zusammengefaßt.[245]
Freud, so gewinnt man den Eindruck, hat Mahler bezüglich seines
Alterskomplexes offenbar klargemacht, daß Almas Wahl von ihrem
Wunsch nach Vaterersatz bestimmt war und somit ein Teil der Ver-
antwortung auch bei ihr lag. Andererseits hatte Mahler in Alma den
Mutterersatz gesucht und deswegen seinerzeit bedauert, daß sie nicht
über mehr Lebenserfahrung verfügte. Sigmund Freud hat später sei-
nen Schülern versichert, daß die Gespräche mit Mahler zweifelsfrei
die Diagnose einer dominanten Mutterbindung ergeben hätten.
Mahlers sofortiges Verständnis solcher psychoanalytischer Mecha-
nismen erstaunte Freud. Mahlers erstes Telegramm während der
Rückreise nach Toblach zeigt, daß Freud wenigstens teilweise geholfen hatte, seine psychische Krise zu überwinden.

Nr. 335*

Telegramm   Leyden, 27. August 1910. 12,30 Uhr

bin froehlich   unterredung interessant   aus strohhalm balken geworden   rejsefertig nach toblach   genaue ankunft morgen   bitte
telegramm sontag frueh muenchen   schlafwagen zug 633 aus coeln
dein gustav

Nr. **336***
Telegramm   Emmerich, 27. August 1910

heutiges telegramm kleiner irrtum   musz hejszen zug nr 118   innigst

Nr. 337

[Im Zug nach Toblach]   [27. August 1910]

Im Coupé auf der Rückkehr

Nachtschatten sind verweht an einem mächt'gen Wort,
Verstummt der Qualen nie ermattend Wühlen.
Zusammen floss zu einem einzigen Akkord
Mein zagend Denken und mein brausend Fühlen.

Ich liebe Dich! – ist meine Stärke, die ich preis
die Lebensmelodie, die ich im Schmerz errungen,
O liebe mich! – ist meine Weisheit, die ich weiss,
der Grundton, auf dem jene mir erklungen.

Ich liebe Dich! – ward meines Lebens Sinn
Wie selig will ich Welt und Traum verschlafen,
O liebe mich! – Du meines Sturms Gewinn!
Heil mir – ich starb der Welt – ich bin im Hafen!

27 Aug. 1910

Nr. 338

Telegramm   Cöln, 27. August 1910. 4,23 Uhr

habe hier einen zug ueberschlagen   2 stunden gebummelt   alle
plaetze aufgesucht   mir ist es als ob es gestern gewesen waere   ists
mir doch als koennts nicht sein   ich lebe alles von neuem durch
hoffentlich finde ich morgen frueh was liebes vor   dein gustav

Die sichere Diagnose Freuds hinsichtlich der Ursachen von Mahlers
Angstzuständen konnte wenig dazu beitragen, seine schreckliche Lebenssituation zu ändern. Nun, da Alma mehr denn je im Mittelpunkt
seines Lebens stand, war er noch stärker von der Furcht geplagt, sie
zu verlieren.

»Er versuchte, sie zu versöhnen, als ob sie eine kapriziöse Göttin
wäre, unberechenbar in ihrem Urteil; eine Göttin, die man mit Op-
fergaben aber günstig beeinflussen konnte«, schreibt der Psychoanalytiker Stuart Feder. [246]

Als Mahler am 3. September nach München reiste, um die letzten Proben zur Uraufführung der *8. Sinfonie* zu leiten, begleitete ihn Alma zum Bahnhof. Das banale Mißgeschick, das sich ereignete, hat Mahler in einem Gedicht festgehalten, das er im Zug schrieb.

Nr. 339

[Im Zug nach München, 3. September 1910]

Im faden Coupé – nach alter Gewohnheit!

Wie sass ich gar stolz – mein Liebchen zur Seite.
Ich konnt's gar nicht glauben, dass sie mich begleite!

Die Sonne sogar, sie lachte hernieder,
es sprossten im Herzen die luftigen Lieder.

Bald sind wir zu Stelle – O weh! Wie stutzig!
Mein Liebchen macht Äuglein, gar scheu und trutzig!

Erst kollert der tückische Hut zur Erde,
drob lächeln die Öbstler, die Hausknecht, die Pferde!

O Schmach! Mein Liebchen sucht einsamste Orte,
zu fliehen der Menschheit böse Cohorte.

Doch, O! welcher Schrecken, fast ungezügelt –
der Strupfen verkehrt, das Gewand verbügelt!

Fast stürzen die Thränen in wilden Cascaden –
der Schmerz wird erhaben – ich schuldbeladen!

Was thun? O fort zu den letzten Wagonen,
wo die Schützer des Staates gewaltig thronen.

Da kommt ein Mann: »Hab'ns des da verlor'n?«
Gewaltig Gelächter der Helden mit Sporn!

Der tückische Hut – er war's, der Verruchte,
den ein Wanderer fand, der ihn gar nicht suchte.

Da kam selbst mein heldischer Muth in's Wanken,
Nur das Ringlein am Finger gab gute Gedanken!

Dass ich liebe mein Liebchen – wird Niemand bestreiten!
Dir nie lass ich mich mehr zum Bahnhof begleiten!

Mahler schickte während des Umsteigens in Innsbruck sowie bei seiner Ankunft in München noch drei weitere Botschaften.

Nr. 340*
Telegramm   Innsbruck, 3. September 1910. 6,35 Uhr

nach erschuetternder katastrophe mein geschick mit maennlicher faszung ertragend   die rejse bisher im restaurant in philosophischer ruhe verbracht   innigst gustav

Nr. 341*
                                  München, 3. September 1910
Meine Geliebte – Guten Morgen!
Beiliegendes fand ich zufällig, und es frappirte mich so, daß ich es Dir als Morgenlekture herausgeschnitten habe. –

In dem Stande, in dem ich mich befinde, sucht und findet man in allen Dingen Beziehungen zu dem Einzigen.

Aber daß Bahr mir etwas erklären kann, finde ich drollig. Das erinnert schon wirklich an die Pythia – ein dummes Weib, welches von Dämpfen betäubt, Unsinn schwatzt, den die Weisen zu goldenen Lehren umdeuten.

Ach, mein Mädel, mein süßes! Wie sehne ich mich nach Dir!

Nr. 342*
                        Grand Hotel Continental, München
                        [München, 4. (?) September 1910]
2. Brief
Liebstes! Beiliegend ein soeben an Dich eingetroffener Brief, den ich zerstreuter weise geöffnet habe. – Überhaupt eine Menge Briefe – aber nicht eine Zeile von meinem Almscherl.
Ich bin so traurig.

Sobald er zur Ruhe gekommen war, schrieb Mahler einen längeren Brief, den ersten von drei weiteren, in denen er sich wiederholt als

»Gymnasiast« bezeichnet. Es sind dies mitleidheischende und erschütternde Dokumente seines in höchstem Maß labilen Seelenzustands, die Zeugnis geben von Mahlers völliger Unterwerfung.

Nr. 343

Grand Hotel Continental, München
München, 4. Sept[ember] 1910

So, mein geliebtes Almscherl, die Fadessen (Schlafen, Frühstücken etc.) wären vorbei, und jetzt kommt der Genuß: meine Gedanken, die unaufhörlich um mein blondes liebes Köpferl kreisen, in Worte verwandeln. – Um aber nicht wieder blos Gymnasiast zu sein, will ich mich ein bischen schopfbeuteln und ordentlich erzählen. – Denn das mein Lieb, erbitte ich mir von Dir, daß Du mir Deine Tage immer ordentlich beschreibst – jedes Nießen und jede Schinkensemmel interessirt mich. – Also: die Reise war von dem Moment ab, wo ich in Innsbruck den Expressbrief und das Telegramm aufgegeben, sehr fad. Bis dahin habe ich, wie der ve[r]liebte Auerhahn nichts gehört und nichts gesehen. – Nachher aber merkte ich, daß ich stark [sic] im Zug gesessen, und machte mich ein bischen warm. – Hier erwartete mich Gutmann, sehr dienstfertig und lieb. Er erzählte, daß das erste Conzert sicher ausverkauft ist. Zu Hause fand ich die Clavierauszüge mit der Widmung vor und hoffe, daß Hertzka so gescheut war, auch nach Toblach einen zu senden. – Es war mir doch eigenthümlich und aufregend zu Muth, den *geliebten, süßen* Namen auf dem Titelblatt vor aller Welt zu sehen – wie ein freudiges Bekenntniß! Ach, ich schnitt es gern in alle Clavierauszüge ein. Aber das wäre wieder Gymnasiastenthum. Und ich will, daß die Welt dieß ernst nimmt, und daß es ihr mehr bedeutet als eine Schnurre des Verliebten. Hat es nicht etwas von einer Verlobungsanzeige? – Leider nicht gut geschlafen – höchstens 4 Stunden – und jede Minute an das duftende Bett gedacht und der ruhige Athem meines Liebchens, welcher wie eine traute Uhr meine Nächte belebte hat mir sehr gefehlt. Sogar »Gustav« hörte ich Dich rufen; und wäre so gern aufgesprungen! Heute habe ich einen empfindlichen Hals und eine leichte Röthung, werde aber vorsichtig sein, damit ich frisch und gesund meinen Heiland empfangen kann. Almschili, mir kommt die ganze Sprache so überflüssig vor – mir würden 3 Worte genügen, die ich Dir immer schreiben, sagen, singen möchte! Mein Lieb, hättest Du nur jeden Sontag Nachmittag eine halbe Stunde lang dieses wonnig=wehe Gefühl, das mich Tag und Nacht seufzen macht!

Süß war es nun heute Früh ($^1/_2$5 Uhr), als ich aufwachte und mein erster Blick auf das glitzernde Ringlein fiel – ich küßte es und freute mich der lieben Empfindung, die es mir für die Tage der Einsamkeit geliehen. Schau – es würde mir gar keine Freude machen, wenn Du mir es geschenkt hättest – aber ab und zu etwas tragen, das Du an der Hand gehabt, ist mir so viel! Almschili, hast Du schon das Malheur am Bahnhof verwunden? –

Um 10 holt mich Gutmann ab, ich will die Generalprobe zur IX. [von Beethoven] hören. Vielleicht gehe ich Abends nicht in das Conzert und lege mich schon um 9 zu Bett. Morgen fangen die Proben an. Hätte ich nur schon eine Nachricht von Dir!

Seid mir innigst gegrüßt, Ihr Lieben. Es harrt sehnsüchtig eines lieben Wortes, meine Geliebte   Dein Gustav

Schau die Beilage an! Das ist doch lieb, daß sie für uns die neue Straße bauen!

Die Aufführung von Beethovens *9. Sinfonie* fand am 4. September unter der Leitung des von Mahler wenig geschätzten Ferdinand Löwe statt. Zumindest einen Besuch der Generalprobe am Vormittag empfand Mahler wahrscheinlich als notwendige Höflichkeitsgeste für einen Förderer seiner Werke.

Nr. 344*

Telegramm   München, 5. September 1910. 12,55 Uhr

war doch ein spass   hoffentlich durch brief und telegramm scherz aufgeklaert   innigst dein gustav

Nr. 345

                   [München, 5. September 1910]

Aber, Almschilitzilitzilitzili!

Wie hast Du denn das ominöse Telegramm gelesen? Hast Du denn nicht gleich gemerkt, dass das Scherz war. So einen unsinnigen Bombast werde ich doch nicht im Ernst meinen! Da müsstest Du Dich ja gleich von so einem hohlen, mit Luft gefüllten Ballon scheiden lassen; – Aber jetzt über den gestrigen Tag! Denke Dir, mein fieberisches Gefühl, als ich im Hotel ankam, verstärkte sich gestern Morgen (schon während ich Dir schrieb) so eminent, dass ich mich im Schrecken sofort zu Bett legte, einen Arzt kommen liess. (alles wegen der kommenden Woche). Als er mich untersuchte, constatirte [er] rechtsseitig einen weissen Belag (eitrig) mit starker Röthung des ganzen Halses. – Ich bekam einen wahnsinnigen Schreck, und verlangte sofort zum Schwitzen eingepackt zu werden. (Pinseln wollte er nicht aber er gab mir ein wunderbares Desinfectionsmittel, das auch für dich glänzend sein wird – alle halbe Stunde eine halbe Tablette eines erst seit einem Jahr in Deutschland in Gebrauch stehenden Präparats). – Ich musste das ganze Haus erst rebellisch machen um die nöthigen wollenen Decken etc. zu acquiriren. Zugleich liess ich Gutmann kommen und stellte ihn als Badwaschel an. In stärkstem Schweiss lag ich 3 Stunden, ohne mich zu rühren. Bloss Gutmann musste öfters mit einem Handtuch Gesicht und Augen abwischen. –

Ach, wie fieberte ich nach einem Lebenszeichen von meinem Heiland! Aber es kam nichts – und endlich Dein »fassungsloses« Telegramm, welches mich in Verzweiflung stürzte, dass ich meinem Almschili unschuldig eine böse Stunde bereitete. – Erst Nachmittag kam das Zweite, aus dem ich aber nicht [ersehen] konnte, wie es meinem Lieb geht. Gutmann musste mich amtlicher Angelegenheiten wegen [ver]lassen, und so brachte ich den Nachtmittag mit sehr traurigen Gedanken in grausamster Einsamkeit zu. – Abends kam der Arzt wieder, constatirte ein leichte Besserung. – Die Nacht verlief ruhig – Heute erwachte ich ohne Fieber, ass mit Appetit. der Arzt kam, constatirte eine grosse Besserung und erlaubte mir die Probe. – Mein Almscherl, hab keine Sorge, ich werde mich colossal halten und wenn Du kommst frisch und gesund sein. Aber – kein liebes Zeichen von Dir – und mir ist so bange – es ist gar kein Leben, wenn ich deine Augerln [nicht] sehe und Deine liebe Stimme höre. – Und Du brauchst mich so gar nicht, sonst müsstest Du mir ja schreiben! Es ist doch etwas anderes, die lebendigen Schriftzüge zu sehen, als die Hand der Telegraphenmamsell.

Übrigens mache ich eine seltsame Entdeckung! Siehst, gerade so und beinahe mit derselben Sehnsucht sass ich stets gleich beim Schreibtisch, wenn ich von Dir fort war und dachte nur an Dich. Es war immer latent in mir, dieser Hang zu Dir – Freud hat ganz recht – du warst mir immer das Licht und der Centralpunkt! Freilich das innere Licht, welches mir über Alles aufgegangen und das selige Bewußtsein – durch keine Hemmungen mehr getrübt – steigert alle meine Empfindungen ins Unendliche. Aber welche Qual und welcher Schmerz, dass du es nicht mehr erwiedern kannst. Aber so wahr als Liebe wieder Liebe erwecken muss, und Treue wieder Treue finden wird, so lange Eros Herrscher unter den Menschen und Göttern sein wird so wahr will ich mir wieder Alles zurückerobern, das Herz, das einst mein war, und das doch nur mit dem meinen vereint [1 Zeile unleserlich gemacht] zu Gott und der Seligkeit finden kann. –

Liebste – ich bin seit 5 Minuten da gestört – Fried kam soeben herein, und sitzt wieder da. Aber ich bin sehr lieb mit ihm, habe keine Sorge. Es ist ja so gut gemeint – und bei der Probe wird er mir von grossem Werth sein. – Soeben trifft auch die Expresssendung von Karl ein. Also mein Almschili braucht keine Sorge zu haben. Ich werde wie Endymion oder ähnliche Leute der »prachtliebenden« Ära sogar schon am Bahnhof aber sicher in den Restaurants und Vergnügungslokalen einherschreiten. Und keine »tragischen Katastrophen« sollen mich mehr zu »männlicher Fassung« oder gar »philosophischer Ruhe« zwingen. – So jetzt kommt Gutmann und die Escorte – das Zimmer ist voller Leute.

Jetzt leb wol, mein Lebensathem – Wenn die Leute wüssten, wie Wurst mir Alles ist!

Grüss unser liebes Mammerl dein Gustav

Bereits in Brief 343 hatte Mahler die Frage an Alma gestellt: »Almschili, hast Du schon das Malheur am Bahnhof verwunden?« Er bezieht sich auf den Text des »dramatisch« formulierten Telegramms 340 aus Innsbruck, das ja nur die banale Begebenheit vom verlorenen Hut bei der Abfahrt in Toblach persiflieren sollte.

Offensichtlich hatte Alma dieses Telegramm mißverstanden und dann ein »fassungsloses«, vielleicht von Ängsten diktiertes Telegramm an Mahler geschickt, das Mahler wiederum laut Brief 345 »in Verzweiflung stürzte«.

Mahlers neuerliche Mandelentzündung (Kehlkopfentzündung) scheint diesmal wesentlich ernsthafter gewesen zu sein als in der Vergangenheit. Die damalige Medizin war noch nicht in der Lage, erkennen zu können, daß Mahlers Herzklappenfehler in ursächlichem Zusammenhang mit seiner Krankheit stand.

Nr. 346
Telegramm   München, 5. September 1910

deine bejden brieferln eben gekomen die mich gluecklich machen und meinen ganzen tag mit sonne erfuellen   dank dir inigst meine liebste   dein gustav

Nr. 347

Mein geliebtes, wahnsinnig geliebtes Almschili! Glaube mir, ich bin krank vor Liebe! Seit Samstag 1 Uhr lebe ich nicht mehr! Gott sei Dank – jetzt habe ich eben deine Brieferln bekommen! Nun kann ich athmen. Eine halbe Stunde war ich selig. Aber jetzt halte ich es nicht mehr aus! Wenn Du eine ganze Woche nocht ausbleibst, so bin ich gestorben. Wie lieb waren diese entzückenden Briefe! Sie sagten mir etwas, was du mir noch nie gesagt hast. Ach, sage es mir oft, dass ich es immer auf's Neue glauben kann. – Heute die erste Probe. Gieng ganz gut, und mein corpus hat sich ganz tapfer gehalten. Bei jedem Abklopfen habe ich mich umgeschaut, und daran gedacht, wie hold es sein wird, wenn meine Gottheit unten sitzen wird, und ich mit einem verstohlenen Blick ihr süsses Gesichterl streifen kann. – dann werde ich wieder wissen, wozu ich lebe, und wozu ich das Alles mache.

Beiliegender Brief kam soeben, den ich ich Dir wegen der Curiosität einschicke. Was das für Viecherln sind! – Ich hätte jetzt nichts Anderes zu thun als fortwährend diese Anfragen zu beantworten. Fällt mir gar nicht ein. Jede Minute kommt ein anderes Billett. Sie fliegen Alle in den Papierkorb. Was hat den der Fratz so früh in München zu thun?

Gestern Nachmittags, bevor ich ans Schwitzen gieng, kommt *Hirth* herein. Der arme Teufel schaut sehr alt und dürr aus. Die Jugend=Pose scheint ihm vergangen zu sein. Er setzte sich so fad hin, dass mir angst und bange wurde. Ich schwatze ihm etwas von böser Infection vor, worauf er noch etwas blässer wurde und bald verschwand. Da hatte ich wieder Ruh und dachte an das Licht meines Lebens. – Das brauche ich jetzt – Wenn *Sie* nicht dabei ist muss ich wenigstens an sie denken oder schreiben können. Almschili – wenn du damals von mir weggegangen wärst, so wäre ich einfach ausgelöscht, wie eine Fackel ohne Luft. Wann kommst du denn – mein *Herz*? Und wie geht es Euch Allen? Bitte schreib doch auch immer darüber etwas. – Weist du – ich bin ja hauptsächlich Gymnasiast – aber ein Rest von Familienvater und Ehemann oder wie du das Zeug nennen willst ist doch in mir noch geblieben, und das will wissen, wie es meiner Liebsten und meinen Lieben leiblich ergeht! Das Wichtigste muss voranstehen und die ersten 3 Seiten dauern: dass du mich liebst, meine innig Geliebte! Auf der vierten Seite aber muss ich wissen, was du gethan hast, und wie du dich befindest. Um 4 Uhr habe ich die Zweite Probe. Wie ich mich sehne! sehne! sehne!

Ewig dein Gustav

Nr. 348

Mein Geliebtes! Da sitz ich schon wieder! Die Nachmittagsprobe ist vorüber – Schlußszene – jede Note an Dich gerichtet! Es hat mich so furchtbar aufgeregt, als ob ich wieder an Deinem Bette säße, wie damals in den entzückenden Tagen und spräche Alles zu Dir! – Ach, wie herrlich ist es, zu lieben! Und jetzt erst weiß ich, was es ist! – Der Schmerz hat seine Gewalt, und der Tod seinen Stachel verloren. Wie wahr sagt es Tristan: »Ich bin unsterblich – denn wie könnte Tristans Liebe sterben!?« – Jetzt verbringe ich wieder einen ruhigen Abend – mir ist schon beinahe ganz gut: Ich habe mit Appetit gegessen und will ganz frisch sein, wenn mein Schatz kommt. Immer denk ich an den Moment – »Ist es wahr? Hab' ich Dich wieder? Kann ich es fassen? Endlich! Endlich![«] Wenn ich nur wüßte, wann Du kommst! Morgen ist Dienstag! Da wolltest Du doch kommen?

Von Gustav Frank bekomme ich eben eine Karte, daß er hier ist und mich sehen möchte. Bitte schreib ein Wort, ob Du willst, daß ich im Nebenzimmer schlafe, und Guckerl bei Dir oder *was sonst*? Denn ich möchte unser Nesterl ein bischen einrichten, bevor Du kommst. /Das Paket mit den Kleidern von Karl ist schon da. Das ist ein unglaublich prompter und verläßlicher Mensch!/

Unsere Zimmer sind sehr lieb und unglaublich still! Zum erstenmal in München, daß ich Nachtruhe habe. Die Fenster gehen wirklich in einen »Villenhof«. Aber daß mein Almschi mein Herzenslieb sich nicht ärgert, so habe ich gegenüber einen kleinen Salon auf die Straße reserviren laßen für den Tag – wo wir essen und empfangen können. –

Schon deshalb möchte ich genau Deine Ankunft wissen damit Alles zur rechten Zeit frei wird. Dein heutiger Brief war so lieb und zum erstenmal seit 8 Wochen – eigentlich in meinem ganzen Leben fühle ich dieses selige Glück, das Einem die Liebe verleiht, wenn man von ganzer Seele liebt und sich wiedergeliebt weiß. – Ich habe es doch richtig geträumt: »ich starb der Welt, ich bin im Hafen!« Aber Almschi, Du mußt es mir doch immer wieder sagen – denn morgen schon, weiß ich, glaub ich's nicht mehr! Denn es ist »ein Glück ohne Ruh«. Nun gute Nacht, meine Holde, Süße – vielleicht lachst Du heute über Deinen Gymnasiasten – telegrafire, wann Du kommst!

Meine Geliebte Dein Gustav

Nach achtwöchiger Qual und Verzweiflung schließt Mahlers letzter langer Brief in einem insgesamt zuversichtlicheren Ton. Bei all seinen Kümmernissen denkt er am Ende seines Briefes an Goethes Gedicht »Rastlose Liebe«. Die letzte Strophe lautet:

> »Wie soll ich fliehen?
> Wälderwärts ziehen?
> Alles vergebens
> Krone des Lebens,
> Glück ohne Ruh',
> Liebe bist du!«

Was am Rande der Uraufführung der *8. Sinfonie* geschah, berichtet Isaacs aus Briefen Almas an Gropius: »Alma dachte wieder an ihr letztes Zusammensein in München zurück und ließ Walter wissen, wie gern sie sich an ihn erinnere, wie er am Eingang des Hotels Regina auf sie gewartet hatte, wenn sie sich dort heimlich trafen zu den Stunden, da Gustav Mahler durch seine Orchesterproben in Anspruch genommen war.«[247] Wahrscheinlich war es Alma bis dahin gelungen, Mahler davon zu überzeugen, daß ihre Liebe zu ihm nicht gänzlich erloschen war und daß sie, komme was da wolle, an seiner Seite bleiben würde.

Der überwältigende Erfolg von Mahlers neuem Werk fand auch in der Presse in Deutschland und Österreich ein entsprechendes Echo. Mahlers sehnlichste Hoffnung hatte sich endlich erfüllt. Er war von einem großen Publikum gehört und verstanden worden Seine Feinde versuchten vergeblich, diesen Wandel des Hörverhaltens beim Publikum zu bagatellisieren.

Alma und Gropius standen weiterhin in engster brieflicher Verbindung und suchten nach einer Gelegenheit, sich vor Almas Abreise nach Amerika noch einmal zu sehen. Isaacs berichtet: »Mit äußerstem Trotz und präzisester Überlegung gelang es den Liebenden dann doch, dem Schicksal noch eine kurze Zeit des Zusammenseins abzuringen. Das Ehepaar Mahler wollte von Frankreich aus die Schiffsreise nach New York antreten, und die Anreise bot die Möglichkeit, die Alma sofort nutzte – die Gelegenheit beim Schopfe ergreifend, versäumte sie doch nicht, das Treffen genauestens zu planen und die nötigen Sicherheitsvorkehrungen zu beachten: ›Rendezvous wäre München [...] Ich reise Freitag den 14ten October um 11.55 Uhr vormittags mit dem Orientexpress von hier ab. Mein

Coupée-Bett Nr. 13 ist im IIten Wagon-Schlafwagen. Ich war noch nicht in der Stadt und weiß noch Deine Antwort nicht – Ich schreibe hoffend ins Blaue hinein. – Ich würde Dir rathen (wenn Du fährst) Dein Schlafwagenbillet auf den Namen Walter Grote aus Berlin ausstellen zu lassen, da G. 2 Tage später fährt u. sich vielleicht die [Passagier]Liste zeigen läßt. Baldigste Antwort A.M. 50.‹«[248]

Die zustimmende Antwort von Gropius erfolgte an eine verschwiegene Adresse. Die Code-Nummer »50« nach Almas Initialen am Schluß des Briefes macht dies deutlich.

Almas Brief an Gropius datiert vom 12. Oktober 1910. Am gleichen Tag unterschrieb sie bei der Universal Edition in Wien einen Vertrag über die Drucklegung ihrer Lieder, der aufgrund von Mahlers Fürsprache zustande gekommen war.

Nach ihrem Treffen mit Gropius in Paris reiste Alma mit Mahler, der zwei Tage später, am 17. Oktober, in Paris eintraf, weiter nach Cherbourg, um die gemeinsame Reise an Bord der »Kaiser Wilhelm I« nach New York anzutreten. Dort probte Mahler sofort eine ganze Woche lang für das erste Konzert der New York Philharmonic am 1. November.

Am 27. Oktober, zwei Tage nach der Ankunft in New York, schrieb Alma an Gropius: »Vergeude nicht Deine liebe Jugend, die mir gehört. – Mir ward ganz schwindlig, als ich das wieder sah und fühlte, was mich so unendlich und allein glücklich gemacht hat. Ich liebe Dich! So sicher, so legitim, möchte ich sagen – so als ob ich Dein Weib sei – verreist sei – und eben – auf Dich wartete [...] Halte Dich gesund für mich. Du weißt warum.«[249]

Isaacs berichtet: »Walters Briefe ließen nicht auf sich warten, Alma konnte sie in New York am Postschalter abholen. Fast ekstatisch antwortete sie ihm und beschwor noch einmal die seligen Stunden auf dem Orientexpress und in Paris herauf: ›Die Tage in Paris – entzückend – voll ungetrübter Stimmung. Noch nie war ein Mißklang in unserer Liebe – nur daß Du armer Kerl so lang immer auf mich warten mußtest. Das war mir schrecklich! Ich war immer unter Menschen und konnte so wenig mit meinem Menschen sein!‹«[250]

Noch einmal darf darauf aufmerksam gemacht werden, daß auch »Mammerl«, wie Mahler seine Schwiegermutter zärtlich nannte, in die Vorgänge eingeweiht war und das Geschehen sorgenvoll begleitete. Am 13. November schrieb Anna Moll an Gropius: »Es ist ja das traurige, daß man selbst jetzt garnichts tun kann, man muß alles der Zeit überlassen und ich glaube fest, – daß bei Euch Beiden Eure Liebe alles überdauern wird. Ich habe so unbegrenztes Vertrauen zu Ihnen und bin fest überzeugt, Sie haben mein Kind so lieb, daß Sie alles tun werden, um sie nicht noch unglücklicher zu machen.«[251]

Die kommende zweite Saison Mahlers mit der New York Philharmonic war weitaus erfolgreicher als die erste. Laudon Charlton, der neue Geschäftsführer, von Mahler selbst empfohlen, hatte neue Abonnenten für die Konzerte dadurch werben können, daß er die Eintrittspreise gesenkt hatte. Die Gesamtzahl der Konzerte wurde erhöht.

Es war der Ehrgeiz des Komitees, die Konzerte der New York Philharmonic im kulturellen Leben der Stadt gleichwertig neben die Opernaufführungen der Met zu setzen. Mahler erntete in seinen Konzerten besondere Erfolge, etwa mit Schuberts *9.Sinfonie in* C-Dur, Beethovens *6. Sinfonie* in F-Dur, »Pastorale«, und einer Reihe von Konzerten mit Werken von Wagner. Wie bereits bei seiner *1. Sinfonie* konnte der Dirigent Mahler auch mit zwei Aufführungen seiner *4. Sinfonie* das Konzertpublikum in New York nicht für den Komponisten Mahler erwärmen. Die Presse reagierte unterschiedlich.

Dem Ratschlag seines Geschäftsführers folgend, kam Mahler seinem Publikum entgegen und erhöhte die Zahl der »populären« Konzerte. Auch die auswärtigen Veranstaltungen der New York Philharmonic nahmen nun einen breiteren Raum ein, allerdings ohne die »historischen« und die Beethoven-Konzertzyklen, die nur spärlich besucht worden waren. Sie wurden durch Konzerte mit Werken der sogenannten »nationalen Schulen« ersetzt.

Dabei dirigierte Mahler ein Programm mit deutschen Komponisten, ein französisches, unter anderem mit der amerikanischen Erstaufführung von zwei Sätzen aus Debussys *Images*: *Iberia* und *Rondes des Printemps*, sowie ein angloamerikanisches und ein italienisches Programm.

In weniger als vier Monaten leitete er, bis seine tödliche Krankheit ausbrach, insgesamt neunundvierzig von fünfundsechzig vorgesehenen Konzerten der Saison.

Mahlers Briefe an seine Familie und Freunde während des Herbstes und Winters 1910/11 zeugen weiterhin von einer insgesamt zuversichtlichen Haltung. Mehrere Male stellte er in seiner Korrespondenz fest, daß er von solcher Zuneigung und gutem Willen umgeben sei, daß er wahrscheinlich auch weiterhin auf seinem Posten als

Chefdirigent der New York Philharmonic bleiben werde. Als sich die Saison ihrem Ende näherte, entbrannte jedoch ein Streit zwischen Mahler und dem Komitee hinsichtlich der Programme für die nächste Saison sowie über die Entlassung eines Mitglieds des Orchesters, mit dem sich Mahler angefreundet hatte. Das Komitee hatte außerdem seine Entscheidungskompetenz hinsichtlich der Programmgestaltung eingeschränkt, so daß Mahler zögerte, den Vertrag für die Saison 1911/12 zu unterschreiben. Schließlich akzeptierte er in einem förmlichen Schreiben vom 8. März, zu einer Zeit, als er schon krank war, den Vertrag zu den vorgeschlagenen Bedingungen. Für ein Honorar von 90 000 Dollar verpflichtete er sich, neunzig Konzerte zu dirigieren.

Das Interview, das Alma einen Monat später in Paris einem Korrespondenten einer New Yorker Zeitung gewährte, hat entscheidend dazu beigetragen, daß der weitverbreitete Mythos »Amerika hat Mahler umgebracht« entstehen konnte. Nachdem der Konflikt Mahlers mit dem Komitee den Weg in die Presse gefunden hatte, nahm man allgemein an, daß Mahlers Krankheit nur vorgetäuscht sei. Hieraus entstand das weitere Gerücht, daß Mahler nur seine Bedingungen verbessern wolle.

Dabei war die vergangene Saison von den Kritikern fast einhellig als erfolgreich bezeichnet worden; sowohl der bessere Besuch der Konzerte wie auch die enorme Steigerung der künstlerischen Leistungen des Orchesters waren anerkennend vermerkt worden. Wie die damaligen Pressemeldungen, zeigen auch Mahlers Briefe seine feste Absicht, in der kommenden Saison nach New York zurückzukehren. Krankheit und Tod haben diesen Entschluß vereitelt.

Alma verzeichnete in jener Zeit bemerkenswerte künstlerische Erfolge. Am 3. März 1911 gab Frances Alda Gatti-Casazza einen Liederabend in New York, in dem sie Almas *Laue Sommernacht* (Otto Julius Bierbaum) sang. Das Lied fand ein so großes Echo, daß es wiederholt werden mußte.

Auch in Wien waren Almas Kompositionen beachtet worden. Bei einem Liederabend der Sängerin Thea Drill-Orrigde am 11. Dezember 1910 wurden vier der fünf gedruckten Lieder uraufgeführt. Ihr Jugendfreund Alexander Zemlinsky hatte die Klavierbegleitung übernommen.

Im Februar 1911 schrieb Mahler an Anna Moll: »...Von Almscherl kann ich Dir diesmal das Allerschönste berichten. Sie blüht ordentlich auf, sieht täglich jünger aus. Fleißig ist sie und hat ein paar neue reizende Lieder gemacht, die von einem großen Fortschritt zeugen. Das trägt natürlich auch zu ihrem Wohlbefinden bei. Ihre gedruckten Lieder machen Furore hier und werden demnächst von zwei verschiedenen Sängerinnen gesungen werden […] «

Eines der »neuen reizenden Lieder« war die Vertonung des Gedichts »Ansturm« von Richard Dehmel. Alma hatte den Text zu einer Liebeserklärung an Gropius umgeformt:

Dehmel

Nur zürne nicht, wenn mein Begehren
brausend aus seinem *Dunkel* bricht.
Soll es *mich* selber nicht verzehren,
muß *ich's aussprühn*! ans Licht, ans Licht!

Fühlst ja, wie all mein Inneres brandet,
und wenn herauf der Aufruhr bricht,
jäh über deinen Frieden strandet,
dann bebst du – aber zürnst mir nicht.

Alma

O Zürne nicht, wenn mein Begehren
dunkel aus seinen *Grenzen* bricht,
soll es *uns* selber nicht verzehren,
muß *es heraus* ans Licht!

Fühlst ja, wie all mein Innres brandet,
und wenn herauf der Aufruhr bricht,
jäh über deinen Frieden strandet,
dann bebst du – aber *du* zürnst mir nicht.[252]

Am 20. Februar 1911 erwachte Mahler mit Fieber, Halsschmerzen und Zungenbelag. Ein Arzt mußte gerufen werden. Da Mahler schon viele solcher Anfälle erlebt hatte, bestand er darauf, trotzdem das »italienische« Konzert am nächsten Abend zu leiten. In der Tat besserte sich sein Befinden, die Angina schien verschwunden, doch das Fieber blieb. Zwar fiel die Temperatur während der Nacht, stieg aber im Laufe des Tages erneut an. Mahler war nicht in der Lage, die nächsten Konzerte zu dirigieren, und Konzertmeister Spiering mußte einspringen. Mahler selbst glaubte noch an eine Genesung, Alma jedoch machte sich Sorgen wegen des anhaltenden Fiebers. Nachdem sich nach einer Woche Mahlers Zustand immer noch nicht bessern wollte, rief der Hausarzt Dr. Fraenckel einen Spezialisten zu Hilfe. Er legte eine Mikrobenkultur an und identifizierte diese als Streptococcus viridans. Mahlers Krankheit, die man schon zwei Jahre früher erkannt hatte, konnte nun eindeutig diagnostiziert werden. Es handelte sich um eine subakute Endokarditis (Endocarditis lenta).

Aus den Briefen Almas an Gropius aus jener Zeit wird deutlich, daß sie mit dieser plötzlichen Verschlechterung von Mahlers Gesundheitszustand nicht gerechnet hatte. Zu Beginn des Monats Februar sprach sie noch von dem schon längere Zeit geplanten Rückreisedatum nach Europa »Ende März«.[253] Am 11. März jedoch schrieb Alma, daß Mahler bereits seit drei Wochen krank sei.[254] Am 25. März übermittelte sie Gropius die ärztliche Diagnose, wobei sie ihren Brief mit »mein Geliebter« beginnt. Unterschrieben ist dieser Brief mit »Deine Braut«.[255] Über die jüngst vergangene Zeit berichtete sie: »Zu meinem größten Staunen konnte ich Unmenschliches leisten. Ich war buchstäblich 12 Tage nicht aus den Kleidern – und war Nurse – Mutter – Hausfrau – alles und über allem voll von Leid – Angst u. Sorgen. [...] Momentan ist meine Empfindung erstarrt, aber ich weiß, wenn ich Dich sehe, wird alles in mir aufleben, aufblühen. Liebe mich! [...] mit den Empfindungen, die mich so überglücklich gemacht haben. Ich *will dich*!! Aber Du?? – Du-auch-mich?«[256]

Anna Moll wurde nach New York gerufen, um ihre Tochter bei der Pflege von Mahler zu entlasten.

Gegenüber seinen Ärzten sprach Mahler seinen dringlichsten Wunsch aus: Er wolle nach Europa zurückkehren, in Wien sterben und dort begraben werden.

Als Mahler am 8. April das Hotel Savoy in New York verließ, hatte er Mühe, den Aufzug zu erreichen. Während der Überfahrt verschlechterte sich sein Befinden ständig. In Paris wurde er von einem französischen Bakteriologen behandelt, der die Diagnose seines Kollegen in New York nur bestätigen konnte. Mahler wurde in Neuilly, einem Villenvorort von Paris, behandelt.

Die Ärzte müssen die Mahler noch verbleibende Lebenszeit unterschiedlich eingeschätzt haben, denn Alma schrieb noch am 30. April und 1. Mai an Gropius, sie müsse wohl noch längere Zeit in Frankreich bleiben.[257] Sie bat ihn, nach Paris zu kommen, und sehnte sich nach seinen »warmen, sanften, lieben Händen«.[258] Im letzten Brief vor der Abreise nach Wien, geschrieben in der Zeit zwischen dem 2. und 11. Mai, bedankte sich Alma bei Gropius für sein Telegramm und sein Bild, das er ihr geschickt hatte. Wie Alma schrieb, hielt sie es in ihrem Zimmer versteckt, und sie empfahl Gropius, bei seinen Briefen als Absender den Namen ihrer Mutter, Anna Moll, anzugeben. Der Brief schloß: »Starkes, liebes Wesen – halte mich – ich küsse Deine Hände als Deine Geliebte, Alma.«[259]

Fast ein halbes Jahrhundert später hat Alma in ihrer englischsprachigen und noch unvollständigen Autobiographie »And the Bridge is Love« (New York 1958) auch ihre Verbindung mit Walter Gropius dargestellt. Am 17. August 1958 schrieb Gropius an Alma: »Die Liebesgeschichte, die Du in dem Buch mit meinem Namen verbindest, ist nicht die unsrige. Die Erinnerung an Mutzi [Manon Gropius] hätte Dich davon abhalten sollen, unserem Erlebnis den wesentlichen Inhalt zu nehmen, und dessen literarische Bloßstellung muß auch in mir die Blüten der Erinnerung abtöten. Der Rest ist Schweigen.«[260]

Am 6. April 1960 antwortete Alma in einem besänftigenden Brief mit der Erklärung, ihre Übersetzerin und Redakteurin sei Schuld an den Mißverständnissen. Isaacs bemerkt hierzu: »Almas Worte stießen bei dem Adressaten auf taube Ohren. Gropius selbst hat dazu später erklärt, daß ihm der Sinn für geschichtliche Wahrheit stets erhalten geblieben sei und daß er sich zutiefst verletzt gefühlt habe durch Almas unrichtige Darstellung.«[261]

Am 10. Mai kam zusätzlich ein berühmter Bakteriologe aus Wien, und Mahlers Gesichtszüge erhellten sich, als er hörte, daß er nun doch nach Wien weiterreisen durfte.

Seine Heimreise in die österreichische Hauptstadt glich der eines sterbenden Königs. Bei jedem Zwischenaufenthalt erkundigten sich Presseleute nach seinem Befinden. Am Abend des 12. Mai erreichte der Zug den Wiener Westbahnhof, Mahler wurde sofort in das Sanatorium Loew gebracht, wo er zehn Jahre zuvor operiert worden war. Unzählige Blumenkörbe und Sträuße erwarteten ihn und Alma in ihren Zimmern. Während der nächsten Tage häuften sie sich so sehr, daß sie nur noch auf den Fluren Platz fanden. Mahler blieb noch sechs Tage am Leben. Die Infektion breitete sich während dieser Zeit in seinem gesamten Körper aus. Ab dem 17. Mai lag er im Koma. Gustav Mahler starb am Abend des 18. Mai um 23 Uhr 05.

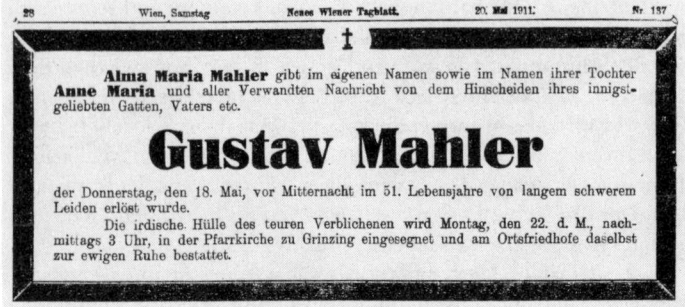

28   Wien, Samstag   Neues Wiener Tagblatt.   20. Mai 1911.   Nr 137

Alma Maria Mahler gibt im eigenen Namen sowie im Namen ihrer Tochter **Anne Maria** und aller Verwandten Nachricht von dem Hinscheiden ihres innigstgeliebten Gatten, Vaters etc.

Gustav Mahler

der Donnerstag, den 18. Mai, vor Mitternacht im 51. Lebensjahre von langem schwerem Leiden erlöst wurde.

Die irdische Hülle des teuren Verblichenen wird Montag, den 22. d. M., nachmittags 3 Uhr, in der Pfarrkirche zu Grinzing eingesegnet und am Ortsfriedhofe daselbst zur ewigen Ruhe bestattet.

Am Spätnachmittag des 22. Mai wurde er im gleichen Grab wie seine Tochter Maria auf dem Grinzinger Friedhof beerdigt, gemäß seinem Vermächtnis ohne Musik und ohne Ansprachen. Nur sechs Monate zuvor war Mahler mit der New York Philharmonic auf Konzertreise nach Pittsburg, Cleveland, Buffalo, Rochester, Syracuse und Utica gewesen. Während der Reise trafen sich Mahler und Alma in Buffalo und machten von dort aus einen Ausflug zu den Niagarafällen.

Auf ihrer Heimreise nach New York las Alma eines von Mahlers Lieblingsbüchern, »Die Brüder Karamasow« von Dostojewski, und am Ziel angekommen, telegrafierte sie an Mahler: »Reise mit Aljoscha prachtvoll.« Mahler antwortete:

Nr. 349[*]
Telegramm   Syracuse N.Y., 9. Dezember 1910

Mahler Savoy Hotel N.Y.

meine reise mit almioscha noch prachtvoller   heute herrliches schneewetter   woo   gustav

Dies war Mahlers letzte überlieferte schriftliche Mitteilung an seine Frau.[262] Ein Zeugnis tiefer Liebe, wie alle vorangegangenen, flehentlich, nach der Ehekrise im vergangenen Sommer, die das Paar innerlich getrennt hatte.

Eine betroffen machende Darstellung von Mahlers verzweifelter

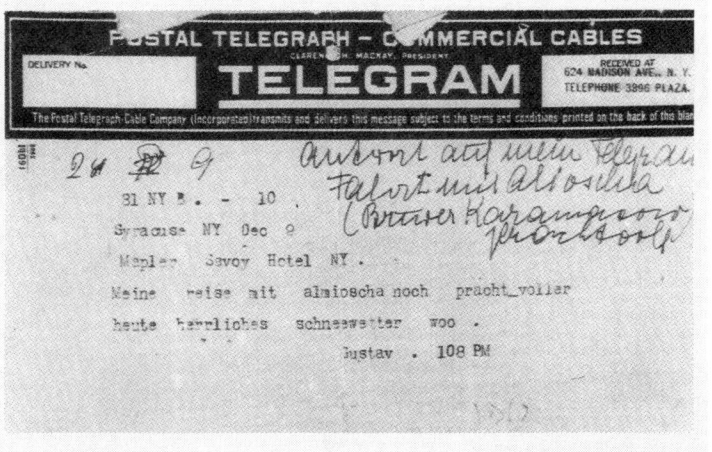

POSTAL TELEGRAPH – COMMERCIAL CABLES

TELEGRAM

DELIVERY No.
CLARENCE H. MACKAY, PRESIDENT
624 MADISON AVE., N. Y.
TELEPHONE 3896 PLAZA.

The Postal Telegraph-Cable Company (Incorporated) transmits and delivers this message subject to the terms and conditions printed on the back of this blank

31 NY M . - 10

Syracuse NY Dec 9

Mahler Savoy Hotel NY .

Meine reise mit almoscha noch pracht_voller

heute herrliches schneewetter woo .

Gustav . 108 PM

Letztes Telegramm Mahlers mit handschriftlicher Bemerkung von Alma

Hörigkeit gibt Alma in ihren Erinnerungen an das letzte gemeinsame Weihnachtsfest:

»Tage zuvor hatte Mahler das Scheckbuch an sich genommen, was er sonst aus Angst, er könne es verlieren, sorgfältig mied, und war mit gewichtiger Miene aus dem Hause gegangen. Ich wußte: jetzt fühlte er Weihnachten, jetzt freute er sich auf das Schenken, auf die Aufregung, kurz auf das, was mir zehn Jahre so sehr gefehlt hatte. Der Abend kam. Ich hatte, wie immer, einen großen Baum, viele Lichter, Geschenke für Mahler und die kleine Gucki, und ich wurde nun knapp vor der Bescherung von Mahler gezwungen, das Wohnzimmer zu verlassen, weil er darin zu tun habe. Nach einer Weile kam das Kind und verlangte für den Papa eine Spitzendecke. Ich wunderte mich, gab aber das Verlangte. Auf einmal ging die Türe auf, und Vater und Tochter luden mich Arm in Arm ein, ihnen zu folgen.

Ich kam in das lichte Wohnzimmer, aber wer faßt mein prophetisches Grauen, mein eisiges Entsetzen: auf einem Tisch ganz für mich allein hatte Mahler seine Gaben aufgebaut, das Spitzentuch darüber gebreitet und diesen Hügel mit rosa Rosen von oben bis unten zugedeckt. Ich riß das Tuch herunter, beruhigte Mahler, der traurig daneben stand, und beruhigte so auch mich, die eine schreckliche Ahnung nicht loslassen wollte. Dann aber freute ich mich unbeschreiblich über all die kleinen Herrlichkeiten, die er mit seltenem Geschmack ausgesucht hatte. Und er hatte hauptsächlich solche Dinge gewählt, die er sonst nicht leiden mochte, wie Parfum, das er haßte und *ich liebte* etc.; zwei Bon, die dabeilagen, will ich ihrem Wortlaut nach hierhersetzen

Bon
zur Vergütung von 40 Dollar
auf einem schönen Bummel
durch die
Fifth Av.
für
Herrn Gustav Mahler mit seinem Almschili
lustwandelnd durch die Gefilde.

Bon
zum Ankauf eines
Solitärs
im Werthe von über 1000 Dollar

Gustav Mahler
New York
Weihnachten
1910

Die vielen einfarbigen rosa Rosen füllten bald das ganze Zimmer. Wir blieben ganz allein diese Weihnachten. Wir wollten es so.«[263]

Ob Mahlers neunjährige Reise mit »Almjoscha«, wie er Alma in seinem letzten Telegramm zärtlich nannte, tatsächlich »prachtvoll« gewesen ist, darüber kann man verschiedener Meinung sein. Unvereinbarkeiten beider Charaktere und Zwistigkeiten bestanden von Anfang an, hatten im Laufe der Zeit auch nicht ausgeglichen werden können und schwelten ständig unter der Oberfläche. Die Unterschiede des Alters, des Charakters und der Begabung haben bei Mahler und Alma zu Spannungen geführt, die letztlich wohl unvermeidlich gewesen sind.

Es wäre vermessen zu behaupten, Alma hätte Mahler nicht bereichert. Sie hatte ihm zwei reizende Töchter geboren und seinen Willen gestärkt, zu leben, zu kämpfen und natürlich auch zu komponieren.

Von Anfang an war sie sein »Heimathafen«, sie genoß seine unge-
schmälerte Liebe und war neben seiner schöpferischen Tätigkeit der
Mittelpunkt seines Lebens. Bis zur letzten Stunde wahrte Mahler von
Alma das Bild eines »Kameraden«. Aber die »treue und tapfere Ge-
fährtin auf allen Wegen«, wie sich dies Mahler in Brief 14 ersehnt
hatte, ist Alma leider nicht geworden, obwohl sie hierzu ernsthafte
Versuche unternommen hat. Zuerst dachte sie, Mahler würde sie »zu
sich emporheben«, wie ihre Tagebucheintragung vom 22. Dezember
1901 zeigt (s. S. 115). Die Wege ihrer Selbstverwirklichung jedoch
mußten schließlich mit den strengen Vorgaben Mahlers und der Un-
erbittlichkeit seines Sendungsbewußtseins kollidieren.

Stets war Mahler stolz auf Alma, schätzte ihre Schönheit und ihren
Witz, obwohl er oft an ihrer Unfähigkeit, sich mit der Rolle als Gattin und Mutter abfinden zu können, verzweifelte.

Almas Selbstbewußtsein und die engen Grenzen, in denen sich ihr
Dialog mit Mahler bewegt hat, sind nach wie vor bemerkenswert.
Ihre hohe Meinung von ihrem Geist, ihrem Charme und ihren Gaben ist hinreichend bekannt. Wie auch immer, sie war jedenfalls nicht
oft in ihrem Leben »glücklich«, und an der Seite Mahlers fand sie
wohl kaum eine im herkömmlichen Sinne »Erfüllung« ihres Lebens.
Vielleicht in erster Linie infolge der heftigen dramatischen Konflikte zwischen ihrem Fühlen, ihrem Denken und ihren Lebensvorstellungen, wovon ganz besonders ihr Tagebuch beredtes Zeugnis gibt.

Der Gang des Schicksals hat es so gewollt, daß aus jener Zeit nur
Almas Briefe an Gropius erhalten geblieben sind. Almas Bitte, sie ihr
zurückzugeben, hat Gropius abgelehnt. Für eine Einschätzung ihrer
Persönlichkeit enthalten sie genau das, was sie vor der Nachwelt verbergen wollte. Die anderen authentischen Quellen aus dem ersten
Jahrzehnt dieses Jahrhunderts (ihr Tagebuch etc.) unterlagen bei der
Abfassung ihrer »Erinnerungen und Briefe« sowie ihrer Autobiographie ihrer strengen Zensur und dienten einer weitgehend selbstge-
rechten Darstellung. Alma stand damals in ihrem siebten Lebens-
jahrzehnt, war dreimal verheiratet gewesen, einmal geschieden und
zweimal verwitwet.

Almas Bericht über Mahlers Todeskrankheit zeigt, daß sie – zumindest nach außen – zu dieser Zeit ganz Mahler zugewandt war.
Dabei hatte Dr. Fraenckel sie von Anfang an niemals im unklaren gelassen, daß Mahler sterben würde. Sie war sicher, bald frei zu sein und
ein Leben nach ihren Vorstellungen zu führen – wofür ihr noch mehr
als ein halbes Jahrhundert vergönnt war.

ANHANG

Dokumente

Brief von Gustav Klimt an Alma Mahlers Stiefvater Carl Moll

19. Mai 1899
[Poststempel]

Lieber Moll!

Dein Brief thut mir bis in das Innerste weh. Es schmerzt mich um so mehr, wenn ich bedenke, daß ich einem meiner aller *allerliebsten* Freunde Kummer und Sorge mache. Lieber Moll, siehst Du nicht allzu schwarz? Ich glaube Du bist durch verschiedene andere Dinge übermäßig erregt, ebenso Deine liebe Frau und siehst in väterlicher Fürsorge die Dinge trüber als sie wirklich sind. Als aufrichtiger Freund will ich den Hergang in großen Umrissen erfassen – es soll zwischen uns reiner Tisch sein.

Ich bin seit Jahren ein namenlos unglücklicher Mensch, man sieht es mir nicht an, man glaubt das Gegentheil, ja man beneidet mich sogar. Was ich seit 7–8 Jahren auch unternehmen mag, Unglück und Jammer sind mein steter Begleiter; nothgedrungen sehne ich mich nach glücklichen Augenblicken/ nach reinem Genuß und ich schnappe danach wie ein herrenloser hungernder Hund nach einem Bissen körperlichen Fressens. So ganz mit mir selbst zerfallen erquickte mich Dein klarer Verstand ich fühlte mich zu Dir hingezogen! in aufrichtiger Freundschaft, wie noch selten zu jemanden, ich fühlte mich wol im Kreise Deiner Familie, es erschien mir wie ein Musterleben und ich beneide Menschen welche klar wissen was sie wollen – ich glaube ich werde dieß nie erreichen –

Ich kam ahnungslos in Dein Haus. Alma kannte ich von früher her, das heißt ich habe sie einmal flüchtig gesehen bei Enthüllung des Schindlerdenkmals, sie gefiel mir – wie uns Malern eben ein schönes Kind gefällt –, ich sah sie im Hause Moll wieder, fand sie schöner denn je, ich wunderte mich daß Du sie nie gemalt oder daß ein anderer dies nie gethan. Sie kümmerte sich nicht um mich. In Deiner lieben Art hast Du mich öfters geladen wenn Gesellschaft im Hause war, ich bin kein großer Freund von großer Gesellschaft, aber dorthin ging ich gern. –

Alle glaub' ich kamen gerne.

Alma war öfters meine Nachbarin, wir unterhielten uns harmlos, sie erzählte von ihrer Schwärmerei für Wagner, für Tristan, für Musik, für Tanzvergnügungen – ich zählte sie zu den glücklichen Geschöpfen und hatte meine Freude an ihr. Hofiert im eigentlichen Sinne des Wortes habe ich nie – und wenn auch – ich hätte nie Erfolg erwartet – es kamen viele Herren ins Haus die ihr alle huldigten – ich habe ihr manchen unrichtig zugemuthet und Trugschlüsse gezogen.

Diesen Winter nun wurden das Fräulein und ich, die wir zu Öftern Nachbaren waren bei Tisch, mit vorbestimmter schriftlicher Sitzordnung auseinandergesetzt. Das fiel mir auf, machte mich stutzig. ich fing an zu denken. Ich dachte mir, es geschehe auf Wunsch des Fräuleins, ich bin ihr zu langweilig geworden, ich fand es auch natürlich, nicht immer der Nachbar sein zu dürfen, der Gesellschaft wegen, des Geredes wegen. Ich kam nimmer oft in Dein Haus, ich kam früher auch nur wenn Du mich eingeladen hattest oder wenn wichtiges zu besprechen war, – aber die Gesellschaft traf sich bei Spitzer, Henneberg-Ausstellung etc. immer bei auseinandergesetzter Sitzordnung, sie kränkte mich als eine Art Mißtrauen, aber ich fand sie wie gesagt natürlich, – eben der Gesellschaft, des Geredes wegen.

Erst in allerletzter Zeit, die Reise nach Florenz war schon beschlossen, fiel mir manches auf, das Fräulein mußte manches erfahren haben über meine Verhältnisse, vieles Richtige, vieles Falsche, ich kenne meine Verhältnisse ja selber nicht genau und will mir gar nicht klar sein – ich weiß nur eines sicher – daß ich ein armer Narr bin. – Kurzum aus andeutenden Fragen und Bemerkungen schien es mir, als wären dem Fräulein diese Dinge nicht ganz gleichgiltig wie ich anfangs glauben mußte. Da wurde mir doch etwas bange. – Denn ich habe Furcht und Respekt vor echter Liebe, ich bin etwas in Conflikt mit mir, in Conflikt mit meinem wahren Freundschaftsgefühl zu Dir, aber ich tröstete mich mit dem Gedanken, es sei ihrerseits eine kleine Spielerei, eine Laune; Alma ist schön, ist klug, geistreich, sie hat alles was ein anspruchsvoller Mann von einem Weibe verlangen kann, im reichen Maße, ich glaube wo sie hinkommt, hinschaut in die Männerwelt, ist sie Herrin, Gebieterin, vielleicht war ihr dies schon zu langweilig, vielleicht wollte sie einen kleinen Roman, vielleicht war ich nicht so, wie ich unter anderen Verhältnissen gewesen wäre, oder wie alle anderen waren und gerade das interessierte sie vielleicht – aber auch als Spielerei schien es mir gefährlich und nun wäre es an mir gewesen, vernünftig zu sein, der ich doch Erfahrung habe und von da an beginnt meine Schwäche.

Ich machte mir vielerlei Gedanken verworren und klar – alles durcheinander. Einmal war ganz klar – es *darf* nicht sein – –

Auch beruhte alles auf Vermuthungen, Schlüßen, ich hatte ja keine bestimmten Beweise selbstverständlich. Auch schien es mir zu dumm und zu eitel daß ich alter Esel einen Erfolg fürchte – sogar fürchten soll, daß ich alter Esel mir einbilden soll in diesem schönen jungen blühenden Kinde regen sich im Herzen die Keime wirklicher erster Liebe! Und ich sollte Gegenmaßregeln ergreifen wo ich von einer Gefahr nicht überzeugt bin. Sie, die so viel in Gesellschaft kommt sollte gerade an mich denken, an mich unglücklichen Wicht! Wenn Spitzer sie hofiert, ihr Schönheiten sagt, scheint Dir dies gefährlich? – Nein – es wäre doch zum Lachen – Um wieviel bin ich jünger wie er? –

Mußte ich nicht gewärtigen, eines schönen [Tages] von ihr recht herzlich ausgelacht zu werden, gewärtigen, daß das Fräulein eines schönen Tages, wenn ich mich danach benehme, – zu mir sagt: »Ja sind Sie wirklich so dumm und eitel zu glauben daß ich etwas für Sie hege?«

Meiner Treu! so etwas hätt ich gefürchtet. Und andererseits, ist es wirklich so ganz leicht, ihr gegenüber gleichgiltig zu bleiben – haben sie nicht alle lieb? Muß ihr nicht jedermann gut sein? Findest Du es nicht begreiflich daß es ihr gegenüber Momente gibt, wo die Gehirntätigkeit etwas unregelmäßig wird, verworren. Sind wir Menschen vollkommen? Es kam Euere Italienreise. Ich arbeite ziemlich fleißig. Der Termin zu meiner Florentinerreise rückte heran. Mir war bange. Ein unbestimmtes Etwas – vielleicht mein Gewissen – hielt mich zurück, es sagte mir »du sollst nicht«, ich wurde wankelmütig. Jetzt wäre die Zeit gewesen, wahre Freundschaft zu beweisen .. Ein leises Gefühl des Unrechts begleitete mich – schon wollte ich rasch entschlossen schreiben – ich komme nicht, ich kann nicht kommen. Aber die Sehnsucht aus meinem dumpfen Mauerloch herauszukommen; herauszukommen aus dem alltäglichen Werkel, Neues zu sehen, neue Kunstwerke, neue wohlthätige Anregung zu erhalten, die Aussicht in angenehmster Gesellschaft eine schöne Reise zu machen, das Alles half zusammen, mich wieder wankend zu machen – da kam Dein Telegramm – ich fuhr dahin – meiner selber nicht bewußt.

Es ging im Anfang ganz gut, ich fühlte [mich] allerdings nicht ganz wol – aber es ging. In der Fremde steht man sich nothgedrungen näher, ich kam mit Deiner Familie mehr in Berührung als in den vergangenen zwei Jahren zusammengenommen. Ich bemerkte die sehr erklärlichen und natürlichen Bemühungen Deiner lieben Frau, ein Zusammensein mit Frl. Alma zu verhindern; unser Gegenüberstehen forderte Klärung, ich hatte mit dem Fräulein vielfach ernste Gespräche, theils allgemeiner Natur, theils spezieller. Die Gespräche waren in vertraulicher Art geführt, aber jedenfalls meist weit entfernt von dem was man hofieren heißt. *Beiden* wurde es klar, *ganz klar,* was es heißt: »Bis hieher und nicht weiter.« Also zurück! Sollte nicht der Weg des Unrechts betreten werden. Es gab keine Wahl.

Es kam jener Abend in Venedig. Ich bin ein verbitterter Mensch und das äußert sich manchmal in einer nicht ganz ungefährlichen Bosheit welche ich nachher tief bereue. So auch da. Ich hatte etwas rascher als gut war, getrunken, ich will mich damit nicht entschuldigen, ich war in meinen Äußerungen unvorsichtiger denn sonst, und diese waren es wol, welche Du wahrscheinlich gehört hast, wonach Du Deine Schlüsse zogst, die gewiß zu arg, zu schwarz sind. Dein Dazwischentreten brachte beiden zum vollen Bewußtsein, daß man ein Leben nicht träumt, sondern offenen Auges leben muß. Die Situation war völlig geklärt, es bestand kein Zweifel. Ich glaube sicher annehmen zu können daß die peinliche Unterredung sowie der Brief, der Dir und mir so wehe thun mußte, nicht mehr nothwendig war. Verzeih' wir lieber Moll, wenn ich Dir Kummer machte, ich bitte Deine liebe Frau um gütige Verzeihung und Frl. Alma, ich glaube, es wird ihr nicht schwer werden zu vergessen. Hoffen wir auf die eilende heilende Zeit. Wenn ich so alles überdenke so fürchte ich für mich was ich schon lange fürchte, mein Vater starb an einer Gehirnkrankheit, meine [Wort fehlt] war im Irrenhaus, meine ältere Schwester ist vor einigen Jahren verrückt geworden, vielleicht sind die ersten Anzeichen bei mir – dann lieber Moll bin wol der [?] einer, ein glücklicher Wahn wird's nicht sein an dem ich ende. Hoffentlich ists noch nicht so weit. Will wieder die Menschen meiden, ich tauge nicht in Gesellschaft – kann mich auch nicht benehmen.

Um Deine Freundschaft bitte ich. Deine Strafe ist hart, ich weiß nicht, ob es auf diese Art nothwendig ist – ich füge mich – denn Du bist klüger als ich.

Ich habe Dir oben ein volles Bekenntnis abgelegt, weil ich Dich als Freund schätze, weil, nur weil ich Dich als Freund erhalten möchte, ich habe Dir manches gesagt, was unter uns bleiben muß und rechne auf Deine Verschwiegenheit, ich habe weitläufig geschrieben und hätte mehr noch schreiben wollen, nicht um mich zu entschuldigen oder rein zu waschen, sondern um Dich zu beruhigen für die Zukunft – ich für meine Person habe Dir bestimmte Versicherungen mit Wort und Handschlag gegeben, auf mich kannst Du rechnen. Ich hoffe daß die Zeit es bringen wird, daß ich in Deinem Hause wieder so harmlos verkehren kann wie einst.

Es thut mir unendlich weh', daß es so kommen mußte. Wegen des Landaufenthaltes meiner Verwandten brauchst Du, glaub' ich, nichts zu fürchten, ich werde nach Möglichkeit eine Nähe von Goisern verhindern, ich selbst gehe nur auf ein[en] Monat und erst gegen Ende Juli aufs Land. Werde Dir den Ort bekanntgeben.
Herzlichen Gruß
Dein unglücklicher Freund

Gustav Klimt

Quelle: BMGM

Kritik der Uraufführung von Gustav Mahlers 5. Sinfonie in Köln von Otto Neitzel

Unsere Konzertgesellschaft hat die kleine Verspätungssünde, die sie mit Gustav Mahlers dritter Sinfonie auf dem Gewissen hatte und die mit Wüllners Heimgang wenigstens zum Teil entschuldigt wurde, dadurch gut gemacht, daß sie den Hofoperndirektor einlud, im *ersten Gürzenich-Konzert* am 18. Oktober seine *fünfte Sinfonie* in Köln aus der Taufe zu heben. Wie man sich auch zum Komponisten Mahler stellen möge: er geht seine eigenen Wege und liebt die Überraschungen. Die *vierte Sinfonie*, die im vorigen Winter in Düsseldorf durch Buths aufgeführt wurde und uns bis jetzt vorenthalten blieb, zeigt Mahler von der zugänglichsten Seite und in liebenswürdiger Plauderlaune, wie er, statt sich den modernen Orchesterpanzer umzuschnallen sich einen hübsch gestickten Schlafrock angetan hat und uns bei Zigarre und eines bessern Jahrganges Südseite unterhält, um nach Labruyères Rezept noch einen Augenblick früher abzubrechen, als wir es erwarten, – nach einer halben Stunde etwa. Mit der fünften Sinfonie hat das wieder eine andere Bewandtnis, der Tyrann erscheint wieder, den wir nach dem ersten Satze seiner dritten Sinfonie verließen, der gewaltige Formenbeherrscher, der Cäsar der Instrumentations- und musikalischen Satzbaukunst, dessen Wahlspruch lautet: Sic volo, sic jubeo! Er wandelt wieder auf hohen, zum Teil recht abgelegenen Bergpfaden; manchmal scheint es, als ob er den Pfad verlöre, als ob ihn sogar die Lust anwandelte, sich hinabzustürzen, bis er dann im Laufe der Sinfonie immer mehr den einsamen Sonderlingsbetrachtungen in der scharfen Höhenluft entsagt: im letzten Satz hat ihn vollends die Erde wieder. Das Werk gliedert sich in fünf Sätze zu drei Abteilungen. Der erste und zweite sind von düsterer Trauerstimmung durchzogen, die bald im pathetischen Leichenzugschritte stockt, bald in wildem Verzweifeln dahinrast. Es fehlt nicht das Licht der Tröstung, das zu wiederholten Malen mit dem ganzen Klangzauber, dessen Mahlers Feder fähig ist, erstrahlt und sich gegen den Schluß hin sogar bis zu triumphierender Hoffnungsfreudigkeit verstärkt. Aber der Grundzug bleibt Schwermut, man könnte der ersten Abteilung die Ueberschrift geben: Abkehr vom Leben. Da lächelt denn (in der zweiten Abteilung) dem Verhärmten der geschmeidige Wiegerhythmus des Ländlers zu, wie er das Phä[a]kenleben an der schönen blauen Donau durchzuckt. Und wie dort die trostreichen Lichtstrahlen das Vorüberschwebende bildeten, so hier ein Rest von Vergrämtheit: gegen das Neigen von Herzen zu Herzen kann die üble Laune nicht mehr aufkommen. Und nachdem weiter im ersten Abschnitt der dritten Abteilung, einem kurzen Adagietto von verführerischster Klangschönheit, beim Helden der Sinfonie das ganze Wunderreich von Poesie und Liebe aufgegangen ist; stürzt er sich mit Jünglingstatkraft, mit stets erneuerter, unermüdeter Arbeitslust ins Leben und zeigt in prächtigem Aufbau und großartiger Steigerung, wie er daran hängt und es zu meistern versteht. Während also das Scherzo (zweite Abteilung) die Ueberwindung jener Abkehr vom Leben bildet, ist das Finale (dritte Abteilung) in freier Rondoform und unter Aufbietung der Kunst des Kontrapunkts, besonders des fugierten Satzes, dem harten Ringen in der Arbeit und der Erlösung von allem Erdenjammer durch die Arbeit, gewidmet. Mahler ist kein Programmatiker, sondern ein Nichts-als-Musiker, aber er schafft aus innersten Stimmungen heraus; wenn es ihm bisweilen an Kraft und Eigenart der Empfindung gebricht, so ist er in der Gestaltung und Beherrschung des Stoffes einer der Größten unserer Zeit, und das hat er auch in seiner fünften Sinfonie bewiesen. In Bezug auf die straffe Geschlossenheit der Grundstimmungen steht die fünfte jedenfalls über der dritten. Was dagegen die Kunst der Arbeit anbetrifft, so erreicht er in der ersten Abteilung der fünften nicht die strenge Logik des ersten Satzes seiner dritten Sinfonie. Die beiden Sätze der ersten Abteilung ergänzen sich augenscheinlich, wie Urteil und Begründung. Der erste bildet einen einheitlich abgeschlossenen Trauermarsch. Nun beginnt er im zweiten, uns mit stürmischer Beredsamkeit zu zeigen, woher seine Trauer entstammt. Aber er hält sich hier nicht streng an seinen künstlerischen Vorwurf und fällt wieder in den ersten verhaltenen Trauerton zurück, und das ist es, was als nicht recht hingehörig und zweckentsprechend wirkt. Und im Scherzo finden wir manchmal solche Ruhepunkte, in denen die erwachte Freude am Leben zu versanden droht, tote Punkte der Stimmung wie der Gestaltung. Von diesen Calandos, diesen Versiegungen der Schaffenslaune ist nun in der letzten Abteilung gar nichts zu spüren, sie ist unter die Perlen der neuern Literatur zu zählen; er versöhnt hier die Gemüter vollends, die ihm vorhin noch stellenweise widerstreben, und das »Ganzköln« des Gürzenich bereitete ihm besonders nach dem Finale einen warmen wiederholten Hervorruf. Ueber andre Einwände, die gegen die erste Abteilung erhoben werden können, ist leicht hinwegzukommen: sie betreffen die Dissonanzen, die Mahler hier noch weniger spart, als in seinen bisherigen Werken, schneidende Herbheiten, die Vorliebe für die unumkleideten hohen Trompeten, Absonderlichkeiten in den Instrumentalwirkungen und in den Schattierungen, Zerreißungen der soeben angesponnen süßen Kantilene. Man müßte sich nicht des ersten Eindrucks entsinnen, den Wagners Musikdramen erweckten, wenn man nicht daraus den Schluß ziehen wollte, daß man solche Dinge nur dreimal zu hören braucht, um sich mit ihnen auszusöhnen. Und ein Tonsetzer, dem wieder ein solches Finale gelungen ist, das wir dem ersten Satz der dritten Sinfonie mindestens als ebenbürtig an die Seite setzen können, kann von seinen Hörern wohl etwas Versöhnung und Entgegenkommen verlangen. Es fehlten also Dornen nicht, aber es gab doch duftige Rosen und am Schlusse gab es davon diesem Reichtum, wie ihn die Rosenstöcke grade im Herbst zu entfalten pflegen, kurz bevor sie zum Winterschlaf verscheiden müssen. Nach der Pause des Konzerts wurden dann auch die Dornen völlig abgetan. Frau Lula *Mysz-Gmeiner* sang zuerst ein Ständchen für Altsolo und Frauenchor, dann noch drei Lieder Schuberts, als Zugabe dessen »Sah ein Knab ein Röslein stehn«. Ihre milde Stimme im Verein mit einem Vortrag von zartester Ausmeißelung und allerfeinster Schattierungskunst entzückte die Hörer; und Beethoven mit seiner dritten Leonorenouvertüre, die Steinbach mit bedeutungsvollstem Ernst auslegte, entließ die Hörer mit der Gewißheit, daß das Gewand der Kunst heiter ist, aber ihr Inhalt so ernst ist wie das Leben. Aus vollem Herzen schließen wir uns dem Beifall an, den Mahler nach der Aufführung seiner Sinfonie dem wackern städtischen Orchester zollte.

Kölnische Zeitung vom 19. Oktober 1904

Kritik der Erstaufführung von
Gustav Mahlers 6. Sinfonie in München
von Rudolf Louis

Konzert zu Gunsten des Oesterreichisch-Ungarischen Hilfsvereins
und der Armen Münchens

Ueber die Uraufführung von Gustav *Mahlers* 6. Symphonie in a-moll, die am
27. Mai d. J. gelegentlich der Tonkünstlerversammlung des Allgemeinen
Deutschen Musikvereins in Essen stattfand, habe ich an dieser Stelle ausführlicher berichtet (Vergl. »M. N. N.« Nr. 265 vom 8. Juni 1906). Nun haben wir das jedenfalls hochinteressante Werk auch hier zu hören bekommen,
und zwar – ein nicht leicht zu unterschätzender Vorzug – unter des Komponisten eigener Leitung. Denn, das unterliegt keinem Zweifel, Mahler ist ein
so hochbedeutender, ja in mancher Hinsicht so ganz unvergleichlicher Dirigent und er ist namentlich als Interpret seiner eigenen Werke eine so emi-
nente Erscheinung, daß die erste Aufführung dieser Symphonie – auch ganz
abgesehen von dem musikalischen Werte der Komposition – das zu Gunsten
des Oesterreichisch-Ungarischen Hilfsvereins und der Armen Münchens
veranstaltete Konzert, dessen Hauptnummer sie bildete, zu einem künstlerischen Ereignis ersten Ranges stempeln mußte. Die Ansicht, die ich nach der
Essener Aufführung aussprach, daß die 6. Symphonie nicht zu den starken
Schöpfungen Mahlers gehöre, daß sie namentlich nichts wesentlich Neues
bringe, was man aus den früheren Symphonien nicht schon kannte, diese Ansicht hat sich mir auch beim wiederholten Hören bestätigt. Immerhin muß
aber betont werden, daß diese Symphonie zu den Werken gehört, die das öf-
tere Hören sehr wohl ertragen, ja daß sie bei genauerer Bekanntschaft eher
gewinnt als verliert. Denn es ist durchweg interessante Musik, die man da zu
hören bekommt, und wenn man erst einmal über den – für mich abstoßen-
den und unsympathischen – Gesamteindruck hinweg ist, fühlt man sich als-
bald gefesselt durch die Reize des Details, an denen gerade diese Partitur so
reich ist. Das Werk wurde im wesentlichen so aufgeführt, wie es in Essen zu
Gehör gebracht worden war. also nach dem ersten Satze das Andante (das ursprünglich an dritter Stelle stand), dann das Scherzo. Die großen Aenderun-
gen, die der Komponist angeblich vorgenommen haben sollte, erwiesen sich
als (zum Teil freilich ganz beträchtliche) Modifikationen in der Instrumentierung, von denen die Einschränkung der Anwendung des Schlagzeugs am
meisten auffiel, und vereinzelte Retouchierungen in Melodie- und Stimm-
führung. Den stärksten Eindruck auf das Publikum machte wie in Essen, so
auch hier das Andante moderato in Es-dur. Es klingt ganz entzückend fein,
ist freilich aber auch von einer süßlich rührseligen Empfindsamkeit, die nicht
jedermanns Sache ist. Ich ziehe das erste Allegro und das groteske Scherzo –
den weitaus originellsten Satz, in dem nur das affektierte »altväterische« Al-
ternative stört – diesem Favoritsatze weit vor. Zu monumentaler Größe will

sich das Finale erheben: aber es bleibt beim Wollen. Das äußerste an dynamischen und kontrapunktischen Hilfsmitteln wird aufgeboten, ohne daß ein zwingender Gesamteindruck zustande käme. Aber gerade in diesem Finale steckt trotz aller Roheit und Brutalität, die vergebens die fehlende Kraft zu ersetzen suchen, eine Fülle des technischen und gestaltenden Könnens, die höchste Bewunderung abnötigt. Die Art und Weise, wie Mahler sein Werk dirigierte, war eine Quelle höchsten und reinsten Genusses. Was er mit Hilfe angespanntesten Probens – ohne das es nun einmal nicht geht! – in wenigen Tagen mit dem willig und leistungsfähig folgenden Kaimorchester erreicht hat, grenzt ans Wunderbare. Das Publikum war begeistert und spendete stürmischen Applaus.

Der zweite Teil des Programms wurde eingeleitet mit dem von Mahler im Detail ebenso fein ausgearbeiteten wie im Gesamtaufbau großzügig hingestellten »Meistersinger«-Vorspiel. Darauf sang Tilly *Koenen*, die herrliche Altistin, drei Gesänge mit Orchesterbegleitung: R. Strauß' »Hymnus« (Schiller), F. Weingartners »Frühlingsgespenster« (Sturm) und H. Wolfs »Er ist's« (Mörike). Enthusiastisch applaudiert, wiederholte sie das letztere. Da Mahler dienstlicher Verpflichtungen halber während des Konzerts hatte abreisen müssen, übernahm B. *Stavenhagen* die Direktion der Schlußnummer, des von E. von *Dohnany* gespielten Es-dur-Konzerts von Liszt. Dohnany ist ein Pianist ersten Ranges, dazu ein künstlerisches Temperament, dem gerade das Lisztsche Konzert besonders »liegt«. Da nun auch Stavenhagen ganz ausgezeichnet begleitete, resultierte eine der glänzendsten Aufführungen, die ich jemals von dem brillanten Werke gehört habe und die dementsprechend auch mit zündender Kraft auf das Publikum wirkte.

Münchner Neueste Nachrichten vom 10. November 1906

Gustav Mahler
von Georg Göhler

> »Niemand muß hereinrennen
> Auch mit den besten Gaben;
> Sollen's die Deutschen mit Dank erkennen,
> So wollen sie Zeit haben.«

Stets hat Gustav Mahler, der am 7. Juli sein fünfzigstes Lebensjahr vollendet, die erste Hälfte dieses Goethewortes beherzigt; prompt haben die Deutschen seinen Werken gegenüber wieder einmal der zweiten Ehre gemacht. Und werden's auch weiter tun, da er eben nicht hereinrennt mit seinen Gaben, sich nicht aufdrängt, nicht wie die Modegrößen geschäftig Werke zur Uraufführung ankündigen läßt, die die Kompositionsmaschine eben erst oder noch gar nicht verlassen haben. Und werden sich nach zwei, drei Jahrzehnten sagen lassen, daß sie wieder einmal die Gelegenheit, die besten Lebensjahre eines Kunstschöpfers mitzuerleben, verpaßt und statt dessen mit Größen zweiten bis siebenten Ranges sich abgegeben haben.

Ob das aber nicht das Richtige ist für einen Künstler, von der Masse der Mitwelt ignoriert und in Ruhe gelassen zu werden? Ob nicht eigentlich nur solche Künstler groß werden können? Und ob nicht der wirkliche Künstler geradezu nur den einen Wunsch hat, seinem Werk leben zu können, in Ruhe gelassen, nicht behelligt zu werden, vor dem Schwindel des Alltags und der Mode? Wuchsen nicht in solcher Schöpfereinsamkeit Beethoven, Schubert, Wagner, Bruckner? Hätte sie nicht vielleicht Liszt oft not getan? Wäre ohne Schumanns Prophetie vielleicht Brahms länger ohne Clique geblieben, einsamer noch und größer geworden?

Aber wenn dem so ist, wäre es ja eigentlich besser, überhaupt nicht für unbekannte Künstler einzutreten, sie in Ruhe und der Zeit ihren Lauf zu lassen!

Mahler selbst vertritt diese Überzeugung. Wie ihm die für den September in München geplante erste Aufführung seiner schon vor fünf [recte vier] Jahren komponierten (!) achten Symphonie eine Sache ist, die noch eine Reihe von Jahren Zeit gehabt hätte, so ist ihm alle Propaganda für seine Werke gleichgültig. »Wozu das? Man kann das doch ruhig den nächsten zwanzig, dreißig Jahren überlassen.« »Wenn der Künstler ein Werk geschrieben hat, bedarf er höchstens einer einzigen guten Aufführung, um sich zu überzeugen, daß er die richtigen Mittel zur Darstellung seiner Ideen gewählt hat. Aber dann ist doch das Werk für ihn abgetan, dieses Stadium seiner Entwicklung abgeschlossen. Und wozu anderen eine Kunst aufzwingen wollen, nach der sie kein inneres Verlangen haben!« Das sind etwa Mahlers Anschauungen über den Künstler und sein Werk.

Deren tiefe, ja vom Standpunkte des schaffenden Künstlers aus gewiß absolute Wahrheit muß sich aber doch wohl in dieser Welt des Unzulänglichen eine Einschränkung gefallen lassen, nämlich die vom Standpunkt des Kunstfreundes aus. Der Kunstfreund kann nur Kunstwerke genießen, die ihm angeboten werden, deren Kenntnis ihm vermittelt wird; wird ihm die guter Kunstwerke vorenthalten, so gibt er sich während der Zeit mit Minderwertigkeiten ab und hat später das Recht, den Vermittlern im Kunstleben den Vorwurf zu machen, daß sie jahrelang ihm das Dasein von großen Kunstwerken verschwiegen haben.

Zu diesen Vermittlern gehören aber auf dem Gebiet der Musik nicht nur die reproduzierenden Künstler. Zu diesen Vermittlern hat sich stets auch der Kunstwart gerechnet. Und so benutzt er die erhöhte Empfänglichkeit, zu der Mahlers fünfzigster Geburtstag stimmt, um die Musikfreunde unter seinen Lesern wieder einmal, und diesmal mehr im allgemeinen, auf die Persönlichkeit dieses Tondichters hinzuweisen.

Erste Voraussetzung für einen richtigen Standpunkt gegenüber dem Schaffen Mahlers ist, alles Vergleichen mit anderen »modernen Komponisten« zu unterlassen, überhaupt den Begriff »moderner Komponist« ganz auszuschalten und Mahler einfach als Individualität, als Persönlichkeit zu nehmen. Wie man dem Schaffen [Max] Liebermanns nicht gerecht wird, wenn man die Grundideen Böcklinscher Kunstübung auf ihn anzuwenden sucht, so hört man an dem eigentlichen Mahler völlig vorbei, wenn man Wagner oder Bruckner oder Brahms oder Strauss zum Vergleich heranzieht.

Man denke besonders nicht an die äußeren Mittel. Wenn auch festgestellt werden muß, daß Mahler völlig unabhängig von Strauss, ja vor diesem instrumentationstechnische Neuerungen einführte, so sind doch eben bei Mahler, im Gegensatz zu den meisten Modernen, diese Dinge völlig nebensächlich, lediglich Mittel zum Zweck. Unser leider auf Äußerlichkeiten dressiertes Publikum, das die modernen Komponisten sensationssüchtig gemacht haben, hat auch bei Mahler vielfach derartige Sensationen gesucht und, da es nicht auf seine Rechnung kam, dem Komponisten Mahler keine Beachtung mehr geschenkt.

Es gibt bei Mahler keine ausgeklügelten Klangeffekte, keine pikante, raffinierte Instrumentation, auch keine sensationelle, gesuchte Harmonik, überhaupt nichts, was lediglich Nervenreiz sein soll. Daß Mahler für seine Symphonien einen großen Orchesterapparat verwendet, ist lediglich Folge der großen Vorwürfe seiner Werke und der Gewöhnung der Musikfreunde, reichere Mittel der Darstellung unbedingt zu fordern, sobald es sich um Werke großer Form handelt.

Es gibt keinen Komponisten der Gegenwart, bei dem der künstlerische Vorwurf und die gewählten Darstellungsmittel so durchaus adäquat wären. Mahler wird niemals die Geschmacklosigkeit begehen, Orchestermassen aufzubieten, um Genrebilder zu zeichnen.

Es ist bei jedem einzelnen Satze sämtlicher Symphonien Mahlers bis ins kleinste nachweisbar, daß die aufgewendeten orchestralen Mittel durchaus dem Empfindungsgehalte der Sätze entsprechen. Das Orchester wird auch bei ihm nie zum Malen äußerlicher Vorgänge mißbraucht, seine ganze Musik ist lediglich Ausdruck innerlichster seelischer Vorgänge. Das ist das Wesentlichste an den symphonischen Werken Mahlers, das, was ihnen in der Zukunft eine überragende Ver[Be]deutung geben wird. Und diese bewußte Abkehr von äußerlicher Programmusik, die Verlegung des Schwerpunkts vom Dichterischen ins Musikalische ist bisher noch viel zu wenig als das bedeutsamste an diesen Werken erkannt worden.

Mahler hat sich mit aller Entschiedenheit gegen programmatische Deutungen seiner Symphonien gewandt. Dadurch, daß er die reine Darstellung der Idee als die eigentliche Aufgabe der symphonischen Musik ansieht, daß er absolut musikalisch schaffen, die Notdrücke der dichterischen Erklärung vermeiden will, bleibt er auf den Bahnen des größten Symphonikers Beethoven.

Auf diesen Bahnen sind gewiß auch Schumann, Mendelssohn, Brahms, Bruckner und andere geblieben. Was Mahler über diese hinaushebt, ist nicht sowohl die Verwendung des weit größeren technischen Apparates, als vielmehr die künstlerische Auseinandersetzung mit größeren, mit den höchsten Lebensproblemen.

Zu einem wirklichen Musikschöpfer gehört zweierlei: eine immense musikalische Begabung und eine große, tief innerliche, auf das Weltganze eingestellte Persönlichkeit.

Die Größe Beethovens und Wagners beruht auf dieser Synthese. Die Schwäche der Modernen beruht auf dem Zwiespalt eines bedeutenden musikalischen Könnens mit einer unbedeutenden, zerfahrenen, kleinen Persönlichkeit. Alle diese Leute haben nichts zu sagen, bleiben in ihrer engen Haut stecken und kommen mit großem Aufwand und Geschrei, mit aller Technik nicht über die kleinlichen Dinge des Alltags hinaus.

Mahler ist abseits von ihnen seinen eigenen Weg gegangen. In einer Zeit, die wie die letzten zwanzig Jahre idealistischen Richtungen abhold war, ging er einsam weiter auf den Spuren der größten Künstler aller Zeiten und suchte dem ewigen Problem aller großen Kunst, dem Problem, Menschliches und Göttliches, Irdisches und Überirdisches in inneren Zusammenhang zu bringen und den Sinn des Lebens zu ergründen, auf seine Weise beizukommen.

Alle diese Symphonien Mahlers sind wie die Dichtungen Goethes, wie die Symphonien Beethovens Auseinandersetzungen eines Künstlers mit dem Leben, mit der ganzen Welt.

Das ist das Höchste, was von einem Künstler gesagt werden kann, und ich sage es mit vollstem Bewußtsein. Ich spreche kein Werturteil aus. Die Zukunft mag richten, ob Mahler die künstlerische Gestaltungskraft besessen hat, um die Aufgaben, die er sich stellte, zu lösen, ob seine Symphonien wie die Beethovens vollwertiger Ausdruck einer nach den höchsten Zielen strebenden, um die tiefste Lebenswahrheit ringenden Persönlichkeit sind.

Aber eines muß gesagt werden: *Er ist der einzige lebende Musiker, der sich überhaupt an diese höchsten Aufgaben mit unerschütterlichem Ernst gewagt hat,* der, ohne nach Erfolg zu fragen, ohne der Tagesmode auch nur die geringste Konzession zu machen, auf seiner einsamen, dornenvollen Bahn geblieben ist. Und der einzige, dessen Schaffen eine stetige Entwicklung, eine immer entschiedenere Konzentration, eine immer größere Vertiefung zeigt. An allen Versuchungen ist er vorbeigekommen, weil er ein Ziel, eine Lebensaufgabe hatte, weil sein rücksichtsloser Idealismus ihn immer weiter aufwärts führte. Keines der Modethemen griff er auf, nicht einmal das so beliebte Sexuelle, mit dem in den letzten Jahrzehnten die Künstler so viel Geld verdient haben. Alles sah er im Lichte einer reineren Welt, die durchlebt ist von einer übermenschlichen, göttlichen Kraft, von einem heiligen, alles belebenden Geiste.

Den Triumph des Geistes über die Materie in einer Zeit des entschiedensten Materialismus auf allen Lebensgebieten zu verkünden, das kann nur einem Künstler möglich sein, den dieser selbe Geist treibt, für ihn Zeugnis abzulegen, in Zungen zu reden von seinen Wundern. Völlig verständlich werden alle diese Behauptungen erst werden, wenn man auf die bisherigen Symphonien Mahlers zurückblickt von der Höhe der »Achten«, die das grandiose Bekenntnis zu jenem Geiste ist, der alle Welt bewegt, zu dem Schöpfergeiste des »Eros«, von dem von Plato und den Neuplatonikern bis hin zu Goethe alle Künstler beseelt waren. Wenn in dem ersten Fall dieser Symphonie, in der herrlichen altchristlichen Hymne »Veni creator spiritus«, einer der brandendsten Dichtungen der ganzen Weltliteratur, der Ruf der Menschheit nach »heiligem Geiste«, nach dem »Geist« der Liebe, ertönt, so ist das ja gerade in unseren Tagen ein Schrei aus tiefster Not. Und wenn der zweite Teil dann in einer grandiosen Vision, der die Worte aus dem zweiten »Faust« die Deutung geben, die Erfüllung dieser Sehnsucht bringt, wenn wir in eine Welt erhoben werden, in der der »Geist«, der »Geist der Liebe« herrscht, dann fühlen wir nicht nur unmittelbar: »Alles Vergängliche ist nur ein Gleichnis, das Ewig-Weibliche zieht uns hinan«, sondern lernen auch wieder nach langen Jahren des Darbens an ein Künstlertum glauben, das dem Prophetentum verwandt ist, das hinausträgt aus dem Wirren und Irren des Lebens in das große, alles umspannende Reich des Geistes!

Der Kunstwart, München, 2. Juliheft 1910
(anläßlich des 50. Geburtstags von Gustav Mahler)

Das Jüdische bei Gustav Mahler
von Richard Batka

Artur Schnitzler soll einmal gesprächsweise gemeint haben, wenn man nicht wüßte, daß Richard Strauß Arier und Gustav Mahler jüdischer Abstammung sei, so würde man bei dem Schöpfer der »Salome« unstreitig die üppige, erotische Sinnlichkeit, die orientalisch ausschweifende Phantasie, den Hang zum äußeren Effekt und das Talent zur Selbstaufmachung, überhaupt das Geschick zur wirtschaftlichen Verwertung seiner Arbeiten als spezifisch semitische Eigenschaften bemerken und ihm Gustav Mahler entgegenhalten als den Mann der deutschen Grübelei und Mystik, des faustischen Ringens, als den keuschen Wunderhornsänger, der die Musik der fahrenden Gesellen aus dem Volke symphoniefähig macht, als den großen Idealisten, kurzum als den Typus des germanischen Künstlers. Anderseits hat aber Rudolf Louis in seinem geistreichen Buche über die deutsche Musik der Gegenwart den jüdischen Charakter der Mahlerschen Musik mit aller Schärfe betont und sich zu der Behauptung verstiegen: sie wirke auf ihn wie die Travestien klassischer Gedichte in jüdischem Jargon.

Das sind starke Gegensätze der Anschauungen, die anzeigen, daß hier vermutlich ein tieferes Problem vorliegt. Man wird Schnitzler zunächst für befangen und Louis für einen Antisemiten halten. Aber Schnitzler hat im »Weg ins Freie« gezeigt, daß er der modernen Judenfrage ziemlich weitherzig gegenübersteht und Louis verwahrt sich ausdrücklich dagegen, als Anhänger des Antisemitismus zu gelten. Wir haben es also zum mindesten nicht mit verbohrten Parteimenschen zu tun. Und doch diese beiden, ganz unvereinbaren Urteile!

Es ist nicht leicht, von diesen Dingen zu reden, ohne auf Schritt und Tritt gegen vorgefaßte Meinungen anzurennen und die Gefühle auch vortrefflicher Menschen zu verletzen. Von jüdischen Zügen im Schaffen eines Künstlers semitischen Blutes zu sprechen, sollte eigentlich sowenig anstößig sein, wie wenn wir den Momenten nachspüren, die Schiller als Schwaben, Hebbel als Dithmarschen, Wagner als Sachsen, Chamisso als Franzosen, einen Japaner als Japaner kennzeichnen. Keinen Schwaben, Dithmarschen, Sachsen, Franzosen würde das kränken. Bei den deutschen Juden, soweit sie Assimilanten sind, erregt dergleichen heftiges Ärgernis; sie erblicken darin nicht die Feststellung einer Stammeszugehörigkeit, mit der an und für sich nicht das mindeste Ärgernis verknüpft sein kann, sondern etwas wie den mittelbaren Vorwurf, daß der Assimilationsprozeß noch nicht vollzogen sei. Und weil unter »jüdischen« Eigenschaften insgemein nicht die guten, sondern die minder sympathischen Eigenschaften dieser Rasse verstanden werden, so wirkt die Charakteristik »jüdisch« gerade auf die Juden verstimmend. Sie empfinden darin eine Anzüglichkeit nicht etwa auf die charakteristischen Stärken, sondern auf die Schwächen ihres Wesens. Dazu kommt noch ein anderer Umstand. Was den Künstler charakterisiert, ist meist nicht das, was er mit Bewußtheit kraft seiner Bildung und Intelligenz will und erstrebt, sondern das, was unbewußt, unabhängig von seinem Willen in ihm schläft oder arbeitet. Es muß den Juden, der in den Idealen der germanischen Kunst erzogen ist, und der glaubt: nicht was wir sind, was wir suchen ist alles, oft geradezu erschrecken, wenn man Züge an ihm bemerkt, die vielleicht nur als dunkle Instinkte, jenseits seines Willens in seiner Seele walten. Das Jüdische der Mahlerschen Kunst läßt sich, wie mir scheint, gar nicht übersehen. Die heftig gestikulierende Rhythmik, die Unrast, die Vorliebe für grelle Kontraste, die flackernde oder fanatische Leidenschaftlichkeit des Ausbruchs gehören wohl dazu. Pflegen doch in bedeutenden Individuen die Rasseneigentümlichkeiten in gesteigertem Grade hervorzutreten. Aber ebenso verkehrt, wie das Verschleiern und Vertuschen, scheint es mir anderseits, in Mahlers Kunst *nur* das Jüdische zu sehen, sie einzig aus diesem Punkte zu erfassen, statt zu beobachten, wie hier die Persönlichkeit über die Grenzen ihrer Gattung, ihrer Rasse hinauswächst. Gustav Mahler hat, wie Schnitzler richtig bemerkt, in der Tat viele ausgezeichnete Eigenschaften erwiesen, die mit dem besonderen Begriff des Jüdischen gar nichts zu schaffen haben, die ihn einfach als ungewöhnlichen Menschen und Künstler erscheinen lassen.

Und das Deutsche der Mahlerschen Kunst? Die enorme Anpassungsfähigkeit an die Völker, unter denen sie leben, macht ja gerade eines der Merkmale des Judentums aus. Mehr noch. Die Juden nehmen nicht nur die gesamte Bildung und Anschauungsweise ihrer Wirtsvölker rasch in sich auf, sie unterstreichen deren nationale Eigentümlichkeiten sogar oft deutlicher und drastischer, als diese Völker selbst. Heine hat Geschlechtern als der deutsche Dichter par excellence gegolten. Offenbach, der Kantorsohn aus Köln, hat das Pariserische in der Musik »geschaffen«. Das penetrante Wienertum, das bei Johann Strauß noch eine feine Blume war, ist von jüdischen Couplet- und

Tanzkomponisten destilliert worden, deren Wiege im fernen Osten stand. Mahlers Verhältnis zur deutschen Volksmusik ist ein Verhältnis nicht des ruhigen, natürlichen Besitzes, sondern der heißen Sehnsucht. Und ebenso wird man sein künstlerisches Wesen am besten fassen. In diesem durch und durch intelligenten, mit der deutschen Bildung seiner Zeit erfüllten, auf der Höhe der musikalischen Technik stehenden, geistig überkomplizierten Manne lebt eine Sehnsucht nach dem Naiven, nach dem Primitiven, ja nach dem Trivialen, *neben* transzendentaler Geistigkeit und einem Kult des großen Pan in der Natur. Und der Ausgleich dieser Faktoren vollzieht sich in seinen Symphonien unter wildem Ringen, mitunter fast unter Krämpfen. Gewiß, daß die Konflikte seiner Kunst durch die *jüdische* Psyche gefärbt sind. Aber das Menschliche darin können wir alle mitempfinden, die wir zwischen den Steinmassen der Großstadt ein tiefes *deutsches* Heimweh fühlen nach Wald und Wiese.

Der Kunstwart, München, 2. Juliheft 1910

Das Testament Gustav Mahlers

Vor dem Bezirksgericht Josefstadt, Abtheilung II, publizierte heute um 12 Uhr mittags Bezirksrichter Dr. Graubart, der auch die Verlassenschaft nach Kainz und Lewinsky geführt hatte, das Testament Gustav **Mahlers**.

Das Testament hat folgenden Wortlaut:

TESTAMENT.

Für den Fall meines Ablebens setze ich **meine Gattin Alma**, geborene **Schindler**, zur **Universalerbin** ein, indem ich meine Nachkommenschaft, und zwar die jetzige und die künftige, auf den Pflichtteil beschränke.

Zum Vormund über meine Kinder bestelle ich meinen Freund und Verschwägerten Herrn Karl **Moll**, zum Testamentvollstrecker und Abhandlungspfleger bestimme ich meinen Freund Dr. Emil **Freund**.

Dieses Testament habe ich in zwei gleichlautenden Ausfertigungen, wovon die eine bei mir erliegt, die andere in Verwahrung des Herrn Dr. Emil Freund verbleibt, eigenhändig geschrieben und unterschrieben.

Wien, am 27. April 1904.

Gustav Mahler m. p.

Publiziert u. a. in der »Neuen Freien Presse« in Wien am 20. Mai 1911

Richtigstellungen, Entgegnungen und Anmerkungen

zu Aeusserungen und Stellen in Alma Mahlers Buch
über Gustav Mahler, (deutsche Ausgabe), in besonderer Hinsicht
auf die Beziehungen zwischen Gustav Mahler und seiner
Schwester Justine und Gustav Mahler und Arnold Rosé.
Niedergeschrieben nach authentischen Berichten seiner Eltern
und nach eigener Erfahrung von Alfred Rosé.

Zur Vorrede, Seite 5. Wie kann diese Frau (Alma) behaupten, dass niemand
Mahler so gut gekannt habe wie sie, die doch nur 9 Jahre, von 1902–1911,
mit ihm verlebt hat, und ihn erst kennen gelernt hat, als er schon den Gross-
teil seines Lebens hinter sich hatte, schon 4 Symphonien komponiert hatte.
[...] Die ganze Sturm und Drang-periode des Meisters, die ganzen so ungeheuer wichtigen Entwicklungsjahre, hat sie nicht miterlebt. – Ueber diese so
ungemein bedeutungsvolle Zeit, speciell die Jahre 1890–1902 könnte nur seine Schwester Justine, die diese 12 Jahre mit ihm erlebt und durchgekämpft
hat, berichten!

Zu Seite 12. Es ist ganz unrichtig, dass Mahler vereinsamt war. Er hatte eine
Anzahl hoch geistiger und gebildeter Freunde, mit denen er auf seinem gei-
stigen Niveau conversieren und leben konnte.: Dr. Fritz Löhr, Siegfried
Lipiner, die Familie Spiegler, um nur einige zu nennen [...]

Zu Seite 18. Die Verfasserin gibt hier selber die innige geschwisterliche Liebe zwischen Gustav und Justine zu. Das junge Mädchen Justine, unerfahren
in der Führung eines so ungeregelten Haushalts, aber mit bestem Willen für
den geliebten Bruder alles zu tun, was in ihrer Macht stand, konnte natürlich
den Erfordernissen, Vorstand eines Haushaltes zu sein, nicht immer gerecht
werden!

Zu Seite 21. Arnold Rosé war seit 1881 Konzertmeister an der Wiener Hofoper gewesen, anerkannt und geschätzt; als also Rosé Mahlers Schwester
Justine im Jahre 1902 heiratete, war schon eine lange künstlerische Verbun-
denheit zwischen den beiden Männern vorausgegangen. Mahler selbst hatte
Rosé in sein Haus gebracht und Rosé seinerseits ging für Mahler durch Dick
und Dünn, also wenn Misshelligkeiten in der Oper aufkamen, so waren sie
wohl hauptsächlich für Rosé, der stets dem umstrittenen und nicht immer
einfach zu verstehenden Direktor Mahler und Komponisten Mahler zur Seite stand, unangenehm. Rosé's Stellung war ja schon viele Jahre fest etabliert,
als Mahler nach Wien kam. Die innige Freundschaft zwischen Rosé und
Justine Mahler blieb lange bloss eine solche, weil Justine nicht daran dachte,
ihren Bruder zu verlassen, um selbst einen eigenen Hausstand zu gründen.
Erst als Mahler endlich nach grossen Konflikten sich sehr schnell ent-

schliessen musste eine Ehe einzugehen, stand einer Eheschliessung Justine's nun nichts mehr im Wege. Rosé und Justine Mahler heirateten am 10. März 1902. Einen Tag früher heiratete Mahler. Kurz vorher sagte Mahler zu Arnold Rosé: »Ich würde noch heute gerne mit Dir tauschen!«

Mahler, der seine Mutter abgöttisch geliebt hatte, fühlte seine Pflicht ihr gegenüber so stark, dass er seine Sorge, Liebe und Verantwortungsgefühle auf seine Schwestern übertrug, doch hätte der sehr auf sich eingestellte Mann nicht auf eine eigene Eheschliessung verzichtet aus Rücksicht für seine Schwester Justine. Und schliesslich war ihm eine natürliche Eheschliessung seiner Schwester mit einem von ihm so geschätzten Musiker wie Rosé doch recht willkommen. Alma Mahler hatte vom ersten Augenblick an, aus Eifersucht auf die innigen geschwisterlichen Beziehungen zwischen Gustav und Justine, getrachtet, die Geschwister auseinander zu bringen und mit geschickten Machinationen gelang es ihr schliesslich, Mahler von Justine und den 40 bisher verbrachten Jahren seines Lebens zu trennen. Alma wollte mit ihrem Eintritt in das Leben Mahlers eine ganz neue Aera beginnen und Mahler veranlassen sein bisheriges Leben zu verleugnen mit allem was ihn mit seiner Familie und Jugendzeit verband, eingeschlossen die Werke dieser Periode, wie die 4 ersten Symphonien. Sie wollte ihn aus dem geliebten Kreise seiner Freunde, aus dem geistigen Verkehr mit allen, die vor ihrer Zeit waren, reissen und dies ist ihr zum grossen Teile gelungen!

Es gelang ihr aber nicht, Mahler's Beziehungen zu den Rosé's gänzlich zu unterbinden. – Noch oft kamen Mahler und seine Frau ins Haus Rosé's und oft besprach sich Mahler mit Rosé über Bezeichnungen, Phrasierungen, Fingersätze und Bogenstriche etc. in den Streicherstimmen seiner Werke. – Ja, schliesslich zur Uraufführung der VIII. Symphonie in München im September 1910 erbat sich Mahler Rosé als Konzertmeister. Und dieser musste sich für Mahler einer sehr peinlichen Situation aussetzen, die er mit nobler Geste und überlegener Fassung über sich ergehen liess.[*]

Zu Seite 28. Nicht 9jährige Gemeinschaft zwischen Mahler und seiner Schwester Justine, sondern mit Unterbrechungen 12 Jahre! Alma's eigene Worte widersprechen ihrer früheren Behauptung, Mahler habe nur aus Debit seiner Schwester gegenüber geheiratet. Frau Alma zitiert seine Andeutungen über etwaige Ehe, welche er auf einem Spaziergang machte, nachdem er sie erst ganz kurze Zeit gekannt hatte. Er hat seine Heirat mit Alma schon damals geradezu festgelegt und ihr Einverständnis ganz einfach vorausgesetzt. Mahler nahm es nicht immer sehr genau mit der Wahrheit. Wenn er es für notwendig hielt, so konnte er mit einem ganz ernsten Gesicht eine Unwahrheit sagen. –

[*] Gustav Mahler hatte für die Uraufführung der *8. Sinfonie* als Konzertmeister seinen Schwager Arnold Rosé vorgesehen. Das Orchester zeigte sich aber mit dem eigenen Konzertmeister solidarisch und lehnte Rosé ab. Alfred Rosé verschweigt an dieser Stelle die darauffolgende noble Geste: Das Orchester lud Rosé für die nächste Saison als Solist ein.

Zu Seite 33. Mahler besprach so ganz im allgemeinen mit Justine die Möglichkeit einer Heirat für ihn. – Die Bemerkung: »Ju-ju-nee-nee« ist gänzlich lächerlich, denn sowohl Justine wie Mahler selbst sprachen correctes Deutsch mit einem leisen böhmischen Tonfall.

Zu Seite 36. Die Situation Rosé's, der Mahler ganz ergeben war, war nicht immer eine angenehme seit Mahlers Direktionsantritt. Mahler wünschte, dass ihm Rosé berichtete, wenn Stimmungen gegen ihn, Mahler, im Orchester aufflackerten, was oft der Fall war. Rosé berichtete Unregelmässigkeiten und künstlerische Unzulänglichkeiten im Orchester, wozu er ja als Orchestervorstand-Konzertmeister verpflichtet war. Das konnten die Herren des Orchesters nicht leiden und beklagten sich natürlich beim Direktor darüber. Mahler ist aber nicht immer, wie er hätte sollen, für seinen Konzertmeister eingestanden. – Ich weiss z. B. den Fall des Tympanisten Schnellar, der sich durch grobe Versehen, die Rosé Mahler berichtete, ausgezeichnet hatte. Der Hass dieses Mannes gegen Mahler und natürlich gegen Rosé, übertrug sich sogar viele Jahre später auf mich, Alfred Rosé, als ich das Opernorchester dirigierte und flackerte ganz öffentlich ohne irgend einen anderen Grund gegen mich auf! [...]

Zu Seite 49. Mahler selbst war nie imstande seinen Haushalt als Haupt der Familie geregelt zu halten, was ja bei seinem Leben wirklich zu verstehen war. – Die böswillige Beschuldigung »seine ältere Schwester hätte sein Geld vergeudet« ist wieder nur ein Ausdruck der maßlosen Eifersucht, die trachtete kein gutes Haar an Mahlers Familie oder Freunden zu lassen. – Ja, wie ich schon früher aufzeigte, Justine war keine gelernte und erfahrene Hausfrau und so entstanden begreiflicherweise oft hauswirtschaftliche Schwierigkeiten. Frau Alma hingegen war sehr auf Geld bedacht und möglicherweise eine geschicktere Wirtschafterin. So hat sich Mahler später, besonders in Amerika, quasi zu Tode gearbeitet, um den »nötigen« Standard des Lebens zu erhöhen und es wäre für seinen ohnehin erschütterten Gesundheitszustand jedenfalls besser gewesen, wenn er im Jahre 1909–1910 nicht immer getrieben worden wäre, »Geld zu verdienen« und mehr und mehr Arbeitsverpflichtungen einzugehen.

Justine Mahler-Rosé war eine der liebenswürdigsten und freundlichsten Wesen, die es gab. Sie trachtete, ein Heim und eine Freundesschar so gemütlich und warm wie nur möglich zu gestalten; sowohl für ihren Bruder als auch später für ihren Mann und ihre Kinder. Ein ungeheuer warmherziger und emotioneller Mensch, der sich für den, den sie liebte, ganz verausgabte, ohne immer die erwartete Herzlichkeit und Wärme im Austausch zurück zu erhalten [...].

[Die Seitenangaben Alfred Rosés beziehen sich auf Alma Mahlers Buch »Gustav Mahler, Erinnerungen und Briefe«, Frankfurt/Main 1949. Der Text bringt Auszüge aus einem insgesamt sechsseitigen Typoskript.]

Abkürzungen

1. Quellen

AML   Mahler-Werfel, Alma: Mein Leben, Frankfurt/Main 1960

AMM 1949   Mahler, Alma: Gustav Mahler, Erinnerungen und Briefe. Bermann-Fischer/Querido Verlag, Amsterdam 1949 (Die Abkürzung AMM im Kritischen Bericht bezieht sich immer auf diese Ausgabe.)

AMM 1991   Mahler, Alma: Gustav Mahler, Erinnerungen. Fischer Taschenbuch Verlag, Frankfurt/Main 1991

BMGM   Bibliothèque Musicale Gustav Mahler, Paris

ELM   Mahler, Alma: Ein Leben mit Gustav Mahler I. und Ein Leben mit Gustav Mahler II. (Beschreibungen dieser Quellen s. Vorwort)

GMB   Mahler, Gustav: Briefe 1877–1911, hg. von Herta Blaukopf. Wien/Hamburg 1982 (Erw. u. rev. Neuausgabe von Mahler, Gustav: Briefe 1877–1911, hg. von Alma Maria Mahler, Berlin u. a. 1924)

2. Begriffe

A. Karte	Ansichtskarte	Hg.	Herausgeber
Ab. Postst.	Absenderpoststempel	Korr. K.	Korrespondenzkarte
An. Postst.	Ankunftspoststempel	m.	mit
Anm.	Anmerkung(en)	o.	ohne
D.	Datum	o. D.	ohne Datum
ders.	derselbe	o. U.	ohne Unterschrift
ebd.	ebenda	P. Karte	Postkarte
erw.	erweitert	P. S.	Postskriptum
Faks.	Faksimile	rev.	revidiert
Fußn.	Fußnote	U.	Umschlag
hg.	herausgegeben		

Kritischer Bericht

1. Aussee 5.7.1899
   Quelle: Autograph. Korr. K.; o. D. Erstveröffentlichung
   Datum: Poststempel
   Anm.: Die Karte wurde 1981 im Auktionshaus Stargardt/Marburg ver-
   steigert.
   Die Adresse Almas wurde von Justine Mahler geschrieben.
2. Wien 15.–18.11.1901
   Quelle: Nach der Abschrift in ELM; o. D.
   Datum: Von den Hg. erschlossen: Wenn wir Alma Mahler Glauben
   schenken, so erhielt sie das Gedicht am 9. November, am Tag nach der
   Kostümprobe von *Hoffmanns Erzählungen*. Gegen diese Behauptung
   sprechen jedoch ihre Tagebucheintragungen vom 9. bis 14. November,
   die mit keinem Wort den Empfang des Gedichtes erwähnen. Ihre Eintragungen für die Tage bis 18. November hat Alma Mahler leider vernichtet. Am 19. November berichtet sie von ihrer Begegnung mit Mahler in der Oper am Abend vorher: *Wir drückten uns* [beim Abschied] *kräftig die Hand – aus einigen Redewendungen glaube ich zu entnehmen, daß das
   Gedicht von ihm* [Mahler] *ist* [...]
   AMM: S. 25
3. Wien 29.11.1901
   Quelle: Autograph. 2 Seiten; o. D.; o. U.
   Datum: Von den Hg. erschlossen
   AMM: S. 255. D: 28. November 1901
   Anm.: *Gesangscompositionen:* [14] *Lieder und Gesänge*, Band 1–3 (Mainz
   1892); *Lieder eines fahrenden Gesellen* (Wien 1897) und [12] *Gesänge aus
   Des Knaben Wunderhorn* (Wien 1899/1900).
4. Wien 3.12.1901
   Quelle: Autograph. 2 Seiten; o. D.; o. U.
   Datum: Von den Hg. erschlossen. Mahler hat irrtümlich *Mittwoch* (sic)
   Abends geschrieben. Für diesen 4. Dezember waren aber seine *3 Billets
   für Hoffmanns Erzählungen* für Alma bestimmt. Richtig ist somit das Datum des 3. Dezember.
   AMM: S. 255/256. D: 4. Dec. 1901. Mittwoch Abends. Auslassung:
   ...*daß ich Montag nach Berlin* statt *daß ich Montag nachts nach Berlin*.
   Anm.: *Hero und Leander:* griechisches Liebespaar der Antike. Leander
   durchschwamm allnächtlich den Hellespont, um sich der Venuspriester-
   in Hero heimlich zu nähern. Gestaltet in der Ballade »Hero und Leander« von Friedrich Schiller.
5. Wien 5.12.1901
   Quelle: Autograph. 4 Seiten; o. D.; o. U.

Datum: Von den Hg. erschlossen
AMM: S. 256/258. D: 5. December 1901

6. Wien 8.12.1901
   Quelle: Autograph. 3 Seiten; o. D.; o. U.
   Datum: Von den Hg. erschlossen
   AMM: S. 258/259. D: 8. Dec. 1901. Weglassung: *Aber die nächsten Tage!
   . . . das Du gesprochen.*
   Anm.: *Der heutige Tag:* Alma besuchte am Abend mit ihrer Mutter und
   ihrem Stiefvater eine Aufführung der *Zauberflöte* unter Mahlers Leitung.
   Dieser hatte die Billets für Carl Moll reserviert (s. GMB Nr. 300).

7. Wien 9.12.1901
   Quelle: Nach der Abschrift in ELM
   Datum: Von den Hg. erschlossen
   AMM: S. 259/260. D: Berlin-Dresden, 9. Dec. 1901. Auslassung: *Nur
   eines, meine Alma! Deutlich schreiben!*

8. Berlin 11.12.1901
   Quelle: Autograph. 3 Seiten; o. D.; o. U.
   Datum: Von den Hg. erschlossen
   AMM: S. 261/262. D: Berlin, Palast Hotel, 12. Dec. 1901
   Anm.: *eine Art »Hegyra«:* arabisch (auch »Hedschra«, »Hidschra« oder
   »Hegira« geschrieben); gemeint ist die »Auswanderung« Mohammeds
   von Mekka nach Medina 622 n. Chr.

9. Berlin 12.12.1901
   Quelle: Autograph. 8 Seiten; o. D.; o. U.
   Datum: Von den Hg. erschlossen
   AMM: S. 262/263. D: 14. Dec. 1901. Fälschung: *. . . und mir auch folgen
   kannst.* In AMM: *folgen willst.* Weglassung: Die ersten vier Seiten des Auto-
   graphs. In AMM beginnt der Brief: *Morgen beginnen die großen Proben.*

10. Berlin 14.12.1901
    Quelle: Autograph. 1. Briefbogen (4 Seiten) bis *. . . der Deine Liebe doch
    vielmehr verdient.* Der Rest nach der Abschrift in ELM
    Datum: Von den Hg. erschlossen
    AMM: S. 263–267. D: Berlin, 15. Dec. 1901. Fälschung: *. . . verstehst,
    und mir folgen kannst.* In AMM: *. . . folgen willst.* Weglassungen: (1) *daß es
    einem nur geschenkt werden kann!* (2) *Richtig – mir kommt vor . . . übrigens
    nicht lesen konnte.* (3) *Jetzt muß der Brief . . . erst am Montag bekämst.*
    Anm.: Zwischen *. . . daß Du für meine Schwester* und *so lieb und gut empfin-
    dest* ist eine Zeile im Autograph von Alma Mahler durchgestrichen und
    unleserlich gemacht; *Über meines Liebchens Äuglein:* Zitat aus Goethes
    Gedicht »Geheimnis« aus dem »West-Östlichen Divan«. Bei Goethe
    heißt die erste Zeile: »Über meines Liebs Äugeln . . .«

11. Berlin 15.12.1901
    Quelle: Autograph. 7 Seiten; o. D.; o. U.
    Datum: Von den Hg. erschlossen
    AMM: S. 269–272. D: Berlin, 16. Dec. Sonntag Abends. Weglassungen:

(1) *Du mußt mich fragen, wann Dir manches an ihm nicht klar wird.* (2) *In Deinem letzten Brief... meine Wünsche zuzuschreiben.* (3) *Die Adresse ist: Dresden, Hotel Bellevue.* (4) *...und um 11 Uhr nachts fahre ich ab.*

12. Berlin 16.12.1901
    Quelle: Autograph. 8 Seiten; o. D.; o. U.
    Datum: Von den Hg. erschlossen
    AMM: S. 272–274. D: Montag früh, 17. Dec. 1901. Weglassungen:
    (1) Die ersten zweieinhalb Seiten des Autographs. In AMM beginnt der
    Brief: *Liebstes Almschi, schütte das Kind... (2) Wie meinst Du das... ersehnte Stunde bereiten.* (3) P. S.
    Anm.: *unaufschiebbaren Amtspflichten:* Mahler unterzeichnete am 21. Dezember 1901 u. a. den Aufführungsvertrag der Oper *Feuersnot* von Richard Strauss für den kommenden Januar.

13. Dresden 18.12.1901
    Quelle: Autograph. 4 Seiten; o. D.; o. U.
    Datum: Von den Hg. erschlossen
    AMM: S. 274–276. D: Dresden, 19. Dec. Mittwoch früh. Auslassung:
    ...am Wenigsten in Dir *aufnehmen kannst.*
    Anm.: Zwischen *...zu Euch hinaus* und *Wir haben wieder...* hat Alma
    zweieinhalb Zeilen durchgestrichen und unleserlich gemacht. Es handelt sich vermutlich um eine Bemerkung Mahlers über Richard Strauss,
    die Alma mißfallen hat.

14. Dresden 19.12.1901
    Quelle: Autograph. 20 Seiten; nach der Abschrift in ELM; o. D.; o. U.
    Erste vollständige Veröffentlichung in deutscher Sprache
    Datum: Von den Hg. erschlossen
    Anm.: Gegenüber Henry-Louis de La Grange hat Alma des öfteren behauptet, sie hätte diesen Brief vernichtet. Als Typoskript fand ihn de La
    Grange dann im Nachlaß Almas. Die Existenz des Autographs konnte
    dann Günther Weiß bei einem privaten Sammler in den USA im Jahr
    1989 feststellen.
    Anm.: *Was ihr nicht tastet, steht euch meilenfern:* J. W. v. Goethe, Faust II,
    1. Akt

15. Wien 21.12.1901
    Quelle: Autograph. 3 Seiten; o. D.; o. U.
    Datum: Von den Hg. erschlossen
    AMM: S. 276/277. D: 21. Dec. 1901
    Anm.: *Drum prüfe, wer sich ewig bindet...; Mit dem Gürtel, mit dem Schleier reißt der holde Wahn entzwei...:* Die Originalzitate aus Friedrich Schillers Ballade »Das Lied von der Glocke«.

16. Wien 24.12.1901
    Quelle: Autograph. 4 Seiten; o. D.; o. U.
    Datum: Von den Hg. erschlossen
    AMM: S. 277/278. D: 24. Dec. 1901. Weglassungen: (1) *Ich habe durch...
    Augen ablesen können.* (2) P. S.

17. Wien 3.1.1902
    Quelle: Autograph. 1 Karte; o. D.; o. U.
    Datum: Von den Hg. erschlossen
    AMM: S. 280. D: 1902
    Anm.: *Nimm es hin, das erste!*: In AMM behauptet Alma in einer Fuß-
    note, es handle sich um *Das klagende Lied*, siehe jedoch Brief 6 vom
    8. Dezember.
18. Semmering 31.1.1902
    Quelle: Autograph. 4 Seiten; o. D.; o. U.
    Datum: Von den Hg. erschlossen
    AMM: S. 280/281. D: Semmering, II. 02. [d. h. Februar 1902]. Auslas-
    sung: *...und* ordentlich *stolz bin ich...*; Text verändert: (1) *...um ganz
    Dein* werden *zu können* statt *Dein* sein *zu können.* (2) *...durch* monate-
    langen *Blutandrang* statt *...durch* wochenlangen *Blutandrang.* Abkür-
    zung: *...der St. Phantasie* statt *...der Straussischen Phantasie...*
    Anm.: Zwischen *garstiges Fleck erschienen* und *Jetzt will ich...* sind im
    Autograph viereinhalb Zeilen von Alma durchgestrichen und unleser-
    lich gemacht.
19. Semmering 1.2.1902
    Quelle: Autograph. 3 Seiten; o. D.; o. U.
    Datum: Von den Hg. erschlossen
    AMM: S. 281–283. D: 3.2.02
    Anm.: *...am 10. März... dampfen wir ab!*: Alma Mahler behauptet in
    AMM S. 45, daß sie und Mahler schon am 9. März abgefahren seien,
    d. h. vor der Hochzeit von Justi und Arnold Rosé am nächsten Tag. Dies
    wäre eine Brüskierung für Justi und Arnold Rosé gewesen. Merkwürdig
    ist auch, daß Mahler in seinen Briefen an Justi von St. Petersburg die
    Hochzeit der Schwester gar nicht erwähnt. Die Hg. sind der Überzeu-
    gung, daß das Ehepaar erst um den 11. März abgefahren ist, wie es sich
    Mahler schon im Februar vorstellte. Dafür sprechen nicht nur die Da-
    tierungen der ungedruckten Briefe Mahlers an Schwester und Schwa-
    ger aus St. Petersburg, sondern mehr noch Mahlers Urlaubsansuchen
    an die Generalintendanz der Hofoper vom 1. März 1902, wo er den Ab-
    reisetermin mit dem 11. März angibt (s. K. Blaukopf: »Mahler«, Wien
    1976, S. 235).
20. Wien 10.2.1902
    Quelle: Autograph. 2 Seiten; o. D.; o. U. Erstveröffentlichung
    Datum: Von fremder Hand hinzugefügt.
    Anm.: *So! Jetzt dirigire ich nicht...* An diesem Abend dirigierte Josef
    Hellmesberger Humperdincks *Hänsel und Gretel.*
21. Wien, im Februar 1902
    Quelle: Autograph. 2 Seiten; o. D.; o. U. Erstveröffentlichung
    Datum: Von fremder Hand hinzugefügt. Genaue Datierung nicht mög-
    lich.
    Anm.: *Bertha:* »Stubenmädchen von Anna Moll« (Anm. von Alma in

ELM); *Prießnitzumschlag:* Umschläge mit kaltem Wasser, benannt nach einem Mitbegründer der Naturheilkunde, Vincenz Prießnitz (1790 bis 1851).

22. [Im Zug nach Wiesbaden], 20. 1. 1903
   Quelle: Autograph. 4 Seiten; o. D.; o. U. Erstveröffentlichung
   Datum: Von den Hg. erschlossen
   Anm.: O bedeutet »Küsse«, ein Symbol, das Mahler auch in Briefen seiner Hamburger Zeit (1895–1897) an Anna v. Mildenburg verwendet hat; *dejeuner:* von Mahler fälschlich für »Abendessen« gebraucht; zwischen dem 4. und 5. Absatz hat Mahler einen senkrechten Strich gesetzt, um anzudeuten, daß er später weitergeschrieben hat.

23. Frankfurt 21. 1. 1903
   Quelle: Original des Telegramms. Erstveröffentlichung
   Datum: Aufdruck des Telegraphenamtes: [Datum:] 21/1/ [Uhrzeit:] 9/40

24. Wiesbaden 21. 1. 1903
   Quelle: Autograph. 2 Seiten; m. D.; o. U.
   Datum: Von Mahlers Hand
   AMM: S. 283/284. Wiesbaden, den 21. Jänner 1903. Weglassungen: (1) – *so gar nicht »nachdenklich« – (da kann ich sie gar nicht leiden) sondern...* (2) P. S. Text verändert: *Jetzt hinaus, immer herumgerannt* statt *Jetzt hinaus und herumgerannt...*

25. Wiesbaden 23. 1. 1903
   Quelle: Original des Telegramms. Erstveröffentlichung
   Datum: Aufdruck des Telegraphenamtes: [Datum:] 23/1 [Uhrzeit:] 10.11

26. Wien 1902/03 [?]
   Quelle: Nach der Abschrift in ELM; o. D. Erstveröffentlichung
   Datum: Von den Hg. erschlossen. Eine genaue Datierung ist nicht möglich. Mit Bezug auf »Crefeld« (Juni 1902) und »Putzerl« (Maria Anna, geb. 3. Nov. 1902) ist der Brief vermutlich zwischen letzterem Datum und 15. Juni 1904 (Geburt von Anna Justine) geschrieben.

27. [Im Zug nach Lemberg], 30. 3. 1903
   Quelle: Nach der Abschrift in ELM; o. D. Erstveröffentlichung
   Datum: Von den Hg. erschlossen
   Anm.: *1 Uhr:* 13.00 Uhr.

28. Lemberg, 31. 3. 1903
   Quelle: Original des Telegramms. Erstveröffentlichung
   Datum: m. Postst. Postamt Wien

29. Lemberg, 31. 3. 1903
   Quelle: Autograph. 4 Seiten; o. D.; o. U.
   Datum: Von den Hg. erschlossen
   AMM: S. 284–286. D: Lemberg, Hotel George, Lwòw, 1903. Weglassungen: (1): *Grüße vielmals Mama u. Karl,* (2) *Tausend Busserln* und Knutscher (3) P. S.
   Anm.: *mit Laufen:* In AMM, S. 25, schildert Alma, wie Mahler auf der

Hochzeitsreise während der Bahnfahrt nach St. Petersburg sowohl im Waggon als auch bei den Aufenthalten an den verschiedenen Stationen auf und ab lief, um seine Migräne zu vertreiben; *Dauthage:* »Mahler hatte einen Tick im Gehen – und wir hatten verabredet, daß ich immer ›Dauthage‹ zu sagen hätte, wenn er seiner Gewohnheit verfiel. Wie wir auf dieses Wort gekommen sind, weiß ich heute nicht mehr« (Anm. Almas in AMM, S. 286).

30. Lemberg, 1.4.1903
    Quelle: Autograph. 4 Seiten; o. D.; o. U.
    Datum: Von den Hg. erschlossen
    AMM: S. 287/288. D: Hotel George, Lwòw, 1903. Der Text des 1. und 2. Absatzes ist hier entstellt wiedergegeben und insgesamt unverständlich. Weglassungen: (1) *über welche sich die Perrin so sehr ihren (ehemals viel gescheiteren) Kopf zerbricht.*; (2) *wohlgemut bleibe* [in AMM: *ausbleibe*] *Aber es gehört ein »Straussen«magen dazu, dieses Gastieren auszuhalten*; (3) *Heute ist ein … der Hassinger reclamirt?*
    Anm.: *Helmholtz:* Hermann v. H. (1821–1894), Arzt, Physiologe und Physiker; *Perrin:* Jenny P., geb. (1866) Feld. Ihr Sohn John C. Perrin verkaufte 1959 das Autograph der 1. Sinfonie (die sog. Hamburger Fassung) an die Osborn Collection der Yale University; *Freifrau von Bielitz:* Der Titel *Freifrau* ist von Mahler sarkastisch gemeint, denn Selma Kurz kam aus bescheidenen Verhältnissen in Bielitz (heute Bielsko in Polen). Wir dürfen vermuten, daß sie wieder um Urlaub für Konzertreisen nachgesucht hat und wegen Mahlers Ablehnung jetzt mit Demission drohte.; *erst Dienstag Abend weg:* die Osterferien begannen am Dienstag, den 7. April. Mit seiner Familie begab sich Mahler an diesem Tag nach Abbazia und blieb bis 13. April.

31. Lemberg, 2.4.1903
    Quelle: Autograph. 4 Seiten; o. D.; o. U.
    Datum: Von den Hg. erschlossen
    AMM: S. 288/289. D: Hotel George, Lwòw, 1903. Weglassungen: (1) *Was sind denn das … ihn wirklich kommen lassen?* (2) *Für Dich wird es … in den Quark hineingeräthst.* (3) *… und erziehe Dich ein wenig!* (4) *… damit Du nicht wieder weiß Gott, was glaubst.* (5) *… (6 fl.)* (6) *(nachdem ich Dich … Deine unartige Aufführung)*
    Anm.: *Paulsen:* Friedrich Paulsen (1846–1908), deutscher Philosoph, dessen »Einleitung in die Philosophie« seit der Erstausgabe 1892 sehr verbreitet war. Das Buch erlebte bis 1903 zehn Auflagen.

32. Lemberg, 3.4.1903
    Quelle: Autograph. 4 Seiten; o. D.; o. U.
    Datum: Von den Hg. erschlossen
    AMM: S. 289/290. D: Hotel George, Lwòw, 1903. Weglassungen: *Mit der Stägemann hat es … ihn zu lesen.* Hinzufügungen von Alma Mahler: (1) *… zum Salon umgewandelt* wurde (2) *Lorbeerkranzes* über mich ergehen lassen müssen.

Anm.: *II. in Düsseldorf:* Aufführung am 2. April unter der Leitung von Julius Buths, s. hierzu Mahlers Brief an Buths vom 25. März 1903 (GMB Nr. 315).

33. Wien, 21. 5. 1903
Quelle: Autograph. 4 Seiten; o. D.; o. U.
Datum: Von den Hg. erschlossen
AMM: S. 295/296. D: 22. Mai 1903 (von Wien nach Göding; nach Mahlers Rückkehr von Göding nach Wien)
Anm.: *Laufen:* Wortspiel Mahlers, der auf seine Gewohnheit bei Migräneanfällen auf und ab zu laufen anspielt. Hier jedoch ist das Dörflein Laufen (auch Lauffen) bei Bad Ischl gemeint. Die Wortstellung in AMM (S. 295) ist: *... plötzlich nach Laufen (nicht bei Ischl) verlangte.*; *Elise:* Mahlers Köchin, die seit seiner Zeit in Hamburg bei ihm angestellt war.; *Grabbe:* der Dramatiker Christian Dietrich Grabbe (1801–1835); vermutlich hat Mahler an dessen Lustspiel »Scherz, Satire, Ironie und tiefere Bedeutung« gedacht.

34. Basel, Mitte Juni 1903
Quelle: Autograph. 1 Seite; o. D.; o. U. Erstveröffentlichung
Datum: Von den Hg. erschlossen. Genaue Datierung nicht möglich

35. Toblach, 21. 7. 1903
Quelle: Autograph. A. Karte; o. D. Erstveröffentlichung
Datum: Poststempel
Anm.: *Helmholtz:* s. Anm. zu Brief 30.

36. Dölsach, 24. 7. 1903
Quelle: Autograph. A. Karte o. D. Erstveröffentlichung
Datum: Poststempel

37. Klagenfurt, 28. 8. 1903
Quelle: Autograph. Korr. K.; o. D. Erstveröffentlichung
Datum: Poststempel
Anm.: *Cafe Schibert:* recte *Schiberth* in der Bahnhofstraße 16 in Klagenfurt; *Karpath:* Ludwig Karpath, Musikreferent am »Neuen Wiener Tageblatt«; *Uhrmacher Josef Meiringer:* Ein noch heute existierendes Fachgeschäft in Klagenfurt; *Vollendung der Copie:* Alma Mahler kopierte zu jener Zeit die Partitur von Mahlers 5. Sinfonie. Sie befindet sich heute in der »Collection of the Music Division, The New York Public Library, Astor, Lennox and Tilden Foundation«. Gilbert Kaplan hat in seiner Kassette zum »Adagietto« der Sinfonie auch Almas Kopie dieses Satzes zugänglich gemacht (The Kaplan Foundation, New York 1992).

38. Klagenfurt, 28. 8. 1903
Quelle: Autograph. Korr. K.; o. D. Erstveröffentlichung
Datum: Poststempel

39. Wien, 29. 8. 1903
Quelle: Autograph. Korr. K.; o. D.
Datum: Poststempel
AMM: S. 291. D: Wien-Kahlenberg, 29. 8. 03

Anm.: *Leidinger:* Café Leidinger in Wien, auch Hartmann (nach dem Inhaber) genannt; *dann in 9,30 Minuten heraufgeradelt:* Mahler meint, um 9.30 [21.30] Uhr heraufgeradelt.

40. Wien, 30. 8. 1903
Quelle: Autograph. 6 Seiten; o. D.; o. U.
Datum: Von den Hg. erschlossen
AMM: S. 386–388. D: Wien, 30. 9. 1907. Weglassungen: (1): *(auch daß der Block wegrasiert wird)* (2) *Feinstes Menu und eben … morgen zu Tisch geladen.* (3) *Allerdings werde ich … auszufechten haben.* (4) *Beiliegende Blätter sende … nächstes Jahr nicht fehlen.* (6) *Meine Verdauung … – ganz ohne Mittel.*
Anm.: *Ehren-Schalk:* Wortspiel mit dem Namen des 1. Kapellmeisters an der Hofoper, Franz Schalk; *der Block:* nicht ermittelt.

41. Wien, 31. 8. 1903 – morgens
Quelle: Autograph. 4 Seiten; o. D.; o. U.
Datum: Von den Hg. erschlossen
AMM: S. 291/292. D: ohne Datum [in die Briefe vom August-September 1903 eingereiht].
Anm.: *4 Abende:* 1. September »Théâtre paré« (Festvorstellung) anläßl. der Anwesenheit des Königs Edward VII. v. England. Leoncavallo, *Der Bajazzo,* und das Ballett *Die Perle von Iberien* von Josef Bayer, Franz Schalk, Dirigent. 2. September, Ignaz Brüll, *Das goldene Kreuz* mit Peter Lordmann als Gast; J. Bayers Ballett *Rund um Wien,* Dirigenten: Franz Schalk und J. Bayer. 3. September, Mozart, *Figaros Hochzeit,* Dirigent: Franz Schalk. 4. September, Charles Gounod, *Faust,* mit Georg Bazelli als Gast; Dirigent: Josef Hellmesberger.; *ich ziehe … zu Pollak:* Theodor Pollak war am 25. Juli in die Schleifmühlgasse 4, Wien IV umgezogen.

42. Wien, 31. 8. 1903 – abends
Quelle: Autograph. 3 Seiten; o. D.; o. U.
Datum: Von den Hg. erschlossen
AMM: S. 294. ohne Datum [in die Briefe vom August/September 1903 eingereiht]. Weglassungen: (1) *Bei Kohn habe ich heute gezahlt und sende Dir die Rechnung.* (2) *Ich habe die … liebenswürdig beantwortet habe.*
Anm.: In AMM *II. Stock* statt *III. Stock.* … Die Zehelbauer: nicht ermittelt.

43. Wien, 1. 9. 1903
Quelle: Autograph. 4 Seiten; o. D.; o. U.
Datum: Von den Hg. erschlossen
AMM: S. 388/389. D: Wien, 25. 3. 1907; an diesem Tag war Mahler mit Alma in Rom! Weglassungen: (1) *Verdauung pickfein!* (2) *… und es Dir wol sein läßt.* (3) *(ich schreibe dieß im Café Imperial nach dem Essen) dießmal allein.*
Anm.: *Theater paré:* s. Anm. zu Brief 41.

44. Wien, 1. 9. 1903
Quelle: Autograph. Korr. K.; o. D. Erstveröffentlichung
Datum: Poststempel

45. Wien-Kahlenberg, 2.9.1903
Quelle: Autograph. 3 Seiten; o. D.; o. U.
Datum: Von den Hg. erschlossen
AMM: S. 292. ohne Datum [in die Briefe von August/September 1903 eingereiht].
Anm.: *Morgen dirigire ich Figaro:* Diese Vorstellung wurde schließlich von Franz Schalk dirigiert; *Stritzko:* Josef Stritzko, Direktor der Zeitungsdruckerei Waldheim-Eberle & Cie. Verleger Mahlers für die Sinfonien 1–4, *Das klagende Lied* und die *Gesänge aus Des Knaben Wunderhorn; Grethl:* vielleicht Almas Freundin Grethe Hammerschlag.

46. Wien, 4.9.1903
Quelle: Autograph. 4 Seiten; o. D.; o. U. Erstveröffentlichung
Datum: Von den Hg. erschlossen
Anm.: *Heute singt dieser Tenorgast:* der italienische Tenor Georg Bazelli in Gounods *Faust.*

47. Frankfurt, 19.10.1903
Quelle: Autograph. A. Karte; o. D. Erstveröffentlichung
Datum: Poststempel

48. Amsterdam, 20.10.1903
Quelle: Autograph. 4 Seiten; o. D.; o. U.
Datum: Von den Hg. erschlossen
AMM: S. 319–321. D: Amsterdam, 20. October 1904. Weglassungen: *Wenn Du aber nächstens... das nie mehr an!*
Anm.: *Mynheer Drogstoppel:* Figur aus dem Roman *Max Havelaar oder die Holländer auf Java.* Zeitgemälde von Multatuli, Pseudonym für Eduard Douwes Dekker. (erste deutsche Ausg. Berlin 1875)

49. Amsterdam, 21.10 1903
Quelle: Autograph. 4 Seiten; o. D.; o. U.
Datum: Von den Hg. erschlossen
AMM: S. 321–22. D: Amsterdam, 21. October 1904. Weglassungen: (1): *Du, mit Holland ist... Phlegma und Entschlossenheit.* (2) *(übrigens aus dem Geschlechte... und Kannitverstahn)* (3) *stöberte* zu Hause, (4) *Deinen heutigen (I.) Brief kann ich nicht entziffern! Schreibe doch deutlicher!* (5) *Mama u. Karl viele Grüße.*
Text verändert: »...meine Hausleute ersuchen *wollte*« statt »ersuchen *würde*«.
Anm.: *Am Sonntag dirigire ich:* Die erste Abteilung des Konzerts am 25. Oktober dirigierte Willem Mengelberg: C. M. v. Webers Ouvertüre zu *Oberon,* W. A. Mozarts *Eine kleine Nachtmusik* und Richard Wagners Ouvertüre zu *Tannhäuser.* Nach der Pause dirigierte Mahler seine *1. Sinfonie.; avis en lecture: recte avis au lecteur,* d. h. Hinweis für den Leser.

50. Zaandam, 22.10.1903
Quelle: Autographen. 8 Ansichtskarten; o. D.; o. U.
Datum: Von den Hg. erschlossen

AMM: S. 322/323. D: Zaandam, 22. October 1904. Weglassungen: (1) Karte Nr. VI: *Heute habe ich ... Aber Almschi!* (2) Karte Nr. VII: *Gesamter Text* (3) Karte Nr. VIII: *... ist mir plötzlich ... laut aufgelacht!* (4) Karte Nr. IX: *... und grüße herzlichst Mama und Karl.*
Anm.: *Bim-Bam:* Das »Bimm-bamm« (Knabenchor) im 5. Satz der 3. Sinfonie.; *Wischi, wischi:* »Gelalle der kleinen Putzi« (Anm. Alma Mahlers in ELM); *Ernst:* wahrscheinlich Ernst Moll, der jüngere Bruder von Carl Moll.

51. Amsterdam, 23. 10. 1903
   Quelle: Autograph. 4 Seiten; o. D.; o. U.
   Datum: Von den Hg. erschlossen
   AMM: S. 324/325. D: Amsterdam, 23. October 1904. Fälschung: *... wieder zu Dir,* mein Einziges statt *... mein Luxerli.* Weglassung: *Ich freue mich ... von mir. Dein alter Gustl*

52. Wien, 29. 11. 1903
   Quelle: Autograph. Korr. K.; o. D. Erstveröffentlichung
   Datum: Poststempel

53. Frankfurt, 30. 11. 1903
   Quelle: Autograph. 2 Seiten; o. D.; o. U. Erstveröffentlichung
   Datum: Von den Hg. erschlossen

54. Frankfurt, 1. 12. 1903
   Quelle: Nach der Abschrift in ELM; o. D.
   Datum: Von den Hg. erschlossen
   AMM: S. 313. D: Frankfurt, October 1904. Weglassungen: (1) *Beifolgendes bitte ich ... Du das Nähere!* (2) *Es kostet täglich ... Kamm kauf ich mir.*
   Anm.: *Beifolgendes:* dem Brief lag ein Artikel aus der »Kölnischen Zeitung« vom 29. November 1903 mit dem Titel »Materie, Äther und Elektrizität« bei. Wiedergegeben in: Nachrichten zur Mahlerforschung Nr. 20, Wien 1988.

55. Frankfurt, 1. 12. 1903
   Quelle: Autograph. 3 Seiten; o. D.; o. U.
   Datum: Von den Hg. erschlossen
   AMM: S. 313/314. D: Frankfurt, 1904. Auslassung: *... und grüße vielmals Mama und Karl, wenn Du sie siehst.*

56. Frankfurt, 2. 12. 1903
   Quelle: Autograph. 2 Seiten; o. D.; o. U.
   Datum: Von den Hg. erschlossen
   AMM: S. 314/315. D: Frankfurt, October 1904. Weglassungen: (1) *Ich bitte, quäle Dich ... »die Weiber« erscheinen* (2) P. S.

57. Wien, 17. 12. 1903
   Quelle: Autograph. 3 Seiten; o. D.; o. U. Erstveröffentlichung
   Datum: Von den Hg. erschlossen

58. Wien, 27. 1. 1904
   Quelle: Autograph. Korr. K.; o. D. Erstveröffentlichung
   Datum: Poststempel

59. Wien, 27. 1. 1904
   Quelle: Autograph. 1 Seite; o. D. Erstveröffentlichung
   Datum: Poststempel
60. München, 28. 1. 1904
   Quelle: Autograph. A. Karte; o. D. Erstveröffentlichung
   Datum: Poststempel: München, 28. 1. 1904; Wien, 29. 1. 1904
61. Mannheim, 29. 1. 1904
   Quelle: Autograph. 2 Seiten; o. D.; o. U.
   Datum: Poststempel
   AMM: S. 298/299. D: Mannheim, 29. 1. 1904. Auslassung: P. S.
   Anm.: *Begegnung mit meinem Bruder:* Der sieben Jahre jüngere Bruder
   Alois, der später den Vornamen Hans Christian annahm, weil er weni-
   ger jüdisch klang. In der Annagasse 1, Wien I, wohnte bis etwa 1907 ein
   Hans Christian Mahler, von Beruf Oberbuchhalter. Hier handelte es
   sich höchstwahrscheinlich um Mahlers Bruder, den er im Brief »Ober-
   buchhalter« nennt. Eine Tätigkeit als Schriftsteller dieses Hans Chri-
   stian Mahler konnte nicht ermittelt werden.
62. Mannheim, 30. 1. 1904
   Quelle: Autograph. Korr. K.; o. D. Erstveröffentlichung
   Datum: Poststempel
63. Mannheim, 31. 1. 1904
   Quelle: Autograph. Postkarte; o. D.
   Datum: Poststempel
   AMM: S. 299. D: Mannheim: 31. 1. 1904. Weglassung: *... nachher um
   2 Uhr... auch Nachmittag spazieren.*
   Anm.: *Solistin à la Crefeld:* die ortsansässige Altistin Betty Kofler, die
   nach Meinung Mahlers ebenso gut sang wie Louise Geller-Wolter bei
   der Uraufführung der *3. Sinfonie* in Krefeld (9. Juni 1902); *... Dein 3er:*
   dreier, gemeint ist »treuer« (sächsischer Dialekt).
64. Heidelberg, 1. 2. 1904
   Quelle: Autograph. 3 Seiten; o. D.; o. U.
   Datum: Von den Hg. erschlossen
   AMM: S. 300/301. D: Mannheim, 1. 2. 1904. Weglassung: *Um 2 Uhr
   kommen Leglers... gar nichts beitragen.*
65. Heidelberg, 1. 2. 1904
   Quelle: Autograph. A. Karte; o. D. Erstveröffentlichung
   Datum: Poststempel
   Anm.: *Piesporter:* Deutsche Weinsorte. *Giesshüble:* Gießhübler, »reinster
   alkalischer Sauerbrunn, bestes Tisch- und Erfrischungsgetränk. Erzeu-
   ger: Heinrich Mattoni, Karlsbad und Wien.« So der Text eines Werbe-
   inserats für dieses Getränk in jener Zeit. *Zibeben:* große Rosinen.
66. Mannheim, 2. 2. 1904
   Quelle: Autograph. 2 Seiten; o. D.; o. U.
   Datum: Poststempel
   AMM: S. 301/302. D: Mannheim, 2. 2. 1904. Weglassungen: (1) *Grethl*

501

u. Wilhelm waren ... ganz gemüthlich. (2) *Spät zu Bett.* (3) *Grethl und Wilhelm bleiben ... »feinen Hause« geladen.* (4) *Zur Eifersucht hast Du keinen Grund.*

67. Mainz, 21. 3. 1904
Quelle: Autograph. 1 Seite; o. D.; o. U. Erstveröffentlichung
Datum: Von den Hg. erschlossen
Anm.: *anambassadirt:* angemeldet; ... *schönen Tage am Basler Rhein:* Mahler denkt an das Musikfest in Basel im Jahr zuvor; *Der Musikverein:* Mahler hatte damals das Angebot bekommen, die Konzerte der Gesellschaft der Musikfreunde in Wien als Nachfolger von Ferdinand Löwe zu übernehmen, lehnte aber schließlich ab. Statt Mahler übernahm dann Franz Schalk diese Aufgabe; *Vederemo!:* lat.: Ich werde sehen!, ein Ausruf, den Mahler oft benutzte; *dem Herrn Hofrath:* Karl von Wiener, späterer Präsident der Gesellschaft der Musikfreunde in Wien.

68. Mainz, 21. 3. 1904
Quelle: Autograph. 1 Seite; o. D.; o. U. Erstveröffentlichung
Datum: Von den Hg. erschlossen
Anm.: *Fanni:* Kindermädchen im Haus Mahler; *St. Peter:* (heute Pivka) Umsteigestation auf der Bahnstrecke Laibach – Triest.

69. Mainz, 22. 3. 1904
Quelle: Autograph. 2 Seiten; o. D.; o. U.
Datum: Von den Hg. erschlossen
AMM: S. 337. D: Mainz, 22. März 1903. Auslassungen: (1) Das Wort »übrigens« im Satz: ... *er ist aber* übrigens *ein sehr lieber und braver Kerl,* (2) *von Schakespeare*

70. Mainz, 23. 3. 1904
Quelle: Autograph. 2 Seiten; o. D.; o. U.
Datum: Von den Hg. erschlossen
AMM: S. 338. D: Mainz: 23. März 1903. Umformulierung: ... *schade, daß Du nicht dabei sein kannst,* statt ... *daß Du,* und Mama *nicht dabei sein* könnt. Weglassung: *Hätte ich doch ...* bis Ende des Briefes
Anm.: *»auf die Luft«:* »ein Slavismus Mahlers – er hatte übrigens mehrere Redewendunggepflogenheiten, über die ich mich immer unterhielt« (Anm. Almas in ELM).

71. Köln, 24. 3. 1904
Quelle: Autograph. 2 Seiten; o. D.; o. U.
Datum: Von den Hg. erschlossen
AMM: 302 / 303. D: Hotel Disch, Köln, Frühjahr 1904. Auslassung: ... *hier* im Hotel *an die schöne Crefelder Zeit!*

72. Köln, 25. 3. 1904
Quelle: Autograph. 2 Seiten; o. D.; o. U.
Datum: Von den Hg. erschlossen
AMM: S. 302. D: Köln, Frühjahr 1904. Text verändert: ... *in Mattuglie aussteigen werde!* statt ... *in Mattuglie aussteige.* Auslassung: P. S.
Anm.: *Am Rhein, am Rhein, da ...:* Zitat aus dem »Rheinweinlied« von

Johann André (1741–1791); aus: *Musikalischer Blumenstrauß* (Offenbach 1776)

73. Köln, 27. 3. 1904
Quelle: Autograph. 3 Seiten; o. D.; o. U.
Datum: Von den Hg. erschlossen
AMM: S. 303/304. D: Hotel Disch, Köln 1904. Weglassungen: (1) *Heute Abend geht es glücklicherweise fort.* (2) *Ich war schon wieder... habt Ihr vergessen.* (3) *Sei Du und Mama vielmals gegrüßt und...*

74. Wien, 29. 3. 1904
Quelle: Original des Telegramms. Erstveröffentlichung
Datum: Aufdruck des Telegraphenamtes: Wien [Datum:] 29 [März]; [Uhrzeit:] 10 10
Anm.: *Wiener Heim:* Nördlich von Abbazia gelegene bescheidene Pension

75. Wien, 5. 4. 1904
Quelle: Autograph. 4 Seiten; o. D.; o. U. Erstveröffentlichung
Datum: Von den Hg. erschlossen
Anm.: *Wondra:* Hubert Wondra wurde damals auf der Straße von einem Unzurechnungsfähigen angeschossen; ... *und schwelgten in »Hoffmanns Erzählungen«:* Aufführung am 4. April, von Bruno Walter dirigiert; *Ich korrigirte indessen meine 5.:* Mahler hatte im Oktober 1903 mit dem Verlag C. F. Peters in Leipzig einen Vertrag über die Drucklegung seiner 5. *Sinfonie* abgeschlossen.

76. Wien, 6. 4. 1904
Quelle: Autograph. 3 Seiten; o. D.; o. U. Erstveröffentlichung
Datum: Von den Hg. erschlossen
Anm.: *Die III. Correktur:* Bezieht sich auf die 5. *Sinfonie*; *Fallstaffproben:* Vorbereitungen zur Erstaufführung dieses Werkes in deutscher Sprache am 3. Mai 1904 an der Wiener Hofoper.

77. Wien, 7. 4. 1904
Quelle: Autograph. 3 Seiten; o. D.; o. U. Erstveröffentlichung
Datum: Von den Hg. erschlossen
Anm.: ... *gestrigen Telegramme:* bisher nicht aufgefunden; *Frau Mimose:* Betty Adler, die Gattin von Guido Adler. Mahler empfand sie als überempfindlichen Menschen. Adler wohnte damals im sogenannten »Cottage-Viertel«, Lannergasse 9, Wien XIX; ... *nächste Saison:* Vom Kapellmeister Max Fiedler hatte Mahler eine Einladung von der Philharmonischen Gesellschaft in Hamburg erhalten, dort im Januar 1905 ein Konzert zu leiten. Es wurde später auf März verschoben, s. Briefe 128–131; *Tristan zu dirigiren:* Aufführung am 8. April; *Lanckoronski:* Graf, Dr. Karl L. (1849–1819?), Wiener Sammler und Kunstmäzen.

78. Wien, 21. 6. 1904
Quelle: Autograph. Korr. K.; o. D. Erstveröffentlichung
Datum: Poststempel

79. Klagenfurt, 22. 6. 1904
Quelle: Nach der Abschrift in ELM. Erstveröffentlichung

Datum: Nach der Angabe in ELM, vermutlich Aufdruck des Telegraphenamtes

80. Klagenfurt, 22.6.1904
Quelle: Autograph. Korr. K.; o. D. Erstveröffentlichung
Datum: Poststempel
Anm.: *Café Schieder:* Mahler meinte das Café *Schiberth*, s. Anm. 1 zu Brief 37; *per pedes über Loretto:* Mahler ging die wenigen Kilometer vom Klagenfurter Bahnhof nach Maria-Loretto zu Fuß; *Wittek:* Heinrich Ritter v. Wittek, 1897–1905 Minister der österreichischen Staatsbahnen.

81. Maiernigg, 23.6.1904
Quelle: Autograph. 4 Seiten; o. D.; o. U.
Datum: Von den Hg. erschlossen
AMM: S. 306/307. D: ohne Datum [in die Briefe vom Sommer 1904 eingereiht]. Weglassungen: (1)... *ein wenig* unter Aufsicht *tummeln*... (2) *(Alles aus Holz)* (3) Skizze des Kinderspielplatzes. (4) P. S.
Anm.: *Böcklin-Salon:* Ein Zimmer in der Villa Mahler, in dem vermutlich ein Gemälde des Schweizer Malers Arnold Böcklin (1827–1901) hing.

82. Krumpendorf, 24.6.1904
Quelle: Autograph. 4 Seiten; o. D.; o. U.
Datum: Von den Hg. erschlossen
AMM: S. 304/305. D: Von Maiernigg nach Wien, 23. Juni 1904. Weglassungen: (1) *(von denen schon... Deine Ansicht erwartet)* (2) *und* besonders Deine Karte (3)... *und die lieben Zeilen der Mama* (4) *Ich zahlte 24 Kr.*; (5) *Der Brief von der Emma war doch ganz nett.*
Anm.: *Tolstoi-Beichte:* Wahrscheinlich Leo Tolstois *Meine Beichte* (erste deutsche Ausg. Berlin 1890); *Der Brief von der Emma:* Mahlers jüngste Schwester, seit dem 25.8.1898 verheiratet mit dem Cellisten Eduard Rosé und in Weimar wohnhaft. Vielleicht ein Glückwunsch zur Geburt von Anna (»Gucki«).

83. Krumpendorf, 25.6.1904
Quelle: Autograph. Korr. K.; o. D. Erstveröffentlichung
Datum: Poststempel
Anm.: *herumstrabanzte:* ziellos umhergehen.

84. Maiernigg, 26.6.1904
Quelle: Autograph. 3 Seiten; o. D.; o. U.
Datum: Von den Hg. erschlossen
AMM: S. 307/308. D: ohne Datum [in die Briefe vom Sommer 1904 eingereiht]. Weglassungen: (1) *Bei Theuers war ich noch nicht... mich an etwas erinnere.* (2)... *und pisak' jetzt... nach oben machst.*
Anm.: *der Herrenhuter:* Eine Firma für Herrenausstattung in Wien.

85. Maiernigg, 27.6.1904
Quelle: Autograph. Briefkarte, 2 Seiten; o. D.; o. U. Erstveröffentlichung

Datum: Von den Hg. erschlossen

Anm.: *Riedl:* Firma in Klagenfurt, nicht mehr nachweisbar; *Clavierquartett in g-moll:* J. Brahms, *Klavierquartett g-Moll op. 25.*

86. Maiernigg, 27. [?] 6. 1904
Quelle: Autograph. Briefkarte, 2 Seiten; o. D.; o. U. Erstveröffentlichung
Datum: Von den Hg. erschlossen

Anm.: *Bor:* »Ein medizinischer Artikel über die Schädlichkeit der Borsäurewaschung der Mutterbrust vor dem Nähren« (Anm. Almas in ELM); *Sänfte:* Gefederter Pferdewagen; *Gummiradler:* Pferdewagen mit Gummirädern.

87. Maiernigg, 28. 6. 1904
Quelle: Autograph. 3 Seiten; o. D.; o. U.
Datum: Von den Hg. erschlossen. Von Mahlers Hand: *Dienstag*
AMM: S. 312. D: ohne Datum [in die Briefe vom Sommer 1904 eingereiht]. Das P. S. erscheint als Nachtrag zu Brief 135 mit folgender Weglassung: *Dann lese ich... die Sache entwickelt.*

Anm.: *Walk oder Rid:* Mahler benutzt die englischen Begriffe für »Spaziergang« (Walk) und Fahrt mit einem Pferdewagen (Ride); *Dorian Gray:* Oscar Wildes »Das Bildnis des Dorian Gray« (erste deutsche Ausg., Minden 1902); *Tolstoi:* s. Anm. zu Brief 82.

88. [Juni (?) 1904]
Quelle: Autograph. 2 Seiten; o. D.; o. U. Erstveröffentlichung
Datum: Genaue Datierung nicht möglich. Der Brief paßt am ehesten in die Lebensabläufe des Jahres 1904.
Anm.: *Hotel und Pension »Hugelmann« am Wörthersee:* Ort nicht ermittelt.

89. Maiernigg, Juni (?) 1904
Quelle: Autograph. 2 Seiten; o. D.; o. U. Erstveröffentlichung
Datum: Von den Hg. erschlossen
Anm.: *bei den Spintinker Teichen:* die kleinen Spintinker Teiche zwischen Maiernigg und Keutschach; *Grünwald:* eine Familie aus dem Maiernigg gegenüberliegenden Krumpendorf.

90. Klagenfurt, 2. 7. 1904
Quelle: Autograph. Korr. K.; o. D. Erstveröffentlichung
Datum: Poststempel
Anm.: *Thonet:* Berühmte Firma für die Herstellung von Möbeln aus gebogenem Holz, gegründet von dem Großindustriellen Jakob Thonet; *Streichriemen:* s. Brief 84.

91. Maiernigg, 3. 7. 1904
Quelle: Autograph. 2 Seiten; o. D.; o. U.
Datum: Von den Hg. erschlossen
AMM: S. 308/309. D: ohne Datum, in die Briefe vom Sommer 1904 eingereiht. Weglassungen: (1) *(so wie ihm ein Titel... gleich das Buch zu)* (2) *Der Mama danke... ist Alles richtig!* (3) *...und Mama; Euch erfreuen* durch *Dich erfreuen* ersetzt.

92. Maiernigg, 4. 7. 1904
Quelle: Autograph. Briefkarte, 2 Seiten; o. D.; o. U. Erstveröffentlichung
Datum: Von den Hg. erschlossen

93. Maiernigg, 4. 7. 1904
Quelle: Autograph. 2 Seiten; o. D.; o. U. Erstveröffentlichung
Datum: Von den Hg. erschlossen

94. Maiernigg, 5. 7. 1904
Quelle: Autograph. Korr. K.; o. D. Erstveröffentlichung
Datum: Von den Hg. erschlossen

95. Maiernigg, Juli 1904
Quelle: Autograph. 2 Seiten; o. D.; o. U. Erstveröffentlichung
Datum: Von den Hg. erschlossen. Im Brief schreibt Mahler versehent-
lich ... *erst Ende Juni.*
Anm.: *die Luft entschieden zu matsch:* zu stickig; *Sommerfexe:* die Touri-
sten am Wörthersee; *den Artikel:* nicht ermittelt. *Deinem Papa:* entweder
Emil Jakob Schindler oder Carl Moll gemeint; *Adler:* Guido Adler.

96. Maiernigg, Juli 1904
Quelle: Autograph. Briefkarte, 2 Seiten; o. D.; o. U. Erstveröffentlichung
Datum: Von den Hg. erschlossen
Anm.: *Sans façon:* zwanglos

97. Maiernigg, Juli 1904
Quelle: Autograph. 2 Seiten; o. D.; o. U. Erstveröffentlichung
Datum: Von den Hg. erschlossen
Anm.: *den ich bereits jugirt habe:* entschieden habe zu bestellen.

98. Maiernigg, Juli 1904
Quelle: Autograph. 2 Seiten; o. D.; o. U.
Datum: Von den Hg. erschlossen
AMM: S. 310 / 311. D: 1904. Weglassungen: (1) *Vergiß nur den Luftpol-
ster nicht.* (2) *Dein Brief, den ich ... nach Dir erfüllt.* (3) *... und Pollak muß
schauen, daß wir die Villa anbringen.*

99. Maiernigg, 9. 7. 1904
Quelle: Autograph. Briefkarte, 2 Seiten; o. D.; o. U.
Datum: Von den Hg. erschlossen. Von Mahlers Hand: *Samstags Nachts.*
AMM: S. 309 / 310. D: Samstag Nachts Mitte July [in die Briefe vom
Sommer 1904 eingereiht]. Auslassung: *Dienstag mache ich noch die ge-
wünschten Besorgungen und ...*

100. Schluderbach, 11. 7. 1904
Quelle: Autograph. Korr. K.; o. D. Erstveröffentlichung
Datum: Poststempel
Anm.: *2. und 3. Satz der VI.:* Scherzo- und Andante-Satz der *6. Sinfonie,*
die Mahler im Vorjahr in Maiernigg komponiert hatte. In diesem Som-
mer vollendete er die beiden Ecksätze.

101. Toblach, 11. 7. 1904
Quelle: Nach der Abschrift in ELM; Korr. K.; o. D. Erstveröffentlichung
Datum: Von den Hg. erschlossen

102. Villach, 11.7.1904
Quelle: Autograph. Geschlossene Briefkarte; o. D. Erstveröffentlichung
Datum: Poststempel

103. Dölsach, 18.8.1904
Quelle: Autograph. Korr. K.; o. D. Erstveröffentlichung
Datum: Poststempel

104. Wien, 12.10.1904
Quelle: Autograph. Korr. K.; o. D. Erstveröffentlichung
Datum: Poststempel

105. Frankfurt, 13.10.1904
Quelle: Autograph. Postkarte; o. D. Erstveröffentlichung
Datum: Poststempel

106. Köln, 13.10.1904
Quelle: Autograph. 1 Seite; o. D.; o. U. Erstveröffentlichung
Datum: Von den Hg. erschlossen
Anm.: *Ich erwarte Dich sicher Sonntag:* am 16. Oktober.

107. Köln, 14.10.1904
Quelle: Autograph. 2 Seiten; o. D.; o. U.
Datum: Von den Hg. erschlossen. Von der Hand Mahlers: *Freitag Nachmittags nach der 1. Probe.*
AMM: S. 315/316. D: Köln, 16. October 1904.
Anm.: Im Autograph schreibt Mahler versehentlich: *Fedora gegeben von Puccini* statt von Giordani.

108. Köln, 15.10.1904
Quelle: Autograph. 1 Seite; o. D.; o. U.
Datum: Von den Hg. erschlossen
AMM: S. 317. D: Köln, 14.10.1904. Weglassung: *Von Emma kam ... per Post nach Wien.*

109. Köln, 18.10.1904
Quelle: Original des Telegramms. Erstveröffentlichung
Datum: Aufdruck des Telegraphenamtes: *Coeln* [Datum:] 18 [10.] [Uhrzeit:] 10 38.
Anm.: *... um die Sechste erworben:* Die noch nicht vollendete Sinfonie wurde neun Monate später vom Verlag C. F. Kahnt Nachf. in Leipzig erworben, s. Briefe 133 und 138.

110. Köln, 18.10.1904
Quelle: Autograph. 2 Seiten; o. D.; o. U.
Datum: Von den Hg. erschlossen
AMM: S. 317/318. D: Köln, Domhotel, 19.10.1904. Weglassungen: (1) *Adresse kann ich erst von dort aus geben.* (2) P. S.

111. Köln, 19.10.1904
Quelle: Autograph. 1 Seite; o. D.; o. U.
Datum: Von den Hg. erschlossen
AMM: S. 318/319. D: Köln, October 1904.
Anm.: *Nodnagel:* Auch von Mahlers *5. Sinfonie* fertigte Nodnagel eine

Analyse, die im Januar 1905 beim Verlag C. F. Peters in Leipzig erschien.

112. Amsterdam, 20. 10. 1904
Quelle: Autograph. 2 Seiten; o. D.; o. U.
Datum: Von den Hg. erschlossen
AMM: S. 319. D: Amsterdam, 19. October 1904. *Weglassung: Alles ist großartig vorbereitet.*
Anm.: *Cilli:* »Eine Köchin« (Anm. Almas in AMM).

113. Amsterdam, 21. 10. 1904
Quelle: Autograph. 3 Seiten; o. D.; o. U.
Datum: Von den Hg. erschlossen
AMM: S. 323 / 324. D: Amsterdam 1904. Auslassung: *Was.* Weglassung: *. . . und ist sehr begeistert.*
Anm.: *Kritik aus der* »*Kölnischen*«*:* vom Pianisten Otto Neitzel (1852–1920), s. S. 478.

114. Amsterdam, 21. 10 1904
Quelle: Autograph. 3 Seiten; o. D.; o. U.
Datum: Von den Hg. erschlossen
AMM: S. 325 / 326. D: Amsterdam, October 1904. Weglassungen (1) *. . . Inselreich haben werde.* (2) *Die beiden Unterröcke bringe ich Dir im Koffer mit.* (3) *mir über Alles zu schreiben.*

115. Amsterdam, 22. 10 1904
Quelle: Autograph. 3 Seiten; o. D.; o. U.
Datum: Von den Hg. erschlossen
AMM: S. 326 / 327. D: Amsterdam, October 1904. Weglassung: P. S.

116. Amsterdam, 22. 10. 1904
Quelle: Nach der Abschrift in ELM; o. D. Erstveröffentlichung
Datum: Datum nach ELM, als Poststempel angegeben

117. Amsterdam, 23. 10. 1904
Quelle: Autograph. »Briefkaart«; o. D. Erstveröffentlichung
Datum: Poststempel

118. Amsterdam, 24. 10. 1904
Quelle: Autograph. 2 Seiten; o. D.; o. U.
Datum: Von den Hg. erschlossen
AMM: S. 327 / 328. D: Amsterdam, 25. October 1904. Auslassung: *Grüße Karl und Mama!*

119. Haarlem, 24. 10. 1904
Quelle: Autograph. »Briefkaart«; o. D. Erstveröffentlichung
Datum: Poststempel

120. Amsterdam, 25. 10. 1904
Quelle: Autograph. 4 Seiten; o. D.; o. U.
Datum: Von den Hg. erschlossen
AMM: S. 328 / 329. D: Amsterdam 1904. Weglassungen: (1) *Bitte lasse mir . . . schon fort sein.* (2) *. . . und grüße Arnold und Justi und natürlich Mama und Karl.*

121. Amsterdam, 26. 10. 1904
    Quelle: Autograph. 2 Seiten; o. D.; o. U.
    Datum: Von den Hg. erschlossen
    AMM: S. 329. D: Amsterdam 1904
122. Amsterdam, 27. 10. 1904
    Quelle: Autograph. »Briefkaart«; o. D. Erstveröffentlichung
    Datum: Poststempel
123. Wien, 25. 11. 1904
    Quelle: Autograph. Postkarte; o. D. Erstveröffentlichung
    Datum: Poststempel
124. Leipzig, 26. 11. 1904
    Quelle: Autograph. 2 Seiten; o. D.; o. U. Erstveröffentlichung
    Datum: Von den Hg. erschlossen
    Anm.: *Tetschen:* Grenzstation etwa 60 km südlich von Dresden; *Geschla-
    der:* widerliches Getränk; dünner Kaffee.
125. Leipzig, 27. 11. 1904
    Quelle: Autograph. 2 Seiten; o. D.; o. U.
    Datum: Von den Hg. erschlossen
    AMM: S. 330. D: Leipzig, 27. 11. 1904
126. Leipzig, 28. 11. 1904
    Quelle: Autograph. 4 Seiten; o. D.; o. U.
    Datum: Von den Hg. erschlossen
    AMM: S. 330/331. D: Leipzig, November 1904. Weglassung: *Heute
    Früh kam Emma ... in Empfang nahm.*
    Anm.: *Arion:* Sänger aus der griechischen Mythologie.
127. Leipzig, 29. 11. 1904
    Quelle: Original des Telegramms. Erstveröffentlichung
    Datum: Aufdruck des Telegraphenamtes: Leipzig [Datum:] 19 [11]
    [Uhrzeit:] 1 36
128. Hamburg, 8. 3. 1905
    Quelle: Autograph. Postkarte; o. D. Erstveröffentlichung
    Datum: Poststempel
    Anm.: *... morgen Früh depeschiren:* Telegramm nicht aufgefunden.
129. Hamburg, 9. 3. 1905
    Quelle: Autograph. 1 Seite; o. D.; o. U.
    Datum: Von den Hg. erschlossen
    AMM: S. 336. D: Hamburg, März 1905. Weglassungen: (1) *Heute Nach-
    mittag suche ich Willy und Alma auf.* (2) P. S.
130. Hamburg, 9. 3. 1905
    Quelle: Autograph. 4 Seiten; o. D.; o. U.
    Datum: Von den Hg. erschlossen
    AMM: S. 336. D: Hamburg, März 1905. Statt *Marschalk* nur die Initiale
    M. Weglassung: *Heute suchte ich ...* bis zum Schluß des Briefes ein-
    schließlich des Abschiedsgrußes.
    Anm.: *Willy Bergen:* Er wohnte damals in der Eppendorfer Landstraße 80.

131. Hamburg, 10. 3. 1905
   Quelle: Autograph. 3 Seiten; o. D.; o. U. Erstveröffentlichung
   Datum: Von den Hg. erschlossen
   Anm.: *Vierländerpuppe:* nicht ermittelt. In der Abschrift in ELM hat
   Alma Mahler das Wort mit »Holländerpuppe« ersetzt.

132. Graz, 1. 6. 1905
   Quelle: Nach der Abschrift in ELM; o. D. Erstveröffentlichung
   Datum: Von den Hg. erschlossen

133. Wien, 3. 6. 1905
   Quelle: Autograph. 4 Seiten; o. D.; o. U.
   Datum: Von den Hg. erschlossen
   AMM: S. 339/340. D: Vom Musikfest in Graz [1905]. Weglassungen:
   (1)... *das höchst wahrscheinlich außer Dir noch keinen anderen Insaßen ge-*
   habt hat. (2) *(sie ist noch Strohwitwe und Arnold bleibt bis Montag)* (3) *Heu-*
   te morgen sandte ich Dir... für das Grab in Iglau.
   Anm.: *Mauthners:* Vermutlich Frau Editha Mauthner von Markhof und
   ihre Tochter Editha Moser (1883–1969), seit dem 5. 7. 1905 mit dem
   Maler Kolo Moser verheiratet. Sie war die jüngste Tochter von Karl-
   Ferdinand (gest. 1896) und Editha Mauthner von Markhof.

134. Wien, 5. 6. 1905
   Quelle: Autograph. 2 Seiten; o. D.; o. U.
   Datum: Von den Hg. erschlossen
   AMM: S. 341/342. D: Wien: Juni 1905. Auslassung: *Mama und Carl*
   kommen auch, hernach gehen wir in's Spaten.
   Anm.: ... *der Schah:* Muzaffar ad-Din (1853–1907), Schah von Persien,
   1896–1907.

135. Wien, 6. 6. 1905
   Quelle: Autograph. 4 Seiten; o. D.; o. U.
   Datum: Von den Hg. erschlossen
   AMM: S. 311/312. D: ohne Datum [in die Briefe vom Sommer 1904
   eingereiht]. Vgl. Brief 87. Weglassungen: (1) *Es ist genau so... oder Ähn-*
   liches ärgerst. (2) ... *wo Du mittendrin stecken bleibst.* (3) ... *(sei es durch...*
   Ärger hervorgerufen) (4) *Mama ist überall... angenehm zu machen.* (5) *Am*
   Abend Rose v. L. (6) P. S.
   Anm.: ... *bei Sacher:* das berühmte Hotel Sacher hinter der Oper; *Rose*
   v. L.: Almas Auslassung verrät in diesem Fall ihre Aversion gegen Arnold
   Rosé und ihren Schwager Wilhelm Legler. Mahlers Abkürzung »Rose
   v. L.« hat sie in ELM als »Rosé und Legler« gelesen und schon dort ge-
   strichen.

136. Wien, 8. 6. 1905
   Quelle: Autograph. Korr. K.; o. D. Erstveröffentlichung
   Datum: Poststempel

137. Wien, 10. 6. 1905
   Quelle: Nach der Abschrift in ELM; o. D.
   Datum: Von den Hg. erschlossen

AMM: S. 341. D: ohne Datum [in die Briefe vom Juni 1905 eingereiht]. Text verändert: ... der *Herr aus Persien* statt das *Schwein aus Persien*. Weglassung: (1) Das Wort »immer« im Satz: *Mengelberg ist noch immer hier!* (2) *Nimmt mir eine Masse ... Gastfreundschaft revanchiren.*

138. Wien, 11.6.1905
Quelle: Autograph. Korr. K.; o. D. Erstveröffentlichung
Datum: Poststempel
Anm.: *Meine 6. bekommt wahrscheinlich Kahnt:* Als Mahler vom Musikfest in Graz zurückkam, fand er sowohl vom Verlag C. F. Peters, Leipzig, als auch vom Verlag C. F. Kahnt Nachf., Leipzig, Angebote für die Drucklegung seiner *6. Sinfonie* vor. Mahler schrieb am 7. Juni zunächst an Peters, wobei er 15 000 Gulden forderte. Dies entsprach dem Angebot von Kahnt. Am 9. Juni lehnte Peters die Forderung Mahlers ab. Mahler schloß dann am 15. Juli in Maiernigg einen Vertrag mit Kahnt mit dem Pauschalhonorar von 30 000 Kronen (= 15 000 Gulden).

139. Wien, 12.6.1905
Quelle: Autograph. Briefkarte; o. D.; o. U. Erstveröffentlichung
Datum: Von den Hg. erschlossen
Anm.: *Die Fürstin Kinsky:* Marie Kinsky, geb. (1835) Prinzessin Liechtenstein, starb in der Nacht auf den 11. Juni 1905 in der Nähe von Prag. Ihre zweitälteste Tochter Franziska, aus ihrer Ehe mit Fürst Ferdinand Kinsky, war mit dem 2. Obersthofmeister Montenuovo verheiratet. Der 1. Obersthofmeister Liechtenstein war ein jüngerer Bruder von Marie Kinsky; *Gehschule:* Laufgitter für kleine Kinder.

140. Wien, 13.6.1905
Quelle: Von den Herausgebern erschlossen. Wahrscheinlich eine Korr. K.
Datum: Nach der Angabe in ELM
AMM: S. 340.

141. Schluderbach, 22.6.1905
Quelle: Nach der Abschrift in ELM; o. D.
Datum: Von den Hg. erschlossen
AMM: S. 342 / 343. D: Schluderbach, 1905. Auslassung: P. S. Hinzufügung: Das Wort »hier« im Satz: ... *für die Nacht* hier *etablire.*
Anm.: *Festung in Landro:* Große Festung in der Nähe von Franzensfeste (Südtirol).

142. Wien, 23.8.1905
Quelle: Autograph. 2 Seiten; o. D.; o. U.
Datum: Von den Hg. erschlossen
AMM: S. 343. D: ohne Datum [in die Briefe vom Sommer 1905 eingereiht]. Weglassung: ... *gab die Tasche an Johanna.*
Anm.: *Edlach:* Ort südlich von Wien in den Raxbergen.

143. Edlach, 24.8.1905
Quelle: Autograph. 2 Seiten; o. D.; o. U. Erstveröffentlichung
Datum: Poststempel

144. Edlach, 25. 8. 1905
    Quelle: Autograph. 3 Seiten; o. D.; o. U.
    Datum: Von den Hg. erschlossen
    AMM: S. 345. D: Edlacherhof, August 1905. Weglassung: *Der Johanna kann ich ... schreibst Du ihr das.*

145. Edlach, 25. 8. 1905
    Quelle: Autograph. 3 Seiten; m. D.; o. U.
    Datum: Von Mahlers Hand
    AMM: S. 344. Text verändert: *Könntest Du sehen* statt *Würdest Du sehen*; Weglassungen: (1) *Mein ganzes Leiden ... gewaltig aufgefrischt.* (2) *(Auf die Rax bin ich noch immer nicht gekommen).*

146. Wien, 26. 8. 1905
    Quelle: Autograph. Briefkarte; 2 Seiten; o. D.; o. U. Erstveröffentlichung
    Datum: Von den Hg. erschlossen

147. Hochschneeberg, 26. 8. 1905
    Quelle: Autograph. 3 Seiten; o. D.; o. U.
    Datum: Von den Hg. erschlossen
    AMM: S. 345 / 346. D: Hochschneeberg, 8. 1905 [August 1905]. Weglassung: *Hassinger versicherte mich heute ... kostet, glaube ich, 6 – 7 fl.*

148. Hochschneeberg, 27. 8. 1905
    Quelle: Autograph. Postkarte; o. D. Erstveröffentlichung
    Datum: Poststempel

149. Hochschneeberg, 28. 8. 1905
    Quelle: Autograph. Postkarte. 1 Seite; o. D. Erstveröffentlichung
    Datum: Poststempel

150. Wien, September 1905
    Quelle: Autograph. Briefkarte, 2 Seiten; o. D.; o. U. Erstveröffentlichung
    Datum: Von den Hg. erschlossen. Genaue Datierung nicht möglich.
    Anm.: *Das Fräulein ...:* »Ein neues Kinderfräulein, das früher ankam als ich erwartet hatte« (Anm. Almas in ELM).

151. Wien, September 1905
    Quelle: Autograph. Briefkarte, 2 Seiten; o. D.; o. U. Erstveröffentlichung
    Datum: Von den Hg. erschlossen. Genaue Datierung nicht möglich

152. Wien, September 1905
    Quelle: Autograph. 3 Seiten; o. D.; o. U. Erstveröffentlichung
    Datum: Von den Hg. erschlossen. Genaue Datierung nicht möglich.

153. Wien, 6. 11. 1905
    Quelle: Autograph. Korr. K.; o. D. Erstveröffentlichung
    Datum: Poststempel

154. Berlin, 7. 11. 1905
    Quelle: Autograph. Korr. K.; o. D.
    Datum: Poststempel

AMM: S. 348/349. D: Berlin, 7. 11. 1905
Anm.: ... *bei Strauss:* »Bei Strauss spielte sich eine sehr charakteristische Scene ab, die mir Mahler dann erzählte. Er war mit Strauss allein in dessen Arbeitszimmer, als Pauline hereinstob und voll Wut ein Tintenfaß gegen Strauss schleuderte, das Gott sei Dank sein Ziel verfehlte. Sodann brach sie los: ›In der Toilette werde zu viel Papier gebraucht, was er sich denn gedenke!‹ Und nun wollte sie von Mahler Erklärungen haben, wieviel Papier ein normaler Mensch brauche!! Mahler war so disgousthiert [sic], daß er sich kaum erholen konnte! Immer sagte er: Armer Strauss – Armer Strauss!« (Anm. Almas in ELM)

155. Berlin, 8. 11. 1905
Quelle: Autograph. 4 Seiten; o. D.; o. U.
Datum: Von den Hg. erschlossen
AMM: S. 349/350. D: Berlin, 8. 11. 1905. Weglassungen: (1) *sie kostet, glaube ich 50 Mark)* (2) *(wenn ich mich auch für Dich sehr erfreue –)*
Anm.: Zwischen ... *für Dich sehr erfreue* und *Heute Abend sind wir alle* sind zwei Zeilen im Autograph von Alma durchgestrichen und unleserlich gemacht.

156. Triest, 30. 11. 1905
Quelle: Autograph. 2 Seiten; o. D.; o. U.
Datum: Von den Hg. erschlossen
AMM: S. 348. D: Triest, November 1905
Anm.: *H. Schott:* (Heinrich) Enrico Schott, Geschäftsführer des Triester Orchestervereins; *Miramare:* Schloß unweit von Triest.

157. Triest, 1. 12. 1905
Quelle: Autograph. 2 Seiten; o. D.; o. U.
Datum: Von den Hg. erschlossen
AMM: S. 347. D: Triest, 3. November 1905.

158. Breslau, 18. 12. 1905
Quelle: Autograph. 2 Seiten; o. D.; m. U.
Datum: Poststempel
AMM: S. 350. D: Breslau, 18. 12. 1905

159. Wien, 2. 3. 1906
Quelle: Autograph. Korr. K.; o. D. Erstveröffentlichung
Datum: Ab. Postst.: *Wien 2. 3. 06*; An. Postst.: *Wien, 3. 3. 06*
Anm.: Der *»Steffel«:* volkstümlich für den Stephansdom; *»Goldene Brunnen«:* nicht ermittelt; »›Bjav‹ sagte unser Kind [Anna], das noch kein ›r‹ hatte« (Anm. Almas in ELM).

160. Antwerpen, 3. 3. 1906
Quelle: Autograph. 2 Seiten; o. D.; o. U.
Datum: Von den Hg. erschlossen
AMM: S. 357. D: Anvers, März 1906. Auslassung: (1) *hoffentlich* tunkst Du (2) *Erzähle mir wie es mit Engel – und Rothschild war.*

161. Antwerpen, 4. 3. 1906
Quelle: Autograph. 1 Seite; o. D.; o. U.

Datum: Von den Hg. erschlossen

AMM: S. 357. D: Antwerpen, 1906. Fälschlich *Beck* statt *Bach*.

Anm.: *...erst prügelte er:* vermutlich aus einem zeitgenössischen Roman über J. S. Bach.

162. Amsterdam, 6. 3. 1906

Quelle: Autograph. 2 Seiten; o. D.; o. U.

Datum: Von den Hg. erschlossen

AMM: S. 360. D: Amsterdam, 1906

Anm.: Die erwähnten Wiederholungen der *5. Sinfonie* fanden in Rotterdam (am 12.), Den Haag (14.), Arnheim (19.), Haarlem (20.) und Amsterdam (21. u. 22.) statt. Außerdem wiederholte Mengelberg mit G. Zalsman die *Kindertotenlieder* in einem Konzert in Amsterdam am 1. April, wo auch das *Adagietto* aus der *5. Sinfonie* zum erstenmal separat aufgeführt wurde.

163. Amsterdam, 8. 3. 1906

Quelle: Autograph. Korr. K.; o. D. Erstveröffentlichung

Datum: Ab. Postst. *Amsterdam, 8. 3. 06;* An. Postst. *Wien, 10. 3. 06*

164. Amsterdam, 9. 3. 1906

Quelle: Autograph. 2 Seiten; o. D.; o. U.

Datum: Von den Hg. erschlossen

AMM: S. 361. D: Amsterdam, März 1906. Weglassungen: (1) *(seitdem bin ich... täglich geschrieben);* (2) die Ziffer 2 vor *Brief;* (3) *Symphonie* und Kindertodtenl[ieder]; (4) *Utrecht, Haarlem.*

165. Amsterdam, 10. 3. 1906

Quelle: Autograph. Korr. K.; o. D. Erstveröffentlichung

Datum: Ab. Postst. *Amsterdam, 10. 3. 06;* An. Postst. *Wien, 12. 3. 06*

166. [Graz, 15. oder 16. Mai 1906 (?)]

Quelle: Autograph. Visitenkarte; o. D.; mit Aufdruck: *Gustav Mahler,* und Umschlag mit Anschrift: »Frau Alma Mahler«. Erstveröffentlichung

Datum: Von den Hg. erschlossen. Datierung nicht eindeutig feststellbar

Anm.: Die Karte wurde vermutlich während eines Hotelaufenthalts außerhalb von Wien geschrieben und beim Hotel-Portier abgegeben. Die Bemerkung über eine spätere Begegnung im Theater mit Alma bezieht sich wahrscheinlich auf die österreichische Erstaufführung von Richard Strauss' *Salome* am 16. Mai 1906 im Grazer Landestheater (bzw. auf die Generalprobe am Tag zuvor).

167. Essen, 21. 5. 1906

Quelle: Nach der Abschrift in ELM; o. D. Erstveröffentlichung

Datum: AMM: 21. 5. 1906; ELM: 22. 5. 1906; Mahler verließ Wien am Morgen des 20. Mai und kam schon abends in Essen an. Seine erste Probe fand am 21. Mai um 9.30 Uhr statt.

AMM: S. 363.

168. Essen, 22. 5. 1906

Quelle: Nach der Abschrift in ELM. Erstveröffentlichung

Datum: Nach der Angabe in ELM

169. Essen, 22. 5. 1906
    Quelle: Nach der Abschrift in ELM
    Datum: In ELM: 21. 5. 1906; in AMM aber: 22. 5. 1906. Die Herausge-
    ber halten letzteres Datum für das wahrscheinliche, vgl. Brief 167.
    AMM: S. 362. Weglassung: *Für Pollak versuche ich es heute.*
170. Essen, 24. 5. 1906
    Quelle: Nach der Abschrift in ELM. Erstveröffentlichung
    Datum: Von den Hg. erschlossen. In ELM auf 26. Mai datiert; Alma kam
    aber bereits am 25. Mai in Essen an.
171. Dölsach, 19. 7. 1906
    Quelle: Autograph. Korr. K.; o. D. Erstveröffentlichung
    Datum: Poststempel
172. Bleiberg, 19. 7. 1906
    Quelle: Autograph. Korr. K.; o. D. Erstveröffentlichung
    Datum: Poststempel
173. Salzburg, 16. 8. 1906
    Quelle: Bis ... *ich vielleicht Ruhe:* nach der Abschrift in ELM. Der Rest
    nach dem Autograph. Zwei Karten von je 2 Seiten. Die zweite Karte
    entspricht S. 3–4 des Manuskripts.
    Datum: Von den Hg. erschlossen
    AMM: S. 363/364. D: Salzburg 1906. Weglassungen: (1) ... *und Erz.*
    [Erzherzog] Eugen. (2) *Korngold hat bereits nach Dir gefragt.*
    Anm.: *Stoll:* August Stoll, Regisseur an der Hofoper in Wien; *Electra*
    (recte *Elektra*), *Tragödie in einem Aufzuge von Hugo von Hofmannsthal,*
    Musik von Richard Strauss op. 58. Partitur vollendet im September 1908,
    uraufgeführt in Dresden am 25. Januar 1909; *Rout:* Festlicher Empfang.
174. Salzburg, 17. 8. 1906
    Quelle: Autograph. 2 Karten von je 2 Seiten. Die 2. Seite der 1. Karte
    beginnend: ... *mir an. Strauss ist* ... [bis:] ... *aus unserem Dunstkreis* nach
    der Abschrift in ELM
    Datum: Von den Hg. erschlossen: In AMM datiert *16. August,* die
    »Rout« fand aber am 17. August statt und die erwähnte Aufführung von
    »Don Juan« am Abend vorher. Der Brief wurde später versehentlich in
    einen falschen Umschlag mit dem Poststempel »Salzburg 16. 8. 1906«
    gelegt (vgl. Brief 173).
    AMM: S. 366/367, D: Salzburg, 16. August 1906. Fälschung: P. S. nicht
    im Autograph
    Weglassungen: (1) *(die heute auf 3 Tage nach Graz fährt),* (2) *Heute ist*
    Rout ... *daß Du nicht da bist.* (3) *Meine Verdauung ist* ... *sehr mangelhaft.*
    (4) *Eben kommt beifolgender Brief von Picquart.*
    Anm.: *Brief von Picquart:* Abgedruckt in AMM, S. 370; Zwischen ... *wie*
    als Junggesellen und *Bei jeder Mahlzeit* ... ist im Autograph eine Zeile von
    Alma durchgestrichen und unleserlich gemacht.
175. Salzburg, 18. 8. 1906
    Quelle: Autograph. 2 Seiten; o. D.; o. U.

Datum: Von den Hg. erschlossen

AMM: S. 365. D: Salzburg, Sommer 1906. Weglassungen: (1) *(Dieses Werk ist der Gipfelpunkt des Unsinns.)* (2) *Nachher wurde jedenfalls sehr viel Stiegelbräu getrunken.* (3) Statt der Nachnamen *Hammerschlag* und *Botstieber:* nur die Initialen H. bzw. B. (4) *Heute Vormittag will ich... Verdauen sehr mangelhaft* (5) P. S.

176. Salzburg, 18. 8. 1906
Quelle: Autograph. 4 Seiten; o. D.; o. U.
Datum: Von den Hg. erschlossen
AMM: S. 365 / 366. D: Salzburg, 1906. Text verändert: *Ich habe ja ohnehin* schon *meinen Ruf* statt *Ich habe ja ohnehin meinen Ruf;* Weglassungen: (1) *Was die Guth. S... ohne mit ihr zu sprechen.* (2) Statt der Nachnamen *Redlich* und *Hammerschlag:* nur die Initialen R. bzw. H. (3) Das Notenbeispiel. (4) P. S.
Anm.: In AMM, S. 365, erklärt Alma Mahler, daß *Der Autor... (Maxi)* mit dem Komponisten Max von Schillings identisch ist. Vermutlich handelt es sich aber um Max Kalbeck, der den *Figaro*-Text neu übersetzt hatte.

177. Salzburg, 19. 8. 1906
Quelle: Autograph. 2 Seiten; o. D.; o. U. Erstveröffentlichung
Datum: Von den Hg. erschlossen

178. Klagenfurt, 2. 9. 1906
Quelle: Nach der Abschrift in ELM. Erstveröffentlichung
Datum: Von den Hg. erschlossen. In ELM: *Klagenfurt 1906*

179. Wien, 3. 9. 1906
Quelle: Autograph. 2 Seiten; o. D.; o. U. Erstveröffentlichung
Datum: Von den Hg. erschlossen
Anm.: (1) *Einlagebüchel:* Sparbuch; (2) *Luftballon:* vermutlich Klistier

180. Wien, 5. 9. 1906
Quelle: Autograph. 2 Seiten; o. D.; o. U. Erstveröffentlichung
Datum: Von den Hg. erschlossen
Anm.: *Die Frau:* »Ida Conrat, eine alte Freundin Brahms's hatte ich als Mädchen sehr gekannt und Mahler war gerne ihr Freund geworden. Eine selten gescheite –, etwas analytische Frau. Sie besaß ein Haus in Dornbach, wo Mahler damals ein paar Tage wohnte. Ihr Freund Dr. Horn [war] Philosoph [sic]« (Anm. Almas in ELM); *aeronautische Instrumente:* vermutlich Klistiere

181. Wien, 6. 9. 1906
Quelle: Autograph. 2 Karten von je 2 Seiten; o. D.; o. U.
Datum: Von den Hg. erschlossen
AMM: S. 346 / 347. D: ohne Datum; [in die Briefe vom Sommer 1905 eingereiht]. Auslassungen: (1) *...wo mir Horn eine sehr angenehme Gesellschaft ist.* (2) *Karl treffe ich täglich zu Tisch.*

182. Wien, 7. 9. 1906
Quelle: Autograph. 2 Karten von je 2 Seiten; o. D.; mit U. Erstveröffentlichung

Datum: Poststempel: *Wien 7. 9. 06*

Anm.: *Pane:* polnisch-russisch für *Herr;* ... *den neuen Tenor:* Carl Kurz-Stolzenberg war vom 1. September 1906 bis September 1908 an der Hofoper engagiert und debütierte dort am 2. 9. 1906 als Walter von Stolzing *(Die Meistersinger).*

183. Berlin, 7. 10. 1906
Quelle: Autograph. P. Karte; o. D. Erstveröffentlichung
Datum: Ab. Postst.: *Berlin, 7. 10. 06* und An. Postst.: *Wien, 8. 10. 06*
Anm.: ... *die Probe:* auch bei dieser Aufführung der *6. Sinfonie* wurde das Andante als 2. Satz gespielt.

184. Wien, 21. 10. 1906
Quelle: Nach der Abschrift in ELM. Korr. K.; o. D. Erstveröffentlichung
Datum: Nach ELM: Postst.: *Wien 21. X. 06*

185. Breslau, 21. 10. 1906
Quelle: Original des Telegramms. Erstveröffentlichung
Datum: Aufdruck des Telegraphenamtes: *Aufgegeben Breslau 21. 10. 1906, 19.06 Uhr*

186. Breslau, 22. 10. 1906
Quelle: Autograph. 1 Karte; o. D.; o. U. Erstveröffentlichung
Datum: Von den Hg. erschlossen
Anm.: ... *meiner 3. nachzulaufen:* Seit der Uraufführung 1902 hatte Mahler schon zehn Aufführungen seiner *3. Sinfonie* geleitet.

187. Breslau, 23. 10. 1906
Quelle: Autograph. 1 Karte; o. D.; o. U. Erstveröffentlichung
Datum: Poststempel

188. Wien, 5. 11. 1906
Quelle: Autograph. 1 Karte; o. D.; o. U. Erstveröffentlichung
Datum: Poststempel

189. München, 6. 11. 1906
Quelle: Original des Telegramms
Datum: Aufdruck des Telegraphenamtes
AMM: S. 367. D: München, 6. November
Anm.: *Wabel:* eigentl. *das Waberl,* mittelhochdeutsch; eine einfältige, unbeholfene Frau

190. München, 7. 11. 1906
Quelle: Autograph. 3 Seiten; o. D.; o. U.
Datum: Von den Hg. erschlossen
AMM: S. 368 / 369. D: München, 11. 1906. Text verändert: (1) *eines riesig lustigen Stückes von Wilde* statt *eines* Wilde'*schen riesig lustigen* ... (2) *wie bei der Abreise* statt *wie bei* meiner *Abreise;* Auslassungen: (1) Statt *Prings-heim* nur die Initiale P. (2) *(der ganz jodlertig begeistert war)*
Anm.: *zu seinen Eltern:* Prof. Alfred Pringsheim und Frau Hedwig (die Schwiegereltern von Thomas Mann) in München, Arcisstraße 12; *Wilde'schen* ... *Stückes:* Oscar Wilde: »Ernst« *(The Importance of being Ear-*

nest). Die deutsche Erstausgabe des Schauspiels ist 1903 in Leipzig erschienen: *Ernst sein! Eine triviale Komödie für seriöse Leute; Gisela:* Erzherzogin von Österreich (1856–1932), Tochter von Kaiser Franz Joseph I. und mit Prinz Leopold von Bayern (1846–1930) verehelicht. Anläßlich der Hochzeitsfeier am 20. 4. 1873 wirkte der damals zwölfjährige Mahler als Pianist in einem Konzert in Iglau mit.

191. Wien, 9. 11. 1906
Quelle: Nach der Abschrift in ELM: Visitenkarte mit Aufdruck *Gustav Mahler*, o. D.; o. U. Erstveröffentlichung
Datum: Von den Hg. erschlossen. Die Datierung ist nicht eindeutig feststellbar

192. Graz, 1. 12. 1906
Quelle: Autograph. 1 Seite; o. D.; m. U. Erstveröffentlichung
Datum: Poststempel

193. Wien, 23. 12. 1906
Quelle: Autograph. P. Karte; o. D. Erstveröffentlichung
Datum: Poststempel

194. Berlin, 9. 1. 1907
Quelle: Autograph. 2 Seiten; o. D.; o. U.
Datum: Von den Hg. erschlossen
AMM: S. 373. D: Berlin, Bristol, Jänner 1907

195. Berlin, 10. 1. 1907
Quelle: Autograph. 3 Seiten; o. D.; o. U.
Datum: Von den Hg. erschlossen
AMM: S. 374 / 375. D: Berlin, Hotel Bristol, Jänner 1907. Weglassungen: (1) *Deine beiden lieben Briefen... Er war ganz paff über alles.* (2) *(Du Traumgörgl)* (3) Im P. S.: *Der Brief, den Du... Nachtrag zu seinem Briefe.*
Anm.: *Berger:* Rudolf Berger, deutscher Bassist.

196. Berlin, 11. 1. 1907
Quelle: Autograph. 3 Seiten; o. D.; o. U.
Datum: Von den Hg. erschlossen
AMM: S. 375 / 376. D: Berlin, Bristol, 1907
Weglassung: (1) *Ich wäre sehr glücklich...* (2) *Das hast Du sehr... Deine Bücher und die Kleinen.*

197. Berlin, 12. 1. 1907
Quelle: Autograph. 4 Seiten; o. D.; o. U.
Datum: Von den Hg. erschlossen
AMM: S. 376 / 378. D: Berlin, Grand Hotel, 13. 1. 1907. Weglassungen: (1) *Eben bekomme ich beifolgendes Telegramm... sofort Eure Meinung.* (2) *Neben mir saßen Berliner u. Fried.* (3) P. S.
Anm.: Mahlers plötzlicher Hotelwechsel zwischen Brief 196 und diesem läßt sich nicht erklären.

198. Berlin, 13. 1. 1907
Quelle: Nach der Abschrift in ELM
Datum: Von den Hg. erschlossen

AMM: S. 378/379. D: Berlin, Grand Hotel, 14. 1. 1907. Text verändert: (1) ... *eben seine Wohnung* statt ... *eben seine Wohnungen;* (2) ... *Meschaert für Wien* statt ... *Meschaert für Wien* auch *ab.*

Anm.: *Intermezzi:* »Merkwürdig, daß Mahler gerade das Wort Intermezzi auf die Ehescenen des Straussischen Paares angewendet hat – da Richard Strauss seine Ehe fast zwanzig Jahre später unter *demselben Titel* [in seiner Oper *Intermezzo,* 1923] verewigt hat« (Anm. Almas in ELM); *Friedensfest:* »Das Friedensfest«, Drama in 3 Akten von Gerhart Hauptmann. Uraufgeführt in Berlin am 1. 6. 1890

199. Berlin, 14. 1. 1907

Quelle: Autograph. 4 Seiten; o. D.; o. U.

Datum: Von den Hg. erschlossen

AMM: S. 379/380. D: Grand Hotel, Berlin, 15. 1. 1907. Weglassungen: (1) *Um 12 holt mich Berliner ... und so ausführlich schreibst.* (2) P. S.; Text verändert: ... *ins* »*Friedensfest*« statt ... *zum* »*Friedensfest*«

Anm.: *sein kleiner (reizender) Junge:* sicherlich Benvenuto Hauptmann; *mit der Engländerin:* eine Gouvernante.

200. Frankfurt, 15. 1. 1907

Quelle: Autograph. 2 Seiten; o. D.; o. U.

Datum: Von den Hg. erschlossen

AMM: S. 380/381. D: Frankfurt, Hotel Imperial, 16. 1. 1907. Weglassungen: (1) *Ich gieng bald, Berliner ... um 6 aus dem Bett;* (2) *Im Hotel habe ich ... zahle 6 M Künstlerpreis.*

Anm.: *der Museumsconzerte:* Die Gesellschaft der Museumskonzerte.

201. Frankfurt, 16. 1. 1907

Quelle: Autograph. 2 Seiten; o. D.; m. U.

Datum: Poststempel

AMM: S. 381. D: Frankfurt, Hotel Imperial, 15. 1. 1907. Weglassungen: (1) *Heute konnte ich leider ... hießigen Concertgesellschaft durchfressen.* (2) das Wort *natürlich* im Satz *Gucki ist süß – natürlich!*

Anm.: ... *meine Proben nicht vergessen:* die Konzerte im März 1902; *Bacon:* der englische Philosoph und Staatsmann Francis Bacon (1561–1626).

202. Frankfurt, 17. 1. 1907

Quelle: Nach der Abschrift in ELM

Datum: Von den Hg. erschlossen

AMM: S. 382. D: Frankfurt, Hotel Imperial, 1907

Anm.: *Allen Gewalten zum Trutz sich erhalten:* aus Goethes »Denksprüche und Merkreime«.

203. Passau, 19. 1. 1907

Quelle: Autograph. P. Karte; o. D. Erstveröffentlichung

Datum: Ab. Postst. *Passau, 19. 1. 07;* An. Postst. *Wien, 20. 1. 07*

204. Wien, 5. 3. 1907

Quelle: Autograph. 1 Karte; o. D.; o. U. Erstveröffentlichung

Datum: Auf dem Autograph von Alma Mahler notiert

Anm.: *Ausschnitt aus dem Abendblatt:* nicht ermittelt.

205. Berlin, 5. 6. 1907
   Quelle: Original des Telegramms. Erstveröffentlichung
   Datum: Aufdruck des Telegraphenamtes: *Ausgefertigt: 6 Uhr 28*
206. Berlin, 5. 6. 1907
   Quelle: Autograph. 4 Seiten; o. D.; m. U. Das P. S. nach der Abschrift in
   ELM
   Datum: Poststempel
   AMM: S. 383. D: Berlin, 5. 6. 1907. Weglassung: Im P. S.: *bei Henneberg?*
   Anm.: *Henneberg:* Dr. Hugo Henneberg (1863–1918), Graphiker,
   wohnte Steinfeldgasse 4; das P. S. nicht im Autograph. Es handelt sich
   möglicherweise um ein beigelegtes loses Blatt, das bisher nicht aufge-
   funden ist. Die Abschrift in ELM ist von Brief 206 getrennt; ... *und etwa
   6 Concerte:* die Konzerte kamen nicht zustande; ... *meine C-moll mit
   Chor:* die 2. Sinfonie.
207. Puchberg, 23. 6. 1907
   Quelle: Autograph. A. Karte; o. D. Erstveröffentlichung
   Datum: Poststempel
   Anm.: *Puchberg:* »Wir hatten den Usus eingeführt, daß Mahler, in den
   Tagen meiner Übersiedlung nach Maiernigg – oder zurück – immer ir-
   gendwo ins Freie fuhr – damit er den Umzug nicht spüren sollte« (Anm.
   Almas in ELM).
208. Schneeberg, 29. 6. 1907
   Quelle: Autograph. 4 Seiten; o. D.; m. U. Erstveröffentlichung
   Datum: Poststempel
   Anm.: *Loretto:* Maria-Loretto, ein Ausflugsziel unweit von Maiernigg
   am Wörthersee; *Mereschofsky:* der russische Schriftsteller Dmitri S. Me-
   reschkowski (1865–1941).
209. Hochschneeberg, 29. 6. 1907
   Quelle: Autograph. A. Karte; o. D. Erstveröffentlichung
   Datum: Poststempel
210. [Im Zug nach Wien] 17. 7. 1907
   Quelle: Autograph. Korr. K.; o. D.
   Datum: Poststempel
   AMM: S. 384. D: 17. 7. 1907. Weglassung: *Grüße Euch herzlichst. Richard.*
   Anm.: ... *nicht da sind:* »Angst um meine Mutter und mich – die wir nach
   dem Tode des Kindes in furchtbarer Verfassung zurückgeblieben waren«
   (Anm. Almas in ELM); ... *nicht anrühren:* »Carl Moll – der bei seinem
   kleinen Kind [Maria, 8 Jahre] geblieben war – sollte wegen Scharlachan-
   steckungsgefahr nicht ›angerührt‹ werden« (Anm. Almas in ELM).
211. Wien, 17. 7. 1907
   Quelle: Autograph. Korr. K.; o. D.
   Datum: Poststempel
   AMM: S. 384. D: Wien, 17. 7. 1907. Weglassungen: (1) ... gehe ich *also*
   zum Kovacs. (2) ... sofort *dann* abzureisen. (3) *Solltet Ihr nach Wien fahren ... sind, sehr räthlich!*

Anm.: *Oberonsachen:* Mahler bereitete eine Neuinszenierung von Carl-Maria von Webers Oper vor und hatte zu diesem Zweck eine neue Bühnenfassung textlich und musikalisch erarbeitet. Seine Bearbeitung kam erst am 10.4.1913 in Köln durch Gustav Brecher zur Erstaufführung und wurde später von ihm auch herausgegeben (Klavierauszug, Universal Ed., Wien 1919).

212. Wien, 18.7.1907
Quelle: Autograph. 3 Seiten; o. D.; o. U.
Datum: Von den Hg. erschlossen
AMM: S. 385. D: Wien, Juli 1907. Weglassungen: (1) *Um 8 Uhr hatte ich Rendez-vous ... Karl, der jetzt kommen soll.* (2) Beethovens *Briefwechsel u. Hölderlin.*
Anm.: *Mommsen:* Der Historiker Theodor M.; vielleicht seine berühmte »Römische Geschichte«, deren 1. Band 1907 erschienen war; *Beethovens Briefwechsel:* vermutlich »Sämtliche Briefe und Aufzeichnungen«. Hrsg. und erläutert von Fritz Prelinger, 5 Bde. (Wien 1907–1911). Der erste Band erschien 1907.

213. Toblach, Juli 1907
Quelle: Nach der Abschrift in ELM. P. Karte; o. D. Erstveröffentlichung
Datum: Von den Hg. erschlossen. Genauere Datierung nicht möglich

214. Marburg, 24.8.1907
Quelle: Autograph. Korr. K.; o. D. Erstveröffentlichung
Datum: Poststempel
Anm.: *Marie:* Ein Dienstmädchen; ... *an Banhans:* »Baron Banhans, der mir immer Coupés verschaffte« (Anm. Almas in ELM).

215. Marburg, 24.8.1907
Quelle: Autograph. Korr. K.; o. D. Erstveröffentlichung
Datum: Poststempel

216. Wien, 24.8.1907
Quelle: Autograph. Korr. K.; o. D. Erstveröffentlichung
Datum: Poststempel

217. Wien, 25.8.1907
Quelle: Nach der Abschrift in ELM; o. D. Erstveröffentlichung
Datum: Von den Hg. erschlossen
Anm.: *Osterleitengasse:* Seit 1. Oktober 1906 Wohnsitz der Moll-Familie

218. Wien, 26.8.1907
Quelle: Autograph. 1 Karte; o. D.; o. U. Erstveröffentlichung
Datum: Von den Hg. erschlossen

219. Wien, 27.8.1907
Quelle: Autograph. 1 Seite; o. D.; o. U.
Datum: Von den Hg. erschlossen
AMM: S. 386. D: Mitte August 1907. Weglassung: *Gestern war Nepallek bei uns ... u. Othello unsere Loge!*
Anm.: *Nepallek:* Vermutlich ist Richard N. gemeint; *Lohengrin und*

Othello: Aufführungen am 28. und 31. August, von Franz Schalk und Alexander Zemlinsky geleitet.

220. Wien, 27. 8. 1907

Quelle: Autograph. 1 Seite; o. D.; m. U. Erstveröffentlichung

Datum: Poststempel

Anm.: *Lahmann:* Dr. Heinrich Lahmann (1860–1915)

221. Wien, 28. 8. 1907

Quelle: Autograph. Korr. K.; o. D. Erstveröffentlichung

Datum: Poststempel

Anm.: *Zeichnung von Mahler:* zwei Strichmännchen, die Emil Freund und Mahler selbst darstellen sollen.

222. Wien, 29. 8. 1907

Quelle: Autograph. 2 Seiten; o. D.; o. U. Erstveröffentlichung

Datum: Von den Hg. erschlossen

Anm.: *Das Hauserl von Gretel:* in der Armbrustergasse 22; ... *meines Heildieners:* »Damit bin ich gemeint, die er fortwährend ärztlich zu Rate zog« (Anm. Almas in ELM); *Ischl:* Mahler plante, eventuell ein Haus in Ischl zu bauen.

223. Wien, 30. 8. 1907

Quelle: Autograph. 2 Seiten; o. D.; o. U.

Datum: Von den Hg. erschlossen

AMM: S. 390. D: 30. 3. 1907. Weglassungen: (1) ... *der ungemein lieb ist ... neugierig;* (2) *Bring mir nicht etwa die Marie ... noch etwas davon genießen.* (3) *Bleib nur recht lang, Almscherl, und komm recht bald!*

224. Wien, 30. 8. 1907

Quelle: Autograph. 1 Karte. 2 Seiten; o. D.; o. U. Erstveröffentlichung

Datum: Von den Hg. erschlossen

Anm.: *... der kleinen Wirtschaft:* Molls Haus in der Osterleitengasse.

225. Wien, 31. 8. 1907

Quelle: Autograph. 1 Karte. 2 Seiten; o. D.; o. U. Erstveröffentlichung

Datum: Von den Hg. erschlossen

Anm.: *Maria:* Maria Moll (1899–1945), Almas Halbschwester.

226. Wien, 31. 8. 1907

Quelle: Autograph. 1 Karte. 2 Seiten; o. D.; o. U. Erstveröffentlichung

Datum: Von den Hg. erschlossen

227. Wien, 1. 9. 1907

Quelle: Autograph. 1 Karte. 2 Seiten; o. D.; o. U. Erstveröffentlichung

Datum: Von den Hg. erschlossen

Anm.: *Walter spielte mir ... seine Symphonie:* Bruno Walters 1. Sinfonie d-Moll wurde am 6. Februar 1909 in Wien unter Leitung des Komponisten uraufgeführt; *... in gelinde Verzweiflung .. :* danach sind im Autograph drei Zeilen von Alma durchgestrichen und unleserlich gemacht.

228. Wien, 20. 9. 1907

Quelle: Autograph. Korr. K.; o. D. Erstveröffentlichung

Datum: Poststempel

229. Wien, 6. 10. 1907
Quelle: Autograph. Korr. K.; o. D. Erstveröffentlichung
Datum: Poststempel
230. Frankfurt, 7. 10. 1907
Quelle: Original des Telegramms. Erstveröffentlichung
Datum: Aufdruck des Telegraphenamtes: Aufgenommen Wien 7. 10.
1907, 4,50
231. Wiesbaden, 7. 10. 1907
Quelle: Autograph. 3 Seiten; o. D.; m. U.
Datum: Poststempel
AMM: S. 393. D: Wiesbaden, 7. 10. 1907
232. Wiesbaden, 9. 10. 1907
Quelle: Original des Telegramms. Erstveröffentlichung
Datum: Aufdruck des Telegraphenamtes: Aufgenommen Wiesbaden
9. 10. 1907 5,55
233. Warschau, 20. 10. 1907
Quelle: Autograph. P. Karte; o. D. Erstveröffentlichung
Datum: Poststempel
Anm.: Die Karte wurde 1988 im Auktionshaus Stargardt/Marburg ver-
steigert.
234. St. Petersburg, 21. 10. 1907
Quelle: Original des Telegramms. Erstveröffentlichung
Datum: Aufdruck des Telegraphenamtes
235. St. Petersburg, 21. 10. 1907
Quelle: Autograph. 2 Seiten; o. D.; o. U. Erstveröffentlichung
Datum: Von den Hg. erschlossen
236. St. Petersburg, 22. 10. 1907
Quelle: Nach der Abschrift in ELM; o. D.
Datum: Von den Hg. erschlossen
AMM: S. 394 / 395. D: Petersburg, 24. 10. 1907. Weglassungen: (1) *Nr. 2*
(2) *Die Kinder gefielen mir ganz und gar nicht.* (3) *Jetzt erwarte ich wieder
den Frank . . . Tausend Grüße an Euch alle.* Hinzufügung: Das Wort *rann-
ten* im Satz *Junge und Alte* rannten *durcheinander.*
Anm.: *. . . aber meine Kostbarkeiten:* »Mahler hatte immer einen größeren
Speisevorrat bei sich, da er wegen eines schwachen Magens das Meiste
nicht vertragen konnte, was auf Bahnen oder Bahnhöfen nicht erhält-
lich ist« (Anm. Almas in ELM).
237. St. Petersburg, 24. 10. 1907
Quelle: Autograph. 3 Seiten; o. D.; o. U. Erstveröffentlichung
Datum: Von den Hg. erschlossen
Anm.: *Dame mit Wuckerln:* mit Lockenwicklern
238. St. Petersburg, 24. [?] 10. 1907
Quelle: Autograph. 3 Seiten; o. D.; o. U.
Datum: Von den Hg. erschlossen
AMM: S. 398 / 399. D: Petersburg, 6. 11. 1907. Weglassungen: (1) *Wenn*

Du mir das Maß... wenn Du wolltest, auch Dir. (2) *Von der Abaza kam...*
auf eine Stunde hin. (3) *Montag fahre ich nach Helsingfors.* (4) P. S.
Anm.: *8 Rubel:* 1 Silber-Rubel entsprach 1907 etwa 2,25 Mark. Laut
Baedeckers Führer über Deutschland 1907 bekam man z. B. im Hotel
Bristol in Berlin ein gutes Zimmer für 5 Mark.

239. St. Petersburg, 25.10.1907
Quelle: Autograph. 3 Seiten; o. D.; o. U. Erstveröffentlichung
Datum: Von den Hg. erschlossen

240. St. Petersburg, 28.10.1907
Quelle: Autograph. 3 Seiten; o. D.; m. U. Erstveröffentlichung
Datum: Von den Hg. erschlossen. Eingangspoststempel: *Wien, 30. X. 07.*
Anm.: *Die Saburoffin:* Gattin des russischen Ministers Saburoff, den das
Ehepaar Mahler im Jahr 1902 während der Hochzeitsreise kennenge-
lernt hatte; *Hammerschlag:* Dr. Albert Hammerschlag. *H. in Finnland:*
Helsingfors in Finnland.

241. Helsingfors, 30.10.1907
Quelle: Autograph. 2 Seiten; o. D.; o. U.
Datum: Von den Hg. erschlossen
AMM: S. 396/397. D: Helsingfors, 2.11.1907. Weglassung: P.S.

242. Helsingfors, 31.10.1907
Quelle: Autograph. 1 Seite; o. D.; o. U. Erstveröffentlichung
Datum: Von den Hg. erschlossen

243. Helsingfors, 2.11.1907
Quelle: Autograph. 2 Seiten; o. D.; m. U.
Datum: Poststempel
AMM: S. 397/398. D: Helsingfors, 2.11.1907. Fälschung: Der Abschnitt *Gestern war ich in der hiesigen Oper... was zur Gesicht bekommen*
werde. Tausend Gustav gehört zu Brief 245. Weglassungen: (1) *die Sonne*
ein wenig hervor! (2) *Eben kommt Galén... grüße Dich tausendmal!* (3) P. S.

244. St. Petersburg, 4.11.1907
Quelle: Autograph. 5 Seiten; o. D.; m. U.
Datum: Poststempel. An. Postst.: *Wien, 9. XI. 07*
AMM: S. 399–401. D: Petersburg, 7.11.1907. Text verändert: *Ich fror*
wie ein Windhund... statt *Ich habe wie ein Windhund...* [gefroren]. Weg-
lassung: P. S.

245. St. Petersburg, 5.11.1907
Quelle: Autograph. 2 Seiten; o. D.; o. U. Erstveröffentlichung (mit Ausnahme der beiden letzten Absätze)
Datum: Von den Hg. erschlossen
AMM: S. 398 (s. Brief 243)
Anm.: *Lehrer Kraus:* In der Wiener »Neuen Freien Presse« (2.11.1907)
heißt es: »Im isrealitischen Blindeninstitut auf der Hohen Warte hat
sich heute nachmittags ein sehr schwerer Unfall ereignet, dem ein Men-
schenleben zum Opfer fiel.« Der Lehrer Siegmund Kraus war in einen
nicht ausreichend abgesicherten Brunnenschacht gestürzt und wenige

Tage nach dem Unfall gestorben; *Feuilleton in der »neuen freien«:* Bezieht sich auf Burckhards Aufsatz »Das Erlöschen der Notverordnungen«, der am 1. November in der »Neuen Freien Presse« erschien; *Onegin:* Tschaikowskys Oper *Eugen Onegin* aufgeführt am 4. November im Marinssky Theater.

246. St. Petersburg, 8. 11. 1907
Quelle: Autograph. 3 Seiten; o. D.; o. U. Erstveröffentlichung
Datum: Von den Hg. erschlossen
Anm.: *Butterfly:* Puccinis *Madame Butterfly* erlebte ihre Wiener Erstaufführung an der Hofoper am 31. Oktober.

247. St. Petersburg, 10. 11. 1907
Quelle: Original des Telegramms. Erstveröffentlichung
Datum: Aufdruck des Telegraphenamtes

248. Hamburg, 5. 5. 1908
Quelle: Autograph. A. Karte *(Außenalster, Hamburg)*; o. D. Erstveröffentlichung
Datum: Poststempel

249. Prag, 21. 5. 1908
Quelle: Nach der Abschrift in ELM. Erstveröffentlichung
Datum: Nach ELM

250. Prag, 22. 5. 1908
Quelle: Autograph. 2 Seiten; o. D.; o. U.
Datum: Von den Hg. erschlossen
AMM: S. 415. D: Prag, 22. September Hotel Blauer Stern. Weglassung: *Mein Zimmer in einer ... einen weiteren Laib.*
Anm.: *Clavierauszug zu 2 Händen:* Klemperers Auszug ist nie veröffentlicht worden. Er hatte den Auszug gemacht, um Mahler seine Bewunderung zu zeigen (s. O. Klemperer: »Erinnerungen an Gustav Mahler«, Zürich 1960); *»Norden«-Brot:* nicht ermittelt.

251. Toblach, August 1908
Quelle: Nach der Abschrift in ELM; o. D. Erstveröffentlichung
Datum: Von den Hg. erschlossen. Genaue Datierung nicht möglich

252. Wien, 5. 9. 1908
Quelle: Autograph. 2 Seiten; o. D.; o. U. Erstveröffentlichung
Datum: Von den Hg. erschlossen
Anm.: *Franz-Josefsbahn:* die Bahnstrecke nach Prag, vom Wiener »Franz-Josef-Bahnhof« ausgehend.

253. Prag, 8. 9. 1908
Quelle: Nach der Abschrift in ELM; o. D.
Datum: Von den Hg. erschlossen
AMM: S. 412/413. D: Prag, September 1908 Hotel Blauer Stern. Text verändert: (1) ... *Gott sei Dank, zieht er endlich ab, und ...* statt ... *Gott sei Dank reist er endlich ab* (2) ... *Da packte er von seiner* statt ... *Da packte Orlik von seiner;* Weglassungen: (1) Statt *Hammerschlag* nur die Initiale H. (2) *In Toblach muß es wunderbar ... vor Allem komme bald Dein Gustav.*

254. Prag, 10. 9. 1908
   Quelle: Nach der Abschrift in ELM
   Datum: Nach ELM
   AMM: S. 414/415. D: Prag, 10. September 1908 Hotel Blauer Stern.
   Text verändert: *... bis zum hohen Cis* statt *... bis am hohen Cis*; Weglassung: P. S.
   Anm.: *Vorsitzender des allgem. deutschen Musikvereins:* Max von Schillings ist gemeint; *Stellvertreter dieses Vorsitzenden:* Friedrich Rösch.

255. Prag, 11. 9. 1908
   Quelle: Nach der Abschrift in ELM; o. D.
   Datum: Von den Hg. erschlossen
   AMM: S. 413. D: Prag, September 1908 Hotel Blauer Stern Freitag, 8 Uhr früh. Weglassung: *In solchen Stunden wirst Du.. daß Du dieser Stimmungen fähig bist.*
   Anm.: *... die Karten aus dem Coupé:* »Ich las das erste Mal Novalis Hymnen an die Nacht und schrieb während der Fahrt über meine Eindrücke Karten« (Anm. Almas in ELM).

256. Prag, 14. 9. 1908
   Quelle: Original des Telegramms. Erstveröffentlichung
   Datum: Aufdruck des Telegraphenamtes

257. München, 23. 10. 1908
   Quelle: Nach der Abschrift in ELM. Erstveröffentlichung
   Datum: Nach ELM
   Anm.: *skatspielen:* »Skat spielen, ein Witz. Mahler konnte kein einziges Kartenspiel. Aber er nennt Stimmen korrigieren etc.« (Anm. Almas in ELM). Sicherlich eine ironische Anspielung Mahlers auf die Skatleidenschaft von Richard Strauss.

258. München, 24. 10. 1908
   Quelle: Autograph. 3 Seiten; o. D.; o. U.
   Datum: Von den Hg. erschlossen
   AMM: S. 416. D: München, Oktober 1908 Hotel Vier Jahreszeiten.
   Weglassung: *Das liegt da am Zimmer und ist zu einladend.*

259. München, 25. 10. 1908
   Quelle: Nach der Abschrift in ELM. Erstveröffentlichung
   Datum: Nach ELM

260. München, 26. 10. 1908
   Quelle: Nach der Abschrift in ELM. Erstveröffentlichung
   Datum: Nach ELM

261. Wien, 5. 11. 1908
   Quelle: Nach der Abschrift in ELM. Postkarte; o. D. Erstveröffentlichung
   Datum: Nach ELM

262. Hamburg, 6. 11. 1908
   Quelle: Original des Telegramms. Erstveröffentlichung
   Datum: Aufdruck des Telegraphenamtes

263. Hamburg, 7. 11. 1908
Quelle: Nach der Abschrift in ELM; o. D.
Datum: Von den Hg. erschlossen
AMM: S. 417. [In die Briefe von 1908 eingereiht] D: Hamburg. Auslassung: P. S.
Anm.: *Mama wird Dir schon erzählt haben:* Anna Moll hatte (so scheint es) Mahler zum Bahnhof begleitet. *Richtig, den Brief las ich:* nicht ermittelt.

264. Hamburg, 7. 11. 1908
Quelle: Autograph. 1 Seite; o. D.; m. U. Erstveröffentlichung
Datum: Poststempel. Die Abschrift in ELM hat Alma mit »7. 3. 1905« datiert. An diesem Tag war Mahler auf dem Weg nach Hamburg, s. Brief 128

265. Hamburg, 8. 11. 1908
Quelle: Autograph. 1 Seite; o. D.; o. U. Erstveröffentlichung [mit Ausnahme des letzten Absatzes]
Datum: Von den Hg. erschlossen
AMM: S. 417, ohne Datum [in die Briefe von 1908 eingereiht]
Anm.: *Wein der Verdauung:* nicht ermittelt, möglicherweise eine Arznei.

266. Toblach, 12. (?) 6. 1909
Quelle: Autograph. A. Karte *(Drei Zinnen im Ampezzothal)*; o. D. Erstveröffentlichung
Datum: Von den Hg. erschlossen [Poststempel undeutlich]

267. Toblach, 13. (?) 6. 1909
Quelle: Autograph. 3 Seiten; o. D.; o. U. Erstveröffentlichung
Datum: Poststempel
Anm.: *... mit der Anna aus:* möglicherweise ein Dienstmädchen oder Frau Anna Trenker; *Das Telegramm beantworte ich ...:* nicht ermittelt; *Gerold:* eine damals bekannte Buchhandlung in Wien.

268. Toblach, 13. (?) 6. 1909
Quelle: Nach der Abschrift in ELM
Datum: Von den Hg. erschlossen
AMM: S. 435. D: Toblach, 13. Juni 1909. Weglassungen: (1) *Ich freue mich ... daß Ihr im Süden seid.* (2) *Bis jetzt werde ich ... doppelte Unterwäsche angezogen.* (3) *Aus beiliegender Rechnung.. auf dem sie gekommen.* (4) Beifolgenden Brief *von Fritz sende ich ...* (5) *und sei lieb ... bei meinem Vorhaben.* (6) *Ich bin neugierig ... zur rechten Zeit.*
Anm.: *das Oferl scheint doch:* »Ich hatte einen Petroleumofen nach Toblach geschafft, gegen die grimmigste Kälte« (Anm. Almas in ELM); *Grahambrot:* vgl. Brief an Emil Freund vom Juni 1909: *Deine Idee mit dem Grahambrot war genial!* (GMB Nr. 413).

269. Toblach, 15. (?) 6. 1909
Quelle: Nach der Abschrift in ELM
Datum: Von den Hg. erschlossen

AMM: S. 440. D: Toblach 24. Juni 1909 Montag [der 24. Juni 1909 war ein Donnerstag]. Weglassungen: (1) *Hoffentlich hast Du meine Karte und Brief... leider nicht arbeiten kann.* (2) P. S.

Anm.: *in den Keller:* »in das Arbeitshaus im Wald« (Anm. Almas in ELM).

270. Toblach, 16. (?) 6. 1909
Quelle: Nach der Abschrift in ELM; o. D.
Datum: Von den Hg. erschlossen. Genaue Datierung nicht möglich
AMM: S. 442. D: Toblach, Juni 1909. Weglassungen: (1) *Eben kommt von Berliner... auf einen grünen Zweig kommen.* (2) P. S.

271. Toblach, 17. (?) 6. 1909
Quelle: Autograph. 3 Seiten; o. D.; o. U. Erstveröffentlichung
Datum: Nach der Angabe in ELM
Anm.: *von Grünewalds:* vielleicht mit dem erwähnten Grünewald in Brief 89 identisch (s. Anm. 2 zu diesem Brief); *aus der Arbeiterzeitung:* vermutlich die Wiener »Arbeiterzeitung«. Artikel nicht ermittelt.

272. Toblach, 18. (?) 6. 1909
Quelle: Autograph. 3 Seiten; o. D.; o. U. Erstveröffentlichung
Datum: Von den Hg. erschlossen. Genaue Datierung nicht möglich. In ELM wird der 2. Juli angegeben.
Anm.: *Bösendorfer:* Ludwig B., Klavierfabrikant in Wien; *Kohn:* Bernhard K., Klavierhändler in Wien.

273. Toblach, 18. (?) 6. 1909
Quelle: Autograph. 4 Seiten; o. D.; o. U. Erstveröffentlichung
Datum: Von den Hg. erschlossen. Mahler selbst gibt »Freitag (?)« an, und in ELM wird der 9. Juli (ein Freitag) angegeben, was aber dem Inhalt nach zu spät wäre. Der Brief dürfte am 18. oder spätestens am 25. Juni geschrieben sein.
Anm.: *Bahr und die Mildenburg:* Der Schriftsteller Hermann Bahr und Anna von Mildenburg heirateten am 28. August 1909 in Salzburg.

274. Toblach, 20. (?) 6. 1909
Quelle: Nach der Abschrift in ELM
Datum: Von den Hg. erschlossen. Genaue Datierung nicht möglich
AMM: S. 441/442. D: Toblach, 27. Juni 1909. Weglassung: *Zuletzt da unten im Prater... Ist die Adresse richtig?*

275. Toblach, 20. (?) 6. 1909
Quelle: Autograph. 4 Seiten; o. D.; o. U. Erstveröffentlichung
Datum: Von den Hg. erschlossen. In ELM ist 7. Juli angegeben, was dem Inhalt nach nicht stimmen kann.
Anm.: *... der Georg:* nicht identifiziert; Zwischen *Mir ist schon schrecklich bang nach Dir, Almschi!* und *Ich freue mich schon rasend auf den Moment...* sind zehn Zeilen im Autograph von Alma durchgestrichen und unleserlich gemacht.

276. Toblach, 22. (?) 6. 1909
Quelle: Autograph. 7 Seiten; o. D.; o. U.

Datum: Von den Hg. erschlossen. Genaue Datierung nicht möglich
AMM: S. 436/437. D: Toblach, Juni 1909. Weglassungen: (1) *Eben
kommt Dein Telegramm... bis ich von Dir gehört habe.* (2) P. S.
Anm.: Im 1. Absatz, nach ... *der 2. im Tag,* sind zwei Zeilen im Autograph
von Alma Mahler durchgestrichen und unleserlich gemacht. Außerdem
hat sie den nachfolgenden Satz entstellt. In AMM, S. 436, heißt der Anfang: *Das war ein lieber Brief heute (noch dazu der zweite im Tag). Ein geistiges Zentrum gewinnen; Das ist eben nötig. Von da aus...* etc.; Zwischen
... *seine eigene Bewandtnis* und *das Rationale daran* sind eineinhalb Zeilen
im Autograph von Alma Mahler durchgestrichen und unleserlich gemacht; *Cormaldi:* nicht identifiziert.

277. Toblach, 23. (?) 6. 1909
Quelle: Autograph. 3 Seiten; o. D.; o. U. Erstveröffentlichung
Datum: Von den Hg. erschlossen. Genaue Datierung nicht möglich
Anm.: *Grünwald:* s. Anm. 2 zu den Briefen 89 und 271; *Zacherl:* nicht
identifiziert, vermutlich ein Versicherungsagent.

278. Toblach, 23. (?) 6. 1909
Quelle: Autograph. 4 Seiten; o. D.; o. U.
Datum: Von den Hg. erschlossen. Genaue Datierung nicht möglich
AMM: S. 438/439. Ohne Datum, in die Briefe vom Sommer 1909 eingereiht. Weglassungen: (1) *Aber das ist schrecklich, Almschi!... Die Schlüssel glaube ich gefunden zu haben.* (2) *Es ist herrlich da draußen... daß Du
morgen nicht liegst.*
Anm.: ... *daß Anton:* der ehemalige Hausmeister in Maiernigg; ... *ein
heiteres lustiges Brieferl:* vgl. hierzu Brief vom Ende Juni 1909 an Anna
Moll: *Von Almschi bekomme ich wahre Jammerbriefe, woraus ich erschließ,
daß die Kur sie sehr mitnimmt. Außerdem weiß ich, daß das Alleinsein für sie
momentan nicht taugt. – Es ist ein Glück, daß sie wenigstens die Gucki mit
hat. – Wären wir doch nur schon alle hier wieder beisammen!...* (GMB
Nr. 415); *Die Schlüssel...:* vgl. hierzu Brief an Carl Moll: *Hier sind, wie
ich hoffe, die Wohnungsschlüssel. Nach der Beschreibung Almschis habe ich sie
aus einer der 150 Laden herausstudiert.* (GMB Nr. 446; der Brief hier mit
»1910« datiert); *daneben ist es mir entschieden zu kalt:* gemeint ist das
»Komponierhäuschen«.

279. Toblach, 24. (?) 6. 1909
Quelle: Autograph. 2 Seiten; o. D.; o. U. Erstveröffentlichung
Datum: Von den Hg. erschlossen. Genaue Datierung nicht möglich
Anm.: ... *erträglicher da unten:* d. h. im »Komponierhäuschen«

280. Toblach, 25. 6. 1909
Quelle: Autograph. 2 Seiten; o. D.; o. U. Erstveröffentlichung
Datum: Von den Hg. erschlossen

281. Toblach, 26. 6. 1909
Quelle: Autograph. 4 Seiten; o. D.; o. U. Erstveröffentlichung
Datum: Von den Hg. erschlossen
Anm.: *Germania:* Hotel Germania in Toblach; *von Rooy:* der holländische

Baß Anton Van Rooy (1870–1912); *in Sachen Musikfest:* Uraufführung der *8. Sinfonie* im September 1910 in München.

282. Toblach, 27. 6. 1909

Quelle: Autograph. 4 Seiten; o. D.; o. U.

Datum: Von den Hg. erschlossen

AMM: S. 439/440. D: Toblach, 1909. Weglassungen: (1) *Das ist zu dumm... nicht lange aus* (2) *1000 Kronen habe ich.. sein Ersuchen gegeben.* Anm.: Die letzten Zeilen des Briefes ab *Verfluchte Feder...* sind mit Bleistift geschrieben.

283. Toblach, 28. 6. 1909

Quelle: Autograph. 4 Seiten; o. D.; o. U. Erstveröffentlichung

Datum: Von den Hg. erschlossen

Anm.: Zwischen ... *bei geschlossenem Maule* und *Heute habe ich noch keinen Brief von Dir* sind im Autograph achtzehn Zeilen von Alma durchgestrichen und unleserlich gemacht; *Plankenberg:* Das Schlößchen worin Alma Mahler einen Teil ihrer Jugend verbrachte (1885–1892).

284. Toblach, 30. (?) 6. 1909

Quelle: Autograph. 4 Seiten; o. D.; o. U. Erstveröffentlichung

Datum: Von den Hg. erschlossen. ELM gibt den »25. Juni 1909« an.

Anm.: *Heppner:* nicht identifiziert; *Werner:* nicht identifiziert, vermutlich ein Buchdrucker. *Böse Beispiele...:* Bibelzitat, Apokryphen, die Weisheit Salomos, Kap. 4, Vers 12: »Denn die bösen Beispiele verführen, und verderben einem das Gute, und die reizende Lust verkehret unschuldige Herzen.«

285. Toblach, 1. (?) 7. 1909

Quelle: Autograph. 3 Seiten; o. D.; o. U. Erstveröffentlichung

Datum: Von den Hg. erschlossen. Genaue Datierung nicht möglich

Anm.: ... *an Carl die Schlüssel:* vgl. hierzu Anm. 3 zu Brief 278; *Brandweiner:* Möglicherweise Dr. Alfred Brandweiner (1875–1932), Dermatologe, Privatdozent, Vorstand der Abteilung für Syphilis und Hautkrankheiten an der Wiener Poliklinik.

286. Toblach, 2. 7. 1909

Quelle: Nach der Abschrift in ELM. Erstveröffentlichung

Datum: Von den Hg. erschlossen. Von Mahlers Hand: *Freitag,* d. h. am 2. Juli 1909

287. Toblach, 4. 7. 1909

Quelle: Autograph. 4 Seiten; o. D.; o. U. Erstveröffentlichung

Datum: Von den Hg. erschlossen. ELM gibt den »11. Juni 1909« an.

Anm.: *Sajodin:* nicht ermittelt, vermutlich ein Abführmittel; *Dr. Liermberger:* Ein Arzt Almas in Levico.

288. Toblach, 8. 7. 1909

Quelle: Autograph. 12 Seiten; o. D.; o. U. Erstveröffentlichung

Datum: Von den Hg. erschlossen

Anm.: *Toch:* wahrscheinlich der junge Komponist Ernst Toch (1887–1964), obwohl eine Verbindung zwischen ihm und Mahler bisher nicht nachgewiesen ist. Toch wurde im Jahr 1907 mit dem Wiener »Rothschildpreis für schaffende Tonkünstler« ausgezeichnet.

289. Toblach, 11.7.1909
Quelle: Nach der Abschrift in ELM. Erstveröffentlichung
Datum: Von den Hg. erschlossen
Anm.: *Regalia* [in ELM als *Regulin* transkribiert] eine Zigarettenmarke

290. Toblach, 6.9.1909
Quelle: Autograph. P. Karte; o. D. Erstveröffentlichung
Datum: Poststempel
Anm.: *Wanderjahre:* J. W. v. Goethes »Wilhelm Meisters Wanderjahre«; *Gespräche:* vermutlich Johann P. Eckermanns »Gespräche mit Goethe in den letzten Jahren seines Lebens«. Vgl. hierzu Mahlers Brief an Adele Marcus (GMB Nr. 399) vom August 1908: *Ich lese seit Dezennien immer und immer wieder darin, und ich kann sagen, daß es zu meinen liebsten Besitztümern gehört.*

291. Wien, 7.9.1909
Quelle: Autograph. 2 Seiten; o. D.; o. U. Erstveröffentlichung
Datum: Von den Hg. erschlossen
Anm.: *norddeutschen Lloyd:* Schiffahrtsgesellschaft mit Hauptsitz in Hamburg; *...sowohl 5 – wie 3 bekommen:* wahrscheinlich Kabine Nr. 5 und 3; *Sandor:* der Schriftsteller Alexander Engel.

292. Wien 8.9.1909
Quelle: Autograph. Briefkarte; 2 Seiten; o. D.; o. U. Erstveröffentlichung
Datum: Von den Hg. erschlossen

293. Göding, 18.9.1909
Quelle: Autograph. 3 Seiten; o. D.; o. U. Erstveröffentlichung
Datum: Von den Hg. erschlossen

294. Göding 18.9.1909
Quelle: Autograph. 3 Seiten; o. D.; o. U.
Datum: Von den Hg. erschlossen
AMM: S. 443. D: Göding 1909. Auslassung: P. S.

295. Göding 19.9.1909
Quelle: Autograph. 3 Seiten; o. D.; o. U.
Datum: Von den Hg. erschlossen
AMM: S. 443/444. D: Göding 1909. Text verändert: (1) *Erfahre aber aus dem telephonischen Gespräch* statt *Erfuhr aber aus dem teleph. Gespräch ...* (2) *... und dabei, die Luft, die Bäume, die Blumen* statt *... und dabei, die Bäume, die Blumen ...* Weglassung: *... telephonischen Gespräch mit Mama*

296. [Im Zug nach Amsterdam], 28.9.1909
Quelle: Autograph. 3 Seiten; o. D.; o. U. Erstveröffentlichung
Datum: Von den Hg. erschlossen

297. Amsterdam, 29.9.1909
Quelle: Autograph. 4 Seiten; o. D.; o. U.
Datum: Von den Hg. erschlossen
AMM: S. 359–360. D: Amsterdam, 1906 [in die Briefe vom März 1906

eingereiht] Weglassungen: (1) *... und thue dasselbe für mich an Mama und Karl!* (2) P. S.

298. Amsterdam, 1. 10. 1909
    Quelle: Autograph. 2 Seiten; o. D.; o. U.
    Datum: Von den Hg. erschlossen
    AMM: S. 419/420. D: Amsterdam, 1908. Weglassung: *Seine Frau ist... auch gar nicht.*

299. Amsterdam, 1. 10. 1909
    Quelle: Autograph. 3 Seiten; o. D.; o. U.
    Datum: Von den Hg. erschlossen
    AMM: S. 358/359. D: Amsterdam, März 1906. Weglassung: *Es wird ungefähr 6 fl. kosten.*
    Anm.: *Assembleen:* gesellschaftliche Treffen

300. Amsterdam, 6. 10. 1909
    Quelle: Nach der Abschrift in ELM
    Datum: Von den Hg. erschlossen
    AMM: S. 420. D: Amsterdam, 1908. Weglassungen: (1) *und glücklich über die Ruhe* (2) *An Mama und Karl das Schönste.*

301. Springfield, 24. 2. 1910
    Quelle: Nach der Abschrift in ELM. Erstveröffentlichung
    Datum: nach ELM

302. Wien, 6. 6. 1910
    Quelle: Autograph. 2 Seiten; o. D.; o. U. Erstveröffentlichung
    Datum: Von den Hg. erschlossen
    Anm.: Zwischen *... da lasse ich lieber dem Karl das,* und *Ich bin überzeugt* sind zwei Zeilen im Autograph von Alma durchgestrichen und unleserlich gemacht; außerdem sind zwischen *Und in Alles das lugt so herzig Dein Bild hinein* und *Heute sitze ich wieder* ebenfalls sechs Zeilen durchgestrichen und unleserlich gemacht. In ihrer Abschrift in ELM hat Alma zum Postscript folgenden Satz hinzugefügt: *Mama und Karl sind so unglaublich lieb!* Diese Formulierung hat Mahler nie benutzt!

303. Wien, 8. 6. 1910
    Quelle: Autograph. 12 Seiten; o. D.; o. U.
    Datum: Von den Hg. erschlossen
    AMM: S. 451/453. D: Von Wien nach Tobelbad Juni 1910. Weglassungen: (1) *Gestern beim Nachhausekommen von .. gefallen wie eben jetzt! Und* (2) *Du sollst sehen, daß Dich kein Zweifel überkommen wird.* (3) *Mach Dir doch keinen ... daß Du ganz frisch bist!* – (4) *(Du siehst, ganz comme chez nous!)* (5) *(Carl hat Alles arrangirt)*
    Anm.: Zwischen *... die Welt genießen* und *Du sollst sehen, daß Dich kein Zweifel* sind im Autograph drei Zeilen von Alma durchgestrichen und unleserlich gemacht.

304. Wien 10. 6. 1910
    Quelle: Autograph. 4 Seiten; o. D.; o. U. Erstveröffentlichung
    Datum: Von den Hg. erschlossen

305. Leipzig, 12. 6. 1910
    Quelle: Original des Telegramms. Erstveröffentlichung
    Datum: Aufdruck des Telegraphenamtes: *Leipzig aufgegeben 12. VI. 1910 um 5 Uhr 58 M.* [Tobelbad] *aufgenommen 12. VI. 1910 8 Uhr 30 M.*
306. Leipzig, 13. 6. 1910
    Quelle: Original des Telegramms. Erstveröffentlichung
    Datum: Aufdruck des Telegraphenamtes: *Aufgegeben 13. 6. 1910 5.45; aufgenommen 8 Uhr*
307. München, 16. 6. 1910
    Quelle: Original des Telegramms. Erstveröffentlichung
    Datum: Aufdruck des Telegraphenamtes: *Aufgegeben 16. 6. 7.50; befördert 17. 6. 8.20*
308. München, 17. 6. 1910
    Quelle: Autograph. 4 Seiten; o. D.; o. U.
    Datum: Von den Hg. erschlossen
    AMM: S. 453/454. D: München, Juni 1910. Weglassungen: (1) *(auch Verdauung). Grethl Remy soll... deshalb sympathisch.* (2) P. S. (3) *Hast Du das Portefeuille?*
    Anm.: »*Pahöl*« [in AMM: »Bahöl«]: wienerisch für »großer Lärm, Geschrei, Tumult«.
309. München, 18. 6. 1910
    Quelle: Autograph. 8 Seiten; o. D.; o. U.
    Datum: Von den Hg. erschlossen
    AMM: S. 456/457. D: München, Juni [in die Briefe vom Juni 1910 eingereiht]. Weglassungen: (1) *Heute die erste Gesamtprobe... vor 10 Jahren geschrieben wurde.* (2) *Was ist mit dem Portefeuille? Gucki?*
    Anm.: Zwischen ... *einer symbolischen Darstellung* und *Zuerst gefällt Einem* sind im Autograph drei Zeilen von Alma Mahler durchgestrichen und unleserlich gemacht; *Schlamastik:* österr. für Schlamassel.
310. München, 20. 6. 1910
    Quelle: Autograph. 3 Seiten; o. D.; o. U. Erstveröffentlichung
    Datum: Von den Hg. erschlossen
    Anm.: Im Satz *Und das kam mir so verständnislos vor* hat Mahler nach verständnislos zunächst »und würdelos« hinzugefügt, danach aber gestrichen.
311. München, 21. 6. 1910
    Quelle: Autograph. 4 Seiten; o. D.; o. U.
    Datum: Von den Hg. erschlossen
    AMM: S. 454/455. D: München, Juni [in die Briefe vom 1910 eingereiht]. Text verändert: ... den Zeilen *herausfinden* statt den Zeilen *herauszufühlen.*
    Anm.: ... *da »sah der Herr (Mahler) daß...*: Das Bibelzitat lautet: »Und Gott sah an alles, was er gemacht hatte; und siehe da, es war sehr gut« (Genesis 1, 31).
312. München, 23. [?] 6. 1910

Quelle: Autograph. 4 Seiten; o. D.; o. U.

Datum: Von den Hg. erschlossen

AMM: S. 455 / 456. D: München, Juni [in die Briefe vom 1910 einge-
reiht]. Auslassung: P. S. Hinzufügung Almas: ».. . fahre ich Sonntag
Früh nach . . .«

313. München, 25. 6. 1910

Quelle: Original des Telegramms. Erstveröffentlichung

Datum: Aufdruck des Telegraphenamtes: *Aufgegeben 25/6 12 Uhr; Aufgenommen 25/6 3 Uhr.*

314. München, 26. 6. 1910

Quelle: Autograph. Korr. K.; o. D. Erstveröffentlichung

Datum: Poststempel

Anm.: *Morgen . . . geht es in die herrliche Luft von Toblach:* In letzter Minute änderte Mahler seinen Reiseplan und fuhr über Wien nach Tobelbad.

315. Wien, 28. 6. 1910

Quelle: Autograph. 3 Seiten. Erstveröffentlichung

Datum: Nach der Abschrift in ELM, vermutlich dem Poststempel entnommen

Anm.: *Der Verlag:* Die Universal Edition in Wien.

316. Graz, 3. 7. 1910

Quelle: Nach der Abschrift in ELM

Datum: Von den Hg. erschlossen

AMM: S. 457. D: Graz – Tobelbad [in die Briefe vom Sommer 1910 ein-
gereiht].

Anm.: »D.: Ernst Decsey, Musikschriftsteller, und *O.:* Julius von Weis-
Ostborn, Jugendfreund Mahlers, später Kapellmeister.« (Anm. Alma in
AMM). – Am 14. März 1910 hatte Weis-Ostborn (er war kein »Jugend-
freund Mahlers«!) eine Aufführung von Mahlers *Das klagende Lied* in
Graz geleitet.

317. Toblach, 5. 7. 1910

Quelle: Autograph. 4 Seiten; o. D.; o. U. Erstveröffentlichung

Datum: Von den Hg. erschlossen

318. Toblach, 7. 7. 1910

Quelle: Autograph. 4 Seiten (unvollständig); o. D.; o. U. Erstveröffentlichung

Datum: Von den Hg. erschlossen

Anm.: Schluß des Briefes fehlt. Die letzte Zeile auf S. 4 des Autographs
hat Alma Mahler durchgestrichen und unleserlich gemacht.

319. Toblach, 8. 7. 1910

Quelle: Nach der Abschrift in ELM; o. D.

Datum: Von den Hg. erschlossen

AMM: S. 438. D: Toblach nach Tobelbad [in die Briefe vom Sommer
1910 eingereiht]. Weglassungen: (1) *Almscherl! Bitte Dich inständigst bleibe . . . daß Ihr noch nicht da seid;* (2) P. S.

320. Toblach, 9.7.1910
Quelle: Autograph. 3 Seiten; o. D.; o. U. Erstveröffentlichung
Datum: Von den Hg. erschlossen
Anm.: Zwischen ... *auf meine Fragen* und *»sei lieb mit mir«* sind im Auto-
graph vier Wörter von Alma durchgestrichen und unleserlich gemacht.

321. Toblach, 10.7.1910
Quelle: Autograph. 2 Seiten; o. D.; o. U. Erstveröffentlichung
Datum: Von den Hg. erschlossen

322. Toblach, August 1910
Quelle: Autograph. 1 Seite; o. D.; o. U.
Datum: Von AMM übernommen. Genaue Datierung nicht möglich
AMM: S. 461. D: Toblach, »Lag morgens auf meinem Nachttischchen.«
[in die Briefe vom Sommer 1910 eingereiht].
Anm.: ... *komm bald heute:* »Ich holte ihn mittags immer zum Essen ab
– aus seinem Arbeitshaus« (Anm. Almas in AMM).

323. Toblach, August 1910
Quelle: Autograph. 1 Seite; o. D.; o. U.
Datum: Von AMM übernommen. Genaue Datierung nicht möglich
AMM: S. 462/463. D: »Lag abends auf meinem Schreibtisch« [in die
Briefe vom Sommer 1910 eingereiht]. In AMM versehentlich mit
dem Gedicht (Brief 325) veröffentlicht, als handelte es sich um *einen*
Brief.
Anm.: *Meine lieben Lieder:* vermutlich Schreibfehler Mahlers: sicherlich
sind *Deine* – Almas Jugendlieder – gemeint.

324. Toblach, August 1910
Quelle: Autograph. 1 S. o. D. Auf Notenpapier geschrieben.
Datum: Von AMM übernommen. Genaue Datierung nicht möglich
AMM: S. 463 [in die Briefe vom Sommer 1910 eingereiht]. Vgl. Brief 323.

325. Toblach, August 1910
Quelle: Autograph. 2 Seiten; o. D.; o. U.
Datum: Von AMM übernommen. Genaue Datierung nicht möglich
AMM: S. 463/464. D: »Lag morgens auf meinem Nachttischchen« [in
die Briefe vom Sommer 1910 eingereiht].
Anm.: Zwischen ... *du Geliebte* und ... *was mir von dir* sind im Autograph
drei Wörter durchgestrichen und unleserlich gemacht. Ob von Mahler
oder von Alma ist nicht erkennbar.

326. Toblach, August 1910
Quelle: Autograph. 1 Seite; o. D.; o. U. Erstveröffentlichung
Datum: Von den Hg. erschlossen

327. Toblach, August 1910
Quelle: Autograph. 1 Seite; o. D.; o. U.
Datum: Von AMM übernommen. Genaue Datierung nicht möglich
AMM: S. 461. D: Toblach, »Lag morgens auf meinem Nachttischen«,
[in die Briefe vom Sommer 1910 eingereiht].

328. Toblach, 17.8.1910

Quelle: Autograph. 1 Seite; o. U. Auf Notenpapier geschrieben
Datum: Von Mahlers Hand: 17. Aug. 1910
AMM: S. 462. D: 17. August 1910.
Anm.: *Auf die fünf Linien blick' ich verwundert:* gemeint sind die Noten-
zeilen; Mahler entwarf um diese Zeit seine *10. Sinfonie.*

329. Toblach, 17. 8. 1910
Quelle: Autograph. 1 Seite; o. D.; o. U.
Datum: Von AMM übernommen.
AMM: S. 461. D: 17. August 1910: »Lag morgens auf meinem Nacht-
tischchen«. Text verändert: *... in schmerzensvollen Stunden!* statt *in
schmerzenvollsten Stunden!*

330. Franzensfeste, 25. 8. 1910
Quelle: Original des Telegramms. Erstveröffentlichung
Datum: *Aufgegeben: Franzensfeste Bhf. 25/8 1910 um 2 Uhr 42 M. Auf-
genommen: Toblach Bhf. 25/8 1910 um 3 Uhr*

331. Innsbruck, 25. 8. 1910
Quelle: Original des Telegramms
Datum: Aufdruck des Telegraphenamtes in Toblach. *Aufgegeben: Inns-
bruck Bahnhof 25/8 6 Uhr 35 M.*
AMM: S. 459. D: 25. 8. 1910

332. Köln, 26. 8. 1910
Quelle: Original des Telegramms
Datum: Poststempel
AMM: S. 459. D: Cöln, den 26. August 1910

333. Amsterdam (?), 26. 8. 1910
Quelle: Original des Telegramms
Datum: Aufdruck des Telegraphenamtes
AMM: S. 460. D: Cöln, 26. 8. 1910. Text verändert: *»Höllische Unruhe
fast – und Schmerz«* statt *»Höllische Unruhe – fast nur Schmerz«.*
Anm.: Höllische Unruhe – fast nur Schmerz: *Telegrammzitat von X...*
[Walter Gropius]. Anm. von Alma in AMM.

334. Leyden, 26. 8. 1910
Quelle: Original des Telegramms. Erstveröffentlichung
Datum: Aufdruck des Telegraphenamtes. *Aufgenommen: 7, 40*

335. Leyden, 27. 8. 1910
Quelle: Original des Telegramms. Erstveröffentlichung
Datum: Aufdruck des Telegraphenamtes: *Aufgegeben: Leyden, 8,48; Auf-
genommen 12,30*
Anm.: *Sonntag früh:* 28. August

336. Emmerich, 27. 8. 1910
Quelle: Original des Telegramms. Erstveröffentlichung
Datum: Aufdruck des Telegraphenamtes. *Aufgegeben: Emmerich, 12,51;
Aufgenommen: Toblach, 3,30*
Anm.: Auf dem Telegramm hat Alma handschriftlich hinzugefügt:
Schlafwagen Zug 118 München.

337. [Im Zug nach Toblach], 27. 8. 1910
   Quelle: Autograph. 1 Seite; m. D.; o. U.
   Datum: Von Mahlers Hand: 27. *Aug. 10*
   AMM: S. 460. D: 27. August 1910. Hinzufügung von Alma: »*Im Coupé*
   auf der Rückkehr«.
338. Köln, 27. 8. 1910
   Quelle: Original des Telegramms
   Datum: Aufdruck des Telegraphenamtes: *Coeln 27* [August 1910], *4,23*
   AMM: S. 460. D: 27. 8. 1910. Den Satz *ists mir doch als koennts nicht sein*
   hat Alma in Anführungszeichen gesetzt. Möglicherweise handelt es sich
   um ein Zitat von Walter Gropius; s. Anm. zu Brief 333.
339. [Im Zug nach München] 3. 9. 1910
   Quelle: Autograph. 2 Seiten; o. D.; o. U.
   Datum: Von den Hg. erschlossen
   AMM: S. 464. Ohne Datum [in die Briefe vom Sommer 1910 einge-
   reiht]. Text verändert: (letzte Zeile) *Doch nie laß ich mehr mich zum Bahn-*
   hof begleiten! statt *Dir nie lass ich mehr mich zum Bahnhof begleiten!*
   In AMM ist das Gedicht ohne die Einteilung in Verse wiedergegeben.
   Anm.: In AMM erklärt Alma Mahler zum Gedicht: »Ich hatte Mahler
   auf den Bahnhof gebracht. Er reiste nach München voraus zu den letz-
   ten Proben der VIII. Auf dem Bahnhof war ihm allerhand Ungemach
   passiert, das allenthalben Gelächter hervorrief« (AMM S. 464).
340. Innsbruck, 3. 9. 1910
   Quelle: Original des Telegramms. Erstveröffentlichung
   Datum: Aufdruck des Telegraphenamtes: *Aufgegeben: Innsbruck 6,35;*
   Aufgenommen: Toblach 7,20
341. München, 3. 9. 1910
   Quelle: Autograph. 1 Seite; o. D.; m. U. Erstveröffentlichung
   Datum: Poststempel
   Anm.: *Bahr:* Der Schriftsteller Hermann Bahr; *Pythia:* griechische Apol-
   lopriesterin und Seherin.
342. München, 4. [?] 9. 1910
   Quelle: Autograph. 1 Seite; o. D.; o. U. Erstveröffentlichung
   Datum: Von den Hg. erschlossen. Genaue Datierung nicht möglich.
   Anm.: *2. Brief:* Überschrift von Mahler.
343. München, 4. 9. 1910
   Quelle: Autograph. 6 Seiten; o. U.
   Datum: Von Mahlers Hand: *München, 4. Sept. 1910.*
   AMM: S. 465.
   Anm.: Die Briefe 343 und 345 sind auf je zwei Briefbogen geschrieben,
   wobei jeweils der zweite Briefbogen von Mahler mit »2)« gekennzeich-
   net ist. Alma Mahler hat versehentlich diese beiden Briefbogen in ihrer
   Ausgabe miteinander vertauscht. Der 3. Abschnitt von Brief 343 beginnt
   also mit *Süß war es ...* statt *Übrigens mache ich ...* Der 3. Abschnitt von Brief
   345 beginnt entsprechend mit *Übrigens mache ich ...* statt *Süß war es ...*

344. München, 5.9.1910
    Quelle: Original des Telegramms. Erstveröffentlichung
    Datum: Aufdruck des Telegraphenamtes
345. München, 5.9.1910
    Quelle: Autograph. 8 Seiten; o. D.; o. U.
    Datum: Von den Hg. erschlossen
    AMM: S. 467. D: München 1910.
    Anm.: Siehe Anm. zu Brief 343. *Endymion:* Geliebter der griechischen
    Mondgöttin.
346. München, 5.9.1910
    Quelle: Original des Telegramms
    Datum: Von den Hg. erschlossen
    AMM: S. 464. D: München [in die Briefe vom September 1910 einge-
    reiht]. Umformulierung: ... *beiden Briefe eben angekommen* statt ... *beiden
    Brieferln eben gekommen* ...
347. München, 5.9.1910
    Quelle: Autograph. 4 Seiten; o. D.; o. U.
    Datum: Von den Hg. erschlossen
    AMM: S. 468–470. D: München [in die Briefe vom September 1910
    eingereiht].
    Anm.: *Beiliegender Brief kam soeben ...:* nicht ermittelt; *Was hat denn der
    Fratz so früh ...:* nicht ermittelt.
348. München, 5.9.1910
    Quelle: Autograph. 4 Seiten; o. D.; o. U.
    Datum: Von den Hg. erschlossen
    AMM: S. 470/471. D: ohne Datum [in die Briefe vom Sommer 1910
    eingereiht]. Auslassung: *Das Paket mit ... und verläßlicher Mensch!*
    Anm.: *»Ist es wahr? Hab ich dich wieder?«* ... Das Originalzitat aus *Tristan
    und Isolde* (2. Aufzug) lautet: »Bist du mein? / Hab ich dich wieder?«;
    Gustav Frank: Mahlers Vetter, früher in St. Petersburg ansässig, hatte
    sich inzwischen in München niedergelassen, vgl. Brief 236.
349. Syracuse, N. Y., 9.12.1910
    Quelle: Original des Telegramms. Erstveröffentlichung
    Datum: Aufdruck des Telegraphenamtes
    AMM 1991: S. 217: Alma zitiert aus dem Telegramm: »Reise mit Alm-
    joscha noch *viel* prachtvoller.«

Anmerkungen

Vorwort

1 Canetti, Elias: Das Augenspiel, Lebensgeschichte 1931–1937, München/Wien, 1985, S. 59
2 Stefan, Paul: Gustav Mahler, Wien 1920
3 Mahler, Alma, an Arnold Schönberg, Brief vom 21. Juli 1921, unveröffentlicht, Library of Congress, Washington D. C., USA
4 AML, S. 162
5 ebd., S. 248
6 ebd., S. 277
7 Mann, Thomas: Tagebücher 1940–1943, Frankfurt/M., 1982, S. 72
8 Weiß, Günther: Gustav Mahlers Briefe an Alma, in: Musica, Kassel Juli/August 1991, S. 230
9 AML, S. 162
10 GMB Nr. 201

Zwei Lebenswege

1 Zweig, Stefan: Die Welt von Gestern, Erinnerungen eines Europäers. Frankfurt/Main, Hamburg 1970, S. 41–42
2 ebd., S. 36
3 Killian, Herbert, und Knud Martner: Gustav Mahler in den Erinnerungen von Natalie Bauer-Lechner. Hamburg 1984, S. 63
4 Epstein, Julius: Erinnerungen an meinen Schüler Gustav Mahler. Illustrirtes Wiener Extrablatt, 19. Mai 1911
5 Walter, Bruno: Gustav Mahler. Leipzig/Zürich 1936, S. 20
6 Bauer-Lechner, Natalie: Erinnerungen an Gustav Mahler. Wien 1923
7 Foerster, Josef Bohuslav: Der Pilger, Erinnerungen eines Musikers. Prag 1955, S. 444–445
8 Karpath, Ludwig: Begegnung mit dem Genius. Wien 1934, S. 10
9 Killian, S. 116
10 AMM 1991, S. 29
11 ebd., S. 26
12 Feder, Stuart: Mahler, Dying. The International Review of Psycho-Analysis (1978), London, S. 125
13 Killian, S. 187
14 Isaacs, Reginald R.: Walter Gropius, der Mensch und sein Werk, 3 Bde., aus dem Amerikanischen übersetzt und für die deutsche Ausgabe bearbeitet von Georg G. Meerwein. Frankfurt/Main u. a.: 1985/1986
15 Jungk, Peter Stephan: Franz Werfel. Frankfurt/Main 1987, S. 337
16 AML, S. 13
17 ebd., S. 14
18 ebd., S. 16
19 ebd., S. 15
20 ebd., S. 17
21 ebd., S. 13
22 Monson, Karen: Alma Mahler-Werfel. München 1986, S. 352
23 AML, S. 15
24 ebd., S. 15
25 ebd., S. 14
26 ebd., S. 21
27 ebd., S. 21
28 ebd., S. 26

²⁹ ebd., S. 26
³⁰ ebd., S. 27
³¹ ebd., S. 28
³² ebd., S. 29

³³ ebd., S. 29
³⁴ AMM 1991, S. 13
³⁵ ebd., S. 13
³⁶ ebd., S. 13

Die Briefe

³⁷ ebd., S. 14
³⁸ ebd., S. 14
³⁹ ebd., S. 27
⁴⁰ ebd., S. 28
⁴¹ ebd., S. 27. Formulierung in ELM:
»...und eine gute Rasse, ver-
schweindeln Sie die nicht, indem
Sie so einen degenerierten rachiti-
schen Juden heiraten!«
⁴² AML, S. 17. Almas Darstellung
kann nicht stimmen. Hans Bethges
»Chinesische Flöte« erschien in
Leipzig im Oktober 1907.
⁴³ Zemlinsky, Alexander: Brief an Alma Schindler, Abschrift von Alma,
BMGM Paris
⁴⁴ ebd.
⁴⁵ AMM 1991, S. 31
⁴⁶ Moll, Carl: Erinnerungen, unver-
öffentlichtes Typoskript. BMGM
Paris
⁴⁷ AMM 1991, S. 32
⁴⁸ ebd., S. 32
⁴⁹ ebd., S. 32
⁵⁰ ebd., S. 32
⁵¹ ebd., S. 32
⁵² AML, S. 31
⁵³ AMM 1991, S. 34
⁵⁴ GMB Nr. 301
⁵⁵ Laut freundlicher Auskunft von
Herrn Hubert Reitterer vom
13. Januar 1995 (Redaktion des
»Österreichischen Biographischen
Lexikons«, Österreichische Akademie der Wissenschaften) handelt es
sich mit großer Wahrscheinlichkeit
um Dr. phil. Felix Muhr, der um
1914 in Wien I, Rosenbursenstr. 4,
nachweisbar ist. Seinen Vereinszu-
gehörigkeiten nach zu schließen

(Wiener Cercle, Camera Club),
war er vermutlich wohlhabend.
Vielleicht gehört er zur Familie
des Gutsbesitzers Julius Muhr
(Wien I, Elisabethstr. 15).
⁵⁶ Übereinstimmend mit Hubert
Reitterer (s. Anm. 55) gab Frau Dr.
Rosemary Moravec von der Österreichischen Nationalbibliothek in
Wien den Hinweis auf diese Persönlichkeit. Dr. Louis (Ludwig)
Adler wurde am 7. November 1876
in Wien geboren.
⁵⁷ University of Western Ontario,
London–Ontario, Music Library,
Rosé-Collection
⁵⁸ ebd. Von einer Verwendung des
Programms für »eine Berliner Aufführung im Dezember 1901« kann
keine Rede sein (vgl. Hermann
Danuser, Gustav Mahler und seine
Zeit. Laaber 1991, S. 328)
⁵⁹ ebd.
⁶⁰ AMM 1991, S. 36
⁶¹ Henry-Louis de la Grange hat
François Giroud für ihr Buch
»Alma Mahler oder die Kunst geliebt zu werden« (dt. Ausgabe
Wien/Darmstadt 1989) den Brief
zur Verfügung gestellt. Dort wurde
er erstmals in deutscher Sprache
gekürzt veröffentlicht.
⁶² AML, S. 31
⁶³ Eckermann, Johann Peter: Gespräche mit Goethe in den letzten
Jahren seines Lebens (Gespräch
vom 16. Dezember 1828)
⁶⁴ AMM 1991, S. 43
⁶⁵ Reilly, Edward R. (Hg.): Gustav
Mahler und Guido Adler. Zur Ge-

schichte einer Freundschaft. Wien 1978, S. 37

66 Walter, Bruno: Briefe 1894–1962. Frankfurt/Main 1969, S. 52

67 AMM 1949, S. 280

68 AMM 1991, S. 38

69 ebd., S. 39

70 AML, S. 182

71 AMM 1991, S. 41

72 Das Exemplar besaß zunächst der Strauss-Biograph Willi Schuh. Eine Kopie befindet sich in der BMGM Paris.

73 AMM 1991, S. 47. Zur terminlichen Problematik in Almas BERICHT s. Anm. zu Brief 19, S. 130

74 University of Western Ontario

75 ebd. Die Herausgeber danken Danmarks Meteorologiske Institut in Kopenhagen für detaillierte Angaben zu Witterungsverhältnissen in St. Petersburg im März 1902.

76 AMM 1991, S. 57

77 Die Eintragungen vom 10., 12. und 13. Juli 1902 stammen aus Almas Tagebuch. Das letzte Zitat ist AML, S. 33, entnommen. Vergleicht man die hier vorgelegten Zitate mit den Seiten 32 und 33 in AML, so zeigt sich deutlich, wie Alma bei der Abfassung ihres Buches mit ihren Niederschriften aus früherer Zeit umging. Oft geht dabei die Spontaneität des unmittelbar Erlebten verloren, und die »Komposition« mehrerer Tagebucheintragungen zu einem fortlaufenden Text entstellt oft die Geschehnisse in jenen Jahren.

78 Tagebucheintrag vom 10. August 1902. Die Fassung in AML, S. 33, lautet: »Mein Geliebter hat mir gestern ein Lied vorgesungen, das er mir vor mehreren Tagen in meine Noten gelegt hatte, in den Klavierauszug von ›Siegfried‹. Er hatte gehofft, ich würde die Oper wieder spielen und es selbst finden. Es ist das erste Liebeslied, das er

geschrieben hat. ›Ein Privatissimum an Dich‹, sagte er. Es ist das Rückertsche Gedicht ›Liebst du um Schönheit‹. Das letzte, ›Liebe mich immer, immerdar‹, ist so innig, daß mich, als ich es mir jetzt wieder nach langer Zeit angesehen habe, die Rührung fast übermannte. Oft fühlte ich, wie wenig ich bin und habe, im Vergleich zu seinem unermeßlichen Reichtum.«

79 Zitate aus dem Tagebuch. In veränderter Form finden sie sich in AML, S. 33 und 34.

80 Roller, Alfred: Die Bildnisse von Gustav Mahler. Wien 1922, S. 13

81 University of Western Ontario

82 AML, S. 36

83 Walter, S. 65

84 AMM 1949, S. 322

85 GMB Nr. 369

86 AMM 1991, S. 58

87 Danuser, Hermann: Gustav Mahler und seine Zeit. Laaber 1991, S. 37 und 337

88 AMM 1991, S. 86

89 Canetti, Elias: Das Augenspiel, Lebensgeschichte 1931–1937. München/Wien 1985, S. 59

90 ELM I

91 Reeser, Eduard: Gustav Mahler und Holland. München/Zürich 1980, S. 47. Poststempel des Briefes: Amsterdam, 29. Juni 1904

92 AMM 1991, S. 90

93 ebd., S. 91

94 ebd., S. 92

95 ebd., S. 93

96 Mahler, Gustav: Brief an seine Schwester Emma (unveröffentlicht), BMGM Paris

97 AMM 1949, S. 326

98 BMGM Paris

99 AMM 1991, S. 70

100 AML, S. 37

101 AMM 1991, S. 103

102 ebd. Almas Datierung ist falsch. Statt »22. März« muß es »26. März« heißen, da die von Mahler dirigierte »Fidelio«-Auf-

führung am 25. März 1905 stattfand.
103 Blaukopf, Herta: Gustav Mah-
ler/Richard Strauss, Briefwechsel
1888–1911. München 1980, S. 70
104 ELM I
105 AMM 1991, S. 112
106 Blaukopf, S. 129
107 AMM 1991, S. 111
108 ebd., S. 51
109 ebd., S. 91
110 Auskunft des Österreichischen
Statistischen Landesamtes Wien
vom 8. Dezember 1994
111 AMM 1991, S. 109
112 Zitiert nach dem Originaltypo-
skript des Tagebuchs in der Charles Patterson Van Pelt Library,
University of Pennsylvania, Philadelphia, USA. In veränderter
Form hat Alma diesen Tagebucheintrag in AML (S. 40) aufgenommen.
113 AMM 1991, S. 112
114 Reeser, S. 46
115 AMM 1949, S. 340
116 Reilly, S. 46
117 Blaukopf, S. 102
118 s. Anm. 112
119 Fried, Oskar: Erinnerungen an
Mahler, Musikblätter des An-
bruchs. Wien 1919. Nr. 1, S. 16
120 Blaukopf, S. 112
121 Mahlers Einspielungen sind auf
CD erschienen: »Mahler plays
Mahler«, Pickwick Group Ltd.,
England, Nr GLRS 101, The
Kaplan Foundation 1993
122 AMM 1991, S. 105. Gerhart
Hauptmann begann seinen Roman »Der Narr in Christo Emanuel Quint« im Winter 1901/02
und vollendete ihn im Jahr 1910.
Vorbild war Dostojewskis
»Großinquisitor« in dessen Roman »Die Brüder Karamasow«.
123 Österreichische Nationalbibliothek, Theatersammlung-Oper,
Z 268–1906, Brief an Alois
Przistaupinski

124 AMM 1991, S. 109
125 ebd., S. 122
126 Pringsheim, Klaus: Zur Uraufführung von Mahlers Sechster
Symphonie, Musikblätter des An-
bruchs 1920, Nr. 14, S. 496
127 GMB Nr. 360
128 AMM 1991, S. 126
129 Killian, S. 32
130 Specht, Richard: Gustav Mahler,
Berlin o. J.; ders.: Gustav Mahler,
Berlin/Leipzig 1913
131 AMM 1991, S. 126
132 ebd., S. 126
133 Lehmann, Lilli: Mein Weg. Leipzig 1913, S. 430
134 AMM 1991, S. 38
135 ebd., S. 127
136 AMM 1949, S. 346
137 University of Western Ontario
138 AMM 1991, S. 130
139 GMB Nr. 107
140 Reeser, S. 80
141 Blaukopf, S. 121
142 Reeser, S. 78
143 ebd., S. 79
144 BMGM Paris
145 AMM 1991, S. 136
146 ebd., S. 142
147 ebd., S. 142
148 ebd., S. 146
149 Illustrirtes Wiener Extrablatt,
Juni 1907
150 GMB Nr. 372
151 AMM 1991, S. 147
152 Walter, S. 95
153 AMM 1991, S. 148
154 ebd., S. 148
155 Pausch, Otto: Mahlerisches in
den Rollerbeständen, Studio Mu-
sicologica, Band XXXI. Budapest
1989, S. 351
156 AMM 1991, S. 158
157 AMM 1949, S. 408
158 ebd., S. 409
159 Brief an Felix Weingartner (unveröffentlicht) BMGM Paris
160 Roman, Zoltan: Gustav Mahler's
American Years, 1907–1911. New
York 1988, S. 503

161 AMM 1949, S. 393
162 AMM 1949, S. 397
163 Tawastjerna, Erik: Sibelius,
Band II, 1904–1914. Helsinki
1972; engl. Ausg., London 1986
164 Yastriebtsev, V. V.: Nicolai Rim-
sky-Korsakow. Leningrad 1960,
S. 439
165 Strawinsky, Igor, und Robert
Craft: Conversations with Igor
Strawinsky. New York 1959,
S. 38
166 Die Zeit (Wien), 25. November
1907
167 Graf, Max: Wandlungen in der
musikalischen Gesellschaft
Wiens. Österreichische Rundschau, November 1907, S. 201
168 Diemann, Kurt: Musik in Wien.
Wien u. a. 1970, S. 18
169 AMM 1991, S. 153
170 ebd., S. 153
171 Aldrich, Richard, in: New York
Times, 21. März 1908
172 Parker, Henry, in: Boston Eve-
ning Transkript, 3. April 1908
173 Krehbiel, Henry, in: New York
Tribune, 21. März 1908
174 GMB Nr. 388
175 ebd., Nr. 389
176 ebd., Nr. 390. Die Alma betref-
fende Bemerkung fehlt.
177 AMM 1991, S. 156
178 Klemperer, Otto: Erinnerungen
an Gustav Mahler. Zürich 1960,
S. 9
179 AMM 1991, S. 166
180 ebd., S. 166
181 AMM 1949, S. 435
182 GMB Nr. 394
183 ebd., Nr. 395
184 ebd., Nr. 423 und Nr. 424
185 AMM 1949, S. 413
186 ebd., S. 413
187 ebd., S. 418
188 Ritter, William: Souvenirs sur
Gustav Mahler. Schweizerische
Musikzeitung, Zürich 1961, S. 34.
Nach William Ritters Tod von
seinem Sohn veröffentlicht

189 Ritter, S. 35
190 ebd., S. 37
191 AMM 1991, S. 169
192 Fried, S. 16
193 AMM 1991, S. 173
194 ebd., S. 181
195 University of Western Ontario
196 AMM 1949, S. 181
197 GMB Nr. 404
198 AMM 1991, S. 182
199 GMB Nr. 417
200 AML, S. 22
201 ELM II
202 GMB Nr. 414
203 AMM 1991, S. 182
204 AMM 1949, S. 438
205 ELM II
206 ebd.
207 AMM 1991, S. 182
208 ELM II
209 Decsey, Ernst: Stunden mit Mahler. Die Musik, Juni/August-Heft,
Berlin 1911
210 AMM 1991, S. 184
211 Walter, Bruno: Gustav Mahler,
ein Porträt. Wilhelmshaven 1981,
S. 53
212 Spiering, Theodore: Zwei Jahre
mit Gustav Mahler, Vossische
Zeitung. Berlin, 21. Mai 1911
213 GMB Nr. 429
214 AMM 1991, S. 192
215 AML, S. 44
216 GMB Nr. 430
217 ebd., Nr. 434
218 ebd., Nr. 436
219 AMM 1991, S. 203
220 Winter, Josephine von: Tagebuch,
Nachrichten zur Mahler-For-
schung Nr. 11. Wien, März 1983
221 GMB Nr. 439
222 Mahlers Dankesbrief an Josef
Hoffmann ist erhalten geblieben.
Er schreibt: »Verehrter Herr Professor! Ich muß Ihnen ein Wort
des Dankes und der Freude sagen
über das herrliche Schmuckstück,
das Sie für meine Frau
entworfen...« in: Schweiger,
Werner J.: Wiener Werkstätte,

Design in Vienna 1903–1932. London 1984, S. 72. In GMB Nr. 453 schreibt Mahler an Carl Moll: »Das Diadem hat Entzücken hervorgerufen...«

²²³ AMM 1991, S. 214
²²⁴ ELM II
²²⁵ GMB Nr. 439
²²⁶ AMM 1991, S. 54
²²⁷ GMB Nr. 437
²²⁸ AMM 1991, S. 121
²²⁹ Decsey
²³⁰ AMM 1949, S. 458
²³¹ AMM 1991, S. 80
²³² ebd., S. 203
²³³ Isaacs s. Anm. 14
²³⁴ ebd., S. 98
²³⁵ AMM 1991, S. 215
²³⁶ ebd., S. 203
²³⁷ Isaacs, S. 99
²³⁸ AMM 1991, S. 205
²³⁹ Isaacs, S. 100
²⁴⁰ ebd., S. 102
²⁴¹ ebd., S. 100
²⁴² ebd., S. 103
²⁴³ ebd., S. 103
²⁴⁴ AMM 1991, S. 204
²⁴⁵ ebd., S. 206
²⁴⁶ Feder s. Anm. 12
²⁴⁷ Isaacs, S. 103
²⁴⁸ ebd., S. 104
²⁴⁹ ebd., S. 104
²⁵⁰ ebd., S. 104
²⁵¹ ebd., S. 105
²⁵² Almas Umformung des Gedichts von Dehmel hat Knud Martner entdeckt.
²⁵³ Isaacs, S. 109
²⁵⁴ ebd., S. 109
²⁵⁵ ebd., S. 110
²⁵⁶ ebd., S. 110
²⁵⁷ ebd., S. 111
²⁵⁸ ebd., S. 111
²⁵⁹ ebd., S. 111
²⁶⁰ ebd., S. 1049
²⁶¹ ebd., S. 1050
²⁶² AMM 1991, S. 217
²⁶³ ebd., S. 219

Personenregister

548

Werkregister

Übersicht der Briefe

Präludium

Begegnung und Verlobung: Nov. – Dez. 1901

Konzertreise nach Berlin und Dresden: 11.–19. Dez. 1901

Verlobungszeit: Dez. 1901 – März 1902

* Erstveröffentlichung

Konzertreise nach Wiesbaden: 20.–23. Januar 1903

Konzertreise nach Lemberg: 30. März – 4. April 1903

Konzertreise nach Basel: Juni 1903

Sommer in Maiernigg 1903

Rückkehr nach Wien: August – September 1903

Konzertreise nach Amsterdam: 19.–25. Oktober 1903

Konzertreise nach Frankfurt/M.:
29. Nov. – 3. Dez. 1903

Konzertreise nach Mannheim und Heidelberg:
27. Jan. – 3. Feb. 1904

1904

Konzertreise nach Mainz und Köln: 21.–28. März 1904

Rückkehr nach Wien: April 1904

Sommer in Maiernigg: 21. Juni – Ende August 1904

Konzertreise nach Köln und Amsterdam: 12.–27. Okt. 1904

Konzertreise nach Leipzig: 25.–29. Nov. 1904

Konzertreise nach Hamburg:
8.–13. März 1905

1905

Sommer in Maiernigg: 1906

171* *Dellach.* Bei sehr schönem Wetter .... Dölsach .... 19. Juli
172* Bei herrlichstem Wetter u. bereits .... Bleiberg .... 19. Juli

Mozart-Fest in Salzburg: August 1906

173 Der Trubel ist gräßlich! Ich bin ganz .... Salzburg .... 16. Aug.
174 Das war heute ein lieber Brief .... Salzburg .... 17. Aug.
175 Der gestrige Tag war durch einen .... Salzburg .... 18. Aug.
176 Ich schreibe jeden Tag – nur die .... Salzburg .... 18. Aug.
177* Es regnet Schnürln – daher der Ausflug .... Salzburg .... 19. Aug.

Rückkehr nach Wien: September 1906

178* eine 15 Minutige Verspätung .... Klagenfurt ... 2. Sept.
179* In aller Eile einen Gruß .... Wien .... 3. Sept.
180* Also gestern zu Tisch Karl getroffen .... Wien .... 5. Sept.
181 Gestern vor Tristan fand .... Wien .... 6. Sept.
182* Bz. Berlin scheinst Du...................................... Wien .... 7. Sept.

Reise nach Berlin: Oktober 1906

183* Reise ziemlich elend .... Berlin .... 7. Okt.

Konzertreise nach Breslau: 21.–24. Oktober 1906

184* Noch einen schönen Morgengruß .... Wien .... 21. Okt.
185* glueckliche ankunft herrliche .... Breslau .... 21. Okt.
186* Das ist aber perfid von Dir .... Breslau .... 22. Okt.
187* Du hast es also richtig zusammengebracht .... Breslau .... 23. Okt.

Konzertreise nach München: 5.–8. Nov. 1906

188* Lieb warst Du heute .... Wien .... 5. Nov.
189 im besten wolsein eingetroffen .... München ..... 6. Nov.

Rückkehr nach Wien: 24. Aug.–1. Sept. 1907

Reise nach München: September 1907

Konzertreise nach Wiesbaden: 6.–9.Okt. 1907

Konzertreise nach St. Petersburg und Helsingfors: Okt. – Nov. 1907

Konzertreisen nach Wiesbaden und Prag: 5.–22. Mai 1908

1908

Sommer in Toblach: Juni – August 1908

Konzertreise nach Prag: 5.–19. September 1908

Konzertreise nach München: 23.–27. Oktober 1908

Konzertreise nach Hamburg: 5.–9. November 1908

Sommer in Toblach: Juni – August 1909

1909

Reise nach Wien und Göding: Sept. 1909

296* Famos geschlafen und besonders gefrühstückt ... Im Zug .... 28. Sept.
297 Kurzes Curriculum! Am Bahnhof von .... Amsterdam .. 29. Sept.
298 Ich bin sehr besorgt .... Amsterdam .. 1. Okt.
299 Endlich habe ich Deine ersten .... Amsterdam .. 1. Okt.
300 Bitte telegrafire bei Ankunft .... Amsterdam .. 6. Okt.

Konzerttournee u. a. nach Springfield: Februar 1910

1910

301* Das wird immer old-fashioneder .... Springfield ... 24. Feb.

Proben zur 8. Sinfonie: 6.–28. Juni 1910
(Wien, Leipzig und München)

302* Also jetzt erst komme ich dazu .... Wien .... 6. Juni
303 Gestern beim Nachhausekommen .... Wien .... 8. Juni
304* Es ist 5 Uhr Morgens .... Wien .... 10. Juni
305* Fleißig probirt mit Chor .... Leipzig .... 12. Juni
306* probieren und radieren .... Leipzig .... 13. Juni
307* kome nicht zum schreibe .... München ..... 16. Juni
308 Nur, damit Du wieder einmal .... München ..... 17. Juni
309 Heute die erste Gesamtprobe .... München ..... 18. Juni
310* Das war ein trauriges Brieferl .... München ..... 18. Juni
311 Heute bin ich besorgt....................................... München ..... 21. Juni
312 Zwischen 2 Proben, Almscherl .... München ca. 23. Juni
313* Warum keine Nachrichten.................................. München ..... 25. Juni
314* Fried sitzt gerade bei mir .... München ...... 26. Juni
315* So, mein Almscherl. Noch diese Zeilen............. Wien .... 28. Juni

Sommer in Toblach: 3. Juli – 25. Aug. 1910

316 In strömendem Regen angekommen .... Graz .... 3. Juli
317* Also die munteren Landbewohner .... Toblach .... 5. Juli
318* Ich war riesig froh, Deine Zeilen .... Toblach .... 7. Juli
319 Ich bin ganz wund von Briefschreiben .... Toblach .... 8. Juli
320* Wieder 2 Tage ohne Nachricht .... Toblach .... 9. Juli
321* Das waren 3 bängliche Tage .... Toblach .... 10. Juli

Reise nach Leiden: 25.–27. August 1910

Konzertreise nach München: 3.–13. September 1910
(Uraufführung der 8. Sinfonie)

Bildnachweis

Kursivierte Seitenzahlen beziehen sich auf die Abbildungen innerhalb des Textes, gerade Zahlen entsprechen der Numerierung der Bildteile.

Bildarchiv der Österreichischen Nationalbibliothek, Wien 6; Internationale Gustav Mahler Gesellschaft, Wien 58; The Kaplan Foundation, New York 60; Sammlung Knud Martner, Kopenhagen *119, 244, 351, 468*; Herm. J. Niemann Sammlung, Wassenaar, Niederlande 59.

Alle anderen Abbildungen stammen aus der Bibliothèque Musicale Gustav Mahler, Paris.